# 嘉兴金融志(1991–2010)
FINANCIAL ANNALS OF JIAXING

《嘉兴金融志(1991–2010)》编纂委员会 编

中国金融出版社

责任编辑：王效端　张　超
责任校对：张志文
责任印制：毛春明

## 图书在版编目（CIP）数据

嘉兴金融志（1991—2010）（Jiaxing Jinrongzhi）/《嘉兴金融志（1991—2010）》编纂委员会编．—北京：中国金融出版社，2013.12

ISBN 978-7-5049-7034-3

Ⅰ．①嘉…　Ⅱ．①嘉…　Ⅲ．①地方金融事业—概况—嘉兴市—1991—2010
Ⅳ．①F832.755.3

中国版本图书馆CIP数据核字（2013）第137528号

出版 中国金融出版社
发行
社址　北京市丰台区益泽路2号
市场开发部　（010）63266347，63805472，63439533（传真）
网上书店　http：//www.chinafph.com　（010）63286832，63365686（传真）
读者服务部　（010）66070833，62568380
邮编　100071
经销　新华书店
印刷　鸿博昊天科技有限公司
尺寸　210毫米×285毫米
印张　36.5
插页　28
字数　951千
版次　2013年12月第1版
印次　2013年12月第1次印刷
定价　156.00元
ISBN 978-7-5049-7034-3/F.6594
如出现印装错误本社负责调换　联系电话　（010）63263947
编辑部邮箱：jiaocaiyibu@126.com

# 《嘉兴金融志（1991—2010）》编纂委员会

顾　　问：蒋仁欢
特邀顾问：朱金海　单丽蓉　朱静远　计瑞祥　叶忠书　胡奇鸣　陈惠忠
　　　　　潘音生　昂盛武　胡世昌　郑文声　盛明强　姚殿基　张宪文
　　　　　朱加椿
主　　任：王中佳
副 主 任：褚小平　曹志元　钱倍芳　凌　华　周松方　周立新
委　　员：卜克强　沈　忻　陶　飚　裘少士　金烈祥　陶灵富　郭　林
　　　　　沈建明　陈　强　孙跃旗　张韩强　肖　亮　梁蕴旭　朱　进
　　　　　宋　斌　宣骥翃　周金国　彭光辉　常建梁　史建明　唐弟良
　　　　　陶　岚　许洪明　马　俊　吴建伟　李丽青　杨益群　邹　霞
　　　　　李　峥　沈建昌　陆火亮　蒋旱女　薛　旎　费金星　胡卫东
　　　　　蒋伟忠　刘国勇　王　斌　徐欣浩　俞晓东　胡　俊　杨建民
　　　　　沈月根　李旭伟　桂文东　程　伟　沈　易　杨巧林　孙　戎
　　　　　富益民　孟　涛　吴来根　许　堃　陆心宇　朱华栋　林　伟
　　　　　齐孝安　王忠伟　李爱良　陈驰波　倪伟忠　刘　莉　刘　杰
　　　　　颜旭敏　归　昶　龚　强　徐新宇　蔡静芳　蔡　勇　纪养胜
　　　　　戚　茵　孙　剑　汪长叶　唐祖庆　刘兴海

# 《嘉兴金融志（1991—2010）》编辑部

主　　任：钱倍芳
副 主 任：王胜安　汤钟尧　俞建平
编　　辑：徐　昭　赵建林　许晓村　包　俊　沈施伟　吴明其　张道秀
　　　　　鲍丹丹　曹必英　陈银华　李　月
组稿人员：钱倍芳　程　伦　富亦斌　周洪声　钟　盛　潘海斌　侯育彬
　　　　　梁京华　顾吉锋　熊　超　史习军　徐　昭　陈光辉　沈君玉
　　　　　支　群　沈彦菁　邹　铮　周　杰　董　静　杨伟民　李　平
　　　　　李也雨　马蔚为　钟志文　曹晓磊　赵建林　於　群　姚伟强
　　　　　洪跃庆　王青英　马敏娟　赵　丽　艾　欣　朱华斌　吕　忠
　　　　　姚敏求　宋　萍　唐　序　项理庭　顾永林　王士忠　陈　莺
　　　　　陈雅珠　叶建慧　傅　缨　顾　坚　蒋东胤　余锡超　包　俊
　　　　　沈施伟　吴明其　都旭斌　张道秀　鲍丹丹　曹必英　高凤香
　　　　　张仿龙　丁新凤　王任刚　李正国　胡国强　杨　斌　顾鹃萍
　　　　　卢亚健　黎国杯　郑意凤　蒋　华　蔡黎琴　郦　珺　於　策
　　　　　宗　毅　石晓云　濮宏毅　郑　重　曹建平　应大宏　张东旗
　　　　　钱　鸣　周　琦　吴宇慧　马　靓　胡　斌　施引华　朱建军
　　　　　陈生遂　王佳卫　林　晓　谈晓峰　项李伟　翁振荣　娄　峰
　　　　　陈煌生　王永林　顾晓光　张　昕　陈银华　张红帆　陈铁中
　　　　　何　翔　殷立新　江雪莲　罗　云　朱　伟　叶巧君　毛海军
　　　　　黄嘉蔚　徐　征　沈建昌　方建军　王晓燕　王　廷　吕赵震
　　　　　姚晨宇　俞翌伟　张　鹏　许文激　姚舜伟　吕信杰　何　允
　　　　　游发强　陈　萍　陶永良　李　月

# 序

《嘉兴金融志（1991—2010）》历经3年多的编撰，于今问世。本志是全面记述1991—2010年20年间嘉兴市金融业改革发展盛况的资料性工具书，是新中国成立以来嘉兴市的第二部金融类专志。本志由《嘉兴金融志（1991—2010）》编纂委员会主持编纂，市级各金融机构抽调骨干人员参与编写。

嘉兴市地处长三角经济核心区，1991年以来，嘉兴市金融业抓住了长三角区域发展的良机，依托地方经济持续、快速、健康发展的强劲实力，改革创新，主动有为，积极拓展，进入了完善、发展、壮大的黄金时期，形成了银行、证券、保险等多种金融机构并存，全国性、区域性、地方性金融机构协同发展的多元化市场格局。在本志的编修过程中，我们力争集总结与编研为一体，坚持存真求实，力求全面、系统、科学地记述嘉兴市金融系统在这20年里的岁月痕迹和发展历史，史料弥足珍贵。

本志起编于2010年7月，在本编纂委员会与全市金融系统的共同努力，及相关部门的支持和配合下，经十多次修订篇目，认真收集资料，二十多次修改而成。全志共分七篇三十章，95万余字。

盛世修志，存史后世。希望这部志书能够对致力于嘉兴市金融发展和研究的各界人士有所助益。

由于本志记述的时间跨度比较长，其间机构发展变化比较快，加之编撰人员水平有限，还存在诸多不尽人意之处，内容上也难免有不完整或不妥之处，敬请读者批评指正。

《嘉兴金融志（1991—2010）》编纂委员会<br>
2013年7月1日

# 凡 例

一、本志以马克思主义、毛泽东思想、邓小平理论、"三个代表"重要思想、科学发展观为指导，坚持辩证唯物主义和历史唯物主义的立场、观点和方法，实事求是地记述嘉兴市金融系统发展变化的过程与状况。

二、本志编纂出版涉及国家法律、法规和政策等内容的，以现行法律、法规和政策规定为准。

三、本志为续编本，记述年限为1991年至2010年。除了个别衔接性的记录，一般不作上溯下延。本志只对已发生的史实进行记述，不对未发生的事物进行推测和展望。

四、由于本志记述的1991年至2010年期间，正是金融业改革发展的重要时期，人民银行、银监局、商业银行、农村信用社、邮政储蓄、保险、证券以及信托机构和城市信用社等都历经改革、更名、增设或撤并，所以机构名称历尽变更，本志都以当年实际名称记载。

五、本志中全市性的金融统计数据均使用中国人民银行嘉兴市中心支行统计部门的数据，没有列入金融系统统计数据的，则采用部门提供的数据汇总而成。表格记载的内容不与正文简单重复。

六、本志中货币单位如无注明均为人民币。

七、本志中图、照选用注重典型性、资料性。照片无广告色彩，不使用效果图，不使用经过技术加工改变内容实质的照片。

八、本志书所用体例、文字、数字及行文规范均遵照中国地方志指导小组印发的《地方志书质量规定》。层次设置以篇、章、节、目为序。

《嘉兴金融志（1991—2010）》编纂委员会
2013年7月1日

# 中国人民银行嘉兴市中心支行

**朱金海**
（1986.2—1993.6）

**单丽蓉**
（1993.6—2000.1）

**娄荣民**
（2000.1—2001.8）

**王中佳**
（2001.8—　　）

历任行长及任职时间

2010年领导班子集体合影
左起：钱倍芳、张一兵、褚小平、王中佳、曹志元、朱宏、赵承英

办公大楼全景

2002年3月,时任全国政协副主席、原国务委员兼中国人民银行行长李贵鲜(左五)来嘉兴视察

1997年7月,时任中国人民银行行长戴相龙(前排左六)来嘉兴调研

2001年6月,原中国人民银行副行长李飞(左二)来嘉兴考察

2001年3月,时任中国人民银行副行长吴晓灵(前排左五)来嘉兴调研

2002年6月,时任中国人民银行副行长刘廷焕(左三)来嘉兴调研

2007年11月,时任中国人民银行副行长苏宁(前排左二)来嘉兴视察

2007年3月，时任中国人民银行纪委书记王洪章（左四）来嘉兴调研

2007年5月，时任中国人民银行副行长项俊波（左一）来嘉兴调研

2010年10月，时任中国人民银行副行长马德伦（左三）来嘉兴调研

2007年11月，时任国家外汇管理局副局长李东荣（左三）来嘉兴考察

2010年3月，中国人民银行行长助理郭庆平（左二）来嘉兴调研

2002年6月，时任国家外汇管理局副局长陆南屏（左二）来嘉兴视察

2004年8月，现任国家外汇管理局副局长方上浦（左二）来嘉兴调研

2007年5月，现任国家外汇管理局副局长李超（左三）来嘉兴考察

2003年9月16日，召开金融系统各项存款超千亿新闻发布会

2003年11月18日，嘉兴市缴费"一户（卡）通"工程正式开通

2004年6月3日，举行"深化农村信用社改革试点首批专项中央银行票据发行"签约仪式

2005年7月1日，中国人民银行个人征信系统全国联网运行

2006年11月17日至19日，举办"嘉兴市金融理财（投资）文化节"

2007年5月21日，召开"讲诚信、谋发展、促平衡"主题活动动员大会

2007年，组织开展嘉兴市"金融保险服务送农村"活动

2008年9月27日，在海宁中国皮革城举行全国级"刷卡无障碍市场"授牌仪式

2009年4月10日，举办嘉兴市金融支持统筹城乡发展签约仪式

2010年11月24日，中组部来中国人民银行嘉兴市中心支行调研创先争优活动开展情况，并给予高度评价

# 中国银行业监督管理委员会嘉兴监管分局

2004年1月，嘉兴银监分局挂牌成立

2008年3月，嘉兴银监分局搬入秀洲区新平路21号机关大楼

朱静远　　　　　凌　华　　　　　周松方
（2004.2—2006.2）（2006.2—2010.4）（2010.4—　）

历任局长及任职时间

2005年6月，嘉兴银监分局机关党总支组织党员到南湖重温入党誓词

2009年12月，嘉兴银监分局组织召开嘉兴银行业支持城乡统筹发展推进会

2010年10月，嘉兴银监分局勇夺浙江银监局系统首届职工趣味运动会团体第四名

2010年10月28日，嘉兴银监分局举行"嘉兴银行业公众教育服务日"活动

2010年4月，嘉兴银监分局组织召开嘉兴银行业"三办法一指引"集中培训

2010年11月，嘉兴银监分局团委在凤桥镇开展"送金融知识下乡"活动

# 中国工商银行嘉兴分行

中国工商银行嘉兴分行大楼

中国工商银行嘉兴分行领导班子合影

2010年4月2日,中国工商银行董事长姜建清一行到加西贝拉压缩机有限公司进行考察

2009年11月29日晚,中国工商银行嘉兴分行举办"精彩300 感恩无限"工行杯系列赛颁奖典礼

2008年,中国工商银行嘉兴分行在全行实施动车文化项目

2008年10月15日,中国工商银行嘉兴分行隆重举行网上银行"双突破"新闻发布会

2007年6月18日,中国工商银行嘉兴分行举办庆祝贷款超200亿元暨荣获"全国金融五一劳动奖状"庆典仪式

2007年3月11日晚,中国工商银行嘉兴分行在嘉兴市广播电视总台630演播室举办"'工'到自然成——未来工行之星电视竞技大赛"决赛

2006年1月7日,中国工商银行浙江省分行与嘉兴市人民政府举办全面金融合作暨2006年嘉兴交通建设债券担保签约仪式

2005年4月8日,中国工商银行嘉兴市分行举行促进工业经济发展暨财富管理银企合作签约仪式

2004年12月18日晚,中国工商银行嘉兴市分行举办"辉煌岁月 你我同行"工行20周年行庆音乐会

2003年2月26日,中国工商银行嘉兴市分行隆重举行贷款超100亿元庆典暨捐资助学活动新闻发布会

# 中国农业银行嘉兴分行

2010年5月,中国农业银行浙江省分行十大产品巡回培训走进嘉兴

2008年6月,中国农业银行嘉兴市分行与市环保局携手合作开展绿色信贷创新试点

中国农业银行嘉兴分行送金融服务下乡

中国农业银行嘉兴分行办公大楼,行址:嘉兴市南湖区斜西街461号

中国农业银行嘉兴分行开展扶贫助学暨送金融下乡活动

中国农业银行总行部门领导考察嘉兴市"两新"建设项目

2010年8月,中国农业银行嘉兴分行领导走访考察信贷企业

2008年10月,中国农业银行嘉兴市分行与中国农业发展银行嘉兴市分行举行"公司+专业经营户"惠农卡项目签约仪式

2008年9月,中国农业银行嘉兴市分行与人保公司嘉兴市分公司举行政策性农业保险惠农卡项目签约仪式

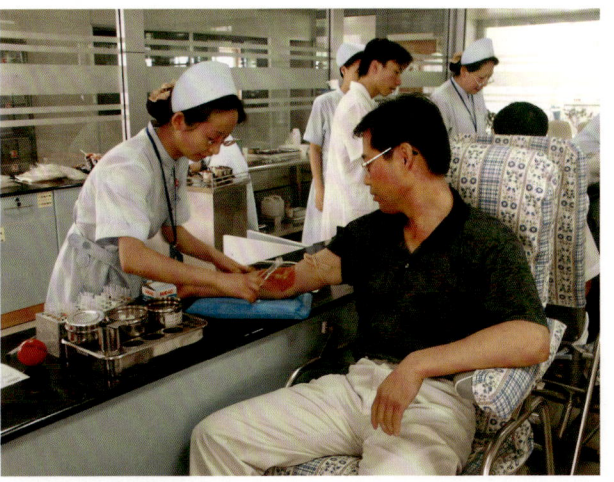
中国农业银行嘉兴分行党员带头参加献血活动

# 中国银行嘉兴市分行

2008年11月4日,时任中国银行董事长肖钢(右五)来中国银行嘉兴市分行视察工作,右四为时任中国银行浙江省分行行长曾小平

2010年7月7日,中国银行浙江省分行副行长季震环(左二)出席嘉兴市跨境贸易人民币结算试点启动仪式,现场中国银行成功办理全市首笔跨境贸易人民币结算业务

2010年,时任中国银行嘉兴市分行行长陶灵富(中),副行长王权(右二)、副行长吴莲萍(左二)、副行长顾宇(右一)、纪委书记阮黎辉(左一)召开工作会议

中国银行嘉兴市分行办公大楼外貌

◀ 2005年4月,中国银行嘉兴市分行储蓄专柜被团中央授予全国级"青年文明号"称号

2005年11月28日,中国银行嘉兴市分行与美国玛氏爱芬食品有限公司签订银企合作协议

2008年3月8日,中国银行嘉兴市分行冒雨组织全辖女职工开展"百年奥运 百年中行"健步走活动

2008年5月22日,北京奥运火炬传递进入嘉兴境内,图中为中国银行嘉兴市分行火炬手顾小龙

2008年9月10日,中国银行嘉兴市分行举行全辖员工业务技能大比武

2010年3月31日,嘉兴日报报业传媒集团读者俱乐部启动,第一批会员拥有了自己的银行卡——中国银行嘉兴市分行读者卡

从2010年起,中国银行嘉兴市分行全面实施网点规范化服务工程

# 中国建设银行嘉兴分行

◀中国建设银行嘉兴分行是中国建设银行股份有限公司的二级分行，是嘉兴市成立最早的金融机构之一，主要经营指标位居系统和同业前列，已成为全国建行系统综合实力较强的二级分行之一

中国建设银行嘉兴分行历任行长合影（左一沈建明、左二劳新江、左三徐众华、左五潘音生、左六楼崇民、左七为现任行长陈强）

1990年底，时任中国人民建设银行副行长王岐山（左五）视察嘉兴

1997年11月20日，中国建设银行嘉兴市分行向嘉兴市图书馆捐赠《传世藏书》

2001年5月18日，中国建设银行嘉兴市分行在新大楼落成典礼上向嘉兴市再就业工程捐款

2006年4月，中国建设银行海宁支行营业部被共青团中央授予全国级"青年文明号"称号

2005年11月2日，中国建设银行浙江省分行与嘉兴市政府举行支持中小企业发展合作签约仪式

2010年6月30日，中国建设银行浙江省分行与嘉兴市政府签署推进嘉兴新农村建设战略合作协议

2009年3月10日，中国建设银行嘉兴分行举办华数龙卡开卡仪式

中国建设银行嘉兴分行实施员工关爱工程，行长陈强先后荣获全省关爱员工优秀企业家称号和全国金融五一劳动奖章

中国建设银行嘉兴分行自2003年以来每年举办的嘉兴市新年音乐会，已成为嘉兴的一个文化品牌

2010年8月，中国建设银行嘉兴分行在全省建行系统"产品经理风采展"业务技能竞赛中荣获团体第一名

# 中国农业发展银行嘉兴市分行

中国农业发展银行嘉兴市分行办公营业大楼,行址:洪兴路1050号

2006年,中国农业发展银行嘉兴市分行与南湖区人民政府签订10亿元信贷资金合作项目,树立良好的银行品牌形象

实施"两轮驱动"发展战略,大力支持粮食加工、饲料、纺织、皮革等农业产业化龙头企业发展壮大

切实履行农业政策性银行责任,一如既往地做好中央、省级和市县级储备粮油资金的供应和管理工作

注重企业文化建设,增强内生动力,先后荣获嘉兴市级"文明单位"和"文明行业"称号

中国农业发展银行嘉兴市分行党委书记、行长孙跃旗

中国农业发展银行嘉兴市分行营业网点全体工作人员

坚持"人才兴行"原则，大规模、多层次开展岗位练兵活动

2008年，大力支持南湖区余新镇"两分两换"建设项目2.4亿元信贷资金

热衷社会募捐、结对共建等公益活动，2010年，反假、反洗钱知识宣传进嘉州美都社区

坚持职工代表大会制度，推进民主管理、民主监督，保障职工民主权利

# 交通银行嘉兴分行

1994年10月8日，交通银行嘉兴支行作为入驻嘉兴的首家股份制商业银行正式开业

1994年10月8日，时任交通银行嘉兴支行行长胡世昌在开业典礼上致辞

2000年10月28日，交通银行嘉兴分行首家异地支行——海宁支行举行开业典礼

2001年11月，交通银行嘉兴分行与景兴纸业签订全面合作协议

2004年12月，时任交通银行嘉兴分行行长边黎平向客户颁发首张VIP贵宾卡

2008年11月开始，交通银行嘉兴分行深入开展学习实践科学发展观活动

2009年12月31日,时任嘉兴市市长李卫宁到交通银行嘉兴分行视察慰问并与领导班子合影

2010年7月1日,时任交通银行嘉兴分行行长肖亮带领新党员宣誓

2005年7月,交通银行嘉兴分行与中国人保嘉兴分公司签订全面合作协议

2010年11月,交通银行嘉兴分行召开第四届工会代表大会暨职工代表大会

2008年12月,交通银行嘉兴分行参加长三角·嘉兴投资洽谈会

交通银行嘉兴分行举行丰富多彩的文体活动

# 中信银行嘉兴分行

领导班子集体合影

1996年10月,中信实业银行嘉兴支行筹建成立,行址为中山东路111号

2002年12月11日,在开业六周年之际,中信实业银行杭州分行行长王越、时任嘉兴市副市长赵友六为中信慈善卡首发揭牌

2005年7月,中信银行杭州分行王利亚行长、时任嘉兴市副市长蒋仁欢为中信银行嘉兴分行更名升格揭牌

2006年10月30日,中信银行嘉兴分行乔迁,分行新址为中山东路639号

2006年11月,在中信银行嘉兴分行成立十周年庆典暨乔迁答谢会上,中信银行副行长欧阳谦、杭州分行行长王利亚、时任嘉兴市副市长蒋仁欢前来祝贺。图中右一为中信银行嘉兴分行行长朱进

中信银行嘉兴分行支持市政建设，图为基础设施建设项目合作签约仪式

中信银行嘉兴分行全力支持实体经济发展，图为2011年7月企业授信签约仪式现场

2006年9月，中信银行嘉兴分行员工参加市金融系统"金融之声"大合唱比赛，以其出色表现荣获金奖

2009年3月，中信银行嘉兴分行与苏州大学合作，金融专业职工夜校正式开学，历时11个月

从2007年至今，中信银行嘉兴分行独家赞助的"中信闹新春"活动，成为市民新春节庆期间的保留节目

从2007年11月起，中信银行嘉兴分行与嘉兴电视台合作推出《中信理财》栏目，受到了嘉兴市民的喜爱

# 上海浦东发展银行嘉兴分行

1997年12月16日,浦发银行落户禾城,成为较早进驻嘉兴地区的股份制商业银行之一

2010年12月31日,浦发银行监事、董事会秘书沈思与杭州分行行长赵峥嵘看望慰问年终决算日基层一线员工

2009年9月8日,浦发银行嘉兴海宁支行开业场景

2007年5月28日,浦发银行嘉兴支行正式升格为浦发银行嘉兴分行

2002年7月23日,浦发银行嘉兴分行支持嘉兴文化事业发展,图为与嘉兴日报社贷款签约仪式

2009年10月22日,浦发银行嘉兴分行联合嘉兴工业园区,召开金融产品推介会暨银企签约仪式

# 兴业银行嘉兴分行

兴业银行嘉兴分行行长周金国

2008年3月18日，兴业银行嘉兴支行举行试营业揭牌仪式

2010年1月27日，兴业银行嘉兴海宁支行正式开业

2010年7月9日，兴业银行嘉兴分行隆重举行迁址升格庆典仪式

2009年6月11日，与秀洲区政府联合举办中小企业专项信用贷款项目签约暨金融产品推介会

2010年11月11日，与南湖区政府联合举办银企合作签约暨成长型企业金融服务推介会

## 招商银行嘉兴支行

招商银行嘉兴支行首任行长常建梁
（任职时间：2008年—    ）

2008年6月16日，浙江银监局局长韩沂与时任嘉兴市市委书记李卫宁在招商银行嘉兴支行开业庆典仪式上揭牌

2010年12月31日，时任嘉兴市市长鲁俊慰问支行员工并与领导班子合影

2008年4月，招商银行嘉兴支行首批员工合影

2010年11月15日，招商银行嘉兴支行与南湖区政府签订全面战略合作协议，扶持建筑企业发展

2009年5月25日，招商银行嘉兴支行成功举办服务推介会

# 浙商银行嘉兴支行

2008年12月19日,浙商银行嘉兴支行正式开业

嘉兴市梅湾街1号浙商银行嘉兴支行大楼

2008年10月28日,浙商银行嘉兴支行开业验收

2009年3月12日,浙商银行嘉兴支行召开职工代表大会

2009年12月31日,嘉兴市政府领导慰问浙商银行嘉兴支行年终决算一线员工

2010年4月26日,浙商银行副行长徐仁艳莅临嘉兴支行调研

# 深圳发展银行嘉兴支行

2009年2月9日,深圳发展银行嘉兴支行正式开业,深圳发展银行总分行领导参加开业典礼

时任嘉兴市副市长蒋仁欢在深圳发展银行嘉兴支行开业庆典上发表重要讲话

2009年4月,时任嘉兴市副市长蒋仁欢携人民银行嘉兴市中心支行、嘉兴银监分局领导视察深圳发展银行嘉兴支行

2009年10月,深圳发展银行王骥书记视察指导嘉兴支行工作

2009年8月,深圳发展银行嘉兴支行深入社区开展反假币宣传

2010年6月,深圳发展银行嘉兴支行举办迎端午裹粽大赛

# 嘉兴银行

1997年9月16日,嘉兴银行前身——嘉兴城市合作银行召开创立大会暨首届股东大会

2008年8月,嘉兴市市委书记李卫宁(时任嘉兴市市长)一行视察嘉兴市商业银行

2008年9月28日,嘉兴市商业银行举办全国首创排污权抵押贷款签约仪式

2009年11月20日,嘉兴市商业银行获全国支持中小企业发展优秀金融机构奖

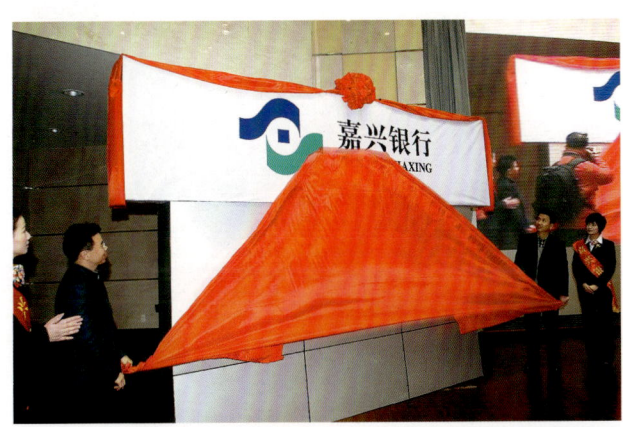

2009年12月22日,嘉兴市商业银行正式更名为嘉兴银行

嘉兴银行领导班子集体照

## 浙江省农村信用社联合社嘉兴办事处

2007年1月19日，习近平同志对海盐联社推出的"农村党员创业贷款"作出重要批示

2004年5月，浙江省农村信用社联合社嘉兴办事处成立

团结、奋进的领导班子

2010年，嘉兴办事处被授予"浙江省文明单位"称号

2009年8月，嘉兴市委、市政府为嘉兴农信机构举行"丰收小额贷款卡"启动发放仪式

2010年12月，嘉兴办事处召开全辖"走千家 访万户 共成长 送温暖"动员大会

2010年7月，嘉兴办事处举办全市农信机构"内控与合规建设"知识竞赛现场

2008年6月，嘉兴办事处被中共浙江省直属机关工作委员会授予"先进基层党组织"称号

2009年3月，嘉兴办事处与太平洋保险公司举办"安贷宝"业务研讨会

2009年6月，嘉兴办事处举办全市农信机构与市供销合作社系统业务合作签约仪式

2009年9月，嘉兴办事处组织召开全市农信机构信贷支持农房改造集聚现场会

2010年3月，嘉兴办事处开展全市农信机构"万名农信干部下基层办实事"活动走访现场

# 中国邮政储蓄银行嘉兴市分行

2008年4月25日，中国邮政储蓄银行嘉兴市分行正式挂牌成立

2010年12月31日，时任嘉兴市代市长鲁俊一行到邮储银行嘉兴市分行亲切慰问奋战一线的干部员工

2010年7月6日，邮储银行浙江省分行行长王雄飞莅临嘉兴市分行视察工作

邮储银行嘉兴市分行召开2010年度工作会议

邮储银行嘉兴市分行举办小额信贷推介会

邮储银行嘉兴市分行举办2010年总结表彰暨2011年新春联欢晚会

# 湖州银行嘉兴分行

2010年12月,湖州银行嘉兴分行成立,并于次月隆重举行开业仪式。时任嘉兴市委常委、常务副市长蒋唯民,湖州市副市长周杰,湖州银行董事长路国民,湖州银行嘉兴分行行长邹霞,共同为分行开业揭幕

湖州银行嘉兴分行成功加入中小企业信用贷款协作体系

湖州银行嘉兴分行被评为"诚信经营•消费满意"银行

湖州银行股份有限公司嘉兴分行办公营业大楼,行址:嘉兴市中山西路250号

## 嘉兴市银行业协会

2006年3月23日,召开嘉兴市银行业协会三届二次会员大会,按期做好换届工作

2006年3月29日,浙江省银行业协会联席会议在嘉兴召开,各地市专职副会长、秘书长出席会议

2009年5月17日,举办嘉兴市银行从业人员职业操守培训,全市400多人参加

2010年12月29日, 协会推进银团贷款,工商银行嘉兴市分行与嘉湘集团举行银团贷款签约仪式

2009年5月16日,举办嘉兴银行业送金融知识下乡活动

2009年6月11日,举办2009年嘉兴市银行机构管理人员培训,全市200人参加

# 中国人保财险股份有限公司嘉兴市分公司

中国人保财险嘉兴市分公司大楼

公司总经理姚殿基（任职时间：1992.4—1998.2）

公司总经理朱守中（中间）（任职时间：1998.2—2000.2）

公司总经理祖宙军（任职时间：2000.2—2008.1）

公司总经理李旭伟（任职时间：2008.1—　　）

2010年10月，公司参加浙江省社会科学普及周暨嘉兴市社会科学普及月活动

2008年,公司系统员工积极向汶川地震灾区捐款捐物,贡献爱心

2008年5月,公司人保之友俱乐部举办大型主题活动,回馈会员客户

2007年3月,公司领导亲自为受灾保户送赔款

2007年12月,公司牡丹人保财险车友联名信用卡发行

2006年4月,人保财险桐乡支公司负责人与水稻种植大户周阿龙(右前一)签订全省政策性农业保险第一单

2006年8月,公司合唱队放歌嘉兴市"金融之声"合唱晚会

# 中国人寿保险股份有限公司嘉兴分公司

1996年8月16日,在公司分业经营大会上,时任公司总经理张宪文代表公司全体员工向嘉兴市"见义勇为基金会"捐赠人民币5万元

2003年1月3日,时任中共嘉兴市委书记陈加元(左三)来到公司进行新年慰问

2005年6月29日,公司副总经理张世平(前排右二)到见义勇为不幸牺牲的英雄张康杰家中,将2.7万元人身保险赔款及时送到了英雄父母手中

2006年8月29日,为援建"中国人寿长征小学",公司全体员工和广大营销人员纷纷解囊

2008年3月13日,中国人民银行反洗钱局副局长刘争鸣(右三)到公司进行反洗钱调研指导

2009年7月15日,"赤诚热土 祝福中国——十一运·中国人寿和谐之旅"嘉兴站圣土采集活动在南湖湖心岛举行。中国人寿集团公司副总裁缪建民(左二)、浙江保监局局长吴勉坚(右二)出席仪式

2010年4月21日,公司与嘉兴市承办第十四届省运会筹备领导小组举行浙江省第十四届运动会指定人寿保险商签约仪式

为贯彻落实科学发展观,深入推进创先争优,自2010年起,公司持续开展树立"四个意识"、打造"六大工程"活动

2009年12月24日,公司总经理齐孝安(右二)一行参观了秦山站二期扩建工程核岛中心

公司客户服务系列活动之"视情教育父母大学堂"大型公益讲座

2010年11月,公司组织全市客户服务中心员工进行素质拓展训练

公司年会上员工表演丰富多彩的节目

张宪文
（1996.6—2001.2）

蒋朝友
（2001.2—2005.1）

叶锋
（2005.1—2007.8）

林伟
（2007.8—2009.12）

齐孝安
（2009.12—　　）

历任领导及任职时间

# 中国太平洋财产保险股份有限公司嘉兴中心支公司

1997年6月16日，太平洋保险嘉兴支公司在嘉兴宾馆举行开业庆典仪式

时任太平洋保险嘉兴支公司总经理朱加椿和副总经理刘月明在开业庆典仪式上揭牌

1997年9月11日，公司召开第一次党员大会，选举产生了第一届公司党支部

2000年11月27日，在公司营销大厅举行分业大会

嘉善县振华木业有限公司发生特大火灾，嘉兴支公司领导和省公司理赔人员赴现场查看

太平洋保险嘉兴支公司将"10·26"特大火灾赔付款345万元交予振华木业负责人

# 中国太平洋人寿保险股份有限公司嘉兴中心支公司

朱加椿
（2000.11—2001.11）

李爱良
（2001.11—　）

历任领导及任职时间

现任领导班子合影

太平洋寿险嘉兴中心支公司办公大楼全景

2005年10月12日，太平洋寿险嘉兴中心支公司为"2005中国·嘉兴江南文化节"提供总保额达10.8亿元的人身意外伤害保险保障

2007年10月9日，太平洋寿险嘉兴中心支公司召开创建省级文明单位动员大会，全公司上下树立"人人参与，人人创建"的理念

自建立以来，太平洋寿险嘉兴中心支公司坚持为嘉兴市援藏、援疆、援川、援青干部提供风险保障

◀太平洋寿险嘉兴中心支公司一年一度的营销表彰会，全体营销将士欢聚一堂，总结过去，展望未来

# 爱建证券有限责任公司嘉兴斜西街证券营业部

2009年，爱建证券新年联欢会，营业部干部员工欢聚一堂，喜猜谜语

2007年，营业部新装修后焕然一新

总经理沈建昌在2010年投资策略报告会上致辞

2010年，投资策略报告会场，证券投资者聚精会神地听报告

2010年，营业部员工培训，培训反洗钱知识与技能

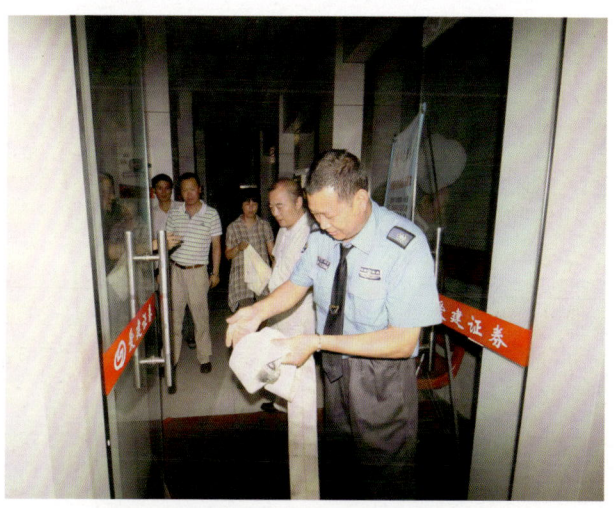

2010年，营业部消防演练，消防水龙喷射准备中

# 财通证券有限责任公司嘉兴证券营业部

财通证券嘉兴营业部负责人在报告会上讲话

财通证券嘉兴营业部全体员工合影

财通证券嘉兴营业部投资策略报告会

财通证券嘉兴营业部营业大厅

财通证券嘉兴营业部客户活动

财通证券嘉兴营业部客户答谢会

# 新时代证券有限责任公司嘉兴吉杨路证券营业部

新时代证券嘉兴营业部总经理胡卫东

2010年5月，公司研发中心总经理孙卫党给嘉兴证券投资者作报告

2004年1月至今，新时代证券嘉兴营业部办公营业大楼，地址：吉杨路1号

2010年7月，由营业部承办的公司"保存量，扩增量"经纪业务专题工作会议在承载光荣历史的南湖举行

营业部每周六下午举行的股吧活动已成为嘉兴投资者与高水平讲师交流的名牌栏目

2010年12月，营业部送演的情景剧《2011开门红》参演演员在北京公司总部合影

## 中信金通证券有限责任公司嘉兴吉杨路证券营业部

员工风采

业务大厅大堂经理

业务大厅柜台

营业部外景

客户投资报告会

营业部股民学校

# 申银万国证券股份有限公司嘉兴禾兴北路证券营业部

2006年，嘉兴禾兴北路证券营业部积极参与证券业协会举办的金融超市

2009年，嘉兴禾兴北路证券营业部不定期邀请知名证券分析师举办大型股评分析报告会

2011年，嘉兴禾兴北路证券营业部参与申银万国证券杭州分公司纪念建党90周年活动

申银万国证券股份有限公司嘉兴禾兴北路证券营业部外景

1999年起，嘉兴禾兴北路证券营业部坚持每年为福利院的孤残儿童和老人捐款捐物

嘉兴禾兴北路证券营业部开拓进取，继往开来，拧成一股绳

## 安信证券股份有限公司嘉兴中山东路证券营业部

安信证券嘉兴中山东路营业部总经理徐欣浩

安信证券嘉兴营业部开户柜台

为帮助广大投资者正确研判市场走势，安信证券嘉兴营业部多次组织著名分析师举办大型投资报告会

为使高端客户了解新业务，安信证券嘉兴营业部多次邀请业内知名人士举办新业务交流培训

安信证券嘉兴营业部网上交易演示区

安信证券电影节活动客户签到现场

# 中国银河证券股份有限公司嘉兴证券营业部

开户柜台场景

理财中心场景

全体员工参加红色之旅

股民学校在开课

开展服务进企业活动

开展服务进社区活动

## 浙商证券有限责任公司嘉兴梅湾街证券营业部

2008年营业部开业庆典

营业部总经理沈月根在开业庆典中发言

2010年营业部投资策略报告会

营业部业务大厅柜台

营业部外观

营业部客户业务办理

# 目 录

## 第一篇　货币当局与金融管理

| 第一章 | 综述 | 3 |
|---|---|---|
| 第二章 | 中国人民银行嘉兴市中心支行 | 4 |
| | 第一节　概述 | 4 |
| | 第二节　组织沿革 | 4 |
| | 第三节　主要职能 | 5 |
| 第三章 | 中国银行业监督管理委员会嘉兴监管分局 | 45 |
| | 第一节　概述 | 45 |
| | 第二节　组织沿革 | 45 |
| | 第三节　主要职能 | 46 |
| 第四章 | 国家外汇管理局嘉兴市中心支局 | 52 |
| | 第一节　概述 | 52 |
| | 第二节　外汇机构 | 53 |
| | 第三节　主要职能 | 54 |

## 第二篇　银行机构

| 第一章 | 综述 | 63 |
|---|---|---|
| 第二章 | 国有商业银行 | 64 |
| | 第一节　概述 | 64 |
| | 第二节　中国工商银行嘉兴分行 | 64 |
| | 第三节　中国农业银行嘉兴分行 | 66 |
| | 第四节　中国银行嘉兴市分行 | 69 |
| | 第五节　中国建设银行嘉兴分行 | 72 |
| 第三章 | 股份制商业银行 | 77 |
| | 第一节　概述 | 77 |

| | 第二节 | 交通银行嘉兴分行 | 77 |
|---|---|---|---|
| | 第三节 | 中信银行嘉兴分行 | 78 |
| | 第四节 | 上海浦东发展银行嘉兴分行 | 79 |
| | 第五节 | 兴业银行嘉兴分行 | 80 |
| | 第六节 | 招商银行嘉兴支行 | 80 |
| | 第七节 | 浙商银行嘉兴支行 | 81 |
| | 第八节 | 深圳发展银行嘉兴支行 | 82 |
| 第四章 | 中国农业发展银行及邮政储蓄银行 | | 84 |
| | 第一节 | 概述 | 84 |
| | 第二节 | 中国农业发展银行嘉兴市分行 | 84 |
| | 第三节 | 中国邮政储蓄银行浙江省嘉兴市分行 | 88 |
| 第五章 | 地方性金融机构 | | 90 |
| | 第一节 | 概述 | 90 |
| | 第二节 | 嘉兴银行 | 90 |
| | 第三节 | 湖州银行嘉兴分行 | 92 |
| | 第四节 | 嘉兴城市信用社 | 92 |
| | 第五节 | 农村合作金融机构 | 93 |
| | 第六节 | 村镇银行 | 96 |
| 第六章 | 其他机构与组织 | | 98 |
| | 第一节 | 概述 | 98 |
| | 第二节 | 嘉兴金融市场 | 98 |
| | 第三节 | 嘉兴市信托投资公司 | 100 |
| | 第四节 | 嘉兴市农村合作基金会 | 101 |
| | 第五节 | 嘉兴担保机构 | 102 |
| | 第六节 | 小额贷款公司 | 105 |
| | 第七节 | 嘉兴典当机构 | 106 |
| | 第八节 | 嘉兴市金融学会 | 108 |
| | 第九节 | 嘉兴市银行业协会 | 113 |

## 第三篇　银行业务

| 第一章 | 综述 | | 119 |
|---|---|---|---|
| 第二章 | 人民币存款业务 | | 120 |
| | 第一节 | 概述 | 120 |
| | 第二节 | 储蓄存款 | 123 |
| | 第三节 | 对公存款 | 133 |

## 第三章　人民币贷款业务　144
　　第一节　概述　144
　　第二节　短期贷款　147
　　第三节　中长期贷款　148
　　第四节　票据融资　149
　　第五节　各银行机构人民币贷款业务的发展　150

## 第四章　人民币结算业务　177
　　第一节　概述　177
　　第二节　非现金支付工具　179
　　第三节　联行往来和清算　186
　　第四节　支付系统　188
　　第五节　各银行机构支付结算业务的发展　191
　　第六节　各银行机构银行卡业务的发展　205

## 第五章　外汇业务　221
　　第一节　概述　221
　　第二节　外币存款　224
　　第三节　外币贷款　229
　　第四节　国际结算　231
　　第五节　外汇买卖和结售汇　232
　　第六节　其他外汇业务　234
　　第七节　各银行机构外汇业务的发展　236

## 第六章　中间业务　254
　　第一节　概述　254
　　第二节　各银行机构主要中间业务的发展　256

## 第七章　风险管理　272
　　第一节　概述　272
　　第二节　各银行机构的风险管理　272

## 第八章　稽核及纪检监察　302
　　第一节　概述　302
　　第二节　稽核与审计　303
　　第三节　纪检监察　310

# 第四篇　保险机构与业务

## 第一章　保险机构沿革　321
　　第一节　概述　321
　　第二节　财产保险机构　321

　　　　第三节　人寿保险机构　　　　　　　　　324
　　　　第四节　其他保险机构　　　　　　　　　326
　第二章　保险业务发展　　　　　　　　　　　　327
　　　　第一节　嘉兴保险业发展概况　　　　　　327
　　　　第二节　财产保险业务的发展　　　　　　329
　　　　第三节　人寿保险业务的发展　　　　　　331
　第三章　保险保障与服务　　　　　　　　　　　334
　　　　第一节　保险理赔与给付　　　　　　　　334
　　　　第二节　保险服务与管理　　　　　　　　339

## 第五篇　证券机构与业务

　第一章　证券机构　　　　　　　　　　　　　　347
　　　　第一节　概述　　　　　　　　　　　　　347
　　　　第二节　主要证券机构　　　　　　　　　347
　第二章　证券发行　　　　　　　　　　　　　　355
　　　　第一节　股票发行　　　　　　　　　　　355
　　　　第二节　债券发行　　　　　　　　　　　356
　第三章　证券交易与管理　　　　　　　　　　　359
　　　　第一节　证券交易　　　　　　　　　　　359
　　　　第二节　证券管理　　　　　　　　　　　361

## 第六篇　金融科技与电子化

　第一章　中国人民银行嘉兴市中心支行金融电子化建设　　367
　　　　第一节　计算机硬件设备建设　　　　　　367
　　　　第二节　计算机网络建设与应用　　　　　368
　　　　第三节　计算机软件开发与应用　　　　　369
　第二章　嘉兴市金融机构金融电子化建设　　　　372
　　　　第一节　中国工商银行嘉兴分行　　　　　372
　　　　第二节　中国农业银行嘉兴分行　　　　　374
　　　　第三节　中国银行嘉兴市分行　　　　　　375
　　　　第四节　中国建设银行嘉兴分行　　　　　377
　　　　第五节　中信银行嘉兴分行　　　　　　　378
　　　　第六节　农村合作金融机构　　　　　　　379
　　　　第七节　中国邮政储蓄银行浙江省嘉兴市分行　380

## 第七篇　金融文化和党建工作

| | |
|---|---|
| 第一章　综述 | 385 |
| 第二章　嘉兴市金融系统文明行业和文明单位创建 | 386 |
| 　　第一节　文明行业创建 | 386 |
| 　　第二节　文明单位创建 | 388 |
| 第三章　嘉兴市金融机构企业文化建设 | 406 |
| 　　第一节　嘉兴市金融工会 | 406 |
| 　　第二节　嘉兴市金融工会网片组 | 407 |
| 第四章　嘉兴市金融机构党政组织 | 428 |
| 　　第一节　金融机构党组织 | 428 |
| 　　第二节　金融机构行司组织 | 444 |

## 附　录

| | |
|---|---|
| 历年大事记 | 457 |
| 嘉兴市金融系统各单位1991—2010年荣誉称号统计表 | 471 |
| 嘉兴市金融系统各单位1991—2010年创建载体统计表 | 480 |
| 嘉兴市金融系统二代表三委员名单 | 488 |
| 嘉兴市金融系统具有高级职称人员名单 | 491 |
| 历年经济金融形势分析报告 | 496 |
| | |
| 编后记 | 576 |

# 第一篇
## 货币当局与金融管理

# 第一章 综 述

中国人民银行1948年12月1日成立,它是我国的中央银行,主要职责是在稳定币值的基础上促进经济增长。新中国成立后,中国人民银行履行着中央银行和商业银行的双重职能。1984年1月1日,根据国务院决定,中国人民银行专门行使中央银行职能。1995年3月,《中华人民共和国中国人民银行法》颁布,正式确立了中国人民银行作为我国中央银行的法律地位。1998年4月,中国证券监督管理委员会成立。1998年11月,中国保险监督管理委员会成立。2003年4月,中国银行业监督管理委员会成立,中国人民银行对银行业金融机构的监管职能被分离出来。自此,我国形成由中国人民银行、中国银行业监督管理委员会、中国证券监督管理委员会、中国保险监督管理委员会"一行三会"四大监管机构各司其职、相互协调,对银行、证券、保险实行分业监管的体制。嘉兴市是地级市,设有中国人民银行嘉兴市中心支行和中国银行业监督管理委员会嘉兴监管分局两个监管机构。

# 第二章 中国人民银行嘉兴市中心支行

## 第一节 概　　述

中国人民银行嘉兴市中心支行是中国人民银行的派出机构。1999年以前，机构名称为中国人民银行嘉兴市分行，根据中国人民银行的授权，主要履行贯彻执行货币政策、金融监管、调查统计分析、横向头寸调剂、经理国库、人民币发行与管理、外汇管理和联行清算等职能。

1998年，根据国务院关于机构改革的决定，中国人民银行进行了组织机构体系的改革，强化中央银行的垂直领导，跨行政区设立分行。根据中国人民银行机构改革实施方案，中国人民银行嘉兴市分行自1999年1月1日起更名为中国人民银行嘉兴市中心支行。

2003年，修改后的《中华人民共和国中国人民银行法》将中国人民银行的职责调整为制定和执行货币政策、维护金融稳定和提供金融服务三个方面。2004年初，中国人民银行嘉兴市中心支行在完成与中国银监会嘉兴监管分局有关人员、财产、财务划转的同时，根据人民银行上海分行《辖区地（市）中心支行、县（市）支行主要职责、内设机构和人员编制调整的实施意见》（上海银发〔2004〕84号）和《关于中国人民银行嘉兴市中心支行调整内设机构的批复》（上海银复〔2004〕18号），对中心支行及辖区县（市）支行主要职责、内设机构和人员编制进行了调整，并沿用至今。

中国人民银行嘉兴市中心支行的办公场所也几易其址。1996年1月29日，由嘉兴市中山路109号及环城北路112号迁至文昌路210号。2009年10月18日，又从文昌路210号迁至中环南路1385号。

## 第二节 组织沿革

1986年2月4日—1993年6月20日，朱金海同志任中国人民银行嘉兴市分行党组书记、行长兼国家外汇管理局嘉兴市分局局长；

1993年6月21日—2000年1月21日，单丽蓉同志任中国人民银行嘉兴市分行（中心支行）党组（委）书记、行长兼国家外汇管理局嘉兴分局（中心支局）局长；

2000年1月22日—2001年8月14日，娄荣民同志任中国人民银行嘉兴市中心支行党委书记、行长，国家外汇管理局嘉兴市中心支局局长；

2001年8月15日—2002年2月4日，王中佳同志任中国人民银行嘉兴市中心支行党委副书记、副行长（主持工作），国家外汇管理局嘉兴市中心支局副局长（主持工作）；

2002年2月5日至本志记载期内，王中佳同志任中国人民银行嘉兴市中心支行党委书记、行长，国家外汇管理局嘉兴市中心支局局长。

2010年底，中国人民银行嘉兴市中心支行机关设有科室19个，其中：职能科室13个，分别为办公室、货币信贷管理科、调查统计科（征信管理科）、会计财务科（反洗钱科）、科技科、货币金银科、国库科、内审科、人事科、外汇管理科、国际收支科、事后监督中心、保卫科；党群工作机构4个，分别为党委办公室（与行政办公室合署办公）、组织部（与人事科合署办公）、纪检监察办公室、宣传群工部；直属单位2个：营业室（含清算分中心）、后勤服务中心；2005年12月29日根据新营业办公大楼建设的需要临时设立基建办公室。

中国人民银行嘉兴市中心支行辖区有5个县（市）支行，分别为嘉善县支行、平湖市支行、海盐县支行、海宁市支行、桐乡市支行。

# 第三节　主要职能

1995年3月18日，第八届全国人民代表大会常务委员会第三次会议通过了《中华人民共和国中国人民银行法》，第一次以法律的形式明确了中国人民银行履行下列职责：依法制定和执行货币政策；发行人民币，管理人民币流通；按照规定审批、监督管理金融机构；按照规定监督管理金融市场；发布有关金融监督管理和业务的命令和规章；持有、管理、经营国家外汇储备和黄金储备；经理国库；维护支付、清算系统的正常运行；负责金融业的统计、调查、分析和预测；作为国家的中央银行，从事有关的国际金融活动；国务院规定的其他职责。

2003年12月27日，全国人大常委会第六次会议通过了《中国人民银行法》修正案，进一步强化了中国人民银行制定和执行货币政策的职责，新增加了维护金融稳定、反洗钱和监管信贷征信业三项职能。2004年1月1日，嘉兴银监分局设立后，中国人民银行嘉兴市中心支行将对银行业机构监管和高级管理人员的监管职能划出，保留了对金融市场、金融机构部分业务等的监督管理职责。

## 一、金融机构监管

改革开放后，我国金融业快速发展，形成了国有独资商业银行、政策性银行、各类商业银行和其他金融机构并存的金融组织体系，并形成了在金融市场中相互竞争的局面。为了适应金融业迅速发展的形势，中国人民银行嘉兴市分行逐步改革和完善金融监管体制，加强金融监管，维护金融稳定。

1992年，全年增设各类金融机构36个。报经上级行批准保留嘉兴市信托投资公司。批准建立嘉兴市城市信用社联合会，并转报嘉兴市民政局批准取得法人资格。

1993年，积极贯彻落实中央关于加强宏观调控的意见和全国、全省金融工作会议精神，强化宏观调控，严格执行"约法三章"，整顿金融秩序，严肃金融纪律，规范金融行为。

1994年，严格金融监管，维护金融秩序，建立金融大监管体系，探索现代化金融监管手段，完成了金融监管系统的开发。

1995年，加强日常金融监管，共查处违规11种，涉及机构230家，发出整改意见书95份，并对10家金融机构作出处罚。严格把好市场准入关，认真做好负责人任职资格审查工作。依法查处非金融机构办理金融业务的违法违规行为，整顿农村合作基金会。

1996年，在银行业机构的管理上从注重外延扩大转变到注重内涵提高，强化审慎性监管，健全金融机构内控制度。结合重新登记复查工作，集中力量对全市12家办理信托、证券交易的非银行金融机构合法性、合规性及整改情况进行了复查。至1月底，除嘉兴市信托投资公司暂缓登记外，其余全部通过验收，给予重新登记。同时，按照国务院和中国人民银行有关与自办信托投资公司脱钩的规定，督促完成浙江省融资中心嘉兴办事处证券交易部及各县（市）证券代理处、中国工商银行嘉兴市分行所属信托办及其嘉兴、嘉善两家证券代理处的撤销工作，并初审上报了中国农业银行嘉兴市分行所属信托办的撤销报告。建立金融机构风险报告制度和重大金融事故及案件快速上报制度。结合全面换发经营金融业务许可证，开展机构负责人任职资格普查。至11月底，全市共受理118名金融机构主要负责人任职资格申报，经审核，2名被认定为不合格，5名为暂缓审批。根据中国人民银行《金融机构高级管理人员任职资格管理暂行规定》，开始对辖内金融机构高级管理人员实施全面规范的统一管理，逐步建立高管人员的任职资格档案。完善嘉兴市金融机构高级管理人员任职资格操作管理办法及对审核对象、任职条件、审核权限、申报材料、审核程序、考察谈话、日常监管和任职资格取消等的规定，有效防范了因管理者问题造成的金融风险。

1997年，重点加大对金融机构的监管与处罚力度，采取切实有效的措施，防范化解金融风险。对172家金融机构法定代表人的任职资格进行了审查，对7名不符合资格的人员，建议其上级予以更换。分别组织人员对全市保险市场、社团基金进行调查，清理整顿。完成了嘉兴城市合作银行筹建工作，召开了创立大会。做好清理"三部"和储蓄机构工作，共改建分支机构10家，撤并"三部"25家。改建联办所为自办所44家，撤销代办点38家，对全市68家邮政储蓄网点进行换证，并列入金融机构管理序列。根据上级联合通知要求，组织中国建设银行嘉兴市分行、市财政局、市农林局对嘉兴市原中农信浙江嘉兴公司等3家公司亏损和风险资产情况调查。

加强农村信用社的监管。一是结合农村信用社管理体制改革，按合作制规范农村信用社管理，对农村信用社正副主任进行任职资格审查、复查，其中降级1名，不予任职3名。二是对全市139家农村信用社经营机构风险状况进行调查，对高风险信用社建立了台账。三是发出清查农村信用社违规经营的通知，积极清理账外经营、对外担保。会同桐乡市政府、法院紧急协调平息了桐乡市青石乡东田足佳皮革联营厂职工围攻冲击当地农村信用社的事件。

1997年7月26日，时任中国人民银行行长戴相龙来嘉兴调研，提出对银行逾期贷款原因进行调查，中国人民银行嘉兴市分行组成10个快速调查组，对市本级50户企业和市级商业银行所有的逾期贷款进行逐笔登记分析后形成调查报告上报中国人民银行浙江省分行。

1998年，学习贯彻党中央和国务院关于深化金融改革，整顿金融秩序的各项措施，认真吸取亚洲金融危机的深刻教训，开展创建嘉兴金融安全区工作。严格市场准入和退出机制，全年新设机构11家，撤并、降格、歇业机构73家。制定了金融机构和负责人经营行为量化考核办法。建立全市金融债权维护领导小组，实行不良贷款企业通报制度，组织开展信贷管理大检查和银行账外账等违规经营的整顿工作，对全市87家金融机构进行了现场检查。7月制定并实施《嘉兴市银行业监管员工作试行办法》，首批对8家商业银行配备了专职、兼职监管员。根据中国人民银行浙江省分行《关于防范和化解城市信用社经营风险的若干意见》，提出了城市信用社脱钩方案，由当地会计师事务所进行清产核资后转让股权。报请中国人民银行浙江省分行批准，动用存款准备金解决列为高风险的崇福城市信用社日常支付困难。全市117家具有法人资格的农村信用社通过了按合作制原则规范的验收。贯彻中国人民银行《关于制止和严肃查处高息揽存的紧急通知》，组织全市金融机构及邮政储蓄网点开展自查和检查。

1999年，积极协助地方政府搞好农村合作基金会的清理整顿，制定了《嘉兴市关于贯彻〈浙江省清理整顿农村合作基金会实施方案〉的意见》，并与市农经委联合印发了《关于贯彻〈浙江省农村合作基金会清产核资指导意见〉的补充意见》，明确嘉兴市清理整顿工作的政策措施，防止风险转嫁到农村信用社。全市经中国人民银行上海分行批准并入农村信用社的农村合作基金会共93家，政府弥补资金4 731.88万元。从当年12月26日起，全市开始存款兑付，由于部署周密，措施得当，截至12月30日，存款实际兑付率仅为23.56%，较好地稳定了绝大部分存款。嘉兴市农村合作基金会的清理整顿工作得到了省政府的肯定，在第四次全省清理整顿工作会议上进行了介绍。

1999年初，建立了防范风险领导小组和24小时值班制度，并制定了《嘉兴市防范支付风险措施》、《嘉兴市农村信用社重大事项报告制度》和应急预案，同时将风险化解列入信用社经营管理目标责任制考核，明确了中心支行、县支行和农村信用联社在防范支付风险上的职责。认真做好城市信用社的清产核资和归口农信社管理的有关工作。根据上级行的要求，委托会计师事务所对所辖的五个城市信用社进行了清产核资，并组织人员进行了复查，配合杭州监管办进行了二次复查，向中国人民银行上海分行上报了分类处置的报告。1999年末，除桐乡市两家城市信用社外，均已批复并入当地农村信用联社管理。密切关注高风险的崇福城市信用社和城关城市信用社的经营和支付动态，并多次向市政府领导汇报，由市政府督促当地政府采取了财政出资等多种救助措施。年底，与省政府、杭州监管办领导一起进行调查后，向桐乡市政府提出了关闭崇福城信社，将城关城市信用社并入农村信用社的建议，并要求当地政府尽快制订具体实施方案。在全市农信社系统实施了信贷管理责任制。把逾期贷款的清收责任落实到人，清收情况与员工收益挂钩，信贷责任制实施效果明显。全年，收回旧欠逾期贷款4.29亿元，是原计划3.02亿元的142%。

在清理整顿金融"三乱"、维护金融债权中，全年累计办理保全证明426户，金额11.7

亿元。

2000年，推行金融监管"阳光工程"，不断改进监管方式。在辖内开展金融机构贷款真实性大检查及国有商业银行2000年新增不良贷款真实性大检查，共完成半数银行机构中93%的贷款和100%的城乡信用社的真实性检查。中国人民银行非银行司领导在嘉兴市调研时给予了充分肯定，在中国人民银行上海分行辖区中心支行行长会议上进行了交流发言。把化解城市信用社风险作为监管的重中之重，依靠政府注资弥补亏损，组织预算外资金增强资金实力，依靠执法部门清收不良贷款等措施化解嘉善、平湖、桐乡城市信用社的风险后，将其归并为农村信用社。配合市政府做好对嘉兴市信托投资公司清理资产核实和资产评估工作的审核，提出撤并方案。完成农村合作基金会清理整顿后的贷款换据工作，换据率达到100%。对金融业主要负责人经营管理行为实施动态监管，制定了《嘉兴市银行业主要负责人经营管理行为考核试行办法》和《嘉兴市农村信用社法人经营管理行为考核试行办法》，并将量化考核的结果在全市金融系统内通报。规范监管行为，中心支行内部建立监管委员会，对重大监管事项实行集体审议制度，制定了《中国人民银行嘉兴市中心支行金融监管工作管理暂行办法》，该办法涵盖了检查立项、检查规程、处罚程序、资料归档等整个监管过程所有13项制度和程序。

2001年，严格监管银行资产风险，对辖内国有商业银行2000年7月至2001年3月的人民币信贷资产进行专项调查，下发了《关于进一步加强嘉兴市商业银行信贷管理的若干意见》。加大对银行高级管理人员和银行内控制度建设的监管力度，制定并实施了《嘉兴市银行业内部控制现场检查内容及评价试行办法》。整顿和规范金融市场秩序，协调各发卡银行机构签订《银行卡自律业务公约》，成立了银行卡专业委员会，规范了银行卡中间业务收费操作办法，实现了"统一市场准入、统一收费标准、统一操作规程、统一市场退出"。全面停止上门收款业务及储蓄机构夜市服务，完成银行卡恶意透支户信息共享系统。完成了嘉兴市信托投资公司证券部转让及机构解散方案，撤并了8家邮政储蓄代办机构。突出"抓降"工作，印发了《进一步改进和提高商业银行信贷资产质量管理的若干意见》。同时，通过建立不良资产台账系统，强化考核、监督措施，有效地促进了银行业资产质量的提高。至2001年底，四家国有独资商业银行信贷资产不良率比年初下降3.79个百分点。

2002年，建立了行党委成员"抓降"工作联系挂钩制度，对重点机构按照进行、入社的要求予以重点关注。对"抓降"进度慢的机构，及时发出监管质询书，并与主要负责人进行谈话，提出监管意见。对"抓降"进度慢的地区，与当地政府领导沟通情况，争取地方政府加大对"抓降"工作的支持和督促力度。2002年末，全市银行业不良贷款率比年初下降3.68个百分点，全市农村信用社不良贷款率比年初下降4.8个百分点。对银行业和信用社实施分类监管，制定实施了《嘉兴市银行业分类监管办法》和《嘉兴市农村信用社分类监管办法》，从业务发展、内控制度、风险状况、经营效益和遵纪守法状况五个方面对全市银行机构和农村信用社（联社）进行了等级分类，把监管力量集中到等级最低的6家银行机构和19家信用社上，有效增强了监管的针对性。同时，通过追债、增资、改善经营、再贷款等手段化解风险。经过努力，全年全市减少高风险信用社13家，全市信用社增资扩股3 924万元。对19家无效益、无前途、无安全保障的"三无"网点进行撤并。

2003年，重点加强对法人机构的监管，对嘉兴市商业银行增资扩股、机构设置、内部稽核和业务发展等提出指导意见。完成对股份制商业银行分理处升格为支行的工作，受理任职资格审查55人次，受理新设（变更）机构52家，增设自助银行4家、ATM 9台。同时突出了对农村信用社合法合规和防范化解金融风险的监管，推出了进社巡查监管、分类监管和高风险农信社化解方案等措施。全年共进社巡查283次，测评分类信用（联）社76家，高风险社比年初减少4家。对1家联社和5家信用社进行了内部控制全面评价，提出监管措施。配合农信社改革，做好信用社综合评价试算，加强对信用联社增办外汇业务和银行承兑汇票的指导，督促农信社增资扩股，提高抗风险能力。全年批复机构变更29家。

自2004年起，对银行业的机构监管职责由中国银行业监督管理委员会嘉兴分局履行。

### 二、货币信贷管理

中国人民银行货币信贷管理大致可分为信贷资金管理、货币信贷政策指导、中央银行负债管理、资产管理等。

（一）信贷资金管理体制的变革

1978年以来，适应我国经济体制改革的不断深化，信贷管理体制也经历了一系列的重大变革。

1993年3月，中国人民银行决定取消专业银行年度性贷款，规定中央银行对金融机构贷款期限最长不超过一年。从1994年第四季度开始，中国人民银行在全国所有商业银行、城市信用社和金融信托投资公司中推行资产负债比例管理和资产风险管理制度。其间先后取消了对合作金融机构、股份制商业银行和其他商业银行的贷款限额控制，至1997年，贷款限额管理机构只有4家国有独资商业银行和3家政策性银行。

从1998年起，中国人民银行取消了对国有独资商业银行的贷款限额管理，对国有商业银行不再下达指令性贷款计划，实行"计划指导、比例管理、自求平衡、间接调控"的信贷资金管理体制。这项改革是金融宏观调控的重大变革，意味着货币政策中介目标真正转向货币供应量，为实施数量型间接调控奠定了制度基础。

从1998年起，农村信用社在与中国农业银行脱离行政隶属关系后，资金来源不足，为增加支农资金，根据总行的安排，开始对县级联社和农村信用社发放支农再贷款，用于满足农村信用社支持农业生产的资金需求、因季节性因素出现的先支后收的短期资金需求以及支付清算中出现的临时头寸资金需求。

（二）窗口指导——货币信贷政策

信贷政策实质上是中央银行调节资金供求结构的一种政策意向。窗口指导是中国人民银行货币政策操作转向间接调控后传达货币政策的重要方式。

1991年2月，为了给嘉兴市大中型骨干企业创造一个良好的金融环境，推动"质量、品种、效益年"活动的深入开展，进一步优化贷款结构，盘活资金存量，决定建立工业企业金融联络员工作制度，统一组织具有独立调查分析能力的同志兼任金融联络员，确定19家大中企业和骨干企业为固定联系点。5月，根据省政府电视电话会议提出的关于搞活大中型企业的八条具体意见及市政府提出的五条补充意见，发出了《关于贯彻省、市搞活大中型骨干企业政策措施意见的联合通知》。主要内容是在信贷资金和规模安排上，对大中型骨干企业实行重点倾斜；用好用足"多收可以多贷"政策，增加技术改造项目的资金投入，支持企业调整产品结构，提高产品质量；盘活资产存量，促进企业增强发展后劲，对全市22户社会效益好、需要重点扶持的微利企业给予利率下浮5%~10%的优惠。调查上报全市66户大中型企业基本情况，为上级行提供搞活大中型企业决策依据。通过组织专业银行现场办公的形式，为嘉兴毛纺总厂解决300万元人民币、31.1万美元的羊毛采购资金。解决加西贝拉压缩机有限公司350万美元股本金担保问题和生产所需流动资金问题。解决海鸥电扇厂旺销季节集中生产所需贷款展期问题。配合嘉兴市挖潜清欠办公室落实挖潜清欠指标，召开由市本级8户重点企业和4个主管部门参加的挖潜清欠工作座谈会，总结推广嘉兴冶金机械厂的挖潜清欠工作经验。1991年第三季度，嘉兴市部分地区连续遭受洪涝、台风等灾害。各家省分行先后下达抗灾救灾贷款规模合计1.07亿元。认真贯彻省政府清理"三角债"工作会议精神，协助市清欠办完成全市64个固定资产拖欠款的源头清理，取得注入1元贷款清理3.68元拖欠款的效果。

1992年，认真贯彻中央2号文件、国务院召开的长江三角洲和沿江地区经济规划座谈会精神，根据市委、市政府《关于加快改革开放和经济发展的若干意见》拟就了《嘉兴市金融系统关于积极推进金融体制改革支持嘉兴经济加快发展的意见》，并代表全市金融系统在全市三级干部会议上做了《积极推进金融体制改革支持加快我市经济建设》的发言。全年批准63户大中型骨干企业享受利率下浮10%的优惠政策，共向企业让利405.9万元。1992年第三季度起草了《关于多渠道筹措资金保证早稻等农副产品收购资金需要的通知》和《采取措施做好秋季农副产品收购资金供应工作的通知》，向全市专业银行、保险公司印发了《关于加强金融支农的若干意见》，全年增加农业贷款5 325万元。在中国人民银行浙江省分行的支持下，先后从全省发行融资券筹集的资金中拆借给嘉兴市7 000万元，用于解决粮、茧收购资金短期周转的需要。针对全市经济金融快速发展中出现的新情况、新问题，对大中型企业政策到位、金融支农、外商投资企业、乡镇企业、固定资产投资状况、企业"三项资金"和高负债经营状况等进行专题调查，剖析热点难点，提出对策建议。

1992年下半年到1993年上半年，在我国国民经济继续保持高速增长的同时，也出现了房地产热、开发区热、集资热、交通能源重要原材料和资金紧张等矛盾和问题，全市不同程度地出现了乱集资、乱拆借和乱投资的"三乱"现象，扰乱了正常的金融秩序。从1993年2月中旬开始，全市城乡储蓄出现全面、连续、大幅度滑坡，49天减少4.16亿元，与同期相比，金融机构可用资金减少6.86亿元，清算发生困难。为了认真贯彻党中央、国务院《关于当前经济形势和加强宏观调控的意见》、全国金融工作会议提出的"约法三章"和国务院领导关于"要把住信贷、现金两个总闸门"的要求和"从严控制总量，优化结构，面向市场，转换机制，提高效益"的货币信贷方针，中国人民银行嘉兴市分行采取了八项措施：一是发动金融机构积极宣传《储蓄管理条例》，并报请嘉兴市政府批转《关于大力开展宣传服务保持城乡储蓄稳定增长的报告》，对各金融机构分别提出增储目标，扩大资金来源。全年城乡储蓄比上年多增5.78亿元。二是严格控制信贷总量，把各金融机构的信用活动以及企业债券融资规模全部纳入全社会信用计划。三是在全市城乡信用社试行资产负债比例。管理规范信托机构的资金运用，信托贷款仍执行"只收不贷"的政策，信托自营贷款和投资总额必须控制在自有资本金以内。四是对专业银行贷款取消划分年度性和短期的做法，实行期限管理，最长为一年。扩大再贴现比重，试办中央银行融资券的发行及其在金融机构之间的买卖业务。开展在专业银行间季度中间信贷规模横向调剂试点。五是通过中央银行再贷款、再贴现、利率等手段，引导金融机构加强对国家产业政策扶持重点的投入。六是改进农副产品收购资金专项管理办法。国储粮油由人民银行供应资金并实行专项管理。对全市收购部门合同内定购的粮油和蚕茧的收购实行多方筹措的专项管理政策，专业银行收购资金确有困难时，人民银行按实际库存增加额帮助筹措50%。选择平湖市进行粮食企业政策性资金和经营性资金分账管理的试点。七是积极配合市经委通过限产、压库、促销，调整企业产品结构，转换经营机制。八是提高人民银行专项贷款质量，抓紧清收到逾期贷款。同时，大力规范社会集资，认真清收同业拆借资金，全面清理自办经济实体，严肃查处擅自或变相抬高利率等违规行为，保障了全市金融业正常运行。

1994年是全面推进金融体制改革的一年，也是中央银行转换职能进入实质性阶段的一年，中国人民银行嘉兴市分行一方面加强和改进金融宏观调控、努力抑制通货膨胀，另一方面大力组织存款、多渠道融通资金，保证重点资金需要。为了及时掌握全市大额贷款发放情况，上半年选择桐乡市进行了大额贷款报备试点，下半年在全市推开。印发《关于贯彻落实省政府"严格控制消费基金过快增长和加强现金管理电话会议"精神的通知》，落实大额现金报备制度。从年初起，按先城市信用社，后信托机构，率先对非银行金融机构推行资产负债比例管理。积极向上反映嘉兴市农副产品收购、重点项目及重点企业资金缺口，争取信贷规模资金。反映的春茧收购价格矛盾突出，收购数量下降、收购资金缺口的信息被中国人民银行浙江省分行编成《情况反映》转报省人民政府。全年中国人民银行上级行新下达短期融资额度1.04亿元，短期调剂资金额度9 000万元，在农副产品收购旺季又临时增加1亿元额度，保持了嘉兴市历史上农副产品收购不打"白条"的传统优势。另外，重点支持了嘉兴电厂、乍王公路等重点建设项目和一批大中型企业的重点技改项目。

1995年，在宏观调控力度加大的大环境下，贯彻适度从紧的货币政策，把抑制通货膨胀放在工作首位，把尽力而为和量力而行结合起来，立足于从紧，把握好适度，促进经济在提高质量的基础上不断增加社会有效供给。相继出台了《关于金融支农的若干意见》、《关于金融促进优势工程的若干意见》、《关于促进城市信用社发展的若干意见》，得到了市委、市政府的肯定。1995年嘉兴遭遇了百年未遇的洪涝灾害，中国人民银行嘉兴市分行向上级行争取到2 000万元专项再贴现投入抗洪救灾。1995年下半年在嘉兴市政府组织的全市扭亏增盈攻坚战活动中，正确处理提高信贷资产与扶持困难企业的关系，打破了对亏损企业不贷款的惯例，市本级金融机构专门划出1 000万元贷款额度，用于帮助企业走出困境。面对1995年出现的丝绸行情急转直下、收购资金告急的问题，一方面积极帮助企业压缩库存，腾出资金；一方面牵头协调专业银行、丝绸公司、地方财政就地分解落实收购资金任务，引导蚕茧收购资金由过去的工商银行一家承担为全市金融机构共同承担，并通过商业票据承兑贴现解开拖欠债务链。严格监督金融机构的信贷规模和资产负债比例，除了月末考核外，增加了月中监测，有效防止了信用的过度扩张。清理、压缩银行委托贷款，在6月底出现反弹的情况下，以内部通报、处罚、提出清理重点等方式，加大清理力度，收到明显效果，贷款从9月起逐月下降，到年底共压缩1亿多元。

1996年，继续执行适度从紧的货币政策，认真贯彻中国人民银行《关于进一步改进对国有大中型企业金融服务的通知》，由人民银行牵头起草，经市级银行联席会议审定，报嘉兴市政府批转《关于提高金融效率促进两个转变支持经济发展的若干意见》。率先推行《嘉兴市主办银行制度试行办法》，组织市级各商业银行与嘉兴市首批15家大中型国有企业和国家控股公司建立主办银行关系，承诺当年授信额度8 610万元，到年底银企主办关系发展到35家。同时还制定《嘉兴市银团贷款试行办法》、《嘉兴市重点优势工程企业银企挂钩办法》。调整信贷结构，保证重点需要。一是保证农副产品收购不打"白条"；二是重点支持产品适销对路的国有大中型企业和优势工程骨干企业；三是大力支持全市重点建设项目，全年新增基建、技改贷款4.9亿元，代理开发银行贷款5.07亿元，重点支持嘉兴电厂、秦山核电二期、沪杭高速嘉兴段等重点建设项目；四是组织2 000万元银团贷款，支持市区道路建设；五是组织调查组对市属13家重点亏损企业进行个案分析定措施，9月底比上年同期减亏36.77%。

1997年，积极参与企业转制，做好信贷资产保全和呆账核销工作，结合嘉兴实际出台了"支持企业转制，维护金融债权，促进经济发展"的十条政策措施，抵制借转制逃废银行债务的行为。1997年全国企业兼并破产和职工再就业银行工作会议后，抓住嘉兴市列入全国111家优化资本结构试点城市的机遇，在市政府的重视和支持下，积极组织市级各银行认真参与编制计划，积极向上争取资金，完成了对优化资本结构试点城市呆账核销的稽核调查和上报工作，当年全市列入破产企业计划4户，核销本息1.2亿元，列入兼并计划10户，核销利息6 259万元，列入减员增效计划7户，核销利息4 137万元，全部通过了上级行的审核，帮助企业通过合法破产、兼并，调整经济结构。从资金、保险等方面支持嘉兴市再就业工程，为下岗、失业人员的培训、分流、安置提供金融服务。探索金融支持非公有制经济发展，组织市级银行主要负责人到台州、温州学习考察，结合嘉兴实际研究金融如何支持非公有制经济的发展措施，一些商业银行专门设立了私人业务部。全年私营企业和个体贷款余额5 814万元，比年初增加3 219万元。全力支持嘉兴市重点工程项目和基础设施建设，对沪杭高速、东西大道、城东路、嘉兴乍浦港、国家安居工程发放贷款2.45亿元。改进调控方式，提高间接调控能力，扩大票据承兑、贴现与再贴现业务，进一步完善同业拆借市场，提高资金运用率。

1998年，信贷管理实现由总量管理向完全比例管理的过渡，在取消国有商业银行贷款限额管理的新形势下，按照"计划指导、自求平衡、比例管理、间接调控"的管理体制，按月监测辖内国有商业银行分支机构的资金来源和运用计划及存贷比例等指标的执行情况。同时重点对由人民银行核定比例的其他商业银行和地方金融机构进行监控。按照国家和地方产业政策，在贷款投向的引导上，继续把支持农业放在突出位置；支持企业技改和基础设施建设，积极支持工业结构调整，加大对非公有制经济的支持力度，为此制定了《关于金融支持非公有制经济发展的若干意见》（嘉银发〔1998〕第40号）；支持新的经济增长点的形成和发展，抓住住房制度改革的机遇，引导住房信贷逐步由主要支持商品住宅的开发建设转为主要支持商品住宅的消费及配套服务，扩大住房抵押贷款发放范围。继续做好优化资本结构试点工作，支持企业改革，1998年又有2家企业列入破产、1家列入兼并、1家列入减员增效，核销贷款本息1.69亿元。认真落实中国人民银行《关于改进金融服务、支持国民经济发展的指导意见》，为了支持国有亏损工业企业中有销路、有效益的产品生产，会同嘉兴市经贸委、市财政局联合下发了《嘉兴市"封闭贷款"管理试行办法》，全市列入封闭贷款的企业32家。投入8 131万元信贷资金支持全市 99 家太湖流域水污染重点企业达标治理。

1999 年，货币政策由适度从紧转向稳健，引导金融机构扩大信贷投放，支持地方经济发展。完善了封闭贷款的操作办法，修改后以市政府文件下发了《嘉兴市"封闭贷款"管理暂行办法》，当年对 9 户亏损企业发放"封闭贷款"。积极引导金融机构利用金融杠杆刺激经济增长，加大信贷有效投入，拓展消费信贷领域和规模，通过信贷结构的调整体现支持的重点。全年中长期贷款同比多增 16.66 亿元，消费信贷扩面的同时增量 4.49 亿元，对个私企业的信贷投入增加 8.14 亿元。针对农业生产的新情况、新特点，在全市农村信用社实行农贷联系制度，进一步扩大支农信用卡的发放面，扩大农业信用的放款额度。按照中国人民银行《关于进一步加强对中小企业金融服务的指导意见》，积极参与组建了各类中小企业贷款担保机构 9 家，支持中小企业和个私经济的发展。完善货币信贷政策的基础性工作，根据中国人民银行总行、上海分行的有关文件，结合嘉兴实际，制定了《中国人民银行嘉兴市中心支行短期贷款管理操作规定》、《中国人民银行嘉兴市中心支行再贴现管理操作规定》、《中国人民银行嘉兴市中心支行农村信用社再贷款管理操作规定》。

2000 年，继续贯彻稳健的货币政策，促进经济金融健康发展。为有效发挥货币政策对经济的推动作用，强化了窗口指导，根据中国人民银行上海分行工作会议精神，结合嘉兴实际，提出了 2000 年全市金融工作指导意见，对商业银行的信贷投向、总量和风险防范提出了要求。灵活运用货币政策工具，加大对高新技术产业和产品的支持力度，着力培育区域特色经济，支持国有企业转制脱困，扶持中小企业和民营经济，对消费贷款和基础设施的投入持续升温，确保了农业和农村经济发展的资金需求。2000 年，嘉兴市金融运行中出现了存款分流，而经济复苏，企业效益好转对资金需求加大，致使当年新增存贷比持续超过 100%，中国人民银行嘉兴市中心支行一方面要求各金融机构千方百计组织存款，积极向上推荐好的企业和项目，争取纳入上级行的放款计划和总行、省分行、本行三级联贷，并为地方性的嘉兴市商业银行争取到了 5 000 万元的专项再贷款，批准了 8 家城乡信用社动用存款准备金化解支付风险；另一方面在货币政策工具的运用上发挥导向作用，重点加强了对中小金融机构再贷款的使用和管理，增强中小金融机构和农村信用社的抗风险能力。认真贯彻朱镕基总理关于农村信用社改革和发展的重要讲话，印发了《关于认真组织学习朱总理重要讲话进一步做好农村信用社工作的实施意见》，强化农村信用社为"三农"服务的定位，降低支农信用卡发卡起点，推行农户小额信用贷款。

2001 年，配合嘉兴经济结构的调整，积极运用货币政策工具，为小企业成长营造良好的金融环境。出台了《嘉兴市金融支持小企业发展的若干政策意见》，同时拟定了《嘉兴市小企业信用等级评定标准及操作说明》。运用货币政策工具，支持合理资金需求，推动了商业银行的信贷投放。制定了《关于办理出口退税账户托管贷款业务的补充意见》、《嘉兴市生源地财政贴息助学贷款管理规定》、《关于开展乡镇企业财产权属登记发证及贷款抵押合同登记的实施意见》等指导意见。与市经贸委、工商局联合发文推动乡镇企业财产权属登记发证及贷款抵押合同登记工作，解决中小企业贷款抵押难问题。加大信贷支农力度，促进农业生产发展。制定了《中国人民银行嘉兴市中心支行对农村信用社贷款管理操作规程》，增强中小金融机构和农村信用社抗风险能力和对中小企业、农业的支持力度，累计发放再贷款 28.87 亿元，累计办理再贴现2.86亿元，有效解决了金融机构临时资金头寸不足的问题。推进农户小额信用贷款、农户联保贷款、农户自报公议、公议授信贷款，方便和满足农民贷款需求。加强贷款管理，规范信贷行为。严禁信贷资金流入股市；严禁发放无指定用途个人消费贷款；取消住房贷款零首付业务。围绕贯彻货币政策、防范金融风险和中小企业融资问题，积极开展调查研究，形成10篇调查报告，选编《参阅件》7期，供有关领导决策参考，其中5期被市委、市政府领导批示。

2002年，为了有效贯彻稳健的货币政策，着力于疏通货币政策的传导渠道。一是制定实施了《嘉兴市中小企业信用等级评定管理办法》，统一了市区小企业信用等级评定标准，解决了小企业信用评估难的问题。二是出台了《嘉兴市商业银行小额贷款营销指导意见》，督促商业银行调整和完善授权授信制度，充分调动信贷人员和基层分支机构营销贷款的积极性，适当下放贷款权，增强分支机构对市场的反应能力，扩大对县域经济的支持力度。三是当好政府参谋，建立了浙江省首个生源地助学贷款担保基金，解决了贫困学生贷款难的问题，中央电视台对此专门做了报道。积极推动企业财产权属登记工作，盘活企业可抵押资产。全市培训登记发证人员1 377人次，为1 109家企业发放财产权属证书，累计发证资产总额77亿元，办妥抵押手续资产23亿元，累计发放抵押贷款12亿元。牵头组织召开了金融产品展示会暨银企合作项目推介会，银行与中小企业签约贷款项目达17个，金额达4.3亿元。

2003年，推出了嘉兴市《银行业"推进小额贷款支持小康建设"活动实施意见》、《金融业支持"工业立市"战略实施的指导意见》和"非典"期间加强信贷服务的通知等举措。进行了小企业"三包一挂钩"贷款试点，支持了嘉兴"工业立市"战略，促进了对中小企业的信贷投入。根据《浙江省信贷投向指引》等文件精神，结合实际明确了嘉兴信贷支持重点，从两个方面加强了对银行的政策引导。一是引导其发放小额贷款，缓解小企业和下岗失业人员贷款难问题。到年末，嘉兴市中小企业贷款余额为283.94亿元，比年初增长29.11%；落实下岗失业人员小额贷款担保基金470万元，至年末全市下岗失业人员小额担保贷款余额达到188万元。二是引导商业银行开展银政、银企签约，并督促其履约。当年全市银企签约项目648个，授信额324.04亿元，贷款余额100.05亿元，完成当年贷款计划的99.4%。根据国家七部委和总行关于整顿和规范房地产市场秩序、加强房地产信贷业务管理的要求，规范了预购商品房按揭抵押登记备案，加强了房地产信贷统计，组织了对房地产信贷业务的检查。进一步维护金融债权打击金融逃废债。全年共为企业开立金融债权保全证明29笔，累计金额7.24亿元。促成了银行同业协会出台嘉兴市不守信用企业联手制裁公约。与杭州、宁波等5个中心支行签订了商业承兑汇票推广联合区备忘录，公布联合区推广企业名录，制定了相应的管理办法。到12月末全市金融机构累计签发银行承兑汇票161.14亿元，贴现73.99亿元，同比分别增长88.48%和150.3%。累计贴现商业承兑汇票4.23亿元。

2004年是中国人民银行体制改革后依法履行新职能的第一年。围绕国家相继推出的宏观调控政策，突出了有效投入、结构调整、重点支持三个环节。结合嘉兴市经济金融发展情况，制定辖区货币信贷指导意见。出台了《嘉兴市银行业开展"有效投入年"活动实施意见》、《关于嘉兴市金融业支持民营经济新飞跃的指导意见》、《关于进一步做好嘉兴市区下岗失业人员小额担保贷款工作的通知》。制定了《关于进一步做好嘉兴市货币信贷工作的指导意见》，明确了保的重点、压的方向,受到嘉兴市委、市政府领导的重视,市委书记黄坤明专门做了批示予以充分肯定。根据市委、市政府提出的"招商引资年"、"项目推进年"、"效能建设年"活动要求,在全市银行业组织开展了"有效投入年"活动,逐步推进"平台、信用、支农、效能"四大工程。积极与上海、杭州各股份制商业银行、外资银行联系沟通,引入市外银行资金,缓解资金供求矛盾。到11月末,共为100多家中小企业和项目落实授信金额80多亿元,全市异地贷款余额达184亿元,占本地金融机构贷款余额的19.8%,当年增加52亿元,占本地金融机构当年增量的40%。

2005年,坚持以科学发展观统领金融改革发展全局,认真贯彻执行稳健的货币政策,围绕"有效投入年"活动主题,切实发挥窗口指导的作用。召开以"打造金融生态环境,推进银行信贷有效投入"为主题的全市金融工作会议,市委、市政府领导进行动员,中国人民银行嘉兴市中心支行对活动进行具体部署。由市政府转发了《"打造金融生态环境,推进信贷有效投入"活动实施意见》、嘉兴市《2005年货币信贷工作指导意见》、《信贷征信建设指导意见》,明确了全年活动的实施方案,引导商业银行的信贷有效投入。以建设社会诚信体系为依托,完善下岗失业人员小额担保贷款机制。通过开展国家助学贷款宣传活动、贯彻助学贷款新政策,引导和督促商业银行做好国家助学贷款的推广工作。组织开展全市银行业"访百家企业,增信贷投入,促稳健发展"专题调研活动。在全省率先建立人民银行与市银监分局、建设局等部门的房地产市场信息互通和政策协调机制,实施了嘉兴市银行机构流动性水平监测、银行机构风险监测和民间借贷利率监测三项制度。在全省率先组织召开全市农村信用建设推进会暨服务"三农"工作交流会,发挥支农再贷款的导向作用,截至12月末全市累计发放支农再贷款2亿元。构建银企合作平台。配合各级政府及有关部门在本地和上海、杭州举办了13次重大项目推介会、银企合作签约仪式,为400多家企业(项目)落实授信金额130多亿元,其中90%为中小骨干工业企业。从稳步推进金融体制改革出发,不断完善金融稳定工作机制,推动社会信用体系建设,积极打造良好的金融生态环境。中国社会科学院金融研究所发布的《中国城市金融生态环境评价》报告显示,嘉兴金融生态环境综合排名列全国第9位。

2006年是十一五规划的开局之年,也是中国金融业加入世界贸易组织后过渡期的最后一年,面对众多的机遇和挑战,中国人民银行嘉兴市中心支行主动适应经济发展对金融的更高要求,积极落实稳健货币政策。以"金融生态推进年"为主抓手,出台了《货币信贷工作指导意见》等货币信贷导向性意见11个,其中在全省率先制定的《金融支持现代新农村建设的指导意见》被市政府转发。积极搭建各种交流沟通平台,配合地方政府举办银企合作恳谈会和经济金融联席会议,举办重大项目推介会和银企签约仪式13次,为190个优秀项目(企业)落实资金82亿元。积极引导金融机构参与全国银行间市场,支持金融机构推荐优质企业发行短期融资券。在全省率先制定了《成长型小企业评价认定方法》,将全市4 356家小企业中的200家纳入重点培育和扶持计划。加大金融支农工作力度,推动农业政策性保险试点工作,全省政策性农业保险的第一单在嘉兴签约。通过参与制定鼓励、支持大学生就业的信贷扶持政策,制定《嘉兴市区小额担保贷款管理办法》,深化金融支持弱势群体工作。

2007年,找准宏观调控与微观发展的结合点和政策引导与主动调适的联动点,首先是强化三个导向,增强货币政策执行效果。一是强化主题引导。结合上级行要求,组织全市金融系统开展了"金融保险服务送农村"主题活动，健全农村金融组织体系，推进农村金融创新，发展农业保险，加大农村金融政策支持。二是强化政策督导。因地制宜、因势利导地配合金融宏观调控出台《货币信贷工作指导意见》、《金融支持和谐社会建设的指导意见》、《金融支持节能减排工作的指导意见》、《关于推进银保互利合作指导意见》，健全金融机构货币政策执行情况考核通报制度，加强对金融机构存款准备金、同业存放业务等的监督检查。引导辖内金融机构优化结构有保有压，推动信贷投放速度、质量、效益相协调。三是强化窗口指导。深入贯彻中国人民银行吴晓灵副行长9月26日在电视电话会议上"统一思想，加强指导，抑制中小金融机构贷款过快增长"的重要讲话精神和中国人民银行杭州中心支行的调控计划，严格贯彻流动性调控措施，有效抑制中小金融机构贷款过快增长。其次是固化三个平台，服务地方经济科学发展。一是固化合作平台。配合地方政府举办市内外银企合作洽谈会、恳谈会、签约仪式，加大金融对重点项目、重点企业、重点建设的支持力度，全市18场签约共达成授信意向项目726个、金额148.77亿元。组织银行参与上报"三农"、节能环保、中小企业相关项目42个、金额13.64亿元。二是固化沟通平台。探索建立下岗失业人员小额担保贷款发展的长效激励机制，将再就业贷款列入政府年度对金融机构的考核。选择涉及造纸、化纤、电子和金属制品等不同所有制性质企业为对象，建立"嘉兴市货币信贷政策重点联系企业网络"。三是固化协调平台。适应嘉兴"接轨大上海、融入长三角"的发展趋势，会同有关部门主动协调市外银行召开金融服务办年会，建立市外银行季度沟通例会制度，并把引入市外银行资金作为接轨工作的突破口，2007年前三季度共引入市外资金101亿元，并被评为"接轨上海优秀市级部门"。制定《金融舆情监测暂行办法》，建立金融部门与新闻单位定点联系制度，引导辖区正确理解货币政策的出台背景，化解负面影响。

  2008年，积极响应地方党委政府"创业富民，创新强市"战略部署，根据中国人民银行上海总部工作会议精神，及时出台《关于嘉兴市金融创新创优支持创业发展的指导意见》，就嘉兴市金融业全面加大创新力度，提升金融服务水平，支持创业发展工作等提出了5个方面18条意见。协助市政府召开金融工作会议，出台《嘉兴市人民政府关于加快金融业改革发展的若干意见》和《嘉兴市人民政府关于加快推进地方金融体系建设的若干意见》，就加快嘉兴市金融改革，深化地方金融体系建设，优化金融生态环境，防范金融风险作出中长期的部署。下半年，积极应对国际金融风暴对全市经济的影响，出台《关于加大金融对经济增长支持力度的若干指导意见》，引导全市金融系统主动出击、与企业共克时艰，受到了市政府主要领导的高度肯定，并被市政府转发。做好中小企业风险补偿工作，引导对中小企业信贷投入。依托政府信用，推进金融创新。与环保部门合作，在全国率先推出排污权抵押贷款，授信2 200万元，受到总行关注；与农村基层党组织合作，引导农村合作金融机构在全国率先推出农村党员创业贷款，受到习近平同志的关注。同时围绕仓单质押、股权质押等有效开展金融产品创新。还以创业贷款、财产抵押贷款、住房抵押贷款等为对象，不断推动银行与保险机构的合作，积极探索和研发适合全市"三农"实际情况的金融保险配套产品。全年全市共举办银企合作、项目推介活动16次，有774个企业（项目）获得市内外银行的346.36亿元的授信。金融支持节能减排工作、建设现代化新农村推进城乡一体化工作、接轨上海工作得到上级行以及地方党委政府的肯定，有4项被中央电视台报道。

2009年，全面落实支持经济平稳较快发展这一首要工作任务，年初，制定《嘉兴市关于推进金融支持统筹城乡发展的指导意见》，得到市委市政府的肯定并经市政府印发，切实把金融支持农业农村工作和统筹城乡发展作为一项长期战略任务来抓，积极借助嘉兴作为城乡统筹发展全省试点和习近平同志深入学习实践科学发展观活动联系点的基础优势，在总部辖区乃至长三角地区首创了地市政府与省级人民银行的合作，推动并促成嘉兴市政府与中国人民银行杭州中心支行签订了《关于共同推进农村现代金融制度建设促进嘉兴统筹城乡发展的合作协议》，从支持统筹城乡发展、建立现代金融制度、完善金融体系、加强金融创新和优化金融服务等6个方面提出了12条指导意见。紧紧围绕适度宽松的货币政策，7月，在全省率先出台《关于加大金融支持中小企业力度推进工业经济发展的通知》，提出了全年新增贷款、新增工业项目贷款的两大目标，确保信贷资金高效流入实体经济。进一步健全信贷政策导向效果评估制度，重点将各金融机构对工业性投入，作为全市货币信贷政策导向评估和政府对金融机构年终考核工作的重要内容，得到市委、市政府的肯定与支持，取得良好效果。把"调结构、扩内需"作为主攻方向，坚持有保有压，得到中国人民银行督查组及市委、市政府的肯定。全面落实上级行关于加大对中小企业、"三农"支持力度的要求，积极缓解重点对象融资难题。开展"万名信贷员下厂入户服务月"活动，共走访企业11 082家、农户35 987户，并举办金融产品推介会、支农联络员会议、出口行业分析会、自主创业者座谈会等229次，为解决"三农"资金需求、支持统筹城乡发展提供了一揽子方案。积极搭建银政、银企、银农三类合作平台，举行2009年银企合作签约会等对接、恳谈和合作活动共12次，签约企业共610家，授信金额369.23亿元，创历年来新高。其中不少推介会针对性较强，如"中小企业专项信用贷款项目签约暨金融产品推介会"，积极推介中小企业专项信用贷款；"物流金融辅导服务暨物流项目签约活动"，积极推介存货质押、物流、贸易融资等。探索银保互利合作机制，联合召开银行业金融机构与中小企业担保机构互利合作对接推进会，5家商业银行与5家担保机构签订了合作协议，累计担保额度16.4亿元。探索外来企业保障机制，试点推出"边缘化"企业创业贷款，为市外企业来嘉兴投资项目投放贷款1.2亿元。

2010年，引导金融机构均衡把握贷款投放节奏，保持信贷总量的合理适度增长。制定《嘉兴市金融支持产业转型升级的指导意见》，并以市政府名义转发全市。开展对接活动4次，签约项目487个，授信金额334亿元。特别是时隔12年后重新启动再贴现业务，支持金融机构进一步加大对实体经济资金投入。组织开展"千名信贷员下厂入户服务月"活动、"千家成长万家培育"中小企业金融支持计划、"1 010支小帮扶——金种子行动"等主题活动，推动信贷总量适度增长。抓住"学习实践科学发展观"典型城市试点优势，出台《金融支持城乡统筹发展的指导意见》。到年末全市统筹城乡项目贷款余额85.1亿元，同比增长72.0%，比年初增加34.0亿元。落实《杭州中心支行与嘉兴市政府关于共同推进农村现代金融制度建设促进嘉兴统筹城乡发展的合作协议》，引导商业银行省级分行与地方政府直接对接。转发《关于全面推进农村金融产品和服务方式创新指导意见》，继续推广农村住房抵押贷款、农村土地流转贷款、农村建房配套贷款、农村住房置换担保贷款、农村党员贷款、农村青年创业贷款，创新推出苗木抵押贷款、女性创业担保贷款，满足不同群体的信贷需求。在全国率先推出"政府补助期权"抵押贷款，对享有财政资金补助或奖励的支农项目可以"政府补助期权"作为抵押品发放贷款。创新推出小企业集合信托债权基金，先后发行5期小企业集合信托债权基金，总发行量2.07亿元，68家企业获得信托贷款。转发《关于进一步做好中小企业金融服务工作的指导意见》，实施中小企业信贷政策导向效果评估，抓好商标权、专利权质押、专业市场助业通、园区厂房按揭贷款、工会创业小额贷款、中小企业纯信用贷款，打造金融支小组合拳。积极推动排污权抵押贷款业务开展，推进"绿色信贷"政策。全年共投放节能减排贷款3.3亿元。坚持本外币联动策略，按照总量上有突破、个案上求创新原则，牵头开展跨境贸易人民币结算试点工作，成功举办跨境贸易人民币结算试点仪式，同时借助《嘉兴日报》、嘉兴电视台、《上海金融报》和《金融时报》等加大宣传力度，取得良好的社会效果。截至11月中旬，嘉兴跨境贸易业务余额9.23亿元，位居全省第4位，占全省总额的11.1%。

（三）法定存款准备金管理

法定存款准备金是金融机构吸收的一般存款中按中国人民银行规定的比例向中国人民银行缴存的支付准备金存款。1988年8月31日，中国人民银行下发了《关于进一步控制1988年货币投放、信贷规模的具体规定》，其中规定从当年9月1日起法定存款准备金率的比例由12%上调为13%。之后，我国金融组织体系发生了很大变化，金融业务进一步发展，1993年，为配合新会计制度的实施，中国人民银行下发了《关于印发〈工、农、中、建、交、中信、华夏银行及城市信用社划缴存款范围〉的通知》和《关于确定各类金融公司缴存款范围及启用新月计表的通知》，进一步界定各金融机构缴存款范围。

1998年3月，中国人民银行对存款准备金制度做了重大改革，将金融机构在中国人民银行的法定存款准备金账户与备付金存款两个账户合并，称为准备金存款账户，扩大一般存款范围，将代理人民银行财政性存款中"机关团体存款"、"财政预算外存款"划为一般存款缴存法定存款准备金，实行按法人统一缴存的办法，同时将各金融机构的法定存款准备金从13%下调到8%，1999年再次下调到6%。其间，中国人民银行嘉兴市分行一方面做好准备金划转等有关工作，另一方面，加强对各地方性法人金融机构存款准备金缴存情况的监控，及时跟踪各金融机构超额储备率变动情况，确保各金融机构具有较好的支付能力。

2000—2001年，针对农村基金会清理整顿过程中由于基金会撤并引起部分农村信用社支付困难及个别城市信用社经营状况下降引起支付困难的情况，根据有关规定，中国人民银行嘉兴市中心支行审核后，报经中国人民银行上海分行批准，多次动用存款准备金，2000年3—9月，辖内海宁市钱塘江农村信用社、海宁市长安农村信用社、海盐县武原农村信用社、平湖市当湖农村信用社合计动用存款准备金2 040万元，辖内桐乡市城关城市信用社两次动用存款准备金，合计动用金额1 159万元。2001年又有3家农村信用社（海宁市钱塘江、沈士、长安农村信用社）合计动用存款准备金1 162万元，桐乡市城关城市信用社动用存款准备金626万元，解决了城乡信用社的支付困难。

2005年中国人民银行杭州中心支行下发了《浙江省金融机构存款准备金管理操作规程》，进一步明确了金融机构法定存款准备金交存方式、交存范围、动用条件、审批权限及会计处理。

2003年9月至2008年6月中国人民银行连续21次上调商业银行法定存款准备金率，法定存款准备金率的比例由6%上调为17.5%。

2008年9月至2010年11月间中国人民银行先后9次调整法定存款准备金率，至2010年11月29日国有银行、城市商业银行、农村合作银行、农村信用社的法定存款准备金率分别为18%、16%、12.5%、12%。

（四）再贷款管理

再贷款是指中国人民银行对金融机构的贷款。1993年初，中国人民银行下发了《中国人民银行对金融机构贷款管理暂行办法》，规定中国人民银行对金融机构贷款在中国人民银行系统内实行"统一计划、分级管理"的原则和"限额管理、余额监控"的管理办法，同时取消年度性贷款，规定一般情况下中央银行贷款的最长期限不超过1年。1993年7月初全国金融工作会议决定改革当时的信贷资金与规模的分配体制，收回中国人民银行各分行在中央银行贷款供应和调剂规模分配方面的权力。尔后，为了做好体制改革后的资金供应衔接工作，中国人民银行于1993年10月7日分别下达《关于人民银行分行现有再贷款可用限额及应急贷款管理的通知》、《关于安排部分资金用于中心调剂头寸的通知》两个文件，将再贷款主要用于大中城市同城票据交换"头寸"的余缺及专业银行资金调度暂时出现资金供应脱节的临时调剂。

1994年5月，中国人民银行下发《关于做好中国人民银行分支行原发放的再贷款划转工作的通知》，划转的再贷款是指中国人民银行分支机构的信用贷款余额中扣除总行下达给分行的短期融通资金和用于融资中心的调剂资金后的贷款，划转的范围是中国人民银行分支机构对各专业银行分支行发放的再贷款，以1994年4月30日营运终了时中国人民银行对专业银行实际发放的信用贷款余额为基数实行划转。

1999年1月，中国人民银行下发《中国人民银行短期贷款管理暂行办法》，按此规定，中国人民银行嘉兴市中心支行只能审批、发放期限不超过7天的短期再贷款，超过7天的需报人民银行上海分行审批。

1999年5月，为规范和完善对农村信用社贷款的管理，中国人民银行下发了《中国人民银行对农村信用合作社贷款管理暂行办法》，中国人民银行嘉兴市中心支行根据该办法于1999年7月制定了《中国人民银行嘉兴市中心支行对农村信用合作社再贷款管理操作规定》，对农村信用社发放支农再贷款，支持其增加农户贷款，调整信贷结构。1999—2005年嘉兴市发放支农再贷款分别为0.3亿元、10.15亿元、10.4亿元、9.95亿元、7亿元、8.1亿元、2亿元，有力地支持了农村信用社发放农户贷款，改变了农村农户贷款难的状况。

（五）再贴现管理

再贴现是指金融机构以其持有的、未到期的贴现票据向人民银行办理贴现取得资金。1995年，中国人民银行嘉兴市分行制定了《嘉兴市分行再贴现暂行办法》，积极推广票据承兑、贴现和再贴现业务，当年累计办理再贴现3.5亿元。1997年办理再贴现达到最高点，累计办理再贴现达4亿元。1998年又大幅减少，全年累计办理再贴现1.27亿元。

为进一步规范和推动嘉兴市商业票据承兑、贴现和再贴现业务的开展，1999年3月，制定了《中国人民银行嘉兴市中心支行再贴现管理操作规定》，该办法规定：

1. 再贴现的对象为辖区内中国人民银行开立存款账户的商业银行、政策性银行及其具有贷款权限的分支机构。

2. 再贴现的期限以三个月以内为主，最长不超过六个月。再贴现须于贴现后五日方可办理。

3. 再贴现利率执行中国人民银行制定的统一利率。

4. 再贴现单笔金额不得超过1 000万元。

该办法实施后,进一步规范了再贴现业务。当年累计办理再贴现1.18亿元。

2001年,根据中国人民银行《关于切实加强商业汇票承兑贴现和再贴现业务管理的通知》,中国人民银行嘉兴市中心支行转发各金融机构,要求严禁承兑、贴现不具有贸易背景的商业汇票,如发现此类情况,将责成金融机构对直接负责的高级管理人员、直接负责的主管人员和直接责任人给予纪律处分。对于故意压票的承兑银行,一经查实,要暂停或停办对其再贴现。当年,还要求各金融机构对办理的票据贴现业务进行自查,并组织力量对各金融机构的票据贴现业务进行专项检查,使再贴现业务纳入规范发展的轨道。

2002年末,中国人民银行嘉兴市中心支行再贴现发放及余额大幅度减少,分别比2001年下降99.85%、99.97%,原因有再贴现利率上升、再贷款利率下降等。由于再贴现限额等因素,2005—2009年中国人民银行嘉兴市中心支行没有办理再贴现。

(六)利率管理

1. 利率水平

1991—2010年20年间,中国人民银行对一般存贷款利率进行了多次调整,其中,1991年4月下调了存贷款利率;1993年两次调高存贷款利率;1995年两次单独提高了贷款利率;1996—2002年,为适当扩大货币供应量,连续8次降息,以一年期为例,存款利率从1995年7月1日的7.47%下降到2002年2月21日的1.98%,贷款利率从1995年7月1日的12.06%下降到2002年2月21日的5.31%;2004年10月29日起,存贷款利率开始回升,2004年10月29日至2007年12月21日间连续上调了8次存款利率,9次贷款利率;2008年又连续下调了4次存款利率,5次贷款利率;2010年10月调高了1次存贷款利率。

2. 利率体制改革

20世纪90年代后期以来,为适应国内金融发展及与国际金融接轨的需要,中国人民银行对利率体制进行了一系列改革。一是取消同业拆借利率上限。1996年6月,取消同业拆借利率上限控制,借贷双方同业拆借利率可协商,利率完全放开。二是改革贴现和再贴现利率生成机制。1998年改革了贴现和再贴现利率生成机制,即改变此前贴现利率与贷款利率挂钩、再贴现利率与再贷款利率挂钩的做法,使再贴现利率参照准备金存款和再贷款利率确定,贴现利率在再贴现利率基础上由商业银行自行加点生成。三是扩大贷款利率浮动范围和幅度。商业银行对小企业贷款利率最高上浮幅度由10%扩大到20%,农村信用社贷款利率最高上浮幅度由40%扩大到50%。在此基础上,1999年上半年,将县以下金融机构贷款利率最高上浮幅度由20%扩大到30%,随后又将小企业的贷款利率浮动幅度由20%扩大到30%,并将适用范围扩大到中小企业。四是1999年中国人民银行修订并颁布了《人民币利率管理规定》,进一步完善利率制度建设。五是进一步放宽金融机构贷款利率浮动区间,允许存款利率下浮。从2004年10月29日起,金融机构贷款利率不再设定上限,城乡信用社贷款利率仍实行上限管理,最大上浮系数为贷款基准利率的2.3倍。金融机构以中国人民银行规定的人民币存款基准利率为上限,实行存款利率下浮制度。

(七) 票据管理——支持农村经济金融

为进一步深化农村信用社改革,改善农村金融服务,2003年国务院制定了《深化农村信用社改革试点方案》,对试点地区的信用社出台了一系列扶持政策,其中中国人民银行分别以专项票据或专项再贷款方式对试点信用社给予资金支持,嘉兴全部采用专项票据的方式对试点信用社给予资金支持。

2004—2005年,按照上级行的部署,以中国人民银行资金支持工作为重点,以监测考核调研为手段,关注并指导辖区金融业改革进程。根据《农村信用社改革试点资金支持方案实施与考核指引》的要求,做好农信社改革试点央行资金支持工作,发行专项央行票据5.81亿元,并实行了日常监测按季考核。

2006年,中国人民银行嘉兴市中心支行实施专项央行票据兑付考核,加快农村信用社改革步伐。成立了考核评审委员会和央行票据兑付专题考核小组,完成了全辖6家联社的兑付预考核专题检查,积极配合上级行的兑付考核工作,严格把好审查关。当年,嘉兴市上报的6家联社均通过了省级审核验收,除海盐联社外5家经总行获准兑付,兑付金额4.54亿元。同时在全省率先建立《专项央行票据兑付后监测考核制度》,实现了日常监督与年度考核相结合、现场抽查与非现场考核相结合、动态监测与实地考核相结合,加强了对已兑付联社的考核评价与日常监测。

2007年,对海盐联社央行票据兑付的二次申报进行预考核检查和上报。年初对海盐联社的兑付工作进行现场指导,要求针对总行提出的主要问题花大力气进行整改,后又经过3次现场检查和辅导,经初审后上报,最终成功兑付1.26亿元,顺利完成辖区最后一家农村信用社的央行票据兑付工作。至此,嘉兴辖内6家联社(合作银行)全部获得专项票据兑付,合计金额5.8亿元,用以置换不良贷款。

2008—2010年,不断加大对农村金融机构改革的指导力度。通过开展动态督导巡访和季度监测考核,加强对农村信用社专项央行票据兑付后的监督,及时了解辖内农村信用社产权制度和组织形式改革进展动向,扎实做好信用社数据库工作,按时上报兑付后监测报告。

(八) 货币市场——逐步走向市场化

货币市场是指借贷期限在1年以下的短期资金融通市场,一般由同业拆借市场、短期金融工具市场、商业票据市场、国库券市场构成。20世纪90年代中期,中国人民银行嘉兴市中心支行金融市场、省资金融通中心嘉兴办事处先后在规范全市资金融通行为,调剂资金余缺,保证全市资金供求平衡方面,起到了积极作用。

1993年,按照中央"约法三章"的要求,一方面清理违规拆借市场,规范拆借行为,健全内部管理制度;另一方面在做好市内融资工作的同时,拓宽渠道,积极从市外引入资金,支持嘉兴市经济建设。

1994年,根据上级行要求,撤销中国人民银行嘉兴市分行金融市场,成立省融资中心嘉兴办事处,进一步规范同业拆借行为,积极向市外引入资金。

1998年,按照金融体制改革的总体要求,省融资中心嘉兴办事处停止资金拆借自营业务,下半年,根据浙江省分行浙银发〔1998〕444号文规定,做好中心的清理撤销工作。

1997年6月,中国人民银行规定,各商业银行可使用在中央国债登记结算有限责任公司所托管的国债、中央银行融资券和政策性金融债进行回购和现券买卖,这标志着全国银行间债券市场的启动。1998年7月,嘉兴市商业银行率先加入全国银行间债券市场及全国银行间同业拆借市场,可以在全国银行范围内办理银行间债券回购业务、现券交易、同业拆借业务,进一步拓宽了融资渠道。2000年2月,嘉兴市农村信用联社也加入全国银行间债券市场及全国银行间同业拆借市场,统一管理、经营嘉兴市农村信用系统在全国银行范围内的债券回购业务、现券交易及同业拆借业务。

### 三、维护金融稳定

维护辖区金融稳定是中国人民银行基层行的职责,包括推动金融改革,改善金融生态,开展反洗钱等职责。

(一) 维护金融稳定

2003年十届全国人大常委会第六次会议通过了修改《中国人民银行法》的决定,新修订的《中国人民银行法》用"维护金融稳定"职能取代了原有的"金融监管"职能,明确赋予中国人民银行维护金融稳定的职责。

根据金融稳定工作职能的要求,制定了辖区金融突发事件应急预案,就辖区金融突发事件应急情况开展调查。建立了辖区国有商业银行股份制改革汇报沟通协调制度,对中国银行、建设银行、交通银行、市商业银行改革进度进行现场调研指导,各家联社和商业银行分支机构的改革逐步推进,呈现了平稳有序的特点。当年,"德隆系"事件发生,中国人民银行高度关注其对嘉兴的影响,对中富证券公司嘉兴营业部托管及其风险情况开展调查,会同有关部门建立托管期间信息快速反馈机制,防范跨系统金融风险。

2005年,在全省率先建立了《地区金融稳定报告制度》,定期分析评估辖内金融稳定情况;成立全市金融稳定工作领导小组,建立了辖区金融稳定联席会议制度,发挥风险处置协调机制的作用;牵头做好中富证券嘉兴营业部个人债权甄别确认工作,密切关注风险处置情况,维护辖区金融稳定。

2006年,制定了《金融机构突发事件应急预案》、《金融突发公共事件应急预案》,建立了大户企业、关联企业贷款监测制度。参与中科证券个人债权甄别确认工作。推动辖内金融业改革和发展,加强对嘉兴市商业银行股改情况和资本充足率的监测,实施专项央行票据兑付考核,加快农村信用社改革步伐。

2007年,在全省率先建立《金融分支机构改革督导制度》,积极引导国有商业银行稳步推进各项改革。密切关注辖区农村合作金融机构改革情况,推动嘉兴市商业银行的增资扩股工作,加强对资本充足率和流动性状况的风险监测,关注宏观调控趋紧背景下小法人机构的流动性风险,增强抗风险能力。依托嘉兴市金融稳定工作领导小组这个载体,先后召开全市金融稳定工作会议、全市房地产金融联席会议,完善多层次广覆盖的信息共享、部门协作、整体推进的工作机制。建立《嘉兴市金融稳定监测工作制度》、《嘉兴市金融业改革动态报告制度》和《嘉兴市大户贷款企业及风险贷款企业专项监测制度》,动态监测辖区金融风险状况,强化对辖区金融安全的前瞻性分析,进一步维护辖区的金融安全与稳定。2007年3月26日,辖区人寿保险桐乡市支公司发生因130多名客户群体上访而影响其正常经营秩序事件,中国人民银行嘉兴市中心支行启动预案、及时介入、积极应对，平息了事态。

2008年，认真执行《嘉兴市金融业改革动态报告制度》，在巩固嘉兴市商业银行和农村合作金融等地方金融体系改革成果基础上，督促辖内银行、保险、证券机构及时向中国人民银行报告自身改革措施及其贯彻实施情况。完善金融突发事件应急工作机制，编制《嘉兴市金融突发事件应急预案操作手册》，确保在金融突发事件处置中有章可循，从容应对。从2008年起加强对辖内法人银行机构流动性、整体性风险监测，并调整法人银行机构部分监测指标。关注辖内集团企业资金链状况，在部分县（市）推动政府设立企业应急救助基金，积极帮助当地企业缓解资金压力。

2009年，依托金融稳定工作联席会议制度，探索建立与地方发展改革委、财政部门和其他金融监管部门间的工作协调机制和信息共享机制。尝试将政府财政资源、商业银行信贷资源与龙头企业资金需求实现对接，率先在辖内嘉善县建立龙头企业资金保障救助机制试点，缓解龙头企业资金压力。积极探索防范地方政府融资平台风险的各种技术手段和政策措施，及时处置和控制个别企业的资金断裂风险，辖区金融资产质量继续保持持续"双降"态势。积极运用金融改革督导职能，加快地方金融体系建设步伐，加强对深圳发展银行等新设机构的业务指导，关注改制银行深化改革最新动态，重点关注农业银行嘉兴市分行在不良资产处置、组织架构改革、服务"三农"等进展情况。

2010年制定《嘉兴市金融机构金融管理与服务实施细则（试行）》、《嘉兴市银行业金融机构综合评价办法（试行）》和《嘉兴市金融业重大事项及重要信息报告制度（试行）》。对新开业的银证保机构加入中国人民银行业务系统进行集中申报审批管理。并对已开业的金融机构经营情况进行持续关注，作出评价与风险提示。对政策性银行、农村合作金融机构、村镇银行等涉农金融机构对农村金融的支持状况进行调研，扎实推进涉农金融机构改革。

### （二）构建金融安全

中国人民银行上海分行建立后提出的第一个目标就是用3~5年时间将沪浙闽区域建成全国第一个金融安全区。1999年上海分行根据各地经济金融运行现状，将嘉兴列为沪浙闽区域金融安全区建设的重点市，发挥示范作用。金融安全区包括了金融市场主体的稳健经营和金融监管当局的严格执法，也包含了整个社会高度的信用观念。其内涵是：信用观念强，资产质量高，金融执法严，金融案件少，金融秩序好。并努力实现无重大违规违法经营，无重大支付风险，无恶性金融竞争，无乱办金融业务。

创建安全区工作也得到了党政领导的重视和支持，市委、市政府主要领导在批示和讲话时多次强调嘉兴不仅不能成为金融高风险区，而且还要力争在沪浙闽区域内率先建成金融安全区。

根据上海分行创建沪浙闽金融安全区的规划，中国人民银行嘉兴市中心支行在认真调查分析嘉兴金融业现状及外部环境，与各金融机构分别预测，掌握翔实数据的基础上，本着"区别对待，分类指导，条块结合，整体推进"的原则编制了嘉兴市创建金融安全区规划。

为确保目标的如期实现，决定建立由市政府分管金融工作的蒋仁欢副市长任组长，中国人民银行嘉兴市中心支行行长娄荣民任副组长，各金融机构分管领导和公安、法院等部门领导组成的嘉兴市创建金融安全区领导小组。辖内各县（市）创安领导小组组长也都由分管市（县）

长担任。各金融机构也实行了"一把手负责制",落实专门工作机构。

推行金融资产质量情况通报制度,按季向嘉兴市和所辖五个县(市)的党政主要领导和分管领导通报当地的金融运行、资产质量、金融风险和社会金融秩序等情况,并提出相应的治理对策和措施。首次通报就引起了党政领导的高度重视。市委书记陈加元、市长杨荣华分别在通报上做了批示,要求各级党政领导要重点关注地方性中小金融机构的风险,配合人民银行做好防范和化解工作。市政府秘书长还专门召集人民银行及高风险金融机构的领导进行了研究。

为了督促各创安单位对存在的问题引起重视,并采取切实有效的措施予以改进,市创安领导小组对11家考核指标被扣分的金融机构以市创安领导小组办公室的名义发出扣分提示单,要求查找原因,提出措施,落实责任。这项制度的实施引起了各金融机构的高度重视。如扣分比较多的农村信用社系统结合1999年经营情况考核,通过动用存款准备金解决了备付率不足等问题,同时集中精力抓资产质量的提高,成立了清收不良资产领导小组,制定了具体措施、对策及奖惩办法和力争全年不良资产下降3亿元的目标。到第三季度末全市农村信用社不良贷款率比年初下降4.15个百分点,高风险社比年初减少8家,账面亏损同比减少1 528万元。

(三)反洗钱

2003年,国务院决定中国人民银行承办组织协调国家反洗钱工作。新修订的《中国人民银行法》明确规定,中国人民银行"负责指导部署金融业反洗钱工作,负责反洗钱的资金监测"。反洗钱工作对发现、打击贩毒、走私、腐败等各种严重犯罪活动,维护国家经济和金融安全具有重要意义。

1. 反洗钱组织机构建设

2004年,中国人民银行嘉兴市中心支行根据上级行反洗钱的有关文件规定正式开展反洗钱工作,本币反洗钱工作的职责落实在会计财务科。

2005年,中国人民银行地市级分支机构开始逐步设立专门的反洗钱机构并配备专职反洗钱工作人员。2005年2月,中国人民银行嘉兴市中心支行正式设立反洗钱科,与会计财务科"一套班子、两块牌子",合署办公。

2006年,根据中国人民银行杭州中心支行《关于统一本外币反洗钱监管有关事项的通知》(杭银办〔2006〕159号)精神,认真贯彻落实本外币反洗钱统一监管的原则,及时成立反洗钱职责调整工作领导小组以及统一反洗钱信息系统工作小组,整合本外币反洗钱信息系统,在9月20日前安全平稳地实现外汇反洗钱业务系统的网络转换和交接,顺利完成了辖内本外币反洗钱统一监管工作。

2007年,根据《中国人民银行办公厅关于做好大额现金存取管理职责划转工作的通知》(银办发〔2007〕204号)精神,中国人民银行嘉兴市中心支行将大额现金存取的管理职责由货币金银科划转到反洗钱科,于9月30日前顺利完成划转工作。

2. 反洗钱协调机制建设

从2003年开始,中国人民银行分支机构参照反洗钱工作部际联席会议制度模式积极探索建立地方政府部门间的反洗钱协调机制。

2004年,中国人民银行嘉兴市中心支行、国家外汇管理局嘉兴市中心支局与嘉兴市公安局共同签订了《反洗钱合作备忘录》,建立了嘉兴市公安经济犯罪侦查部门与人民银行反洗钱部门之间的反洗钱合作机制。

2005年，在嘉兴市政府的组织下，中国人民银行嘉兴市中心支行组织召开了嘉兴市反洗钱合作会议，参加会议的有市公安局、市国税局、市工商局、嘉兴海关等15个政府职能部门。

2007年12月14日，在嘉兴市政府的组织下，牵头召开了嘉兴市反洗钱工作联席会议第一次工作会议。嘉兴市政府副秘书长来永胜，中国人民银行嘉兴市中心支行、市公安局、市检察院、市法院、市国家安全局、嘉兴海关、市国税局、市地税局、市工商局、市银监分局、市保险业协会等11个单位的分管领导和反洗钱部门负责人参加了会议。会议原则通过了《嘉兴市反洗钱工作联席会议制度》，明确了联席会议成员单位由参加会议的11个部门组成，中国人民银行嘉兴市中心支行为联席会议牵头单位。嘉兴市反洗钱工作联席会议制度的建立有力地推动了全市反洗钱工作的深入开展。

2009年8月6日，在嘉兴市政府的组织下，中国人民银行嘉兴市中心支行牵头召开了嘉兴市反洗钱工作联席会议第二次会议。会议学习传达了浙江省反洗钱工作联席会议第三次会议以来反洗钱工作的最新进展，回顾通报了嘉兴市2008年以来反洗钱工作的开展情况，分析总结了反洗钱工作存在的问题和特点。

3. 中国人民银行嘉兴市中心支行反洗钱监管工作

反洗钱监管工作是落实反洗钱法律法规及各项政策的重要保障，是反洗钱工作的重要手段。做好反洗钱监管工作，可以督促被监管对象建立有效的预防控制机制，从源头上监测与各种违法犯罪活动相关的异常和可疑资金流动，为控制犯罪分子转移和藏匿非法所得赢得时机，为跨境追缴违法资金提供有力手段，最终实现预防和打击相关违法犯罪活动，维护正常社会秩序的目标。

（1）反洗钱现场检查

中国人民银行反洗钱现场检查的主要目的是了解金融机构履行反洗钱义务的情况，促进反洗钱法律法规的落实，并对被检查金融机构的反洗钱工作整体情况和风险水平作出评价。

2004年，中国人民银行组织开展了履行反洗钱职能以后的第一次全国范围内的检查活动。2004年6月至7月，中国人民银行嘉兴市中心支行先后对辖内上海浦东发展银行嘉兴支行、中国农业银行嘉兴市分行以及嘉兴市商业银行的反洗钱工作情况进行了全面检查，检查的重点是反洗钱内控制度和组织机构建设、客户尽职调查、账户资料和交易记录保存、本外币可疑交易报告等。当年，对存在违规问题的2家银行机构共行政处罚人民币3万元整。

2005年，中国人民银行从我国具体国情出发，将国有银行、股份制银行等银行机构确定为现阶段反洗钱检查的主要对象。2005年3月，根据中国人民银行杭州中心支行的统一部署，先后对辖内中国农业银行嘉兴市分行、交通银行嘉兴分行的反洗钱工作情况进行了全面检查，检查的主要内容是执行《金融机构反洗钱规定》、《人民币大额和可疑支付交易报告管理办法》、《金融机构大额和可疑外汇资金交易报告管理办法》的情况。当年，对存在违规问题的2家银行机构共行政处罚人民币20万元整。

2007年，中国人民银行的反洗钱现场检查工作思路逐步转向以风险防范为本。反洗钱工作起步相对较晚，技术水平相对较低、工作设施相对较差的农村信用社和农村合作银行成为检查的重点。2007年10月，中国人民银行嘉兴市中心支行抽调各县（市）支行业务骨干组成检查组,开展了对全辖农村信用社系统的反洗钱专项检查,突出反洗钱客户尽职调查、大额和可疑交易报告两方面检查重点。

2008年,《中华人民共和国反洗钱法》及新的配套规章制度生效后,与原制度相比,反洗钱信息收集和使用的渠道、范围发生了很大变化。为此,中国人民银行适时调整工作思路,严格依法行政,提出继续重点做好银行业反洗钱现场检查、尝试开展对证券期货业和保险业的反洗钱现场检查。2008年1月至11月,中国人民银行嘉兴市中心支行先后对辖内中信金通证券嘉兴吉杨路营业部、中国银河证券嘉兴营业部、平安人寿保险股份有限公司嘉兴中心支公司、太平洋财产保险股份有限公司嘉兴中心支公司、中国农业发展银行嘉兴市分行5家银行、证券和保险机构进行了反洗钱现场检查。通过现场检查,巩固了银行机构反洗钱工作成果,增强了证券保险机构工作人员反洗钱意识,有效促进了证券保险业反洗钱工作迈向规范化轨道。

(2)反洗钱非现场监管

反洗钱非现场监管是中国人民银行对金融机构实施监管最基本的方式之一,它能够使中国人民银行在建立监管档案的基础上,评估洗钱风险,提供预警信号,增强现场检查针对性,提高监管效率。

中国人民银行嘉兴市中心支行自2005年起开始探索反洗钱非现场监管工作。于2006年2月制定了《嘉兴市金融机构反洗钱评估报告暂行办法》(嘉兴银发〔2006〕28号),对银行机构反洗钱工作制订了8个项目26项具体评估标准,尝试通过各银行机构自行评估和人民银行汇总评估相结合的方式,对其开展的反洗钱工作进行全面、客观、系统的评价。并于2006年4月形成了人民银行地市级分支机构首份全辖银行机构反洗钱工作综合评估报告——《嘉兴市2005年反洗钱工作分析评估报告》(嘉兴银发〔2006〕54号),得到了上级行的好评。

2007年,根据《中华人民共和国反洗钱法》及新的配套规章制度,结合自身实践经验,进一步修订了《嘉兴市金融机构反洗钱工作年度评估报告管理办法》(嘉兴银发〔2007〕69号),将对银行机构非现场评价细分为6大类26个项目49项具体指标,并采取现场检查、纸质资料报送以及由人民银行日常监管三种方式进行核实,为上级行探索建立非现场监管制度体系提供了有价值的参考。当年,反洗钱监管范围从银行业扩大到证券期货业和保险业,中国人民银行制定下发了《关于证券期货业和保险业金融机构严格执行反洗钱规定防范洗钱风险的通知》(银发〔2007〕27号)。为明确嘉兴市证券、保险业金融机构反洗钱工作义务,中国人民银行嘉兴市中心支行在全省率先出台了《嘉兴市证券、保险业反洗钱工作指导意见》(嘉兴银发〔2007〕151号),有效推动了辖内各证券、保险业金融机构全面落实《中华人民共和国反洗钱法》,尽快建立和健全反洗钱工作机制。

2008年是中国人民银行《反洗钱非现场监管办法(试行)》(银发〔2007〕254号)实施的第二年,反洗钱非现场监管工作的重点是非现场监管数据指标体系、监管技术及整改措施三方面。中国人民银行嘉兴市中心支行全面执行《浙江省金融机构反洗钱工作非现场监管评价制度(试行)》(杭银办〔2008〕184号),修订了《嘉兴市银证保金融机构反洗钱工作考核管理暂行办法》(嘉兴银发〔2008〕192号),全年在加强全辖61家银证保金融机构非现场监管信息分析和评估的基础上,对5家金融机构开展重点评估,并根据分析和评估结果实施针对性的监管措施,对报表不合格单位发出非现场监管质询书4份,有效地推动了反洗钱非现场监管工作在辖内所有金融机构的全面开展。

2009年,进一步加大反洗钱非现场监管力度,规范非现场监管信息数据报送,深化非现场监管数据分析和成果利用,充分发挥非现场监管在反洗钱整体工作中的基础支撑作用。2009年5月,中国人民银行杭州中心支行在嘉兴市召开了2009年全省人民银行反洗钱工作会议和反洗钱监管工作现场推进会,中国人民银行嘉兴市中心支行做了反洗钱监管"一套班子、一套制度、一套机制、一套程序、一套资料""五个一"工程的经验交流,全省反洗钱人员观摩了中国人民银行嘉兴市中心支行的监管流程和档案资料。同时,本着"分析评价更加科学,差别监管更有成效"的原则,全年共对包括8家银行机构、6家保险机构、2家证券机构在内的16家金融机构开展反洗钱非现场监管重点评价,并坚持对辖内银证保机构进行每半年一次的反洗钱工作考核,在全市各金融机构中起到了良好的监督和促进作用。至2009年底,全辖共有72家银证保金融机构(银行机构21家、证券机构12家、期货机构5家、保险机构34家)被纳入反洗钱非现场监管范围,已实现反洗钱非现场监管全覆盖。

### 四、金融服务

不断提高金融业服务水平是我国经济社会发展和应对国际金融竞争的必然要求。中国人民银行嘉兴市中心支行组织全市金融系统充分应用现代信息技术,大力推动金融服务创新,提高金融服务效率,更好地满足了社会各界对金融服务不断增长的多样性需求。

(一)支付结算和清算管理

20世纪90年代,随着我国经济市场化、货币化、信息化进程的加快,支付体系经历了巨大的变化。我国的支付体系已经形成了以中国人民银行跨行支付系统为核心,银行业金融机构行内支付系统为基础,票据支付系统、银行卡支付系统、境内外币支付系统等为重要组成部分的支付清算网络体系;以票据、银行卡为主体,以电子支付工具为发展方向的非现金支付工具体系;以人民银行为核心、银行业金融机构为主体,支付清算组织为补充的支付服务组织体系;以《票据法》为基础,《票据管理实施办法》、《支付结算办法》、《人民币银行结算账户管理办法》、《电子支付指引》等为补充的支付结算法规制度体系和以"安全高效"为目标的支付结算监督管理体系。

1. 支付结算

1993年4月22日,在《嘉兴日报》刊登公告,建立全市六个结算举报中心,公布十一项投诉内容。

1994年10月6—7日,组织召开全市银行结算工作会议,市级各专业银行行长、会计科长、县级各家银行行长、会计股长、信用联社主任、各城市信用社主任参加了会议。会议围绕"三不准"、整顿结算秩序、严格结算管理的主要问题进行了讨论,强调了关于整顿结算秩序、加强账户、现金管理、加强结算监督和服务等五点工作意见。

1994年10月20日,在《嘉兴日报》刊登《中国人民银行嘉兴市分行关于加强银行结算管理的公告》,将银行办理结算的"三不准"和嘉兴市区银行同城票据抵用时间向社会公开,并设立各银行受理结算举报部门、联系人和联系电话,以接受社会监督。

1995年《中国人民银行法》赋予中国人民银行履行"维护支付、清算系统的正常运行"

职责。1995年6月21日,为适应嘉兴市区域经济发展的需要,发出嘉银发〔1995〕第102号通知:自8月1日起,实行《嘉兴市银行汇票结算办法》,该办法的实施有效满足了嘉兴市辖区内跨县经济业务往来资金结算的需要。随着电子联行业务到县的实施,为了控制市辖汇票业务风险,2000年嘉兴市退出市辖汇票业务。

自1996年起,组织金融机构施行《中华人民共和国票据法》,实施《票据管理实施办法》和《支付结算办法》,进一步规范了支付结算行为,促进了支付结算业务的发展,在维护社会经济金融秩序和促进经济金融的改革发展中发挥了重要的作用。

自1999年6月1日起,嘉兴市全辖实行上海市部分单项结算办法。

1999年6月22日,组织嘉兴市及五县(市)金融机构参加上海区域性票据交换,执行《上海区域性票据交换暂行规定》和《上海区域性票据交换业务处理手续》,同时启用新版支票,停止使用旧版支票。

自2000年8月1日起,组织实施《嘉兴市个人使用支票实施细则》。

2003年,承办嘉兴市政府"十件实事工程"之一的银行卡缴费"一户(卡)通"工程,协调各家银行和相关收费单位推出同城特约委托收款管理规定、缴费"一户(卡)通"业务实施细则等举措,切实解决嘉兴市民公用事业缴费难问题。

2004年不断完善"一户(卡)通"系统的服务功能,在原先7家事业单位实行收费"一户(卡)通"的基础上,在全省地市级和县(市)中首先开通了嘉兴市地税系统缴税"一户(卡)通",扣款成功率达到90%以上,截至当年11月已有9 000户纳税人进入系统,占企业总数的90%。累计成功扣款信息14.9万条,入库税款达到9亿多元。

自2007年起,推广以支票、汇票、本票、银行卡"三票一卡"为核心,以市场、景区、街区为起点,辐射全市的非现金支付工具,满足了社会多样化的支付结算需求,减少了大量现金使用,节约了资金流通成本,加速了社会资金周转,促进了社会消费增长。

2007年,通过细分市场、细分用户、细分需求、整合资源"三分一合"工作方式,突破了专业市场非现金支付结算瓶颈。选择濮院羊毛衫市场和海宁皮革城作为示范点,通过政府、银行、银联、商户"四位一体"推进银行卡受理市场建设,实现了专业市场由"现金、现货、现场"的传统模式向先进电子支付模式的逐步转变,减轻了银行网点柜面服务压力,优化了辖区支付结算环境。截至当年10月底,全市发展特约商户3 285家,安装ATM 815台,布放POS机具4 190台,分别比年初增长75%、69%和25%,通过ATM/POS机清算资金4 514.66亿元,全市银行卡刷卡消费金额占全社会零售商品总额比例达13.66%,同比提高了5.95个百分点。

2008年,把改善农村地区支付结算环境工作放在首位。选择经济结构多元、外来农民工较多的马桥先锋村作为银行卡示范村,取得了良好的示范效应。《浙江日报》、"浙江在线"分别以《浙江第一个银行卡推广应用示范村落户海宁先锋村》和《海宁银行卡推广应用示范村揭牌》为题进行了特别报道。同时,在全省率先创建桐乡乌镇"刷卡无障碍景区",提升乌镇旅游国际影响力,截至当年12月底,乌镇景区新增商户46家,安装POS机具70余台,乌镇刷卡环境得到了明显改善。

2008年,为加大对银行卡违法犯罪活动的打击力度,维护持卡人和商业银行的利益,营造良好的奥运支付环境,组织金融机构执行《中国人民银行、公安部关于开展联合整治银行卡违法犯罪专项行动的通知》,密切警银交流与合作,组织银行机构进行可疑线索集中研判,强化案例预警通报,开展"迎奥运、放心用卡、安全支付"宣传活动,深入开展打击银行卡违法犯罪行为。配合公安经侦部门侦破了4起ATM"假钞换真钞"案件,2起银行卡资金盗窃案,堵截了1起银行卡侧录案,阻止了13起信用卡申请诈骗案件。

自2009年起,组织金融机构实施"便农支付工程",通过三年建设,实现了农村地区支付清算系统全覆盖,非现金支付工具广泛应用,进一步改善了农村地区支付结算环境。海宁中国皮革城被授予"全国刷卡无障碍市场",桐乡乌镇被授予"全国刷卡无障碍景区"。

2009年,组织金融机构执行《关于实施嘉兴市"便农支付工程"的意见》。推动在嘉善创建"银行卡刷卡无障碍示范县",在海盐南北湖创建省级"银行卡刷卡无障碍示范景区",在平湖优质大型企业推广商业承兑汇票,策划制作"支付服务进农村"宣传片,形成了"一家示范县""三大风景区""十条商业街""十个专业市场"银行卡为重点的非现金支付工具推广应用品牌,嘉兴辖区农村支付结算环境得到了很大改善。截至当年11月末全辖县域以下农村地区中心镇ATM全覆盖,银行卡消费额占社会商品零售总额比例达到49%,较年初提高了19个百分点。

2009年5月26日,组织金融机构执行《中国人民银行、银监会、公安部、国家工商总局关于加强银行卡安全管理、预防和打击银行卡犯罪的通知》,联合公安开展"银行卡恶意透支专项行动",组织金融机构催讨欠款,移交重点案件,并通报恶意透支"黑名单"。活动期间,配合公安部门破获一起信用卡外卡欺诈团伙案,抓获8名犯罪嫌疑人,挽回资金损失200多万元。

2010年,制定了《关于深化实施嘉兴市"便农支付工程"的意见》。组织银行机构在全市五县两区开展"品质生活 与卡同行"银行卡刷卡有奖活动;在海宁创建全省首家全国级"农村支付结算示范县",推动了"便农支付工程"在海宁袁花中心镇的突破,建立起县、市、村三级非现金支付工具推广应用工作机制;在桐乡乌镇五星村探索"银行卡助农取款服务"试点工作;在平湖推进钢贸城"网上银行示范市场"。截至2010年底,嘉兴市县域以下银行卡发卡量达到669万张,配置ATM 1 060台,全面覆盖全市51个乡镇;POS机具达到2.7万台,在全市15个商品交易市场、5个知名景区、10条街区推广应用。活动银行卡数量和POS机具数量名列全省第三,仅次杭州、温州;网银用户单位4.2万户,个人达到85万户,极大改善了农村地区支付结算环境。

2010年,为切实改善世博支付环境,满足世博期间海内外宾客的支付服务需求,制定了《嘉兴市银行机构"世博金融便捷服务系列活动"实施方案》。通过各方共同努力,嘉兴地区实现了"零事故、零投诉、零负面报道"的目标;改善了外卡受理市场环境,外卡POS机比年初增长了33%,ATM受理外卡比例达到了90%以上;突破了重难点领域的银行卡受理市场,推动景区、医院、汽车站银行卡的应用,得到了中国人民银行支付结算司王关荣副司长等检查组领导的充分肯定。

2010年,为上海世博会顺利举办创造良好用卡环境,组织金融机构执行《嘉兴市打击银行卡犯罪专项行动实施方案》和《全市打击银行卡犯罪专项行动宣传工作方案》,联合公安部门在五县两区开展"迎世博,保畅通,安全用卡,放心支付"大型宣传活动,发出了《"自律、自爱,交易与结算真实一致"——致各特约商户的公开信》。专项行动期间,配合公安共破案390起,挽回资金损失521余万元。

2010年,对辖内国有股份制、股份制、农信社(合作银行)、地方法人等8家银行机构实施了涉及银行卡、银行结算账户、商业汇票承兑(贴现)业务的现场检查,对检查中发现的问题向全市银行机构进行了通报,并对2家银行机构的违规问题实施了经济处罚。

2008—2010年,从辖区支票违规行为多发的实际出发,按照"人行主导、银行执行、司法配合"的原则,通过三年支付结算环境综合整治工作,全辖支票违规行为行政处罚笔数从2008年的975笔,下降到2010年的464笔,3年内降幅52.41%,使得全市支付结算环境得到了明显改善。

2. 账户管理

银行结算账户管理是中国人民银行支付结算管理工作中的一项重要内容,有效的银行结算账户管理,可为中央银行实施货币政策、维护金融稳定提供有力的支持。银行结算账户作为集中反映整个社会经济活动资金收付的起点和终点,也是一切经济活动资金往来的基础。

中国人民银行嘉兴市中心支行在账户管理上开展了一系列的工作。

(1) 账户制度方面

1994年10月9日,组织金融机构执行中国人民银行《银行账户管理办法》。

1995年8月14日,发出嘉银发〔1995〕第154号通知,组织金融机构执行《关于在全省开展账户清理工作的通知》。

2000年4月1日,组织金融机构执行中国人民银行《个人存款账户实名制规定》。个人在金融机构开立的人民币、外币存款账户,包括活期存款账户、定期存款账户、定活两便存款账户、通知存款账户以及其他形式的个人存款账户,应当出示本人身份证件,使用实名。

2003年9月1日,组织金融机构实施《人民币银行结算账户管理办法》。存款人开立基本存款账户、临时存款账户和预算单位开立专用存款账户实行核准制度。该办法与1994年《银行结算管理办法》的最根本变化在于,以适应市场经济发展需要为基本点,将银行结算账户的管理由行政管理向市场管理转化,达到既能满足社会经济活动的需要,又能对银行结算账户的开立和使用实施有效监控的目的。当年,共核准账户3 477个,报备账户1 800个,拒批账户840个,注销账户1 208个。

2005年1月31日,为了加强人民币银行结算账户管理,维护经济金融秩序稳定,组织金融机构执行中国人民银行《人民币银行结算账户管理办法实施细则》。

2005年,全力打好账户清理攻坚战。组织金融机构投入21组电子设备,抽调38名业务骨干,采取"分类造册、集中会诊、逐户甄别、分类指导"方式开展账户清理。当年全市共有83 385个账户进入新的人民币银行结算账户管理系统。

自2005年起,依据《人民币银行结算账户管理办法》,每年组织银行业金融机构开展账户年检工作。检查开立的银行结算账户的合规性,核实开户资料的真实性,对不符合规定开立的单位银行结算账户予以撤销。

2008年7月,组织金融机构执行中国人民银行《关于进一步落实个人人民币银行存款账户实名制的通知》。该通知重申各类个人人民币银行存款账户，必须提供真实、合法和完整的有效证明文件，账户名称与提供的证明文件中存款人名称一致。

2008年10月8日，组织金融机构执行《关于贯彻执行中国人民银行、公安部有关做好联网核查公民身份信息工作要求的通知》，为银行业金融机构办理银行账户以及以银行账户为基础的其他业务有效识别客户身份提供了权威、便捷的技术手段。

2008年12月29日，组织金融机构执行中国人民银行杭州中心支行《浙江省存量单位银行结算账户相关个人公民身份信息真实性核实工作实施方案》。组织银行业金融机构通过联网核查公民身份信息系统等方式，核实存量单位银行结算账户法定代表人或单位负责人及代理人公民身份信息的真实性，切实落实银行账户实名制。

2009年，组织金融机构开展全市存量单位银行结算账户法定代表人或单位负责人及代理人公民身份信息真实性核实工作，核实率达100%。

（2）账户查询、冻结、扣划管理方面

1993年12月，组织金融机构执行中国人民银行《关于查询、冻结、扣划企业事业单位、机关、团体银行存款的通知》。该通知的实施维护了社会经济秩序，保证了司法部门严格执法，保障了有关当事人的合法权益。

2002年2月1日，组织金融机构执行中国人民银行《金融机构协助查询、冻结、扣划工作管理规定》。该通知规范了金融机构协助有权机关查询、冻结和扣划单位、个人在金融机构存款的行为。

2010年9月16日，组织金融机构执行《中国人民银行办公厅关于协助人民法院查询被执行人人民币银行结算账户开户银行名称的通知》。该通知维护了债权人合法权益和国家司法权威。

（3）账户管理系统方面

2007年4月6日，组织金融机构执行中国人民银行《人民币银行结算账户管理系统业务处理办法》的通知。该通知规范了人民币银行结算账户管理系统的业务处理，加强了对银行结算账户的监督管理。

2007年4月6日，组织金融机构执行中国人民银行《人民币银行结算账户管理系统银行机构代码信息管理规定》的通知，确保了银行机构代码信息的真实、准确和完整，保障了账户管理系统的安全、稳定运行。

2007年4月6日，组织金融机构执行中国人民银行《人民币银行结算账户批量迁移管理规定》的通知，规范了人民币银行结算账户批量迁移的业务处理。

（4）联网核查系统方面

2007年5月21日，为规范银行业金融机构联网核查公民身份信息业务处理，进一步落实银行账户实名制，促进征信体系建设和反洗钱工作开展，维护正常的经济金融秩序，组织金融机构执行中国人民银行《银行业金融机构联网核查公民身份信息业务处理规定（试行）》和《联网核查公民身份信息系统操作规程（试行）》。

2007年9月11日，组织金融机构执行《中国人民银行 公安部关于切实做好联网核查公民身份信息有关工作的通知》。该通知进一步规范了联网核查工作，及时解决了联网核查工作中出现的问题，充分发挥了联网核查系统为银行机构便捷服务的重要作用。

2007年10月24日，为提高应对联网核查公民身份信息系统突发事件的能力，规范联网核查系统突发事件的处置程序，组织金融机构执行中国人民银行《联网核查公民身份信息系统突发事件应急预案（试行）》。

3. 支付系统

中国人民银行是中国支付系统的组织者、运行者、促进者、监管者。

2005年，中国人民银行嘉兴市中心支行全力会战"三大系统"建设（现代化大额支付系统、人民币银行账户管理系统、中央银行会计集中核算系统）。由于时间紧、任务重、要求高，为了确保按时保质完成任务，建立了领导小组和"系统建设办公室"例会制度，通过"层层落实责任，细化方案制度，加强宣传培训，紧抓模拟运行，及时反映情况"五个环节，将三大系统建设的各项任务落到实处。"三大系统"的顺利运行，加速了社会资金的周转，创造了"高效、规范、有序"的金融服务环境，在中国人民银行杭州中心支行的表彰中获得了三大系统建设竞赛业务组"先进集体"和技术组"优胜集体"的荣誉。

2006年，推广现代化小额支付系统。2007年，推广浙江省同城票据交换清算系统。2008年，做好北京奥运期间的支付清算工作。

2008年，推广全国支票影像系统、小额支付系统华东三省一市汇票业务、小额支付系统银行本票业务。当年嘉兴市金融机构成功办理支票影像交换业务55.35万笔，金额288.15亿元，位居全省第一，支票退票率始终在全省保持较低水平。在全辖符合条件的银行机构全面推广使用银行本票，有效解决了现金搬家的问题。

2009年，重点在县域中心镇银行网点推广开办银行本票业务，当年新增银行本票签发网点42家，为农村居民资金结算提供便利。2009年还重点推广依托小额支付系统开办华东三省一市汇票业务，当年增加50家直接签发三省一市银行汇票银行网点，重点向农村地区倾斜，方便单位及个人办理资金结算。

2010年，推广网上支付跨行清算系统和电子商业汇票系统。做好上海世博会期间的支付清算工作，建立起安全、高效、便捷的支付清算渠道。

（二）货币金银业务

二十年来，随着嘉兴国民经济和社会各项事业的发展，货币金银业务也得到了快速发展，为嘉兴经济社会的发展作出了积极的贡献。

1. 人民币发行

1991年至2010年，在嘉兴市场上流通的人民币主要有3套，分别为第三套人民币、第四套人民币、第五套人民币。各套人民币币值相等，混合流通。其中，第四套人民币流通时间最长，第五套人民币流通量最大。

第三套人民币于1962年4月20日发行，2000年7月1日停止流通，历时38年2个月10天。（纸币）共有1角、2角、5角、1元、2元、5元、10元7种面额、9种版别，其中1角版别有3种，2角、5角、1元、2元、5元、10元有1种。第三套人民币票面设计图案比较集中地反映了当时中国国民经济以农业为基础，以工业为主导，农轻重并举的方针。

第四套人民币从1987年4月27日起开始发行，至1997年4月1日止，共发行9种面额，

14 种票券。其中 1 角券 1 种, 2 角券 1 种, 5 角券 1 种, 1 元券 3 种（1980 年、1990 年、1996 年）, 2 元券 2 种（1980 年、1990 年）, 5 元券 1 种; 10 元券 1 种, 50 元券 2 种（1980 年、1990 年）, 100 元券 2 种（1980 年、1990 年）。在设计风格上, 这套人民币保持和发扬了中国民族艺术传统特点, 主币背面图景取材于中国名胜古迹、名山大川, 背面纹饰全部采用富有中国民族特点的图案。在印制工艺上, 主景全部采用了大幅人物头像水印, 雕刻工艺复杂; 钞票纸分别采用了满版水印和固定人像水印, 它不仅表现出线条图景, 而且表现出明暗层次, 工艺技术很高, 进一步提高了中国印钞工艺技术水平和钞票防伪能力。

第五套人民币采取"一次公布, 分次发行"的方式, 于 1999 年 10 月 1 日首先发行了 100 元纸币; 2000 年 10 月 16 日发行了 20 元纸币、1 元和 1 角硬币; 2001 年 9 月 1 日发行了 50 元、10 元纸币; 2002 年 11 月 18 日发行了 5 元纸币、5 角硬币; 2004 年 7 月 30 日发行了 1 元纸币。第五套人民币共 8 种面额: 100 元、50 元、20 元、10 元、5 元、1 元、5 角、1 角。第五套人民币根据市场流通中低面额主币大量承担找零角色的状况, 增加了 20 元面额, 取消了 2 元面额, 使面额结构更加合理。为提高第五套人民币的印刷工艺和防伪技术水平, 经国务院批准, 中国人民银行于 2005 年 8 月 31 日发行了第五套人民币 2005 年版 100 元、50 元、20 元、10 元、5 元纸币和不锈钢材质 1 角硬币。

1991 年至 2010 年中国人民银行共发行了 69 种纪念币（钞）。并于 1999 年首次发行流通纪念钞。这些流通纪念币（钞）采用了先进工艺, 精美加工, 限量发行, 是我国当代流通纪念币（钞）中的珍品, 绝大多数被民间收藏。

2. 发行库

1999 年, 中国人民银行嘉兴发行分库改称为中国人民银行嘉兴市发行中心支库。下辖嘉善、平湖、海宁、海盐、桐乡五个发行支库。中心支库、支库的库主任由当地人民银行行长担任。

1998 年, 为适应中国人民银行管理体制改革的需要, 深化货币金银业务改革, 中国人民银行决定对全国部分县支库进行适当撤并。根据上级行撤并条件, 中国人民银行嘉兴市分行经过充分调查论证, 根据嘉兴市经济发达, 交通便利, 路况较好, 各县（市）行库距离市中心支库均在一小时路程之内, 能够保证正常现金供应的情况, 决定分步实施市辖县级支库的撤并。为保证县级支库撤并工作的顺利进行, 人民银行市、县支行成立了撤并工作领导小组, 制订撤并方案, 与当地政府和各金融机构积极沟通协调。1998 年根据中国人民银行浙江省分行《关于杭州等七市地分行撤并部分县（市、区）支库的批复》（浙银发〔1998〕366 号）, 于 1998 年 7 月 3 日、7 月 7 日分别撤并了桐乡支库和海盐支库。1999 年 12 月 6 日撤并了嘉善支库。2000 年 4 月 12 日、13 日分别撤并了平湖支库和海宁支库。至此, 嘉兴市辖内县级支库全部撤销, 货币发行业务全部归并嘉兴市中心支库办理。

1995 年起不断加强发行库建设, 增加基础设施、机具设备投入, 以规范化管理为核心内容, 强化内部管理, 1996 年成为浙江省第一个发行库规范化管理达标库, 2000 年起连续实现发行库规范化管理二级库。2008 年起在全省率先探索实施商业银行行际间现金调剂业务, 大大减少了发行库出入库量, 降低了业务风险, 加速了现金流转速度, 商业银行的现金运营成本明显下降, 使货币发行管理模式实现从操作型向管理型的转变。

3. 货币投放与回笼

1991年至2010年，嘉兴市国民经济持续稳步、快速发展，市场货币流通量和现金收支总额不断扩大，货币投放、回笼出现规律性变动。从行际看，现金投放主要集中在农村信用社，现金回笼主要集中在工商银行、农业银行。从地区看，嘉善、桐乡、平湖是现金大投放地区，如嘉善木业市场和废钢铁市场、桐乡羊毛衫市场、平湖服装行业和造纸行业成为现金投放的重要渠道。市本级是现金大回笼地区。从货币投放回笼轧差情况看，1991年至1998年是现金净回笼。1999年起持续现金净投放，2006年出现净投放高峰，后逐年回落。20年来，春节前现金大投放，春节后现金大回笼态势越来越明显。

从1999年开始，嘉兴市货币投放回笼格局发生历史性转变的主要因素是：（1）嘉兴市经济发展速度较快，相应增加现金流通量；（2）生产生活对现金的需求不断增长，城乡居民手持现金增加；（3）社会主义市场经济初步建立，经济主体多元化，交易现金需求扩大；（4）劳动力市场变化，外来劳动力人口大量增加，现金净流出增加；（5）工矿原材料购销渠道变化，增加了现金结算量。

4. 人民币管理

2000年5月1日起实施《中华人民共和国人民币管理条例》标志着人民币管理全面进入法制管理的新阶段。

2003年，《中国人民银行假币收缴鉴定管理办法》颁布实施，中国人民银行嘉兴市中心支行依法对金融机构《中华人民共和国人民币管理条例》、《中国人民银行假币收缴鉴定管理办法》执行情况进行检查，组织商业银行共同与公安等有关部门协调、配合，做好打击制贩假币的犯罪活动。

自1991年起，嘉兴市的假币发案金额和张数，平均每年以4%幅度上升，进入新中国成立初期以来的第二个假币发案高峰期。2008年达到最高峰，全年收缴假币金额603.59万元。二十年间，嘉兴市假币发案呈现以下几方面特点：第一，假币票面以大面额为主，100元占总量的90%，1995年以后，10元以下面额的假币逐步增多，最小面额的是1元券硬币；第二，嘉兴市的假币犯罪以假币使用为主，假币来源为沿海地区，主要以贩卖方式流入；第三，机制假币是主要类型，该类假币采用先进的电子技术及小型印刷设备印刷，种类繁多，数量占假币总量的97%，且伪造程度逼真，欺骗性大，识别难度高；第四，使用假币的不法分子基本来自于外地，主要为明知是假币而故意使用。

假币活动的猖獗引起了政府的高度重视，1994年嘉兴市政府将人民银行分管领导纳入市"打假办"领导小组成员；1996年6月专门成立由市政府、人民银行、公安、检察、法院、工商、海关、文化、宣传、各金融单位组成的嘉兴市反假货币联席会议，并在人民银行设立办公室，负责统一领导、部署、协调全市的反假货币斗争。先后共召开了4次嘉兴市反假货币联席会议。

自1996年起，根据国务院反假货币联席会议办公室的统一部署，中国人民银行嘉兴市分行每年组织金融机构和有关职能部门开展"反假货币宣传周"、"爱护人民币宣传周"活动，提高公众的自我保护能力。统一了全市金融机构收缴假币凭证、假币收缴章，规范假币收缴程序，授予有关金融机构货币真伪鉴定权，为公众提供便捷的货币真伪鉴定服务。每年对金融机构现金收付临柜人员进行反假知识培训，考核合格后持证上岗。公安、检察、法院、银行密切配合，组成反假工作网络，有效遏制制贩假币的犯罪活动。2007—2009年加强反假长效机制建设，建立了740个农村反假工作站、1 020个企业反假工作联络点、92个社区反假工作站以及700多家农村放心店，聘请了2 000多名反假联络员和义务宣传员。2009年与公安部门联合开展的"09行动"，取得了良好的成绩，公安部门假币收缴量创历史纪录。2010年加强了反假鉴定师、鉴别师、识别师队伍建设，建立了《假人民币收缴情况分析报告制度》。

5. 金银管理

金银管理内容主要包括金银收购管理、金银配售管理、金银市场管理、金银进出口国境管理。在1991年至2010年这二十年间，金银管理从高度的计划经济向市场化转变，人民银行基层行的金银管理职能逐步淡出。

（1）金银市场管理

1991年9月1日，根据《浙江省黄金饰品市场管理暂行办法》对申办经营金银饰品业务的条件进行了规范。1992年6月，针对嘉兴市地下个体金银饰品加工屡禁不止的现象，人民银行嘉兴市分行会同市工商局、公安局、财税局共同制定了《嘉兴市个体金银民间来料加工管理暂行规定》，对个体金银加工户进行了清理整顿，对走私黄金等黑市活动进行严厉打击。1993年针对金银饰品市场异常火暴，零售网点增设势头迅猛，市场商战激烈，黄金饰品价格一度出现混乱的形势，严把市场准入关，及时召开金银饰品市场管理工作会议，提出同业自律的发展方向，通过成立行业协会形式进行自我约束、共商互谅、公平竞争规范经营行为，协调金银饰品市场。

（2）金银收购管理

金银收购渠道主要包括金银生产企业交售金银、门市收兑金银及银元、"三废回收金银"、罚没黄金等。1996年针对白银市场非法交易有抬头的趋势，会同公安、工商等部门对白银非法交易的违法行为开展全面清理整顿、打击活动。从1998年3月1日起，辖内中国人民银行县（市）支行暂停金银收兑业务，集中由中国人民银行嘉兴市分行办理。2003年起中国人民银行嘉兴市中心支行停止收兑黄金，按杭州中心支行《关于做好黄金统收统配收尾工作有关事项的通知》（杭银办〔2003〕288号）精神，完成金银上售、金银对牌解缴等工作。

（3）金银配售管理

1991—1997年，金银配售始终实行高度集中统一管理，配售所需金银由人民银行基层行逐级向中国人民银行总行申请，不得突破上级行下达的金银配售指标，配售单位只限于国营企业和集体企业。

1998年，贯彻区别对待、扶优限劣、保证重点的原则合理配售，对国家重点建设项目、出口创汇项目、大中型骨干企业等予以重点支持。如为平湖市瑞星公司办理进口金粉10公斤，支持开办境外金粉来料加工业务。

1999年，为开拓金银配售业务，积极为企业做好服务工作，根据金银管理有关规定，为中宝戴梦得股份有限公司配售黄金1 398 631.73克，支持企业生产内销黄金饰品400公斤，出口黄金饰品近1 000公斤。

1999年下半年，国家对白银配售企业不再实行指标管理。

自2000年1月1日起，取消白银统购统配的管理体制，放开白银市场，允许白银生产企业与用银企业直接见面，中国人民银行不再办理白银的收购、配售业务。

2003年继续做好黄金管理体制改革过渡时期的各项工作，严格企业黄金进出口核销业务的审核管理。

（三）经理国库

1991年7月，中国人民银行嘉兴市分行国库业务从会计部门分离出来，单设了工作机构——国库科，对外继续称国家金库嘉兴市中心支库。二十年来，随着嘉兴国民经济和社会各项事业的发展，国库业务也得到了快速发展。1991年全市国库业务量不到10万笔，到2010年已经超过250万笔；全市财政收入从1991年入库的10.67亿元增加到2010年的330亿元。中央银行经理国库地位的不断巩固以及现代新型国库建设的不断完善和提高，为嘉兴市经济社会的发展作出了应有的贡献。

1. 健全机构，服务经济工作大局

嘉兴市国库工作坚持秉承"服从经济建设大局"的理念，为各级政府当好"理财帮手"。1996年，为了完善嘉兴乍浦经济开发区的功能，建立了"国家金库嘉兴市乍浦经济开发区支库（代理）"，委托建设银行乍浦支行代理，为乍浦经济开发区的财政资金收支和调度，支持港区经济发展作出了较大贡献。1998年，为配合小城镇综合改革，建立了国家金库桐乡市濮院镇金库，完善了镇区功能。为充分调动秀州区和南湖区的积极性，提升两区政府功能，1998年和2008年又陆续建立了"国家金库嘉兴市秀州区支库"和"国库金库嘉兴市南湖区支库"，并由中国人民银行嘉兴市中心支行经理。这些国库机构的建立，为分库进行国库资金的核算、管理奠定了基础，国库服务经济建设的功能进一步加强。也便于各级财政部门对自己可用资金的使用和核算，提高了财政资金的运行效率。

2. 完善制度，提高风险防范能力

随着国库业务的不断发展，国库资金风险防范也日益得到重视和加强，始终成为嘉兴市国库工作的重中之重。经过二十年的不断完善，嘉兴市各级国库已经建立起一整套内控制度，包括《岗位责任制》、《四级目标管理责任制》、《岗位风险管理暂行办法》等25项内控制度贯穿落实在业务工作的各个环节。同时，多层次风险防控体系已经确立，内部实行了分级风险点岗位自查、会计主管定期检查、国库部门负责人定期检查和国库主任定期检查四级内控管理，外部实行了事后监督和内审对国库业务的监督和检查。同时，积极推动风险防控的行业自律工作，在嘉兴市中心支行的倡议下，国库、财政、国税、地税、海关以及代理国库业务的商业银行等多个部门共同签订《嘉兴市防范国库资金风险自律公约》，把风险控制落实到国库资金运行的每一个部门和环节。通过切实有效的措施，二十年来，嘉兴市国库资金运行实现了"零风险"的目标。

3. 优化技术，提升国库工作效率

二十年来，国库在电子信息化建设方面的投入从未间断，使电子信息化水平不断提高。

在内部国库核算方面，电子化进程加速推进，1991年开始运用DOS操作系统，十年后的2001年应用国库会计核算系统1.0版，仅两年后，于2003年即升级为2.0版。2010年5月1日国库数据集中系统TCBS的上线，标志着国库会计核算系统进入了一个崭新的时期。在国库管理方面，2003年国库综合业务系统和2004年国债管理系统的运用，使嘉兴市国库综合管理工作迈上了一个新台阶。2010年10月1日，具有强大功能的TIMS系统上线运行，有效整合了各个管理系统，强大的设计功能为全市各级国库提高管理水平提供了有力保障。

二十年来，财税库银横向联网工作也在不断探索中取得较大突破。2004年，嘉兴市地税税收开始逐步纳入"一户通"电子缴税系统，到2008年8月，率先在全省实现了地税税收"一户通"全覆盖。从2009年3月起，嘉兴市稳步推进TIPS横向联网系统，到2009年6月，又在全省率先实现TIPS国税税收的全覆盖。这些系统的运行，改变了以往传统的手工报解税款的局面，既方便了纳税人，又使税款入库的效率得到了极大提高。

4. 创新业务，提高国库服务水平

在强化传统业务升级改造的同时，坚持"创新谋发展"的理念，始终保持嘉兴市国库业务的发展活力。2004年，嘉兴市在全省率先开展了国库集中支付工作试点，由此传统的国库资金支付方式发生了根本的变化。到2008年底，已经率先在全省地市级行政区域中将预算单位全部纳入国库集中支付。到2010年末，嘉兴市各县（市、区）也全部开展了国库集中支付工作，成为全省首个全部开展国库集中支付业务的地（市）。在此基础上，为完善和配套国库集中支付工作，自2009年末起，在市级公务人员中全面推广使用公务卡，到2010年10月，预算单位公务员4 843人，实际办卡公务员4 687人，占比96.77%。

为了加快国库资金在民生领域的支付速度，提高国库服务民生水平，近年来，嘉兴市各级国库大力开展国库直接支付工作，确保在最短的时间内将国库资金支付到受款人账户上，这些便民服务受到了普遍的肯定和欢迎。

为了应对金融危机给嘉兴市外贸出口企业带来的影响，2009年，通过与国税部门的协商，进行出口退税流程改造，从国税的退税申报到国库的退税办理，各个环节速度都得到了全面加快。

5. 严格监管，促进预算良好执行

国库监管工作是履行国库职责的重要手段。1994年分税制财政体制改革后，嘉兴市各级国库对中央和地方预算收入的收纳、报解、入库、退库和支拨的监管逐年加强，制定并执行了《嘉兴市国库预算收入退库管理办法》和《嘉兴市国库预算拨款管理办法》，落实了临柜、国库部门负责人和国库主任三级审批制度。为了规范经收处业务的管理，1996年印发了《嘉兴市国库经收处管理办法》。2000年，《商业银行、信用社代理国库业务管理办法》（中国人民银行行长令〔2000〕1号）的颁布和实施，使全市国库监管工作进入了一个崭新的发展时期，依法监管力度得到了进一步加强。

1991年以来，嘉兴市国库通过构建财税库行联席会议这一平台，加强与财政、税务等部门的协调，相互沟通上级部门的政策精神，使财政、税务部门及时了解国库监管的工作要求，营造了一个良好的国库监管工作氛围。2005年以来，嘉兴市国库多次与财政部门共同开展国库集中支付、非税收入等业务的检查，合力促进了国库资金的规范化运行。

1994年，嘉兴市国库在全国率先开展对预算单位银行开户的前置性审核工作，并与财政、监察、审计等部门三次开展了预算单位银行账户的清理工作，基本消除了长期以来存在的预算单位多头开户现象，同时，也为全市国库集中支付工作的顺利开展奠定了扎实的基础。

2008年起，嘉兴市国库副主任曹志元和国库部门负责人翁建雄分别成为市人大政府重大投资项目审查组和市人大预算审查组的成员，直接参与监督预算和政府重大投资项目的制定和执行情况，使国库监管工作又迈上了一个新的台阶，国库促进预算执行的职能得到了进一步发挥。

6. 调研兴库，发挥预算反映职能

二十年来，嘉兴市国库调研分析工作从无到有，从有到精，取得了可喜的成绩。2003年，国库统计分析系统上线运行后，嘉兴市国库数据统计质量和水平得到了极大的改善。同时，与财政、国税、地税等部门建立起了统计数据共享机制，弥补了国库自身统计数据的缺失和不足，为国库较好地开展调研分析工作提供了保障。近年来，嘉兴市各级国库充分把握经济、金融、财政工作的热点，围绕预算收支和国库资金运行的特点，大力开展调研分析活动，仅2009年就有24篇调研信息被上级部门采用，其中国库局录用了10篇。

（四）金融统计

《中国人民银行法》规定，中国人民银行负责金融业的统计、调查、分析和预测；负责统一编制全国金融统计数据、报表，并按照有关规定予以公布。中国人民银行嘉兴市中心支行切实履行金融统计职责，贯彻好金融统计制度，维护好金融统计系统，做好辖区金融统计数据的收集汇总、审核上报、依法公布以及统计监督管理等工作。

1. 金融统计制度

自1997年起，金融统计实行"全科目"报送制度，各项金融统计指标与会计科目形成对应关系，不同报表之间确立校验关系，逐步实现各金融机构的统计程序与中国人民银行统计程序接口的顺畅对接。

2001年，中国人民银行推行"全科目"主报与附报相结合的新金融统计制度，即在主报项目保持稳定的基础上，根据经济、金融活动变化的需要，以附报作为补充，这样既保持了各项指标的可比性，同时又能反映需要关注的金融活动。

自2002年起，商业银行全面推行贷款五级分类管理，金融统计附报中相应地增设了贷款五级分类指标。

2003年，按照新的《国民经济行业分类》标准，增设新的贷款分行业明细统计指标以及贷款质量五级分类分行业明细统计指标，同时为规范商业银行中间业务统计信息的收集和报送，依据《商业银行中间业务暂行规定》（中国人民银行令〔2001〕第5号）制定实施商业银行中间业务统计制度。

2004年，金融统计新增助学贷款统计制度和下岗失业人员小额贷款统计制度。

2005年，为及时反映银行信贷资金流向，准确掌握银行信贷资金在国民经济各行业中的分布情况，为国家宏观调控服务，"全科目"指标体系又新增了86个中长期贷款按实际投向分类统计指标。

2006年，建立了房地产贷款、代客理财和汽车金融公司专项统计制度，并规范了信托投资公司统计制度。

2007年，建立了涉农贷款专项统计制度，以全面反映金融机构为"三农"提供贷款的情况。

2008年，建立了县级非法人金融机构统计制度，并全面修订了中国人民银行统计制度。

2009 年，新增本外币利润统计制度、大中小企业贷款中小统计制度、银行承兑汇票中小统计制度，并将村镇银行纳入统计范围。

2010 年，全面修订贷款分类、金融性公司分类等全科目统计指标，修订调整大中小企业贷款中小统计制度、银行承兑汇票中小统计制度。并将小额贷款公司纳入统计范围。

2. 特色专项统计

除了执行金融统计制度和完成上级行规定的各项统计任务外，中国人民银行嘉兴市中心支行根据嘉兴经济金融发展优势和业务特点，积极创新特色专项统计制度，丰富金融统计的内涵，更好地履行央行职能，为地方经济发展服务。

2004 年，在全省率先开始将辖内证券、保险业务纳入金融统计范围。

2007 年，在全省率先建立政策性农业保险专项统计制度。

自 2008 年起，根据中国人民银行杭州中心支行《关于开展银行业金融机构个人金融综合理财业务专项统计的通知》（杭银办〔2008〕54 号），开始个人金融综合理财业务专项统计。

2010 年，根据经济发展需要，创新建立了金融支持城乡统筹专项统计制度。

3. 金融统计系统

1999 年，金融统计数据通过金融统计监测管理信息系统逐级报送，系统涵盖了各类数据的采集、正确性校验、归并、汇总、加工以及生成等整个流程，实现了金融统计的统一化、规范化和电子化。

2006 年，中国人民银行印发《中国人民银行关于做好金融统计数据集中工作的通知》（银发〔2006〕323 号），开始着手实施金融统计数据全国集中。新的金融统计监测管理信息数据集中系统由中国人民银行设置金融统计服务器，建立一个全国集中的金融统计数据库，采集和处理所有金融机构上报的金融统计数据，生成和查询各银行业金融机构县及县以上各层级金融统计报表和数据，并实现金融统计数据的统一管理、统一维护和共享。

2007 年 1 月和 4 月，两次派员参与总行系统功能测试。5—6 月，作为浙江省唯一一家地市中心支行参与总行数据集中接口测试，成功完成金融统计数据集中系统试点测试工作。

2008 年金融统计数据集中系统实现与原系统双轨运行，2009 年 4 月开始正式单轨运行，完成了金融统计数据集中工作。

4. 金融统计管理

为确保金融统计数据质量，提高央行金融统计工作的权威性，中国人民银行嘉兴市中心支行依法加强金融统计管理。

构建数据质量控制体系，加强日常数据核查、数据异动分析和统计监督培训。每年召开全市金融统计工作会议（市级银行业金融机构参加，2005 年开始扩大到市级证券、保险机构），贯彻年度金融统计制度，通报统计工作进展和考核情况，表彰先进集体和个人。制定实施《嘉兴市银行业统计工作考核办法》、《嘉兴市证券业统计工作考核办法》和《嘉兴市银行业统计工作考核办法》，并每年根据统计制度和内容的变化进行修订。2010 年开始制定实施《嘉兴市小额贷款公司统计工作竞赛办法》，加大对小额贷款公司统计工作的业务指导和管理力度。

根据《金融统计管理规定》，切实加强金融统计的监督管理和检查指导，每年对辖内金融机构开展金融统计专项检查，严格执法，维护统计制度的贯彻实施，保证数据的严肃性和准确性。

5. 金融统计服务

依法做好金融统计服务工作，向领导、金融机构、政府部门、公众提供金融统计数据。

每年印制发送统计指标一览和综合月报共计3 000余份；每季在《嘉兴日报》披露统计信息；2008年组织市本级银行业金融机构签订"嘉兴市金融统计信息共享备忘录"，实现对全市金融机构部分主要报表的信息共享。

积极配合统计局完成地方统计任务。向统计局按月提供金融机构主要经济指标；2008年开始组织全市金融机构按季完成服务业统计调查；每年完成嘉兴年鉴、浙江统计年鉴组稿任务；积极配合并完成全国经济普查。

（五）经济监测

为更好地履行中国人民银行研究经济金融形势变化、制定和调整货币政策的职责，中国人民银行持续优化经济调查运行基础，开展制度性调查，建立了一套较为完整的经济监测指标体系，构建景气指数，更好地监测和分析微观主体行为，为宏观分析提供有力支撑。中国人民银行嘉兴市中心支行承担了以下十项制度性调查工作。

1. 企业景气监测

企业景气监测由中国人民银行于1988年建立，至今已有22年的历史，是所有经济监测制度中历史最悠久的一项制度性调查，分为月度财务调查和季度问卷调查。嘉兴市监测企业数量由最初的5家扩展至60家，建立了29个DI指数。调查频率分为月度和季度调查，并建立了一整套比较完善的考核系统、操作系统和分析系统，比较全面地反映了微观经济运行状况和趋势。

2. 商业企业监测

商业企业监测是由中国人民银行浙江省分行于1994年建立的一项调查制度，调查频率分为月度和季度调查，嘉兴辖区共有5家商场纳入监测范围，此项制度随着人民银行的体制改革于1998年终止。

3. 物价调查制度

该制度是由中国人民银行于1999年建立的一项批发物价调查制度。在2000—2002年，嘉兴作为试点城市之一承担了商品生命周期调研的监测工作。物价监测的品种由最初的5个规格品增加至19个规格品，频率为月度调查。

4. 银行家调查制度

该制度是由中国人民银行于2003年建立的一项银行家问卷调查制度，采用问卷形式由各银行的负责人每季填写，嘉兴市共有9家银行纳入调查范围。

5. 中小企业景气状况调查

该制度是由中国人民银行杭州中心支行于2004年建立的一项针对中小企业经济运行状况的调查制度。分为月度财务调查和季度问卷调查，嘉兴市共有8家企业纳入调查范围。

6. 工业园区中小企业生存状况调查

该制度由中国人民银行于2009年建立，调查分为两部分：一是工业园区负责人月度问卷调查，二是园区内中小企业生存状况季度问卷调查。嘉兴市现有1家工业园区和30家中小企业纳入调查范围。

7. 外向型中小企业生产经营状况调查

该制度由中国人民银行于 2010 年建立，主要针对二次汇改以来对外向型企业生产经营的影响，嘉兴市有 38 家企业纳入该项调查。

8. 人民币汇率形成机制改革对经济影响的调查

该项制度由中国人民银行于 2005 年建立，主要针对第一次汇改后对企业生产经营状况的影响，涉及该项调查的企业有 6 家，该制度于 2008 年中止。

9. 浙江省特色市场监测

该制度由中国人民银行杭州中心支行于 2010 年建立，主要对各专业市场进行监测分析，该调查制度采用全面调查和抽样调查相结合的方法，通过数据表和问卷表对成交价格、成交总量、经营状况、市场综合情况开展定期调查，掌握市场运行的状态，预测市场发展的走势。嘉兴辖内的中国茧丝绸市场和海宁中国皮革城已纳入该项调查制度。

10. 民间借贷利率监测。

（六）调研分析

做好经济金融热点问题的调研分析是中国人民银行的重要工作之一，中国人民银行嘉兴市中心支行根据形势变化，准确把握经济金融热点难点问题，深入开展调查研究。完善调研制度，制定《调研信息考核办法》，调动开展调查研究的积极性和主动性。加强政策反馈，建立货币政策快速反馈机制，在货币政策及国家有关重大经济政策出台后，第一时间向上级行反馈辖内政策反应情况。完善专题调查，每年编辑《嘉兴市中支调研信息专报》45 期左右，《嘉兴市中支调研信息专报》（信息版）120 期左右，向上级行报送调研信息材料，2007 年开始增设《典型案例专报》，每年上报 6 期左右。加强信息沟通，每年编辑《金融调研与动态》调研版、信息版各 20 期左右，收录县（市）支行优秀调研信息，为中国人民银行嘉兴市中心支行系统调研学习和信息交流搭建平台。

从 2005 年开始，中国人民银行强化了金融研究职能，印发了《中国人民银行分支行金融研究工作指引》（银研〔2005〕11 号），要求围绕中国人民银行中心工作，大力推动理论研究创新，为促进经济、金融改革与发展，为中国人民银行履行职责提供具有前瞻性和科学性的理论支撑和决策支持。

完善金融研究工作机制。建立完善了《嘉兴市中心支行金融研究工作制度》等六项金融研究工作规范，夯实金融研究的制度基础。初步建立了经济金融电子数据库，夯实金融研究的数据基础。

扎实推进重点研究课题组织管理，每年完成中国人民银行上海总部和杭州中心支行的年度重点研究课题，并在嘉兴市人民银行系统开展重点研究课题招标，完成 15~20 个左右的课题，不断提高成果质量。

围绕经济金融运行中的突出问题开展深入研究，进一步提高研究工作的广度和深度，2005 年以来，每年向上级行报送《金融研究专报》20 期左右。

开展金融特色研究。2007—2010 年分别以行业集聚对区域金融运行的影响、专业市场发展对金融工具创新的需求、金融支持城乡统筹发展问题等作为专题开展特色研究，构建上下联动的研究格局，形成系列研究成果。

（七）征信管理

1. 征信制度

从2004年起，国务院赋予中国人民银行"管理信贷征信业，推动建立社会信用体系"的职能。2008年，国务院办公厅下发文件，扩大了中国人民银行征信管理职能，由原先的"管理信贷征信业"调整为"管理征信业"，并进一步明确由中国人民银行牵头建立社会信用体系建设部际联席会议制度，统筹协调社会信用体系建设工作。根据国务院赋予的职能，中国人民银行在全国范围内建立了征信管理组织体系，设到县（市）支行一级。

中国人民银行先后出台了《个人信用信息基础数据库管理暂行办法》（中国人民银行令〔2005〕第3号）和《中国人民银行信用评级管理指导意见》（银发〔2006〕95号）以及《征信数据元 数据元设计与管理》、《征信数据元 个人征信数据元》、《信用评级主体规范》、《信用评级业务规范》和《信用评级业务管理规范》等五项征信行业标准，征信制度建设逐步健全。嘉兴市也相继出台了《嘉兴市"十一五"企业信用体系建设规划》、《关于加快中小企业信用担保体系建设的若干建议》、《嘉兴市征信工作评价办法》等制度，逐步完善地方征信制度。

2. 征信系统

1998年嘉兴市作为全国三家试点城市之一参与银行信贷登记咨询系统建设，该系统于2002年底实现全国联网。中国人民银行于2005年初着手对银行信贷登记咨询系统进行升级改造，将其改造为全国集中式的数据库结构，数据由商业银行总行一点接入，金融机构各网点实时查询，数据采集项由原来的300多项扩展到800多项。浙江省于2005年底顺利完成系统升级改造先行试点任务，并于2006年7月率先实现新老系统切换，全省金融机构正式启用新的企业征信系统（即企业信用信息基础数据库）。至2010年末，企业征信系统已经为全市4万户企事业单位建立了基本信用档案，开通查询用户终端900个，月均查询4万次。

2002年全国金融工作会议之后，根据党中央、国务院的指示，成立了由中国人民银行牵头，国家发展改革委等22个单位参加的"建立企业和个人征信体系专题工作小组"，在借鉴企业征信系统建设经验的基础上，提出了全国个人征信系统（即个人信用信息基础数据库）建设总体方案，并于2004年初开始在北京、天津、四川绵阳和浙江湖州等七个城市开展个人征信系统建设试点，2005年8月实现浙江、四川等八省（市）联网运行，2006年1月实现全国所有金融机构的联网运行。2006年全国统一的企业和个人征信系统建成并正式联网运行，是征信体系建设取得突破性进展的重要标志。至2010年，系统信息覆盖面进一步扩大，实现了组织机构代码信息、个人身份信息、企业环境违法信息、企业欠薪信息、被执行人名录等信息的共享，各金融机构据此对环境违法或拖欠工资等企业进行信贷限制，初步实现了对失信企业的联合惩戒。2009年，中国人民银行嘉兴市中心支行积极协调电力部门，将企业电费欠款和重大窃电信息纳入企业征信系统。

中国人民银行通过征信系统依法向社会提供征信服务。至2010年末，个人征信系统已经为嘉兴市70万自然人建立了信用档案，开通查询用户终端900多个，月均查询5万次。2010年全市依法核准发放企业贷款卡2 437份，为企业作担保的自然人配发担保卡1 448份。组织机构共享平台共查询1 623次；完成17 618家企业贷款卡年审，合格率93.19%。依法向社会提供企业、个人信用报告查询服务，2010年企业征信系统查询信用报告1 005笔，个人征信系统查询个人信用报告2 916笔。同时配套建立了征信系统数据纠错机制和信用报告异议处理机制，确保信用报告质量。

3. 征信市场

2006年，中国人民银行嘉兴市中心支行作为中国人民银行信用评级重点联系行，启动了借款企业规范化信用评级试点工作，由中国人民银行嘉兴市中心支行、市经贸委和市财政局联合发文《关于开展2006年度嘉兴市借款企业统一信用评级工作的通知》（嘉兴银发〔2006〕102号），制定了《嘉兴市借款企业统一信用评级管理暂行办法》。遵循"真实、一致、独立、客观、稳健"的原则，实事求是、客观公正地反映企业信用状况。全市已形成市场化的大企业、中小企业以及担保机构等层次分明、竞争有序、形式多样的评级体系，评级质量逐年提高。至2010年末，全市有信用评级机构3家，共对3 717户企业进行了主体评级，同比增长33%。

2008年，根据中国人民银行杭州中心支行《关于开展浙江省商业承兑汇票信用评级试点工作的通知》（杭银办〔2008〕276号），嘉兴启动了商业承兑汇票信用评级试点工作，2010年对15家试点企业进行了商业承兑汇票信用评级。

为使评级市场规范有序开展，2006年中国人民银行下发了《中国人民银行信用评级管理指导意见》，中国人民银行杭州中心支行下发了《浙江省信用评级业务质量告知、反馈制度》，2009年，中国人民银行嘉兴市中心支行下发了《关于加强对征信市场监管的通知》，着力加强对评级行业的监管。

4. 中小企业信用体系建设

根据《中华人民共和国中小企业促进法》、《国务院关于鼓励支持和引导个体私营等非公有制经济发展的若干意见》（国发〔2005〕3号）、《国家发展改革委关于印发贯彻落实国务院关于鼓励支持和引导个体私营等非公有制经济发展的若干意见重要举措分工方案的通知》（发改企业〔2005〕966号）等法律、文件精神，为培育并提高中小企业信用意识，推进中小企业信用体系建设，2006年7月，中国人民银行决定依托企业征信系统，在北京、上海、浙江等省（市）开展中小企业信用体系建设试点。至2008年，已经圆满完成中小企业信用体系建设三年规划目标。至2010年底，全市已为尚未与银行发生信贷关系的11 197户中小企业建立了信用档案。

5. 农村信用体系建设

2007年以来，中国人民银行嘉兴市中心支行积极推动农村信用体系建设，开展农户信用档案征集和农户信用评级。2007年获得了1个试点村601户农户信用档案并进行评级，2008年扩大试点范围，完成全辖17个试点村共计6 850户农户的信用信息档案的征集工作，并进行了信用评级。2009年制定并印发了《嘉兴市农村信用体系建设指导意见》，进一步推进农户信用评级和农村信用体系建设，制订嘉兴市涉农贷款信用评级工作方案，逐步扩大农村评级覆盖面。至2010年末，嘉兴辖内农户667 613户中，已建立信用档案290 413户，已开展信用评定250 061户。2010年嘉兴市共评定信用村445个，信用户20.58万户。

6. 两大公示系统

中国人民银行的两大公示系统是指应收账款质押登记公示系统和融资租赁登记公示系统。

应收账款质押登记公示系统是中国人民银行征信中心根据《物权法》授权，为履行应收账款质押登记职责而建设的基于互联网的电子化登记平台。2007年9月30日，中国人民银行以行长令的形式颁布了《应收账款质押登记办法》，中国人民银行征信中心颁布了《中国人民银行征信中心应收账款质押登记操作规则》。应收账款质押登记公示系统于2007年10月1日与《物权法》正式实施同步上线，该系统可以通过访问中国人民银行征信中心门户网站进入。征信中心和各地征信分中心于2007年10月8日开始办理登记公示系统的用户现场审核工作。至2010年末，嘉兴市已有29家常用户通过现场审核，其中1家为国有商业银行分行，2家为政策性银行分支机构，9家为股份制商业银行分行及分支机构，1家为地方性商业银行，2家为农村信用合作机构，1家为村镇银行，其余13家分别为担保公司、典当公司、小额贷款公司和企业。

在应收账款质押登记公示系统的基础上，中国人民银行征信中心负责开发建设融资租赁登记公示系统，2009年7月20日正式上线运行，成为开展融资租赁业务的登记平台。至2010年末，嘉兴尚无融资公司注册成为登记系统用户，未发生登记及查询业务。

7. 征信宣教机制

征信宣传教育是征信体系建设的先导性和基础性工作，它通过潜移默化的影响，逐步改善社会个体的信用意识，进而提高全社会的信用意识。嘉兴市已经初步形成了全市征信宣传教育联动机制，积极利用媒体、学校、网络、农村四块阵地，针对不同群体开展形式各异的征信宣传，每年组织"信用记录关爱日"和"征信宣传周"活动开展主题宣传，征信宣传日趋常态化，征信知识不断普及，社会公众信用意识日益强化。

# 第三章　中国银行业监督管理委员会嘉兴监管分局

## 第一节　概　　述

2003年12月27日，第十届全国人大常委会第六次会议审议通过了《中华人民共和国银行业监督管理法》，于2004年2月1日起正式施行，该法是我国第一部系统、完整地规范银行业监管的法律，奠定了银行业有效监管法制体系的基础。嘉兴银监分局自2004年1月17日成立后，开始履行嘉兴辖内银行业监管工作，通过发挥管机构、管高级管理人员、管金融品种和管银行业风险的监管职责，引导辖内银行业金融机构创新思路、努力探索，不断提升金融助推经济能力和有效监管能力，初步形成政策性银行、国有商业银行、股份制商业银行、城市商业银行、农村合作金融机构、村镇银行等定位明确、功能互补、服务良好的银行业机构组织体系。

嘉兴银监分局的设立，促进了嘉兴经济金融和谐发展。截至2010年末，全市共有遍布城乡807个银行业机构服务网点为社会公众提供金融产品和金融服务，比2003年末增加28个，银行从业人员13 427人，比2003年末增加4 093人，全市银行业资产总额3 859亿元，比2003年末增加2 709亿元，存贷款余额合计6 276亿元，比2003年末增加4 415亿元，不良贷款率0.86%，比2003年末下降6.22个百分点。

## 第二节　组织沿革

2004年1月17日，嘉兴银监分局挂牌成立，人员全部从人民银行划转，其中分局领导班子从中国人民银行嘉兴市中心支行领导班子中划转3人，中国人民银行嘉兴市中心支行各监管科室人员也整体划转，工作人员54人。分局第一任领导班子由朱静远、凌华、俞建平三人组成,朱静远任分局局长,凌华、俞建平任分局副局长,同时设立分局纪委,由俞建平兼任纪委书记。成立之初内设6个职能科室,分别为办公室、人事科、监管一科、监管二科、监管三科、统计信息科。2005年10月24日增设财务会计科,2009年12月10日增设监察科,同时在所辖嘉善、平湖、海盐、海宁、桐乡5个县(市)分别成立监管办事处。截至2010年末,嘉兴银监分局内设8个职能科室,分别为办公室、人事科、监察科、监管一科、监管二科、监管三科、统计信息科和财务会计科,全辖工作人员57人。

领导班子调整情况:2006年2月24日,凌华任分局局长,俞建平任分局副局长兼纪委书记、唐弟良任分局副局长、朱静远任分局监管调研员。2010年4月28日,周松方任分局局长,俞建平任分局纪委书记、叶晓丽任分局副局长、沈新荣任分局副调研员。

## 第三节　主要职能

根据《中华人民共和国银行业监督管理法》,嘉兴银监分局负责对全市银行业金融机构及其业务活动的监督管理。主要工作职责是:审查批准辖内银行业金融机构的设立、变更、终止以及业务范围;对辖内银行业金融机构的董事和高级管理人员实行任职资格管理;对辖内银行业金融机构的业务活动及其风险状况进行现场检查;对嘉兴市银行业协会的活动进行指导和监督;对已经或者可能发生信用危机,严重影响存款人和其他客户合法权益的银行业金融机构实行接管或者促成机构重组;对有违法经营、经营管理不善等情形的银行业金融机构予以撤销;对擅自设立银行业金融机构或非法从事银行业金融机构业务活动予以取缔。

根据《中华人民共和国银行业监督管理法》,嘉兴银监分局的监管工作目标为:通过审慎有效的监管,保护广大存款人和消费者的利益;通过审慎有效的监管,增进市场信心;通过宣传教育工作和相关信息披露,增进公众对现代金融的了解;努力减少金融犯罪。

根据《中华人民共和国银行业监督管理法》,嘉兴银监分局的监管工作标准为:促进金融稳定和金融创新共同发展;努力提升银行业的竞争力;对各类监管设限做到科学合理,有所为有所不为,减少一切不必要的限制;鼓励公平竞争、反对无序竞争;对监管者和被监管者都实施严格、明确的问责制;高效、节约地使用一切监管资源。

工作的开展情况如下:

2004年,嘉兴银监分局围绕贯彻执行国家宏观政策、树立监管威信和创建"文明单位"三条工作主线开展工作。通过激励相容监管,督促和帮助银行业金融机构加强经营管理、增强风险控制能力,鼓励和帮助银行业金融机构提高综合竞争力,实现全市银行业金融机构稳健运行和经济健康发展。一是以贯彻宏观调控政策为主线,监管与服务经济发展相容。建立了向地方政府汇报制度和辖内银行业金融机构监管通报会制度。针对园区贷款特别是被撤销园区贷款存在的潜在风险,在全面调查掌握情况的基础上提出了必须在坚持实事求是的原则,讲究科学发展观的基础上,"有保有压,有抑制有发展",谨防"一刀切"带来负面影响的监管意见,并建议各级政府制定相应的政策措施,帮助金融机构防范和化解园区贷款风险。制定了嘉兴市银行业金融机构城乡一体化的总体思路和发展目标。二是以树立监管威信为主线,监管与服务银行发展相容。在监管思路上,明确分类风险监管制度,突出对地方法人机构的监管。在农信社改革试点方面,一方面当好政府参谋,加快改革进程,另一方面全程做好各阶段的指导、督促工作。在嘉兴市商业银行改革工作中,以增资扩股工作为抓手,在完善法人治理结构、强化内部控制和贷款风险防范方面提出了针对性的监管措施——派驻监管小组进一步落实监管责任。以《银监法》颁布实施为契机,专门组织分局系统和全市银行业金融机构280位高管人员进行"三法"培训。全年共派出检查组55个,检查机构数132家,实施行政处罚1起、罚款30万元。针对日常监管和现场检查中发现票据业务存在的问题,制定出台了《关于切实加强商业汇票承兑和贴现业务管理的若干意见》,促进票据业务健康有序发展。分局针对辖区内贷款集中度、集团客户关联企业贷款风险和内控制度执行等问题分别向有关银行进行了风险提示。关于苏嘉国际贸易公司贷款风险情况的调查材料引起陈德荣市长的重视,先后5次进行批示,还重点做好对托普集团、超同集团贷款风险跟踪监测及相关监管工作。三是以"文明单位"创建为主线,不断加强内部管理。分局成立了精神文明建设领导小组,制定了《嘉兴银监分局"文明单位"创建活动实施方案》,建立符合嘉兴银监分局实际的工作机制。在工作规则、办公秩序、决策程序、财务管理等方面配套建立了20多项内部管理规章制度,为实施有效监管提供制度保证。

2005年,嘉兴银监分局更新监管理念,依法加强监管;以案件专项治理工作为契机,防范和化解金融风险;以服务地方经济为己任,引导银行业增加小企业信贷投入;以先进性教育活动为重点,培育高素质从业监管队伍;以创建"文明单位"为载体,促进分局文明单位建设;确保全市银行业金融机构的安全、稳健运行,支持地方经济发展。一是以案件专项治理工作为契机,防范和化解金融风险。成立了分局案件防范工作领导小组,实施防案分析会制度,制定了《嘉兴银监分局案件防范风险点控制管理试行办法》,把开展防范操作风险和案件专项治理活动贯彻全年监管工作,并在全市合作金融机构中开展了"内控管理年"特色活动。在监管实践中,突出风险为本的监管理念,通过依托地方政府,不断增强重大风险处置能力,成功处置茧丝绸市场和托普公司贷款风险,并提出防止"超同"贷款风险转移的监管措施。完成了嘉善、海盐、桐乡、海宁4家一级法人联社和浙江禾城农村合作银行、平湖农村合作银行及下属分支机构开业的审批工作。全年共派出检查组98个,检查机构数183家,实施行政处罚1起、罚款25万元。督促嘉兴市银行业协会按照《银行业协会工作指引》的要求,健全工作制度,完善工作程序,指导完成第三届理事会换届改选、建立了金融产品价格委员会、签订外汇业务的同业约定、国庆长假金融机构实行部分网点停业等工作。二是以服务地方经济为己任,引导银行业增加小企业信贷投入。截至年末,国有和股份制商业银行的小企业授信户数4 294户,贷款余额201.89亿元。三是以先进性教育活动为重点,培育高素质从业监管队伍。按照先进性教育活动三个阶段十三个环节的工作要求,认真完成先进性教育活动的各项工作任务。四是以创建"文明单位"为载体,促进分局精神文明建设。组织全局干部职工开展了文明创建"找差距、促深化"大讨论活动,查找薄弱环节和不足。根据《中国银监会关于对银监会工作人员个人贷款(含担保贷款、介绍贷款)、经商办企业和入股农村信用社进行清理的通知》精神,认真落实"三项清理",参加入股农村信用社的人员全部办理了退股或转让手续。

2006年，嘉兴银监分局围绕"完善小企业金融服务，推进小企业贷款工作"和"加强内部管理，提高工作效率"两项主题活动，引导辖内银行业金融机构创新思路、努力探索，推出多种金融服务形式支持社会主义新农村建设和小企业发展，提升金融助推经济能力，监管工作局面有新进展。一是引导银行业以"六项机制"建设为核心，完善小企业金融服务。组织银行业金融机构开展了为期一年的"完善小企业金融服务，推进小企业贷款工作"活动，起草了《关于完善小企业金融服务推进小企业贷款工作的若干意见》。其中，以"点上突破、面上推动、整体对接"三步走的工作思路开展"送金融下乡"活动，成为完善小企业金融服务的一个亮点，得到地方政府的肯定，银监会《监管工作信息》、《金融时报》专门介绍了嘉兴银行业的做法。年末全市小企业授信户数12 273户，比年初增加319户；贷款余额388.1亿元，比年初增加87.2亿元。二是督导银行业强化防范经营风险和操作风险，深入开展案件专项治理和治理商业贿赂活动。分局成立由"一把手"任组长的全市银行业治理商业贿赂领导小组，举办了由全市各银行业金融机构中层以上干部280人参加的案件防范和预防职务犯罪讲座，开展了对银行业两项治理的督查工作。同时，通过试行合规风险管理辅导员制度，推动嘉兴市商业银行和桐乡市农村信用联社2家试点单位初步建立起合规部门或岗位，明确了合规部门或岗位的工作职责。三是加强法人机构属地监管，推动法人治理结构进一步完善。按照对嘉兴市商业银行"在发展中解决历史问题"、"严格监管和支持发展并重"的总体监管思路，年末嘉兴市商业银行实施老股东增资方案，资本充足率达8%以上。督促合作金融机构加强法人机制建设，推进央行票据兑付进程，年末除海盐联社外的5家机构顺利通过考核。四是实施风险监管，提高监管的针对性和有效性。密切关注集团客户授信业务风险，出台《辖内银行业金融机构集团客户授信风险监测和信息交流实施办法》，化解了海宁锦中油脂公司贷款风险。加强对法人机构高管谈话告诫，全年共约见法人机构高管22次。全年共派出检查组101个，检查机构数186家，实施行政处罚2起、罚款70万元。五是建立调研工作、非现场监管和现场检查联动机制。做好银行业监管信息系统实施的各项培训工作，向各银行机构公布嘉兴银监分局非现场监管人员名单。以调研增强风险监管的前瞻性和主动性，全年被省局以上刊物录用信息69篇、调研材料18篇。

2007年，嘉兴银监分局围绕合规风险管理机制建设、小企业贷款"六项机制"建设、"作风建设年"三大主题，以提高银行机构风险防控水平和综合竞争力为目标，提升有效监管能力，促进嘉兴经济金融又好又快发展。一是稳步推进合规风险管理年活动，确保嘉兴银行业实现"零案件"工作目标。在各银行机构中开展了为期1年、5个阶段、23个环节的"嘉兴银行业合规风险管理机制推进年活动"，引导银行机构树立合规意识，增强风险防控能力。辖内7家法人机构全部设立了独立的合规部门，其他机构设立了合规部门或岗位。全年开办银行高管人员和从业人员合规培训班11期，培训人员达3 806人。二是积极改进金融创新和服务，打造嘉兴金融服务工作新亮点。分局以2006年小企业贷款工作取得阶段性成果为基础，及时总结经验、集思广益、创新思路，指导银行机构深入推进小企业贷款"六项机制"建设，积极推动辖内银行机构小企业金融服务取得新突破、新进展、新丰收。年末，全市小企业授信户数17 799户，比年初增加2 800户，授信总额219.98亿元，贷款余额198.74亿元，分别比年初增加55亿元和48.24亿元。三是强化窗口指导和风险提示，促进嘉兴经济金融协调发展。督促嘉兴市商业银行制定中长期发展战略和发展规划，做好股权转让、增资扩股工作，年内注册资本由原37 500万元变更为52 500万元，年末该行资本充足率达10.67%。对6家农村合作金融机构按照分类监管要求实施"一社一策"。全年共派出检查组16个，检查机构数265家。突出风险监管，下发《关于防范和控制污染企业环保信用不良企业贷款风险的通知》，引导银行机构防范环保不良企业信贷风险。指导银行机构积极探索银行同业合作机制，出台《嘉兴市银行业银团贷款管理指导意见》，指导工商银行嘉兴市分行与浙江禾城农村合作银行签订了3 000万元银团贷款项目合作协议。督促邮政储蓄机构积极更新经营理念，稳步推进邮政储蓄内控管理样板所建设。鼓励并支持异地股份制银行在嘉兴设立分支机构，以及引导市本级机构向县域延伸设立网点，进一步优化和提升辖区银行体系的组织结构。年内，兴业银行嘉兴支行、招商银行嘉兴支行获批准筹建，嘉兴商行嘉善支行、交通银行嘉兴桐乡支行、中信银行嘉兴新南湖支行正式开业。

2008年，嘉兴银监分局推动银行业改革与发展，配合地方政府采取应对措施，引领银行业加大信贷有效投入，支持地方经济发展，同时，及时有效防范和化解金融风险，确保了辖内银行业的规范稳健运行。一是抓热点，监管引领作用得到进一步提升。下半年中央提出"保稳促调"战略决策后，分局出台《嘉兴银行业全力支持我市经济平稳较快增长指导意见》，指导银行业协会组织辖内14家银行机构签订《嘉兴银行业贯彻关于当前金融促进经济发展的若干意见的约定》，共同承诺从七方面入手积极履行社会责任，并在12月26日《嘉兴日报》公布。指导银行机构在总体信贷规模内，制订小企业授信单项计划，实行单独管理和考核。鼓励并支持农村合作金融机构继续推广农村住房抵押贷款，当年向238家农户授信1 513.5万元，实际发放34户、213万元。优化金融机构组织体系，年内兴业银行、招商银行、浙商银行、深发展银行、华夏银行5家异地股份制商业银行在嘉兴分支机构获准开业；指导邮储银行积极稳妥地做好与邮政局分设的各项工作，62家邮储机构先后获准开业，并成功开办小额贷款业务。二是抓重点，风险管控职能得到进一步强化。以深入推进银行业案件专项治理和合规机制建设为抓手，全年共派出检查组50个，检查机构数106家，实施行政处罚2起、罚款70万元。另外开展了银行业现金尾箱业务管理情况专项检查，抽查营业网点43家；联合公安部门先后组织开展银行业元旦、春节期间安全大检查和枪支弹药安全大检查，检查银行网点31家，金库值守13处、运钞押运环节17处。三是抓要点，基础保障能力得到进一步提升。深入开展学习实践科学发展观活动，围绕改善金融服务、加强风险管控、加强内部管理等方面开展专题调研，编发《工作简报》13期。指导嘉兴市银行业协会组织11家银行机构共同签署了《嘉兴市银行业关于从业人员流动约定》，并开展有效监督，从而保证了全市银行业的稳健运行。

2009年，面对国际金融市场严重动荡、世界经济深度衰退的严峻形势，嘉兴银监分局提高监管有效性，引领辖内银行业贯彻宏观调控政策，做好资金保障，改善金融服务，推进金融创新，加强风险防范，保持良好运行态势，促进嘉兴经济企稳回升。一是开拓创新，金融保障扎实有力。制定出台《嘉兴银行业全力支持全市经济平稳较快增长指导意见》（嘉兴市政府以嘉政办发〔2009〕11号进行了转发）和《嘉兴银行业进一步促进经济发展政策意见》，指导银行业协会组织14家银行机构共同签订《嘉兴银行业贯彻关于当前金融促进经济发展的若干意见的约定》。推出"嘉兴银行业深化农村金融改革，促进城乡统筹发展"活动，辖内各银行机构共向全市54个"两分两换"项目发放贷款42.9亿元；年末全市银行业涉农贷款余额1 460.2亿元，比年初增加379亿元，增速超出全部贷款增速0.38个百分点；其中，涉农机构涉农贷款余额704.4亿元，比年初增加171.6亿元，增速高于2008年涉农贷款增速23.8个百分点；在县以下新市镇增设银行网点（含自助银行）32个、ATM 142台、POS机2 900台，分别完成活动目标任务的160%、109.23%和193%。此项工作同时得到了浙江银监局的大力支持，4月10日，浙江银监局杨小苹局长亲临指导，并与嘉兴市政府李卫宁市长签署了《金融支持统筹城乡发展合作备忘录》。辖内银行业小企业专营机构建设步伐加快，多家银行机构相继设立了小企业贷款专营机构或业务中心，年末小企业贷款余额比年初增加189.82亿元、贷款增速超出全部贷款增速3.88个百分点。与嘉兴市新居民事务局联合出台了《关于嘉兴银行业进一步加强对新居民金融服务的若干指导意见》，鼓励引导银行机构为新居民创业量身定做金融新产品，嘉兴银行率先推出了"新居民创业卡"和"新居民创业信用贷款"。嘉善农村信用联社成功改制为农村合作银行，华夏银行海宁支行、嘉善联合村镇银行、平湖工银村镇银行顺利开业；交通银行嘉兴分行成功向县域延伸机构。辖内银行机构先后探索推出了土地承包经营权抵押贷款、新居民创业贷款、存货抵押贷款、商标权质押贷款、专利权质押贷款、资源税退税账户托管贷款等贷款品种，较好地满足了不同层次客户的融资需求。二是多措并举，风险防范科学有效。先后通过形势通报会、逐家监管谈话、约见高管谈话、下发监管意见书、出台指导意见、监管走访、现场检查等多种手段，对银行业风险点进行预警提示，及时发现并纠正了银行票据、信用卡、房地产贷款、大额存款等业务操作环节中的风险隐患，优化了银行业竞争环境。同时，积极鼓励银行业通过银团贷款模式实现支持重点项目建设资金需求与分散信贷风险两不误，辖内银行业成功组建银团贷款2笔、43亿元。其中，嘉绍公路银团贷款项目成为全省首批银团贷款项目。与辖内13家银行机构签订《嘉兴银行业案件专项治理工作目标责任书》，召开案件防控和安全保卫工作专题会议，组织"百日大查防"活动，开展以开户管理、大额存款和票据业务为重点的案件风险排查。针对辖内各法人银行机构运行特点、风险程度，逐家下发年度监管意见书，督促指导法人机构进一步完善公司治理。全年共派出检查组45个，检查机构数134家，实施行政处罚8起、罚款117万元。三是以人为本，监管效能建设积极有为。坚持以学习实践科学发展观为动力，以文明单位创建为重点，做到"两手抓、两手硬"，培育监管特色文化，提升团队战斗力，提升工作的全面性和协调性，队伍建设和内部管理迈上了新台阶。

2010年，在国际经济复苏艰难，国内经济结构调整任务艰巨的大环境下，嘉兴银监分局引领银行机构贯彻调控政策，落实贷款新规，强化风险防范，深化支农支小服务，提升发展质量，促进了经济金融良性互动发展。一是平台贷款清查工作扎实有效。针对嘉兴市政府融资平台公司家数多、融资余额位居全省第二的实际，重实效求实绩，创造性地开展工作，使辖内平台公司贷款风险得到了有效缓释。全年清查平台公司287家、贷款519亿元；组织对56家平台公司开展"集体约谈"，形成会谈纪要161份。辖内政府融资平台公司贷款风险监控工作不仅得到了浙江银监局多位领导的充分肯定，同时也得到了地方政府的认同和支持，嘉兴市李卫宁市长在听取分局局长专题汇报后，对取得的成效表示充分肯定，并希望"分局在推动地方融资平台贷款清查集体约谈工作中严格把好关"。二是力推贷款新规积极有效。成立"三个办法、一个指引"贷款新规推进工作领导小组,组织开展新规执行情况问卷调查和专题调研,并组织开展了现场检查。指导嘉兴银行业协会制订贷款新规培训计划,并组织开办培训班11期,培训人员2 400人,印制发放宣传手册10 200份。三是落实房贷新政不折不扣。通过专题会议、监管走访、专题调研、现场检查、联合发文等方式,及时传导并跟踪了解房贷新政执行情况,督促辖内银行机构提高执行新政的主动性、准确性和严肃性。同时,组织开展4家县域银行开展个人贷款情况自选项目现场检查,重点检查国家房贷新政和银监会《个人贷款管理办法》执行情况。四是银团贷款全省领先。在分局的窗口指导、银行业协会的总体协调下,通过宣传成功案例、签订合作公约、建立信息发布制度等手段,辖内银行机构组建银团贷款积极性和主动性得到增强,14家银行机构签署了合作公约,占全市机构总数的56%;银团贷款业务也取得突破性进展,年内累计组建银团贷款项目8个,授信总额122亿元。五是法人监管持续强化。综合运用市场准入、监管评级、约见会谈、监管意见和现场检查等手段,强化对法人银行机构制定战略规划、优化股权结构、完善公司治理等方面的持续监管。指导嘉兴银行实施网点风险经理派驻制度,并进行试点;指导该行开展首家异地分行——湖州分行以及浦江村镇银行、黄山村镇银行的筹建。持续强化对农合机构三年达标工作的督促指导,加大对新型农村中小金融机构的业务指导力度,重点督促引导村镇银行立足县域,准确定位。六是"支农支小"持续深化。围绕嘉兴统筹城乡发展大局,推出金融支持统筹城乡发展深化年活动,制定出台活动方案和指导意见,通过座谈交流、走访调研、监管通报、现场督导等方式,加大日常督导力度,取得初步成效。年末辖内银行机构涉农贷款余额1 707亿元,比年初增长20.34%;支持"两新工程"和"两分两换"贷款余额275亿元,比年初增加118亿元;11家涉农银行机构圆满完成了支农工作"两个高于"工作目标。制定实施小企业金融服务工作意见及推进工作方案,并通过情况通报、约见谈话和监管提示等手段,加大对指标完成情况不够理想银行机构的督促力度。年末,全市银行业共发放小企业贷款15 932户(不含邮储银行),比年初增加2 460户,贷款余额828.97亿元,比年初增加183.55亿元,增长28.44%,高出全部贷款增速7.75个百分点。七是金融服务体系日趋健全活跃。年内嘉善县农村信用联社成功改制为农村合作银行;完成辖内64家邮储代理网点的翻牌换证;杭州银行桐乡支行、湖州银行嘉兴分行、杭州联合农村商业银行海宁支行、民生银行嘉兴分行获准开业,光大银行、绍兴银行获准筹建嘉兴分行。组织银行机构以"如何实现差别化经营,在竞争中站稳脚跟,在特色中脱颖而出"为主题,开展座谈交流活动,引导银行机构探索实施差异化经营策略。八是案件防控持续强化。根据《"银行业内控和案防制度执行年"活动指导方案》要求,组织辖内银行机构开展自查自纠。全年共派出检查组47个,检查机构数137家;联合嘉兴市公安局开展银行营业网点、业务库及涉枪银行机构安全情况现场检查,抽查营业网点76家、业务库4个、拥有枪弹机构2家。

# 第四章　国家外汇管理局嘉兴市中心支局

## 第一节　概　　述

国家外汇管理局嘉兴市中心支局是国家外汇管理局派出机构，在嘉兴市辖内依法履行外汇管理工作的各项职能。国家外汇管理局嘉兴市中心支局与中国人民银行嘉兴市中心支行合署办公，中心支局的局长由中国人民银行嘉兴市中心支行行长兼任，副局长确定为一位副行长兼副局长分管外汇管理工作，中心支局人员编制、人事管理、日常经费，均由中国人民银行嘉兴市中心支行负责管理，嘉兴市的外汇管理工作由中国人民银行嘉兴市中心支行内设科室外汇管理科、国际收支科具体承担。

1994年1月1日，中国人民银行公布《关于进一步改革外汇管理体制的公告》，嘉兴市外汇管理体制实行了重大改革，取消外汇留成和上缴，人民币官方汇率与市场汇率并轨，实行以市场供求为基础的、有管理的浮动汇率制度，辖内银行机构的外汇收支实行银行结汇和售汇制度，其主要内容有：实行汇率并轨，以市场供求为基础，单一的、有管理的浮动汇率制；实行银行结汇、售汇制，取消外汇留成和上缴，实现人民币经常项目下的贸易和非贸易用汇有条件的可兑换；取消外汇收支的指令性计划，国家主要运用经济、法律等实现对外汇国际收支的宏观调整；停止发行外汇券，已发行流通的外汇券可继续使用，并逐步兑回，至1995年6月退出流通。

1996年1月国务院发布《中华人民共和国外汇管理条例》，外汇管理改革成果以法规形式得以进一步确立，嘉兴辖内的外汇体制因此进入了更加规范化、法制化的新阶段。同年7月，我国进一步深化外汇体制改革，将外商投资企业外汇买卖全面纳入了银行结售汇体系，并取消了其他尚存的经常项目汇兑限制。同年12月，宣布接受《国际货币基金协定》第八条款，实现人民币经常项目可兑换。

1997年7月以泰国铢贬值为导火索引起席卷整个东南亚国家的货币危机爆发，由于我国对资本项目下资金实行较严格管制，嘉兴市虽未受到此次货币危机的重大影响，但也相应加强了对外债、对外担保、资本项目外汇收支及汇兑的管理，上收县（市）一级资本项目审批管理权限,以确保特定时期的外汇金融安全稳定。

1998年10月,中国人民银行改革省级机构,撤销中国人民银行省级分行,根据改革方案,1999年初国家外汇管理局嘉兴市分局更名为国家外汇管理局嘉兴市支局,2001年5月更名为国家外汇管理局嘉兴市中心支局。

2001年2月,B股市场向嘉兴市境内持有外汇账户的居民个人开放。2001年底我国加入世界贸易组织,对外经济迅猛发展,外商来华投资踊跃,嘉兴市逐步取消了经常项目外汇账户开户审批和账户限额管理,允许企业自主保留外汇,取消外汇风险审查、外汇来源审查等对外直接投资行政审批项目。

2004年7月,国务院实施了投资体制改革,落实投资主体的投资自主权,国家提出了"走出去"发展战略。由此,嘉兴市企业向海外"走出去"的步伐明显加快。

2005年7月,人民币汇率形成机制进一步改革,实行以市场供求为基础,参照一篮子货币调节的有管理的浮动汇率制度。同时,还加强了外汇资金流入管理,如2008年实施出口收结汇联网核查,通过核对出口报关单数据,核查出口收汇是否有真实贸易背景,防止出口多收汇。这一时期,对外汇资金实行流入流出均衡管理的原则和制度逐步确立,资本项目可兑换进程稳步推进,贸易投资外汇管理不断便利化。2008年8月修订实施的《中华人民共和国外汇管理条例》,突出了均衡管理原则和国际收支应急保障制度。

## 第二节 外汇机构

随着嘉兴市外向型经济的不断发展,对金融业服务的质量和效率也提出了更高要求。为抢占市场、开拓业务,许多银行纷纷开办自营外汇业务。截至2010年底,嘉兴全辖有外汇指定银行18家,外币代兑机构45家,逐步形成了以国家商业银行为主体,多家银行业金融机构并存的外汇经营体系。

1996年,为加强对金融机构经营外汇业务规范化管理,国家外汇管理局颁发了《银行外汇业务范围界定》,对外汇存款、外汇贷款、外汇汇款、外币兑换、同业拆借和外汇买卖等外汇业务的概念和范围进行了界定,同年在国家外汇管理局嘉兴市分局牵头下,各外汇指定银行签订了《嘉兴市银行外汇业务公平竞争公约》。与此同时,国家外汇管理局还加强了对外汇指定银行结售汇外汇周转限额的管理,进一步明确了各行的上下限数额和浮动比率。1997年,中国人民银行下发了《中国人民银行远期结售汇业务暂行管理办法》,规定了远期结售汇的凭证、币种、期限等,并只限于中国银行试行,随后逐渐在其他外汇指定银行试行。同年,浙江省分局下发了《浙江省金融机构外汇业务同业违规举报制度》和《浙江省金融机构外汇业务负责人谈话制度》,规定对于同业外汇业务经营中的违规行为,金融机构有权利也有义务向同级或上级外汇管理部门举报,促进同业公平竞争;外汇管理部门在批复银行或非银行金融机构开办外汇业务前,对其拟任部门经理进行谈话,及时发现业务经营中存在的业务风险。1998年,《银行外汇业务管理规定》正式执行,对银行开办外汇业务的申请、经营的基本规则、外汇局的监督和管理以及法律责任等方面进行了规定，确保了外汇业务健康发展。

为加强对外汇业务的监管，1999年中国人民银行和国家外汇管理局联合下发了《关于国家外汇管理局分支局金融机构外汇业务监管职能划入人民银行分支行的通知》，即从1999年6月1日起，国家外汇管理局各分支局原承担的对金融机构外汇业务市场准入审核、外币资产质量和风险监管职责，按金融机构类别分别移交到中国人民银行分支行相应监管部门。

在金融机构外汇业务的监管上，国家外汇管理局嘉兴市中心支局的工作主要包括以下几方面：一是根据当地经济、贸易、金融基本情况，向上级分局报送下年度金融机构经营外汇业务规划报告，以便于统筹安排；二是严把外汇金融市场准入关，审核各金融机构经营外汇业务的可行性和业务经营范围，更好地满足当地外向型经济发展；三是建立银行外汇业务公平竞争公约和进口信用证开证管理公约，建立外汇指定银行联席会议制度，规范银行同业经营行为，分析外汇收支形势，确保外汇领域健康有序发展；四是加强对银行外汇业务的现场检查，对银行外汇业务经营、外汇政策执行、结售汇业务、代位监督管理、报关单"二次核对"、信用证售付汇、收付汇业务等情况进行了专项或全面检查，规范银行的经营行为，有效防范和化解了金融风险；五是强化非现场检查，制定了涵盖流出入、结售汇双向外汇流动监测预警的《嘉兴市外汇指定银行外汇资金流出入与结售汇情况报告试行办法》，明确了外汇金融业务非现场监管要点，为实现全面有效监管提供了手段。

## 第三节　主要职能

国家外汇管理局嘉兴市中心支局主要职责是：负责嘉兴市辖内国际收支和外汇收支统计、管理、预警和分析工作；负责嘉兴市辖内经常项目管理工作；负责嘉兴市辖内资本项目管理工作；依法检查嘉兴市辖内机构执行外汇管理法规的情况，处罚违法违规行为；监督管理外汇市场的运作秩序，分析预测外汇市场的供需形势，向上级行、局提供政策性的建议和依据；规范嘉兴市辖内外汇账户的管理工作；承办上级行、局交办的其他事项。

1991年以来，国家外汇管理局嘉兴市中心支局的管理职能随着涉外经济的蓬勃发展逐渐发生变化，主要通过12项外汇管理制度来体现。

### 一、外汇留成制度

为鼓励出口，增加外汇收入，支持地方生产建设，凡经批准经营对外贸易出口业务的各类外贸公司包括专业进出口公司、工贸公司、地方外贸公司和经批准有对外出口经营权的企业及企业联合体等，其经营的出口商品在实际出口并向银行结售汇后，创汇单位可按比例留成外汇额度或对出口商品收汇额实行全额或按比例留成的管理制度。这是20世纪90年代前后我国外汇管理制度的重要组成部分，并在此基础上培育和发展外汇调剂市场，通过外汇调剂市场进行调剂买卖，形成并不断完善了官方汇率与市场汇率并存的双重汇率。

国务院国发〔1993〕89号《关于进一步改革外汇管理体制的通知》下发后，明确从1994

年 1 月 1 日起,"实现汇率并轨,实行以市场供求为基础的、单一的、有管理的浮动汇率制;实行银行结汇和售汇制,取消外汇留成和上缴",至此外汇留成制度结束。

### 二、外汇调剂制度

自 1980 年我国外汇调剂业务开办以来,为境内机构尤其是外商投资企业调剂外汇余缺提供了便利渠道,促进了嘉兴市外向型经济的发展。1991 年 3 月,为打破地区封锁,浙江省外汇调剂公开市场诞生,正式引入了公开竞价机制;同年 4 月,国家汇率体制进行了重大改革,变固定汇率为浮动汇率;12 月,境内居民个人外汇调剂业务开办。在外汇调剂业务中,国家外汇管理局嘉兴市分局主要做了四方面工作:一是积极参加外汇调剂公开市场,竭诚为创用汇企业服务。为了适应公开竞价对竞价技巧和判断能力的较高要求,及时收集相关资料,加快外汇成交和资金清算速度。二是适时调节外汇资金余缺,避免汇率风险。三是优化用汇投向,对国有大中型企业在用汇投向上实行重点倾斜,确保关系国计民生物资的进口和技术改造用汇。四是广泛宣传,办好个人外汇调剂业务。通过上街举办政策咨询活动、召开境内居民外汇调剂座谈会等方式,广泛宣传个人外汇调剂有关规定,同时要求中国银行嘉兴市分行落实代办处场所及人员,并在业务上精心指导,既方便了因私出境的境内居民用汇,又打击了外汇黑市。

1994 年 7 月,根据上级局要求嘉兴市外汇额度上划省中心进行调剂。1995 年后,嘉兴市外汇调剂中心虽保持运作,但交易趋淡。随着我国外汇体制改革的深入,尤其是 1996 年外商投资企业外汇买卖可通过银行结售汇体系进行后,境内机构的外汇买卖绝大部分均通过银行结售汇体系办理。银行结售汇体系运行已基本成熟,可以满足市场主体及结售汇企业的业务需求。自 1998 年 12 月 1 日起,在全国范围内取消外商投资企业外汇调剂业务,将外商投资企业外汇调剂业务全部统一纳入银行结售汇体系。除将北京、广州、杭州等 36 家外汇调剂中心更名为中国外汇交易中心分中心外,其余各地外汇调剂中心一律关闭。至此,有近 20 年历史的外汇调剂业务已完成历史使命,退出经济舞台。

### 三、外汇兑换券制度

外汇兑换券制度是特定历史条件下的产物。改革开放初期,旅游事业和对外经济、文化交流日益发展,来华的外国人和港澳台同胞大量增加,在人民币汇率不尽合理、物资供应匮乏的情况下,为维护上述人员的利益,方便他们的旅游购物以及支付各种费用,经国务院批准于 1980 年 4 月发行外汇兑换券。外汇兑换券限定使用对象和地点,在全国流通,达到了一定的预期目的。随着改革开放不断深化,市场经济不断发展,商品的供应日趋丰富,外汇兑换券的作用已随经济的发展逐步减弱,1994 年 1 月起,嘉兴辖内停止发行外汇兑换券,并于翌年 6 月全部退出流通。

### 四、出口收汇核销制度

1991 年 1 月,为适应外贸体制改革,加强贸易外汇管理,国家外汇管理局在海关、外汇指定银行、税务等部门的配合协助下,出口单位将出口货款收汇后进行核销,实行出口收汇核销制度。对于减少出口逾期不收汇、降低外汇流失风险、防止逃汇违法行为的发生,以及为国家积累外汇储备具有十分重要意义，为国家经济发展和对外开放提供了有力支持。

2003年8月，国家外汇管理局相继出台《出口收汇核销管理办法》、《出口收汇核销管理办法实施细则》和《出口收汇核销管理操作规程》等法规，是年起国家外汇管理局嘉兴市中心支局依据新的法规，严格管理，认真实施，谨慎操作，保证了国家外汇免遭损失，降低了外汇流失风险，保全了国家外汇的安全。

出口收汇核销制度实施二十多年来，国家外汇管理局嘉兴市中心支局及时根据外汇形势变化，不断改进管理方式，优化管理手段，简化管理程序，降低企业操作成本，主要开展了以下工作。一是加强人员培训，在做好临柜政策宣传的同时，每年都举行一定规模的全市范围核办员培训班，系统讲解核销业务流程和规定，切实提高核销员的业务素质。二是加强考核通报，定期将企业核销的政策执行情况向企业、政府、银行及有关部门进行通报。2000年，进一步出台了分类监管操作办法，将进出口企业纳入统一考核，划分为正常、关注、重点监管三个类别，并对不同类别的企业实施分类监管，以突出监管重点、扶优限劣。三是加强逾期清理，根据国家外汇管理局浙江省分局要求，积极开展逾期清理催收工作，帮助企业盘活资金存量。

### 五、进口付汇核销制度

在做好出口收汇核销管理的同时，为了健全贸易外汇管理体系，1994年8月起，外汇指定银行按照国家外汇管理局公布的《进口付汇核销管理暂行办法》，实施进口付汇核销管理。

1997年3月，国家外汇管理局发布《贸易进口付汇核销监管暂行办法》，将进口付汇核销工作从外汇指定银行转由国家外汇管理局嘉兴市分局负责。实现了一方面通过公布进口单位名录、签发进口备案表等方式加强对企业付汇合规性、安全性的审核，另一方面通过进口付汇核销单、到货报审表的双向核对，加强对企业付汇的跟踪监管，防止资本项目下的外汇混入经常项目流出。

为打击利用假关单进行骗汇的违法行为，1999年1月1日，海关总署、中国人民银行、国家外汇管理局推广运行了"进出口报关单联网核查"系统，银行和外汇局在办理售付汇和进口核销前全部实行电子底账方式核查进口报关单，在核对报关单的真伪以及报关金额、贸易方式等相关内容后，上网核注或结案，在防止假关单付汇和避免重复付汇等方面起到了重要作用。

2003年1月，国家外汇管理局、海关总署等相继发布《关于对凭进口货物报关单证明联办理售付汇及核销实行分类管理的通知》、《关于取消部分进口付汇备案类别有关问题的通知》等法规，嘉兴市辖内进口付汇核销制度的实施更趋合理，维护了国家的整体利益和辖内对外贸易的正常秩序。

为严格进口付汇管理、堵塞逃套汇漏洞，国家外汇管理局嘉兴市中心支局做了以下几方面工作：一是做好外汇指定银行和进口单位的培训工作，确保进口付汇核销工作的顺利开展；二是及时公布进口单位名录和真实性审核名单，把好进口付汇的准入关；三是对属于备案类别的进口付汇审核其真实性，并进行跟踪监管；四是做好报关单的"二次核对"和上网核查工作，防止不法分子利用假关单骗购外汇；五是督促企业到货核销，通过寄发催核通知书等方式，加强对企业逾期未核销的催收。

2010年10月，国家外汇管理局发布《关于实施进口付汇核销制度改革有关问题的通知》，2010年12月1日起在全国施行《货物贸易进口付汇管理暂行办法》及其实施细则，实现进口付汇管理由逐笔核销向总量核查、由现场核销向非现场核查、由行为审核向主体监管的转变，对企业实施考核分类。至此进口付汇核销制度结束。

### 六、国际收支统计申报制度

1995年8月，中国人民银行颁布了《国际收支统计申报办法》，1995年11月，国家外汇管理局颁布了《国际收支统计申报办法实施细则》。1996年1月1日《国际收支统计申报办法》正式实施，明确规定国际收支统计申报范围为中国居民与非中国居民之间发生的一切经济交易。随后，国家外汇管理局相继发布了国际收支间接申报制度和国际收支四项直接申报制度（即直接投资统计申报制度、汇兑业务统计申报制度、证券投资统计申报制度和金融机构对境外资产负债及损益申报制度），国家外汇管理局嘉兴市中心支局要求辖内的外汇指定银行、涉外企业和个人在外汇的经营活动中全面实施国际收支申报制度，是年辖内所有的进出口企业和个人全部纳入申报范围，直接或间接地参加了申报。

为切实提高国际收支申报质量和申报速度，国家外汇管理局嘉兴市中心支局做了以下几方面工作：一是健全管理制度，先后制定了间接申报业务考核试行办法等，从制度上规范国际收支统计申报操作；二是在全国率先提出涉外收入5个工作日申报制度，在浙江省率先提出并实施了对申报主体——企业申报业务的核查，提高申报时效性和质量；三是采取全面检查与重点抽查相结合的方式，及时掌握银行申报现状，有针对性地解决银行实际问题；四是强化统计分析预测，及时把各项数据分析转化为监管信息，撰写了《对提高国际收支统计申报率和准确性的探讨》、《优化国际收支信息系统，实现监管、统计、预警预测三统一的可行性研究》等调研报告，为宏观经济决策提供预警服务。

### 七、外汇外债监测制度

国家外汇管理局1987年出台《外债统计监测暂行规定》、1989年出台《外汇（转）贷款登记管理办法》和《外债登记实施细则》后，为适应外汇体制改革的需要，1994年又下发了《关于新体制下完善外债（汇）贷款管理的通知》，明确了外债、外汇（转）贷款还本付息凭证，以及开立还本付息现汇账户的要求及收支管理。

根据《外债统计监测暂行规定》有关精神，1997年9月，国家外汇管理局发布《外债统计监测实施细则》，2003年3月，《外债管理暂行办法》正式施行，嘉兴辖内对外汇外债的监测体系日趋完善，更趋合理。国家外汇管理局嘉兴市中心支局按照国家外汇管理局规定依法履行外债统计监测的职能，负责辖内外债的登记监督，外债专户的审批，外债提款、外债结汇和债务偿还的核准，以及对外债资金使用情况的跟踪管理，并及时对外债数据进行核对与分析，预测未来外债借、用、还的变动趋势，更好地发挥统计监测职能，保证对外债发展趋势的及时预警。

从1991—2010年的二十年间，国家外汇管理局嘉兴市中心支局一直加强外汇债务借、用、还三个环节的登记、审核和统计监测工作，嘉兴市借入外债的主体是外商投资企业，外债作为利用外资的间接方式，与直接投资共同作用于经济的发展。2009年在全省率先推行中资企业借用外债试点工作，1家中资企业借入外债60万欧元，成为全省首笔中资企业外债。此外，外债管理的重点逐渐由逐笔审批转向对支付风险的全面监控，为经济决策提供依据。截至2010年末，全市直接外债余额15.45亿美元。

### 八、结汇、售汇及付汇管理制度

1994年3月，外汇管理体制进行了重大改革，经国务院批准，国家外汇管理局发布施行了《结汇、售汇及付汇管理暂行规定》，对境内机构（包括外商投资企业）、驻华机构、个人及来华人员，按照结汇、售汇、付汇进行了规定，绝大多数中资企业经常项目下的外汇收入必须出售给外汇指定银行，这一举措对于集中外汇资源、保证国家对外支付等起到了重要作用。

1996年6月，国家外汇管理局修订并发布了《结汇、售汇及付汇管理规定》，取消了经常项目下的兑换限制，按照国际货币基金组织对外汇收支进行划分，分为经常项目和资本项目结汇、售汇及付汇，对境内机构、驻华机构、居民个人及来华人员的结汇、售汇及付汇进行了规定，同时将外商投资企业纳入结售汇体系，允许外商投资企业经常项目外汇收入可保留最高金额。

随后几年中，又依据《中华人民共和国外汇管理条例》和《结汇、售汇及付汇管理规定》制定发布了《资本项目外汇收入结汇管理暂行办法》、《境内居民因私兑换外汇办法》和《经常项目外汇结汇管理办法》。

### 九、外汇账户管理制度

1991年至2010年间，外汇账户管理经历了从现汇留成到结售汇管理、从中资企业强制结汇到允许部分中资企业保留一定限额外汇收入等一系列发展历程。加强外汇账户管理，严格区分经常项目和资本项目外汇收支，明确规定账户的开立和使用范围，对于防止资本项目收付汇混入经常项目结售汇、增加企业经营自主权都有十分重要的历史意义。

1992年6月，嘉兴市制丝针织联合厂、嘉兴市轻纺进出口公司经国家外汇管理局浙江省分局批准成为嘉兴市首批外汇现汇留成试点单位。试点办法规定对于"进口用汇量大、能自行落实人民币资金且内部外汇管理健全"的企业可经批准开立美元现汇留成账户，以加速资金周转、方便企业用汇。1992年下半年，国家外汇管理局浙江省分局又相继批准了嘉兴市进出口公司、嘉兴毛纺织总厂和桐乡进出口公司等3家企业进行现汇留成，使全市现汇留成试点企业增至5家。

1994年《结汇、售汇及付汇管理暂行规定》实施，对中资企业实行了强制结汇制度，绝大多数中资企业经常项目下的外汇收入必须出售给外汇指定银行，同年《外汇账户管理暂行办法》实施。

1996年6月，允许外商投资企业经常项目外汇收入可保留最高金额内的外汇，国家外汇管理局下发了《外商投资企业境内外汇账户管理暂行办法》，明确了账户的开立、使用和管理。与此同时，国家外汇管理局嘉兴市分局组织实施了外汇账户申报与区分工作，即通过企业申报将外汇账户区分为资本金账户和结算账户，截至1996年9月底，嘉兴市共有645家企业

809 个账户进行了申报区分,核定结算账户最高金额 5 773.81 万美元,大大推进了人民币经常项目可兑换进程。

1997 年国民经济健康发展、外汇储备大幅度增加,配合人民币经常项目可兑换进程,国家外汇管理局发布实施了《境内外汇账户管理规定》和《境外外汇账户管理规定》。为了降低中资企业的生产经营成本、消除中外资企业在结汇方面的差别对待,允许进出口业务量较大、资本较充足、财务和经营状况较好的中资企业开立外汇结算账户,保留部分外汇,对中外资企业实施统一的待遇。此后,为适应我国加入世界贸易组织的形势需要,国家外汇管理局适时调整账户管理政策,取消了中资企业开户的条件限制,大幅提高企业可保留外汇的额度,同时取消开立经常项目外汇账户的事前审批,转为备案制,且不再对企业保留外汇的额度进行限制。《境内外汇账户管理规定》和《境外外汇账户管理规定》至 2010 年底仍适用。

2008 年国家外汇管理局发布《关于通过外汇账户办理外汇业务有关问题的通知》,银行为境内机构和境外机构办理外汇收支业务均必须通过外汇账户,但到 2010 年底仍未实施。

2009 年,为规范境外机构境内外汇账户的开立、使用等行为,促进贸易投资便利化,防范金融风险,国家外汇管理局发布《关于境外机构境内外汇账户管理有关问题的通知》,允许境外机构在境内开立外汇账户并使用。

### 十、外商直接投资外汇管理制度

1994 年初,我国对外汇管理体制进行了重大改革,但为了保持外商投资企业外汇管理政策的连续性,规定外商投资企业的外汇管理政策维持当时的办法不变,国家外汇管理局发布《关于目前外商投资企业外汇管理若干操作问题的通知》、《关于外商投资企业中方投资者购买外汇投资款的通知》、《外商投资企业外汇年检暂行规定》等规范性文件,对外汇管理体制改革后外商投资企业的外汇管理政策进行了重新明确。到 2010 年,国家外汇管理局每年都根据形势变化的需要,发布多个管理制度。2010 年底仍适用的外商直接投资外汇管理制度主要有:《国家外汇管理局关于下发〈外商投资企业外汇登记管理暂行办法〉的通知》、《关于加强外商投资企业审批、登记、外汇及税收管理有关问题的通知》、《财政部、国家外汇管理局关于进一步加强外商投资企业验资工作及健全外资外汇登记制度的通知》、《国家外汇管理局关于完善外商直接投资外汇管理工作若干问题的通知》、《国家外汇管理局关于境内居民通过境外特殊目的公司融资及返程投资外汇管理有关问题的通知》等。

1991 年以来,国家外汇管理局持续出台便利措施,积极支持企业"走出去"尤其是 2009 年国家外汇管理局发布实施的《境内机构境外直接投资外汇管理规定》等政策,为我国企业"走出去"发展提供了政策保障,促进了贸易和投资便利化,具体政策主要包括:取消境外投资外汇风险审查和汇回利润保证金制度,允许境外企业所得利润用于增资或境外再投资,允许跨国公司内部进行资金跨境运作等。

### 十一、个人外汇管理制度

1994 年外汇管理体制改革后,没有制定单独的个人外汇管理办法,而是在相关的法规、规章中分别进行了规定。相关的规定有《外汇账户管理暂行办法》、《境内居民因私兑付外汇的有关规定》、《非贸易售付汇及境内居民个人外汇收支管理操作规程》、《携带外币现钞出入境管理暂行办法》等。2006年中国人民银行发布了《个人外汇管理办法》，对于个人结汇和境内个人购汇实行年度总额管理，年度总额分别为每人每年等值5万美元，境内个人、境外个人结汇和境内个人购汇在年度总额以内的，凭本人有效身份证件直接在银行办理，超过年度总额的，经常项目项下凭本人有效身份证件和规定的证明材料在银行办理。

近年来随着出国留学、移民人员的增多，境内个人在境外买房、投资等方面的需求增加，境外个人在境内买房、购买股权等行为时有发生，这些资本项下的外汇交易行为按照资本项目的管理原则和相关政策办理。

### 十二、外汇管理检查制度

外汇检查是外汇管理的重要环节，是国家外汇管理局依法行政的重要表现。1996年4月《中华人民共和国外汇管理条例》（以下简称《条例》）出台，并于1997年进行了修订。2008年8月，对《条例》修订。新《条例》明确了外汇管理机关多项监督检查职权，同时针对新出现的违法违规行为制定了处罚条款，基本解决了检查手段和处罚依据不足的问题，健全和完善了外汇监管手段和措施，成为外汇检查的直接法律依据。

1997年，国家外汇管理局公布《检查处理违反外汇管理行为办案程序》，对立案、检查、处理、执行、复审等办案程序进行规定，将检查纳入法制化轨道。

随着嘉兴对外经济的发展，违反外汇管理法规的现象渐趋复杂，为了维护正常的外汇经营秩序，根据上级外汇管理局的要求，依据国家外汇管理的有关政策、法规、条例，国家外汇管理局嘉兴市中心支局对辖内外汇指定银行、涉外企业和个人的外汇经营活动开展了一系列的外汇业务合规性常规检查。

# 第二篇
## 银行机构

# 第一章 综 述

1991—2010年是金融体制改革力度不断加大的二十年，政策性金融与商业性金融分离，以国有控股商业银行为主体、多种金融机构并存的金融组织体系已经形成；也是金融业务快速发展的二十年，金融产品、金融工具不断创新，银行业务持续快速发展；更是现代金融管理制度创建、发展和逐步完善的二十年，银行业经过东南亚金融危机和美国金融危机的考验，特别是国营、集体企业转制，不良贷款骤增后，通过加强经营管理，完善现代金融管理制度，使嘉兴银行业呈现出金融业务快速增长、资产质量不断提高、盈利能力日益增强的态势。

1991年嘉兴的银行机构主要有：属于国有商业银行的中国工商银行嘉兴市分行、中国农业银行嘉兴市支行、中国银行嘉兴支行、中国人民建设银行嘉兴市中心支行，属于非银行金融机构的农村信用合作社、城市信用合作社、嘉兴市信托投资公司。1994年嘉兴市第一家股份制商业银行——交通银行嘉兴支行设立，以后股份制、区域性商业银行的分支机构和地方性商业银行不断增加。

# 第二章 国有商业银行

## 第一节 概 述

1991年以来,国有商业银行的改革发展进入了快车道,作为其总行的分支机构,嘉兴市的四大国有商业银行也经历了从国家专业银行、国有独资商业银行到国有控股商业银行的不同发展阶段。

## 第二节 中国工商银行嘉兴分行

中国工商银行嘉兴分行原为中国工商银行嘉兴市支行,于1984年12月底在原嘉兴市人民银行基础上分设。原址为嘉兴市勤俭路61号。1985年5月25日,根据浙工行人教字〔1985〕第140号批文,更名为中国工商银行嘉兴市分行。2005年12月26日,中国工商银行进行股份制改革,该行正式更名为"中国工商银行股份有限公司嘉兴分行"。

中国工商银行嘉兴分行是中国工商银行浙江省分行下属分支机构,属国家商业银行,代行上级行委托办理嘉兴地区的各项金融业务。基本职能是:(1)大力筹集资金,办理企业、事业单位及机关、团体、部队、学校的存款,发展城镇居民储蓄业务;(2)贯彻"区别对待、择优扶植"原则,对工商企业发放流动资金贷款、技术改造贷款及其他固定资产性质的贷款,加强信贷监督和信贷资产的风险管理;(3)搞好会计核算及转账结算,加强结算监督;(4)办理现金出纳、调节货币流通;(5)按照国际规定及中国人民银行的授权,对开户单位实行现金管理和工资基金管理监督;(6)办理票据承兑及贴现;(7)发行金融债券,办理特种贷款;(8)办理信托、租赁及投资业务;(9)代理财政、税款收解及国库券发行和兑付业务;(10)经人民银行批准,办理新兴业务,如房地产信贷业务,牡丹卡业务和国际业务等。

成立初期,工商银行嘉兴市支行机关由决策机构(行长室、总稽核室、总经济师室)、经营机构（营业部、储蓄信用卡部）、管理机构（办公室、工行信贷部、项目信贷部、会计出纳部、资金财务部、核算中心、科技部、保卫部、行政部、人事监察部、干校）和监督机构（稽核部）组成。另外，信托资产公司自1986年成立运营，于1996年11月撤销。申银证券公司嘉兴经营部1993年9月成立，1995年12月脱钩。

工商银行嘉兴市分行辖属嘉善、平湖、海盐、海宁、桐乡五个县（市）级支行，储蓄所66家，城郊办事处1所，集镇办事处4所，分理处5所。1991年底，在岗员工1 206人，各项存款余额16.6亿元，各项贷款余额24.64亿元。

1994年4月和6月分别设立新塍办事处、王店办事处。

1995年，《中华人民共和国商业银行法》颁布实施，标志着国家专业银行正式向商业银行体制转变。之后，工商银行按照市场经济要求和商业银行经营原则，实行法人授权制度，明确总分行经营权限和责任。

工商银行嘉兴市分行注重科技进步，从1985年开始引入计算机技术提高服务工作效率，从最初的PC机到1988年的多用户机，再到1990年的小型机，实现了微机应用的"三级跳"，率先在全市金融同业中实现了基于计算机联网的活期储蓄同城通存通兑，并在浙江省范围内实现了活期储蓄通存通兑、会计业务通存通兑、牡丹卡业务大联网。电脑联网营业机构超80家，把全行4 000多个企业账户、60多万个储蓄账务等业务处理都集中于电脑联机系统。

跨入2000年，工商银行嘉兴市分行顺应国有银行改革趋势和地方经济发展特点，加快现代商业银行制度建设，率先构筑了扁平化组织体系，导入现代营销理念，在调整信贷结构的同时，全力拓展优质市场。2000年，工商银行嘉兴市分行对内设机构功能进行了重新定位，并按职能分为市场营销、经营管理、安全保障和综合管理四大类。同年，全市共建立了9个个人金融服务中心，并将服务中心放在客户往来较为方便的临街网点上。

1995年4月，工商银行嘉兴市分行禾兴南路269号新办公大楼正式对外办公，市区形成秀州、东门、吉杨、本部四个机构，同年12月中国工商银行秀州办事处更名为中国工商银行秀州支行。1996年11月，中国工商银行东门办事处更名为中国工商银行南湖支行。

2004年2月，对嘉兴市区机构实施扁平化管理改革，嘉禾支行与秀州支行合并为中国工商银行嘉兴市嘉禾支行，原中国工商银行秀州支行降为二级支行；原中国工商银行南湖支行与秀城支行合并为中国工商银行嘉兴市南湖支行，原秀城支行降为二级支行；城区支行调整后，原秀州、秀城支行辖属的营业网点均由合并后的新城区支行管理。同年9月，根据中国工商银行浙江省分行有关规定要求，为进一步加强信贷审批工作，成立工商银行嘉兴市分行审批中心，挂靠信贷管理部。撤销市分行营业部信贷中心；南湖支行、嘉禾支行和营业部内部降格为二级支行管理，不再管理其他网点；嘉兴市本级所有网点（包括二级支行、分理处）由市分行营业部直接管理；按照精简高效、有利于市场拓展和风险控制的原则，工商银行嘉兴市分行营业部下设市场拓展部、风险管理部、营业管理部、综合管理部四个内设机构，承担嘉兴市本级业务经营、市场营销、风险管理、营业网点管理、人力资源管理等职能。

2005年12月26日，经国务院和中国银行业监督管理委员会批准，中国工商银行股份有限公司依法设立，该行也随之正式更名为"中国工商银行股份有限公司嘉兴分行"。现办公地址为嘉兴市禾兴南路399号。机构增设信贷审批部、机构业务部、稽核监督部整体改组为内控合规部，并先后增设电子银行业务部、现金管理中心和业务处理中心、个人业务部个人信贷审批中心、计划财务部财务核算中心和办公室后勤保障中心、档案管理中心七个二级部室。

2005年12月，中国加入世界贸易组织，金融业逐步开放，同业竞争日趋激烈。工商银行嘉兴分行紧紧抓住嘉兴经济步入快速发展阶段的历史机遇，乘势而上，在助推地方经济腾飞的同时，自身业务也得到了飞跃发展。按照"以资产业务带动全行各项业务快速发展"以及"靠大户做强，靠小户做稳"的经营理念，工商银行嘉兴分行"三资"齐抓、大小并举，倾力支持政府重点项目建设、重点行业和企业的发展；大力支持中小企业和外商投资企业的繁荣发展，推动个人消费增长，积极支持自主创新和节能环保等领域，推行绿色信贷建设，使全行各项业务驶上了高速发展的快车道。

2006年10月27日，中国工商银行沪港两地同时成功上市，工商银行嘉兴分行更为坚定地打造第一零售银行的战略部署，建立了由金融理财师团队、财富管理中心、贵宾理财中心和其他理财网点所构成的工商银行专业理财服务体系，造就了一支素质优良、业务过硬的金融理财师及产品经理队伍，为市场营销、产品研发、客户服务提供了强有力的支撑，协助广大客户分享国民经济快速发展的成果。2007年，成为嘉兴市首家获得全国金融工委授予"全国金融五一劳动奖状"的商业银行。

工商银行嘉兴分行以科学发展观为统领，加强全面风险管理，持续推进经营转型，在国际国内经济金融形势发生巨变，同业竞争日趋激烈的严峻形势下，正确处理市场、风险和效益的关系，实现了持续快速发展。到2010年末，机关内部设置办公室、人力资源部、公司业务部、个人金融业务部、结算与电子银行部、投资银行业务部、机构业务部、信贷管理部、内控监察部、财务会计部、运行管理部、信息科技部、保卫部13个机构，并有外汇业务处理中心、后勤服务中心、业务处理中心、运行风险监控中心、现金营业中心5个附属机构。下属嘉善、平湖、海盐、海宁、桐乡5个一级支行，32个二级支行，40个分理处，现辖共68家营业机构。工商银行嘉兴分行拥有一支高素质员工队伍，截至2010年末，共有在编人员1 509人，其中本科及以上占比达到47.4%，高级职称12人，中级职称261人，初级职称439人。截至2010年末，总资产达到496亿元，各项存款余额达469亿元，各项贷款余额达380亿元。连续七年跻身全国工行二级分行"经营30强"前10位。

## 第三节　中国农业银行嘉兴分行

中国农业银行始建于1951年8月，经历过三起三落，1979年2月第四次恢复成立，总部设在北京。中国农业银行嘉兴分行是中国农业银行在嘉兴设立的分支机构。1991年以来，该行相继经历了国家专业银行、国有独资商业银行和国有控股商业银行等不同发展阶段。

中国农业银行嘉兴市支行于1983年12月成立。1991年，叶忠书任行长，办公地址设在嘉兴市中山东路992号（原中山西路226号）。该行内部设置办公室、人事科、监察室、教育科、保卫科、信息电脑科、企业信贷科、资金组织科、会计出纳科、综合计划部、稽核科、信用合作科、工会办公室、思想政治工作办公室、农行省信托投资公司嘉兴办事处等15个机构。下属郊区、嘉善、平湖、海盐、海宁、桐乡6个支行、44个营业所、51个储蓄所，1 387名员工。下辖郊区、嘉善、平湖、海宁、桐乡五个县（市、区）农村信用合作社联合社、149个信用社、330个储蓄所，2 989名员工，营业网点遍布全市城乡。1991年初行社各项存款余额达30.5亿元，各项贷款余额达28.75亿元，是全市网点最多、分布最广、人员最多、业务量最大的金融机构。根据上级行的授权，农业银行嘉兴市分行在1992年前属纯管理机构，不直接对外办理银行具体业务，主要负责嘉兴市的各项农金业务管理工作。其职能具有明显的国家专业银行的特征：（1）按照党的方针、政策和国家计划要求组织贯彻执行国家农金工作方针、政策、制度；（2）编制并组织执行本地区农信计划，在规定范围内实行利率浮动，调度资金；（3）管理支农资金，组织农村各项存款，办理城乡储蓄，解决本地区发展农村经济的资金需要；（4）组织办理国营农业企业、农村集体经济、乡镇企业、农村商业、农工商联合企业各项贷款，支持当地农村经济和商品经济发展；（5）组织农村转账结算，执行农村资金管理；（6）领导农村信用社，发展农金事业；（7）协助农业部门做好农村经济组织的会计辅导工作；（8）办理国家交办和人民银行委托的其他事项。

随着金融改革的深化，农行地市级机构逐步从纯管理型向管理经营转变。1992年5月，中国农业银行浙江省分行下文（浙农银〔1992〕132号）对市地行的职能进行了重新界定。明确农业银行嘉兴市分行除了协助省农行对（县）市支行进行管理，同时在市本级开展银行业务。其主要职责是：（1）根据国家的方针、政策组织实施省分行制定的农村信贷的具体政策、办法；（2）指导所辖行贯彻实施国家利率和有关规定；（3）组织实施省分行制定的会计、出纳、财务、基建等基本制度；（4）领导和管理所辖行的机构、人事、劳动工资、职工培训、老干部工作，加强思想政治工作和精神文明建设；（5）领导、管理、监督、检查、稽核所辖行和信用社的经营活动，制止和纠正一切不正当的经济行为，维护行社合法经营；（6）领导和管理所辖行和信用社的安全保卫工作；（7）管理和协调本行外事工作，办理有关外资、外汇业务；（8）管理所辖行和信用社计算机的开发和应用，为基层的经营活动提供全面服务；（9）积极开展地区本级的业务经营活动，为地区本级经济发展提供全面服务；（10）办理省分行、市委、市府、人民银行交办的其他事项。1992年4月起先后成立了中国农业银行浙江省信托投资公司嘉兴办事处证券部、中国农业银行嘉兴市支行信用卡部、营业部和国际业务部，开办了证券业务、本外币存贷款业务、结算业务和信用卡业务。

1993年2月4日，经中国农业银行浙江省分行批准将中国农业银行嘉兴市支行更名为中国农业银行嘉兴市分行，行长叶忠书。1996年该行认真贯彻执行《国务院关于农村金融体制改革的决定》，积极稳妥地开展中国农业发展银行机构分设和农村信用社与中国农业银行脱离行政隶属关系（简称"一分一脱"）工作。到1996年10月31日，农业银行嘉兴市分行与农村信用社正式脱离行政隶属关系，其管理职能和10.43亿元存款准备金划转至中国人民银行嘉兴市分行；1996年11月12日中国农业发展银行机构分设工作全部完成，全市农业银行共向农业发展银行划转财产235万元，人员134名。

中国农业银行在与农村信用社正式脱离行政隶属关系和中国农业发展银行机构分设工作全部完成后，从国家专业银行进入到国有独资商业银行阶段。为了把中国农业银行办成真正的商业银行，于1997年2月起加大了市本级机构的改革力度。一是取消信托业务和证券交易业务；二是将中国农业银行浙江信托公司嘉兴办事处和中国农业银行嘉兴市郊区支行第二营业部合并改建为中国农业银行嘉兴市中山支行；三是将中国农业银行嘉兴市分行国际业务部改建为中国农业银行嘉兴市分行禾西办事处；四是将中国农业银行嘉兴市分行信用卡部改建为中国农业银行嘉兴市分行禾城办事处。1998年9月24日，经中国人民银行嘉兴市分行批复同意又将中国农业银行嘉兴市分行禾西办事处更名为中国农业银行嘉兴市经济开发区支行；将中国农业银行嘉兴市分行禾城办事处更名为中国农业银行嘉兴市禾城支行。从而使该行实现了从以管理为主的管理经营型向以经营为主的经营管理型转变，强化市分行本级的直接经营能力。

1998年9月，按照中共中央关于金融系统党组改党委的要求，农业银行嘉兴市分行成立了系统党委和纪委。第一任党委会由叶忠书任书记。所属的县（市）支行也同时建立了系统党委和纪委，实行垂直领导。从而，改变了中国农业银行长期以来采用的"条块"结合（即行政上由上级农业银行领导，党组织接受当地党委领导）的管理模式。

1998年11月28日，农业银行嘉兴市分行办公地址从嘉兴市中山东路992号（原中山西路226号）搬迁至嘉兴市斜西街461号（原斜西街383号）。

1999年7月农业银行嘉兴市分行调整充实领导班子，新的党委班子由谢庆勇任书记，新的行政班子由谢庆勇任行长。新的领导班子成立后，农业银行嘉兴市分行积极探索适应商业银行要求的经营机制，在转换市分行营业部职能的基础上，组建了市场发展部，赋予了市场拓展、协调管理、窗口服务三大职能。并设立了营业中心、监督中心、主机中心，实行统一账务管理、统一指标和考核标准、统一窗口服务要求、统一事后监督、统一形象宣传、统一网点布局，旨在发挥市分行本级的龙头辐射作用，增强农业银行的整体合力和竞争力。

2000年10月23日将中国农业银行嘉兴市禾城支行更名为中国农业银行嘉兴市秀城支行。

2001年农业银行嘉兴市分行调整充实领导班子，新的党委班子由冯建龙任书记，新的行政班子由冯建龙任行长。

2006年1月农业银行嘉兴市分行调整充实领导班子，新的党委班子由裘少士任书记，新的行政班子由裘少士任行长。

2008年中国农业银行的股份制改造提速，为贯彻落实"统筹城乡、发展县域、服务三农"的发展方略，进一步强化县域业务的发展，农业银行嘉兴市分行设立了县域（三农）业务部，明确部门的职责范围，为股改后"三农"业务经营管理水平和运作效率的提升做好了准备。

2009年1月15日，中国农业银行由国有独资商业银行整体改制为股份有限公司，2009年4月23日经中国银行业监督管理委员会浙江监管局批准，中国农业银行嘉兴市分行更名为中国农业银行股份有限公司嘉兴分行，其所辖机构名称中的"中国农业银行"统一更名为"中国农业银行股份有限公司"。股份制改造完成以后，该行从国有独资商业银行发展成为国有控股商业银行，肩负着"面向'三农'、服务城乡、回报股东、成就员工"的新使命。其经营业务范围为：办理人民币存款、贷款、结算业务；办理票据承兑与贴现；办理外汇存款、外汇贷款、外汇汇款、外币兑换、国际结算、结汇、售汇业务；代理发行、代理兑付政府债券；代理发行基金业务；代理收付款项及代理保险业务；办理经中国银行业监督管理委员会批准的其他业务。

在加强市分行内设机构和一级支行建设的同时，1996年开始农行嘉兴市分行加快了营业网点的布局，对一些储蓄余额低且无发展前途的营业网点进行关、迁、并、停。到2000年共撤销储蓄机构42个、分理处1个、营业所1个；新建储蓄所9个、分理处1个；搬迁储蓄所5个，歇业储蓄所7个。

2001年制订了三年机构网点撤并和储蓄所升格为分理处计划。到2003年共撤销储蓄网点22个、有31个储蓄网点开办了外币储蓄业务、50个储蓄所升格为分理处。并从2003年起着手分理处升格二级支行工作。当年有21家分理处升格为二级支行，使营业网点的功能和经营层次得到进一步提升。

2006年农行嘉兴市分行制定和实施了四年网点发展和转型规划，使营业网点从交易结算型向营销服务型转变，不仅增加了个人贷款功能，而且从传统的存贷款业务发展到代办保险，代发工资、养老金，代缴水费，销售基金、国债、黄金、电话卡等中间业务，网点的综合效能得到了进一步提升。

二十年来，农行嘉兴分行坚持以国家产业政策为导向，面向"三农"、服务城乡，重点支持外资企业、民营经济、房地产业、基础设施、个人消费等优良客户，特别是加强对骨干企业和小型巨人企业的扶持力度，积极支持嘉兴经济发展。到2010年末，农行嘉兴分行内部设置综合管理部、人力资源部、财务会计部、信贷管理部、个人金融部、公司业务部、资产处置部、信息技术管理部、县域对公业务部、县域个人金融部、运行管理部、内控合规部、监察部、安全保卫部、工会办公室、信用卡中心、国际业务部、营业中心等18个机构。下属秀州、南湖、中山、经济开发区、嘉善、平湖、海盐、海宁、桐乡等9个一级支行，49个二级支行，41个分理处，3个储蓄所。农行嘉兴分行拥有一支高素质的员工队伍。到2010年末，共有在岗员工2 156人。其中，硕士研究生34名、占员工总数的1.58%，大学本科生814名、占员工总数的37.76%，专科生843名、占员工总数的39.10%。员工队伍中拥有高级职称10人、中级职称463人、助理级职称521人、员级职称219人。2010年末，中国农业银行嘉兴分行总资产达到650.25亿元；本外币各项存款达到615.97亿元，比1990年增加32.85倍，如果剔除1990年9.39亿元信用社转存款因素，二十年来农行存款增加数达68.21倍，在工农中建四大国有控股商业银行存款中的比重达到32.25%，名列第一；本外币各项贷款达到435.52亿元，比1990年增加25.20倍；如果剔除1990年6.29亿元农副产品收购贷款因素，二十年来农行贷款增加数达42.42倍。存贷款总量率先突破1 000亿元大关，达到1 051.49亿元，不良贷款率为0.77%。在2010年全国农行311家二级分行等级行考评中取得了第三名的殊荣，确立了大行、强行的市场地位、业务优势和商业信誉。

## 第四节　中国银行嘉兴市分行

中国银行嘉兴支行于1984年12月10日成立，在发展历程中，经历了三次体制改革。成立初期，作为国家外汇外贸专业银行，行使经营国家外汇的职责，其任务是：组织、运用、积累和管理外汇资金，经营一切外汇业务，从事国际金融活动，为社会主义现代化建设服务。1993年，中国银行嘉兴支行正式更名为中国银行嘉兴市分行。次年，根据国家金融体制改革的部署，中国银行嘉兴市分行由外汇外贸专业银行开始向国有独资商业银行转化。为了加快金融改革，促进金融业健康发展，根据国有独资商业银行的具体情况，中国银行自2004年开始整体改制为国家控股的股份制商业银行，中国银行名称变更为中国银行股份有限公司，中国银行嘉兴市分行随之更名为中国银行股份有限公司嘉兴市分行。2006年，中国银行股份有限公司先后在香港联合交易所和上海证券交易所成功挂牌上市，各项改革纵深推进，各项业务加快发展。

中国银行嘉兴市分行的业务经营范围为：办理人民币存款、贷款、结算业务；办理票据贴现；代理发行金融债券；代理发行、代理兑付政府债券；买卖政府债券；代理收付款项及代理保险业务；保管箱业务；外汇存款；外汇贷款；外汇汇款；外币兑换；国际结算；结汇、售汇；通过上级行办理代客外汇买卖（仅限于实盘交易）；外汇信用卡发行；代理国外信用卡付款；经中国银行业监督管理委员会等监管部门批准的其他业务。

1991年，中国银行嘉兴市分行由陈惠忠任行长，办公地址设在嘉兴市中山东路113号，1998年正式搬入中山东路218号办公大楼。1991年下属海宁、桐乡、海盐、平湖4个县级支行，次年因业务发展需要增设嘉善县支行。

开业以来，中国银行嘉兴市分行不断加快基础建设步伐。1992年起，为了改变网点少、吸储后劲不足的现状，该行在全辖大力增设营业网点，除了城镇居民集中地外，还积极向外向型经济发展快、潜力大、储源丰富的集镇延伸，并对职工人数多、离储蓄所较远、储源丰富的企业单位主动上门帮助设立储蓄代办机构。到1994年，网点建设取得新突破，全辖网点机构达55个，当年起开展单人临柜试点工作。在提高网点机构覆盖率的同时，注重加大资金投入，提高网点的信息科技化程度。1995年，全辖已开业机构网点电脑普及率达100%，大大提高了网点的服务质量和效率。此外，中国银行嘉兴市分行积极开办附属机构。1994年，正式代理证券业务，次年信托办事处正式开业，发挥信托优势，积极筹措资金，不断扩大委贷规模。1994年，国债、企业债相继发行，住房改革方案出台，居民提取多年积蓄购房的新情况下，该行加强存款工作的统一管理，进一步理顺关系，把存汇科改为存款科，统一组织、协调和管理全辖的存款工作。次年，营业部从会计科分设，并开拓了国库电子联网和现汇留存及转存等新业务，顺利实现了新旧会计制度的接轨。

2001年，中国银行嘉兴市分行全辖有32个储蓄网点升格为分理处，可以开展人民币对公结算的窗口从26个扩大到58个，使一线人员从过去比较单一的储蓄业务操作向办理综合性业务方向发展，提升了品牌形象，增强了竞争能力。次年，按照扁平化管理和集约化经营的要求，中国银行嘉兴市分行加大了机构整合力度，成立了运钞中心和审贷中心，实现了数据中心向华东中心迁移，并对本级原有的4个科级分理处合并为越秀、中山两个科级分理处，实行了支行模式管理，提高了分理处的综合经营能力，促进了业务的发展。同年，还在全行建立了客户经理制，专门制定了《目标核心客户经理制及奖评考核办法》，对目标客户的争揽实行营销费用奖励。2003年，成立了信用卡中心、个人理财中心，12月初又成立零售贷款操作中心，实现了零售贷款前台、后台的分离，进一步完善了大零售经营体系和管理机制。2006年，撤销了乡镇网点余新支行以及桐乡乌镇、嘉善梅园、海盐核电新村分理处等4个低产网点。

2009年，中国银行嘉兴市分行积极创新服务模式，培育中小企业金融服务市场，建立了中小企业"信贷工厂"——中小企业业务中心，通过提升授信审批效率和建立相对客观独立的中小企业客户评级体系，全面整合优化流程，实行专业化运作，为优质中小企业、外向型企业、个私民营经济提供便捷的本外币"一站式"金融服务。

2010年，中国银行嘉兴市分行党委班子成员共5人，陶灵富任行长。内部设置公司业务部、个人金融部、风险管理部、国际结算部、营业部、运营部、综合管理部、计划财务部、人力资源部、保卫部、监察部、工会工作委员会12个部门；设有地市级机构1个，员工440人；县级支行5个，员工780人；合计有机构59个，员工1 202人（不含内退），占全市银行机构总数的7.33%，占全市金融从业人员的9.71%，其中专职理财人员34人。

进入20世纪90年代，中国银行嘉兴市分行进一步加快体制改革步伐，全面推行商业化的管理模式，在建立和完善各项内部经营机制的同时，全面开拓各项业务。"八五"期间，大力吸收存款，多渠道筹集资金，本外币存款大幅增加，人民币贷款共新增了75 664万元，年平均增长达1.5亿多元，对外商投资企业的贷款力度不断加大。为配合全市深化外贸体制改革，外汇项目贷款明显增加，主要支持对象为出口创汇的流通企业，提高了企业产品的技术含量，助推了当地产业结构的调整。同时，海外融资工作也逐步展开。

"九五"期间，中国银行嘉兴市分行各项业务取得迅猛发展，存款规模实现突破，贷款投入创历史高点，对外结算的主渠道地位依然稳固。截至2000年末，本外币各项存款余额突破65亿元，本外币各项贷款余额达40亿元；进出口结算量累计达35.7亿美元，市场占有率超过50%，比"八五"期末提高近20个百分点。其间重点扶持的企业有民丰特纸、巨石集团、卡森集团等，大型外商投资企业有晋亿实业、茉织华实业集团、韩泰轮胎、东方钢帘线等。除支持三资企业、民营企业、外贸进出口企业的生产发展和国有企业改制以外，中国银行嘉兴市分行积极开拓新的业务领域，为嘉兴城市基础设施建设、旧城改造及房地产开发等项目发放贷款3.3亿元，并按照国家拉动内需的要求，及时开办了住房等八大类的消费信贷业务。

跨入21世纪，经济全球化继续发展，国家宏观调控取得初步成效，全市城市化提速、产业升级、消费转型产生的内在动力加速释放。中国银行嘉兴市分行紧紧依托当地良好的经济环境，抓住嘉兴"建设先进制造业基地"和"接轨大上海、融入长三角"这一难得的历史性发展机遇，在壮大自身资金实力的同时，进一步加大对地方经济发展的信贷投入，并着力于结构调整和增长方式转变，各项业务实现飞跃式发展。

一是存贷款规模成倍扩张。继2003年、2006年全辖各项人民币存贷款余额攀升至百亿元后，2009年再度双双突破200亿元大关，新增本外币贷款超100亿元，从而成为当地金融机构中贷款增长最快的。2008年至2010年，三年贷款投放超过前23年总量，2010年末，本外币存贷款总量较前三年翻了一番多，成功实现了"三年再造一个新嘉兴中行"的目标。其间主要支持了日本帝人聚碳酸酯项目、杭州湾跨海大桥、跨海二桥、"两分两换"、嘉绍高速、善江公路、秦山核电、吉安纸容器、康龙纺织和爱芬食品等一批重点项目和企业，资产质量保持优良。二是外汇优势仍然稳固。2008年以后，不断加大对外向型企业的支持力度，各项外汇贷款出现了前所未有的增势，2008年当年新增外汇贷款9.2亿美元，余额市场份额达到

59.96%，在当地同业中占据了半壁江山，国际结算总量始终保持领先地位。三是结构调整成效显著。2006年后，紧紧抓住股改上市的契机，加大各种资源结构调整步伐，授信资源、客户结构、币种结构调整显现成效。涉足人民币业务并迅速壮大。2009年首次涉足"支农"业务。配合推进嘉兴市"两分两换"建设。积极寻找破解中小企业融资难的途径，当年专门成立"中小企业业务中心"，支持民营企业、成长型优秀中小企业、区域产业集群等优质中小企业发展。同时根据国家拉动内需的政策，不断提高民生零售贷款业务占比，在"扩内需、保民生"过程中发挥了重要作用。四是创新能力不断增强。在2008年提出集镇网点转型方案，要求集镇网点按照中型网点建设标准努力，全面开办对公、对私各项业务，提供对公对私全产品销售。同时积极创新网点管理模式，全面推动网点由"操作型"向"客户关系型"转变，网点的服务水平和竞争能力得到提高；2009年至2010年，推广了一系列国际结算、国内结算新品，创新开发了"新农村集约用地贷款"、"再生资源增值税退税托管账户质押融资"、"海宁通宝"等融资信贷新品，并与嘉兴报业集团、嘉兴人网合作推出了"读者卡"和"嘉兴人卡"2张城市主题卡，均受到了广大客户的欢迎。2010年7月，取得了当地跨境人民币结算的业务首发优势，到年末总量突破5亿元大关，市场份额保持同业领先。

二十年来，中国银行嘉兴市分行始终坚持以服务大众、支持地方经济社会发展为己任，稳健经营，锐意进取，积极为嘉兴经济建设和广大公、私客户提供优质的金融服务，各项业务持续健康快速发展，综合实力不断增强，已成为嘉兴市内服务、管理、技术和品牌等方面都具有较强领先优势的国有大型控股商业银行二级分行，深得广大客户和海内外金融同业信赖，树立了卓越的品牌形象。截至2010年，人民币存款余额272.27亿元，外币存款余额2.45亿美元；本外币贷款总量331.08亿元。其中人民币贷款余额258.83亿元，外币贷款余额10.90亿美元。行党委被总行、省分行党委授予"先进基层党组织"称号；行工会被中华全国总工会授予"模范职工之家"称号。

# 第五节　中国建设银行嘉兴分行

## 一、概况

中国建设银行嘉兴分行是中国建设银行股份有限公司所辖二级分行，它为客户提供全面的商业银行产品与服务。主要经营领域包括公司银行业务、个人银行业务和资金业务，多种产品和服务（如基本建设贷款、住房按揭贷款、投资银行和银行卡业务等），在同业居于市场领先地位。建行嘉兴分行依托嘉兴良好的经济金融环境，各项业务全面快速发展，多项经营管理指标列嘉兴同业和全省建行系统前列，已成为全国建行系统综合实力较强的二级分行之一。

建行嘉兴分行拥有广泛的客户基础，与多个大型企业集团及嘉兴经济战略性行业的主导企业保持银行业务联系，营销网络覆盖全市五县四区，设有70个分支机构，其中在海宁、桐乡、平湖、海盐、嘉善共设有7家综合支行，现有在岗员工1 474人，其中，高级职称11人，中级职称311人，中高级职称占比达28.6%，本科以上学历872人，占比59.19%，专科以上1 386人，占比94.03%。

### 二、名称沿革和领导人变化

中国建设银行嘉兴分行原为中国人民建设银行嘉兴市支行，由中国人民建设银行嘉兴地区中心支行分设，成立于1983年12月。1984年7月，改名为中国人民建设银行嘉兴市中心支行，原址为勤俭路（嘉兴镇委西首），1987年1月迁址至中山东路21号办公。1993年6月，更名为中国人民建设银行嘉兴市分行，1993年12月迁址至中山东路35号办公。1996年3月，中国人民建设银行嘉兴市分行更名为中国建设银行嘉兴市分行。2001年5月搬入新落成的办公楼（现址），现址为紫阳街208号。2004年9月17日，更名为中国建设银行股份有限公司嘉兴分行，简称中国建设银行嘉兴分行。

1984年3月潘音生任支行副行长，主持工作，1987年6月任中心支行行长，1991年2月1日，建立党组，潘音生任党组书记。1996年9月，徐众华任分行党组书记、行长，1998年10月，分行党组改为党委，徐众华任分行党委书记、楼崇民任党委副书记。1999年1月楼崇民副行长主持工作，2000年1月，楼崇民任分行党委书记、行长。2005年6月，劳新江任分行党委书记、行长。2007年8月，沈建明任分行党委书记、行长。2010年5月陈强任分行党委书记、行长。

### 三、职能变化

中国人民建设银行1991—1994年一方面履行商业银行职能，主要是：办理国家基本建设、技术改造、地质勘探拨款贷款和委托代理业务；建筑业企业存款、贷款、结算业务；城镇居民储蓄和住宅存款业务；基本建设和技术改造存款、贷款、结算业务；发行和代理发行有价证券业务；信用担保和见证业务；经济咨询业务；国家批准的外汇业务；中国人民银行和国家外汇管理局批准经营的其他金融业务。另一方面，建设银行还根据财政部门的授权，代行部分财政职能，主要有：审查国家基本建设预、决算，地方财政基本建设预算的执行、监督，审查核定基本建设、地质勘探和建筑业的年度财务收支计划；管理中央和地方基本建设基金；对建设单位、地质勘探单位和建筑业的财务活动实施财政监督；审查工程概算、预算、结算，会同有关部门制定工程取费标准，参与工程造价、材料预算价格和工程预算定额的管理工作，办理和监督工程价款结算；承担政策性贷款的办理等。

1994年3月，国家开发银行组建，建设银行将历史上经办的政策性基本建设贷款业务分离给了国家开发银行办理。1994年8月，按照国有商业银行的改革方向，建设银行又将行使了近40年的财政职能移交给财政部门。之后，建设银行分别与国家开发银行和财政部门确立了委托贷款、资金管理及工程审价的代理关系。1996年开始，其业务范围调整为：吸收公众存款；发放短期、中期、长期贷款；办理国内外结算；办理票据贴现；发行金融债券；代理发行、代理兑付、承销政府债券；买卖政府债券；同业拆借；买卖、代理买卖外汇；提供信用证服务及担保；代理收付款项及代理保险业务；提供保险箱业务；经中国人民银行批准的委托代理业务及其他业务。

建行嘉兴市分行1994年开始全面向商业银行转轨，积极推进资产负债比例管理，试行贷款风险管理，实行统一法人管理体制和授权制度，不断加强对全行业务运行和内部管理的制度规范与约束。建行嘉兴市分行在向商业银行转变进程中，充分发挥中长期信贷业务的传统优势，继续把支持国家和地方重点建设放在重要地位，同时，全方位开办商业银行业务。拓展基建贷款，支持了秦山核电、嘉兴电厂、沪杭高速、乍嘉苏高速、乍浦港等一批重点项目建设，同时，大力发展储蓄存款和国际金融等商业银行业务。

1994—2004年，是建行嘉兴市分行商业化进程加快的时期，逐步树立"以市场为导向、以客户为中心、以效益为目标"的经营理念，适时地进行了多次经营战略调整。1994年，推出了"抢市场、增份额、占位次"的经营战略；1996年，提出以效益为中心的经营战略，不断提升负债业务、资产业务、中间业务对全行经营效益的贡献度；1999年将信贷业务、中间业务、国际业务、房地产金融业务并列为"四大支柱"业务；2000年总行提出大中城市优先发展战略，建行嘉兴市分行被列为全国60家中心城市优先发展行，同时，把提高资产质量、网点单产作为发展重点；2003年制定与实施了三年发展战略，不断加大结构调整力度，全面推行规范化、科学化管理，注重金融产品和服务的创新。

2005年10月27日，中国建设银行作为中央确定的国有商业银行股份制改革试点单位在香港挂牌上市，成为四家大型国有商业银行中首家上市的银行。2005年和2008年根据上级的战略规划，结合嘉兴实际，建行嘉兴分行制定了2005—2007年和2008—2010年两个三年业务发展规划，提出了客户战略、产品战略、服务战略和风险管理战略。与此同时，根据市场环境变化，不断对规划修改完善，保证既能在瞬息万变的市场面前赢得先机，又能努力规避市场调整带来的风险。建行嘉兴分行加强战略执行能力，每年制订综合经营计划，分解落实战略目标任务。不断完善对分支机构的考核办法，在同业中最早引入经济增加值考核体系，通过经济资本配置的杠杆作用，把业务转型和风险控制的战略要求落实到业务单元、分支机构、员工等各个层面。通过加快发展、强化管理、推进改革、防范风险，全分行的综合竞争力得以全面提升。在全国建行系统60家中心城市行综合考评中和全省建行综合考评中，多次名列同类行前三位，资产质量排名第一。2005年被总行确定为全国8家单列二级分行之一。

2005年股改以来，建行嘉兴分行不断深化经营管理体制改革，加大力度发展新兴业务，积极推进战略转型，大力发展零售业务，向批发与零售业务并重转变；调整批发业务结构，向传统与新兴业务并重转变；加速发展中间业务，向利差与非利差业务并重转变；积极稳妥推进综合化经营，大力拓展投资银行、基金、信托、租赁、保险业务，向多功能银行转变，全分行业务发展、风险管理、产品服务创新水平均实现了跨越式提升。2010年12月末，该行资产负债规模分别达到517亿元和513亿元，位居同业前列；不良贷款率0.35%，总资产净回报率1.75%，均位居国内先进水平；税前利润10.72亿元。

## 四、分支机构

20世纪90年代初，中国人民建设银行嘉兴市中心支行为了大力发展业务，支持经济建设，增设了不少分支机构，并将机构升格，由办事处升格为支行的有秦山核电专业支行和乍浦支行，新建了嘉兴经济开发区支行。1996年末，建行嘉兴市分行全市机构网点达到86个，为建行机构网点数最多的阶段，90年代中期以后，建设银行总行确立了大中城市的主导地位和"双大（大行业、大企业）战略"，走集约化经营道路。从1998年起，该行对位置偏僻、效益不佳的乡镇网点进行了撤、并、迁，对联办所进行清理。到1999年末，全行网点数下降至80个。2002—2004年继续撤并低产低效网点，3年共撤销10个，全行分支机构数降至70个。2005年股改上市以后，建行嘉兴分行确立了大力发展零售业务的战略，全面推行网点战略转型，实施机构网点优化调整，在细分市场、行业、产品和客户的基础上，灵活确定组织机构的规模、形式和职能，通过公私分开、大客户上移、零售网点统一管理等措施压缩管理层级，组建专注经营特定业务或产品的专业化机构，切实提高服务效率。嘉兴市本级实现了两级管理，所有零售网点已实现直管，原来具有内部综合管理职能的城区支行取消下辖网点，转为主要承担业务经营职能。新建个贷中心、财富中心、理财中心（理财室）等各类专业化经营中心77个，在各县市支行建立了小企业"信贷工厂"，实行标准化、流水线运作，提供从贷款申请到审批、发放、回收的"一站式"服务。到2010年末，全市分支机构70家，其中分行营业部1个，县市级综合支行7个，城区单点支行2个，网点型支行51个，分理处9个。

### 五、内设机构

1991年，中国人民建设银行嘉兴市中心支行设有办公室、人事教育科、保卫科、计划科、投资管理科、建筑经济科、会计科、筹资科、稽核审计科、计算机室、房地产信贷部等科室。1991年，设思想政治工作办公室（简称"思政办"）。1993年4月，将人事科、思政办等部门合并成立政工处，投资管理科、建筑经济科合并为业务处。1996年11月，计划科、筹资科、会计科、稽核审计科、计算机室等改名为计划处、筹资处、会计处、稽核审计处、计算机管理处。1996年9月，设项目评审处。1997年9月，业务处分设为信贷管理处和建筑经济处。1999年6月，撤销信贷管理处和项目评审处，设立信贷管理委员会办公室、信贷经营处和信贷风险管理处。2000年1月，稽核审计处撤销，由省分行设立嘉兴审计办事处。2001年4月，房地产信贷部更名为房地产金融业务部，信贷经营处更名为公司业务部，筹资处更名为个人银行业务部。2003年3月，计划财务处更名为计划财务部，人事处更名为人力资源部，信贷管理委员会办公室更名为信贷审批部，信贷风险管理处更名为信贷风险管理部，科技处更名为信息技术部，会计处更名为会计结算部。2004年7月机构改革，设有行长办公室、人力资源部、计划财务部、会计结算部、个人银行客户部、公司客户部、风险管理部、信息技术部、监察保卫部、企业文化部等部门。2010年，设有行长办公室、人力资源部、计划财务部、会计营运部、个人金融部、公司客户部、风险管理部、信贷审批部、信息技术部、法律合规部、纪检监察部、安全保卫部、企业文化部等部门。

### 六、附属机构

20世纪90年代初期，中国人民建设银行嘉兴市中心支行以独资、参股等形式，陆续开办了工程造价咨询、房地产开发等公司。根据全国金融工作会议一心一意办银行的要求，从90年代中期开始，中国建设银行嘉兴市分行陆续通过转让、划转、出售、撤并、注销等方式，对原有经济实体进行了彻底脱钩。

1993年3月,中国人民建设银行浙江省信托投资公司嘉兴办事处成立,业务归属省建行信托投资公司,实行独立核算,自负盈亏,行政由建行嘉兴市分行管理。1994年4月,建设银行浙江省信托投资公司嘉兴证券营业部开业,归属建行嘉兴市分行领导。根据国务院、中国人民银行和上级行的要求,1996年12月撤销信托办事处,其债权债务并入建行嘉兴市分行。1997年7月,建行嘉兴市分行与证券营业部脱钩,并依法合规处理了双方人、财、物的关系。

# 第三章　股份制商业银行

## 第一节　概　　述

嘉兴市最早的股份制商业银行是1994年10月8日建立的交通银行嘉兴支行,以后中信银行、上海浦东发展银行、兴业银行、招商银行、浙商银行、深圳发展银行等全国性、区域性股份制银行先后在嘉兴设立分支机构。

## 第二节　交通银行嘉兴分行

1986年7月25日,国务院决定重新组建交通银行。1992年10月8日,嘉兴市政府成立交通银行嘉兴支行筹建小组,组长:赵冰,副组长:胡世昌,成员:朱金海、单丽蓉、叶华君。1993年2月1日,嘉兴市政府调整交通银行嘉兴支行筹建小组成员,组长:赵冰,副组长:杨荣华、胡世昌、朱金海,成员:吴淳、单丽蓉、顾树人、张祥雄、江胜荣。1994年2月21日,交通银行嘉兴支行经中国人民银行批准筹建,营运资金5 000万元,1994年10月8日举行开业典礼并对外试营业,隶属交通银行上海分行,行长胡世昌,地址在嘉兴市禾兴北路497号,是嘉兴市首家股份制商业银行。

开业之初,交通银行嘉兴支行下设办公室、人事教育科、财务会计部、信贷业务部。经营范围包括人民币和外币存款、贷款、结算业务;居民储蓄业务;信托贷款、投资业务;金融租赁业务;中国人民银行批准经营的其他金融业务。

1997年11月27日,交通银行嘉兴支行经中国人民银行审批同意升格为分行(隶属于上海分行),营运资金增加至1亿元。1999年8月2日,迁至嘉兴市中山西路236号办公营业。2004年9月21日,按属地原则划归杭州分行管辖。1997年11月,徐明任行长。2004年11月,边黎平任行长。2007年6月,肖亮任行长。

截至2010年末，交行嘉兴分行设有办公室（与人力资源部合署办公）、预算财务部、公司业务部、国际业务部、个人金融业务部、零售信贷管理部、会计结算部、授信管理部、风险管理部（与法律合规部合署办公）、信息技术管理部、电子银行部、监察室（与保卫部合署办公）、行政部等13个管理处室，下辖营业部、禾城支行、秀城支行、开发区支行、秀园支行、禾兴支行、南湖支行、秀州支行八家市区网点和海宁支行、平湖支行、桐乡支行、嘉善支行、海盐支行五家县域支行，共有员工460人。2010年末，本外币资产总额197.29亿元，各项人民币存款余额175.38亿元，其中个金存款38.27亿元，各项人民币贷款余额159.54亿元，其中零售信贷余额49.06亿元，累计实现国际结算量19.1亿美元，中间业务收入9 454万元，实现经营利润44 998万元；按五级分类口径统计，不良贷款余额339万元，贷款不良率为0.02%。

## 第三节　中信银行嘉兴分行

中信银行原为"中信实业银行"，成立于1987年2月，是中信集团公司下属的国营综合性银行。1996年11月21日，经中信实业银行总行和中国人民银行浙江省分行、嘉兴市分行批准，中信实业银行嘉兴支行在嘉兴市中山路111号正式对外营业，吴晓庭任行长，机构隶属于中信实业银行杭州分行管辖。成立之初，支行内设机构为办公室、人事保卫部、计划信贷部、营业部、财务会计部、国际结算部。主要办理人民币存款、贷款、结算业务，办理票据贴现，代理发行、代理兑付政府债券，代理收付款项及代理保险业务，外汇存款，外汇贷款、外汇汇款，外币兑换，国际结算，结汇、售汇，资信调查、咨询、见证业务；兼营经中国人民银行批准的其他业务。

1997年9月，左伟国主持工作。1998年9月，左伟国任嘉兴支行行长。2002年5月，姚玉书任嘉兴支行行长；2005年7月11日，中信实业银行嘉兴支行经中国人民银行批准升格为分行，朱进任行长。

自2005年11月25日起，中信实业银行嘉兴分行更名为中信银行嘉兴分行。2006年10月30日，迁至嘉兴市中山东路639号办公营业。2007年3月经中国银行业监督管理委员会批准，中信银行整体改制为股份有限公司，中信银行嘉兴分行的单位全称更名为中信银行股份有限公司嘉兴分行，简称中信银行嘉兴分行，下辖海宁、平湖、秀州、桐乡、嘉善、新南湖、海盐7个支行。

截至2010年12月末，中信银行嘉兴分行本外币资产总额188.67亿元，本外币一般性存款余额175.54亿元，本外币各项贷款余额132.28亿元，实现国际业务结算22.81亿美元，实现税前利润折合人民币42 475万元。按五级分类口径统计，不良贷款8 154万元，不良率为0.62%。至此，中信银行嘉兴分行网点规模和员工队伍在进一步扩大，内设办公室、公司/国际业务部、零售业务部、风险管理部、信贷管理部、计划财务部、会计部、合规审计部、信息技术部九个职能部室。下辖分行营业部、秀州支行、新南湖支行三家市区网点和海宁支行、平湖支行、桐乡支行、嘉善支行、海盐支行五家县域支行，自助银行21家，单体取款机35台，全辖员工409名。

## 第四节　上海浦东发展银行嘉兴分行

1994年11月17日，嘉兴市人民政府第42次市长办公会议，研究决定申请筹建上海浦东发展银行嘉兴支行；1994年11月30日，成立了上海浦东发展银行嘉兴支行筹建领导小组，由时任市委常委、副市长杨荣华任组长，时任市政府秘书长朱加椿、中国人民银行嘉兴市分行行长单丽蓉为副组长；时任市政府秘书长徐达生、原工商银行嘉兴市分行行长计瑞祥、原嘉兴市财政局局长张祥雄、原市委组织部副部长吴淳、原市人事局副局长江胜荣为领导小组成员。下设筹建小组办公室，由徐达生同志任主任，计瑞祥同志任副主任；后于1996年5月和7月，分别增补黄昔同志和宋斌同志为筹建领导小组成员，其中，黄昔为筹建小组办公室主任，徐达生不再担任筹建小组主任，宋斌为筹建小组办公室副主任；1995年初，时任嘉兴市委书记王国平，时任市委副书记徐良骥专程赴浦发总行拜访时任董事长庄晓天，提出了在嘉兴设立浦发银行分支机构的要求，得到了庄晓天董事长的肯定与支持；同年11月，筹建小组组长杨荣华副市长率市有关部门领导赴京向中国人民银行银行司领导汇报浦发银行嘉兴支行筹建工作；之后，杨荣华副市长又专程去浦发银行杭州分行主动听取杭州分行领导对筹建工作的指导。1997年10月24日，中国人民银行浙江省分行批复同意筹建浦发银行嘉兴支行。1997年12月16日，经中国人民银行嘉兴市分行批复，上海浦东发展银行嘉兴支行正式开业，隶属于上海浦东发展银行杭州分行。营业地址在嘉兴市中山路148号，是最早进驻嘉兴市的股份制商业银行之一，1997年宋斌任行长。

开业之初，浦发银行嘉兴支行营运资金5 000万元，下设办公室、计划信贷部、信贷管理部、存汇部；经营范围：主营人民币存款、贷款、结算业务，人民币储蓄业务；外汇存款，外汇贷款，外汇汇款，外币兑换；国际结算；结汇、售汇；兼营经中国人民银行批准的其他业务。

2006年3月6日，浦发银行嘉兴支行迁址至嘉兴市环城西路225号营业；2007年5月28日，上海浦东发展银行嘉兴支行经中国银监会批准正式升格为上海浦东发展银行嘉兴分行（隶属于上海浦东发展银行杭州分行的二级分行），营运资金增加至1亿元；业务经营范围：吸收公众存款；发放短期、中期和长期贷款；办理国内外结算；办理票据承兑和贴现；提供信用证服务；代理发行、兑付、销售政府债券和金融债券；代理买卖政府债券和金融债券；代理收付款项及代理保险业务；从事银行卡业务；通过上级行办理代客外汇买卖；资信调查、咨询、见证业务；经营总行经中国银行业监督管理委员会批准的业务范围内授权的其他业务。同年7月，党组织关系由嘉兴地方党委转入杭州分行党委，并经杭州分行党委批准建立了嘉兴分行党委和纪委，实行党委领导下的行长负责制。宋斌任浦发银行嘉兴分行行长；2007年7月25日，成立了中共上海浦东发展银行嘉兴分行委员会，由宋斌任书记。

2007年6月25日，经浙江银监局批复，统一更名为上海浦东发展银行股份有限公司嘉兴分行。

截至2010年末，设有办公室、风险管理部、合规部、资金财务部、公司银行管理部、个人银行部、营业部、公司银行一部、公司银行二部、公司银行三部等十个部室，下辖秀州、秀城、桐乡、平湖、海宁等五个支行，共有员工183人。2010年末，本外币存款余额88.22亿元，其中个人储蓄存款余额11.3亿元；本外币贷款余额72.02亿元，其中个人贷款余额8.67亿元；全年实现账面利润17447万元，不良率为1.76%。

## 第五节 兴业银行嘉兴分行

兴业银行，原名福建兴业银行，2002年，中国人民银行批准正式更名为兴业银行。兴业银行嘉兴分行是中国银监会调整股份制银行在全国地级市设立分支机构市场准入政策以来，在浙江省内首家获准筹建和开业的地市级分支机构，也是继1997年浦发银行入驻嘉兴以来，10年后首家入驻嘉兴市的股份制银行分支机构。2008年3月18日起试营业，同年4月8日正式开业。2010年1月27日，成立辖内第一家县域支行——海宁支行，同年6月28日，由城东路83号迁址至中山西路267-283号。2010年7月9日，兴业银行嘉兴支行正式升格为兴业银行嘉兴分行，行长周金国。

兴业银行嘉兴分行现设综合部、计划财务部、企业金融部、风险管理部、同业业务部、零售事业部、小企业分中心等12个部门。经营范围：人民币存、贷款，结算业务，办理票据贴现，代理发行金融债券和收付款项，外币兑换，国际结算、结汇、售汇，外汇票据的承兑和贴现，总行授权的外汇借款、外汇担保、代客外汇买卖，资信调查、咨询、见证及经中国人民银行批准的其他金融业务。分行注重金融产品创新，开业当年成功办理嘉兴市首笔中小企业专项信用贷款，并积极推进节能减排、排污权抵押贷款、现金管理、应收账款质押、短期融资券、中小企业集合债等金融新产品营销落地。截至2010年12月末，总资产达51.28亿元；各项存款余额达43.01亿元，其中储蓄存款余额达5.12亿元；国际结算量19681万美元，结售汇量18729万美元；各项贷款余额达42.67亿元；不良贷款余额为零。

## 第六节 招商银行嘉兴支行

招商银行嘉兴支行于2007年12月29日经中国银行业监督管理委员会浙江监管局批复同意筹建，2008年4月17日经中国银行业监督管理委员会浙江监管局验收合规批复同意开业，支行营业地址为嘉兴市中山西路253号福瑞商务楼，常建梁为招商银行嘉兴支行行长。业务经营范围为：吸收公众存款；发放短期、中期和长期贷款；办理国内外结算；办理票据承兑和贴现；提供信用证服务；代理发行、兑付、销售政府债券和金融债券；代理买卖政府债券和金融债券；代理收付款项及代理保险业务；银行卡业务；通过上级行办理代客外汇买卖；资信调查、咨询、见证业务；经营总行在中国银行业监督管理委员会批准的业务范围内授权的其他业务。

招商银行嘉兴支行内设办公室、公司银行部、零售银行部、国际业务部、信用风险管理部、会计部、营业部等六部一室。至2010年末下辖海宁、南湖支行，拥有在行式自助银行3家、离行式自助银行（银亭）3家、ATM 7台，在编员工107人。

招商银行嘉兴支行自建行以来，依托嘉兴良好的经济环境和招商银行强大的品牌优势，融合"自强不息、坚韧不拔、勇于创新、讲求实效"的创业精神和"服务、创新、稳健"的招银文化，积极适应嘉兴经济金融环境的发展变化，充分发挥股份制商业银行的特点和优势，以其先进的理念、灵活的机制、优质的服务和良好的业绩连续两年被杭州分行评为优秀行，在总行新建的异地机构考核中名列前茅。

招商银行嘉兴支行始终把合规内控管理作为全行的"生命工程"，努力使员工在思想上牢固树立"合规人人有责"的理念，形成"理性、稳健、进取、全员"的风险文化，确保经营管理和各项业务的安全运行。截至2010年12月底，嘉兴支行全折自营存款余额32.92亿元，其中储蓄存款余额为4.2亿元，自营贷款余额25.46亿元，其中个人贷款余额为6.35亿元，2010年完成国际结算量9.7亿美元，国际结算量在嘉兴新建股份制银行中遥遥领先。2010年实现利润4 588万元，资产质量优良，无不良贷款，效益、质量、规模取得了协调发展。

招商银行嘉兴支行创新突破，根据嘉兴市场环境，准确市场定位，始终把优质中小企业作为基本客户群，主动建立起中小企业发现和培养机制，启动了中小企业"点金成长"计划，着力解决中小企业融资难的问题。2010年末累计中小企业客户达145户，占该行总贷款客户的比重91.8%。中小企业贷款余额12.07亿元，占全行一般贷款余额的65.7%。2010年新增现金管理客户17户、企业网银客户140户，网上供应链交易量突破3.4亿元，一卡通累计发卡近3万张，信用卡发卡1.3万张。

## 第七节　浙商银行嘉兴支行

浙商银行嘉兴支行经中国银行业监督管理委员会浙江监管局批准，于2008年7月21日开始筹建，同年12月19日正式营业。隶属于浙商银行杭州分行，地址在嘉兴市梅湾街1号，行长史建明。该行营运资金人民币5 000万元。经营范围包括吸收公众存款；发放短期、中期和长期贷款；办理国内外结算；办理票据承兑与贴现；代理发行金融债券；代理发行、代理兑付政府债券；信用证服务及担保；从事银行卡业务；代理买卖外汇；代理收付款及代理保险业务；经营总行在中国银行业监督管理委员会批准的业务范围内授权的其他业务。至2010年末，资产总规模达35.36亿元，各项存款余额34.95亿元，各项贷款余额31.69亿元，无关注类和不良授信资产，全年实现经营利润7 667.55万元。

浙商银行嘉兴支行以"一体两翼"（即以公司业务为主体，小企业银行和投资银行业务为两翼）为市场和业务定位，沿着"在学习中发展，在发展中创新，在创新中领先，在领先中逐步做强做大"的路径，分步推进，逐步实现资本、规模、特色、质量和效益的协调与快速发展。本行注重小企业和投资银行业务的培育和发展，特色明显。创新开发了突破抵质押方式的"桥隧模式"、"联保贷款"、"村民保证贷"和"一日贷"、"三年贷"、"全额贷"等适合小企业主需要的特色产品，连年荣获全国小企业金融服务先进单位、中国中小企业金融服务十佳机构等荣誉。其中"小企业联保贷款"和"村民担保一日贷"分别于2009年和2010年获评中国服务小企业及三农"十佳特优金融产品"，"一日贷"产品荣获中国银监会"银行业金融机构小企业金融服务特色产品"。本行按照"有效融合和发挥智力、渠道和资金优势，着力发展真正意义上的投资银行业务"的思路，2008年成功发行国内第一单中小企业信贷资产支持证券，2010年创新发行了引入内部分层增信结构和第三方回购机制的中小企业集合票据，突破和发展了牵头银团贷款、中小企业并购贷款、非金融企业短期融资券和中期票据主承销等多项特色投资银行业务。基于小企业业务和投资银行业务的有效结合和不断突破，浙商银行成为提供最多小企业融资服务模式的商业银行，即同时提供间接融资模式（银行贷款）、直接融资模式（在金融市场发行债券）和混合模式（信贷资产证券化）三种小企业融资服务模式。

浙商银行嘉兴支行内设办公室（安全保卫部）、业务管理部、会计科技部、风险管理部、营业部、业务发展一部、业务发展二部、市场拓展一部、市场拓展二部、市场拓展三部、小企业业务部等11个部门。截至2010年12月末，全行员工114人。2010年9月20日，辖内第一家分支机构浙商银行嘉兴桐乡支行获准筹建。

## 第八节　深圳发展银行嘉兴支行

深圳发展银行股份有限公司嘉兴支行是深圳发展银行股份有限公司杭州分行在浙江省内设立的第二家异地分支机构。经中国银行业监督管理委员会浙江监管局核准，深圳发展银行嘉兴支行于2009年2月18日对外试营业，同年4月15日正式开业，唐弟良任行长，营业场所设在嘉兴市禾兴南路89号。支行内设行长室、综合管理部、信贷管理部、信贷一部、信贷二部、信贷三部、零售银行部、营业部七部一室，综合管理部下设保卫部、合规部两个二级部。在编员工40人，其中劳动合同制36人、劳务派遣制4人。业务经营范围为：吸收公众存款；发放短期、中期和长期贷款；办理国内外结算；办理票据承兑与贴现；代理发行、兑付政府债券和金融债券；代理收付款项及代理保险业务；从事银行卡业务；代理买卖外汇；经营总行在中国银行业监督管理委员会批准的业务范围内授权的其他业务。截至2010年底，资产总额为19.8亿元，存款余额15.5亿元，贷款余额10.5亿元。

深圳发展银行嘉兴支行按照"保增长、保稳定、保民生"的总体要求，严守"诚信、专业、服务、效率"的行训，树立"存款立行的价值理念、科学发展的发展理念、合规经营的管理理念、以人为本的文化理念"四大理念。坚持效益、质量、规模协调发展，强调风险防范和内控管理。明确市场定位，积极参与公共事业建设，为社会、企业、居民提供精细化、综合化的金融服务。优化资源配置，重点支持中小企业授信开拓和新业务品种推广，对同业领先的保理池融资、"1+N"供应链等新业务均进行了有益尝试，消费信贷业务正朝着专业化、智能化方向发展，人民币理财产品"聚财宝"和"卓越计划"、外币理财产品"聚汇宝"、黄金投资理财产品"聚金宝"，深受广大消费者喜爱。

# 第四章 中国农业发展银行及邮政储蓄银行

## 第一节 概　　述

在嘉兴市的银行业体系中,除了中国人民银行、商业银行的分支机构,还有从农业银行中分设的作为国家政策性银行的中国农业发展银行和重新恢复的中国邮政储蓄银行的分支机构。

## 第二节 中国农业发展银行嘉兴市分行

中国农业发展银行嘉兴市分行成立于1996年12月26日,1997年1月1日正式对外营业,是嘉兴市唯一的一家农业政策性银行,直属中国农业发展银行总行和浙江省分行领导,管理上实行总行一级法人,在总行、省分行授权范围内依法依规开展业务经营活动,其主要任务是按照国家的法律、法规和方针、政策,筹集信贷资金,承担国家规定的农业政策性金融业务,代理财政性支农资金的拨付,为农业和农村经济发展服务。截至2010年末,全行直辖5个县级支行,在编员工137人,各项贷款余额46.26亿元,各项存款余额8.96亿元,实现账面利润8 569万元。

1994年7月,根据国务院《关于组建中国农业发展银行的通知》(国发〔1994〕25号)文件精神,中国农业发展银行暂时未设立基层机构之前,在农业银行嘉兴市分行设立中国农业发展银行嘉兴代理部,各项政策性业务由农业银行嘉兴市分行代理,配备人员5名,专司农业政策性经营业务。

1996年12月,根据中国人民银行《关于设立中国农业发展银行分支机构的批复》(银复〔1996〕310号)文件精神,成立由昂盛武同志任组长的中国农业发展银行嘉兴市分行临时领导小组,负责处理农业银行嘉兴市分行代理部业务和人员的划转交接等筹建事项,在此基础上,于1996年12月26日正式成立中国农业发展银行嘉兴市分行(以下简称农发行嘉兴市分行），办公地址设置在嘉兴市紫阳街127号，1997年1月1日正式对外营业，下设嘉善县、平湖市、海宁市、海盐县、桐乡市等5个支行和市分行营业部，内设办公室（党委办公室）、人事教育处（党委组织部）、计划信贷处、财务会计处、稽核监察（保卫）等5个处室。

1997年3月，首届党内领导班子成立，由昂盛武任党组书记；首届行政班子由昂盛武任行长。

1999年4月，随着粮食流通体制改革的深化和农发行内部人事收入分配制度改革的推进，农发行实行垂直领导，2001年4月调整领导班子，新的党委班子由姚振新任党委书记；行政班子由姚振新任行长。

2004年国务院第57次常务会议以后，农发行按照国务院的要求，以解决"三农"问题为重点，完善运行机制，增强服务功能，逐步拓宽业务发展空间，大力支持"三农"和新农村建设，加快内部改革，加强领导班子和干部队伍建设。2005年9月，党委班子由孙跃旗任党委副书记（副行长、主持工作）。2006年3月，党委班子由孙跃旗任党委书记；行政班子由孙跃旗任行长。

为进一步适应商业性信贷业务发展需要，2010年8月，农发行嘉兴市分行机关内设机构调整为办公室（党委办公室）、人力资源部（党委组织部）、信贷与风险管理部、财务与会计信息部、客户部、客户服务部、内审监察部（保卫部）等7个部室。按照国家的法律、法规和方针、政策，以国家信用为基础，筹集资金，承担国家规定的农业政策性金融业务，代理财政支农资金的拨付，为农业和农村经济发展服务。

农发行嘉兴市分行的业务经营范围，由国务院和银监会根据一个时期国民经济发展和宏观调控的需要来界定。农发行成立以来，国务院对其业务范围进行过多次调整。

目前的主要业务是：

（一）办理粮食、棉花、油料收购、储备、调销贷款。

（二）办理肉类、食糖、烟叶、羊毛、化肥等专项储备贷款。

（三）办理粮食、棉花、油料加工企业和农、林、牧、副、渔业的产业化龙头企业贷款。

（四）办理粮食、棉花、油料种子贷款。

（五）办理粮食仓储设施及棉花企业技术设备改造贷款。

（六）办理农业小企业贷款和农业科技贷款。

（七）办理农业基础设施建设贷款。支持范围限于农村路网、电网、水网（包括饮水工程）、信息网（邮政、电信）建设，农村能源和环境设施建设。

（八）办理农业综合开发贷款。支持范围限于农田水利基本建设、农业技术服务体系和农村流通体系建设。

（九）办理农业生产资料贷款。支持范围限于农业生产资料的流通和销售环节。

（十）代理财政支农资金的拨付。

（十一）办理业务范围内企事业单位的存款及协议存款、同业存款等业务。

（十二）办理开户企事业单位结算。

（十三）发行金融债券。

（十四）资金交易业务。

（十五）办理代理保险、代理资金结算、代收代付等中间业务。

（十六）办理粮棉油政策性贷款企业进出口贸易项下的国际结算业务以及与国际业务相配套的外汇存款、外汇汇款、同业外汇拆借、代客外汇买卖和结汇、售汇业务。

（十七）办理经国务院或中国银行业监督管理委员会批准的其他业务。

1994年初，国务院《关于组建中国农业发展银行的通知》（国发〔1994〕25号）下发以后，中国人民银行、中国农业银行、中国工商银行、中国建设银行联合发出《关于向中国农业发展银行划转信贷资产与负债的规定》的通知，中国农业银行也于同年5月5日下发《划转及代理中国农业发展银行业务会计核算暂行办法》的通知。按照两个《通知》的要求，上述各有关银行基层营业单位于1994年5月31日进行了试划转；1994年6月30日，农发行正式接收中国农业银行、中国工商银行划转的农业政策性信贷业务。1995年1月1日，中国农业发展银行开始独立运营。但由于此时农发行的省级以下机构尚未建立，根据国务院指示及人民银行决定，农发行嘉兴市分行各项业务由中国农业银行嘉兴市分行全面代理。

代理期间，业务经营范围主要包括：办理国务院、中国人民银行安排资金并由财政予以贴息的粮食、棉花、油料、猪肉、食糖等主要农副产品的国家专项储备贷款；办理粮、棉、油收购和调拨贷款；办理棉麻系统棉花初加工企业的贷款；省级政府的财政支农资金的代理拨付，为各级政府设立的粮食风险基金开立专户并代理拨付；办理业务范围内开户企事业单位的存款；开户企事业单位的结算；办理经国务院和中国人民银行批准的其他业务。

从1995年1月至1996年8月，在业务代理过程中，由于职责不清，关系不顺，没有完全达到加强管理、防止粮食收购资金流失的预期效果。因此，国务院决定中国农业发展银行业务由全面代理转为基本自营，1996年国务院作出《关于农村金融体制改革的决定》，提出增设省以下分支机构；中国人民银行于1996年12月22日下发《关于设立中国农业发展银行分支机构的批复》（银发〔1996〕310号）文件，随后，在农发行浙江省分行领导下开始组建中国农业发展银行嘉兴市分行及各县（市）支行，并于1997年1月1日正式对外营业，农业发展银行业务由农业银行全面代理转为基本自营。

1997年到1998年4月，新一轮粮改开始，农发行的信贷功能属综合性服务，职能定位是承担国家粮棉油收购、调销、加工、储备和农业综合开发、扶贫等政策性贷款。在此期间，农发行嘉兴市分行认真按照国务院确定的业务范围，在上级行和地方政府的正确领导下，准确把握信贷政策，大力支持全市农业和农村经济发展，特别在粮棉油收购资金供应和管理方面，充分发挥了农业政策性银行的职能作用，彻底解决了农民卖粮、卖棉难和给农民"打白条"的现象，强化了农业政策性信贷资金管理，防止收购资金被挪用和流失，在促进封闭运行、体内循环方面做了大量具体的工作，初显农发行对地方农业农村经济发展特有的保障作用。但是，由于粮食流通体制不顺，财政、企业与银行之间的职责不清，加之农发行的附营业务和农业综合开发贷款业务牵涉了大量人力、物力，影响了农发行收购资金封闭运行政策目标的实现。

1998年5月，国务院决定深化粮食流通体制改革，决定将中国农业发展银行承办的农村扶贫、农业综合开发、粮棉企业附营业务等贷款业务划转到有关国有商业银行，信贷功能呈现单一性，专为国家粮棉油收购、储备、调销服务，集中主要精力加强粮棉油收购资金封闭管理，农发行的基本任务转变为进一步强化支持粮棉流通职能，确保粮棉改革顺利进行，确保国家粮食安全。

附营业务的划出，使农发行嘉兴市分行的业务发展形成了一个转折点。在此阶段，农发行嘉兴市分行认真贯彻国务院关于粮食、棉花流通体制改革的一系列政策措施和国务院关于加强收购资金管理的指示精神，认真落实粮改三项政策（坚决贯彻按保护价敞开收购农民余粮、粮食收储企业实行顺价销售、农业发展银行收购资金封闭运行），坚持以收购资金封闭管理为中心，以"收多少粮棉油，发放多少贷款"为原则，对粮食收购企业建立"一基三专"账户，即一个基本账户，三个专户（收购资金专户、应付利息专户和企业财务资金专户），严格账户管理，紧紧抓住贷款投放、库存监管和收贷收息等关键环节，摸索建立了一套符合收购资金封闭管理要求的规章制度和管理办法，切实加强粮棉油收购资金的供应与管理工作，对粮食收购企业监测购、销、调、存各个环节，确保新发放贷款与新增粮棉油收购值比率同步，从源头上堵住收购资金被挤占的口子，基本实现了当期收购资金的封闭运行。

2001年初，浙江省在全国率先实行粮食购销市场化改革。随着粮食购销流通体制市场化改革的推出，粮食市场主体多元化，嘉兴市粮食收购量急剧下降，农发行嘉兴市分行的贷款余额和粮棉油收购贷款总体上呈现萎缩趋势。针对粮棉油购销市场化后信贷工作中出现的新问题，农发行嘉兴市分行积极探索粮食购销市场化后农业政策性金融工作的新路子，从完善信贷管理制度着手，建立贷审会和"三岗"分离等管理制度，并对企业自主经营的贷款实行抵押担保。

2004年以来，每年中央一号文件都将解决"三农"问题作为重点，为农发行拓宽发展空间奠定了基础。2004年下半年，国务院第57次常务会议明确要求中国农业发展银行要按照现代银行要求，完善运行机制，增强服务功能，拓展业务范围。至此，农发行嘉兴市分行的业务范围逐步拓展。主要是：将传统贷款业务的支持对象由国有粮棉油购销企业扩大到各种所有制的粮棉油购销企业；开办粮棉油产业化龙头企业和加工企业贷款业务；扩大产业化龙头企业贷款业务范围和开办农业科技贷款业务；开办农村基础设施建设贷款、农业综合开发贷款和农业生产资料贷款业务。同时，积极探索中间业务发展，先后开办了银行承兑汇票和票据贴现业务以及代理保险业务。

随着政策环境的变化，农发行嘉兴市分行的经营环境和业务范围发生了根本转变，在其发展历程中经历了又一次转折。

建行以来，农发行嘉兴市分行在探索中前进，在改革中发展，走过了不平凡的历程。经过10多年的发展，形成了以粮棉油收购信贷为主体，以农业产业化信贷为一翼，以农业和农村中长期信贷为另一翼的"一体两翼"业务发展格局。到2010年末，全行总资产达43.65亿元，各项贷款余额46.26亿元，各项存款余额8.9556亿元，与1997年相比，分别增长107.29%和1 249.75%；实现经营利润8 569万元，人均利润达62.55万元，创历史新高。

表2-4-1　　　　中国农业发展银行嘉兴市分行历年末存贷款余额统计表

(1996—2010年)　　　　　　　　　　　　　　　　　　　　单位：万元

| 年份 | 年末各项贷款余额合计 | 其中 | | 贷款总额比上年增减 | | 年末存款余额合计 | 比上年增减 | | 备注 |
| --- | --- | --- | --- | --- | --- | --- | --- | --- | --- |
| | | 政策性贷款 | 商业性贷款 | 金额 | 增减 | | 金额 | 增减 | |
| 1996 | 176 752 | 176 752 | 0 | — | — | 5 835 | — | — | |
| 1997 | 223 181 | 223 181 | 0 | 46 429 | 26.27% | 6 635 | 800 | 13.71% | |
| 1998 | 138 859 | 138 859 | 0 | -84 322 | -37.78% | 9 640 | 3 005 | 45.29% | |
| 1999 | 124 887 | 124 887 | 0 | -13 972 | -10.06% | 10 983 | 1 343 | 13.93% | |
| 2000 | 94 995 | 94 995 | 0 | -29 892 | -23.93% | 12 378 | 1 395 | 12.70% | |
| 2001 | 86 071 | 86 071 | 0 | -8 924 | -9.39% | 10 969 | -1 409 | -12.84% | |
| 2002 | 72 282 | 72 282 | 0 | -13 789 | -16.02% | 11 924 | 954 | 8.69% | |
| 2003 | 82 203 | 82 203 | 0 | 9 921 | 12.07% | 10 745 | -1 178 | 9.88% | |
| 2004 | 90 509 | 90 509 | 0 | 8 306 | 10.10% | 12 350 | 1 605 | 14.94% | |
| 2005 | 104 489 | 81 522 | 22 967 | 13 980 | 15.44% | 18 089 | 5 739 | 46.47% | |
| 2006 | 141 260 | 83 882 | 57 378 | 36 771 | 35.19% | 31 002 | 12 913 | 71.38% | |
| 2007 | 232 224 | 91 107 | 141 117 | 90 964 | 64.39% | 45 101 | 14 099 | 45.48% | |
| 2008 | 251 642 | 91 522 | 160 120 | 19 418 | 8.36% | 50 177 | 5 076 | 11.25% | |
| 2009 | 342 690 | 88 035 | 254 655 | 91 048 | 36.18% | 77 161 | 26 984 | 53.78% | |
| 2010 | 462 640 | 89 722 | 372 918 | 119 950 | 35% | 89 566 | 12 405 | 16.08% | |

## 第三节　中国邮政储蓄银行浙江省嘉兴市分行

1986年，邮政储蓄恢复开办。随着邮政体制改革的深化，2008年4月25日中国银行业监督管理委员会浙江监管局核准中国邮政储蓄银行有限责任公司浙江省嘉兴市分行成立，标志着嘉兴邮政金融事业掀开了新的篇章。建行初期，该分行营业场所设在嘉兴市勤俭路369号，2010年1月20日，该分行迁至嘉兴市中环南路2243号办公营业。2008年4月，杨益群任行长。2010年9月，李丽青任行长。该分行核准经营范围为：吸收公众存款；办理汇兑业务；从事银行卡业务；代理代收款项及代理保险业务；代理发行、兑付政府债券；代理买卖外汇；代理政策性银行、商业银行及其他金融机构特定业务；办理协议存款；办理个人存款证明服务；提供保管箱服务；办理网上银行业务；从事银团贷款业务；办理小额贷款业务；办理基金代销业务；办理国内外结算；从事同业拆借；经营总行在中国银行业监督管理委员会批准的业务范围内授权的其他业务。

截至2010年末，该分行设有办公室、计划财务部、人力资源部、会计结算部、信贷业务部、个人业务部、公司业务部、审计部、风险合规部、渠道管理部（与安保部合署办公）等10个管理部门，下辖海宁支行、海盐支行、嘉善支行、桐乡支行、平湖支行5个县市一级支行,12个二级支行,54个二类网点,64个代理网点。在岗职工362人,比组建初期增加131人,增幅达到56.7%。

从2008年到2010年,该分行取得了长足的发展,业务发展规模快速扩张、经营效益显著提升、网点环境明显改善、服务质量有效提高、社会影响力日益扩大,在向实现全功能现代商业银行转型上迈出了坚实的一步。截至2010年末,辖内资产总额为156.64亿元,各项储蓄存款余额为124.90亿元,贷款结余29.35亿元,实现经营利润2 375.41万元。

邮储银行嘉兴市分行自组建以来,一直遵循"根植城乡、服务大众"的零售商业银行定位,秉承"进步与您同步"的服务理念,继续依托邮储百年品牌和全覆盖金融网络,沟通城乡,服务大众,凭借"品牌、网络、规模"三大优势,开拓进取,积极创新,有效与其他金融机构形成差异化互补,重点服务农户以及小微企业,进一步发挥邮储银行个人贷款服务"三农"、支援地方经济建设的作用。相继推出了小额贷款、商务贷款等在内的系列贷款产品,启动了信用村建设,开展了农民工银行卡特色服务、小额贷款推介会活动,同时还参与涉农补贴代发以及"新农保"代收代发等工作,通过踏踏实实从"小"做起,该分行已成为活跃农村经济,支持农民、中小企业生产经营的一支重要有生力量,以自己的行动践行了一家国有大型商业银行机构的社会责任,2009年和2010年连续两年被评为"金融支持城乡统筹深化年活动先进单位"。

# 第五章 地方性金融机构

## 第一节 概　　述

嘉兴市地方性金融机构主要有嘉兴银行、嘉兴城市信用社、各农村合作金融机构及村镇银行四大类，其中嘉兴城市信用社随着嘉兴银行的组建而撤销。地方金融机构的存在对嘉兴地区，特别是农村地区的经济发展起到了不可替代的重要作用。

## 第二节 嘉兴银行

1997年12月，嘉兴城市合作银行成立。该行为股份有限公司形式的商业银行，实行一级法人体制。在嘉兴城市合作银行开业的同时，嘉工等3家城市信用合作社、南湖等6家农村信用合作社按照协议自动解散，成为该行的分支机构。

1998年，鉴于城市合作银行是股份制商业银行，不具有"合作"性质，经国务院同意，全国所有"××城市合作银行"的名称变更为"××市商业银行股份有限公司"。嘉兴城市合作银行经中国人民银行浙江省分行批复同意，更名为嘉兴市商业银行股份有限公司（简称嘉兴市商业银行），是嘉兴市第一家具有法人资格的地方性股份制商业银行。

从1998年到2003年，嘉兴市商业银行将辖内原有的信用社、分理处、储蓄所均改建、升格为支行，实行总行—支行制管理。

2002年12月，嘉兴市商业银行成立第一家县级支行海宁支行，到2008年6月成立海盐支行，实现在嘉兴5县（市）机构全覆盖。

2009年，经中国银行业监督管理委员会批复同意，嘉兴市商业银行股份有限公司（简称嘉兴市商业银行）更名为嘉兴银行股份有限公司（简称嘉兴银行）。

2009年7月13日，嘉兴市商业银行成立第一家新市镇支行洪合支行，按照规划，经监管部门批准同意，截至2010年底，已成立了秀州洪合、海宁袁花、桐乡濮院以及滨海等4家新市镇支行。

1997年9月—1997年12月，杨荣华兼任嘉兴城市合作银行（1998年5月更名为嘉兴市商业银行）董事长。

1997年9月—2000年5月，吴德孚任嘉兴城市合作银行（1998年5月更名为嘉兴市商业银行）监事长。

1997年11月—2000年3月，吴德孚任嘉兴城市合作银行（1998年5月更名为嘉兴市商业银行）党委书记。

1997年12月—2007年5月，盛明强任嘉兴城市合作银行（1998年5月更名为嘉兴市商业银行）董事长。

1997年11月—1999年12月，张向明任嘉兴城市合作银行（1998年5月更名为嘉兴市商业银行）副董事长。

1997年11月—2001年4月，吴建元兼任嘉兴城市合作银行（1998年5月更名为嘉兴市商业银行）副董事长。

1997年9月—1999年12月，张向明任嘉兴城市合作银行（1998年5月更名为嘉兴市商业银行）行长。

2000年3月—2005年9月，盛明强任嘉兴市商业银行党委书记。

2001年4月—2005年12月，金锦根兼任嘉兴市商业银行副董事长。

2005年9月—2007年3月，楼崇民任嘉兴市商业银行党委书记。

2005年12月—2007年12月，楼崇民任嘉兴市商业银行行长。

2005年9月—2008年12月，朱静远任嘉兴市商业银行监事长。

2007年3月至本书记载期内，许洪明任嘉兴市商业银行（2009年12月更名为嘉兴银行）党委书记。

2007年5月至本书记载期内，许洪明任嘉兴市商业银行（2009年12月更名为嘉兴银行）董事长。

2008年11月至本书记载期内，马俊任嘉兴市商业银行（2009年12月更名为嘉兴银行）行长。

2008年12月至2009年11月，蒋朝晖任嘉兴市商业银行监事会召集人。

2009年11月至本书记载期内，陈煌生任嘉兴市商业银行（2009年12月更名为嘉兴银行）监事长。

嘉兴银行已建立"三会一层"制度，其中：股东大会是最高权力机构，依照法律、法规及公司章程的规定行使职权；董事会是股东大会的执行机构，对股东大会负责，下设战略委员会、审计委员会、风险管理与关联交易控制委员会、薪酬委员会四个委员会和董事会办公室、审计部两个直属部门；监事会下设监事会办公室和审计委员会。总行部门有16个，分别为：办公室、工会办公室、党群工作部、人事保卫部、会计结算部、个人金融业务部、计划财务部、授信评审部、公司业务部、小企业业务部、风险管理部、法律合规部、科技信息部、资金营运部、国际业务部、电子银行部。

嘉兴银行目前共有30个分支机构，在嘉兴市本级有22个分支机构，分别为总行营业部、秀州支行、百花支行、物流园支行、洪合支行、南湖支行、实业支行、越秀支行、文昌支行、秀水支行、烟雨支行、月河支行、禾兴支行、嘉工支行、开发区支行、虹桥支行、东方支行、塘东支行、东栅支行、城东支行、东塔支行、梅湾支行。在5个县（市）有8个分支机构，分别为海宁支行、海宁袁花支行、平湖支行、滨海支行、桐乡支行、桐乡濮院支行、嘉善支行、海盐支行。至2010年末，嘉兴银行总资产230.82亿元，各项存贷款余额分别为200亿元和139.7亿元。

## 第三节　湖州银行嘉兴分行

湖州银行股份有限公司嘉兴分行，简称湖州银行嘉兴分行，由湖州银行股份有限公司设立，营运资金10 000万元，是湖州银行股份有限公司在湖州市以外设立的首家跨区域分行，也是嘉兴市由异地城市商业银行设立的首家分行。

湖州银行嘉兴分行于2010年4月16日经浙江银监局批准筹建，邹霞同志任嘉兴分行筹建工作组负责人；2010年11月23日，浙江银监局批准湖州银行嘉兴分行开业，并颁发金融许可证（机构编码：B0155B2330400001，No.00438247），行长邹霞，营业地址：嘉兴市中山西路250号。

2010年12月27日，中国人民银行嘉兴市中心支行批准湖州银行嘉兴分行加入金融管理与服务体系，湖州银行嘉兴分行正式对外营业，营业执照编号：330400000015031，组织机构代码：56586195-9，经营范围：吸收公众存款，发放短期、中期和长期贷款，办理国内结算，办理票据承兑和贴现，提供担保，代理发行、代理兑付政府债券，代理收付款项及代理保险业务，经营总行在中国银行业监督管理委员会批准的业务范围内授权的业务。

湖州银行嘉兴分行下设办公室、运营管理部、合规（风险）管理部、营业部、业务发展一部（含小企业及个人金融中心）、业务发展二部、业务发展三部等职能部门。

湖州银行嘉兴分行市场定位为"立足嘉兴、服务中小微企业、服务市民"，坚持实施特色化、差异化、区域化的发展战略。截至2010年12月末，湖州银行嘉兴分行总资产56 626.8万元，各项存款余额39 610.6万元，各项贷款余额34 930万元。按五级分类口径统计，无不良贷款余额。

## 第四节　嘉兴城市信用社

1988年8月，嘉兴市本级第一家城市信用社——嘉兴市嘉工城市信用社开业。这是一家由嘉兴市总工会牵头，8家工会实体出资30万元组建的浙江省工会系统第一家工会三产的全民事业性质的金融企业。理事长邵美温，负责人陈民铿，主任钱焕文。社址：嘉兴市中山路47号。随后，嘉善魏塘城市信用社、桐乡市城关城市信用社、平湖市城市信用社、嘉兴市城区城市信用社、嘉兴市中山城市信用社、海盐城市信用社、海宁市城市信用社先后开业，到1994年全市共有8家城市信用社。

城市信用社是城市集体金融组织,是为城市集体企业、个体工商户以及城市居民服务的金融企业,受人民银行领导和管理。经营金融业务的范围是:办理城镇集体企业和个体工商户及实行承包租赁的小型国营企业的存款、贷款、结算业务;办理城镇个人储蓄存款业务;代理经中国人民银行批准的证券业务;代理保险及代收代付业务;办理经中国人民银行批准的其他金融业务。到1997年末,全市城市信用社各项存款已达12 377万元,各项贷款6 137万元。

1993年底嘉兴市8家城市信用社成立了嘉兴市城市信用合作社联合会,主任陈民铿,会址设在嘉兴市中山路47号东楼。经中国人民银行嘉兴市分行授权,该联合会对所辖城市信用合作社进行行业归口管理,自身不经营金融业务,无注册资本,以所辖各城市信用合作社上交的会费作为管理经费。随着嘉兴市城市合作银行筹建工作开展,该联合会撤销。

1997年12月,嘉兴市本级嘉工、城区、中山3家城市信用社和嘉兴市区嘉北、秀水、塘汇、南湖、东栅、实验6家农村信用社共同参股组建成立嘉兴市城市合作银行。

嘉善、平湖、海盐、海宁、桐乡5家城市信用社经清理整顿后归并当地农村信用社。

## 第五节　农村合作金融机构

嘉兴农村信用社机构已有50多年历史,全市农村信用社通过深化改革,完成县联社、合作银行股份合作制统一法人改造,初步建立了法人治理结构,经营机制和管理机制进一步转换;确立了"立足农村、服务三农"的经营指导思想和支持农户和中小企业的市场定位;不断完善了服务"三农"的功能、水平和手段。到2010年末,全市农村信用社机构各项存款余额672.10亿元,比1991年初增加650.51亿元,增长3 013%;各项贷款余额457.96亿元,比1991年初增加445.94亿元,增长3 710%;其中涉农贷款378.39亿元,占全部贷款总量的82.63%,农户贷款75.39亿元,中小企业贷款357.03亿元,存贷规模和市场份额分别列全市金融机构第一。全市农村信用社机构有省农信联社嘉兴办事处,禾城、平湖、嘉善3家农村合作银行,海宁、海盐、桐乡3家信用联社,6家行社下辖67家基层信用社(支行),309家对外营业网点,其中:联社(合行)营业部6个,信用社(支行)67个,信用分社(分理处)189个,储蓄所32个,自助银行9个,员工3 283人,是嘉兴市金融机构中服务网点最多、员工人数最多、资金实力最强、存贷款余额最高的金融机构。全市农村90%的农户贷款、70%的中小企业贷款均为农村信用社发放,对促进农村经济发展和城乡统筹建设发挥了重要作用,成为我市农村金融名副其实的主力军。

### 一、浙江省农村信用社联合社嘉兴办事处

1996年8月26日,国务院发出《关于农村金融体制改革的决定》,确定农村信用社与农业银行脱离隶属关系,脱钩后的农村信用社由各级农村金融体制改革领导小组办公室及县联社领导管理,对农村信用社的监管由中国人民银行及其分支行承担。

1996年10月8日,全市农村信用社与农业银行脱离行政隶属关系,成立嘉兴市农村金融体制

改革领导小组,组长由常务副市长杨荣华担任,下设办公室(简称农金改办)。农金改办的主要职责是:贯彻执行市农村金融体制改革领导小组布置的具体工作,负责过渡时期对农村信用社和县信用联社的领导及管理、指导、协调、服务等工作,办公经费按规定由各联社上交管理费解决。成立时,农金改办内设体改、综合、计划信贷、财务电脑、稽核保卫等科,有工作人员17名。

1999年6月,嘉兴市开展建立农村信用社市联社试点。4月,中国人民银行召开了全国农村信用社工作会议,会议进一步明确了农村信用社改革与发展的方向,对农村信用社改革的原则、目标、步骤作出了具体的规划,其中一项重要措施就是组建市(地)农村信用合作社(简称市联社)。对此,中国人民银行嘉兴市中心支行对嘉兴市组建农村信用社市联社进行可行性研究和分析,向市政府做了专题汇报,市政府正式向中国人民银行上海分行提出组建市联社试点申请。5月,中国人民银行上海分行确定嘉兴市列为首批按合作制原则组建市(地)联社的试点城市,也是全国首批按合作制原则组建的市(地)联社之一。6月,根据中国人民银行文件规定建立了中国人民银行嘉兴市中心支行行长为组长,分管行长为副组长,发起人代表、中国人民银行嘉兴市中心支行有关职能部门负责人参加的市联社筹建领导小组,并选配了工作班子组成筹建办公室。7月,市联社6家发起人单位签订了发起人协议,同时中国人民银行嘉兴市中心支行正式向上海分行提出筹建申请,经上海分行审查转报总行正式批准,8月开始按中国人民银行《关于组建农村信用合作社市(地)联合社的试点工作方案》和《农村信用合作社市(地)联合社管理规定(暂行)》要求,开始组建班子、筹集股金、拟定章程和管理办法等。1999年12月25日,嘉兴市农村信用合作社联合社创立大会暨首届社员代表大会在嘉兴秀城饭店召开,大会选举产生了第一届理事会、监事会并选举理事长、副理事长、监事长,聘任了主任、副主任,向中国人民银行总行提出开业申请,整个筹建工作基本结束,嘉兴市农村信用社联合社正式成立。

2003年,国务院作出深化农村信用社体制改革的决定,按照改革工作的总体要求和省深化农村信用社改革领导小组办公室有关文件精神,2004年5月撤销了嘉兴市信用联社,改组为浙江省农村信用社联合社嘉兴办事处(简称省农信联社嘉兴办事处),根据省农信联社授权对全市6家农村信用社机构履行行业管理和服务职能,承担起管理、指导、协调、服务等职责,办事处内设机构有综合科、业务管理科、审计科,有编制人员15人。

## 二、农村信用合作联社(农村合作银行)

嘉兴市从1984年开始到1987年末,相继建立了平湖、嘉善、海宁、桐乡县(市)信用联社,当时的县联社基本上都是管理型的联社。1991年11月,市郊信用联社成立,1993年5月,最后一家海盐县信用联社成立,至此全市6个县(市)区均建立了信用联社。在与农业银行脱钩前,当地信用联社在农业银行领导下负责领导和管理辖内农村信用社,所有的县级联社已逐步从单一的管理型联社过渡为经营管理型联社。

1995年7月18日,农业银行浙江省分行在湖州召开会议,明确设置联社专职主任改革试点工作,平湖列为省试点单位,由农业银行嘉兴市分行负责试点。1995年9月1日,召开平湖农村金融体制改革会议,由平湖市委、市政府等五套班子、中国人民银行嘉兴市分行、农业银行参加,宣布平湖联社新班子名单,建立联社党组,与当地农业银行脱钩,直接归农业银行嘉兴市分行领导和管理。

根据全省试点联社加强县联社建设的经验，市内各县市联社相应调整充实了联社领导班子力量，进一步完善联社服务基层社的功能。各联社普遍建立主任办公会议、联社社务会议制度，提高了联社的工作效率，规范联社的管理行为。

1996年8月国务院发出《国务院关于农村金融体制改革的决定》，明确农村信用社管理体制改革，是农村金融体制改革的重点。改革的核心是把农村信用社逐步改为由农民入股、由社员民主管理、主要为入股社员服务的合作性金融组织。改革的步骤是：农村信用社与中国农业银行脱离行政隶属关系，对其业务管理和金融监管分别由农村信用社县联社和中国人民银行承担，然后按合作制原则加以规范。

1996年11月，海宁市农村信用社被国务院农村金融体制改革部际协调小组定为全国农村信用社按合作制原则规范试点。试点工作由国务院农村金融体制改革部际协调小组副组长段晓兴亲自指导。1996年11月16日至12月16日，海宁双山乡、庆云镇、周王庙镇等3家信用社率先进行规范改革，经召开社员代表大会民主选举，分别产生新一届理事会、监事会，初步建立社员民主管理制度，规范股权结构，为把信用社办成农民自己的"为农业、农民和农村经济服务"的银行做了必要的尝试。

1996年末，经中国人民银行批准，在嘉兴市城市信用社的基础上，将郊区信用联社的嘉北、南湖、东栅、塘汇、秀水及实验信用社从农村信用社划出，组建嘉兴市城市合作银行。

1997年底，全市海宁和嘉善农村信用社完成了规范工作，其他县市在1998年全面完成。

1998年8月全市根据上级统一部署，开展了第三次合作制改革，主要内容是信用社增资扩股，扩大信用社入股面和入股金额，同时开展联社规范股权设置和管理职能的改革工作。

2003年国务院作出深化农村信用社体制改革的决定，根据省、市深化农村信用社体制改革试点工作领导小组的部署，全市农村信用社从2004年开始进行以股份合作制为内容的改革，全市6个县（市、区）信用联社完成清产核资工作，并置换专项中央银行票据5.8亿元，完成全市增资扩股5.1亿元，相继召开创立大会暨第一届社员（股东）代表大会第一次会议，经银监部门批准，嘉善、海宁、海盐于2005年1月、桐乡于2005年2月改制为一级法人，禾城、平湖2家信用联社分别于2005年6月和2005年8月改制组成合作银行。

2010年4月10日，嘉善信用联社改制组成合作银行。至此，自2003年以来，嘉兴农村信用社机构在明晰产权关系、完善法人治理结构方面进行了改革。并按照改革发展的要求，建立了股东（社员）代表大会、董（理）事会和监事会，聘任了经营管理层，制定了"三会一层"职责和议事规则。

### 三、组织沿革

（一）浙江省农村信用社联合社嘉兴办事处

1999年12月—2002年8月单丽蓉同志任嘉兴市农村信用社联合社党组书记、理事长；张向明同志任党组副书记、副理事长、主任。

2002年8月—2005年9月张向明同志任嘉兴市农村信用社联合社党组书记、理事长；吴建伟同志任党组副书记、主任。

2004年5月—2005年9月吴建伟同志任省农信联社嘉兴办事处主要负责人。

2005年9月至本志记载期内，吴建伟同志任省农信联社嘉兴办事处主任。

（二）嘉兴全市农村信用合作联社（农村合作银行）1991年1月至2010年12月负责人一览表

表2-5-1　嘉兴全市农村信用合作联社（农村合作银行）负责人一览（1991年1月至2010年12月）

| 行社名称 | 历任负责人 |
|---|---|
| 禾城合作银行 | 吴明浩　楼银雅　钱跃生 |
| 嘉善合作银行 | 张永明　许海春　刘卫华 |
| 平湖合作银行 | 顾大雄　徐为焘　许政节　王月光　何雪根 |
| 海宁信用联社 | 徐一鸣　杨德新　羊建新　魏　良 |
| 海盐信用联社 | 方彦人　包永良 |
| 桐乡信用联社 | 陆金权　赵楚敏 |

# 第六节　村镇银行

## 一、浙江嘉善联合村镇银行

浙江嘉善联合村镇银行成立于2009年11月。注册资金2亿元，其中杭州联合农村商业银行股份有限公司为主发起人，出资占比为40%，东冠集团、浙江嘉善农村合作银行、威陵集团有限公司、浙江柏盛热电集团有限公司、嘉善豪声电子有限公司、嘉善日升电子有限公司等多家优质企业作为共同发起人，参股60%。该行已建立起了以股东大会为中心的权力机构、以董事会为中心的经营决策机构、以监事会为中心的监督机构、以经营班子为中心的经营管理机构的"三会一层"法人治理模式，并按照精简高效、前中后台分离的原则，设立了综合管理部、运营管理部、合规风险部、业务管理部、客户部、农贷部、营业部等部门。

2009年11月30日，浙江嘉善联合村镇银行正式挂牌营业，业务范围：吸收公众存款；发放短期、中期和长期贷款；办理国内结算；办理票据承兑与贴现；从事同业拆借；代理发行、代理兑付、承销政府债券；代理收付款项及代理保险业务；经银监部门批准的其他业务。始终坚持以"服务三农"的市场定位和"人本、规范、精细、高效"的管理理念，本着"专业、便捷、亲和、细致"的服务宗旨，积极探索和推进村镇银行"支农、支小"的经营发展模式，不断创新金融产品和服务方式，截至2010年底，农户及500万元以下小企业授信客户数达到832户，占全行授信客户总数的96.41%；农户及小企业客户授信余额65 708万元，占授信总额的88.39%，户均贷款101.69万元，在支持县域经济的发展中发挥了积极的作用。

## 二、浙江平湖工银村镇银行

浙江平湖工银村镇银行是第一家由中国工商银行作为主发起人设立的村镇银行。采用"工行控股、地方企业参股"的股权结构。该行注册资金2亿元，其中中国工商银行总行为主发起人，出资占比为60%，平湖市国有资产经营有限公司、平湖市悦春毛衫制衣有限公司、平湖维克斯儿童玩具有限公司、浙江伴宇实业股份有限公司、浙江晨光电缆股份有限公司、浙江银力建设集团有限公司和桐乡市皮卡丹尼服饰有限公司七家优质企业作为共同发起人，参股40%。该行已建立起了以股东大会为中心的权力机构、以董事会为中心的经营决策机构、以监事会为中心的监督机构、以经营班子为中心的经营管理机构的"三会一层"法人治理模式，并按照精简高效、前中后台分离的原则，设立了市场营销部、风险管理部、业务管理部、综合管理部和营业部5个内设部门。

2009年12月6日，浙江平湖工银村镇银行正式挂牌成立，业务范围：吸收公众存款；发放短期、中期和长期贷款；办理国内结算；办理票据承兑与贴现；从事同业拆借；代理发行、代理兑付、承销政府债券；代理收付款项及代理保险业务；经银监部门批准的其他业务。始终坚持"服务三农，服务中小企业，服务城乡居民"的市场定位和"惠农、惠小、惠民"的服务宗旨，把"拾遗补缺、差别经营、错位发展、方便快捷、风险可控"作为战略定位，积极探索和推进村镇银行"支农、支小"的经营发展模式，不断创新金融产品和服务方式，初步形成了与地方经济发展相互依存、相互促进、相互协调、和谐发展的良性循环机制，到2010年末，融资总量达到23.5亿元，存贷款总量达到22.6亿元，信贷客户已达到433户，在支持县域经济的发展中发挥了积极的作用。

# 第六章 其他机构与组织

## 第一节 概 述

1991年至2010年，嘉兴市银行业金融机构在嘉兴金融发展中占据主导作用，同时其他相关机构也取得了较好发展，在不同时期对完善嘉兴市金融体系，丰富金融产品及服务起到了重要的补充作用。这些机构主要包括嘉兴金融市场、信托投资公司、农村合作基金会、担保机构、小额贷款公司、典当等机构和嘉兴市金融学会、嘉兴市银行业协会等行业组织。

## 第二节 嘉兴金融市场

### 一、1984年，嘉兴金融市场在改革中发展起来

嘉兴金融市场的名称历经更换，1989年更名为嘉兴市融资中心，1992年又更名为嘉兴市金融市场，1994年更名为浙江融资中心嘉兴办事处。

（一）1986年，同业拆借市场诞生

1986年4月，嘉兴成立了嘉兴市金融市场。这在嘉兴金融史上是个创举。金融市场的起步首先从银行资金同业拆借开始，从1984年起，各大银行与周边沪苏浙地区都有零星的短期头寸拆借，意味着资金可以像商品一样流通了。当时的嘉兴市市长杜云昌参加了成立仪式。起初的市场，是由嘉兴各大银行出资200万元组成的会员制机构，尽管号称金融市场，机构名称很大，但内容单一，仅仅是银行间的短期头寸调剂，局限于沪苏浙毗邻地区银行间1~15天的资金拆借。但它是嘉兴金融业市场化的摇篮。嘉兴是全国最早成立资金同业拆借市场的地区。当时嘉兴市金融市场的主要操作者虽然都是银行资深退休员工，但所从事的业务都是嘉兴银行业全新的、未曾有过的，可谓是"老银行"碰到新事物，因此大家操作十分谨慎，在成立仪

式上的成交都是几天前确定的。由中国人民银行嘉兴市分行的领导亲自参与审定每一笔资金的去向。

第一任负责人是工商银行嘉兴市分行退休的姚其寅同志，中国人民银行嘉兴市分行派出许晓村同志任副经理。1993年10月，中国人民银行嘉兴市分行任命俞建平担任嘉兴市金融市场总经理，嘉兴市金融市场正式开始由中国人民银行嘉兴市分行负责经营和管理。

从1993年开始，嘉兴市金融市场步入功能完备的发展历程。同时对外挂的还有两块牌子：嘉兴市金融市场证券交易营业部、浙江省证券登记中心嘉兴代理处。

(二) 1989年，嘉兴最早的证券市场诞生

1989年，嘉兴市融资中心成立证券部，首次把证券交易业务引入嘉兴。起初主要是国库券转让业务。国库券当时是靠行政摊派、利率较低、不能流通、期限较长的国家债券，发行也十分困难。自1988年开始，在金融改革的推动下，国库券转让开始成为现实。1989年4月1日，经中国人民银行嘉兴市分行批准，嘉兴市融资中心设立了证券交易专柜，由新分配来的大学生和聘请的两位退休老银行员工开展了国库券柜台买卖和大宗机构交易业务。这是嘉兴市证券市场的雏形，后来曾以浙江省证券公司嘉兴代理处、嘉兴市金融市场证券交易营业部的名称对外营业。后来各家银行和信托公司、财政部门也都陆续开办了包括股票交易在内的证券营业部。

当时一批有经营头脑的人开始去收购国库券，然后再到金融市场交易，赚取差价。那时的二手买入国库券的收益率也都很高，平均收益在17%～27%。这给嘉兴最早的投资者带来了丰厚的回报。那时在车站、码头、菜场甚至是桥边都能看见他们躲躲闪闪的身影，因为私下交易还属于投机倒把行为，时不时会遭到冲击。但他们应该说是嘉兴第一代的证券经纪人。

(三) 1991年，嘉兴市融资中心开办有价证券代保管业务

由于国库券面值都很小，以10元面额为主，给家庭保管带来很多隐患和不便。为了方便市民，1991年7月1日嘉兴市融资中心开办了有价证券代保管业务。银行开办代保管业务，这在当时的嘉兴也是一件新鲜事。1991年7月15日的《嘉兴日报》为此刊发了新闻。

(四) 1993年，嘉兴市金融市场代理发行企业债券

从1993年起，经中国人民银行嘉兴市分行批准，嘉兴市金融市场积极开拓证券一级市场，为企业代理发行债券，先后承销了嘉兴石油公司、五交化公司、木材公司、南湖布厂、钢丝厂等10多家，近亿元企业债券的发行，期限为一年、两年、五年不等，推动了嘉兴企业的直接融资，为繁荣嘉兴证券市场奠定了基础。

(五) 1994年，嘉兴设立浙江省证券登记中心嘉兴代理处

为规范证券市场，浙江省证券登记中心于1994年在嘉兴设立代理处，由嘉兴市金融市场负责管理，专门对企业持有的证券进行登记托管，为的是引导企业规范股权处置，为准备上市的企业做基础性的工作，重点参与完成了钱江生化、巨石集团、惠肯股份（现为中宝科控）三家公司的登记托管工作。为日后的上市工作奠定了基础。

从此在嘉兴形成了功能齐全的证券市场，也向嘉兴社会宣传和普及了证券知识与风险意识。

## 二、嘉兴市金融市场的历史贡献

嘉兴市金融市场是金融体制改革的产物,是银行资金流通、国库券交易和代理企业发行债券的场所,是金融业的新领域,从单一的银行间同业拆借开始,发展为集融资市场、证券市场、证券登记三大块业务、功能齐全的金融市场。

在成立后的十余年中,嘉兴市金融市场潜心走自己的路,不断拓展市场的功能,从1986年成立到1998年顺利撤销,年融资量累计金额总额近1 000亿元,名列全省同行第一。计划经济时期的银行,从来都是按照上级制度来操作业务,但金融市场业务因为是新生事物,没有一套现成的制度、模式可以照搬。嘉兴市金融市场的初创者从实际需要出发,自行制定并执行了一整套管理办法,从而保证了嘉兴市金融市场在走向市场的过程中目标明确,运行效果优良。

嘉兴市作为全国粮食主产区,银行一直是借差行,资金较为紧缺。每逢农副产品收购旺季,银行资金叫紧,嘉兴同业拆借市场就积极引进资金,确保了在农副产品收购中未打一张白条,未发生一笔坏账,即使是在全国出现金融"三乱"期间。这为嘉兴经济金融的正常健康发展作出了重要贡献。

## 第三节 嘉兴市信托投资公司

嘉兴市信托投资公司(以下简称公司)经中国人民银行浙江省分行金管机〔1988〕38号文件批准成立于1988年8月,初始注册资金2 000万元,1996年增资至5 000万元。公司主要业务范围是:信托业务、委托业务、投资业务、融资业务、租赁业务、证券业务,以及房地产经营等业务。公司作为嘉兴市首家市级地方性金融机构和唯一的信托机构,按照"受人之托,代人理财"的经营宗旨,作为国家银行的补充,对全市范围内的中小企业开展信托贷款,对财政资金等国有资产开展委托贷款,对市政府重点企业开展投资、租赁业务。同时公司作为唯一的嘉兴市自身的证券兼营机构,积极在嘉兴市区、上海、乍浦等地拓展证券业务,并且公司还在嘉兴市区与江苏吴江等地积极开展房地产等业务。公司为嘉兴市的经济发展、为嘉兴市信托业、证券业的开拓发展起到了一定的历史作用。

公司在业务的快速发展过程中,由于业务发展快、管理不完善,在信贷业务、证券业务方面曾出现了不小问题,造成了较大损失。嘉兴市委、市政府对于公司在发展过程中存在的问题极为重视,1995年底,调整了公司只有一位领导的粗放管理模式,从人民银行、财政局等部门抽调人员组建成立公司党组,形成集体领导班子,加强管理,完善内控,促使信贷业务在稳健的基础上发展,证券业务在规范的前提下经营,公司的各项业务开始得到了较快速的发展,损失也得到了迅速弥补,并开始为公司股东实施分红,公司发展步入正常轨道。

1999年下半年开始,在国务院、中国人民银行关于清理归并信托投资公司的精神指导下,公司开始进入业务平稳收缩阶段,至2001年底,5亿多元存贷款业务平稳收缩完毕,未发生任何挤兑风险，成为全省唯一一家在清理归并过程中没有中国人民银行介入用再贷款支持的信托投资公司。总资产3亿多元的证券业务成功分离，绝大部分员工随证券业务分流，公司仅剩下少部分房产继续正常租赁，其他资产全部变现，公司净资产增加至5 000万元以上，改变了公司多年来净资产小于注册资金的局面，清理归并工作基本结束。其后公司停止办理所有信托、证券业务，2004年公司由事业编制改制为企业编制，继续做好资产保值增值工作，截至2010年底，公司净资产5 251万元，在编员工3名。

附：公司管理层沿革

1988年8月，周文昌任公司临时负责人；

1992年9月，何亦祥任公司总经理；

1995年12月，骆文英任党组书记总经理，钟盛、赵仁荣任党组成员副总经理；

2000年4月，潘炜接任党组书记总经理。

2001年12月、2002年4月，赵仁荣、钟盛先后调离公司。

## 第四节　嘉兴市农村合作基金会

嘉兴市农村合作基金会从1987年开始起步，1993年以后发展比较快。据嘉兴市农经委统计，到1999年5月底，全市经农经主管部门或政府审批，并领取农业部统一制发的农村合作基金会登记证的乡（镇）农村合作基金会有96个，县（市、区）农村合作基金会联合会6个。总资产8.3亿元，总负债7.68亿元，其中农户个人入股资金6.33亿元，集体代管资金0.66亿元，自有资金6 186万元。全市借出款总额5.98亿元，其中投放给个体2.7亿元，占45%，资金投放率为74.5%，其中逾期借出款1.05亿元，占借出款总额的17.6%。经过清理整顿，全市经中国人民银行上海分行批准并入农村信用社的农村合作基金会共93家，政府弥补资金4 731.88万元。

1999年7月29日，省委、省政府在杭州召开了全省清理整顿农村合作基金会工作会议，主要任务是全面部署全省农村基金会清理整顿工作。会后，嘉兴市委、市政府按照"态度要积极、方案要周密、步子要稳妥"的方针，积极开展工作。市政府组织人员制定了《嘉兴市关于贯彻〈浙江省清理整顿农村合作基金会实施方案〉的意见》。建立了由市委书记陈加元为组长，市长杨荣华为常务副组长，陈德荣、沈雪康为副组长的领导小组。市委、市政府召开专题会议，研究全市的清理整顿工作。8月10日，召开嘉兴市清理整顿农村合作基金会工作会议。会议由时任副市长陈德荣作主题报告，中国人民银行嘉兴市中心支行单丽蓉行长讲话，市委书记陈加元讲话。

中国人民银行嘉兴市中心支行成立了由朱静远副行长任组长的清理整顿农村合作基金会指导小组。各联社也相继成立了清理整顿基金会工作小组，并抽调力量参加县清产核资指导小组，全市农村信用社系统参加清理整顿人员总数达265人。召开全市信用社主任会议，就农村合作基金会清理整顿工作做具体布置。各县（市、区）政府按照市清理整顿领导小组布置，召开清理整顿农村合作基金工作会议。分小组走访农户,发放《关于农村合作基金会清理整顿的公告》。

在清理工作中,中国人民银行嘉兴市中心支行坚持原则,认真贯彻国家清理整顿农村合作基金会的政策措施。配合市政府认真贯彻省政府四次清理整顿农村合作基金会的会议精神。参与制定了《嘉兴市关于贯彻〈浙江省清理整顿农村合作基金会实施方案〉的意见》,并与市农经委联合印发了《关于贯彻〈浙江省农村合作基金会清产核资指导意见〉的补充意见》,对我市清理整顿工作的政策措施做了明确,防止风险转嫁到农村信用社。

为了保质保量完成清理整顿工作,中国人民银行嘉兴市中心支行加强指导,严格把关,多次召开了中国人民银行各县(市)区分支行负责人、农村信用联社主任会议,布置工作、强调政策、明确责任,一级抓一级。在抓好落实的同时,深入到问题多的基金会进行具体指导。对资产质量认定存在严重分歧的部分基金会,与当地政府主要领导交换意见,对有问题的款项进行逐笔分析,提出解决分歧的具体意见。如海盐县政府,经与该县领导三次协商,增加了认定呆账近千万元。在审核和换据工作中,重点审查政府出资情况。要求信用社把好最后一关,按照上海分行文件精神,对有经济纠纷的一定要由政府负责,因特殊情况一时换不到据的要由政府承诺。从1999年12月26日起,全市开始全面兑付,由于部署周密,措施得当,整个清理整顿工作社会反映良好,工作有条不紊。到12月30日止,存款实际兑付率仅为23.56%,较好地稳定了绝大部分存款。嘉兴市农村合作基金会的清理整顿工作也得到了省政府的肯定,在第四次全省清理整顿工作会议上进行了发言介绍。

## 第五节 嘉兴担保机构

### 一、嘉兴市担保业协会

嘉兴市担保业协会是嘉兴市担保业的行业组织,其前身——嘉兴市中小企业贷款担保协会成立于2003年7月,是浙江省创建最早、运作较好的担保业协会,2008年10月更名为嘉兴市担保业协会。协会现有会员单位50余家,会长施毅士。办公地址为嘉兴市栅堰路416号。

嘉兴市担保业协会主要为会员单位提供如下服务:

1. 利用嘉兴担保网、嘉兴中小企业服务网、《嘉兴担保》会刊等信息平台,为会员提供信息服务;向社会推介各会员单位;或由协会组织,在其他媒体、会议、展会等场合进行推介宣传。

2. 制定行规、行约,避免同行间不规范竞争;及时向政府有关部门反映会员单位的意见建议,切实维护会员单位的合法权益。

3. 提供政策法规、行业发展、税收减免、资金扶持、项目申报等政策信息。

4. 开展担保职业资格认证和担保业务培训。

5. 组织担保行业内的经验交流和学习考察活动,研究开发推广担保业务新品种。进行担保机构之间联保、分保、再担保等合作方案的制作与协调。

6. 搭建担保机构与金融部门及企业间的活动平台,组织银保企洽谈会。

7. 组织开展或推荐评选、表彰和宣传全国、省、市优秀担保机构、优秀担保工作者活动。

嘉兴市担保业协会成立以来,在加强担保行业自律、维护行业合法权益、增强银保企协作、争取政府部门支持、改善中小企业融资环境、提高从业人员素质等方面发挥了积极有效的作用。

## 二、嘉兴市担保机构

表 2-6-1　　　　　　　　　嘉兴市担保机构概况表

| 序号 | 担保机构名称 | 公司地址 | 成立时间 | 负责人 | 注册资本（万元） |
|---|---|---|---|---|---|
| 1 | 嘉兴市中小企业担保有限公司 | 嘉兴市栅堰路416号 | 1999年7月 | 谢雪霞 | 7 600 |
| 2 | 嘉兴市欣联担保有限公司 | 嘉兴市栅堰路西侧 | 2006年8月 | 谢雪霞 | 7 500 |
| 3 | 嘉兴市宏业担保有限公司 | 嘉兴市栅堰路西侧 | 2008年9月 | 谢雪霞 | 7 500 |
| 4 | 嘉兴融金担保有限公司 | 嘉兴市越秀北路1098号4楼 | 2003年11月 | 黄建义 | 5 088 |
| 5 | 嘉兴市银联担保有限公司 | 嘉兴市城南路1338号 | 2004年4月 | 龚宏明 | 2 000 |
| 6 | 嘉兴市汇信担保有限公司 | 嘉兴市友谊路8号 | 2005年12月 | 徐清泉 | 1 000 |
| 7 | 嘉兴市南湖区余新生产力促进担保中心 | 余新余北大街70号 | 1999年1月 | 朱勤中 | 250 |
| 8 | 嘉兴市欣诚担保有限公司 | 南湖区行政中心3201室 | 2003年4月 | 宋玉林 | 1 000 |
| 9 | 嘉兴市欣源担保有限公司 | 南湖区行政中心3201室 | 2006年5月 | 王桂英 | 1 000 |
| 10 | 嘉兴市欣业担保有限公司 | 南湖区行政中心1138室 | 2006年6月 | 许翔 | 500 |
| 11 | 浙江汇丰担保有限公司 | 嘉兴市环城西路汇丰广场A座5层 | 2004年12月 | 吴煜东 | 10 180 |
| 12 | 嘉兴市禾城担保有限公司 | 嘉兴市中南路999号汽车商贸园汽车A厅219-3号 | 2005年1月 | 王林林 | 1 000 |
| 13 | 嘉兴市天鸿投资担保有限公司 | 嘉兴市中环广场A幢902 | 2007年5月 | 鲍康荣 | 5 000 |
| 14 | 嘉兴市芽芽担保有限公司 | 嘉兴市中环广场A1004室 | 2007年4月 | 陆海洪 | 3 000 |
| 15 | 嘉兴市德融担保有限公司 | 中环南路富润路口华东石油大厦5楼 | 2006年8月 | 高志霖 | 3 200 |
| 16 | 浙江瑞银担保有限公司 | 嘉兴市禾兴南路1197号5楼 | 2008年1月 | 张伟 | 5 000 |
| 17 | 嘉兴市田乐担保服务有限公司 | 秀州区王江泾镇田乐办事处 | 1998年10月 | 史留荣 | 328 |
| 18 | 嘉兴市兢业担保有限责任公司 | 秀州区行政中心4楼435室 | 2001年9月 | 张晓江 | 1 000 |
| 19 | 嘉兴市秀州区工业企业担保有限责任公司 | 秀州区行政中心4楼435室 | 2002年3月 | 张晓江 | 2 350 |
| 20 | 嘉兴市秀州区园区建设担保有限责任公司 | 秀州区行政中心4楼435室 | 2003年3月 | 张晓江 | 1 000 |
| 21 | 浙江汇生担保有限公司 | 浙江嘉兴市昌盛中路289号 | 2006年8月 | 杨永生 | 5 000 |
| 22 | 嘉兴市恒丰担保有限公司 | 嘉业阳光城嘉禾苑1幢101室 | 2006年4月 | 韦龙英 | 1 000 |
| 23 | 嘉兴鼎信投资担保有限公司 | 嘉兴市中山西路华新花园3号5F | 2006年7月 | 李根华 | 5 000 |

续表

| 序号 | 担保机构名称 | 公司地址 | 成立时间 | 负责人 | 注册资本（万元） |
|---|---|---|---|---|---|
| 24 | 嘉兴市国浩投资担保有限公司 | 嘉兴市中山西路国浩广场15F | 2007年1月 | 周浩良 | 5 000 |
| 25 | 嘉兴市新世纪担保有限公司 | 嘉兴市中山西路国浩广场商务楼办19D室 | 2006年12月 | 陈刚 | 1 000 |
| 26 | 嘉善县工业发展贷款担保有限公司 | 嘉善大道126号2楼 | 2003年12月 | 高嵩 | 1 500 |
| 27 | 浙江融兴投资有限公司 | 嘉善县魏塘街道体育南路119号410—413 | 2004年7月 | 李蒙兴 | 5 000 |
| 28 | 浙江龙洲投资有限公司 | 魏塘镇亭桥南路419号5楼 | 2005年4月 | 何关金 | 3 000 |
| 29 | 嘉善中亚担保有限公司 | 魏圹镇车站南路461—463号 | 2005年12月 | 苏亚中 | 3 000 |
| 30 | 嘉善瑞亨担保有限公司 | 嘉善县车站路375号 | 2008年11月 | 陈美林 | 3 000 |
| 31 | 平湖市信达投资担保有限公司 | 当湖街道建国南路11号 | 2005年6月 | 张少滇 | 5 000 |
| 32 | 平湖市龙鑫投资担保有限公司 | 新仓镇华南路1号 | 2009年10月 | 金立军 | 3 000 |
| 33 | 平湖市豪诚投资担保有限公司 | 平湖市当湖街道梅园路308号 | 2007年9月 | 蔡在根 | 2 200 |
| 34 | 浙江平湖汇丰担保有限公司 | 平湖当湖东路208—238号外贸大楼东一楼 | 2009年4月 | 吴煜东 | 3 000 |
| 35 | 嘉兴银信担保有限公司 | 海昌南路65号 | 2005年7月 | 张连兴 | 3 000 |
| 36 | 海宁市铭和担保有限责任公司 | 海宁市海昌路100号（农行附楼） | 2007年4月 | 沈丽华 | 3 000 |
| 37 | 海宁鼎诚担保有限公司 | 海宁市南苑路230号 | 2007年3月 | 张利法 | 4 000 |
| 38 | 海宁荣生投资担保有限公司 | 海宁市许村镇市场路297号 | 2006年9月 | 祝爱耀 | 1 000 |
| 39 | 海宁鼎益担保有限公司 | 海宁市海洲西路218号宏达大厦902室 | 2008年8月 | 吴全芬 | 3 000 |
| 40 | 海宁嘉丰担保有限公司 | 海宁经编产业园区经编总部商务区丰收西路1号，16F | 2009年10月 | 范仲飞 | 5 000 |
| 41 | 海宁市恒信担保有限公司 | 海宁市西山路832号金贸大厦8楼 | 2008年5月 | 黄任根 | 5 000 |
| 42 | 海宁汇丰担保有限公司 | 海宁市海洲街道海昌路222号 | 2009年5月 | 孙晓中 | 2 000 |
| 43 | 海宁市商汇担保有限公司 | 海宁市塘南西路财富大厦601室 | 2009年6月 | 沈利民 | 1 350 |
| 44 | 海宁市无为担保有限公司 | 海宁市海洲街道海昌南路197号 | 2009年8月 | 吴建明 | 2 000 |
| 45 | 海宁申海担保有限公司 | 海宁市许村镇市场路219—225号 | 2009年9月 | 许海明 | 2 000 |
| 46 | 海盐县工业园区建设担保有限公司 | 海盐县武原镇新桥北路195号 | 2003年10月 | 朱海洪 | 3 500 |
| 47 | 海盐诚信担保有限公司 | 海盐于城镇勤俭路8号 | 2003年3月 | 林君达 | 5 000 |
| 48 | 浙江海发担保有限公司 | 海盐县新桥北路207号 | 2005年11月 | 方光明 | 9 998 |
| 49 | 海盐广发担保有限公司 | 海盐海丰西路228号 | 2006年2月 | 方跃伦 | 5 001 |
| 50 | 海盐新诚信紧固件担保有限公司 | 武原镇国际五金城北一排36号 | 2006年5月 | 顾卫平 | 7 525.5 |
| 51 | 海盐百商互助担保有限公司 | 海盐县百步镇河西路20号 | 2007年4月 | 徐云鹤 | 3 300 |
| 52 | 海盐凯银担保有限公司 | 浙江省海盐县武原镇富民西路65号 | 2007年8月 | 朱顺良 | 20 000 |
| 53 | 海盐龙发担保有限公司 | 武原镇河滨西路126号四楼 | 2008年2月 | 黄华龙 | 2 000 |
| 54 | 海盐汇鑫担保有限公司 | 海盐武原镇秦山路101号 | 2009年6月 | 翁建齐 | 1 000 |
| 55 | 海盐富安担保有限公司 | 武原镇长安中路159号 | 2009年7月 | 许炎 | 2 000 |

续表

| 序号 | 担保机构名称 | 公司地址 | 成立时间 | 负责人 | 注册资本（万元） |
|---|---|---|---|---|---|
| 56 | 海盐金典担保有限公司 | 沈荡镇镇东南路62—64号 | 2009年8月 | 金立军 | 1 000 |
| 57 | 桐乡市诚信担保有限责任公司 | 桐乡市振兴路47号 | 2000年4月 | 李玉英 | 6 500 |
| 58 | 桐乡华尔担保投资有限公司 | 桐乡时代广场A楼21层B座 | 2005年7月 | 沈立 | 2 200 |
| 59 | 桐乡市农信担保有限责任公司 | 桐乡市梧桐街道校场东路59号 | 2000年8月 | 房治芳 | 900 |
| 60 | 浙江融信担保有限公司 | 桐乡梧桐街道茅盾 | 2004年3月 | 鲍云 | 3 000 |
| 61 | 桐乡市恒信担保投资有限公司 | 浙江省嘉兴市桐乡市茅盾东路2号 | 2006年11月 | 俞志明 | 3 000 |
| 62 | 浙江杭州湾担保有限公司 | 嘉兴市乍浦镇东方大道509号 | 2006年6月 | 张诗团 | 13 000 |
| 63 | 浙江沪杭担保有限公司 | 嘉兴市乍浦港区东方大道509号杭州湾钢贸城39幢401室 | 2009年5月 | 张诗团 | 24 600 |

## 第六节　小额贷款公司

嘉兴市自2008年9月26日建立第一家小额贷款公司——海宁宏达小额贷款公司以来，截至2010年底，全市已有12家小额贷款公司。嘉兴市小额贷款公司一般由当地民营骨干企业为主发起，向当地人民银行（小额贷款公司试点工作领导小组办公室）申报，经浙江省金融办批准成立。

嘉兴市小额贷款公司以股东缴纳的资本金、捐赠资金以及来自不超过两家银行业金融机构的融入资金为上限，主要面向农户和微型企业提供信贷服务。嘉兴市的小额贷款公司成立以来，以"小额、分散"的经营原则，主要以小额信贷业务为支持嘉兴农民、农业和农村经济发展提供服务。

截至2009年12月，嘉兴市小额贷款公司已为农户和微型企业累计发放小额贷款4 899笔，425 392万元，贷款余额112 625万元。

嘉兴市南湖区芽芽小额贷款公司由浙江芽芽控股集团有限公司作为主发起人与其他4家企业共同出资筹建，于2008年11月20日经浙江省人民政府金融工作领导小组办公室批准成立。董事长沈锦坤，副总经理蒋耀华。公司地址：嘉兴市城东路83号。注册资本金10 000万元。

嘉兴市南湖区隆源小额贷款公司由浙江诺而圣羊绒服饰有限公司作为主发起人与其他5家企业共同出资筹建，于2009年7月2日经浙江省人民政府金融工作领导小组办公室批准成立。董事长朱培元，总经理姚振新。公司地址：嘉兴市斜西街56—58号府南街广场。注册资本金8 000万元。

嘉兴市秀州区远方小额贷款公司由五芳斋集团股份有限公司作为主发起人与其他4家企业共同出资筹建，于2009年2月16日经浙江省人民政府金融工作领导小组办公室批准成立。董事长朱自强，总经理王晓海。公司地址：嘉兴市中山西路920号。注册资本金8 000万元。

嘉兴市秀州区天丰小额贷款公司由嘉兴市天之华喷织有限公司作为主发起人与其他7家企业共同出资筹建，于2009年12月29日经浙江省人民政府金融工作领导小组办公室批准成立。董事长董坚强，总经理阮钢斌。公司地址：嘉兴市中山西路702号。注册资本金8 000万元。

嘉善县恒隆小额贷款公司由浙江裕华木业有限公司作为主发起人与其他4家企业共同出资筹建，于2008年12月16日经浙江省人民政府金融工作领导小组办公室批准成立。董事长金月华，总经理陈卫民。公司地址：嘉善县魏塘镇体育南路133—137号。注册资本金8 000万元。

嘉善县龙鼎小额贷款公司由浙江龙鼎控股集团有限公司作为主发起人与其他4家企业共同出资筹建，于2008年11月6日经浙江省人民政府金融工作领导小组办公室批准成立。董事长何关金，总经理何军。公司地址：嘉善县魏塘镇外环东路17号。注册资本金8 000万元。

平湖康泰小额贷款公司由平湖景兴包装材料有限公司作为主发起人与其他8家企业共同出资筹建，于2008年11月18日经浙江省人民政府金融工作领导小组办公室批准成立。董事长朱在龙，总经理高晓红。公司地址：平湖市城南西路262—268号。注册资本金8 000万元。

海盐县海利小额贷款公司由浙江海利控股集团有限公司作为主发起人与其他3家企业共同出资筹建，于2008年10月7日经省工商机构批准成立。董事长方光明，总经理陈勤。公司地址：海盐县武原镇新桥北路207号。注册资本金6 250万元。

海宁宏达小额贷款公司由宏达控股集团有限公司作为主发起人与其他11家企业共同出资筹建，于2008年9月26日经浙江省人民政府金融工作领导小组办公室批准成立。董事长沈国甫，总经理沈向晟。公司地址：海宁市海洲路218号宏达大厦1108室。注册资本金16 000万元。

桐乡市同信小额贷款公司由桐乡市桐星实业有限公司作为主发起人与其他4家企业共同出资筹建，于2008年10月29日经浙江省人民政府金融工作领导小组办公室批准成立。董事长蒋林娜，总经理蒋林娜。公司地址：桐乡市梧桐街道庆丰北路518号。注册资本金6 000万元。

桐乡市汇信小额贷款公司由浙江桐昆控股集团有限公司作为主发起人与其他4家企业共同出资筹建，于2009年3月25日经浙江省人民政府金融工作领导小组办公室批准成立。董事长屈玲妹，总经理吴建国。公司地址：桐乡市梧桐街道振兴东路市政广场西侧673号。注册资本金5 000万元。

桐乡市金鑫小额贷款公司由浙江金鑫实业有限公司作为主发起人与其他4家企业共同出资筹建，于2010年7月12日经浙江省人民政府金融工作领导小组办公室批准成立。董事长沈金木，总经理陈国强。公司地址：桐乡市梧桐街道校场路296号。注册资本金7 000万元。

## 第七节 嘉兴典当机构

历史上的嘉兴县曾经是浙江省典当行最多的八县市之一，1932年拥有典当行13家，1949年后逐步闭歇。嘉兴市典当业的重新出现是在2002年。2002年11月22日，嘉兴市改革开放后第一家典当行——嘉兴市聚力源典当有限责任公司开业。截至2010年末全市共有典当行19家，注册资本总额38 479万元。

新时期的典当行主要以房产、汽车、珠宝、数码产品、有价证券等有价物品的典当为中小企业和个人提供小额融资服务，以简便、快捷的特点在解决临时性资金周转方面发挥了拾遗补缺的作用。经营范围主要有：（1）动产质押典当业务；（2）财产权利质押典当业务；（3）房地产（外省、自治区、直辖市的房地产或者未取得商品房预售许可证的在建工程除外）抵押典当业务；（4）限额内绝当物品的变卖；（5）鉴定评估及咨询服务；（6）商务部依法批准的其他典当业务。

嘉兴市典当业的服务对象主要以中小企业为主，约占融资额的80%；典当物以房产、生产设备为主，约占90%，传统的黄金珠宝典当业务比重较小。经过8年多的发展，嘉兴典当业已经成为中小企业和个人的重要融资渠道之一，其低门槛、"短平快"的特点有效地弥补了传统金融行业的服务空白。

表2-6-2　　　　　　　　　　　嘉兴市典当业基本情况一览表

| 名称 | 营业地址 | 成立时间 | 负责人 | 注册资本（万元） |
|---|---|---|---|---|
| 嘉兴市聚力源典当有限责任公司 | 嘉兴市禾兴北路三元路189—195号 | 2002年11月22日 | 陈　俐 | 2 009 |
| 嘉兴市翔森典当有限责任公司 | 嘉善县魏塘镇谈北公路792号 | 2003年7月11日 | 陈明观 | 4 000 |
| 嘉兴大都市典当有限责任公司 | 嘉兴市环城南路109号 | 2003年9月8日 | 李　峰 | 4 800 |
| 海宁涌潮典当有限责任公司 | 海宁市硖石长埭路265号 | 2005年11月21日 | 王龙宝 | 2 600 |
| 海盐县百汇典当有限责任公司 | 海盐县武原镇城北西路200号 | 2005年9月20日 | 朱胜良 | 1 500 |
| 桐乡市新新典当有限责任公司 | 桐乡市经济开发区东方明珠花园校场路北 | 2006年4月24日 | 吴　立 | 2 000 |
| 平湖市众诚典当有限责任公司 | 平湖市新华南路333号 | 2007年5月9日 | 费永华 | 1 500 |
| 嘉兴市汇金典当有限责任公司 | 嘉兴市南湖区南溪西路958号 | 2007年2月15日 | 沈锦坤 | 2 000 |
| 嘉兴市远方典当有限责任公司 | 嘉兴市洪兴西路1646号 | 2007年10月23日 | 朱自强 | 3 000 |
| 嘉兴市龙鼎典当有限责任公司 | 嘉兴市吉杨路68号14幢1—2层 | 2009年7月7日 | 何关金 | 1 000 |
| 嘉兴中亚典当有限责任公司 | 嘉善县魏塘镇花园路22—30号 | 2009年4月24日 | 苏亚中 | 1 000 |
| 嘉兴金鑫典当有限责任公司 | 桐乡市梧桐镇东兴街2号 | 2009年3月25日 | 沈雪梅 | 2 000 |
| 嘉兴市嘉物典当有限责任公司 | 嘉兴市二环西路2525号 | 2009年6月10日 | 张付良 | 2 000 |
| 海宁荣生典当有限责任公司 | 海宁市许村镇市场路297—305号（单） | 2009年1月15日 | 祝爱耀 | 1 500 |
| 平湖市宝盛行典当有限责任公司 | 平湖市当湖街道解放东路35号 | 2010年7月9日 | 高善明 | 1 200 |
| 海盐华诚典当有限责任公司 | 海盐县武原镇勤俭南路112号 | 2010年8月18日 | 林君达 | 1 020 |
| 桐乡市金辰典当有限责任公司 | 桐乡市梧桐街道公园路26号 | 2010年11月26日 | 姚金明 | 500 |
| 海宁市鑫成典当有限责任公司 | 海宁市硖石街道赵家漾路164号 | 2010年6月13日 | 陆重驰 | 1 850 |
| 嘉兴瑞豪典当有限责任公司 | 嘉善县罗星街道车站南路335—11号 | 2010年6月23日 | 陈美林 | 3 000 |

# 第八节 嘉兴市金融学会

## 一、学会简介

嘉兴市金融学会是嘉兴市金融系统从事金融理论和实务研究工作的个人及市、县两级金融机构组成的学术团体，成立于1986年5月31日。

1986年3月1日，嘉兴市金融学会筹备小组成立，由朱金海、单丽蓉、成春法、叶华君、胡奇鸣、周炳海、沈其周、高习文、程伦、许学山、钱梅青等11人组成。朱金海任组长，成春法、叶华君、胡奇鸣任副组长。经过近3个月的准备，至5月底，第一批发展会员386人，组织撰写学术交流论文50余篇。1986年5月30—31日，嘉兴市金融学会成立大会暨首届年会在南湖饭店召开。103位会员代表、26位特邀代表出席了成立大会。

大会选举产生了首届理事会理事、常务理事及理事会领导机构。嘉兴市市长周洪昌任名誉会长；副市长杜云昌和市财办主任马汉民任学会顾问；中国人民银行嘉兴市分行行长朱金海任会长；成春法任常务副会长；单丽蓉、顾定月、胡奇鸣、谢关硕、陈惠忠、沈淇周、姚殿基等7人任副会长；钱梅青任秘书长；陈树镇、许振年、贾景华、谭均义、孙玄先等5人任副秘书长。同时，大会表决通过了《嘉兴市金融学会章程》。

经过20多年的发展，嘉兴市金融学会目前拥有会员单位20余家，会员人数超过17 000人。对推动嘉兴市金融科学研究，培养金融人才，增强金融系统的凝聚力，促进金融事业发展作出了重要的贡献。近几年学会的主要活动有：

1. 嘉兴市金融学会年会。年会是金融学会会员交流研究成果、探讨经济金融问题的平台，1998年至今历次年会主题如下：

表2-6-3　　　　　　　　　　　嘉兴市金融学会年会历年主题

| 时间 | 地点 | 主题 |
| --- | --- | --- |
| 1998年7月 | 平湖乍浦镇 | 增加信贷有效投入，调整信贷资金结构，确保经济增长目标 |
| 1999年8月 | 桐乡市 | 建立金融安全区，促进经济发展 |
| 2000年11月 | 吴江市 | 提高金融竞争力，迎接"入世"挑战 |
| 2001年11月 | 桐乡市 | 提高金融资产质量，促进经济加快发展 |
| 2002年11月 | 嘉善西塘镇 | 完善信用体系，促进经济发展 |
| 2003年9月 | 苏州市 | 推进嘉兴经济发展，加快实现全面小康目标 |
| 2004年11月 | 嘉兴市 | 努力调整金融结构，促进经济金融双赢 |
| 2005年11月 | 嘉兴市 | 打造金融生态环境，推进信贷有效投入 |
| 2006年11月 | 嘉兴市 | 营造经济金融和谐发展环境，推动嘉兴经济社会加快发展 |
| 2007年11月 | 苏州木渎镇 | 优化信用环境，促进嘉兴经济金融和谐发展 |
| 2008年11月 | 嘉兴市 | 改革开放和金融发展 |
| 2009年12月 | 宁波慈溪 | 金融支持经济转型升级 |
| 2010年11月 | 桐乡乌镇 | 进一步深化金融支持城乡统筹发展 |

2. 会刊。1986年6月，嘉兴市金融学会组织发行了会刊——《嘉兴金融》，至2010年底已出版了130期。目前的编辑委员会成员如下：主任：王中佳；副主任：曹志元、俞建平；委员：沈忻、裘少士、陶灵富、沈建明、孙跃旗、肖亮、朱进、宋斌、周金国、常建梁、史建明、唐弟良、许洪明、吴建伟、戴洪基、李旭伟、林伟、蒋伟忠；主编：曹志元；副主编：汤钟尧；责任编辑：郑飞。

3. 课题。2006年开始，嘉兴市金融学会推行课题招标制度，划出部分经费支持各课题组对本地当前热点问题进行调研，有效地活跃了研究氛围。2006年申报课题22个，2007年32个，2008年37个，2009年42个，2010年达63个，发展态势喜人。

4. 论坛。近几年学会举办了"企业主体信用评级——建立和谐银企关系基础"、"信用、人生、事业"、"2009嘉兴中小企业融资论坛"等论坛活动。2009年，还举办了"当代浙学论坛——2009学术月"嘉兴分论坛"加强宏观调控，积极应对金融危机"。

5. 培训。学会每年召开研究课题写作培训班，邀请人民银行杭州中心支行金融研究处及嘉兴市中心支行的专家点评会员文章、做专题讲座等，推动了各金融机构研究能力的提升。

6. 主题研讨会。学会不定期就热点问题举行学术研讨会，广泛交流对当前经济金融状况的看法，提升全行业应对问题的能力。如2010年7月举行的"金融支持统筹城乡发展"研讨会。

7. 学会网站。学会将会员的专题研究成果、金融业动态、学会动态、会议通知等及时上传至网站，方便会员获取信息。

8. 其他活动。学会每年不定期组织与周边地区的横向学术交流活动，组织各金融机构外出考察。参加社科联组织的各类活动。2008年举办了"纪念改革开放三十周年，我看嘉兴金融新变化"征文比赛。

## 二、历次代表大会

嘉兴市金融学会成立至今已召开了八次代表大会，历任会长和秘书长如下：

第一次代表大会（1986），会长：朱金海；秘书长：钱梅青

第二次代表大会（1989），会长：朱金海；秘书长：钱梅青

第三次代表大会（1992），会长：朱金海；秘书长：成春法

第四次代表大会（1995），会长：单丽蓉；秘书长：汤钟尧

第五次代表大会（1998），会长：单丽蓉；秘书长：汤钟尧

第六次代表大会（2002），会长：王中佳；秘书长：汤钟尧

第七次代表大会（2005），会长：王中佳；秘书长：汤钟尧

第八次代表大会（2008），会长：王中佳；秘书长：汤钟尧

最近一次代表大会于2008年11月28—29日在嘉兴奥林匹克大酒店举行。蒋仁欢、连平等7名特邀代表及112名代表参加会议。会上，副市长蒋仁欢致开幕辞，肯定了金融学会在宣传金融政策、开展理论研究、服务地方经济方面所发挥的重要作用。交通银行总行首席经济学家、博士生导师连平教授做了当前中国宏观经济形势及其走向的学术报告。代表们围绕"改革开放与金融发展"的主体开展研讨与交流，总结改革开放30周年来的经验教训，并就加大金

融投入确保经济增长提出了诸多切实可行的建议。大会收到论文74篇。同时，套开了纪念新中国金融诞生60周年座谈会。

大会选举产生了卜克强等25名理事会常务理事，74名理事及理事会领导机构。第八届理事会领导机构成员如下：

名誉会长：蒋仁欢

顾问：单丽蓉

会长：王中佳

常务副会长：曹志元

副会长：凌华（2010年12月之前）、俞建平（2010年12月起替补凌华）、卜克强、裘少士、陶灵富、沈建明、肖亮、孙跃旗、朱进、宋斌、马俊、吴建伟、周金国、常建梁、杨益群、李旭伟、林伟、李爱良、黄渊

秘书长：汤钟尧

副秘书长：邹霞、李峥、汪长叶、姚敏求、宋社宝、都旭斌、曹必英、徐建华、范建华、郁兴华、金兰、陈生逊、钱欢家、陈银华、张红帆、王芳、陶永良、鲁迪英、姚舜星

### 三、科研成果与学会荣誉

自嘉兴市人民政府开展社会科学优秀成果评比以来，金融学会有近30篇论文获得嘉兴社会科学优秀成果奖，如：《当前通货膨胀在微观经济运行层面上的表现、原因及治理对策》（第五届）；《消费需求难以扩大的原因及其对策》（第六届）；《金融的根本任务在于促进经济的发展》（第七届）；《上海外资银行在邻近地区开展业务情况透视》（第九届）；《新农村建设对农村金融需求的现状和对策》（第十二届）；《建立新型的银企关系研究》（第十三届）；《从信贷制度看嘉兴市民间借贷的快速发展》（第十四届）；《证券市场发展对货币信贷运行影响之研究——对浙江省嘉兴市的调查》（第十五届）等。

近三年获得的其他荣誉主要有：

2008年，嘉兴市金融学会荣获"2007年度嘉兴市社科联先进集体"、"2007年度科普宣传先进集体"。

2009年，嘉兴市金融学会荣获"2009年度浙江省社科普及周优秀组织奖"、"嘉兴市社科联系统2008年度学术研究先进单位"、"嘉兴市社科联系统2008年度学会管理先进单位"等称号。《国际金融危机对嘉兴企业的冲击及对策》等15篇文章被评为"当代浙学论坛——2009学术月"市社科联系列活动优秀论文。

2010年，嘉兴市金融学会被评为全国大中城市社科联标兵社会科学团体，荣获"嘉兴市社科联系统2009年度社科普及先进单位"、"嘉兴市社科联系统2009年度学术研究先进单位"、"嘉兴市社科联系统2009年度学会管理先进单位"等称号。

附表：

表 2-6-4　　嘉兴市金融系统1991—2010年科研成果获奖名单

| 姓名 | 单位 | 成果名称 | 奖级 | 获奖时间 | 授奖单位 |
| --- | --- | --- | --- | --- | --- |
| 傅仲才 | 省农信联社嘉兴办事处 | 中国农业银行浙江省分行对公门市业务应用软件 | 二等奖 | 1993年 | 浙江省科学技术委员会 |
| 汤钟尧等 | 中国人民银行嘉兴市分行 | 当前丝绸业的结构调整问题与信贷的作用 | 二等奖 | 1993年度 | 嘉兴市政府 |
| 左伟国 | 中国人民银行嘉兴市分行（现就职于中信银行上海分行） | 市场疲软成因与存款规模、调控的具体操作 | 三等奖 | 1993年度 | 嘉兴市政府 |
| 钱倍芳 | 中国人民银行嘉兴市分行 | 嘉兴接轨浦东金融运作的思考 | 二等奖 | 1995年度 | 嘉兴市政府 |
| 单丽蓉 | 中国人民银行嘉兴市分行 | 对压缩企业"三项资金"之我见 | 二等奖 | 1995年度 | 嘉兴市政府 |
| 汤钟尧 | 中国人民银行嘉兴市分行 | 注入营销思想增强大中型企业活力 | 二等奖 | 1995年度 | 嘉兴市政府 |
| 朱金海 | 中国人民银行嘉兴市分行 | 支持双层经营体制的完善是深化金融支农的着力点 | 三等奖 | 1995年度 | 嘉兴市政府 |
| 王中佳等 | 中国人民银行嘉兴市中心支行 | 非银行金融机构开展特色金融业务的设想 | 二等奖 | 2000年度 | 嘉兴市政府 |
| 汤钟尧等 | 中国人民银行嘉兴市中心支行 | 当前通货膨胀在微观经济运行层面上的表现、原因及治理对策 | 三等奖 | 2000年度 | 嘉兴市政府 |
| 沈伟等 | 中国人民银行嘉善县支行 | 利率下调的效应及其对利率体制改革的思考 | 三等奖 | 2000年度 | 嘉兴市政府 |
| 汤钟尧 | 中国人民银行嘉兴市中心支行 | 消费需求难以扩大的原因及其对策 | 二等奖 | 2001年度 | 嘉兴市政府 |
| 张一兵 | 中国人民银行嘉兴市中心支行 | 发达地区农村信用社脱钩后面临的问题和对策 | 三等奖 | 2001年度 | 嘉兴市政府 |
| 娄荣民 | 中国人民银行嘉兴市中心支行 | 对嘉兴市银行结售汇制运行情况的调查与思考 | 三等奖 | 2001年度 | 嘉兴市政府 |
| 周金明 | 中国人民银行海盐县支行 | 民营经济的现状及金融对策 | 三等奖 | 2001年度 | 嘉兴市政府 |
| 沈伟 | 中国人民银行嘉善县支行 | 激活房地产市场，促进经济快速增长 | 三等奖 | 2001年度 | 嘉兴市政府 |
| 曹志元 | 中国人民银行嘉兴市中心支行 | 对银行短期贷款期限趋短现象的分析与思考 | 三等奖 | 2001年度 | 嘉兴市政府 |
| 汤钟尧 | 中国人民银行嘉兴市中心支行 | 金融的根本任务在于促进经济的发展 | 二等奖 | 2002年度 | 嘉兴市政府 |
| 王中佳 | 中国人民银行嘉兴市中心支行 | 嘉兴市民间投资状况考察 | 三等奖 | 2002年度 | 嘉兴市政府 |
| 张仿龙 | 建设银行嘉兴市分行 | 会计人员管理刍论——对新会计法的学习思考 | 平湖市第三批优秀科技论文一等奖 | 2002年2月 | 平湖市人民政府 |
| 汤钟尧 | 中国人民银行嘉兴市中心支行 | 产品创新与信用制度建设：个人贷款业务发展研究 | 二等奖 | 2004年度 | 嘉兴市政府 |
| 王中佳 | 中国人民银行嘉兴市中心支行 | 提高金融监管有效性的途径 | 三等奖 | 2004年度 | 嘉兴市政府 |

续表

| 姓名 | 单位 | 成果名称 | 奖级 | 获奖时间 | 授奖单位 |
|---|---|---|---|---|---|
| 沈协良 | 海盐县农村信用合作联社 | 县域农业和农村现代化资金问题的思考与对策 | 二等奖 | 2004年 | 海盐县政府 |
| 沈协良 | 海盐县农村信用合作联社 | 农村信用社促进农村开放型经济发展的对策与措施 | 二等奖 | 2004年 | 海盐县政府 |
| 沈协良 梁敏超 | 海盐县农村信用合作联社 | 农村"失地"人员就业难的问题与建议 | 二等奖 | 2005年 | 海盐县政府 |
| 包永良 沈协良 梁敏超 | 海盐县农村信用合作联社 | 城乡金融一体化是加快推进城乡一体化的助推器 | 二等奖 | 2005年 | 海盐县政府 |
| 王中佳 汤钟尧等 | 中国人民银行嘉兴市中心支行 | 嘉兴融入"长三角"经济圈的金融对策 | 二等奖 | 2005年度 | 嘉兴市政府 |
| 汤钟尧等 | 中国人民银行嘉兴市中心支行 | 上海外资银行在邻近地区开展业务情况透析 | 三等奖 | 2005年度 | 嘉兴市政府 |
| 汤钟尧 | 中国人民银行嘉兴市中心支行 | 县域金融：基于县域经济的内生需求的研究 | 一等奖 | 2007年 | 浙江省人民政府 |
| 王中佳 | 中国人民银行嘉兴市中心支行 | 当前企业征信制度存在的问题及对策 | 三等奖 | 2007年度 | 嘉兴市政府 |
| 侯育彬 | 中国人民银行嘉兴市中心支行 | 农信社法人治理结构缺陷及改革建议 | 三等奖 | 2007年度 | 嘉兴市政府 |
| 汤钟尧 | 中国人民银行嘉兴市中心支行 | 经济金融协调发展探微 | 专著三等奖 | 2007年度 | 嘉兴市政府 |
| 侯育彬 | 中国人民银行嘉兴市中心支行 | 区域金融稳定和地方经济发展 | 三等奖 | 2007年度 | 嘉兴市政府 |
| 汤钟尧 | 中国人民银行嘉兴市中心支行 | 新农村建设对农村金融需求的现状及对策 | 三等奖 | 2007年度 | 嘉兴市政府 |
| 王中佳 钱倍芳 汤钟尧 闻悦 | 中国人民银行嘉兴市中心支行 | 建立新型的银企关系研究 | 三等奖 | 2009年度 | 嘉兴市政府 |
| 侯育彬 | 中国人民银行嘉兴市中心支行 | 信用担保机构——完善弱势金融体系的突破口 | 三等奖 | 2009年度 | 嘉兴市政府 |
| 汤钟尧 | 中国人民银行嘉兴市中心支行 | 从信贷制度看嘉兴市民间借贷的快速发展 | 一等奖 | 2009年度 | 嘉兴市政府 |
| 汤钟尧 沈彦菁 | 中国人民银行嘉兴市中心支行 | 证券市场发展对货币信贷运行影响之研究——对浙江省嘉兴市的调查 | 二等奖 | 2010年度 | 嘉兴市政府 |

说明：科研成果奖为政府颁发的奖项，其他不包括。

## 第九节 嘉兴市银行业协会

### 一、协会简介

嘉兴市银行业协会（以下简称协会）成立于2000年12月22日，是经中国人民银行嘉兴市中心支行和嘉兴市民政局批准成立，并在嘉兴市民间组织管理局登记注册的非营利社会团体，是嘉兴市银行业自律组织。2004年1月，嘉兴银监分局成立后，嘉兴市银行业协会主管单位由中国人民银行嘉兴市中心支行变更为嘉兴银监分局。凡经嘉兴银监分局和嘉兴市工商行政管理局批准，持有金融许可证和工商营业执照，在本地设立机构的银行业金融机构，承认《嘉兴市银行业协会章程》，经单位申请，理事会批准，均可成为嘉兴市银行业协会会员。嘉兴市银行业协会不吸收个人会员。

截至2010年12月，嘉兴市银行业协会共有92家会员单位，会员单位包括在嘉兴的政策性银行、国有商业银行、股份制商业银行、城市商业银行、邮政储蓄银行、农村合作银行、农村信用合作联社、浙江省农信联社嘉兴办事处、邮政局分支机构。

嘉兴市银行业协会的最高权力机构为会员大会，由参加协会的全体会员单位组成。会员大会的执行机构为理事会，对会员大会负责。理事会由会长1名、副会长若干名、理事若干名、秘书长1名组成。

嘉兴市银行业协会日常办事机构为秘书处。秘书处设秘书长1名，副秘书长若干名。秘书处共有2个部门，包括教育培训部、综合部。

嘉兴市银行业协会为浙江省银行业协会的团体会员单位，并与全省各市级银行业协会建立有定期的联席会议制度和信息交换机制。

### 二、协会职责任务

嘉兴市银行业协会以促进会员单位实现共同利益为宗旨，认真履行自律、维权、协调、服务的职责，维护会员的合法权益，反映会员的呼声，提高为会员服务的水平，创建平等和谐的竞争环境，维护银行业市场秩序，提高银行从业人员素质，促进银行业的健康发展。

（一）自律职责

1. 组织会员签订自律公约及其实施细则，建立自律公约执行情况检查和披露制度，受理会员单位和社会公众的投诉，采取自律惩戒措施，督促会员依法合规经营，共同维护公平竞争的市场环境。

2. 依据章程或行规行约、组织制定行业标准和业务规范；推动实施并监督会员执行，提高行业服务水平。

3. 建立健全银行业诚信制度以及银行机构和从业人员信用信息体系，加强诚信监督，协助推进银行业信用体系建设。

4. 制定从业人员道德和行为准则，对银行从业人员进行自律管理，组织银行业从业人员资格考试和相关培训，提高从业人员素质。

5. 对于违反银行业协会章程、自律公约、管理制度等致使行业利益受损的会员，可按有关规定实施自律性处罚，并及时告知嘉兴银监分局。

6. 对涉嫌银行业金融机构和从业人员违法违规的投诉件和发现的业内涉嫌违法违规的行为，要及时报告嘉兴银监分局，并做好嘉兴银监分局批转投诉件的调查处理工作。

（二）维权职责

1. 组织会员制定维权公约，通过开展区域信用环境评级，发布诚实守信客户或违约客户名单，实施行业联合制裁等措施，制止各种侵权行为，维护银行业合法权益。

2. 参与嘉兴银监分局等部门组织的有关银行业改革发展以及与行业权益相关的决策论证，提出银行业有关政策、立法和行业规范等方面的建议。

3. 向地方政府和嘉兴银监分局等部门反映妨碍银行业改革和发展的问题，建立与有关部门的沟通机制，争取有利于银行业发展的外部环境。

4. 组织会员开展行业维权调查，及时向会员进行风险提示，促进会员加强维权维护和风险管理。

（三）协调职责

1. 接受会员委托，协调与政府及其有关部门之间的关系，协助嘉兴银监分局等部门落实有关政策、措施。

2. 协调会员之间的关系，建立和完善行业内部争议调解处理机制，公正、合理解决各种矛盾争端，营造良好的业内环境。

3. 协调会员与社会公众的关系，加强会员与社会公众的沟通，维护会员与客户的合法权益。

4. 加强同新闻媒体的沟通和联系，制定突发事件新闻处理机制，及时有效引导社会舆论，维护银行业声誉。

（四）服务职责

1. 建立会员间信息沟通机制，组织开展会员间业务、技术、信息等方面的交流与合作，为会员提供信息服务。

2. 组织开展与境内外银行业金融机构以及银行业协会间的交流与合作。

3. 加强与保险、担保等行业协会的沟通和协调。

4. 发挥行业整体宣传功能，协调、组织会员共同开展新业务、新政策的宣传和咨询活动，大力普及金融知识，提高公众的金融意识。

国家法律法规规定的其他职责或银行业监管等有关部门和会员委托、交办的其他事项。

### 三、嘉兴市银行业协会组织机构

会员大会——嘉兴市银行业协会的最高权力机构

理事会——嘉兴市银行业协会会员大会的执行机构

秘书处——嘉兴市银行业协会日常办事机构

下设：教育培训部　综合部

### 四、嘉兴市银行业协会组织沿革

(一) 嘉兴市银行同业协会第一届理事会
(2000年12月22日至2003年3月6日)

| | |
|---|---|
| 理事长：中国工商银行嘉兴市分行行长 | 卜克强 |
| 副理事长：中国农业银行嘉兴市分行行长 | 谢庆勇 |
| 2001年4月12日起：中国农业银行嘉兴市分行行长 | 冯建龙 |
| 秘书长： | 计瑞祥 |
| 副秘书长： | 蒋好棣 |

(二) 嘉兴市银行同业协会第二届理事会
(2003年3月6日至2005年3月15日)

| | |
|---|---|
| 理事长：中国农业银行嘉兴市分行行长 | 冯建龙 |
| 副理事长：中国银行嘉兴市分行行长 | 鲍关新 |
| 秘书长： | 蒋好棣 |
| 副秘书长：(2003年3月6日至2004年2月13日) | 陈荣飞 |
| 2004年2月13日起 | 吕长山 |

(三) 嘉兴市银行业协会第三届理事会
(2005年3月15日至2008年4月24日)

| | |
|---|---|
| 顾问：嘉兴银监分局副局长 | 俞建平 |
| 会长：中国银行嘉兴市分行行长 | 鲍关新 |
| 2005年8月30日起：中国银行嘉兴市分行行长 | 张志勇 |
| 副会长：中国建设银行嘉兴分行行长 | 楼崇民 |
| 2005年8月30日起：中国建设银行嘉兴分行行长 | 劳新江 |
| 秘书长： | 蒋好棣 |
| 2006年1月5日起 | 李峥 |
| 副秘书长：(2006年1月5日至5月) | 蒋好棣 |
| | 吕长山 |

(四) 嘉兴市银行业协会第四届理事会
(2008年4月24日至本志记载期内)

| | |
|---|---|
| 顾问：嘉兴银监分局副局长 | 俞建平 |
| 会长：中国建设银行嘉兴分行行长 | 沈建明 |
| 2010年6月29日起 | 陈强 |
| 副会长：浙江省农信联社嘉兴办事处主任 | 吴建伟 |
| 　　　　上海浦东发展银行嘉兴分行行长 | 宋斌 |
| 秘书长： | 李峥 |
| 副秘书长：(2004年2月13日至2008年12月31日) | 吕长山 |
| 2008年4月10日起 | 缪耿莹 |

# 第三篇
## 银行业务

# 第一章 综 述

1991年以来，我国金融体制改革不断深化，逐步形成了以银行为主体，保险、证券等多种金融机构并存的金融发展格局。二十年间，我国银行业务发展迅速，业务规模快速增长，资产质量不断提高，盈利能力日益增强，金融产品、金融工具不断创新。嘉兴银行业在此大背景下持续较快发展，为地方经济提供了很好的支持作用。

嘉兴的银行业务主要有人民币存款业务、人民币贷款业务、结算业务、外汇业务、中间业务等。人民币存款业务在1991年至2010年间出现了三次较大的增长，存款余额持续增加，截至2010年12月末，全市金融机构人民币各项存款余额达3 526.61亿元。人民币贷款业务也大致经历了三大变化，信贷支持重点逐步转向民营经济中小企业，资金投向也逐渐偏向消费领域。结算业务发展迅速，结算方式丰富化，支付体系完善化。外汇业务打破了中国银行嘉兴市分行一家办理的局面，经营主体逐渐增多，业务产品逐步丰富。中间业务发展迅速，逐渐成为银行业新的盈利重点。

# 第二章 人民币存款业务

## 第一节 概 述

嘉兴市的存款业务在1991—2010年间出现了几次较大的增长：一是1994—1995年由于通胀压力增大，国家保值补贴率连续保持在较高水平，储蓄存款大幅增长。与此同时，受经济效益大幅度滑坡，特别是国营企业效益下降严重的影响，企业存款增长缓慢。二是2003—2007年，随着投资力度加大和出口的快速发展，外汇收入结汇后形成的存款增加，以企业存款为主的人民币各项存款增量出现了第二次飞跃。三是2009年在适度宽松货币政策影响下，各项存款特别是企业存款随信贷的大量投放而迅速增加。

1991—1992年，嘉兴市在开展"质量、品种、效益年"活动和进一步搞好大中型企业的政策背景下，工业发展速度已经恢复到位，农业生产基本稳定，市场回升较快，经济效益有所提高，资金总量比较宽裕。全市金融机构各项存款稳定增长，1992年末，金融机构各项存款总额82.39亿元。

1993年，嘉兴市由于投资需求持续膨胀，社会总需求与总供给严重失衡，物资供应趋紧，市场物价上涨，中央及时采取相应宏观调控措施，各项存款增长基本趋于稳定。年末，金融机构各项存款余额106.24亿元。

1994年，嘉兴市金融机构各项存款增量出现了第一次飞跃，年末余额达152.9亿元，比1993年末余额增加了46.69亿元，是1993年度各项存款增长额的2倍。其中，受企业货款回笼增加和派生存款的影响，企业存款飞速增长。由于居民收入的增加，储蓄存款一直保持稳步增长的势头。

1995年，各家银行加强"存款立行"观念，在宏观调控政策趋紧、全市工业经济形势严峻、资金十分紧张的情况下，千方百计组织存款，金融机构各项存款继续大幅度增长，年末余额为201.21亿元，增幅与1994年持平。受经济效益大幅度滑坡，特别是国营企业效益下降严重的影响，企业存款增长缓慢，年末企业存款余额为59.48亿元。储蓄存款增长较快，年末余额133.84亿元。储蓄存款大幅增长的主要原因：一是国家保值补贴率连续保持在较高水平，促使定期存款增长；二是宏观经济形势不断转好，物价涨势稳步回落。

1996年，国家先后两次下调利率，停办保值储蓄，嘉兴全市社会消费市场平稳，物价涨幅明显回落，金融机构各项存款总量继续保持平稳增长，增长结构变化明显，国有银行市场占有率提高，城乡信用社、信托投资公司等非银行金融机构市场占有率下降。年末，全市金融机构各项存款余额265.69亿元。其中，企业存款增长幅度明显加快，储蓄存款增长趋于平稳。

1997年，国民经济运行已转入"高增长、低通胀"的轨道，嘉兴市经济运行质量处于恢复性上升阶段。年末，金融机构各项存款余额332.81亿元。企业存款增量不足，而3月国债发行、股市活跃也一度影响了储蓄存款的上升。但是从总体来看，全年通货膨胀率较低，储蓄存款增量较1996年略有下降。

1998年，中央银行为确保经济增长目标的实现，及时运用货币政策工具，改革信贷管理体制和存款准备金制度，3次下调存贷款利率，嘉兴全市金融机构各项存款增长形势较好，年末余额为409.56亿元。其中，企业存款集中在国有独资商业银行，新增来源主要有垄断性行业和行政事业性收费部门以及部分省市重点骨干企业和优势企业存款、一些国家和省市级重点建设项目的建设资金暂时未用而形成的存款。储蓄存款在3次下调准备金率、国债发行增加、住房购买活跃等因素的影响下仍保持了稳步增长的态势。

1999—2000年，在物价持续下跌，企业开工严重不足、居民收入预期下降、经济有效需求不足的形势下，嘉兴全市金融机构存款增长缓慢。2000年3月，国务院颁布《个人存款账户实名制规定》，从当年4月1日起，我国的金融机构开始实行个人存款账户实名制。2000年末，金融机构各项存款余额545.83亿元。

2001—2002年，根据国家宏观调控的要求，全市金融机构贯彻实施稳健的货币政策，努力发挥金融对地方经济增长的促进作用。两年间，全市金融机构存款总额平稳较快增长。至2002年末，全市金融机构人民币各项存款余额为763.40亿元，其中企业存款余额235.46亿元，储蓄存款余额436.42亿元。

2003年，全市出现贷款、投资、外汇储备快速增长，金融机构人民币各项存款增量出现了第二次飞跃，年末各项存款余额突破千亿元，增幅近2002年的两倍。其中，企业存款迅速增加，年末余额为340.41亿元，比2002年增加了10.49亿元；储蓄存款平稳增加，年末余额为541.50亿元，储蓄存款稳定性有所提高，定期存款增加较多。

2004年，全市银行业坚持"适时适度、优化结构"，努力增加有效信贷支持，经济金融在调控中总体保持平稳较快增长。在宏观调控的背景下，全市各金融机构存款缩量增长，逐月波动比较明显，使得2003年信贷过快增长势头得到遏制。年末，全市金融机构人民币各项存款余额1 166.04亿元，全年新增138.09亿元，同比少增126.46亿元，余额同比增长13.43%，同比回落21个百分点。

2005—2006年，在宏观调控继续深化的背景下，嘉兴市国民经济继续保持较快平稳增长。存款总量较快增长，对公存款增长迅猛，储蓄相对平稳，活期化特征明显。2006年末，全市各金融机构人民币各项存款余额为1 583.28亿元，余额同比增长18%。从存款来源结构分析，对公存款同比多增明显。企业存款余额461.51亿元，同比多增48.35亿元。储蓄存款余额850.43亿元，同比多增8.26亿元。从存款期限结构分析，活期存款同比多增明显。2006年末全市企业与居民储蓄中的活期存款增加89.50亿元，占全部新增存款的37.05%，同比提高16.84个百分点。定期存款增势平稳，全年增加91.58亿元，占全部新增存款的37.92%，同比下降11.07个百分点。

2006年的全市存款态势主要和以下因素有关：一是贷款特别是短期贷款大量投放，派生存款尤其是企业活期存款大量增加；二是人民币升值预期下，外汇结汇保持较高增速，净结汇量快速扩大，转化成大量的人民币存款；三是企业与居民收入增加，推动企业存款与居民储蓄以不同速度增长；四是企业整体投资放缓，结存银行的资金增加，促使企业存款与储蓄增加。

2007年，国务院召开常务会议，货币政策开始"稳中适度从紧"。当年，国家连续十次上调准备金、六次加息，嘉兴市金融运行态势总体良好，各项存款增长回落。12月末，全市金融机构人民币各项存款余额1 796.09亿元，新增212.81亿元，同比少增28.72亿元，余额同比增长13.44%，比上年同期回落4.56个百分点。从全年来看，存款增长波动性加大，结构变化凸显市场影响，全市中长期存款开始向证券、房产等资产市场转移。

2008年，受严峻的内外部环境影响，嘉兴经济增长明显放缓，金融危机对全市实体经济的影响日益显现，主要经济指标出现快速回落。在股市、楼市等资产市场低迷以及企业和居民投资意愿下降的情况下，全市银行业金融机构各项存款快速增长。12月末，嘉兴市金融机构人民币各项存款余额2 186.24亿元，比年初增加390.15亿元，同比多增177.34亿元，余额同比增长21.72%，比上年同期大幅提高8.28个百分点。存款出现快速增长，结构差异性明显，并呈现出以下特点：一是来源结构呈现反差，储蓄增长快于企业存款；二是期限结构呈现反差，定期存款增长快于活期存款；三是区域结构呈现反差，城市增长快于农村地区。2008年，县（市）区域存款新增额合计248.6亿元，占全市存款新增额的63.3%，较上年降低3.0个百分点。

2009年，嘉兴市金融机构贯彻落实适度宽松货币政策，存款量随信贷量增长而迅速增加。12月末，全市金融机构人民币各项存款余额2 853.30亿元，比年初增加667.06亿元，同比多增276.91亿元，余额同比增长30.51%，比上年提高8.79个百分点。与省内各地市比较，存款增速排名列第1位，比上年提升4位。全市金融机构各项存款较快增长的同时，也呈现增长前快后缓的特点。新增667.06亿元存款中，上半年同比多增300多亿元；下半年同比少增40亿元。

2010年，影响存款增长的因素较多，银行存款组织力度明显加大，存款总体呈现季末冲高季初回落，月度增量波动较大格局。从增量结构看，一是企业存款增长趋缓。全市新增企业存款230.3亿元，同比少增106.2亿元。企业派生存款下降且流动资金占用增加，流动性总体趋紧。二是储蓄存款波动增长。全市新增储蓄存款244.1亿元，同比多增22.2亿元，其中有5个月增量为负。资产市场及理财市场对储蓄存款月度增量影响较大。三是其他存款增势强劲。2010年全市新增其他存款207.8亿元，同比多增90.2亿元。财政及机关团体收入增长较快，相应存款增加较多。

表 3-2-1　　　　　　　　1991—2010 年嘉兴市金融机构存款序列表　　　　　单位：万元

| 年份 | 存款 | 年份 | 存款 |
|---|---|---|---|
| 1991 | 660 836 | 2001 | 6 276 255 |
| 1992 | 823 909 | 2002 | 7 633 992 |
| 1993 | 1 062 373 | 2003 | 10 279 478 |
| 1994 | 1 529 239 | 2004 | 11 660 431 |
| 1995 | 2 012 134 | 2005 | 13 417 470 |
| 1996 | 2 656 872 | 2006 | 15 832 790 |
| 1997 | 3 328 136 | 2007 | 17 960 930 |
| 1998 | 4 095 615 | 2008 | 21 862 400 |
| 1999 | 4 890 026 | 2009 | 28 532 997 |
| 2000 | 5 458 298 | 2010 | 35 266 051 |

## 第二节　储蓄存款

### 一、全市概况

储蓄存款即居民存款，主要反映居民收入情况与资产分配情况，包括活期和定期储蓄。随着居民收入水平的快速增长，储蓄存款增长经历了 1994 年、2003 年、2009 年几次大的飞跃，其间受到通胀水平、利率调整、资本市场发展以及商业银行经营思路变化的影响，不同年份的储蓄存款增长幅度变化较大。

1991—2000 年，嘉兴市金融机构人民币储蓄存款基本处于平稳增长的态势。其中，自 1993 年 2 月中旬开始，受社会乱集资的影响，城乡储蓄存款连续 79 天下降共 4.7 亿元，严重影响信贷资金平衡，部分金融机构出现了支付困难。人民银行嘉兴市分行及时发出《关于对几个金融问题调查的通知》的明传电报，形成《关于我市储蓄分流贷款增加原因的分析》向上级行和嘉兴市政府汇报。5 月 15 日存贷款利率提高后，中国人民银行嘉兴市分行组织全市金融系统大力开展储蓄优良服务宣传月活动，取得了较好的效果，5 月、6 月两个月全市城乡储蓄存款增加 3.9 亿元，扭转了负增长的局面。

1994 年嘉兴市储蓄存款飞速增长。由于蚕茧、粮食和油菜子收购价格的提高和企业职工工资的增加，增加了居民收入，储蓄存款保持稳步增长势头。年末，储蓄存款余额 97.38 亿元，且有城镇储蓄快于农村储蓄的特点。1995 年，在宏观调控趋紧的情况下，储蓄存款仍然增长较快，年末余额 133.84 亿元。储蓄存款大幅增长的主要原因：一是国家保值补贴率连续保持在较高水平，促使定期存款增长；二是宏观经济形势不断转好，物价涨势稳步回落。2000 年，受国家刺激消费、扩大内需、启动市场的政策效应作用，储蓄存款增长势头明显减缓，储蓄存款由定期向活期分流，流动性增强。年末，储蓄存款余额为 326.89 亿元，新增 22.88 亿元，比1999年少增19.70亿元。

2004年，由于利率水平较低、物价水平较高，居民储蓄意愿降低，全市储蓄存款增速减缓，全年储蓄同比少增14.46亿元，占全部少增11.44%。储蓄态势受宏观调控与经济形势影响：一是通胀形势加剧储蓄分流。月度CPI一度突破5%，部分储蓄资金转而购买证券投资基金，进行房地产、汽车等消费。二是受市场形势与信贷收紧影响，部分储蓄（主要是个私企业经营性资金）通过原材料采购等渠道分流。三是拆迁补偿进度放缓，影响储蓄增长。但受投资渠道与投资收益水平限制，储蓄形势相对较为稳定。10月29日中国人民银行提高存款基准利率，居民储蓄意愿有所回升，10—12月人民币存款增加21.29亿元，同比少增14.66亿元，其中储蓄多增2.31亿元。

2007年，居民储蓄存款的波动明显受到股票市场影响。一方面，二级市场的波动影响存款波动，在股市相对火暴的4月、7月、10月三个月，嘉兴市各项存款余额回落较大，形成相对低谷；股市处于调整阶段的6月、11月两个月，各项存款则明显回升。另一方面，新股发行影响存款波动，在9月17日建行A股发行前四天，全市人民币储蓄存款下降2.9亿元；国庆节前股市资金大量回流，9月27—30日四天新增储蓄存款22.9亿元；10月26日中国神华A股发行前四天，全市人民币储蓄存款又下降7.4亿元。与此同时，财富效应分流存款，定期储蓄倾向弱化。股市一路上涨，成为储蓄存款大搬家的最主要因素。据统计，2007年，全市净流向股票、基金、银行理财产品的资金分别达79.3亿元、46.1亿元和7.0亿元，同比分别增长5.6倍、6.2倍和4.2倍。同时，房地产市场也分流了部分储蓄存款。2007年年中以来，全市房地产市场受周边市场带动行情看涨，房地产开发销售两旺。据统计，2007年全市累计发放个人住房贷款43.5亿元，同比增长46.5%。按购房贷款平均占比六成推算，个人自有购房资金支出分流储蓄存款29亿元。从储蓄存款的结构变动看，活期储蓄基本保持前两年的增长态势，而定期储蓄同比少增较为明显。12月末全市储蓄同比少增59.5亿元，其中定期储蓄少增47.9亿元，占储蓄少增总额的80.5%。说明居民定期储蓄倾向弱化，中长期存款开始向证券、房产等资产市场转移。

2008年，受国际金融危机的影响，全市存款来源结构呈现反差，储蓄增长快于企业存款。在股市、房市等资产市场低迷和前三季度利率较高的影响下，居民储蓄意愿较强，分流因素减少。12月末全市人民币储蓄存款1 155.38亿元，比年初新增247.89亿元，同比多增190.83亿元。同期全市流入股市资金仅2.3亿元，同比少流入54.7亿元。

2009年，在投资消费拉动需求下，全市储蓄存款增势有所放缓。年末，全市金融机构本外币各项储蓄存款余额新增221.38亿元，同比少增26.51亿元。其中，活期储蓄新增82.68亿元，同比多增27.69亿元；定期储蓄新增138.69亿元，同比少增54.21亿元。随着房地产市场回暖和资本市场再度升温，下半年储蓄存款增长明显放缓，储蓄活期化和存款搬家趋势日益明显。下半年活期储蓄上升69.7亿元，而定期储蓄则下降9.4亿元；在国庆长假的影响下，9月嘉兴市股市资金回流银行24.7亿元，10月流入股市资金达14.8亿元，导致期间嘉兴市储蓄存款剧烈波动，9月新增储蓄65.5亿元、10月则下降19.2亿元。

2010年，储蓄存款波幅增大。全市新增储蓄存款244.1亿元，同比多增22.2亿元，但其中有5个月增量为负。由于多家银行实行存贷比控制，银行吸收存款力度加大，受通胀压力和实际利率为负的影响，储蓄存款有活期化倾向。

表 3－2－2　　　　　　　　1991—2010 年嘉兴市金融机构储蓄存款序列表　　　　　　单位：万元

| 年份 | 储蓄存款 | 年份 | 储蓄存款 |
| --- | --- | --- | --- |
| 1991 | 399 626.5 | 2001 | 3 724 333 |
| 1992 | 489 929.7 | 2002 | 4 364 239 |
| 1993 | 638 034 | 2003 | 5 414 963 |
| 1994 | 973 842 | 2004 | 6 321 092 |
| 1995 | 1 338 436 | 2005 | 7 371 382 |
| 1996 | 1 761 794 | 2006 | 8 504 255 |
| 1997 | 2 174 608 | 2007 | 9 074 849 |
| 1998 | 2 614 368 | 2008 | 11 553 785 |
| 1999 | 3 040 118 | 2009 | 13 767 568 |
| 2000 | 3 268 902 | 2010 | 16 212 901 |

## 二、各银行机构储蓄存款的发展

（一）中国工商银行嘉兴分行

1991 年推出"四季乐"，1992 年 12 月发行大额特种储蓄存单，1994 年适时开办了集零到期转存有奖储蓄，1996 年实现全国活期储蓄通存通兑，同年停办保值储蓄，1997 年停办不记名礼仪存单，同年 10 月根据嘉兴特点推出"幸运之星"有奖储蓄，1998 年停办有奖储蓄。截至记载日，全市工商银行开办有个人活期存款储蓄、活期支票储蓄、定活两便储蓄、通知存款、全国储蓄旅行支票、整存整取定期储蓄、零存整取定期储蓄、存本取利定期储蓄、集体户零存整取储蓄、教育储蓄等储蓄种类。

与此同时，为不断适应发展需要以及满足广大储户需求，积极开办了一些特色储蓄业务，2000 年推出了新一代的教育储蓄"希望"系列，对教育储蓄进行创新，分为"自由存"、"方便存"和"帮你存"三款，分别适用于不同的客户类型，给储户更大的挑选余地和便利。2002 年 1 月推出活期"一本通"、本外币定期一本通。2003 年推出定活通、积利存款等系列计划。

一直以来，工商银行嘉兴分行秉承"以客户为中心、服务创造价值"的经营宗旨，始终把客户的利益放在首位，把服务作为中心工作，通过在员工中强化"确知你的客户、确知你的客户业务、确知客户需求"的理念，为客户提供最为优质的金融服务。截至 2010 年末，中国工商银行嘉兴市分行总资产达到 496 亿元，本外币各项存款余额达到 469.36 亿元。

1991 年，开展全市"庆国庆优质服务月"活动，广泛向储户征询意见或建议，提供储蓄业务咨询服务，每个储蓄员争为储户做好事、实事，有的行还新设了定期上门收储和红领巾小银行等服务项目，切实为储户提供贴心的金融服务。

1994 年，不断加快服务手段电子化建设的进程，发挥县市两级行的积极性，增加科技投入，先后完成了 6 个对公网点，9 个储蓄所的上机工作和 39 个柜员制单位的上机改进工作。同时还实现区域性联网，在提高计算机的使用效益上进行多项实践。为适应乡镇经济发展，该行还先后将新塍、王店两家多功能储蓄所升格为能全面办理存、放、汇业务的办事处。

1996 年，顺利实现了活期储蓄存款和对公业务的全省通存同兑；同年举办了"四比四赛"活动以及全国范围内的"四讲服务"及争创"青年文明号"等活动，开展形式多样、扎实有效的文明优质服务活动。推行首问负责制和承诺制，在临柜窗口推出青年文明号服务卡，进一步提高服务质量。

2000年，全市共建立了9个个人金融服务中心。征得著名的国际数学大师陈省身本人同意，全省首家以著名人士名字命名的储蓄所陈省身储蓄所面世。

2007年，出台推动个人金融业务发展的九条意见，有效推进了包括个人贷款、理财业务和储蓄存款在内的个人金融业务转型发展。实施理财金账户服务升级，在同业中首创贵宾理财中心，提高对中高端客户的服务水平。通过举办理财产品推介会、投资报告会等形式，传播理性的理财观念。

(二) 中国农业银行嘉兴分行

1991年，中国农业银行嘉兴市支行开办的人民币储蓄存款种类主要有：活期储蓄、整存整取定期储蓄、零存整取储蓄、定活两便储蓄、华侨人民币储蓄、有奖有息定期储蓄、贴花有奖储蓄、存本取息定期储蓄等。为了壮大资金实力，更好地支持经济发展，二十年来，农业银行嘉兴分行针对客户的需求不断创新储蓄产品。1994年开办个人通知存款；1996年开办爱心储蓄、"万家乐"有奖储蓄；1997年开办97'香港游有奖储蓄、季季好运有奖储蓄；1998年开办98大奖有奖有息储蓄、98'月月奖有奖储蓄；2000年开办教育储蓄；2006年开办"双利丰"个人通知存款；2010年开办"留学宝"业务，使农行储蓄存款持续快速增长。

20世纪90年代初，农业银行嘉兴分行的储蓄存款增长缓慢，1994年储蓄存款突破10亿元大关，达到14.72亿元，1995年突破20亿元，1998年起储蓄存款增长速度加快，1999年突破50亿元，2003年突破100亿元，2010年达到335.4亿元，比1990年增加67.63倍。

1991年初，全市农行储蓄存款的余额只有4.89亿元。随着乡镇企业迅猛发展，农业银行的资金回笼工作逐步扩展到乡镇企业，在企业年终分配兑现期间，农业银行紧紧抓住储源充足的有利时机，针对性地开展资金组织工作，使存款得到了快速增长。1991年农行海盐澉浦营业所开始试办代发工资业务，农行桐乡崇福营业所推出了代交税金业务，开创了代收代付的先河。1992年海盐县通元、西塘营业所率先打破农业银行不上门收储的习惯，组织人员上门收储。特别是1992年随着证券业的悄然兴起，再加上企业集资和购买"城市蓝色户口"等因素，储蓄存款一时大量挤兑。全市农行积极采取措施，推出专项有奖储蓄。如嘉善支行推出了"818"房屋有奖储蓄；桐乡支行推出了"258"及头奖10万元的有奖储蓄，收到了良好效果。

2004年紧紧盯住源头性资金和垄断性客户。特别是在园区新区建设、基础设施项目建设过程中，认真分析资金流，从源头抓起，包括土地收储、土地整理、土地拍卖、出让金归集、拆迁付费、养老金缴纳等各个环节，有的放矢组织储蓄存款。

2007年中国农业银行嘉兴市分行在第三方存管业务上抢占了市场先机，为储蓄存款的进一步发展奠定了基础。与此同时，又推出了网点转型工程，制定了《营业网点大堂经理、个人客户经理岗位设置方案》、《网点转型业务指引》。在网点建设上提出了功能分区、客户分层和业务分流的目标，在管理上提出了产品营销、组织架构和劳动组合、风险控制、网点评价和内部考核等七个方面的具体内容和要求。通过功能分区和业务分流，电子渠道、自助设备业务处理量明显提高，有效减轻了柜面压力，缓解了客户等候现象，客户的满意度大幅提升；通过业务分流和人员组合调整，增加了大堂经理和引导人员，充实了客户经理队伍力量，网点的营销能力得到提升，VIP客户迅猛发展，实现了客户服务质量和银行业务经营双提升。

(三) 中国银行嘉兴市分行

中国银行嘉兴支行于1986年开办储蓄存款业务，根据行政区划，建立机构，设立网点，边巩固，边发展，大抓人民币存款。2008年以来，中国银行嘉兴市分行积极实施重点业务战略转移，把增加各项存款、增强竞争能力、提高经营效益作为工作的重中之重，并采取各种行之有效的措施，包括开展各种形式的劳动竞赛、积极推进网点转型、发展中高端客户、抓好柜台文明优质服务、促进股市资金回流等，实现了业务规模和市场份额的提升。2008年人民币储蓄存款突破百亿元大关，年末余额101.96亿元，当年新增22.33亿元，成为该行历史上人民币储蓄存款新增最多的一年。截至2010年末，各项人民币储蓄存款余额达到了126.33亿元，全辖储蓄网点共计59个。

1992年，中国银行嘉兴支行抓住机遇，大力增设网点和储蓄代办机构，增强吸存能力。当年新增储蓄所12个，全辖共新设代办机构7个，增加储蓄460万元，相当于建行近7年来的增设点总数，到1994年，中国银行嘉兴市分行全辖储蓄网点达55个。1992年储蓄电脑应用有所突破，市本级实现了电脑联网，各储蓄网点都开办了本外币储蓄、侨汇解付、长城卡取现业务。

1995年，中国银行嘉兴市分行加快了推行储蓄、出纳单人临柜电脑及监控设施的安装步伐，全辖已开业机构网点电脑普及率达100%，促进了单人临柜试点工作的稳步进行。到1998年，网点基本实行单人临柜，加快了业务处理速度和质量，同时充分发挥全辖健全的网络系统功能，与2家证券商建立了利用贷记卡办理股民资金划转业务，受到了客户的好评。

1996年3月，中国银行嘉兴市分行在做好RISC/6000小型机的全面投产，实现全辖活期、定期储蓄业务通存通兑的基础上，加快了商户及储蓄网点的EDC－POS联网步伐，推出了电话银行服务项目，开发了"一本通"和"电子借记卡"软件，并顺利投入运行。为方便客户存取款，1997年增设夜市储蓄网点8个，24个网点普遍延长了服务时间。

1998年，面对激烈的市场竞争和有奖储蓄品种停办等形势，一方面进一步加大传统保留品种的宣传力度，发掘传统品种的吸存潜力，把发展重点转移到存单小额抵押贷款、通知存款、活期支票等特色品种上；积极开办各种代理业务，如代理证券、代理保险、代售车票等业务；开办住房抵押按揭贷款，作为存款新的增长点。另一方面，该行大力培植大中型储蓄网点和争创星级网点，初步形成了适应市场竞争的经营管理机制。当年，已有2 000万元余额以上的大中型储蓄所44个，形成了增存吸储的骨干网络。海盐、海宁、桐乡支行还试行了所主任双向选择聘任制，使一批懂业务、善管理的优秀青年干部走上储蓄管理岗位。

开辟新储种方面：1992年，针对储户的心理，先后推出豪华住户有奖储蓄、水陆交通工具有奖储蓄等新储种，一个半月吸储1 000多万元。1993年，抓住利率调整的有利时机，相继推出大额存单、住房有奖储蓄等新储种，促进了储蓄业务的发展。1994年，推出了"金屋住房有奖储蓄"、"存本取息套储零整"及"人民币个人活期支票"、"定期存款储蓄保险"和"定期存单小额抵押贷款"等新储种，收效明显，共吸收存款2 861.44万元，占当年新增储蓄存款的12.29%。1995年，推出了"就我发"、"天堂居"及"希望爱心储蓄"等新品种的同时，还推出"奔小康"、"个人通知存款"、"外币定活两便"储蓄及"个人存单抵押贷款"等新储种和新业务。1996年，针对第二季度人民银行取消保值贴补率，人民币存贷款利率下调，股市复苏，国债、企业债券发行等对存款产生冲击的情况，推出"转存式"和"富豪住房有奖储蓄"，在全辖推开通存通兑，推出本外币储蓄"一本通"、"贺新年"有奖储蓄。这些新业务品种的上市，有效地增强了吸存能力，新储种发行额达1.77亿元，创历史新高。2008年2月，在全辖推广2008奥运礼仪存单，适用于整存整取业务，起存金额为不低于5 000元人民币，多存不限，存期不限。

2008年6月至9月，中国银行嘉兴市分行在全辖开办"爱心存单"业务，利用吸收公众存款的渠道，为客户在使用银行产品的同时提供向在"5·12汶川大地震"中受难群众献爱心的渠道，具体内容如下：(1)爱心存单业务利用该行绿色存款通道，与整存整取存款相结合，存款到期结清后，其间产生的利息（税后息）自动转入特定账户，由中国银行浙江省分行代为捐赠，客户到期仅支取本金。同时，每发售一笔"赈灾爱心存单"将同时根据爱心存款本金的万分之五捐赠慈善款项。(2)直接爱心捐款业务利用中国银行绿色存款通道，开通柜台直接爱心捐款业务。捐赠款项自动转入特定账户，由中国银行浙江省分行代为捐赠。(3)合作机构省分行与杭州市慈善总会签订合作协议，将捐赠款项用于定向捐建灾区学校。

（四）中国建设银行嘉兴分行

1987年12月初，中国人民建设银行嘉兴市中心支行在全辖开办个人储蓄存款业务，短短10天时间里，在城区和近郊连续开办了8个储蓄所、1个本级专柜和2个分理处，加上各县（市）支行开办的储蓄网点，共计31个网点，列全省建设银行当年开办网点之冠。至1991年底，中国人民建设银行嘉兴市中心支行个人储蓄存款余额为1.55亿元。经过几年的高速发展，至2006年1月，建行嘉兴分行个人储蓄余额突破100亿元，2010年2月个人储蓄余额突破200亿元。2010年底全市建行个人储蓄网点为70个，储蓄存款余额达200亿元，比上一年新增24.07亿元，建行储蓄余额占嘉兴四大国有商业银行储蓄存款余额比重为22.74%。

1991年至1995年，中国人民建设银行嘉兴市分行的储蓄网点建设还比较粗放，网点从城市向乡镇扩展，1996年末，中国建设银行嘉兴市分行的储蓄网点达到了86个。1996年开始，明确把储蓄业务发展的重心转向中心城市，把提高效益放在首位，网点也从外延拓展转向内涵挖掘。1997年起，建设银行嘉兴市分行开始推进储蓄业务从粗放型向集约化转变，合理调整网点布局，注重提高网点单产和效益，按照"闹市区、大门面、电脑化、柜员制、多功能、高产量"和CIS战略的要求，对全市网点进行搬迁改造调整，撤销了联办代办所，统一了视觉识别形象，促进了储蓄业务的快速增长。2006年开始，结合网点战略转型，对所有网点进行优化布局和调整改造，打造"蓝色银行"形象。

建设银行嘉兴分行先后开办个人活期存款储蓄、整存整取储蓄、零存整取储蓄、整存零取储蓄、存本取息储蓄、定活两便储蓄、个人通知存款定活两便储蓄、教育储蓄、住宅储蓄、零整贴花有奖储蓄、保值储蓄、大额可转让定期存单12种，除此之外，建设银行还适应居民需求，开办不少特色储蓄业务。

1987年1月，中国人民建设银行嘉兴市中心支行开办住宅储蓄储种，其目的是通过购房储蓄吸收更多的住房存款，支持住宅贷款，其特点是先存后贷，存贷结合。分为零存整取和整存整取与零存整借整存整借两种。前者存期至少1年，到期可申请最高不超过储蓄额的住宅借款，后者存期至少1年，到期可申请最高不超过储蓄额2倍的住宅借款，原储蓄不得支取。

1988年7月起,开办零整贴花有奖储蓄。按零存整取方式存储,存期1年,每月存储一次,存额为10元、20元,每月在存折上粘贴储户选购的当月存款凭证(贴花),按贴花对奖,全年利息以奖金形式分配。

1991年,中国人民建设银行嘉兴市中心支行还把发行债券作为改变负债结构、筹集中长期建设资金的重要途径,全年共发行债券2 900万元。1991年1月,在全市范围内推出存本取息储蓄。1993年中国人民建设银行嘉兴市分行推出存本取息转存储蓄,由于该储蓄收益率高、存储方便而受到市民欢迎。1994年9月,推出通知储蓄和储蓄卡业务。

1995年初,在全市范围开办了"季季乐"零整有奖储蓄,可由集体开启。50元1户,月存入1次,存满12次为到期,以奖代息。该储蓄不得提前支取、不得漏存,逾期息按每整月支付1.5元计,零头天数不计息。每10万户为一开奖单位,全年开奖5次,全省头奖1个,奖额80 000元。1997年,推出"喜盈门"有奖储蓄和住房有奖储蓄。

2005年7月,建设银行嘉兴分行"吉祥存单"系列定活两便储蓄是为满足客户需求,丰富服务品种而推出的定活两便储蓄,起存金额为500元,最高限额为10 000元。计息比照上述定活两便规定办理。

至2010年底,建设银行嘉兴分行全市个人客户经理人数已达100人,有效地满足了居民的金融服务需求。

(五)交通银行嘉兴分行

1994年10月8日交通银行嘉兴支行正式对外办理储蓄业务,主要办理活期、定期(整存整取、零存整取、存本取息、通知存款)、国库券发行、兑付。1996年8月19日,储蓄专柜开设储蓄夜市,营业时间正常情况下延长3小时。1999年8月3日,交通银行嘉兴分行小型机正式投入使用,零售3.0版系统正式使用,在通存通兑的基础上,优化了零售业务操作流程。

2007年开始,根据交通银行总行统一安排,开始网点转型工作,设立低柜服务区和个人客户服务经理岗位,银行网点的主要功能从传统的核算型为主向营销服务型转变。针对季日均金融资产50万元以上(含)客户推出"沃德财富"服务品牌,主要提供专属理财客户经理、专属理财服务渠道、专享沃德财富账户、专享优惠服务价格、专享的财富管理、专享增值服务等六大服务特色。针对季日均金融资产5万元以上(含)客户推出"交银理财"服务品牌,提供专属理财锦囊、专属服务窗口、专享优惠、专享礼遇四大特色服务。2008年6月,在桐乡支行设立首家沃德财富服务中心,至年末又分别在海宁支行与分行营业部设立沃德财富服务中心。2009年11月,针对个人资产在1万元至5万元之间的客户推出"快捷理财"服务品牌,率先实现了中高端客户理财的全面覆盖。

2010年末,全市交行个人储蓄网点达13个,储蓄存款余额突破38.27亿元,较上年新增8.17亿元。

(六)中信银行嘉兴分行

中信实业银行嘉兴支行自开业之初就正式开办了个人储蓄存款业务,至年末储蓄余额340万元。

1999年推出的储蓄存单质押贷款业务,带动了本外币储蓄存款的增长,年末突破亿元,达1.538亿元。

2001年11月,在嘉兴市建国路与中山路交叉口开设了嘉兴银行业首家自助银行,为市民自助式存取现金服务提供便利。

2005年初,推出零售业务战略、国际业务战略和重点集团客户三大战略。为把"加快零售业务发展"从战略认识落实到具体的行动中去,着手组建零售专业队伍,进一步加强对储蓄业务的专业拉动作用。2005年7月,中信实业银行嘉兴支行升格为嘉兴分行,机构搬迁后营业条件日趋改善,机构设置也进入了快速发展阶段。各县市支行相继成立,储蓄存款余额由2005年末的8.99亿元,迅速增至2008年末的16.32亿元。

2006年开始设立理财经理岗位,主动拓展客户,为客户提供个性化专业服务。至2010年底,全辖专职理财经理人数达到23人,在有效地支持零售业务发展的同时,进一步提升贵宾客户服务体系与经营服务效率;率先开通了理财套餐功能,将借记卡活期账户内的存款余额按预定期限自动转换为定期储蓄,使客户可以享受活期的便利和定期的收益。正是有了理念和产品上的突破,至2010年末,全行储蓄迅速增长至35.98亿元。

(七)上海浦东发展银行嘉兴分行

1997年12月16日浦发银行嘉兴支行成立以来,各项存款业务发展较快,2010年底浦发银行嘉兴分行各项存款88亿元,其中储蓄存款达11.30亿元。

储蓄业务由简单的定期储蓄、活期储蓄存款发展到现在的多种个人业务产品,如封闭式基金、证券第三方存管业务、专项个人理财业务、个人黄金买卖业务、柜面通业务等。1999年推出了"东方—嘉图卡",全年新增东方卡4 000张。2000年,推出个人VIP客户理财服务,提升服务档次。

2004年,依托个人VIP客户服务、个人综合授信服务、拓展外汇宝、银证通、代发工资、代理信托计划、代销各类基金等业务,大力吸收个人投资、支付间歇资金,提高了该行个金产品的市场占有率和客户依存度。

2006年,不断整合"轻松理财"的资源优势,推出了国内首张集借记卡理财和信用卡免息消费于一体的双账户卡——"轻松理财金银卡"。该卡是理财卡和信用卡的珠联璧合,拥有原借记卡约定定活期互转、多币种多期限的定期存款、银证通、外汇宝等投资服务。

2008年,依托"轻松理财"强大的服务平台,配备专业化的理财营销人员,成立"卓信理财"中心,着力拓展储蓄存款业务,不断加大对理财类产品、轻松理财卡等业务产品的营销力度,取得个银业务较快发展的良好局面,在浦发银行杭州分行个人业务综合营销竞赛中名列第二。

(八)兴业银行嘉兴分行

自2008年3月开业以来,兴业银行嘉兴分行各项存款保持较快增长速度,截至2010年12月末,本外币一般性存款余额达43.01亿元,较2008年增加27.08亿元,两年年均增长64.29%。

坚持以核心负债业务为主线,以零售基本客户群和核心客户群培育为抓手,实行全员营销,加大公私联动和交叉营销力度,坚持旺季揽储不放松,积极发展代扣代缴和代发业务、个人第三方存管业务、综合理财业务和"兴业通"业务。截至2010年12月末,该行储蓄存款余额5.14亿元,较2008年增加3.64亿元,两年年均增长85.15%。

### (九) 招商银行嘉兴支行

自 2008 年 4 月开业以来，招商银行嘉兴支行各项存款保持快速增长趋势，各项业务均衡发展，截至 2010 年末，本外币一般性存款余额达 37.8 亿元，负债业务稳步上升。

零售业务坚持以核心负债业务为主线，以零售基本客户群和贵宾客户群为依托，积极利用理财产品、信用卡等拳头产品为载体，实行全员营销，发展代扣代缴和代发业务、加大公私联动和交叉营销力度，积极开拓高端客户和第三方存管业务，形成了双方共赢的大好局面。

人民币理财产品首推"招银进宝"系列，有专为金卡、金葵花卡和私人银行设计的专属产品，根据客户对风险的偏好程度，在招行总可以找到一款适合的产品，再附加各项配套增值服务，真正体现了该行服务理念的创新。

### (十) 浙商银行嘉兴支行

浙商银行嘉兴支行于 2008 年 12 月 19 日开办个人储蓄存款业务。2009 年末，全行储蓄存款余额 1.1 亿元，较年初增加 6 909 万元，同比增长 168.88%。2010 年末，全行储蓄存款余额 1.48 亿元，较年初增加 0.38 亿元，同比增长 34.54%。

### (十一) 深圳发展银行嘉兴支行

深圳发展银行嘉兴支行自开业以来，各项存款保持稳步增长速度，截至 2010 年 12 月末，本外币各项存款余额 15.45 亿元，比 2009 年增加 5.09 亿元，增幅达到 49.13%。

零售业务坚持以核心负债业务为主线，以零售基本客户群和贵宾客户群培育为抓手，积极利用理财产品为载体，实行全员营销，加大公私联动和交叉营销力度，积极开发大客户和个人第三方存管业务。截至 2010 年 12 月末，储蓄存款余额 1.27 亿元，比 2009 年增加 0.99 亿元，增幅达到 260.52%。

人民币理财产品首推"聚财宝"系列，主要是"聚财宝"日添利，该理财产品的投资方向包括但不限于信用级别较高、流动性较好的金融工具，主要包括债券回购、同业拆借、国债、金融债、央行票据以及高信用级别的企业债、公司债、短期融资券等，T+0 申购赎回，资金实时到账，100% 本金收益保障。"聚财宝"周末发，该理财产品投资于银行间市场信用等级较高、流动性较好的债券或货币市场工具，包括债券回购、拆借、央行票据、国债、金融债以及高信用级别的企业债券（企业债、公司债、短期融资券、中期票据等）等资产，本金保证。"聚财宝"现金溢，该理财产品投资于银行间市场信用等级较高、流动性较好的债券或货币市场工具，包括债券回购、拆借、央行票据、国债、金融债以及高信用级别的企业债券（企业债、公司债、短期融资券、中期票据等）、票据等资产，属稳健理财产品。"聚财宝"卓越计划，该理财产品投资于银行间市场信用等级较高、流动性较好的债券或货币市场工具，包括债券回购、拆借、央行票据、国债、金融债以及高信用级别的企业债券（企业债、公司债、短期融资券、中期票据等）等资产，属保本浮动收益型产品。

### (十二) 嘉兴银行

嘉兴银行组建之初，负债业务以吸收个人储蓄为主，1997 年末个人存款余额 6.35 亿元，占存款总额的 70.08%，个人存款余额市场占比为 2.91%。为满足嘉兴市民对储蓄与服务的需求，该行不断丰富个人存款产品，先后开办个人活期、整存整取、零存整取、存本取息、定活两便、教育储蓄和通知存款等个人存款业务。同时，嘉兴银行个人存款业务始终遵循依法合规经营的方针，坚持"存款自愿、取款自由、存款有息、为客户保密"的原则，严格执行中国人民银行、中国银行业监督管理委员会的各项规定，于1999年11月1日起执行代扣个人利息所得税的规定，2000年4月1日起执行个人存款账户实名制，2003年9月1日起严格执行人民币银行账户管理办法，保障业务持续健康发展。2002年12月末，该行实现计算机应用系统升级和数据大集中，个人存款业务随之实现辖内通存通兑并开办人民币定期一本通业务，业务开拓、监督、指导和分析等经营管理水平提升的条件日渐成熟。为改变储蓄存款市场占有率连年下滑的状况，2003年起该行通过统一思想认识、加强业务考核、改善服务质量、主动营销市场等一系列措施，促进个人存款业务步入快速发展的轨道，存款余额从2003年末的9.28亿元增长到2005年末的19.19亿元，实现三年翻番的目标，2006年到2009年又取得四年翻番的业绩。截至2010年末，嘉兴银行个人存款余额达到48.72亿元，占该行各项存款的24.36%，全部金融机构余额市场占比为2.99%。成立十三年来，嘉兴银行个人存款年平均增长率16.97%，高于全市个人存款市场发展速度。

（十三）农村合作金融机构

1993年1月，全辖联社利用春节"拜年钱"、"压岁钱"的机会，推出了二十元小额的"金鸡幸运巨奖储蓄"，吸收了资金3822万元。

1994年实行储蓄存款承包责任制。采取县（市）信用联社和信用社、信用社与储蓄所、柜组两级承包制度。2003年，全辖开展"迎新春安全经营、优质服务竞赛"活动，促使存款在新年有一个良好的开端。2005年初，全辖通过抓住新春佳节资金回笼的有利时机，开展"存款新春开门红"竞赛活动，进一步完善网点综合承包考核制度和客户经理制度，建立健全客户档案和联系卡制度，完善存款目标考核体系。2009年至2010年，全辖开展"走千家、访万户、共成长"活动，大力组织存款。1991年至2010年，储蓄存款从17.28亿元增加到了487.38亿元，期间净增470.1亿元，增长2720.49%。

（十四）中国邮政储蓄银行浙江省嘉兴市分行

人民币储蓄业务是中国邮政储蓄银行的基本业务，业务种类包括活期存款、定期存款、定活两便、通知存款等，同时还推出"一本通"存款等特色产品。

1986年邮政储蓄恢复开办。自恢复开办以来，邮政储蓄历经多年的发展，储蓄规模不断扩大，服务手段不断完善，更好地向广大群众提供金融服务。

2004年底，全国邮政储蓄统一版本上线，实现了储蓄存款全国通存通兑，为邮政储蓄业务的发展提供了强大的支撑。

2008年邮储银行嘉兴市分行成立，银行成立以后，邮政储蓄逐步向全功能商业银行转型，但始终坚持"存款乃立行之本"的原则，坚定不移地发展储蓄业务，做大储蓄规模，加强营销团队建设，提高服务质量，坚持"存款自愿、取款自由、存款有息、为储户保密"的基本原则，确保储蓄业务健康合规发展。

2008年邮储银行嘉兴市分行成立初期，辖内储蓄网点共有133个，储蓄存款62.7亿元。截至2010年底，辖内储蓄网点达到135个，储蓄存款规模达到112.17亿元，突破100亿元大关，增长率达到79%；其中农村储蓄存款78.89亿元，占比70.33%，县城储蓄存款24.29亿元，占比21.66%，城市储蓄存款8.98亿元，占比8.01%。

## 第三节 对公存款

### 一、企业存款

企业存款易受宏观调控与市场形势变化影响,与企业经营业绩有很大的关联性。随着嘉兴市企业竞争能力与经营水平的提高,企业存款总体上也呈现快速增长的态势,个别年份受信贷控制的影响较大。

1991—1992年,嘉兴市金融机构各项企业存款大幅度增加。1992年末余额上升至18.84亿元。企业存款增长的主要原因:一是宏观上银根较松,贷款投入多;二是增加技改投入,自筹基建存款增加;三是经过清理"三角债",信贷清欠缓解一批债务链;四是企业调整结构,提高效益,投资转化为消费基金的速度放慢。

1993年,中共十四届三中全会后,嘉兴市国有企业改革进一步深化,乡镇企业全面实行改制,三资企业和个私企业迅速发展,股份制企业如雨后春笋,企业存款较快增长。尤其从8月开始由于适当增加基础货币投放,银根趋于缓和,企业存款出现较快增长。年末,企业存款余额23.19亿元。

1994年,国内宏观经济面良好,嘉兴各专业银行向国有商业银行转轨。同时,受企业贷款回笼增加和派生存款的影响,企业存款飞速增长。年末,企业存款余额48.81亿元,是1993年度企业存款增量的6倍。

1995年,受经济效益大幅度滑坡,特别是国营企业效益下降严重的影响,企业存款增长缓慢,年末企业存款余额为59.48亿元。

1996年,嘉兴企业存款增长幅度明显加快,增长点集中于重点企业和基础产业部门,主要是由于各金融机构普遍实行择优扶持、保证重点的信贷政策,优势企业、重点企业以及基础产业建设项目的贷款增长较多,而大多数规模小、效益差的一般企业贷款增长十分有限所致。年末,企业存款余额78.58亿元。

1997年,企业存款增量不足,年末余额97.40亿元,增长了18.83亿元,增速低于1996年。这一年嘉兴市企业存款趋缓的原因:一是整体上企业经济效益仍未走出低谷;二是国家银行进一步加大清理违规资金力度,增大了基数,挤干了"水分";三是企业转制过程中,经济结构调整还未找到热点和新的增长点,少数优势企业的优势虽得到巩固,但社会总资金短缺状况进一步加剧。

2000年,随着国家刺激投资、扩大内需政策效应的逐渐显现,亚洲金融危机对嘉兴市的影响逐渐消退,企业投资、生产开始启动,闲置资金减少,货币流动性增强。2000年末,企业存款余额173.04亿元。

2004年,受宏观调控与市场形势变化影响,嘉兴市企业存款大幅度少增,全年少增71.05亿元,占全部少增的56.19%。市场供求形势变化导致企业原材料采购等各项支出增加;贷款难度增加导致企业投资资金来源中自有资金比例增加;土地审批冻结导致新批企业注册资金到位减速或减少;信贷投放增长放缓,使派生的企业存款较大幅度减少等,上述各种因素都不同程度地减少企业资金来源,存款增长减缓。

2006年,嘉兴市企业存款大幅度增加,环比上升了249%。原因:一是贷款特别是短期贷款大量投放,派生存款尤其是企业活期存款大量增加;二是人民币升值预期下,外汇结汇保持较高增速,净结汇量快速扩大,转化成大量的人民币存款;三是企业整体投资放缓,结存银行的资金增加。

2007年,嘉兴市各银行业金融机构企业存款充足,企业定期占比提高。企业盈利和财政收入增加、贷款快速增长、外资流入增加、融资方式趋向多元化等因素,使流动性过剩通过直接和间接融资渠道向企业部门传导。年末,全市人民币各项存款虽同比少增,但对公资金来源却相对充裕,而投资又低位增长,从而形成了非金融性公司存款的稳定增长。至12月末,企业定期存款新增52.98亿元,同比多增34.33亿元,超过非金融性公司及财政存款全部多增额。

2008年,在内外需求下降的背景下,嘉兴市经济增速从高位逐步回落,9月爆发的国际金融危机更对全市经济增长产生多方面不利影响。企业经济效益大幅度下降,派生存款减少。年末,企业存款余额628.04亿元,增速仅2007年的一半。

2009年,在适度宽松的货币政策作用下,嘉兴市着力化解国际金融危机带来的冲击,有效遏止了经济增长明显下滑态势,经济运行稳步回升向好。工业生产、经济收入、市场物价逐季回升,对外贸易和利用外资降幅收窄。企业经济效益稳步回升,派生存款明显增加。年末,全市金融机构人民币企业存款新增327.06亿元,相当于上年同期增量的5.46倍,同比多增267.15亿元。企业存款增势较强的主要原因:一是贷款巨量投放,融资环境宽松,企业资金较为充裕;二是PPI处于相对低位,企业备货资金占用压力降低;三是随着经济回暖,企业产销回升,销售回笼增加,同时也需要增加流动资金支付准备。

表3-2-3　　　　　　　　1991—2010年嘉兴市金融机构企业存款序列　　　　　　　单位:万元

| 年份 | 企业存款 | 年份 | 企业存款 |
|---|---|---|---|
| 1991 | 140 346 | 2001 | 1 980 106 |
| 1992 | 188 354 | 2002 | 2 354 629 |
| 1993 | 231 895 | 2003 | 3 404 062 |
| 1994 | 480 150 | 2004 | 3 742 975 |
| 1995 | 594 794 | 2005 | 3 937 228 |
| 1996 | 785 767 | 2006 | 4 615 055 |
| 1997 | 974 021 | 2007 | 5 681 294 |
| 1998 | 1 199 189 | 2008 | 6 280 398 |
| 1999 | 1 491 807 | 2009 | 9 550 996 |
| 2000 | 1 730 354 | 2010 | 10 959 834 |

## 二、财政性存款

财政存款反映了财政收入水平,随着全市实体经济发展,财政收入稳步上升,财政存款也随之增长。

1997年,财政存款归并为两种:一是财政存款(含财政定期存款、建设银行财政存款和财政预算外存款);二是机关团体存款(含部队存款)。

1998年3月,中国人民银行对存款准备金制度进行重大改革,将财政预算外存款和机关团体存款划为一般存款,财政预算外存款从财政存款中划出来。

1999—2000年,受1998年财政存款统计制度的改革以及经济下滑的影响,财政存款连年下降。2000年末,嘉兴全市金融机构财政存款余额为2.55亿元。

2004年,国家宏观调控成效显著,投资和信贷增长过猛的势头得到遏制,财政收入大幅度少增。受宏观调控与市场形势变化影响,财政存款全年少增4.58亿元。

2005—2007年,宏观调控继续深化,全市国民经济继续保持较快平稳增长。宏观经济面基本稳定,财政收入稳步提高,全市各金融机构财政存款增量逐年上升。2007年,全市人民币各项存款虽同比少增,但对公资金来源却相对充裕,而投资又低位增长,从而形成了非金融性公司及财政存款的稳定增长。年末,财政存款余额为5.70亿元。

2008年,受严峻的内外部环境影响,嘉兴市经济增长明显放缓,特别是9月以来国际金融经济形势急剧恶化,金融危机对嘉兴市实体经济的影响日益显现,从而影响财政收入的提高;另一方面,在适度宽松的财政政策下,财政支出增加。年末,全市各金融机构财政存款余额为21.78亿元,比2007年下降1.30亿元。

2009年,在适度宽松的宏观调控政策下,通过投资与消费的拉动,有效遏止了经济增长明显下滑态势,全市实体经济逐渐向好,财政收入稳步回升。

表3-2-4　　　　　1991—2010年嘉兴市金融机构财政性存款序列　　　　单位:万元

| 年份 | 财政性存款 | 年份 | 财政性存款 |
|---|---|---|---|
| 1991 | 28 891 | 2001 | 46 635 |
| 1992 | 27 066 | 2002 | 59 858 |
| 1993 | 41 695 | 2003 | 107 372 |
| 1994 | 45 053 | 2004 | 109 130 |
| 1995 | 49 636 | 2005 | 127 837 |
| 1996 | 54 060 | 2006 | 173 714 |
| 1997 | 15 115 | 2007 | 230 698 |
| 1998 | 37 783 | 2008 | 217 763 |
| 1999 | 29 750 | 2009 | 300 641 |
| 2000 | 25 500 | 2010 | 540 616 |

### 三、农村存款

农村存款主要是指银行和信用社的集体农业存款,以及银行的国营农业存款。1990—1993年曾经把乡镇企业存款列入农业存款的统计范畴。

1991年,中国人民银行调整农村存款统计口径,将银行的国营农业存款同银行、信用社的乡镇企业存款一起列入农村存款。由于统计口径的扩大,1991—1993年,全市农村存款大幅度上升。其中,1991年,为做好救灾支农工作,各家银行省分行先后下达给嘉兴市大规模抗灾救灾贷款,同时也提升了全市当年的存款规模。至1993年末,全市各金融机构各项农村存款余额7.89亿元。

1994—1996年，农村存款统计口径又出现了调整，农村存款仅指银行的农业存款，没有把农村信用社的农业存款包括进去。由于统计口径范围的缩小，这三年农村存款大幅下降，至1996年末，全市各金融机构各项农村存款余额仅7 733万元。

1997年，重新把农村信用社的农业存款包括进去。由于农村村办企业发展很快，村办企业存款余额大幅度上升，从而带动了农村信用社农村存款余额的大幅度上升。年末，全市农业存款余额为11.94亿元。随着村办企业的进一步发展和农业的连年丰收以及全市金融系统加大信贷支农力度，农业存款飞速增长，至2003年末，全市农村存款余额为43.40亿元，比1997年增长了2.64倍，全年增量15亿元，增量近2002年的4倍。

2008年，农村合作信用机构存款新增额合计73.1亿元，占全辖机构存款新增额的18.6%，较上年降低5.7个百分点。虽然农村居民收入稳定增长，但农村资金流向城市的趋势仍在延续。年末，全市各金融机构存款余额为63.76亿元，比2007年减少了10.47亿元。

2009年，全市金融支农力度的持续加强，"两分两换"和"两新工程"建设的大力开展，促使农村收入稳步增长，进而推动农村存款的大幅度提高。年末，全市金融机构农村存款余额为95.74亿元。

表3-2-5　　　　　　　　1991—2010年嘉兴市金融机构农村存款序列　　　　　　单位：万元

| 年份 | 农村存款 | 年份 | 农村存款 |
| --- | --- | --- | --- |
| 1991 | 52 742 | 2001 | 24 6461 |
| 1992 | 68 205 | 2002 | 284 088 |
| 1993 | 78 890 | 2003 | 434 044 |
| 1994 | 6 364 | 2004 | 463 346 |
| 1995 | 6 357 | 2005 | 496 639 |
| 1996 | 7 733 | 2006 | 571 194 |
| 1997 | 119 359 | 2007 | 742 314 |
| 1998 | 134 048 | 2008 | 637 590 |
| 1999 | 172 919 | 2009 | 975 433 |
| 2000 | 220 747 | 2010 | 1 193 170 |

## 四、各银行机构对公存款的发展

（一）中国工商银行嘉兴分行

1991—2000年，中国工商银行开通资金汇划清算系统和网络结算业务，为广大客户提供了方便、快捷的金融服务。同时，还充分利用该行网上银行和综合系统集团账户的强大功能，根据客户的不同需求对现有的诸如票据、信用证、电子银行、项目贷款等产品资源进行整合包装，最大限度地满足优质客户的需求，实现便捷高效的金融服务。

2000年以后，充分发挥工行产品优势和研发优势，不断推出与电力、交通、烟草、财政、社保、教育和土管等系统的个性化合作服务。

2004年，积极推广公路稽征处非营运车辆缴费系统、海关"银关通"等系统，二次升级开发嘉兴市出入境检验检疫局代理收费业务系统,同时分别与嘉兴市财政局、市进出口商品检验检疫局、市烟草公司、港航管理局和住房公积金中心达成全面合作协议,实行网上财政集中支付、网上收费和网上扣缴公积金、港航管理系统稽征费等业务。

2005年,充分发挥工行网上银行、现金管理、贷记卡、人民币结算、转账商务POS等大品牌产品优势,坚持树立为客户提供一揽子服务的理念,不断推进海关、国检、烟草、住房公积金等优质合作项目。在嘉善县成功推出出入境检验检疫网上电子缴费项目。

2007年,做好代理支付"透支清算、用款属性、经济属性、用款计划分类"等应用系统的升级工作,并根据国家公务用卡管理规定和省级财政"非税收入征收管理"要求,完成了市级财政公务用卡报销系统和嘉善县非税收入系统的开发、投产、测试、试点等工作。开办了外贸加工企业保证金、社保系统软件维护收支账户资金托管业务。

推出了代理全市出入境检验检疫规费电子收缴业务,与嘉兴市环保局联合推出了代收企业排污费结算服务。与市公积金管理中心成功开发了公积金批量电子扣款应用程序,与海盐县住房公积金管理中心签订了"公积牡丹一卡通"业务合作协议,将公积金汇集缴存、放贷、结算、查询等特色服务融为一体;首家推出了全市车辆养路费24小时网上银行自助缴费新服务,并结合这一服务创新举措组织举办了"潇洒缴费,e路同行"有奖活动。

2010年,全市公务、车改卡项目逐步实施,本级(南湖区、秀州区)取得100%份额,桐乡、海宁的市场份额均超过70%。进一步加快海关加工贸易电子保函项目、住房公积金和物业维修基金管理系统、工商局网上验资注册系统、保安公司和考试院网上收费站等合作项目的开发投产,推出"商城通"、"银商通"等产品满足市场经营户的实际需求。

2010年,做好电费保证金、二手房交易资金、贷款自筹资金、异地企业专项资金托管业务,正式实施与中国亚麻网、嘉兴中农网、南方纺织网的托管业务。同时,结合客户需求,在中国工商银行浙江省分行支持下适当推进阳光私募基金(股权投资基金和证券投资基金)的托管业务。

(二)中国农业银行嘉兴分行

中国农业银行嘉兴分行在国家专业银行阶段,主要职责是为本地区经济发展提供金融服务。再加上嘉兴经济刚刚起步,资金、规模短缺,社会的资金总量不多,使对公存款、特别是企业存款的发展比较缓慢。1991年初,中国农业银行嘉兴市支行的对公存款为13.41亿元。其中信用社转存款9.39亿元。其内容包括:工业企业、商业企业、农业、其他活期存款和信用社转存款。1994年中国农业发展银行成立,农副产品收购企业存款划出3 179万元。根据上级行规定,1995年1月将15.13亿元信用社转存款划入同业存款,使对公存款从1994年的22.68亿元下降至9.40亿元。

随着农业银行商业化步伐的加快,组织对公存款意识和措施的逐步到位,特别是嘉兴经济的快速发展,社会资金总量的大幅上扬,为银行存款的快速增长提供了坚实的物质基础。一是通过发展改革委、工商局、招商局等政府部门渠道收集新办企业的第一手信息,争取更多的存款客户。二是根据嘉兴经济城市化进程的加快,资金向城市集聚加速的实际,积极调整工作思路,通过科技创新,扩大金融服务领域、增加金融服务品种,从代收水费、电费、通信费、有线电视费到代发养老金,从代收税金、公路规费、航管规费、代收法院诉讼费和执行费到代发放公积金贷款，以吸引系统性、垄断性的存款大户。三是在建材、羊毛衫、皮革、车城等专业市场增设营业网点，改进金融服务、方便存款客户。从1996年起中国农业银行嘉兴分行的对公存款逐步上升，2002年突破50亿元，达到55.92亿元；2005年突破100亿元，达到108.78亿元；2009年突破200亿元，达到207.43亿元；2010年达到265.37亿元，比1991年初的13.41亿元增加18.79倍。如果剔除信用社转存款因素，中国农业银行嘉兴分行在二十年内对公存款的增加数高达90倍。

（三）中国银行嘉兴市分行

1994年，根据国家金融体制改革的部署，中国银行嘉兴市分行向国有独资商业银行转变，提出坚持以存款和经济效益为中心，围绕存款工作经营管理机制和业务增长方式的两个转变做好文章，进一步优化网点布局、存款结构、人员结构，突出内涵发展，实现存款增长方式从粗放型向集约型转变，将企业存款的发展工作落到实处。

1995年，提出了"二挂钩、二辐射、二管理"工作思路，促进企业存款增长。"二挂钩"即在协调信贷、计划、结算、信用卡、营业部等部门密切配合相互支持以发挥整体优势的同时，对辅助户企业和小流通企业实行存贷挂钩，以存定贷。"二辐射"即进一步扩大开户和贷款辐射面；"二管理"即实行贷款和企业支付的时点管理，合理确定贷款期限和企业还贷时点，延长企业存款，提高经济效益。

原有的企业存款客户主要集中在外资企业和出口生产企业，受国际贸易环境和金融环境影响波动面大，对企业存款的发展具有极大的限制。1998年，国家运用货币信贷政策和财政政策，社会资金迅速增加，该行紧抓机遇，将事业单位、系统性行业作为主攻目标，当年新增无贷户100多家。同时积极培育核心客户，改善存款客户群，通过签订银企合作协议、主办银行制等形式，有计划、有重点地支持了一批重点核心客户，从而突破了企业存款原有的行业结构和客户面窄的被动局面，客户结构得到了较好的改善，广电、石油、医药、教育、公安、邮电、体育等一批行业性、事业性单位到该行开户结算，增加了存款总量，改善了存款结构。一是抓住重点行业和特大型企业存款源头，与进出口公司的粮油、针纺、五机化医、文保、外贸运输等大系统签订了主办行协议，使这些外贸企业的下属生产企业也在该行开户存款、发展代发工资，实行"一条龙"服务。在区域上，以各地经济开发区为突破点，与全省投资规模最大的外商独资企业韩泰轮胎公司、晋亿实业有限公司签订了主办银行协议，还抓住开发区内一些行业的龙头企业，如优神不锈钢、锦江热电等存款大户。二是建立存款信息网络，建立起了以外经委、开发区招商局、工商局等经济职能部门组成的信息网。三是以新手段扩大业务范围，与铁路系统签订了车票代售协议，承办了嘉兴市体育彩票兑付、收款工作，企业存款快速增长。

2001年，积极推行退税托管专用账户贷款，争取退税托管专户的开立和退税资金划入，确保大额存款来源。

2006年，进一步深化与地方性商业银行、农信联社（农村合作银行）等同业以及通信行业的业务合作，全市金融机构在该行各项存款余额超过3.8亿元，绝大部分为低成本的保证金及清算资金，并对浙江电信、浙江移动等重点行业客户进行了有效的介入。

2007年，做好主动负债管理，不断创新营销手段，同时在"稳定性、低成本与结构调整"

上下工夫，积极寻找新的存款增长点，成功营销了上市公司——中宝科控投资股份有限公司的定向增发募集资金5.3亿元，并通过维护和拓展核电、移动等优质客户关系，大力发展场外增值业务，改善了存款客户结构。

2008年以来，为了增强信贷资金自给能力，有效改善利润等指标和提高经营绩效，进一步加强同业合作，积极发展行政事业单位存款业务，存款规模进一步扩大。2008年人民币公司存款新增40.88亿元，当年新增9.28亿元，余额达到25.04亿元。截至2010年末，各项人民币企业存款余额达到178.18亿元。

（四）中国建设银行嘉兴分行

1991—1994年，中国人民建设银行嘉兴市分行处于执行财政职能和银行职能相互依托、相互促进、相得益彰阶段，金融业务开始全面开拓，逐步实现由事业单位管理向企业化经营的转变。在这期间，建设银行抓住时机，一方面充分发挥管理固定资产投资的优势，依靠国家有关政策法令和传统业务手段，大力吸收政策性存款和"建"字号存款；另一方面，不断创新存款种类，扩大存款来源。双管齐下，两手并举，使企业存款获得了快速增长。1991年，对公存款4亿余元，其中自筹基建资金1.3亿元。当时，发行金融债券是建设银行筹集资金的重要途径，1991年末金融债券余额5 311万元，占全行一般性存款的9.5%。2005年3月，建设银行嘉兴分行人民币企业存款余额首次突破100亿元，到2010年底，建设银行企业存款达303.8亿元，突破300亿元大关。

建设银行由于长期担负着管理固定资产投资的任务，具有吸收政策性存款的优势。在20世纪90年代初，该行充分利用这一优势，采取多种措施，使自筹基本建设资金等政策性存款得到了巩固和发展。随着开始办理工商企业流动资金贷款后，工商企业在建设银行的存款也越来越多，到1995年底，企业存款余额达13.8亿元，建设银行吸收存款的范围也由基本建设领域延伸到了生产流通领域。

1995年以前，建设银行广泛开展吸收与固定资产投资直接或间接相关的企业存款，主要是靠国家相关政策和以优质服务为核心内容的竞争机制进行的。一是通过与计委、财政、审计、人民银行和有关经济主管部门协调，完善政策措施，对有关基本建设的资金，包括财政拨款、自筹资金、银行贷款等全民、集体、联办和合办项目的投资，从政策规定上明确归口由建设银行办理，并实施监督检查，防止存款流失，确保各种建设资金按国家规定合理使用；二是充分利用本行信贷计划中的工业流动资金贷款规模和从其他流动资金贷款存量中调剂出的一部分贷款规模，有选择地对由建设银行拨款、贷款建成的企业发放流动资金贷款，建立良好的银企合作关系，争取使这些企业在建设银行开立结算户，如秦山核电等企业；三是利用在管理固定资产投资和财务的长期实践中积累的丰富经验和培养的专业人才，为客户提供投资信息、项目评估、代审工程预算决算、代编工程招标投标文件等，为企业单位提高项目决策的科学性和合理节约使用资金发挥了重要作用。

1996年以后，建设银行嘉兴市分行积极组织实施"与优质客户共同发展、利益双赢的发展战略"、"抓大（大企业）、抓小（小企业）、抓外（外资企业）"的客户战略，通过努力培育稳固客户群体来发展企业存款。在市场营销中注重处理好个体与整体、重点客户与储备客户、短期利益与长期发展的关系，实现市场目标由单纯的数量增长转向数量质量并重，使得优质客户群体规模不断扩大。巩固了秦山核电公司、秦山核电联营公司、秦山三核、嘉华发电公司等重点客户的全面合作关系。1999年,在能源、交通、财政、电信等七大重点行业和重点客户中配备了客户经理。2000年,争取了嘉兴市会计核算中心等单位的银行业务代理权,积极组织营销中小企业、外商投资企业客户,加快企业存款的发展,企业存款余额达到50.6亿元,居同业第一。

2001年开始,建设银行嘉兴市分行调整存款经营理念,转抓绝对额为抓市场占比,转抓时点存款为抓日均存款,实施"大中有重,好中选优,大中小客户合理分布"的客户发展战略和"区分客户,区别服务"的营销服务策略。开展新增企业存款账户竞赛活动,争取了秦山第三核电、卡森、天通、晓星、巨石、桐昆等一大批优质客户,2002—2004年,三年新增基本结算户2 800多户。同时,积极培育支持中小企业,2003—2004年,通过与104家中小企业签订银企合作协议等方式,大力开拓绩优中小企业客户,还与清华长三角研究院合作,吸引创新型中小企业落户建设银行,调整优化企业存款的客户结构。2005年,建设银行嘉兴分行通过为客户量身定做金融服务方案等方式,营销重点目标客户,全年拓展人民币基本结算账户1 499户。2006年,实施蓝海战略,将对公业务的"蓝海"锁定为优质机构客户和重点项目、优质中小企业和三资企业客户。成功营销了同济大学浙江学院、秦山核电二期扩建等项目和一批重点外资企业,全年新增基本户1 673家。2009年,抓住新一轮基础设施建设启动契机,充分发挥传统优势,成功争取到秦山核电一期方家山等一批重点项目,争取了市本级和各县市的国库集中支付代理权,富士康、新港能源设备等一批外资企业落户建行,到年末,企业存款突破200亿元,达到234.6亿元。2010年,建设银行嘉兴分行开展"客户营销年"活动,企业存款当年新增69.5亿元,余额突破300亿元。

(五) 交通银行嘉兴分行

交通银行作为入驻嘉兴的第一家股份制商业银行,自成立以来,就在市场中找口粮、竞争中求生存,1999年,公司存款首次突破10亿元,余额达到11.56亿元。2009年,公司存款首次突破100亿元,达到117.29亿元。至2010年末,公司存款余额达到137.11亿元。

2003年,设立公司业务部,主要负责全行公司业务的协调管理和重大项目的营销推进。在银银合作方面,交通银行嘉兴分行先后与浙江禾城农村合作银行、海宁市农村信用合作联社、桐乡市农村信用合作联社建立代签银票的业务合作关系,到2010年,累计代签银行承兑汇票10.31亿元,累计代理兑付银行承兑汇票9.84亿元,代签银票票面余额4.81亿元,年末保证金存款及同业存款余额超过10亿元。2006年8月,浙江景兴纸业股份有限公司公开发行股票的申请被中国证券监督管理委员会核准,不超过8 000万股的新股在深圳证券交易所挂牌上市发行,这也是该行成功营销的第一个上市专用账户。同月,嘉兴市电力局在交通银行嘉兴禾兴支行开立电费缴费专户,该行大力拓展源头性存款迈出了坚实的步伐。

2007年,交通银行推出"蕴通财富"公司金融服务品牌,旨在依托秉承百年交行历史文化底蕴,为企业提供全方位、一站式、专业化的公司金融服务,涵盖了企业结算、现金管理、融资授信、贸易服务、企业理财、财务顾问、投资银行、企业年金、离岸银行、网上银行等在内的各项金融服务,覆盖公司采购、生产、销售、投资等各个经营环节,主要内容包括"蕴通账户"、"蕴通供应链"、"蕴通理财"、"蕴通财略"四个子品牌和"金融快线——企业网银服务解决方案"、"融资快线——国际贸易服务解决方案"、"企业年金服务解决方案"、"离岸银行服务解决方案"、"报关一点通——网上税费支付服务解决方案"、"赴港IPO综合配套服务解决方案"、"内地企业境内IPO综合配套服务解决方案"、"代理财政支付服务解决方案"、"银期、银证、银保交易结算服务解决方案"等多项特色服务方案。

2010年开始，交通银行加强拓展在金融市场各项投融资渠道中的脱媒资金和新兴市场交易结算过程中形成的可转化为一般存款和同业资金的新型存款，将拓展证券公司第三方存管资金、券商资产管理类产品托管账户资金、公募基金产品托管账户资金等证券市场新型存款、期货市场新型存款、银行同业市场新型存款、保险行业市场的新型存款、基于资产管理池业务的新型存款、境外投资资本金外币存款、离岸存款等作为存款工作的重要方向，取得了积极成效。

（六）中信银行嘉兴分行

1996年11月21日中信实业银行嘉兴支行正式对外营业，至年末企业结算账户1 100多户，本外币企业存款余额1.1亿元。经过十四年的发展，至2010年底，中信银行嘉兴分行本外币企业存款余额达139.6亿元。

中信银行嘉兴分行首家推出低柜敞开式企业结算柜台服务、"365天天天开门营业，天天上门服务"的双休日服务等服务模式，通过一系列特色金融服务，在客户中树立了全新的银行形象，带动企业存款的发展。至1997年底，中信实业银行嘉兴支行存款余额达3.38亿元。1998年至1999年，提出围绕为客户实现其经营目标从而促进业务发展的经营思路，以开发中外合资企业、外资企业和一些跨国集团公司及大的公用事业项目为突破口，建立基本客户群，在巩固已合作的壳牌、东明实业等外资企业往来的同时，还发展了东方钢帘线有限公司、民丰罗伯特纸业有限公司等一大批大型外资企业成为新客户。至1999年末，企业本外币存款余额达9.66亿元。

从2000年起，中信实业银行嘉兴支行加强大项目、已改制股份制企业的拓展力度，上下联动，争取了一批新的客户，如红旗塘工程、民丰纸业、正原电器、海宁兴海工程、乍金公路等，与此同时，还充分利用国际结算业务的优势，开拓一批进出口外向型企业作为新客户。2001年，设立票据专营窗口，积极开办票据业务，带动保证金存款和结算账户资金的增长。通过市防洪工程、海宁一中搬迁、"六平申"航道改造等合作项目，联动全行存款业务得到发展。2002年，及时调整营销策略，着重通过参与一批优质客户和三资企业的筹建、报批和投资银行理财等一系列措施，发展优质新企业客户如浙江电信、杭州湾跨海大桥和汇源纺织等。

2005年，通过贷款投放结构的调整，着重对区域优势企业、行业龙头企业以及优质三资企业加大投入。新增如东高电池、钢神、宏基、日美服饰、华培罗等中小企业的合作，促进了企业存款的增长。2006年，以南湖景区等项目为载体，与国家开发银行等同业齐联动，加快存款业务增长。年末，企业存款突破50亿元，达53.28亿元。

2007年以来，中信银行大力推行"双主双优"战略，推动企业存款快速发展，财政、社保、交通、土管等无贷存款大户成为开发重点，先后取得非税收入代理代缴业务，交警罚没款代缴、环保罚没款代缴、公路管理处罚没款代缴、国税代保管业务资金账户等资格。在同业合作方面，还取得了国家开发银行的一些大项目的代理行资格，确保企业存款总量稳步增长，促进存款结构不断优化。紧跟国家产业政策导向和嘉兴市建设先进制造业基地的步伐，加大对制造业中具有区域优势的行业与企业的拓展，支持上市及准上市公司和有产品、有市场、有实力的外资企业。同时，积极组织营销小企业，加快企业存款的发展。

（七）上海浦东发展银行嘉兴分行

浦发银行嘉兴分行坚持"公个并举，本外联动"，实现了全行企业存款稳步发展。1999年，成功营销沪杭高速公路（嘉兴段）两个嘉兴境内收费站的上门收款业务，成功揽存1.3亿元，留存5 000万元；

2004年，为了提高电子支付结算服务水平，进一步扩大结算性存款及中间业务份额，打造浦发银行品牌效应，适时开发了集团账户管理、公司网上银行、企业信息直通车、法人账户、电子对账、客户系统无缝连接的企业现金管理整体解决方案。2005年，加快创新步伐，先后推出了国际出口保理业务、三方协议银行承兑汇票业务、福费廷业务、出口商票发票融资、船舶按揭贷款、商业承兑汇票保贴等新业务

2006年，以"浦发创富"、"轻松理财"为平台，推出了离岸存款质押、在岸企业贷款、企业供应链融资解决方案、年金业务、托管业务、现金管理等新的业务产品，受到广大客户的欢迎。2008年末，该行加强对存款大户的维护工作，保证企业到期存款的"体内循环"。

2009—2010年，坚持"做强做优大客户，做深做透中客户，做大做活小客户"的原则，结合开展"浦发蓝·与客户共同成长"等活动，积极拓展中小企业客户群，促进了企业存款的发展。

（八）农村合作金融机构

农村信用社成立伊始企业存款几乎为零，但随着全市乡镇企业的发展，从1993年党的十四届三中全会后，乡镇企业开始全面改制，全市的民营、个私企业得到迅猛发展，信用社的企业存款也较快增长。2001年，嘉兴农村信用社作为全省试点地区，率先在辖内所有网点上线综合业务信息系统。2006年，新一代核心系统在全省所有网点运行，先进的信息处理技术有力地促进了各项业务的快速发展。1991年至2010年，农村合作金融机构对公存款从4.31亿元增加到了184.25亿元，期间净增179.94亿元，增长4 174.94%。

（九）中国邮政储蓄银行浙江省嘉兴市分行

2008年6月18日，中国邮政储蓄银行嘉兴市分行公司业务系统正式上线并正式对外开办公司业务，这标志着该行向全业务、全功能商业银行转变迈出了重要一步。嘉兴本级中，建国北路支行、王江泾支行、分行营业部、二环北路支行成为首批能办理对公业务的网点，嘉兴市辖区内五个县市也相继在同年开办了对公业务。邮储银行嘉兴市分行公司业务是邮储银行获批后的自然准入业务，是以企业法人为基本服务对象的银行业务。该分行初期业务范围包括对公存款和对公结算。

2009年，积极开展项目营销，在"家电下乡补贴资金发放"、"旅行社质保金存储"等项目中成为资格代理银行，取得了阶段性的成果，公司存款规模迅速扩张。

2010年是该分行公司业务向着更全面更完善的业务体系，更优质更周到的服务又迈出大大一步的一年。企业网银系统的上线，为大小公司业务客户无论是外部交易支付结算还是内部

工资费用发放等都提供了便捷可靠的平台。集团现金管理系统，其综合资金运作、资产管理、投资理财等多项优质金融服务的功能，更是为做大做强公司业务、加大集团型客户开发力度提供了一把利剑。这一年，高铁嘉兴车务段、嘉兴邮政局、嘉兴电力以及国美永乐等相继运用邮储银行集团现金管理系统完成资金归集。全年公司业务较2009年末增长了155.27%，全市时点余额达到了12.84亿元。

# 第三章 人民币贷款业务

## 第一节 概 述

贷款业务在1991—2010年中经历了几大变化：一是由计划指令为主转向市场导向为主，20世纪90年代初全市信贷的重点是要保证农副产品收购资金，之后由于市场经济结构逐步完善，信贷主要用于支持经济效益好、符合经济发展导向的优质企业；二是由重点支持国有企业为主转向支持民营经济中小企业为主，20世纪90年代信贷支持重点是市里的国有骨干企业，之后各银行对中小企业信贷需求的重视程度大大增强；三是个人贷款与房地产贷款的快速发展，1998年住房制度改革开展后，银行开始将信贷资金投向消费领域，个人住房信贷业务得到极大发展。总体来看，不同年度的贷款投放节奏和结构受当年货币信贷政策和经济发展导向影响较大。

1991年，贯彻执行"控制总量，调整结构，强化管理，适时调节，提高效益"的货币信贷方针，全市信贷继续向大中型企业倾斜，支持技术改造，增加农业投入，保证农副产品收购资金，促使市场回升，以金融支农和搞活重点骨干企业为重点，信贷总量加速扩张，贷款结构有所调整，全市金融系统各项贷款增加14.18亿元。此外，6—7月嘉兴市部分地区遭受洪涝及台风灾害，各家银行抗灾救灾贷款合计达1.07亿元。

1992年，在政策允许的范围内适当增加信贷计划的灵活性，以用足用活信贷规模和资金，促使信贷资金投入提前。同时，进一步加强短期贷款管理，充分发挥中央银行对贷款期限规模控制作用。根据中国人民银行严格控制银行信贷规模的要求，研究制定"分类排队，突出重点，有保有压"的具体措施。全市增加农副产品收购贷款1.88亿元，从全省发行的融资券中先后拆给嘉兴市7 000万元用于支持粮、茧收购资金短期周转的需要。农副产品收购贷款和流通企业贷款的投入增加，活跃了销售市场，促进了购销同增，支持了第三产业发展。

1993年，针对全市资金短缺、供求矛盾突出的实际情况，金融部门根据市政府确定的重点企业和项目，制订信贷重点支持计划，在确保支付的前提下，进行信贷投入。重点保证了全市粮、油等大宗农副产品收购资金，实现农副产品收购不打"白条"，增加中央银行再贷款

1.68亿元和从省金融市场拆入资金5 000万元，用于粮油茧收购。

1994年，全市各金融机构对流动资金实行择优扶持、灵活掌握的政策，优先支持创汇大户、农副产品收购和效益好的重点骨干企业，如嘉兴电厂等重点建设项目。严格"四乱一控"，维护金融秩序。对全市银行贷款、企业直接融资、拆借资金、固定资产投资等全社会信用规模进行预测并加强监控，全年贷款增量达到33.23亿元，全市金融系统实际新增存贷比达到69.75%，余额比达到90.66%。1994年全年人民银行上级行新下达短期融通资金额度1.04亿元，短期调剂资金额度9 000万元，在农副产品收购旺季又临时增加1亿元，新增流动资金贷款18.41亿元。

1995年，拟定金融支农和金融促进优势工程的双十条政策意见，取得了较为明显的成效。全年累计投入大农业信贷资金199.34亿元，企业贷款主要投向了全市1 291个优势工程企业。打破了对亏损企业不贷款的惯例，市本级金融机构划出1 000万元的贷款额度，帮助企业走出困境。同时积极支持重点工程建设项目，中长期贷款增加6.14亿元。

1996年，全市金融机构各项贷款增长较为平稳，全年贷款具体投向主要有三个方面：一是贷款主要满足工业企业生产周转的需要；二是金融支农力度增强；三是中长期贷款增长较多，并向基础设施和重点技术改造项目倾斜，其中代理开发银行发放2.65亿元，重点支持了嘉兴电厂、秦山二期工程、沪杭高速公路嘉兴段等重点项目。

1997年，进一步完善了主办银行制度，形成《嘉兴市主办银行制度实施情况、问题及建议》，重点支持了国有企业、优势工程入围企业和造纸、毛纺、化工、丝绸四家大企业，全年国有工业企业贷款增加2.63亿元。

1998年，全市金融机构在年初存贷比高企的情况下，一是通过结构调整，积极支持基础设施建设，增加对省、市重点技改项目的信贷投入，发放基础设施贷款8.47亿元，支持了沪杭高速公路嘉兴段、320国道等重点工程项目。二是抓住住房制度改革的机遇，开始将信贷资金投向消费领域，努力开拓个人住房信贷业务，促进住房商品化，年末个人住房消费贷款余额增加1.39亿元。加强对国有亏损工业企业的支持，全年工业贷款增加5.09亿元，三资企业贷款增加5.62亿元，两项合计占全部短期贷款新增额37.1%。

1999年，全市贷款结构有了积极变化：首先是中长期贷款投放增多。全年中长期贷款新增14.45亿元，占全部新增额的34.4%，其中基建、技改贷款同比多增14.11亿元；其次是消费信贷逐步扩大，消费信贷的面和量都有了明显的增加。

2000年，为推动"九五"计划胜利完成，全市金融机构开始转变经营观念，深化金融服务，努力扩大信贷资金来源、改善超负荷经营的现状，并开展不良贷款剥离行动。一是对基础设施的投入持续升温，中长期贷款增势强劲，其中基本建设贷款净增15.8亿元。二是信贷资金进一步向优势产品、企业、行业和产业倾斜。三是消费信贷开始快速增长，全年新增13.25亿元。

2001年，全市金融机构信贷资金主要向基本建设、工业、农业、乡镇企业、个人消费倾斜，努力改进对中小企业的金融服务，重点支持效益农业、农田水利、标准农田建设和农业龙头企业，以提高农产品附加值和市场竞争力。

2002年，一是信贷结构改善。贷款主要投向工业、房地产业、基础建设和消费贷款，新增额占全部新增贷款的75%。二是农业贷款大幅增加。三是消费贷款增长迅猛，促进了内需扩大。12月末消费贷款余额为38.11亿元，同比增长49.04%，其中住房消费贷款新增7.79亿元。

2003年，中国人民银行嘉兴市中心支行先后与杭州、宁波等5个中心支行签订了商业承兑汇票推广联合区备忘录，到12月末全市金融机构累计签发银行承兑汇票161.14亿元，贴现73.99亿元，同比分别增长88.48%和150.3%。累计贴现商业承兑汇票4.23亿元。引导金融机构发放小额贷款，缓解小企业和下岗失业人员贷款难问题。到年末，嘉兴中小企业贷款余额为283.94亿元；全市下岗失业人员小额担保贷款余额达到188万元。

2004年，金融机构信贷调整力度较大，房地产信贷投放受控制，房地产开发贷款余额64.86亿元，同比少增26亿元；园区建设信贷投放受控制，同比少增20亿元以上，主要满足省级以上园区建设资金需求；中长期贷款增长总体趋缓，基本建设贷款余额206.03亿元，同比少增63亿元。上述三项贷款合计占人民币贷款全部少增额的90%以上。工业类贷款有旺盛需求，信贷投放较快增长，工业类贷款余额384.18亿元。

2005年，中国人民银行嘉兴市中心支行组织开展全市银行业"访百家企业，增信贷投入，促稳健发展"专题调研活动，配合各级政府及有关部门在本地和上海、杭州举办了13次重大项目推介会、银企合作签约仪式，为400多家企业落实授信金额130多亿元，其中90%为中小骨干工业企业。全年本外币各项贷款增加77.67亿元。

2006年，信贷投放在行别结构、区域结构、期限结构、投向结构、本外币结构等方面均有明显变化。股份制改造后国有银行资本充足率约束缓解，贷款能力提高，投放明显扩大。年末，国有银行本外币贷款余额726.60亿元，占全部新增贷款的52.61%。受信贷政策调控影响，商业银行营销重点明显调整，短期贷款投放大量增加。短期贷款余额657.26亿元，比年初增加112.43亿元，占全部新增贷款的63.22%，同比提高20.42个百分点。这是2003年以来新增短期贷款首次超过新增中长期贷款。从贷款投向分析，工农业贷款较快增长，基本建设贷款平稳扩大，房地产开发及消费贷款增长放缓。

2007年，企业生产扩张形成了对信贷资金的旺盛需求。同时，随着国有商业银行股改和商业银行资本充足率达标后，股本回报压力凸显，基层行利润考核压力增加，强化了其内生的扩张冲动，在此背景下，由供需双方共同推动的贷款增长就较为快速。在从紧的货币政策背景下，银行贷款重现"垒大户"趋向，2007年大型企业贷款占比为12.8%，同比提高8.3个百分点。嘉兴市房市由上年低潮重新回缓，住房销售趋旺，居民住房贷款大量增加，个人贷款业务出现强烈反弹。2007年全市人民币个人贷款新增36.2亿元，同比多增30.5亿元，余额同比增长29.9%。其中，住房贷款新增24.3亿元，多增27.6亿元。

2008年，全市中长期贷款新增117.5亿元，同比多增33.6亿元；短期贷款新增118.5亿元，同比少增26.6亿元；票据融资新增21.4亿元，同比多增34.0亿元。贷款发放优先满足项目贷款需要，以及部分过桥性质的短期贷款转为中长期贷款，使中长期贷款增长明显较快，"短贷长用"现象有所缓解。电力、燃气及水的生产和供应业、制造业工业投资项目和基础设施建设项目是中长期贷款投放的重点领域。而房地产贷款及个人贷款压缩力度较大。房地产业贷款减少9.9亿元，同比少增15.4亿元；个人贷款新增41.9亿元，同比少增30.0亿元。

2009年,在适度宽松货币政策背景下,嘉兴市贷款增速创历史新高且持续加快。为满足政府项目融资需求,基本建设贷款增势迅猛,全市新增人民币中长期基本建设贷款165.7亿元,占全部新增人民币贷款的29.2%。中小企业贷款呈现较快增长态势。至2009年末,中小型企业贷款余额合计占全部企业贷款余额的82.8%。为支持统筹城乡发展,金融机构创新方式,向全市53个项目贷款42.90亿元,比年初增长3.5倍;农户贷款新增14.0亿元,同比多增13.0亿元。个人贷款快速增长,全市个人消费贷款新增104.8亿元,同比多增83.4亿元。

2010年,全市各金融机构加强贷款投放限额管理,信贷投放均衡性明显增强,多数月份信贷增量在30亿元左右。主要体现两大特点:一是制造业及小企业贷款较快增加,各银行对中小企业业务重视程度前所未有。2010年,全市新增制造业贷款200.0亿元,同比多增38.4亿元,占全部新增贷款的41.1%,小企业贷款余额占比由年初的39.3%上升到12月末的42.3%。二是政府性项目及房地产贷款增长减缓。2010年,全市公共设施贷款15.4亿元,同比少增97.3亿元;新增房地产贷款88.9亿元,同比少增13.7亿元。

表3-3-1　　　　　　　　1991—2010年嘉兴市人民币贷款余额　　　　　　单位:万元

| 年份 | 贷款余额 | 年份 | 贷款余额 |
| --- | --- | --- | --- |
| 1991 | 715 494.2 | 2001 | 4 292 057 |
| 1992 | 875 370.3 | 2002 | 5 218 706 |
| 1993 | 1 058 252 | 2003 | 7 578 288 |
| 1994 | 1 386 346 | 2004 | 8 773 576 |
| 1995 | 1 691 354 | 2005 | 9 605 064 |
| 1996 | 2 087 409 | 2006 | 11 447 082 |
| 1997 | 2 685 627 | 2007 | 13 515 371 |
| 1998 | 3 007 308 | 2008 | 16 038 436 |
| 1999 | 3 411 797 | 2009 | 21 705 759 |
| 2000 | 3 786 857 | 2010 | 26 159 151 |

## 第二节　短期贷款

短期贷款期限在1年以下,包括流动资金贷款、临时贷款、结算贷款等。嘉兴市人民币短期贷款余额从1990年底的49.33亿元,增至2010年底的1 371.54亿元。主要投向经历了农副产品收购贷款、支持国有企业脱困贷款、企业流动资金贷款的转变过程。

1992年全市增加农副产品收购贷款1.88亿元,在中国人民银行浙江省分行的支持下,从全省发行的融资券中先后拆给嘉兴市7 000万元用于支持粮、茧收购资金短期周转的需要。农副产品收购贷款和流通企业贷款的投入增加,活跃了销售市场,促进了购销同增,支持了第三产业发展。1994年全年人民银行上级行新下达短期融通资金额度1.04亿元,短期调剂资金额度9 000万元,在农采收购旺季又临时增加1亿元,新增流动资金贷款18.41亿元。1998年加强对国有亏损工业企业的支持，全年工业贷款增加 5.09 亿元，三资企业贷款增加 5.62 亿元，两项合计占全部短期贷款新增额 37.1%。2006 年，受信贷政策调控影响，商业银行营销重点明显调整，短期贷款投放大量增加。2006 年末，短期贷款余额 657.26 亿元，比年初增加 112.43 亿元，占全部新增贷款的 63.22%，同比提高 20.42 个百分点。

表 3-3-2　　　　　　　1991—2010 年嘉兴市人民币短期贷款余额　　　　　单位：万元

| 年份 | 短期贷款余额 | 年份 | 短期贷款余额 |
| --- | --- | --- | --- |
| 1991 | 603 114.8 | 2001 | 3 015 898 |
| 1992 | 723 896.5 | 2002 | 3 593 183 |
| 1993 | 850 892 | 2003 | 4 456 340 |
| 1994 | 1 074 835 | 2004 | 5 032 400 |
| 1995 | 1 379 905 | 2005 | 5 270 344 |
| 1996 | 1 686 122 | 2006 | 6 441 116 |
| 1997 | 2 257 513 | 2007 | 7 869 565 |
| 1998 | 2 525 548 | 2008 | 9 029 988 |
| 1999 | 2 755 494 | 2009 | 11 379 508 |
| 2000 | 2 906 354 | 2010 | 13 715 372 |

## 第三节　中长期贷款

中长期贷款期限在 1 年以上，主要包括技术改造贷款、基本建设贷款、项目贷款、房地产贷款等。嘉兴市人民币中长期贷款余额从 1990 年底的 5.02 亿元，增至 2010 年底的 1 221.39 亿元。主要投向为基础设施建设、优势工业和农业企业。1995 年累计投入农业信贷资金 199.34 亿元，企业贷款基本投向了全市 1 291 个优势工程企业。同时积极支持重点工程建设项目，中长期贷款增加 6.14 亿元。1996 年中长期贷款向基础设施和重点技术改造项目倾斜，重点支持了嘉兴电厂、秦山二期工程、沪杭高速公路嘉兴段等重点项目。

1998 年随着住房改革的开始，住房贷款量开始迅速增长，汽车贷款等产品逐渐发展，消费信贷的面和量都有了明显增加。随着经济周期的变动，中长期贷款受宏观调控影响较大，在不同的年份扩张或紧缩的趋势都比较明显。2004 年，金融机构信贷调整力度较大，房地产信贷投放受控制，房地产开发贷款余额 64.86 亿元，同比少增 26 亿元；园区建设信贷投放受控制，同比少增 20 亿元以上，主要满足省级以上园区建设资金需求；中长期贷款增长总体趋缓，2004 年基本建设贷款余额 206.03 亿元，同比少增 63 亿元。上述三项贷款合计占人民币贷款全部少增额的 90% 以上。

2007 年，企业生产扩张形成了对信贷资金的旺盛需求。同时，随着国有商业银行股改和商业银行资本充足率达标后，股本回报压力凸显，基层行利润考核压力增加，强化了其内生的扩张冲动。嘉兴市房市由低潮至 2007 年回暖，住房销售趋旺，居民住房贷款大量增加，个人贷款业务出现强烈反弹,2007年全市人民币住房贷款新增24.3亿元,同比多增27.6亿元。2008年,全市中长期贷款新增117.5亿元,同比多增33.6亿元。贷款发放优先满足项目贷款需要,以及部分过桥性质的短期贷款转为中长期贷款,使中长期贷款增长明显加快。2009年,在适度宽松货币政策背景下,嘉兴市贷款增速创历史新高且持续加快。为满足政府项目融资需求,基本建设贷款增势迅猛,全市新增人民币中长期基本建设贷款165.7亿元,占全部新增人民币贷款的29.2%。

表3-3-3 　　　　　1991—2010年嘉兴市人民币中长期贷款余额　　　　　单位:万元

| 年份 | 中长期贷款余额 | 年份 | 中长期贷款余额 |
| --- | --- | --- | --- |
| 1991 | 73 160.1 | 2001 | 1 160 777 |
| 1992 | 85 561.4 | 2002 | 1 430 409 |
| 1993 | 108 162 | 2003 | 2 728 814 |
| 1994 | 195 132 | 2004 | 3 396 744 |
| 1995 | 256 919 | 2005 | 4 173 571 |
| 1996 | 307 954 | 2006 | 4 737 138 |
| 1997 | 368 945 | 2007 | 5 503 057 |
| 1998 | 418 991 | 2008 | 6 651 110 |
| 1999 | 556 133 | 2009 | 9 971 713 |
| 2000 | 774 167 | 2010 | 12 213 943 |

## 第四节　票据融资

票据融资,是指票据持有人为融资需要,将票据转让给银行,银行按票面金额扣除贴现利息后支付给收款人的一项授信业务。人民币票据贴现融资自2001年开始逐渐被银行和企业广泛应用,余额从2001年底的2.5亿元,增至2010年底的22.5亿元。银行可以根据经济环境和自身需要做大或缩小票据融资规模,替换相应的贷款产品,因此不同年份之间票据融资规模变化比较迅速。

2003年,中国人民银行嘉兴市中心支行先后与杭州、宁波等5个中心支行签订了商业承兑汇票推广联合区备忘录,公布联合区推广企业名录,制定了相应的管理办法。到2003年底全市金融机构累计办理票据贴现73.99亿元,同比增长150.3%。2008—2009年,在宽松货币政策下各商业银行普遍使用票据融资做大贷款规模,同时也可以用保证金存款来增加存款。全市票据融资年底余额均达到35亿元左右,处于历史高位。2010年银行受信贷规模限制,用相对收益率更高的中长期贷款替代了部分票据融资。企业、银行做大票据融资业务意愿下降导致票据融资规模逐月下降,年底票据融资余额为22.5亿元。

表 3-3-4　　　　　　　　2001—2010 年票据融资余额　　　　　　　　单位：万元

| 年份 | 票据融资余额 | 年份 | 票据融资余额 |
| --- | --- | --- | --- |
| 2001 | 25 187 | 2006 | 265 665 |
| 2002 | 91 417 | 2007 | 140 147 |
| 2003 | 230 228 | 2008 | 354 183 |
| 2004 | 158 107 | 2009 | 345 635 |
| 2005 | 151 397 | 2010 | 225 120 |

## 第五节　各银行机构人民币贷款业务的发展

### 一、中国工商银行嘉兴分行

（一）公司贷款

1991 年，围绕"质量、品种、效益年"的主题，立足城市金融职能，实施公司贷款分类区别对待，即对符合国家产业政策、产品适销对路、管理好及嘉兴市优势产品的 13 户一类企业采取重点支持与保证支持相结合政策；对产品适销对路、管理尚好的微利企业或落实扭亏措施的 33 户二类企业采取积极支持和适当扶持相结合政策。除了在农副产品收购以及大中型骨干企业生产发展上实行资金投量倾斜支持外，同时还重点支持了抗洪救灾以及商业、物资企业采购适销对路的商品物资，促进了经济发展。专门成立了技改项目评估小组，对 23 个列入省、市"八五"计划及一部分有影响的技改项目逐一进行了调查，从中选优，掌握好贷款投向，把有限的技改贷款倾斜到大中型企业上来，提高资金使用效益。

1992 年，工业贷款增加 1.07 亿元，商业贷款增加 4 048 万元，支持农副产品收购增加贷款 1.6 亿元。发放网点设施贷款 1 918 万元，技改贷款 6 159 万元，支持了第三产业的发展和技术进步。1993 年，全年切块流动资金贷款和技术改造贷款增加 3.27 亿元，累计发放贷款达 79.3 亿元，支持了一大批工商企业资金的需要。1994 年，对 21 家开户大中型国有工业企业增加贷款 4 775 万元，支持国有大中型工业企业生产的稳定和发展。1995 年，组织资金 4.72 亿元，支持收购各期春蚕 81.62 万担，年末贷款余额达 3.94 亿元。此外还放贷 800 万元，支持市食品公司肉类中心的生猪收购。并且加大对交通、能源、电力、邮电等公用基础设施的投入，如乍王公路改建是全市第一个"四自"建设公路项目，累计提高贷款 3 000 万元；海宁支行为当地供电局提供贷款 2 200 万元，用于"电网调度自动化"项目等。1996 年，该行坚持"扶优扶强"原则，重点支持关系嘉兴全局的重点骨干企业和有市场、有效益、讲信用企业的资金需求，全年累计发放贷款达 120.36 亿元。

1997 年，坚持在贷款投向上体现集约化经营原则，重点支持优势企业、优良项目，全年出台了《贷款第一责任人制度》、《授权业务保证管理办法》等六项管理办法，并完善了《贷款审批限额管理办法》，为贷款的合理投放提供了制度上的保证。

大力支持电力交通等基础设施建设和企业技术改造，一年中先后支持了320国道嘉兴段工程、01省道海宁段改造工程、桐乡市邮电局农村线路改造工程、平湖大道、嘉善供电局及嘉善第一医院门诊大楼等嘉兴市有较大影响的基础及公共设施项目15个，投入2.87亿元的贷款，平均每个项目近2 000万元。

1998年，把握好固定资产贷款投向投量，加大投放力度，重点支持交通、电力、通信、城建等基础设施贷款。全年累计发放固定资产贷款6.27亿元。

1999年，根据国家有关产业政策，加大对中小企业的资金投入，积极承贷国债项目，支持国有企业的改革发展。贷款结构进一步改善，实现了由单一支持企业技术改造向支持技术改造和基础设施建设并重的转变。

2001年，通过增加贷款投入和存量贷款移位，重点支持嘉兴市重点交通、城市基础设施建设项目、上市或准上市公司的技术改造项目和既有稳定收入来源，又能获取财政补助的文化、教育、卫生等公用事业项目及垄断性行业固定资产投资项目；支持经济实力强、经营业绩好、社会知名度大、优质房地产开发企业优质楼盘的开发；重点支持信誉好、还贷能力强的个人住房贷款和其他消费贷款客户。

2002年，加大对各重点经济开发区（主要为省级开发区）或招商引资前景良好的开发区基础设施建设贷款的投入力度；以对各开放区基础设施贷款投入为切入点，加大对进区优质外商投资企业贷款的投入；结合新一轮城市基础设施建设，加大对以市区土地出让收入作为还贷来源的旧城改造项目的贷款；以土地储备贷款为代表的政府背景项目贷款。同时，因地制宜，创新业务品种，出台了《新建外资企业贷款掌握意见》、《小型企业贷款管理实施意见》、《协议项下信用方式授信业务掌握意见》等政策规定。

2004年，认真贯彻执行宏观调控各项政策措施，使信贷政策和产业政策相协调，信贷投放努力做到有保有压、适时适度、有进有退、区别对待，信贷结构进一步调整。

2007年，根据国家宏观环境的变化及产业政策、信贷政策的调整，明确水利、电力、围垦、港口、物流等十五个重点板块，着力抓好项目储备、项目评估、项目上报、项目审批、项目发放五个环节，极大提高了项目贷款市场拓展的针对性和有效性。

2010年，面对贷款规模紧张的实际情况，在信贷投向上，优先保证重点项目、重点企业的合理资金需求。全年累计向50多个项目发放项目贷款近46亿元，其中向"两新"工程授信56.6亿元，年内已放款25.68亿元，有力地支持了嘉兴新农村建设的开展。同时，根据经济发展趋势和转型发展的要求，加大了对现代产业集群、现代服务业等领域的信贷投入，积极支持新技术、新能源、新材料等战略性新兴产业发展，并将发展中小企业金融业务提到战略高度，加强小企业专营机构建设，在有效控制风险的前提下，倾力支持小企业发展。

2010年末，各项公司贷款达282.17亿元。其中，流动资金贷款115.37亿元，项目贷款161.56亿元，房地产开发贷款5.24亿元。

（二）个人贷款

中国工商银行嘉兴分行开办的个人贷款品种总体上有：住房类（个人一手房按揭贷款、个人二手房按揭贷款、个人商铺按揭贷款）；消费类（个人综合消费贷款、个人汽车贷款、个人助学贷款、个人信用贷款、个人房屋抵押贷款、个人质押贷款）；经营类（个人经营贷款）。

另外，受理个人委托贷款、个人公积金委托贷款。

1998年，中国工商银行在住房金融业务的政策上做了重大调整，使住房贷款成为该行主要业务品种之一，并积极开拓经济适用房贷款市场、重点推进个人住房贷款业务，以及拓展向科、教、文、卫、解放军系统的经济适用房贷款。根据政策，增加贷款网点，全市五个县市行均可办理住房贷款业务。同时，扩大业务种类，除原有的商品房按揭贷款和房改房抵押贷款2个种类外，新增了住房装修贷款、拆迁安置房贷款等4个种类。全年共新增贷款户586户，累计发放3 464万元。

1999年，稳妥推行个人消费贷款。在嘉兴市区汽车销售和更新情况调查摸底的基础上，有针对性地重点推出了汽车消费贷款。业务品种创新方面，推出建筑业短期贷款、住房装修贷款、商品房按揭贷款、学生公寓建设贷款等业务新品种，使住房信贷业务出现多样化趋势。

2000年，推出福乐财系列贷款。2002年，突出以发展个人住房贷款和汽车消费贷款两大主打产品为重点，做好个人类贷款。2007年，推出了个人按揭再贷款、个人循环贷款、"一房两贷"等业务。

近年来，该行不断通过产品创新来满足不同客户的实际需求，推出存贷通、个人积数贷款、个人联保贷款、网贷通、卡贷通等产品。

2008年6月，开办存贷通个人贷款增值账户。这是一种将个人贷款与存款相结合，以同一客户名下的存款抵扣贷款，为其提供增值收益的业务。对在工行有个人贷款且符合规定条件的客户，可根据协议开立存贷通账户。在客户按照未抵扣贷款本金的状态先向工行支付贷款利息的前提下，该账户内存款达到一定数量以上按固定比例或分段累进抵扣贷款本金，以该抵扣额计算的贷款利息作为客户利息减免的增值收益。该产品具有账户存款利息高、资金流动性强、收益计算人性化的特点。账户存款可随意存取，收益"有一天算一天"。

2009年，推出个人积数贷款，这是指贷款人根据存款积数（即借款人家庭储蓄账户一段时期内的每日存款余额累积值）的一定比例确定贷款额度，以保证方式向借款人发放的短期个人贷款。

2010年，推出个人联保贷款。贷款行通过对联保体（3~5名自然人组成）成员贷款，解决个人生产经营过程中的周转资金需要。

## 二、中国农业银行嘉兴分行

改革开放以后，国有企业的资金由财政无偿拨款供应为主，改为有偿的信用方式供应为主。1991年初，中国农业银行嘉兴市支行的贷款总额为16.62亿元。1994年6月按照《国务院关于组建中国农业发展银行的通知》精神，将7.08亿元政策性贷款划转至中国农业发展银行；2000年1月向长城公司剥离不良贷款11.93亿元；2008年在农行股份制改造过程中又剥离信贷类不良资产5.97亿元。2010年中国农业银行嘉兴分行将7家企业23笔共计金额13.73亿元信贷资产打包转让给中国农业银行辽宁省分行，开创了中国农业银行分支机构间相互协作、相互支持的新路子，探索了嘉兴利用外地的资金、规模资源，促进经济发展的新模式。

该行的贷款业务特点：一是贷款总额增加多、发展快。在2001年前增长比较缓慢，到2001年末贷款总额只有62.92亿元。2002年起贷款业务进入了快速增长期。2003年突破100

亿元，达到127.20亿元；2007年突破200亿元，达到218.07亿元；2009年是中国农业银行嘉兴分行贷款增量最大的一年，贷款增量达到109.16亿元，总额突破350亿元，达到355.49亿元；2010年贷款突破400亿元，达到419.64亿元，比1991年初增加24.25倍。如果剔除农副产品收购贷款因素，贷款增加量将高达40.84倍。二是中长期贷款增量多、增幅大、占比提升快。到2010年末，中长期贷款余额达到218.01亿元，比1991年初增加216.93亿元，增长200多倍。中长期贷款占贷款总额的比例达到51.95%，超过短期贷款占比。三是个人贷款发展迅猛。到2010年末，个人贷款余额达到96.76亿元，比1996年初增加96.5亿元，增长371.6倍。

（一）短期贷款

长期以来，农业银行肩负着支持"三农"的重任，是农村金融的主导力量，为促进农业和农村经济发展发挥了重要作用。1991年初，中国农业银行嘉兴市支行开办的短期贷款主要有：国营农业贷款、集体农业贷款、个体农户贷款、农副产品收购贷款、农副产品预购定金贷款、国营工业贷款、集体工业贷款、乡镇企业生产周转贷款、个体工业贷款、国营商业贷款、集体商业贷款、个体商业贷款、票据贴现。短期贷款余额不高，只有15.55亿元，但比重很大，占贷款总额的93.51%。

1991年，嘉兴市遭受了新中国成立以来罕见的梅雨汛情侵袭，受涝农作物141万亩，其中粮食作物109万亩，经济作物32万亩，经济损失严重。面对自然灾害，农行、信用社组织人员深入到抗洪排涝第一线，摸清抗灾救灾资金需求，简化贷款手续，及时将5 350.6万元抗灾救灾贷款送到农民手中，帮助他们生产自救，为夺取当年丰收奠定了基础。每年在大宗农副产品收购季节到来之际，组织人员事前做好调查预测，积极筹措农副产品收购资金，确保农副产品收购不打"白条"。1991年共发放农副产品收购贷款17.47亿元，比上年多发放2.97亿元。支持收购专项储备粮5 976万公斤，商品粮8.769亿公斤，油菜子10 589公斤，棉花716.86万公斤，络麻1 843.1万公斤。发放农资专营贷款3.65亿元，比上年多发放0.93亿元，支持购进化肥67 157万吨，农药8 173.6吨，薄膜2 605.4吨。

1992年邓小平同志南方谈话后，嘉兴经济发展的势头猛增，资金供求矛盾突出，对此，中国农业银行嘉兴市支行在努力扩大贷款总量，积极支持嘉兴经济发展的同时，坚决按照中央"控制总量，盘活存量，提高效益"的原则，正确处理好保与压、放与收的关系，向全市1 068家特级、一级信用企业累计发放贷款79亿元，占企业贷款的54.1%。

1994年6月农业银行嘉兴市分行按照《国务院关于组建中国农业发展银行的通知》精神，将全市96 920万元（其中农行70 816万元、工行26 104万元）政策性贷款划转至中国农业发展银行。由于嘉兴市没有中国农业发展银行的分支机构，农副产品收购资金的供应由中国农业银行各支行代理。农副产品收购贷款的划转，使该行的贷款余额大幅度下降。1994年末，各项贷款余额为245 459万元，比上年净减少17 384万元。其中农副产品收购49 322万元，比上年的97 684万元减少48 362万元。

1995年是《中国人民银行法》、《商业银行法》出台的第一年，也是中国农业银行试行资产负债比例管理的一年，为了加强对资产负债比例管理的领导和调控，该行制定了《中国农业银行嘉兴市分行资产负债比例管理实施办法》，建立了资产负债比例管理委员会，提出了全市农行三年实现资金平衡、达到法定比例的目标。1995年按照适度从紧的货币政策,实行规模控制和资产负债比例管理双重考核,年末存贷比例为92.1%,比年初下降了16.7个百分点。

1997年,适度集中信贷资金、规模,向优势入围企业发放贷款101亿元,占全市农行贷款发放数的63.5%,年末贷款余额24.81亿元,比年初增加10.4亿元。同时,积极支持农业龙头企业和一批上等级、效益好的涉农、支农工业企业发展,发放农业贷款95 482万元,比上年增加21 527万元,年末余额达47 202万元,比年初增加18 680万元。如郊区支行安排流动资金1 000万元,支持嘉兴"中国茧丝绸市场"的交易,使该市场得到了迅猛发展,成为全国茧丝绸交易的龙头市场,年成交额达到8.1亿元。

1998年,认真贯彻落实上级行《关于改进金融服务,支持国民经济发展的指导意见》,全面实施"三大一强"信贷经营战略。贷款投入集中体现了分类指导、确保重点的原则,贷款规模向黄金客户倾斜。向省定十六家"五个一批"企业发放贷款14.04亿元,年末贷款余额比上年增加近亿元,这些企业1998年累计实现产值69.2亿元,利润3.49亿元,成为全市工业经济的重要支柱。同时根据上级的部署接收农业发展银行划转的农业综合开发专项贷款和粮食附营业务专项贷款6.03亿元。

1999年,实行分类指导的方针,加快信贷结构的调整。除了继续支持省市级黄金客户、三资企业、实力强的个体私营企业外,严格控制一般加工行业,压缩限制、淘汰型企业贷款。

2002年突出优良客户投放,壮大优良客户群体。在对现有重点龙头企业实施信贷倾斜的同时,一方面密切关注各方面信息,全力吸引新组建的优良客户;另一方面发挥该行优势,全方位开展业务攻关,积极吸引他行的优良客户。在客户投向上,除基础设施类(含开发区、园区、市场、房地产、土地储备类等)优良客户投入外,新增其他优良客户(含中小企业)贷款约3.2亿元,占增量贷款的16%,其中对三资企业增加流动资金贷款1.73亿元。

2004年对经济相对发达的嘉兴市本级信贷投放达43亿元,占全市农行发放数的31%,贷款余额比年初增加7亿元,占全市农行增量的35%;对经济较发达的桐乡、海宁、平湖等地区信贷投放62亿元,占全市农行发放数的45%,贷款余额比年初增加5亿元,占全市增量的25%。

2005年,大力支持科技先进、规模较大的制造业和中小企业。制造业增量贷款达到11.2亿元;中小企业贷款增量7.3亿元,余额超过120亿元,约占总贷款的71%。

2006年,围绕发展中的环杭州湾经济走廊带,开放程度高的市区及各县城本级区域、省级开发园区以及信用环境好、信贷风险小、回报率高、有产业基础或产业特色的经济强镇等重点区域,实行信贷资源优先配置。年末,经济强县行和市本级贷款增加24亿元,占贷款增量88.6%。

2009年,以"两分两换"和新市镇建设项目为载体,以50家重镇机构为平台,以小企业和个人业务为重点,开展"支持中小企业百日行动"。当年新拓展中小客户316户,增加贷款19亿元。

2010年,通过机构网点转型和功能扩展,拓展优质中小企业贷款面,当年新拓展中小客户309户,增加贷款17.13亿元。

(二) 中长期贷款

20世纪80年代到90年代初，银行以周转性、临时性贷款为主，设备贷款、技术改造贷款比重极小。1991年该行开办的中长期贷款主要有：国营种养业投资性贷款、集体农业农机专项贷款、农业开发性贷款、乡镇企业生产设备贷款、技术改造贷款、科技开发贷款，余额只有1.08亿元，占贷款总额的6.49%；1999年、2004年分别突破10亿元、50亿元，2005年中长期贷款占贷款总额的比重首次超过短期贷款占比，2010年中长期贷款余额突破200亿元，达到218.01亿元，比1991年初增加200多倍。中长期贷款占贷款总额的比重达到51.95%，比1991年初增加45.46个百分点。

1998年以前，中长期贷款主要投向是农业基础设施，工业企业的厂房、设备等项目建设。例如：1991年，嘉兴遭受特大洪灾后，立即布置各支行对全市农田水利基础设施建设资金需求情况进行专题调查，并组成由副行长带队的调查组前往受灾最严重的嘉善县西塘片进行重点调查研究，在摸清情况的基础上发放农田水利基础设施建设贷款2 500万元，支持农田水利基础设施建设。1992年在农行总行、省分行、市支行和郊区支行，四级行贷款1 906万元，支持嘉兴绸厂引进24台剑杆织机技改项目，投产后生产的高档丝绸成了市场的抢手货。1994年贷款3 000万元，支持桐乡振石股份有限公司"中碱玻璃纤维8 000吨池窑拉丝"技术改造项目。该项目投产后可年增加产值5 380万元、利润1 607万元、税金376万元、创汇2 000万元。到1997年中长期贷款为7.13亿元。

自1998年起，城市化建设步伐的加快，交通、污水处理、学校、医院等公用事业的发展，以及房地产等民生项目建设的加速为银行中长期贷款的快速增长创造了良好的外部环境。农业银行嘉兴市分行抓住这一难得的历史发展机遇，加大了中长期贷款投入力度。1998年发放基础设施贷款9 244万元，支持乍浦港二期工程、沪杭高速公路工程、王店电网改造、太湖流域水污染治理等项目的实施。1999年发放道路、旧城改造、学校、小集镇建设等基础设施贷款2.84亿元，发放房地产开发性贷款1.13亿元。2000年支持旧城改造、道路建设、污水处理、住房开发，投入贷款4.05亿元。2001年增加污水治理、工业园区、市场、医院、学校等信贷投入，贷款增量占全年新增贷款的38.6%。发放住房开发项目贷款1.32亿元，并带动按揭业务的发展，年末住房按揭贷款余额达2.17亿元，比年初增加1.47亿元，年末整个房地产类贷款余额占中长期贷款的22.37%。2002年增加基础设施（含开发区、园区、市场）、房地产类（含土地储备类）等贷款约14.9亿元，约占全年贷款增量的75%。2003年继续把握嘉兴城市经济建设和发展的趋势，锁定城市基础设施建设、开发园区、优良房地产开发等目标，及时加强联系沟通，组织人员跟踪调研、评估，沟通上下联系，加大投入，抢占城市业务高地。年末，城市基础设施类贷款达到27亿元，占比23%，比年初增加18亿元。2004年，增加基础建设类贷款约9亿元，约占全部贷款增量的45%；对加工制造业类增加贷款约12亿元，约占全部贷款增量的60%，贷款余额69亿元，占全部贷款余额的50%。同时对服务及商贸类贷款保持强劲的收缩力度，全年减少此类贷款8亿元。2005年，新增交通类贷款6.65亿元，其中杭州湾大桥新增4.35亿元。

2006年，继续坚持重点行业信贷投入。大力拓展临港工业、高新技术产业、现代物流等信贷行业；积极进入城市交通、电力、供水治污、开发区基础设施、城市土地储备等垄断性有效基础设施行业，以及以住宅为主的房地产开发项目。积极拓展收入来源稳定、经营有盈余、管理好的教育、医疗、文化、旅游、新闻、广电等新兴产业贷款。至年末，法人长期贷款余额增加23.1亿元。其中：优质城市基础设施类贷款增加11亿元，占47.6%，优质城市房地产和经营性物业增加贷款4.1亿元，占17.1%，优质工贸企业长期贷款增加3亿元，占13.7%，贴现增加5亿元，占21.6%。2007年，重点支持包括交通、能源、港口、城市基础设施、临港重化工等先进制造业等抗经济周期的基础产业和体现嘉兴经济特色、具有一定发展潜力的块状经济、专业市场，特别是列入"十一五"发展规划的重点建设项目即垄断性、系统性的优质大项目，如嘉兴市杭州湾大桥投资开发有限公司杭州湾大桥建设项目、嘉善县水务投资有限公司城乡供水一体化项目、海宁浙江皮革服装城投资开发有限公司皮革城三期项目、浙江嘉兴港物流有限公司嘉兴港粮食中转库及码头等项目44个，金额28.16亿元。

2008年在"保增长、促发展"的政策背景下，成立了落实扩大内需十项措施领导小组，提出了要在准确把握国家实施适度宽松的货币政策的调控方向，支持国民经济保增长、扩内需、调结构要求的基础上，加大对嘉兴经济的支持力度。对年底信贷项目的投放方向、项目营销重点、材料申报速度、贷款投放进度作出了明确要求，确定政府类商业性项目、优质基础设施建设项目、新兴制造业企业、经济适用房、安置房、医疗卫生、文化教育、新农村建设和三农项目等民生类项目为重点支持对象。全年发放贷款项目12个、金额14.88亿元。

2009年支持嘉绍跨江通道、宁波港等嘉兴举足轻重的重大项目建设。特别是同年9月以系统内银团贷款的方式对申嘉湖高速公路贷款38亿元后，积累了银团贷款管理的经验。

2010年，一方面继续有选择地支持水、气、路等有稳定经营收入的政府类经营性项目和学校、医院等优质项目，贷款增量达24.3亿元。另一方面突出重点、加大优质工贸企业支持力度，重点支持新兴产业、产业升级和特色产业企业发展，其中企业类项目投放16.31亿元，创历史最高。

（三）个人贷款

1991年初，该行个人贷款品种只有个体工商业贷款，贷款余额仅113.2万元，占贷款总量0.07%。随着经济的发展，多种经济成分的出现，特别是居民消费需求的不断增长，客观上要求银行增加个人贷款的种类和数量。为了适应经济发展、改善民生，1997年起相继开办了新的个人贷款品种，使个人贷款得到了迅猛发展。

1997年开办了个人住房贷款，当年发放个人住房贷款488万元。

1999年个人贷款得到了迅猛发展。贷款的品种从单纯的私营企业及个体贷款、个人住房贷款，增加到汽车消费贷款、大额耐用品消费贷款、综合消费贷款、小额质押贷款、旅游消费贷款、农用机械消费贷款、助学贷款和住房公积金等贷款，并与汽车销售商、保险公司签订协议，通过建立贸易、金融、保险三位一体的服务体系，开展汽车消费贷款。使个人贷款的数量从10 765万元增加到40 711万元。个人贷款占各项贷款的增量比重达到33.12%，个人贷款占各项贷款的总量比重也从上年的1.94%上升到6.31%，增加4.37个百分点。

2000年加大对产权明晰、信誉良好、产品有市场、抵质押率高的个私客户的贷款支持力度。全年个私企业增加贷款29 120万元，有力地支持培育了一批个私企业的发展，形成了具有一定规模的特色专业市场，为嘉兴经济的发展注入了活力。

2002年开办了个人生产经营性贷款,使产权明晰的私营及个体工商户贷款余额达到10.51亿元,比年初增加2.79亿元。

2003年开办了下岗失业人员小额担保贷款,重点推行了二手房住房按揭贷款、"直客式"汽车消费贷款、记账式国债质押贷款、人寿保单质押贷款等新产品,以满足不同层次客户的需要。年末个人消费贷款余额达到9.45亿元。

2006年开办了个人住房非交易转按贷款、个人住房加按贷款、个人住房接力贷款、个人住房"固定利率、混合利率"贷款、个人综合授信贷款。

2007年开办了置换式个人住房贷款、个人住房循环贷款、个人住房贷款"还款假日计划"业务。

2008年开办了存贷双赢房贷理财账户业务。

2009年开办了个人贷款气球贷业务和惠农卡农户小额贷款业务。当年授信4.29万户,金额7.27亿元,实际发放农户小额贷款1.05万户,余额5.32亿元。个人贷款的年末余额突破60亿元大关,达到62.74亿元。

2010年开办了个人助业贷款、个人自助循环贷款和"房抵贷"业务。个人贷款当年增加34.04亿元,占贷款总增量的53.07%。其中:发放农村个人生产经营贷款182户、4 734.1万元。年末个人贷款余额达到96.78亿元,占贷款总额的23.06%。

(四) 票据融资

20世纪80年代中国农业银行嘉兴市支行就开始办理票据融资业务。初期,办理票据融资业务的目的是为了解决企业的资金不足,票据贴现后马上到人民银行再贴现。2001年后才真正将票据融资作为一种资产来经营。2002年大力拓展低风险、高收益的票据贴现业务,年末票据贴现贷款余额达到1.9亿元,比年初增加1.18亿元;2006年票据贴现累计发生额高达24.07亿元,余额9.27亿元。

## 三、中国银行嘉兴市分行

(一) 公司贷款

建行以后,中国银行嘉兴市分行认真按照市委、市政府的要求,以支持地方经济发展为己任,在强化内部管理、规范自身经营行为的同时,广开融资渠道,千方百计扩大贷款总量,以买方信贷、商业贷款、政府贷款、混合贷款和银团贷款等方式,有力地支持了嘉兴市能源、交通、通信、原材料等重点产业以及重点骨干企业和外贸企业的发展,同时自身的各项业务也实现了快速发展。

1991年,在外贸企业实行了自负盈亏的新体制新形势下,一方面倾力支持外贸企业完成进出口任务,确保适销对路、换汇成本低、综合运筹后经济效益好的出口商品收购的资金需要,严格控制对质次价高、不适销对路、库存过大且亏损又无拨补来源的出口商品的资金供应,促进了外贸企业经营机制的转换,使外贸出口保持稳步、持续、大幅度的增长;另一方面主动调整信贷结构,人民币贷款投向逐步由流通领域向生产和流通领域并重转移,积极支持出口商品生产企业、企业集团和三资企业的发展,从而使出口商品的资金从生产、流通到国际结算形成良性循环,提高人民币资金的使用效益,同时也保证了外贸出口商品的货源,增强了出口后劲。

1991年至1995年间,人民币贷款共新增7.57亿元,年平均增长达1.5亿多元。在具体资金投向上,始终把支持优势工程企业、出口创汇企业作为重中之重,如加西贝拉有限公司、富兴服装公司、金三塔集团公司等一大批全市重点企业就是在该行的支持下发展起来的。其间公司贷款业务主要有以下特点:一是支持对象大多是出口创汇的流通企业,这在"八五"期间尤为突出,企业大多以流动资金贷款为主。二是在固定资产贷款中,支持了出口创汇生产企业技改项目28个,发放贷款7239万元。三是固定资产贷款争取上级行直贷金额和项目数增加。"七五"期间,基本上没有上级行的直贷项目,而"八五"期间尤其是后三年,随着全市外向型经济的快速发展,为资金引进带来了良好机遇。四是外汇项目贷款明显增加。"八五"期间,共对56个项目发放外汇贷款5424万美元。其中丝绸、毛纺、纺织、化工等国有大中型企业项目13个,占了总贷款额的33.2%。引进高档喷水织机、片梭织机、直丝针织大园机及纺织设备、电脑横机、印染等设备,促进了企业上规模、上档次,提高了企业产品的技术含量,调整了全市的产业结构。五是通过外汇股本贷款,促成了一批企业合资成功。"八五"期间共发放股本贷款1325万美元。六是向海外融资工作逐步展开。

1992年,根据市委、市政府接轨浦东的思路,积极参与开发浦东专项调查,结合中行实际提出发展三资企业的总体构思。当年全市批准建立三资企业176家,开户140家,发展信贷关系的63家,三资企业的发展速度、经济效益均创历史最好水平。积极支持国有大中型企业进行技术改造,对推广"三级联贷"项目进行了尝试,制定了贷款三级审批制度,主管领导亲自把关,县(市)行成立了项目贷款评估领导小组,市行成立了项目贷款评审委员会;项目贷款均通过集体研究决定,建立了企业财务分析制度、贷款三查登记簿,加强了贷款程序规范化管理,有效防止了人情贷款、违规贷款的发生,筹集更多资金支持企业发展。

1993年,大力支持全市经济特别是外向型经济的发展,积极引进外资,解决企业发展生产的资金需要。在春茧收购旺季及时贷款2600万元,保证了在本行开立基本账户的丝绸公司、丝厂收购蚕茧的资金需要以及出口商品生产和外商投资企业组织出口商品生产的资金需要,并向总行推荐了乍王公路等5个利用外资项目,涉及协议金额1976万美元。

"九五"期间,为嘉兴市基础设施建设、旧城改造及房地产开发项目发放贷款3.3亿元;累计用于支持外贸进出口企业和三资企业的人民币贷款达240亿元,占贷款总额的50%以上;累计向进出口企业发放贷款156亿元,短期贷款余额达4.8亿元。支持的重点企业主要有民丰特纸、巨石集团、新澳集团等,外商投资企业主要有晋亿实业、茉织华实业集团、韩泰轮胎、东方钢帘线等;还积极支持国有企业改制脱困,在三年优化资本结构中累计核销国有企业贷款呆账坏账本息1.6亿元,其间为嘉兴市基础设施建设、旧城改造及房地产开发项目发放贷款3.3亿元,主要用于海宁南北大道建设、嘉兴老城区改造工程、天城房产公司的园林居、东方莱茵达公司的北京路房地产开发等项目。

1995年,一是扩大融资范围,积极支持企业发展。积极向上推荐项目,当年为嘉丝联等骨干企业争取到省分行、总行的直贷和联贷流动资金2000多万元;通过承兑汇票形式积极为企业融资,当年累计为各类企业开出银行承兑汇票1.91亿元,余额6067万元;在嘉兴市遭受洪灾后,向省分行争取救灾专项贷款1000万元,支持受灾企业恢复生产。二是坚持不懈地优化贷款投向，盘活贷款存量，确保重点企业资金需求，支持全市优势工程和扭亏增盈工作的有效实施。根据市委、市政府提出的"四个战略带动"，进一步调整贷款投向，把有限的资金投向在该行开户的入围优势工程企业达30家。而且在规模相当紧张的情况下，挤出250多万元人民币规模向嘉丝联等企业发放扭亏为盈专项贷款和向嘉丝联、海宁针织厂发放600万元专项贷款。

1998年，在把握投放方面，发挥银行对支持国民经济发展的职能作用，积极支持符合国家产业政策、产品有销路、经济效益好的企业，重点支持外贸、外商投资企业。如对外贸进出口六家单位、韩泰轮胎、晋亿实业等签订银企协议，列入核心客户，重点客户作为重点支持对象，以培育和优化基本客户群。不以企业规模大小为标准，稳妥地增加有效投放，集中力量支持一大批实力强、存款多、结算量大、发展前景好的企业，如德润公司项目贷款2 500万元，比尔特公司项目贷款40万美元，使得增量结构得到明显改善。在推广新品种方面，积极寻求新的贷款增长点，如在基础设施建设项目为农村信息网络投入1 000万元，南北大道项目上投入2 000万元。同时严格按照"四重战略"发展了交通、通信等行业的项目贷款和流动资金贷款。当年新增人民币信贷投放5.49亿元，为历年之最。

1999年以后，贷款结构开始从原来以商业贷款为主，逐步开始向商业性、生产性与消费贷款并重转移，贷款期限也从过去以短期贷款为主转向短期贷款与中长期贷款并重。2001年，积极争取省分行直贷，上半年给予（中国化建）巨石集团有限公司省分行直贷9 600万元，浙江卡森皮革有限公司省分行直贷1亿元。同时加大重点客户技改项目投入，对已列入国家经贸委下达的国债贴息重点技术改造项目计划的项目给予重点支持，如（中国化建）巨石集团有限公司无碱玻璃纤维池窑拉丝生产线技改项目，支持外汇贷款960万美元；浙江卡森实业集团有限公司兰坯革生产技改项目，支持外汇贷款1 100万美元、人民币贷款3 870万元。

2003年，在全行共同努力下，经过上下联动，成功争取到了浙江省最大的外资项目——投资额达250亿日元的日本帝人聚碳酸酯项目以及杭州湾跨海大桥、跨海二桥等一大批优质客户和重点项目。共争揽内外资优质客户和项目136个，其中外资项目78个，注册资本在1 000万美元以上的15个；内资项目58个，总投资超过1亿元人民币的重点项目19个，得到了嘉兴市政府的充分肯定，为今后全面、协调、可持续发展打下了坚实的基础。

2005年，成功营销了康龙纺织、爱芬食品、秦山核电等一批优质客户和重点项目。嘉兴经济开发区2005年招商引资投资总额最大的康龙纺织、爱芬食品两个项目均落户在经开支行；在上级行的支持和指导下，海盐支行成功地为核电秦山联营有限公司量身定做短期融资产品及外债置换成本管理方案；秀城支行先后争取到了国美电器、易初莲花等全国性连锁企业；法国独资企业——弗码物流、中国皮革城及新能纺织分别在平湖、海宁支行落户；2006年通过营销秦山核电、吉安纸容器、尖山新区、善江公路、巨石集团、嘉兴学院等授信大项目，授信投放注入了8.45亿元的固定资产贷款。全年争揽到注册资本300万美元以上的外资及增资客户49个，其中注册资本超过500万美元的外资企业43个；注册资本超过500万元的内资客户51个，其中注册资本超过1 000万元的内资客户29个。

2007年8月，资产业务从传统领域向新型现代金融领域有了重大突破，成功争揽了全省系统内首笔国际银团贷款，该国际银团贷款由香港上海汇丰银行牵头，包括中行嘉兴市分行在内的境内外8家金融机构应邀共同参与，联合与浙江荣成纸业有限公司签订了4 700万美元和2.55亿元人民币的国际银团贷款。该行最终取得1 000万美元（等值人民币）的银团贷款份额，开创了全省系统内办理国际银团贷款的先河，构筑起了该行国际化发展的新平台，拓展了跨地区国际间金融机构业务合作的广阔空间。

自2009年起，把做大资产规模作为提升竞争能力的有效途径，加大信贷结构调整力度，通过加大项目库建设力度、创新支持"三农"建设贷款、积极探索实施中小企业服务新模式、大力发展零售贷款业务和拓展票据融资业务等手段，资产规模快速扩张，特别是在创新授信产品方面领先系统和同业。一是在支持重点建设项目的同时，坚持"抓大不放小"的经营思路，不断提高中小企业贷款在贷款结构中的比重，积极培育中小企业金融服务市场。面对中小企业融资困局，在上级行的指导下，积极创新服务模式，建立了中小企业"信贷工厂"——中小企业业务中心，通过提升授信审批效率和建立相对客观独立的中小企业客户评级体系，全面整合优化流程，实行专业化运作，为中小企业、外向型企业、个私民营经济提供便捷的本外币"一站式"金融服务，成为中小企业发展有力的资金保障。二是在全国中行系统首家率先推出"新农村集约用地贷款"新产品，并在海盐县五原、南湖区大桥、秀州区王江泾三个乡镇成功投放，专项用于"两分两换"新农村建设，引起了当地政府的重视，得到了人民银行和银监部门的认可。三是在全国金融系统率先推出"再生资源增值退税托管账户质押融资"贷款新产品。再生资源增值税纳税托管账户质押融资，是指中国银行为解决再生资源增值税纳税人由于退税款未能及时到账而出现短期资金困难，纳税人将再生资源增值税退税专用账户托管给中国银行，并承诺以该账户中的退税款作为质押担保，以取得短期资金融通。当年，实际新增贷款历史性地超过了100亿元（转让资产7.37亿元），同比多增68.77亿元。政府背景类贷款当年新增19.02亿元，其中"两分两换"新农村贷款投放达到6.4亿元。零售贷款当年新增25.24亿元，是上年同期的11.42倍，新增额超过该行前6年的新增总量，增幅列四大行第一。

2010年，成功争取到全省系统内第一家制造业企业吉安纸容器17.3亿元以及钱江通道北接线15.88亿元项目银团贷款的牵头行资格，参与34亿元嘉绍大桥北接线和18亿元嘉兴石化的项目银团贷款，4个银团贷款项目金额85.18亿元，其中份额达到23.9亿元。到2010年末，公司贷款余额170.41亿元（不含票据融资和贸易融资），较年初增长24.80亿元。

（二）个人贷款

按照国家拉动内需的要求，中国银行嘉兴市分行于2000年下半年启动个人贷款业务，先后开办了住房、汽车、装修、教育、旅游、股票、大额消费品、存单抵押等的消费信贷品种，并与嘉兴学院携手开展了学生助学贷款，经济和社会效益显著。

随着国家新政策的出台，1998年在信贷结构调整方面迈出了坚实的步伐，积极发展个人住房贷款、个体私营企业贷款和小额存单质押贷款等新业务品种，当年安排出3 000多万元的专项规模用于支持各行小额存单抵押贷款业务的发展，对资产结构及投向的调整都具有积极意义。

2003年12月，成立零售贷款操作中心，实现了零售贷款前台、后台的分离，进一步完善了大零售经营体系和管理机制。该行在重点发展住房按揭贷款的基础上，根据嘉兴各专业市场的特点，把拓展个人投资经营贷款和汽车消费贷款作为零售贷款新的增长点。

2005年，零售贷款业务面对国家宏观调控和总行授信政策调整，积极开展市场调研，制定区域性的零售贷款产品目录，扩大零售贷款产品的销售网点，加大与房产商及保险等中介机构的合作，在个投、汽车等零售贷款品种大幅下降的情况下，仍然保持了个人住房贷款的有效增长。

2006年，大力发展住房、汽车、公积金和存单质押贷款，积极推行"直客式"服务模式，在省分行的支持下，还开办了"特色市场"零贷业务，大力拓展个人投资经营贷款和个人抵质押循环贷款，使该行个贷业务得到了较快增长。

2010年7月，创新开发"海宁通宝"经营类贷款产品，当年新增2.2亿元，余额达到3.48亿元。

### 四、中国建设银行嘉兴分行

#### （一）公司贷款

1991年，中国人民建设银行嘉兴市中心支行对公信贷业务由财政拨改贷、委托贷款、自营性贷款三项构成，1991年底，财政拨改贷14亿元，委托贷款3.4亿元，自营性贷款6亿元。经过二十年的全面发展，到2010年底，建设银行嘉兴分行各项公司贷款突破300亿元，达到303.1亿元。其中流动资金贷款94亿元，占全部对公贷款的31%，中长期贷款156亿元，占全部对公贷款的52%，票据融资6.2亿元，占全部对公贷款的2%。

二十年来，围绕嘉兴产业特点、社会经济发展热点，建设银行嘉兴分行支持了一大批在经济建设、社会发展中有重大影响的交通、城建、水利、电力、教育、卫生等项目。分别有：交通类——乍嘉苏高速、沪杭高速、嘉绍高速公路、杭浦及杭州湾大桥、嘉于硖航道等"十一五"省内航道干线、320国道、申嘉湖高速公路、07省道改造；城建项目——城市基础设施建设、城市供气管网建设、自来水供应、污水处理等，如天然气管网建设、桐乡凤栖供水、海盐天仙河污水处理、海宁尖山污水处理、平湖污水处理；电力类——自1983年秦山核电工程项目启动后，建设银行作为与国家开发银行共同服务的银行机构，与秦山核电基地的建设企业、施工企业相继建立起了良好的银企合作关系，此外，支持了嘉兴发电厂、嘉爱斯热电、新嘉爱斯热电、绿色能源垃圾发电项目等；水利项目——乍浦港、杭嘉湖南排、海盐大禹水利等；文化教育项目——嘉兴广播电视台、嘉兴学院医学院、同济大学浙江学院、浙江财经学院东方学院等；卫生项目——嘉兴妇幼保健院、嘉兴中医院、海宁人民医院、海盐人民医院等。

1991年，秦山核电一期工程进入扫尾阶段，中国人民建设银行嘉兴市中心支行在做好竣工前准备工作的同时，配合建设单位向有关部门反映资金缺口情况，敦促尽早到位，并向施工单位累计发放流动资金贷款1500万元，缓解了施工单位资金的不足。秦山核电二期工程立项后，作为国家开发银行秦山二期项目的代理行，建设银行为核电二期积极融通资金，为建设单位购置设备提供信贷支持，并为其开办现场外汇结算业务，提供全方位、多功能的服务。协助建设单位做好资金管理工作，保证资金及时到位，至2002年底，建设银行为二期工程建设提供基建贷款19亿元，流动资金贷款5亿元，为秦山二期一号机组的提前顺利建成投入运行提供了有力支持，保证了工程的顺利进展。

二期工程由核电秦山联营公司负责建造和营运，建设银行协助核电公司积极推行包干责任制，提出了有效的经济责任制的构思，配合建设单位对概算进行详细分解，对包干合同提出了15条审查意见。原合同中，建设总工期和单项工程工期均未明确，允许其按年度计划进行调整，建设银行提出修改原条款，合理确定建设总工期，并提出对包干范围外的费用明确开支渠道和完善包干办法，落实投资来源。主动协助建设单位完善包干办法，提出了以批准的调整概算为依据，分五片按概算金额承包，建立了执行概算的分解对照表，下达各片的年度计划，统一办理包干结余。建设银行还与建设单位一起建立了一整套经济责任制，如材料采保费节约奖制度、劳务费收入提存奖制度、非标设备攻关奖等有关制度，降低了建设成本，促进了工程进度，节约投资277万元。实行按概算包干后，理顺了建设单位、施工单位的经济关系，进一步明确了双方的经济责任，结束了长达六年之久的甲乙方结算扯皮，促使建设资金的管理走上了正轨。

建设银行为秦山核电的建设提供了优良的服务，加强项目财务资金管理，代行财政监督，制止不合理付款，为国家把好项目投资和资金关，为核电建设作出了应有的贡献，多次受到了省政府、总行、省分行、建设单位的表彰。

1991年，重点支持地方重点建设项目和工商企业。1994年，树立"贷款兴行"的经营思想，抓住机制转换的有利时机，利用长期从事固定资产投资信贷的优势，向符合国家产业政策、效益较好的基础产业倾斜，对信贷总量进行严格控制，用足、用好、用活信贷规模，优化信贷结构。1996年，在"双大"战略基础上，向海宁皮革城和桐乡濮院羊毛衫市场渗透，确立大行业、大企业、大市场的信贷经营发展战略，成立了项目评审处。1998年建立了基础设施项目备选库，对收集的客户信息和建设项目进行调查研究分析，使信贷工作的规范性、预防性进一步加强。同年，在总行统一安排下，信贷信息系统管理上线运行，专用于向人民银行信贷登记系统上报信贷业务数据。2000年，建立了信贷退出机制，逐步退出夕阳产业和一般性加工企业的信贷市场，集中资金加大对重点行业、重点客户的信贷支持，实现信贷资金的集约经营。2001年，推行"双区"营销策略，并在全行推广客户经理制。

2006年，建设银行嘉兴分行着眼小企业业务的拓展，成立了小企业经营中心，推出了面向市场的"速贷通"、"成长之路"等小企业信贷产品，2007年，开发推出了茧丝仓单质押贷款，2008年推出电子商务贷款E贷通，2010年又推出网络贷款E商通品种，小企业网络贷款业务全面推进。

2008年，围绕当地新农村建设热点，致力于发展新农村金融服务，并在2009年加大新农村介入支持力度，2010年推出了涵盖新农村建设贷款、个人助房贷款、个人支农贷款的"城乡合"系列贷款品牌，在当地树立了良好的社会形象。

1991年，对公信贷经营部门为投资管理科和建经科，1993年投资管理科和建经科合并成立业务处；1997年，实施信贷部门的经营与管理相分离，前台业务与后台业务分开操作、相互支持和制约的运行体系，信贷管理处统一行使各项信贷管理职能，不再行使信贷经营职能。1999年，改革信贷管理体制，建立了专家审批、风险独立监管的审贷分离制度，推出了经营主责任人和审批主责任人的责任约束制度，成立了信贷管理委员会办公室、信贷经营处和信贷风险管理处，并制定了新的信贷运行操作程序。2000年组建专业营销队伍，实行客户经理制，并对其实施目标考核。2003年，公司业务改变了实行多年的"金字塔"管理模式，将本级三级管理转变为"分行—网点"式的扁平化管理,并开始实施本外币一体化经营。同年,在公司类客户的营销上,对优质客户实施首席客户经理制度,行长亲自担任大型客户的首席客户经理,对重点客户进行重点营销维护。2004年,在全行进行机构改革后,公司业务实施准事业部制经营模式,产品经理、客户经理紧密配合,根据各自职能分工,共同实施对客户的营销和服务工作。

2010年,实施对公经营职能优化整合,为小企业业务植入信贷工厂模式,确定了小企业业务流程,并对本级经济强镇网点实施公司客户经理派驻制。推进实施贷后管理岗位分离,在"不削弱市场营销人员力量和力度"的原则指导下,增设专职贷后管理岗,对贷后管理按职责进行分解,确定了贷后管理规定重点部位和规定动作。

(二) 个人贷款

1991年底,中国人民建设银行嘉兴市中心支行在嘉兴市内率先开办了房改金融业务,并成立了房地产信贷部,为当地住房制度改革提供配套金融服务。1991年7月,总行颁发《建设银行房地产信贷部管理暂行规定》,将房地产信贷部的管理体制定为单独核算、自主经营、自负盈亏、自求平衡、单独缴税。1999年以后扩大住房信贷业务范围,大力促进住房消费,并逐步丰富了个人消费信贷品种,以个人住房贷款业务为重点,陆续推出了个人汽车贷款、个人消费额度贷款、个人耐用消费品贷款、住房装修贷款、个人助学贷款等贷种。2000年5月,建设银行嘉兴市分行在全省金融系统中率先成立个人信贷中心,为给申请个人住房、消费贷款的客户提供更加优质、便捷的服务。2005年对个人消费贷款产品进行梳理,将个人消费额度贷款、个人耐用消费品贷款、住房装修贷款、一般商业性助学贷款统一整合为个人消费额度贷款,以后又陆续推出了固定利率个人住房贷款、个人住房抵押额度贷款、存贷通个人贷款增值账户、直贷式、宽限期、合力贷、双周供等多种产品和差别化服务,至2007年,全市五个县(市)支行和市本级均设立了个贷中心,大部分网点都可受理贷款申请,形成了方便的个人贷款服务网络。至2010年底,全市个人贷款余额112.25亿元,其中个人住房贷款余额98.13亿元,个人消费经营类贷款余额14.12亿元,个人住房公积金贷款余额29.65亿元。

建设银行嘉兴分行开办的个人贷款,总体上可分为三大类:个人住房类贷款、个人消费类贷款、房改金融业务(委托个人住房贷款)。其中,建设银行办理的个人住房贷款业务包括个人住房贷款、个人商业用房贷款、个人再交易住房贷款、个人住房抵押额度贷款、存贷通个人贷款增值账户、固定利率个人住房贷款产品等相关业务;建设银行办理的个人消费贷款业务包括个人消费额度贷款、个人汽车贷款、个人助业贷款、个人权利质押贷款、国家助学贷款等;房改金融业务方面,建设银行提供的住房金融产品和服务主要有受托归集和管理住房基金、住房公积金、住房补贴、住房维修基金等住房资金,受托发放住房委托贷款,客户咨询和金融服务等。

根据房改政策的变化和客户的需求,不断创新房地产金融业务。率先在嘉兴推出了公积金贷款、二手房贷款业务,业务覆盖范围涵盖了所有的房产交易。针对嘉兴市户籍制度改革后,农民进城购房可申请城镇户口这一新情况,为鼓励农民进城购房,进一步刺激个人住房消费市场,推出了农民进城购房贷款业务。转按、加按、"百易安"房产交易资金托管等个人住房贷款的衍生品种也层出不穷,形成了以个人住房抵押贷款为龙头,个人住房装修贷款、个人住房组合贷款、置换房抵押贷款、商住两用房贷款等为辅助的19个种类的个人住房贷款系列，适应了当地居民住房消费差异化和多元化趋势需求。

1993年1月，中国人民建设银行嘉兴市中心支行推出职工住房抵押贷款，实行"先存后贷，存贷挂钩，抵押加担保，整借零还"的原则。同年，承担了经人民银行批准的第一期住房建设债券的发行工作，发行住房建设债券1 500万元，期限为5年，年利率3.6%，使嘉兴市成为全省第一个经批准执行认购住房建设债券实行有偿分房的地级市。

1994年12月，中国人民银行、国务院住房制度改革领导小组、财政部关于《政策性住房信贷业务管理暂行规定》（银发〔1994〕313号）发布实施。同年，中国人民建设银行嘉兴市分行开始开办住房公积金贷款。住房公积金贷款是建设银行接受当地住房公积金管理中心委托，利用委托人提供的住房资金，根据委托协议向购买、建造、大修房屋的职工发放的个人住房贷款。

2008年8月开办存贷通个人贷款增值账户，这是在当地率先推出特色个贷配套产品，为在本行办理自营性个人住房贷款业务的借款人灵活有效运用资金而提供的增值服务产品。借款人办理个人住房贷款业务后，可申请将贷款代扣账户设为"增值账户"，该增值账户与借款人指定的其名下的个人住房贷款建立签约关系，建设银行将根据借款人增值账户每日营业末存款余额的情况，按照约定的条件和计算规则，向借款人计付一定的增值收益。

### 五、交通银行嘉兴分行

（一）公司贷款

1. 公司贷款概述

建行之初，交行嘉兴支行公司贷款主要以工业企业、商贸流通企业为主，产品主要以短期流动资金贷款为主，一般金额比较小、期限比较短、周转比较快。经过十多年的发展，交行嘉兴分行已经形成了期限结构、担保结构、行业结构较为合理、授信业务品种较为齐全的公司信贷业务新格局。截至2010年末，全行公司贷款余额111.47亿元，短期贷款余额66.33亿元，占比59.50%，中长期贷款余额45.14亿元，占比40.50%。

2. 积极履行社会责任

1995年6月，交行嘉兴支行向嘉兴市丝绸集团总公司发放贷款1 200万元，支持企业收购春茧。1995年7月，针对嘉兴发生特大洪涝灾害，千方百计争取信贷规模，向嘉兴造船厂等发放流动资金贷款1 500万元，用于支持抗洪救灾、恢复生产。1996年12月，向嘉兴中华化工厂"苯酚羟基化合成邻、对苯二酚"技改项目发放技改贷款1 950万元，这是该行发放的首笔技改贷款。1998年6月，交行嘉兴分行向乍嘉苏高速公路工程出具3亿元贷款意向书。1998年9月，经交通银行上海分行批复同意，向嘉兴经济开发区建设发展有限公司发放1亿元短期贷款。2006年4月，交通银行嘉兴分行与国家开发银行向上市公司景兴纸业发放联合贷款。2008年5月，在汶川大地震发生后，该行以最快的速度向桐乡市华钢彩镀板业有限公司发放抗震救灾专项贷款，支持其承接"抗震救灾"物资1 600吨彩钢板的生产任务。5月30日，首笔500万元用于组织生产救灾物资的专项贷款发放到位。

3. 积极支持重大项目建设

2009年5月12日，交通银行嘉兴分行成功向嘉兴市沪杭高铁客运专线投资开发有限公司沪杭高铁项目嘉兴段前期工程建设贷款支持，授信金额10.71亿元。2009年10月，由国家开发银行股份有限公司作为牵头行，交通银行嘉兴分行在内的五家银行作为参加行组成嘉绍跨江通道北接线项目贷款银团，向该项目提供34亿元的人民币银团贷款，期限19年，贷款承诺额4.4亿元，占贷款比例的12.94%。2009年12月，与交通银行北京分行联合向秦山核电有限公司方家山2×100万吨压水堆核电机组扩建项目授信20亿元贷款，首笔放款2 300万元，2009年12月21日成功发放。该笔贷款实现了交行系统内核能源市场项目贷款份额零的突破，提高了在核能源市场的竞争力。2010年4月，在交行嘉兴分行的努力下，秦山核电与交银国际信托有限公司签订首笔金额为人民币2.5亿元的信托贷款合同，这是该行首笔信托贷款，也是秦山核电有限公司财务运作过程中首次涉足信托类投行产品。

4. 积极开展业务创新

2009年3月，交通银行嘉兴分行向嘉兴市港区污水处理有限责任公司成功发放1 350万元的应收账款质押贷款，这是该行发放的首笔通过应收账款质押登记公示系统以应收账款做质押的业务。2009年10月，向嘉兴市安邦电子科技有限公司成功发放550万元流动资金贷款，在落实保证担保的基础上追加指纹门锁发明专利权质押担保。这是该行发放的首笔专利权质押贷款，标志着知识产权质押贷款有效突破了传统担保模式，为破解小企业贷款担保难题进行了有益探索。2010年12月，成功营销了浙江恒洋热电有限公司和浙江合盛硅业有限公司两笔信托贷款，贷款金额共计1亿元。2009年11月，向平湖经济开发区投资（集团）有限公司发放了债务优化银团贷款750万元。2010年12月，成功牵头平湖市公路开发建设有限责任公司债务优化银团贷款，银团总规模4.5亿元，该行参贷2亿元。

（二）零售信贷

1. 个人贷款业务发展综述

1999年4月，交通银行嘉兴分行办理首笔个人汽车贷款业务，开始涉及个人贷款领域。2004年，在私人金融业务部下设个人贷款管理科，对全行个人贷款业务进行统一管理，同时组建了个人贷款审查小组。2005年9月，实现以客户为中心的"一站式"个贷服务目标，推行集约化管理模式，取消个人信贷管理科，设立了个人贷款中心。2006年8月，正式上线大集中版（二期）个人信贷管理系统，系统管理上收至总行。2008年4月，正式成立零售信贷管理部，作为独立的管理部门行使对全行个人贷款业务和小企业信贷业务的管理职能，从而建立了自上而下、条线化、专业化的零售信贷业务经营管理体系。截至2010年底，交通银行个贷余额33.36亿元，个人消费贷款22.37亿元，其中个人短期消费贷款4 322万元，个人中长期消费贷款21.94亿元。

2. 个人贷款品种发展变化

自1999年4月交通银行嘉兴分行开发区支行开办汽车个贷按揭业务后，先后开办了个人抵押贷款、个人保证贷款、个人住房贷款、个人商铺贷款、个人住房公积金贷款等业务，至2003年末形成了个人消费贷款和个人经营性贷款两大系列共16个贷款品种的个人贷款产品体系，其中个人消费贷款系列包括个人住房商业贷款、个人住房公积金贷款、个人住房装修贷款、个人汽车消费贷款、个人汽车大修理贷款、个人耐用消费品贷款、个人婚嫁贷款、个人旅游贷款、个人助学贷款、个人留学贷款、个人下岗失业人员小额担保贷款、个人存单质押贷款等12个品种，个人经营性贷款系列包括个人商铺贷款、个人小型设备贷款、个人周转性流动资金贷款和个人临时贷款4个品种。2004年4月1日，正式推出"圆梦宝"个人自助贷款业务，借款人可以突破时空的限制，通过电话银行随时办理放款、还款业务，一次授信、循环使用，这是嘉兴市首家推出通过自助渠道办理贷款业务的银行。2008年12月，开发区支行发放了第一笔"易贷通"贷款，贷款金额40万元。

2010年3月29日，成功发放首笔通过"E贷在线"渠道申请，金额为9.5万元的个人汽车消费贷款，这也是全省首笔通过"E贷在线"申请并由担保公司预承保的个人贷款。"E贷在线"是总行开发的面向客户和合作商的零售信贷电子化服务平台。通过该平台，客户不必到银行柜台就可直接向该行申请个人贷款，并在最短时间内了解贷款申请的状态和相关信息。该平台还可为合作商提供该行个贷相关数据统计、个贷政策咨询等服务，搭建了银行与合作商及客户直接沟通与交流服务的新平台。

3. 小企业贷款

2009年7月8日，交通银行嘉兴分行小企业信贷服务中心正式挂牌。2009年7月31日，5家零售型支行、3家县城综合型支行，共8家支行小企业信贷服务分中心正式挂牌。海宁支行在2009年8月正式挂牌成立，在成立之际召开小企业业务推进会，并与海宁皮革协会签订合作协议。

2006年4月，交通银行嘉兴秀城支行发放了第一笔"展业通"。当时，"展业通"是交通银行专门针对企业资产1 000万元以下或年销售额3 000万元以下的中小企业发放的最高授信敞口额度500万元的授信业务。2010年，"展业通"业务准入标准进一步提高，将企业总资产4 000万元以下或年销售额3 000万元以下或300人以下并且最高授信审批权限敞口额度2 000万元的中小企业也一并纳入"展业通"业务流程管理。2010年3月，交行嘉兴分行办理"展业通"扩权后全省首笔敞口1 000万元以上小企业授信。2010年7月6日，平湖支行又成功办理首笔小企业联保授信业务，五户联保，每户授信额度3 000万元，敞口1 000万元，这大大丰富了小企业授信担保方式，拓展了该行小企业营销渠道，提高了交通银行小企业业务竞争能力。

4. 技术支持

2000年，个人消费信贷管理系统上线。发展个人信贷业务对于启动市场，扩大内需，促进国民经济的发展具有重要的意义；同时，开展个人信贷业务也可以提高银行的资产质量和经营效益，优化信贷结构，促进银行由传统的储蓄业务向零售业务转变，改变旧的经营模式和服务方式。总行组织开发了"交通银行个人信贷管理系统"，为个人信贷业务提供了一套完整的解决方案。

2006年8月6日，数据大集中后，个人贷款管理系统上线，系统服务器设置在总行。系统集合作商管理、自然人管理、贷款管理、查询统计、报表分析、展期、缩期、银信通、试算等多种功能于一身。而后个贷系统不断完善，更便于操作。

2008年，交行开发了独立的小企业信贷管理系统（SEMS），并于2009年3月全面上线运营,为小企业贷款业务提供操作和管理工具。该系统以构建具有零售特征的全流程小企业贷款管理系统为目标,在客户管理、授信流程、内部评分等方面有多项重大的突破和创新,实现了产品政策化、控制规则化、流程标准化。

2010年12月13日正式上线使用"个贷贷后监控系统"。上线使用"个贷贷后监控系统"是交行落实贷款新规精神的实际行动,是提升管理效率的重要措施。有助于加强个贷资金使用跟踪检查,确保贷款资产安全。

## 六、中信银行嘉兴分行

(一) 公司贷款

1. 贷款业务发展综述

1996年11月21日中信实业银行嘉兴支行正式对外营业,至年末贷款客户41户,金额9 000万元。发展至2010年底,人民币对公贷款余额118.2亿元,零售贷款余额13.08亿元。其中对公短期贷款余额102.3亿元,中长期贷款余额15.9亿元。

十四年来,中信银行嘉兴分行紧紧依托嘉兴经济社会发展的良好环境,围绕嘉兴地区的产业特点和社会经济发展热点,坚持以市场和客户为中心,以强营销、调结构、促创新、细管理为手段,支持了一大批在各行业中的优秀企业和优质客户,并积极参与对当地经济建设、社会发展有影响的项目,为全市社会和经济的快速发展作出贡献。分别有:嘉兴红旗塘水利工程、嘉兴市防洪工程、六平申线航道改造、01省道改造、07省道改造、乍嘉苏高速、杭州湾跨海大桥、嘉绍高速、嘉兴市农产品交易市场、平湖市成人职教中心、平湖市东湖开发项目、乌镇旅游开发项目、海宁盐官景区旅游开发项目、海宁皮革城二期项目、巨石集团玻璃池窑拉丝项目、海宁宝峰热电建设项目。

2. 贷款经营战略和产品的变化

1996年,中信实业银行嘉兴支行成立之初,信贷支持主要是针对国营和集体工商企业。1997年,认真贯彻党的十五大精神,适应经济形势变化,更好地服从和服务于经济,支持私营企业、个体工商户等民营企业发展,树立"抓住机遇、力求快速发展"的总体思路,贯彻"抓大、放小"的信贷业务策略。抓大以三资企业、转制后的股份制企业、区块经济的支柱行业、龙头企业为突破口,进一步扩大客户群。放小(放开)即加大对民营企业、个私贷款的力度,"手头紧,找中信"成为当时嘉兴金融市场上的一块品牌。1997年9月试办私人银行业务。1999年,针对经济、金融运行中日益突出的风险问题,中信银行果断调整思路,区别对待,择优扶持,率先在杭州分行辖内开展对授信客户信用评定,确立了"有风险无效益不贷、有风险有效益不贷、无风险无效益不贷"的信贷"三不"原则,建立信贷退出机制,从根本上防范化解信贷风险,使信贷结构得到优化,资产流动性得以加强。2000年,新授信流程启用,建立项目营销小组,集中专业人员对大客户、大项目从融资需求、方案设计、产品组合、评估审查,上报审批,实行一对一服务,使中信银行在当地信贷市场中渗透到主流地位。2001年全行实行客户经理制。

2002年以后,以外资、外向型工业企业为主导,开展"千万美元"工程,培育出口企业成长,开展"TT押汇"融资业务,为中信银行本外币业务拓展奠定基础。

2006年，结合总行05版新授信流程需要，公司业务集约化经营，成立公司业务部，加强对公业务主线推动，并实行产品经理制，进行客户储备、项目储备库，强化对客户的综合营销，推动"一揽子"合作计划，推行"双优双主"营销策略，信贷资金向主流行业、主流客户和优势企业、优质客户倾斜。同时根据嘉兴地区民营经济占主导地位的特点，扶持中小企业的发展，开展小企业专项授信，推出面向小企业的"种子基金"。2008年又推出了"静态存货质押""先票后货"。2009年在嘉兴同业内率先发行"中小企业集合票据"等信贷产品，小企业业务全面推进。

2009年，中信银行嘉兴分行在金融产品创新上不断尝试，在业内首家向工商企业——巨石集团发行"短期融资券"。2009年围绕嘉兴市"两分两换"新农村建设试点，加大对发展新农业、新农村金融支持力度，积极介入新农村建设贷款。

2010年，配合浙江景兴纸业股份有限公司发行"短期融资券"。

(二) 个人贷款

1. 个人贷款业务发展综述

1998年调整营销思路，积极拓展居民个人信贷市场，试办了个人有价证券质押贷款、汽车按揭贷款业务，之后又陆续推出了一系列的个人综合消费贷款，倡导消费者和银行直接见面做贷款方案的新型贷款发放模式。发放个人有价证券质押贷款28户、188万元，发放汽车抵押贷款20户、154万元，发放汽车按揭贷款1户、8万元。

1999年，开办个人住房按揭贷款业务，1999年末个人贷款余额357万元，2000年末为5 246万元。2003年金秋之际，推出"中信家家乐"个人贷款服务品牌，提出了"中信家家乐，有房有车更有爱"的品牌宣传口号，拉近了银行与消费者的距离。在"中信家家乐"个人贷款系列下，中信实业银行形成了中信安家、中信快车、中信助学、中信置业四大类产品，满足消费者在购买住房、汽车、教育和置业等各方面的融资需求。至2004年末个人贷款余额超1.5亿元。

2005年提出以住房按揭为重点发展零售信贷业务。2006年成立了个人贷款中心，为客户提供配套金融服务。个人贷款发展到2007年末达2.55亿元，其间中信安家系列个人贷款业务得到了进一步发展，个贷业务进入快速成长期，至2009年末个贷业务余额达8.57亿元。

2009年以后，扩大住房按揭贷款业务范围，大力促进住房消费，并逐步丰富了个人消费信贷品种，以个人住房按揭贷款业务为重点，陆续推出了个人消费贷款、个人经营贷款、出国留学贷款等贷种。至2010年底，全市个人贷款余额13.05亿元，其中个人住房贷款余额5.78亿元，个人消费经营类贷款余额7.27亿元，个人住房公积金贷款余额6 776.89万元。

2. 贷款种类变化

中信银行嘉兴分行开办的个人贷款，总体上可分为两大类：消费类和经营类。其中消费类贷款业务包括个人住房贷款、个人经营贷款以及个人综合消费贷款。其中办理个人住房贷款业务包括：一手住房按揭贷款、二手住房按揭贷款、转按揭、车位贷款、住房公积金贷款、公积金组合贷款，衍生产品还有接力贷、直客式、阶段性固定利率、二手房交易资金看管、多种新型还款方式、个人留学贷款资信证明（中间业务）。经营类贷款包括个人经营贷款和个人商用房贷款。

2009年，开办存贷宝业务，这是在当地继建行后推出的个贷配套产品，为在本行办理自营性个人住房贷款业务的借款人能够灵活有效运用资金而提供的增值服务产品。借款人办理个人住房贷款业务后，可申请将贷款代扣账户设立为增值账户，该增值账户与借款人指定的其名下的个人住房贷款建立签约关系。中信安家系列是中信银行推出的与购房有关的一整套方便、快捷、全面、多层次的金融产品和金融服务。

## 七、上海浦东发展银行嘉兴分行

1997年12月16日上海浦东发展银行嘉兴支行正式对外营业。经过十三年的发展，至2010年底，浦发银行嘉兴分行本外币贷款余额72.02亿元，比年初增加8.43亿元。

2000年，采用浦发总行—杭州分行—嘉兴支行三级联贷介入乍嘉苏高速公路项目，授信资金达到1.8亿元，有力支持地方经济的快速发展。在及时推广使用上级行推出的业务品种的同时，积极开展业务功能延伸和创新，先后推出了邮政储蓄存单质押贷款业务、"捷利发"个人消费贷款业务，想市民所想，大力简化申贷手续，个人贷款业务快速增长。2000年末，个人贷款余额2 410万元，比年初新增2 086万元，完成计划的100.3%。2001年，成功介入了乍浦港区、嘉兴日报社等市重点项目，对乍嘉苏高速公路项目又增加授信1.2亿元，达到3亿元；在个金业务上，开办个人按揭贷款业务，年末，按揭贷款余额111万元。

2002年，支持重点项目建设，先后与乍浦开发区、嘉兴报业中心等签署了信贷合作协议。成功推出了汽车按揭贷款业务，不断满足个人消费贷款市场的需求。

2003年，坚持贯彻资产营销战略，根据上级行的信贷投向指导思想，充分利用上级行的信贷规模，做大支行的资产业务。累计投放信贷资金26亿元，存贷比达86.53%；在支持重点项目上，又为乍浦港三期、秀州新塍园区开发等提供信贷支持。

2004年，围绕市委市政府提出的实施"双千亿"工程为主线，以"项目推进年"活动为抓手的发展思路，利用上级行领导到嘉兴调研的时机，积极介绍嘉兴的区位发展优势，主动争取上级行的信贷资金，有效地解决地方经济发展的资金需求。对乍浦港码头三期项目增加投入5 800万元的信贷资金，贷款余额达1.38亿元；对嘉兴市重点项目——嘉兴恒华热电项目投入2 000万元；与嘉兴市第一医院签订搬迁工程信贷合作协议等，积极参与支持嘉兴市的重点项目授信，全年累计投放信贷资金29.11亿元，有效地支持了地方经济的快速发展。

2007年，升格为分行。突出"加快发展"这一主题，努力转变业务结构，不断加强市场营销，持续推进合规建设，着力打造区域品牌，取得了各项业务又好又快发展的新局面。在公司银行业务方面，坚持国家产业政策和上级行的信贷导向，立足嘉兴区域经济特点，响应市委市政府"降低三高 支持三低"的节能减排项目工作要求，积极拓展优质信贷客户，不断加大信贷资产的有效投入，调整市场定位，探索符合该行信贷要求的中小企业发展新路子，全年累计投放信贷资金69.5亿元。

2009年，坚持国家产业政策和上级行的信贷导向，立足嘉兴区域经济特点，积极支持市政府"两分两换"项目和城乡统筹建设等方面项目，不断加强信贷资产的有效投入；同时，坚持"做强做优大客户，做深做透中客户，做大做活小客户"的原则，结合开展"浦发蓝·与客户共同成长"等活动，积极拓展中小企业客户群，有力地支持了嘉兴地方经济的快速发展。

## 八、兴业银行嘉兴分行

自开业以来，兴业银行嘉兴分行根据国家货币信贷政策、监管部门和上级行相关要求，抓住嘉兴经济大发展的良好机遇，积极参与地方经济建设，将贷款资源向节能减排、中小企业、重点民生工程等领域倾斜，加大对实体经济、绿色信贷的支持力度，在分享地方经济发展成果、增强全行市场竞争力的同时，也进一步优化了信贷结构。截至2010年12月末，全行本外币各项贷款余额为42.69亿元，较2008年增加29.81亿元，两年年均增长82.08%。

本外币各项贷款中，短期贷款余额为22.08亿元，中长期贷款余额为20.61亿元。贷款投向一是支持了一大批交通、能源、城市开发建设、水利设施等项目；二是大力开展节能减排贷款业务，打造绿色信贷特色产品，截至2010年12月末，累计发放节能减排贷款6.35亿元，期末余额5.75亿元，其中2010年新增3.91亿元；三是重点发展中小企业专项信用贷款，截至2010年末，累计投放中小企业专项信用贷款8.53亿元，期末余额2.97亿元；四是个人类贷款也得到快速发展，截至2010年12月末，全行个人类贷款余额2.51亿元，占全部贷款余额的比重为5.87%，其中个人住房贷款余额0.98亿元，个人经营性贷款余额1.25亿元。

## 九、招商银行嘉兴支行

自开业以来，招商银行嘉兴支行加大对嘉兴市重点项目、地方特色产业、行业的投入，截至2010年末，公司类贷款余额（不含行内银团和资产转让）达到18.22亿元。贷款的对象：从建行初期的政府贷款为主逐步向制造业、交通运输、建筑等行业拓展。形成了政府贷款与中小企业贷款并举、中长期贷款和短期流动资金合理配比的格局，业务结构日趋合理。同时，利用招商银行贴现价格贴近市场、贴现规模充裕的优势，积极开展承兑汇票贴现业务，开业三年来累计贴现达27.68亿元。

通过形式多样的大型产品推介活动，向客户积极推荐该行的优势产品，累计为企业开通网上银行432户，现金管理20户，离岸客户217户，销售公司理财产品6.21亿元。

根据嘉兴区域中小企业众多的特点，于2010年7月设立小企业信贷中心，为拓展小企业融资渠道，搭建了专业服务平台。重点支持符合国家产业政策的节能环保型、技术领先型、升级换代型、现代服务型、劳动密集就业型，且年销售收入在5亿元以下，单户单笔贷款金额不超过人民币1 000万元的中小企业。并根据客户的差异性需求开发了易速贷系列、信用贷系列、供应链融资系列、中长期贷系列、特色贷系列等金融产品。小企业信贷中心通过专业化经营管理模式，从贷款调查到放款平均时间只有10天，审批时间平均2天，实现贷款灵活、使用方便。截至2010年底，设立4个多月就授信企业50余家，贷款余额近3亿元。

2010年首次开展与招银融资租赁公司合作，成功引入项目资金3.5亿元，取得可观的中间业务收入。在产品推广上，2010年新增现金管理客户17户，完成年度任务的174%。全年新增网银客户140户，完成年度任务的108%。全年网上供应链交易量突破3.4亿元，完成年度任务的171%，一举改变了长久以来网上供应链交易量为零的状态。

招商银行嘉兴支行依托品牌优势，努力拓展个人负债和资产业务。2008年末，个人消费贷款和经营性贷款余额 6 356 万元,实现嘉兴股份制商业银行中当年单个机构个人贷款新增第一。

2009 年不断丰富贷款品种,实现了个人贷款业务涵盖住房贷款、汽车贷款、消费贷款、经营性贷款所有个人贷款品种,至 2009 年底,个人贷款余额突破 2.5 亿元。

2010 年又推出"消费易"、"周转易"两大金融产品,极大地方便嘉兴市微型企业和个人经营者的融资过程,扩大了融资渠道。至年末,实现个人贷款余额 6.3 亿元。

### 十、浙商银行嘉兴支行

(一)公司贷款

2009 年末,浙商银行嘉兴支行各项贷款余额 24.90 亿元,比年初净增 19.32 亿元,增幅为 264%,贷款质量保持了零不良率。2010 年末,各项贷款余额 28.09 亿元,比年初增加 3.26 亿元,增幅为 13.09%。

(二)个人贷款

浙商银行嘉兴支行开办有个人经营性贷款、个人消费贷款。2009 年末,个人贷款余额总计 0.99 亿元,比年初增加 0.89 亿元,增幅为 890%,贷款质量保持了零不良率。2010 年末,个人贷款余额总计 4.27 亿元,比年初增加 3.28 亿元,增幅为 331.31%。

### 十一、深圳发展银行嘉兴支行

自开业以来,深圳发展银行嘉兴支行严格遵守国家相关宏观货币信贷政策,在监管部门和上级行的正确指导下,抓住嘉兴经济大发展的良好机遇,立足嘉兴全辖,以产品为抓手,积极参与地方经济建设,重点支持中小企业、重点民生工程和绿色环保产业等领域,加大对实体经济、特色产业的支持力度,随着地方经济的增长,市场竞争力也进一步提升,信贷资产质量保持零不良。截至 2010 年末,全行本外币各项贷款余额为 10.50 亿元,较 2009 年增加 3.88 亿元,增长 58.79%。

2010 年末对公贷款 9.58 亿元,其中短期贷款余额为 9.06 亿元,中长期贷款余额为 5 200 万元。企业贷款投向主要一是支持地方政府建设,主要是交通、城市开发建设、水利设施、园区建设以及新农村等项目,2010 年末余额 1.8 亿元。二是重点发展中小企业贷款,截至 2010 年末,累计投放中小企业专项信用贷款 7.52 亿元,期末余额 3.58 亿元。三是大力开展节能减排贷款及特色产业的支持,截至 2010 年 12 月末,累计发放节能减排贷款 0.5 亿元,期末节能减排贷款余额 0.5 亿元。依托海宁经编园区,对海宁的经编行业重点支持,共有 14 家授信企业,授信金额 2.85 亿元。四是做大做强行业龙头企业,该行对海宁的钱江生化、尖山光电、巨石集团等当地龙头企业,共授信 3.1 亿元。五是个人类贷款也得到快速发展,截至 2010 年 12 月末,全行个人类贷款余额 0.92 亿元,占全部贷款余额的比重为 8.76%,其中个人住房贷款余额 0.35 亿元,个人经营性贷款余额 0.43 亿元。

(一)公司授信特色业务

1. 供应链金融

供应链金融是深圳发展银行于 2003 年推出的创新金融业务,通过分析产业供应链和每一笔交易,借助大企业(或核心企业)的实力,以及存货、应收账款等动产担保,为供应链上的单个企业或上下游企业链条提供融资、结算、理财等全面金融服务，是基于真实贸易背景的融资业务创新，实现了资金流、信息流和物流的统一，有效降低了银行的授信风险。为了保持该项业务的领先，2010年10月，在深圳发展银行业务系统以及网银的基础上，开发了线上供应链金融系统，使各客户端（授信客户、上游厂商、监管方和银行）能及时掌握信息，加快业务流程，极大提高了供应链金融的效率，保持了业内领先的地位。

2. 银企直连

银企直连是深圳发展银行在企业网银的基础上，通过网银在线ERP服务，将网上记账、现金管理、网上进销存三大功能模块与深圳发展银行企业网银功能有机融合，使企业能享用高端财务管理和在线支付平台，企业各种资源信息透明，实时掌握，达到集约化管理，是一种银行系统与企业财务软件系统的无缝连接接入方式，通过网上连接，使银行和企业的结算中心、财务公司或企业ERP实现平滑对接、有机融合。企业通过在线ERP运营服务平台，可集中管理采购、销售、库存等生意信息以及应收、应付款等财务信息；管理收付款和银行存取款，查询丰富且简单易懂的现金报表；企业通过在线ERP服务视窗发起付款指令后，可直接跳转至深圳发展银行企业网银平台进行支付结算，同时企业的付款业务单据上将实时更新银行支付结果，联动生成会计凭证，完成账务处理。采用该业务，众多中小企业可消除"记账、报表、结算、往返银行"带来的困扰，快速实现高效节支的一体化财务管控。

（二）个人授信特色业务

1. 点按揭——长期低月供，利率自由选。点按揭，是指借款人通过预先向银行支付贷款金额一定比例的费用，从而获得贷款执行利率一定幅度降低的一种房贷产品。

2. 买点降利率，支付一次性的费用，就能换来利率下降，真正降低贷款成本。在整个贷款期内可降低月供，降低还款压力，减少总利息支出。利率自由选，不同的业务品种通过支付不同的费用支出，可以在一定程度上自由选择不同档次的利率。

3. 双周供——节省利息支付，缩短还款期。双周供是每两周还原来月供款的一半，即将月供类贷款的月还款额压缩在四周中分两次还款，其还款间隔为两周，故称为双周供。双周供每年实际支付了26次（个别年份达到27次），比按月还款法的还款频率高，本金减少速度快，因此采用双周供在整个还款期内归还的贷款利息将远远小于等额还款法归还的贷款利息。

4. 存抵贷——多存多抵贷，节省更多贷款利息。存抵贷将客户的还款账户与其个人贷款进行关联，客户还款账户上超过5万元的部分资金将按照一定的比例被视做提前还贷，节省的贷款利息将作为理财收益返还到客户的账户，存款越多，节省的贷款利息越多。

5. 按日计息，银行每天为客户计算理财收益，日积月累，享受到高额的理财收益。需要使用资金时，客户可随时提取存款，调度灵活。资金富余时，可以冲抵贷款，节省贷款利息。

6. 气球贷——短贷低供，享受更低利率。与普通的还款方式相比，气球贷客户可以同时选择一个短期贷款和低的月供，譬如选择5年期的气球贷可以同时选择30年期贷款的低月供。

由于气球贷的实际贷款期限较短，其对应期限的贷款利率也较低，同时月供压力也不大。更避免了提前还款在利息上的损失。

7. 按揭信用卡——消费积分抵月供。按揭信用卡具有目前信用卡的全部功能，持卡人通过使用按揭信用卡获得消费积分，用于抵扣持卡人在深圳发展银行的房贷月供。

持卡人在境内外的刷卡消费金额均以每个账单月为一个回馈周期进行累积,在周期结束时按一定比例对持卡人进行现金回馈,可按100%兑换并直接用于抵扣持卡人在深圳发展银行的房贷月供款,更有全家共积分、积分不清零等特点。

对于未在深圳发展银行办理房贷业务的持卡人,消费积分可按50%标准抵扣持卡人刷卡消费金额,也可将积分累积,待申请房贷后100%用于还贷。

## 十二、嘉兴银行

嘉兴银行自成立以来,始终坚持中小企业的市场定位,坚持机制、产品与服务创新,大力扶持中小企业成长,支持地方经济建设。自2006年开始,每年都举办"嘉兴市商业银行与优秀中小企业授信签约仪式"。

2008年起,加强与市工商联、市总商会合作,大力支持中小企业发展。2009年4月,与嘉兴市工商联、市总商会共同主办了"支持中小企业发展推进会",并签署支持中小企业发展合作协议,积极探索有效的方式,搭建银企合作平台。

2008年,在总行设立小企业业务部作为条线管理部门,以加强小企业业务的拓展。2009推出《嘉兴市商业银行特色发展战略三年推进计划》,将支持小企业业务发展作为全行的战略重点。同年4月,将秀水支行与嘉工支行整合成小企业专营支行,并将其作为试点,积极推进小企业业务改革试点工作,在扩大授权、规范流程、激励与约束等方面进行大胆尝试和探索。目前已初步形成了具有嘉兴银行特色的"快速列车"小企业(1+5)服务模式,并在全行进行推广。

针对中小企业的资金需求特点,不断加大金融服务创新力度,2008年推出了排污权抵押贷款、股权质押贷款,其中排污权抵押贷款为全国首创,受到全国各大媒体的关注,并荣获2009年银行绿色金融创新大奖。2009年先后推出了商标权抵押、专利权抵押等知识产权融资业务,把企业的"知识产权"转化为"资本产权",缓解了企业的融资难题,还推出了苗木抵押贷款,有效地盘活了涉农(园林)企业的苗木资源,破解了平原地区无林权证的苗木大户融资难的困境,开创了平原地区苗木抵押的新路子,对于助推破解"三农"融资难题具有重要意义。2010年推出动产抵质押第三方监管贷款,帮助企业在短时间内通过存货激活产生流动资金,提前实现动产的可变现性,创新了企业的融资方式,真正让存货"动"起来。2010年,针对海宁经编园区、濮院洪合等专业市场设备购买需求,专门推出了设备按揭贷款,不仅促进了中小企业发展,而且也有利于机械行业的销售。

2009年起,陆续推出了资源税退税账户托管贷款、专业市场租赁权抵押贷款、内险融资业务等一系列深受广大中小企业欢迎的金融产品。

嘉兴银行将传统信贷产品与创新产品相结合,通过个性化的产品设置与灵活的产品组合,为中小企业量身定做个性化金融服务解决方案,专门推出了"小易贷"信贷产品系列,以满足中小企业不同特点、多元化的融资需求。

## 十三、农村合作金融机构

(一)公司贷款

1993年,在服从宏观调控的前提下,农村合作金融机构把信贷工作的重点放到加强管理、调整结构、提高效益上来。重点投向效益好的骨干企业和支持一级信用企业发展生产、提高效益、增加出口创汇。支持企业上规模、上水平、上档次、上台阶。

1994年，实行"以存定贷、多存多贷、比例管理"的原则，采取按"存款比例和信贷规模指标管理相结合"的信贷规模控制管理办法。全年信贷计划执行良好。

1998年，根据企业的不同特点，采取一厂一策，因厂制宜，尽力化解金融风险，对实力足、效益好的转制企业，一如既往地支持；对中等企业采取盘活存量的办法，一般不增加新的信贷资金；对效益差、管理差的企业采取"收旧堵新"；对资不抵债的企业，通过协调、分解或重新落实贷款或通过依法手段尽力保全信贷资金的安全。

1999年，打破传统观念，大胆发放了小城镇建设贷款。

2002年，出台《社团贷款管理办法》，重点解决单个法人无法解决或难以支持、对县（市、区）经济和社会发展有较大影响的重大项目、重点骨干企业等。

2004年，坚持"区别对待、择优扶持"原则，积极支持有效益、有市场的中小企业做大做强。

2005年，认真落实对撤销园区贷款、关联企业贷款、超比例贷款的"三下降"精神，严把贷款质量关，严格执行贷款操作规程，不断完善贷款管理责任制。

2007年，首次与系统外的工商银行全面合作，由工行发放银团贷款3 000万元，进一步降低了单户贷款的集中度风险，巩固优良客户。

2008年，进一步加大对小企业贷款的营销力度，在满足农民、农业贷款的前提下，结合上级有关《加强农村中小企业小额贷款营销工作的指导意见》，坚持"小额、流动、分散"的经营方针，把产品有市场、内部管理规范、效益较好的企业作为贷款营销的重点对象。加大对科技型、就业型、资源综合利用型、农副产品加工型、出口创汇型、社区服务型等小企业的营销力度。

2010年，全辖行社认真做好政府融资平台公司贷款的解包还原工作。对照严格审核报批手续、环评结果、用地审批、项目资本金及担保落实情况等各项要求，逐笔梳理排查风险，逐个项目重新评审，逐户登记造册建账，全面理清政府平台公司融资风险，调整实力相匹配的担保单位，并在周转中逐步压缩贷款规模；强化监管土地收益金第一还款来源，确保项目贷款到期按时收回。

1991年至2010年，农村合作金融机构公司贷款从10.86亿元增加到了382.57亿元，期间净增371.71亿元，增长3 422.74%。

（二）个人贷款

1993年是全面放开粮食购销和价格的第一年，年初全辖全面部署了春耕生产资金调查摸底，以点带面及时了解和掌握了农业和春耕生产的新情况、新特点，把全年信贷支农工作落到实处。

1994年，在信贷掌握上，突出重点，以市场为导向，调整信贷结构，合理配置粮、油、渔、畜等贷款的比例，积极支持加工、流通和"一优两高"农业的发展。

1998年根据人民银行总行《农村信用社改进和加强支农服务十条意见》和市农金改办《关于搞好支农服务工作的通知》精神，及时安排信贷资金，要求各信用社必须确保农业信贷资金，信贷杠杆向农业生产倾斜。

1999年，对种粮10亩以上的大户及年经济收入5万元以上的种养业户发放了"支农信用卡"。为了提高资金的运用率，陆续推出了一些贷款新种类，如个人大额耐用消费品贷款、个人住房贷款、教育助学贷款、汽车消费贷款等。

1999年市办根据有关精神，及时出台了农村住房贷款、个人汽车贷款、教育助学贷款、高档耐用消费品贷款等四个消费性贷款管理办法，指导和规范全市农村信用社开展消费贷款业务。年内全市农村信用社累计发放消费性贷款1.32亿元，其中住房贷款4 938万元；助学贷款95万元；个人汽车消费贷款2 351万元；高档耐用消费品贷款4 951万元；其他生活贷款815万元。

2001年推出了"农户联保贷款"及"公议授信贷款"的试点，得到广大农户的好评。

2005年，为解决农村"贷款难、担保难"问题，为农民办实事，抓好农户小额信用贷款的推进工作，切实扩大支农信用卡的发卡面。

2006年，开展"兴农贷款"工程试点，努力推进个人业务发展。

2009年，积极开展农村住房抵押贷款和"置换担保贷款"，支持农民住房改造贷款。充分发挥金融支持嘉兴统筹城乡综合配套改革试点和"两分两换"试点工作的推动作用，转变工作思路、创新贷款方式，加大"两分两换"拆迁过程中对农户的信贷支持力度，积极推行农村住房置换担保贷款。至年末，累计已发放"置换担保贷款"33户，金额240万元。支持农民住房改造贷款353户，金额2 898万元。

2010年，按照"两创"要求，采取有力措施，加大对"支农支小"的信贷投入。结合"两新工程"建设，加强与政府相关部门合作，积极推进青年创业、妇女创业、党员创业贷款、文明小康示范家庭户信用贷款，切实解决农民创新创业资金需求。

1991年至2010年，农村合作金融机构个人贷款从0.75亿元增加到了75.39亿元，期间净增74.64亿元，增长9 952%。

### 十四、中国邮政储蓄银行浙江省嘉兴市分行

邮储银行嘉兴市分行自2008年4月挂牌成立以来，积极探寻自身特色发展路径，不断丰富信贷产品，努力做大资产规模，在信贷业务发展上迈出了从无到有、由弱到强、又好又快的三大步。邮储银行坚持"小、特、优"三字机构优势，坚持"支农支小"的服务理念，从小做起，做出特色，其定位是"小机构、小客户、小贷款"。始终把农户，个体工商户，小微企业、小企业作为最主要的服务对象，作为基础客户群。

截至2010年底，该分行人民币贷款业务有存单质押贷款、小额贷款、个人商务贷款、个人住房及商用房按揭类贷款。业务开办至2010年底，小额贷款累计发放115 95笔、90 260.77万元，余额达到3 918笔、2.16亿元；个人商务贷款累计发放16 639笔、354 162.80万元，余额7 883笔、17.03亿元；房屋按揭类贷款累计发放4 987笔、109 206.92万元，余额4 828笔、10.1亿元。

2008年，邮储银行嘉兴市分行正式对外开办小额贷款业务。小额贷款，秉着"支农、惠农"的政策导向，是专门为农户、个体工商户等小微群体打造金融支持的产品。包括向农户发

放的用于满足其农业种植、养殖或者其他与农村经济发展有关的生产经营活动资金需求的农户小额贷款，以及向城乡地区从事生产、贸易等活动的私营企业主（包括个人独资企业主、合伙企业个人合伙人、有限责任公司个人股东等，下同）、个体工商户等小微企业主发放的用于满足其生产经营资金需求的商户小额贷款。具体形式有农户保证贷款、农户联保贷款、商户保证贷款、商户联保贷款。单户额度最高可达10万元，着力解决客户临时资金缺口，拥有"快、优、简"三大特点。快：快速放款，轻松办理；优：优质服务，不收杂费；简：简单申请，无须抵押。小额贷款期限以月为单位。普通小额贷款产品的期限最短为1个月，最长为12个月。联保贷款协议有效期为24个月，贷款申请日须在联保协议有效期内。

同年，该分行对外开办个人商务贷款业务。个人商务贷款，是向自然人发放的，用于其合法生产经营活动的有担保个人经营性贷款。个人商务贷款主要解决借款人生产经营过程中，正常流动资金及固定资产投资的资金需求。贷款用途须符合国家和地方政策法规。目前单户最高额度500万元，授信期限最长达5年，额度内可循环使用，最长单笔期限为两年。

2009年，该分行对外开办个人二手住房、商用房按揭贷款业务，是向自然人发放的，用于购买二手住房、商用房的人民币贷款。发放的对象是具备良好信用记录和稳定收入来源的自然人。该贷种发放金额、期限、利率定价等均严格按照国家、监管部门相关政策、上级行相关制度要求。

# 第四章 人民币结算业务

## 第一节 概 述

嘉兴金融机构人民币结算业务经过前四十多年的发展，到1990年末，形成了"银行汇票、商业汇票、银行本票、支票、汇兑和委托收款"六种结算方式和"恪守信用、履约付款、谁的钱进谁的账、由谁支配和银行不垫款"结算原则，为促进嘉兴金融业的发展和社会资金的循环周转发挥了重要的积极作用。从1991年开始，全市金融机构贯彻执行有关人民币结算政策法规，加强人民币结算管理，增加人民币结算产品，广泛采用信息化技术建设现代化结算网络体系，为全社会提供快捷、便利、高效的结算服务。

1996年1月起，嘉兴市金融机构正式施行《中华人民共和国票据法》。1997年中国人民银行又先后下发了《票据管理实施办法》和《支付结算办法》，中国人民银行嘉兴市分行组织辖区金融机构自当年10月1日和12月1日起施行。规定支付结算分票据、信用卡和结算方式三类。票据分为银行汇票、商业汇票、银行本票和支票。票据可以背书转让；结算方式分为汇兑、托收承付和委托收款。

1996年，嘉兴市金融机构执行《国家计委 中国人民银行关于进一步规范银行结算业务收费的通知》，适应了银行业务的发展需要，进一步规范了银行结算业务收费。

2000年6月1日，中国人民银行嘉兴市中心支行组织辖区金融机构执行中国人民银行《支付结算业务代理办法》和《银行汇票业务准入、退出管理规定》。该规定的实施规范了金融机构之间的支付结算业务代理行为，改进了金融服务，加强了银行汇票业务的管理，防范了支付结算风险。

2001年5月1日，中国人民银行嘉兴市中心支行组织辖区金融机构执行《国家计委 中国人民银行关于制定电子汇划收费标准的通知》。该通知规定：银行电子汇划收费标准为，汇划金额在1万元以下（含1万元）每笔收取5元，1万元以上至10万元每笔收取10元，10万元以上至50万元每笔收取15元，50万元以上至100万元每笔收取20元，100万元以上每笔按汇划金额的万分之零点二收取，最高不超过200元。

2001年11月27日，中国人民银行嘉兴市中心支行组织辖区金融机构执行《中国人民银行关于规范电子汇划收费标准的通知》。强调通过人民银行电子联行，或其行内电子汇兑系统，或代理行的电子汇兑系统办理汇兑业务的，不得收取邮费、电报费，不得收取电子汇划费。

2003年6月26日，中国人民银行嘉兴市中心支行组织辖区金融机构执行《商业银行服务价格管理暂行办法》。规范了商业银行服务价格行为，维护了消费者合法权益，促进了商业银行健康发展。

2005年10月26日，为规范和引导电子支付的健康发展，保障当事人的合法权益，防范支付风险，确保银行和客户资金的安全，中国人民银行嘉兴市中心支行组织辖区金融机构执行中国人民银行《电子支付指引》。

2007年资本市场火暴，银行代理基金业务迅速发展，银行网点由于柜台服务跟不上出现排长队现象，成为媒体焦点报道的社会问题。为满足公众日益增长的金融服务需求，进一步提高银行业金融机构支付结算服务效率和服务质量，5月11日，中国人民银行嘉兴市中心支行组织辖区金融机构执行《中国人民银行关于改进个人支付结算服务的通知》。对于缓解银行网点柜台压力，提高支付结算效率等起到了积极的作用。

2009年4月22日，中国人民银行嘉兴市中心支行组织辖区金融机构执行中国人民银行杭州中心支行《关于实施浙江省"便农支付工程"的意见》。

2009年8月21日，中国人民银行嘉兴市中心支行组织辖区金融机构执行《中国人民银行关于改善农村地区支付服务环境的指导意见》。

2010年3月16日，中国人民银行嘉兴市中心支行组织辖区金融机构执行中国人民银行杭州中心支行《浙江省世博支付环境建设工作方案》。

2010年5月17日，中国人民银行嘉兴市中心支行组织辖区金融机构执行中国人民银行杭州中心支行《关于深化实施浙江省"便农支付工程"的意见》。

2010年8月5日，为及时全面掌握从事支付业务的非金融机构业务经营情况，引导和督促其规范支付业务行为，防范支付风险，中国人民银行嘉兴市中心支行组织辖区金融机构执行中国人民银行杭州中心支行《浙江省内特定非金融机构支付业务报告管理暂行办法》和《浙江省内特定非金融机构支付业务内部控制指引（试行）》。

表3-4-1　　　　　　嘉兴市地方性金融机构结算种类结构情况　　　　　　单位：万元，%

| 结算种类 | 业务量笔数 | 占比 | 结算金额 | 占比 |
|---|---|---|---|---|
| 银行汇票 | 11 013 | 0.27 | 537 850.72 | 2.14 |
| 商业汇票 | 12 935 | 0.31 | 461 927.54 | 1.84 |
| 银行本票 | 18 589 | 0.45 | 1 756 323.25 | 7.00 |
| 支票 | 456 815 | 11.08 | 7 634 854.83 | 30.42 |
| 银行卡 | 3 165 914 | 76.78 | 3 922 377.38 | 15.62 |
| 汇兑 | 423 419 | 10.27 | 10 610 409.94 | 42.27 |
| 委托收款 | 34 560 | 0.84 | 178 130.52 | 0.71 |
| 合计 | 4 123 245 | 100 | 25 101 874.18 | 100 |

注：2010年第三季度统计数据。

## 第二节　非现金支付工具

### 一、票据

（一）支票

1996年1月1日，中国人民银行嘉兴市分行组织金融机构施行《中华人民共和国票据法》，启用单联式转账支票（一张两联）。

1997年10月、12月先后施行中国人民银行《票据管理实施办法》和《支付结算办法》，对支票结算作出重大修改，其内容是：（1）支票上的金额、收款人名称，可以由出票人授权补记，未补记前的支票不得使用；（2）支票的提示付款期限为10天；（3）支票采用单联式；（4）银行可以与出票人约定使用支付密码，作为银行审核支付支票金额的条件；（5）签发空头支票或签发与其预留签章不符的支票，处以票面金额5%但不低于1 000元的罚款；持票人有权要求出票人赔偿支票金额2%的赔偿金。

2005年4月30日，为保护持票人的合法权益，提高社会信用，中国人民银行嘉兴市中心支行组织金融机构执行《中国人民银行关于对签发空头支票行为实施行政处罚有关问题的通知》。

2006年5月22日，中国人民银行嘉兴市中心支行组织金融机构执行《中国人民银行办公厅关于对签发空头支票行为行政处罚事宜的批复》。该批复明确了客户签发空头支票或签章不符的支票只要事实清楚，证据充分，人民银行就可以依法给予行政处罚。

2006年12月27日，中国人民银行嘉兴市中心支行组织金融机构执行《中国人民银行办公厅关于空头支票行政处罚标准执行问题的批复》。该批复明确了若被处罚人有符合《中华人民共和国行政处罚法》第二十七条规定情形之一的，可从轻或减轻行政处罚。

2006年，中国人民银行嘉兴市中心支行在全省率先建立违规签发空头支票"黑名单"通报、披露制度，明确对列入"黑名单"成员的惩处方式，营造了诚实守信的社会氛围。

2007年12月10日，为进一步严肃支付清算纪律，确保跨区域支票的正常流通和使用，中国人民银行嘉兴市中心支行组织金融机构执行中国人民银行《关于进一步加强支票影像交换业务管理工作的通知》。

2008年4月9日，为有效解决支票影像系统中部分银行机构无理拒票、逾期付款、逾期未发回执甚至无理退票等问题，促进支票影像系统业务健康发展，中国人民银行嘉兴市中心支行组织金融机构执行《中国人民银行关于促进支票影像业务健康发展的通知》。

表 3-4-2　　　　　　　　　　嘉兴市地方性金融机构支票业务量

| 年份 | 现金支票 | | 转账支票 | |
|---|---|---|---|---|
| | 笔数 | 金额（万元） | 笔数 | 金额（万元） |
| 2006 | 176 041 | 1 187 650.46 | 173 166 | 1 728 775.75 |
| 2007 | 195 031 | 1 071 129.04 | 198 720 | 2 784 445.45 |
| 2008 | 186 755 | 1 020 027.09 | 182 420 | 3 240 446.79 |
| 2009 | 194 299 | 931 142.85 | 224 512 | 5 111 868.09 |
| 2010 | 214 546 | 982 076.61 | 242 269 | 6 652 778.22 |

注：历年第三季度统计数据。

（二）汇票

1992年7月1日，嘉兴市实施行社汇票结算办法。

1995年6月21日，为适应嘉兴市区域经济发展的需要，中国人民银行嘉兴市分行发出嘉银发〔1995〕第102号通知，即从8月1日起，嘉兴市实行《嘉兴市银行汇票结算办法》，有效满足了嘉兴市县跨经济业务往来资金结算的需要。随着电子联行业务到县的实施，控制市辖汇票业务风险，2000年嘉兴市退出市辖汇票业务。

1996年中国人民银行嘉兴市分行组织金融机构施行《中华人民共和国票据法》，1997年10月、12月又施行《票据管理实施办法》和《支付结算办法》，对银行汇票办法做了重大修改，修改的主要内容是：

（1）将银行汇票的"兑付银行"改为"代理付款"。银行汇票的代理付款人是代理本系统出票银行或跨系统签约银行审核支付汇票款项的银行。

（2）签发转账银行汇票不得填写代理付款人名称，但中国人民银行代理兑付银行汇票的商业银行，向设有分支机构地区签发银行转账银行汇票的除外。

（3）签发现金银行汇票，申请人和收款人必须均为个人，申请人或者收款人为单位的，银行不得签发现金银行汇票。

（4）银行汇票的实际结算金额不得更改，更改实际结算金额的银行汇票无效。

（5）对于以持票人的姓名开立应解汇款及临时存款账户，该账户只能转入单位和个体工商户的存款账户，严禁转入储蓄和信用卡账户。

（6）持票人对填明"现金"字样的银行汇票，需要委托他人向银行提示付款的，应在银行汇票背书栏签章，并记载"委托收款"字样，被委托人姓名和背书日期以及委托人身份证名称、号码、发证机关。

（7）申请人缺少解讫通知要求退款的，出票银行应于银行汇票提示付款期满一个月后办理。

2002年11月29日，中国人民银行嘉兴市中心支行组织金融机构执行《中国人民银行关于办理银行汇票及银行承兑汇票业务有关问题的通知》。

2004年7月21日，中国人民银行嘉兴市中心支行组织金融机构执行《中国人民银行办公厅关于城市商业银行资金清算中心开办银行汇票资金清算业务的批复》。该批复同意城市商业银行资金清算中心自2004年8月1日起开始办理城市商业银行签发的银行汇票的资金清算业务。

2006年3月8日，为便于各金融机构办理支付结算业务，受理跨行票据和代理兑付他行票据，中国人民银行嘉兴市中心支行组织金融机构执行《中国人民银行办公厅关于规范银行汇票专用章事项的通知》。

2006年12月7日，中国人民银行嘉兴市中心支行组织金融机构执行《中国人民银行办公厅关于农信银资金清算中心开办全国农村信用社银行汇票资金清算业务的通知》。同意农信银资金清算中心自2007年1月8日起开始办理农村金融机构银行汇票业务的资金清算。

2008年5月14日，为适应华东三省一市区域经济发展的需要，促进票据业务发展，中国人民银行嘉兴市中心支行组织金融机构执行《中国人民银行关于印发华东三省一市银行汇票业务有关规定的通知》。规定依托小额支付系统华东三省一市汇票业务由中国人民银行上海总部组织在江苏、浙江、安徽、上海三省一市推广使用。

2008年11月26日，中国人民银行嘉兴市中心支行组织金融机构执行《中国人民银行关于小额支付系统华东三省一市银行汇票业务上线的通知》，开展了"央行支付 中流砥柱"的支付清算宣传月活动，2008年12月1日，嘉兴市开通了小额支付系统华东三省一市汇票业务，大大加快了社会资金的使用效率。

表3-4-3　　　　嘉兴市地方性金融机构银行汇票业务量统计

| 年份 | 银行汇票 | |
|---|---|---|
| | 付出笔数 | 金额（万元） |
| 2006 | 42 980 | 816 523.45 |
| 2007 | 47 991 | 945 024.66 |
| 2008 | 42 984 | 856 312.25 |
| 2009 | 41 662 | 1 036 418.88 |
| 2010 | 11 013 | 537 850.72 |

注：历年第三季度统计数据。

（三）银行本票

2007年11月25日，为推广使用银行本票，进一步改进个人支付结算业务，中国人民银行嘉兴市中心支行组织金融机构执行《中国人民银行关于印发依托小额支付系统办理银行本票业务有关管理规定的通知》。

2008年3月5日，中国人民银行嘉兴市中心支行组织金融机构执行中国人民银行杭州中心支行《浙江省依托小额支付系统办理银行卡本票业务实施方案》，在全辖符合条件的银行机构全面推广使用。

2008年5月6日，中国人民银行嘉兴市中心支行组织金融机构执行《中国人民银行关于小额支付系统银行本票业务上线的通知》。2008年5月8日嘉兴市开通小额支付系统银行本票业务，有效解决了现金搬家的问题。

2008年8月12日，为促进银行本票业务的发展，适应不同业务模式的需要，便于银行本票在同一区域内使用，中国人民银行嘉兴市中心支行组织金融机构执行《中国人民银行关于调整银行本票凭证格式有关事项的通知》，对银行本票凭证格式和凭证号码编制进行相应的调整。

2008年，嘉兴市成功依托小额支付系统办理银行本票业务。截至11月底，全市共办理银行本票业务机构251家，签发本票30 133笔，清算资金259.09亿元，业务量在全省新开办银行本票的地区中仅次于杭州，位列全省第二。

2009年，中国人民银行嘉兴市中心支行在县域中心镇银行网点推广开办银行本票业务，当年新增银行本票签发网点42家，为农村居民资金结算提供便利。

表3-4-4　　　　　　　嘉兴市地方性金融机构银行本票业务量统计

| 年份 | 银行本票 | |
|---|---|---|
| | 付出笔数 | 金额（万元） |
| 2008 | 1 685 | 165 807.87 |
| 2009 | 13 090 | 1 121 313.20 |
| 2010 | 18 589 | 1 756 323.25 |

注：历年第三季度统计数据。

（四）商业汇票

1991年11月1日，中国人民银行嘉兴市分行组织金融机构执行中国人民银行《关于加强商业汇票管理的通知》。

1993年8月1日，施行中国人民银行《商业汇票办法》。

1994年11月，中国人民银行嘉兴市分行组织金融机构执行中国人民银行《违反银行结算处罚规定》。

1996年4月1日，中国人民银行嘉兴市分行组织金融机构执行中国人民银行浙江省分行《关于商业汇票承兑、贴现和再贴现业务规范管理的意见》。

1997年5月22日，为进一步规范和发展商业汇票承兑、贴现和再贴现业务，中国人民银行嘉兴市分行组织金融机构执行中国人民银行《商业汇票承兑、贴现与再贴现管理暂行办法》。

1998年6月2日，中国人民银行嘉兴市分行组织金融机构执行中国人民银行《关于加强商业汇票管理促进商业汇票发展的通知》。该通知要求：一是严肃商业汇票结算纪律，保证商业汇票按期付款；二是进一步完善承兑授权管理，推动票据承兑授信业务的发展；三是适度加快发展中心城市的商业汇票业务，大力推动票据流通转让；四是进一步集中再贴现业务管理，合理引导信贷资金流向；五是进一步加强商业汇票的管理；六是广泛深入开展商业汇票业务的宣传与培训工作。

1999年9月18日，为转变金融宏观调控方式，发展票据市场，促进商业银行调整信贷结构，改善金融服务，中国人民银行嘉兴市中心支行组织金融机构执行中国人民银行《关于改进和完善再贴现业务管理的通知》。

2001年7月24日，中国人民银行嘉兴市中心支行组织金融机构执行中国人民银行《关于切实加强商业汇票承兑贴现和再贴现业务管理的通知》。该通知强调：一是严禁承兑、贴现不具有贸易背景的商业汇票；二是切实加大对违规票据当事人的处罚力度；三是切实加强对再贴现票据的合规性审查；四是稳步推广使用商业汇票。

2002年3月5日，为适应中国电信集团公司自2002年1月1日取消银行汇款"K"类电报业务种类的变化，中国人民银行嘉兴市中心支行组织金融机构执行《中国人民银行关于商业银行跨行银行承兑汇票查询、查复业务处理问题的通知》。

2004年3月2日,中国人民银行嘉兴市中心支行组织金融机构执行《中国人民银行关于城市商业银行和农村信用合作社开办银行承兑汇票业务有关事项的通知》。该通知明确取消对各金融机构开办银行承兑汇票业务的准入审批。

2005年9月29日,为满足商业银行办理银行承兑汇票查询查复业务的需要,提供查询查复便利,提高查询查复效率,中国人民银行嘉兴市中心支行组织金融机构执行《中国人民银行关于通过大额支付系统办理银行承兑汇票查询、查复的补充通知》。

2006年11月6日,为进一步提高企业结算效率,调整商业银行种类结构,引导和鼓励商业信用发展,发挥商业承兑汇票对社会经济发展的促进作用,中国人民银行嘉兴市中心支行组织金融机构执行《中国人民银行关于促进商业承兑汇票业务发展的指导意见》。

2009年9月29日,为了更好地在长三角地区推广使用商业承兑汇票,促进商业信用票据化,推动长三角地区经济金融协调发展,中国人民银行嘉兴市中心支行组织金融机构执行《中国人民银行长三角地区推广使用商业承兑汇票、促进商业信用票据化工作实施方案》。

2010年6月25日,中国人民银行嘉兴市中心支行组织金融机构执行《中国人民银行关于电子商业汇票系统在全国推广上线运行的通知》,对便利企业支付和融资活动具有十分重要的意义。

表3-4-5　　嘉兴市地方性金融机构商业汇票业务量

| 年份 | 银行承兑汇票 | | 商业承兑汇票 | |
| --- | --- | --- | --- | --- |
| | 笔数 | 金额（万元） | 笔数 | 金额（万元） |
| 2006 | 5 280 | 168 374 | 15 | 125 |
| 2007 | 6 831 | 215 955.91 | 0 | 0 |
| 2008 | 10 702 | 264 204.41 | 71 | 807.40 |
| 2009 | 10 939 | 318 144.63 | 50 | 725.92 |
| 2010 | 12 883 | 460 284.35 | 52 | 1 643.19 |

注：历年第三季度统计数据。

（五）汇兑

1993年9月14日,中国人民银行嘉兴市分行根据六总行和五家省分行《关于整顿结算秩序,扩大转账结算的通知》,决定自1993年9月16日起,大额汇划款项均通过中国人民银行转汇。

1997年12月1日,施行中国人民银行《支付结算办法》,对汇兑结算办法做了较大的修改。修改的主要内容是：（1）签发汇兑凭证必须记载九条事项,欠缺其中之一的,银行不予受理；（2）汇款人和收款人均为个人的才能在汇入行支取现金；（3）汇款人对汇出银行尚未汇出的款项,可以申请撤销；（4）收款人可以委托他人向汇入银行支取款项。

表3-4-6　　嘉兴市地方性金融机构汇兑业务量统计

| 年份 | 银行汇票 | |
| --- | --- | --- |
| | 付出笔数 | 金额（万元） |
| 2006 | 115 262 | 1 541 234.05 |
| 2007 | 164 321 | 2 030 934.69 |
| 2008 | 209 037 | 3 428 319.21 |
| 2009 | 260 884 | 4 794 793.65 |
| 2010 | 423 419 | 10 610 409.94 |

注：历年第三季度统计数据。

（六）托收承付

1990年4月1日，根据中国人民银行通知，决定恢复异地托收承付结算。

1995年1月1日，执行中国人民银行修订后的《异地托收承付结算办法》。

1997年12月1日，施行中国人民银行制定的《支付结算办法》。该办法做了某些修改：（1）托收承付结算每笔金额起点降为1万元。（2）规范了签发托收承付凭证必须记载的十大要素。（3）对付款人提出的拒绝付款的手续不全、依据不足、理由不符合规定的，银行不予受理。

## 二、委托收款

1994年9月26日，根据中国人民银行《关于完善委托收款办法》，规定办理委托收款必须凭已承兑的商业汇票、债券、存单等付款单位的债务证明，仅凭发票不能使用委托收款方式。

1997年12月1日，嘉兴市施行中国人民银行下发的《支付结算办法》。该办法做了修改补充：（1）签发委托收款凭证，必须完整记载7个要素，欠缺其中之一，银行不予受理；（2）银行接到寄来的委托收款凭证及债务证明，审查无误办理付款，没有付款期。

2003年中国人民银行嘉兴市中心支行出台了同城特约委托收款管理规定、缴费"一户（卡）通"业务实施细则。

表3-4-7　　　　　　　嘉兴市地方性金融机构委托收款业务量统计

| 年份 | 同城特约委托收款 | | 异地特约委托收款 | |
|---|---|---|---|---|
| | 笔数 | 金额（万元） | 笔数 | 金额（万元） |
| 2006 | 29 780 | 39 661.91 | 1 050 | 13 295.50 |
| 2007 | 31 236 | 34 127.31 | 2 411 | 48 429.68 |
| 2008 | 99 718 | 12 101.48 | 3 710 | 84 238.63 |
| 2009 | 27 455 | 565.78 | 6 719 | 90 210.04 |
| 2010 | 26 587 | 1 950.27 | 7 973 | 176 180.25 |

注：历年第三季度统计数据。

## 三、银行卡

1999年3月1日，为加强银行卡业务管理，防范银行卡业务风险，维护商业银行、持卡人、特约单位及其他当事人的合法权益，中国人民银行嘉兴市中心支行组织金融机构实施中国人民银行《银行卡业务管理办法》。

2000年11月8日，中国人民银行嘉兴市中心支行组织发卡金融机构执行中国人民银行《银行卡发卡行标识代码及卡号》和《银行卡磁条信息格式和使用规范》两项标准。过渡期为三年，2004年1月1日起，各类非标准的人民币银行卡必须退出国内市场。

2005年4月24日，为促进银行卡产业健康发展，推广普及银行卡，中国人民银行嘉兴市中心支行组织金融机构执行中国人民银行、发展改革委、公安部、财政部、信息产业部、商务部、税务总局、银监会、外汇局联合发文《关于促进银行卡产业发展的若干意见》。

2005年4月9日，由中国人民银行嘉兴市中心支行主办的嘉兴市"银行卡之春"宣传活动开幕式在嘉兴市建国路华庭街举行。

2005年6月16日，为改变银行卡受理市场发展不规范和建设滞后等突出问题，促进银行卡受理市场健康发展，中国人民银行嘉兴市中心支行发文《关于规范和促进银行卡受理市场发展的指导意见》。

2006年3月8日，为规范信用卡发卡和受理行为，保障银行资金安全，维护持卡人对信用卡支付的信心，促进信用卡业务健康发展，中国人民银行嘉兴市中心支行组织金融机构执行《中国人民银行 中国银行业监督管理委员会关于防范信用卡风险有关问题的通知》。

2006年7月14日，为确保农民工银行卡特色服务的顺利推广，中国人民银行嘉兴市中心支行组织金融机构执行《中国人民银行办公厅关于印发农民工银行卡特色服务推广工作实施方案的通知》。

2006年7月27日，为了改变农村地区支付结算基础设施相对滞后、支付结算方式单一、支付结算服务手段陈旧、非现金支付工具使用比重偏低等问题，提高农村地区支付结算服务水平，满足农村多层次的支付结算需求，充分发挥支付系统的效用和功能，促进农村经济金融和谐发展，中国人民银行嘉兴市中心支行组织金融机构执行《中国人民银行关于做好农村地区支付结算工作的指导意见》。

2006年，中国人民银行嘉兴市中心支行会同市发展改革委等部门制定《进一步发展我市银行卡产业的若干意见》，明确嘉兴市银行卡产业发展的指导思想和工作目标，提出措施，促进全市银行卡产业的健康发展。

2006年12月26日，为充分发挥农民工银行卡特色服务的政策效果，中国人民银行嘉兴市中心支行组织金融机构执行《中国人民银行办公厅关于进一步做好农民工银行卡特色服务工作的通知》。

2007年2月8日，中国人民银行嘉兴市中心支行组织金融机构开展银行卡亲情服务农民工活动。工商银行、农业银行、建设银行、交通银行、中信银行、浦发银行6家发卡行到农民工集聚地进行现场宣传、咨询、办卡服务。中央电视台2月12日《新闻联播》专门报道，并被杭州中心支行授予"优秀组织单位"称号。

2007年8月6日，为进一步规范银行卡境外受理业务，防止不法分子利用银行卡套现参与赌博和进行跨境非法资金转移等违法犯罪活动，促进银行卡业务健康发展，中国人民银行嘉兴市中心支行组织金融机构执行《中国人民银行关于加强银行卡境外受理业务管理有关问题的通知》。

2008年8月8日，中国人民银行嘉兴市中心支行组织金融机构执行《中国人民银行办公厅关于做好奥运期间银行卡安全支付保障工作的通知》。

2008年8月8日，中国人民银行嘉兴市中心支行组织金融机构执行《中国人民银行办公厅关于进一步防范奥运期间银行卡伪卡犯罪的通知》。

2009年4月1日，中国人民银行嘉兴市中心支行党委书记、行长王中佳陪同中国银联总公司许罗德总裁、杭州中支方志敏副行长赴海宁调研银行卡推广应用工作。

2009年7月16日，为建立联合防控银行卡违法犯罪长效机制，中国人民银行嘉兴市中心支行组织金融机构执行《中国人民银行办公厅、公安部办公厅关于成立联合整治银行卡违法犯罪办公室的通知》（以下简称《通知》）。

2009年8月31日，为进一步加大预防和打击银行卡犯罪力度，中国人民银行嘉兴市中心支行组织金融机构执行《关于贯彻落实〈人民银行、银监会、公安部、国家工商总局关于加强银行卡安全管理、预防和打击银行卡犯罪的通知〉的意见》（以下简称《意见》）。

2010年3月16日，为了了解《通知》和《意见》下发后银行卡各项工作的执行情况，排除银行卡市场存在的安全隐患和不规范的行为，净化用卡环境，中国人民银行嘉兴市中心支行组织金融机构执行《中国人民银行关于组织开展2010年全国银行卡市场专项检查工作的通知》。

2010年6月7日，为规范银行卡收单业务行为，维护良好的收单市场秩序，中国人民银行嘉兴市中心支行组织金融机构执行中国人民银行杭州中心支行《浙江省银行卡收单业务管理办法（试行）》。

表3-4-8　　　　　　　　嘉兴市地方性金融机构银行卡业务量统计

| 年份 | 存现 | | 取现 | | 消费 | | 转账 | |
|---|---|---|---|---|---|---|---|---|
| | 笔数 | 金额（万元） | 笔数 | 金额（万元） | 笔数 | 金额（万元） | 笔数 | 金额（万元） |
| 2006 | 65 692 | 128 778.52 | 304 095 | 166 054.85 | 19 468 | 3 199.96 | 148 633 | 26 194.33 |
| 2007 | 119 603 | 240 290.47 | 500 807 | 305 800.59 | 67 607 | 10 483.66 | 143 188 | 126 908.83 |
| 2008 | 183 970 | 394 613.19 | 769 591 | 665 409.58 | 100 497 | 90 474.86 | 151 682 | 494 803.88 |
| 2009 | 404 754 | 534 625.98 | 1 529 360 | 738 097.67 | 138 527 | 178 193.07 | 183 565 | 1 194 337.37 |
| 2010 | 531 380 | 874 917.88 | 2 260 936 | 1 588 609.53 | 204 781 | 355 645.48 | 168 817 | 1 103 204.49 |

注：历年第三季度统计数据。

## 第三节　联行往来和清算

1985年，为适应银行信贷资金管理领域实行的"统一计划、划分资金、实贷实存、相互融通"的变革措施，中国人民银行将自己主办的"大联行"改为各专业银行自成联行系统、跨行直接通汇清算。1987年，中国人民银行将自身资金和各专业银行之间的资金进行了界定，以扭转资金相互占用的状况。

1989年，经国务院批准，中国人民银行开始着手开发建设以专用卫星通信网为依托的全国电子联行系统，并于1991年4月1日投入试运行，大大提高了清算效率、减少了在途资金、加速了资金流转速度。

1993年1月3日，执行中国人民银行《关于在部分城市银行实行电子联行试运行的通知》和《全国电子联行往来制度（试行本）》，中国人民银行电子联行利用卫星通信网，在天上传递信息采用"星形结构、纵向往来、随收随发、当时核对、每日结平、存欠反映"的基本做法。中国人民银行嘉兴市分行作为第四批电子联行试运行的人民银行二级分行，开始电子联行试运行。

1994年7月25日，中国人民银行浙江省分行正式办理区域联行往来业务，确定53家城乡信用社为区域联行往来系统首批经办行，嘉兴市嘉工城市信用社、海宁市周镇信用社、嘉善县魏塘城市信用社等3家机构参加区域联行往来。

1995年9月11日，中国人民银行嘉兴市分行所辖海宁、桐乡支行列入全国第八批电子联行试运行单位。

1996年12月6日，执行中国人民银行《电子联行到县业务处理暂行规定》，规定中国人民银行县级支行运用电子联行业务，一律使用统一的电子联行密押卡。

自1999年1月1日起，启用电子对账系统进行联行往来对账处理，以自动对账系统对账结果作为核对依据，往账报告表及附件作为事后核查依据及会计档案由发报行予以截留。

1999年2月25日，中国人民银行下发《关于进一步做好电子联行"天地对接"工作的通知》，规定中国人民银行办理电子联行业务必须采取逐笔实时的资金清算方法，资金不足清算的往账业务，实行清算排队、日终退回的方式处理。

2001年9月1日起，取消工行、农行、中行、中信行内50万元以上大额汇划款项必须通过人行转汇的规定，其汇划业务可通过各行行内电子汇兑系统办理。

2001年10月25日，为加强中央银行会计核算系统的安全管理功能，针对核算系统安全现状调查中反映的问题，启用中央银行会计核算系统5.0版。

自2002年1月1日起，中国电信集团公司取消银行汇款"K"类电报，人民银行全国联行电划贷记业务采用普通电报拍发。

2002年2月21日，实行新的邮政汇兑资金调拨清算方式，同时启用国家邮政局电子汇兑清算中心在人民银行营业管理部开立的邮政电子汇兑资金清算账户。

取消所辖5县（市）支行的全国联行和电子联行行号和电子联行小站，各县（市）支行全国联行和电子联行往来账业务均由中国人民银行嘉兴市中心支行承接办理，统一使用嘉兴市中心支行联行行名、行号，并加带各县（市）支行的两位识别序号，于2002年2月1日起生效。

自2002年2月1日起，嘉兴市辖区正式运行会计"四集中"系统，执行中国人民银行上海分行《会计集中核算管理暂行规定》、《会计集中事后监督管理暂行方法》、《联行查询查复集中管理暂行办法》、《会计档案集中管理暂行办法》以及《会计集中核算业务操作规程》。

2002年6月1日，中国人民银行嘉兴市中心支行所辖县（市）支行停止参加当地的同城票据交换。

2002年8月15日，取消交通银行行内50万元以上大额汇划款项必须通过人行转汇的规定，汇划业务可通过各行行内电子汇兑系统办理。

2005年4月18日，嘉兴市正式上线运行中央银行会计集中核算系统。集中核算系统是中国人民银行采用集中核算方式处理会计业务的计算机网络系统，通过与支付系统连接，为金融机构提供清算服务，并办理人民银行内部资金汇划业务。

2005年10月17日，根据中国人民银行会计核算业务的变化以及大额支付系统运行情况，结合嘉兴实际情况，中国人民银行嘉兴市中心支行停止参加同城票据交换，对票据交换和清算工作仍负有组织、协调和管理职能。

2005年12月19日，浙江省内邮政储蓄老转存款转出。

2006年9月1日，嘉兴全辖停用划款专用凭证。

2008年6月9日，中国人民银行嘉兴市中心支行及所辖县（市）支行正式启用新版浙江省同城票据交换清算系统。新版浙江省同城票据交换清算系统采用"票据分片交换、信息集中交换、资金统一清算"模式，即各交换单位的票据信息通过其省级管辖行发送至杭州金融清算中心集中处理，票据清算资金在其市级管辖行开立在中国人民银行嘉兴市中心支行营业部的账户中进行清算。

## 第四节 支付系统

### 一、人民币跨行支付系统

2002年9月9日，为了正确办理支付业务，中国人民银行嘉兴市中心支行组织金融机构执行《大额支付系统业务处理办法（试行）》、《大额支付系统业务处理手续（试行）》及《大额支付系统运行管理办法（试行）》。明确大额支付系统处理的支付业务暂不设定金额起点。各金融机构发起的异地跨行贷记业务应通过大额支付系统办理。

2003年承办市政府"一户（卡）通"实事工程。

2003年9月19日，为适应我国银行业的发展和中国现代化支付系统建设的推广应用，中国人民银行嘉兴市中心支行组织金融机构执行《中国人民银行关于颁发支付系统银行行别、行号业务标准的通知》。

2003年9月25日，为加强大额支付系统的清算管理，防范银行流动性不足支付风险，中国人民银行嘉兴市中心支行组织金融机构执行《中国人民银行关于加强大额支付系统清算管理的通知》。

2004年1月12日，为改进支付清算服务，发挥中央银行支付清算系统的基准费率的作用，促进支付系统的建设和业务发展，中国人民银行嘉兴市中心支行组织金融机构执行《中国人民银行办公厅关于调整支付清算系统收费标准的通知》。

中国人民银行决定城市商业银行银行汇票处理系统于2004年10月18日接入大额支付系统，为确保接入工作顺利进行，加强城市商业银行银行汇票业务的管理，2004年10月12日，中国人民银行嘉兴市中心支行组织城市商业银行执行《城市商业银行银行汇票业务依托大额支付系统处理办法（试行）》和《城市商业银行银行汇票处理系统接入支付系统流程和应急方案》。

2004年10月27日，为合理确定农村信用社接入支付系统方式，畅通农村信用社支付结算汇路，促进其改革和业务发展，更好地改进农村金融服务，中国人民银行嘉兴市中心支行组织农村信用社执行《中国人民银行关于农村信用社接入支付系统的指导意见》。

2005年5月29日，中国人民银行嘉兴市中心支行组织全市金融机构正式上线运行小额支付系统。嘉兴市先行开通与百姓生活消费密切相关的五类业务，包括普通贷记、定期贷记、普通借记、定期借记、通用信息业务等。

2005年，嘉兴市顺利上线运行"三大系统"，加速了社会资金的周转。中国人民银行嘉兴市中心支行获得了三大系统建设竞赛业务组"先进集体"和技术组"优胜集体"的荣誉。

2005年12月8日，为规范自动质押融资业务，加强银行体系流动性管理，提高清算效率，防范和化解支付风险，中国人民银行嘉兴市中心支行组织金融机构执行《中国人民银行自动质押融资业务管理暂行办法》。

2005年11月5日，为保障小额支付系统的正常运行，正确办理支付业务，防范支付风险，中国人民银行嘉兴市中心支行组织金融机构执行《小额支付系统业务处理办法（试行）》、《小额支付系统业务处理手续（试行）》、《中国现代化支付系统运行管理办法（试行）》。

2006年2月5日，为规范小额支付系统质押业务管理，明确当事各方的权利、义务和责任，中国人民银行嘉兴市中心支行组织金融机构执行《小额支付系统质押业务管理暂行办法》、《小额支付系统质押业务主协议》。

2006年，嘉兴市顺利实现了小额支付系统上线运行。中国人民银行嘉兴市中心支行组织银行机构出台了《支付清算业务考核办法》，加强了对金融机构支付清算业务的考核管理。

2006年9月27日，为便于各地票据交换所及银行业金融机构选择合理的方式接入影像交换系统办理业务，中国人民银行嘉兴市中心支行组织金融机构执行《中国人民银行办公厅关于票据交换所及银行业金融机构接入全国支票影像交换系统的指导意见》。

2006年11月9日，中国人民银行嘉兴市中心支行组织金融机构执行《中国人民银行办公厅关于印发全国支票影像交换系统业务处理及系统运行有关管理规定的通知》。自全国支票影像交换系统上线之日起试行。

2006年11月23日，中国人民银行嘉兴市中心支行组织金融机构执行《全国支票影像交换系统数字证书管理办法（试行）》。

2007年，嘉兴市全国支票影像系统、公民身份联网核查系统、账户管理系统二期、支付管理信息系统、小额支付系统跨行通存通兑业务"五大系统"上线运行。

2007年，中国人民银行嘉兴市中心支行组织金融机构在省内率先实现了"核算整体上收、票据分片交换、信息集中处理、资金统一清算"为模式的会计核算业务流程改革，成为浙江省全面推进会计改革的典型案例。

2007年4月6日，为规范人民银行支付管理信息系统数字证书管理，中国人民银行嘉兴市中心支行组织金融机构执行《支付管理信息系统数字证书管理办法（试行）》。

2007年4月17日，为规范支付管理信息系统的使用和运行管理，确保系统的安全、高效、稳定运行，中国人民银行嘉兴市中心支行组织金融机构执行《支付管理信息系统管理办法（试行）》。

2007年6月22日，为确保2007年10月8日顺利推广小额支付系统通存通兑业务，中国人民银行嘉兴市中心支行组织金融机构执行《中国人民银行关于印发小额支付系统通存通兑业务制度办法和工程实施计划》。

2007年8月10日，为保障支付清算系统安全、稳定运行，逐步提高支付清算系统应对突发事件危机处置能力，中国人民银行嘉兴市中心支行组织金融机构执行《支付清算系统危机处置预案》。

2007年10月22日,为规范银行业金融机构加入、退出支付系统的行为,防范支付风险,保障支付系统安全稳定运行,中国人民银行嘉兴市中心支行组织金融机构执行《银行业金融机构加入、退出支付系统管理办法(试行)》。

2008年3月13日,为规范浙江省集中代收付系统的运行管理和业务处理,确保系统安全、稳定、高效运行,中国人民银行嘉兴市中心支行组织金融机构执行《浙江省集中代收付系统业务处理办法(试行)》、《浙江省集中代收付系统运行管理办法(试行)》、《浙江省集中代收付系统业务处理手续(试行)》。

2008年8月8日,为进一步改进奥运期间支付清算工作,切实改进支付服务,中国人民银行嘉兴市中心支行组织金融机构执行《中国人民银行办公厅关于做好北京奥运会期间支付清算工作有关事项的紧急通知》。

2008年10月25日,为进一步规范浙江省银行业金融机构以间接参与者身份申请加入、退出支付系统的行为,防范支付风险,保障支付系统安全、稳定运行,中国人民银行嘉兴市中心支行组织金融机构执行《关于加强浙江省银行业金融机构间接参与者加入、退出支付系统管理的补充通知》。

2010年4月2日,中国人民银行嘉兴市中心支行组织金融机构执行《中国人民银行办公厅关于调高小额支付系统贷记业务金额上限的通知》。该通知规定自2010年5月4日起,小额支付系统普通贷记和定期贷记业务金额上限由2万元上调到5万元。

2010年5月5日,为确保世博期间支付清算系统安全稳定运行,中国人民银行嘉兴市中心支行组织金融机构执行《关于加强世博期间浙江省同城票据交换清算系统运行管理的通知》。

中国人民银行决定在2010年6月10日至8月11日组织网上支付跨行清算系统的联调业务测试,2010年6月13日,中国人民银行嘉兴市中心支行组织金融机构执行《中国人民银行办公厅关于做好网上支付跨行清算系统联调测试工作的通知》。

2010年9月10日,中国人民银行嘉兴市中心支行组织金融机构执行《关于杭州金融清算中心通过小额支付系统办理集中代收付业务的通知》。

2010年9月3日,为规范网上跨行支付清算系统的业务处理,保障系统安全、稳定、高效运行,加速资金周转,防范支付风险,中国人民银行嘉兴市中心支行组织金融机构执行《中国人民银行办公厅关于印发网上支付跨行清算系统相关管理办法的通知》。

表3-4-9　　　　　　　　　　嘉兴市金融机构支付系统业务量统计

| 年份 | 大额支付系统 | | 小额支付系统 | | 支票影像系统 | |
|---|---|---|---|---|---|---|
| | 笔数 | 金额(万元) | 笔数 | 金额(万元) | 笔数 | 金额(万元) |
| 2005 | 888 634 | 24 596 435.63 | — | — | — | — |
| 2006 | 1 871 141 | 80 260 230.27 | 18 550 | 576 082.34 | — | — |
| 2007 | 2 348 465 | 113 324 496.78 | 1 074 116 | 13 030 415.71 | 168 405 | 825 069.75 |
| 2008 | 3 152 615 | 148 014 270.34 | 2 763 728 | 28 626 734.94 | 612 177 | 3 157 491.84 |
| 2009 | 3 468 244 | 172 223 986.79 | 4 774 319 | 117 816 174.29 | 588 667 | 2 863 887.95 |
| 2010 | 4 312 604 | 272 100 858.91 | 6 478 730 | 52 655 6871.4 | 607 166 | 3 380 962.94 |

## 二、境内外币支付系统

2008年4月21日，中国人民银行嘉兴市中心支行组织金融机构执行《中国人民银行关于确定境内外币支付系统代理结算银行的通知》。该通知明确中国工商银行为欧元、日元代理结算银行，中国银行为美元代理结算银行，中国建设银行为港元代理结算银行，上海浦东发展银行为英镑、澳大利亚元、加拿大元、瑞士法郎代理结算银行。

境内外币支付系统采用数字证书进行身份验证，以保证业务数据安全可靠。为做好数字证书申请工作，2008年4月23日，中国人民银行嘉兴市中心支行组织金融机构执行《中国人民银行办公厅关于做好境内外币支付系统数字证书申请工作的通知》。

2008年4月24日，为加强境内外币支付系统的管理，保障境内外币支付系统的安全、稳定、高效运行，中国人民银行嘉兴市中心支行组织金融机构执行《境内外币支付系统管理办法（试行）》。

2008年5月16日，为加强境内外币支付系统的运行管理，中国人民银行嘉兴市中心支行组织金融机构执行《境内外币支付系统运行管理规定（试行）》。

2008年5月29日，为加强境内外币支付系统业务处理，确保外币支付业务准确、完整、及时办理，中国人民银行嘉兴市中心支行组织金融机构执行《境内外币支付系统业务处理规定（试行）》。

2008年4月24日，为加强境内外币支付系统代理结算银行的管理，确保境内外币支付系统的安全、稳定、高效运行，中国人民银行嘉兴市中心支行组织金融机构执行《境内外币支付系统代理结算银行管理规定》。

2008年10月29日，为提高应对境内外币支付系统危机的能力，规范境内外币支付系统危机处置程序，保障外币支付业务的连续性和社会资金的安全，中国人民银行嘉兴市中心支行组织金融机构执行《境内外币支付系统危机处置预案（试行）》。

# 第五节　各银行机构支付结算业务的发展

## 一、中国工商银行嘉兴分行

2009年7月，制定实施《中国工商银行嘉兴分行人民币单位结算账户集中管理实施细则》，提出了实施单位账户集中管理改革，集中管理人民币单位结算账户的开户、变更、销户等环节。全市61家网点7月21日完成全市账户集中管理工作，顺利实施人民币账户集中管理。

2010年以"商城通，转账汇款好轻松"为主题开展"商城通"现金管理服务推广活动，针对电话通特约商户推出"商城通"产品，通过整合"财智账户卡"、"公私联通"、企业网上银行等创新产品功能，形成"商城通"现金管理服务方案，为客户提供更为个性化的金融服务。截至2010年11月底，在中国人民银行账户管理系统中登记的单位银行结算账户数达到26 960户，存量四行占比达33.83%，账户增量四行占比达61.96%，取得四行占比双第一的优异成绩。

跨境贸易人民币结算取得突破。2010年6月24日，工行嘉兴分行为一家韩资企业办理了首笔跨境人民币支付业务，该笔人民币结算上午通过工行嘉兴分行支付给其韩国客户后，下午对方韩国客户就收到了该笔款项。2010年12月某企业向工行嘉兴分行申请办理出口打包贷款业务，在贷款余额和外债指标限制下，工行充分利用跨境人民币出口代付业务不占用工行资金、不增加外债规模、国外银行人民币报价低的优势，大力推广该业务，并及时向国外银行询价，在收到国外银行报价加上该行收益后，客户的融资成本反而比以前降低。

适应网络技术发展，大力推广网上银行支付结算业务。2006年6月22日，工行嘉兴分行联手邮政局开通网络生活用品超市，持有牡丹信用卡客户只要登录工商银行网站，注册一个账号，便可预订到所要购买的商品。

2007年初推出网上银行电子速汇业务。电子速汇是指个人客户通过工行网上银行、电话银行、自助终端等电子银行渠道自助办理工行机构间转账汇款业务，通过自助渠道还能办理跨行汇款。电子速汇业务具有随时随地、范围广、到账快、功能强等优势特点。适合所有客户使用。

2009年5月，与麦包包公司合作推出电子商务业务，并通过工行网点宣传，提升了该公司的知名度，其在线支付业务量从业务推出前的每月十几笔增加到月均200多笔。

2009年9月，联手嘉兴市电子商务协会，成功与嘉兴食品龙头企业"五芳斋"建立了电子商务支付平台，为嘉兴粽子的网络化销售提供了强大支持。

2009年11月20日，工行嘉兴分行和麦包包皮具公司合作，成功投产了该行第一家网上银行B2C分期付款业务，从而使该行从普通商场消费分期付款方式延伸至网上购物分期付款。该业务一推出就受到了广大网购客户的青睐，成为嘉兴地区电子商务发展的又一新亮点。

2009年10月，工行嘉兴分行在为GM这家全国性大型的乳业销售、配送公司提供网上银行收费站业务后，为公司准备了收款管家卡的服务方案，公司开立若干收款管家卡并由公司分发给各零售点和配送人员使用交款，做到了公司资金及时回笼，又可分清各零售点和配送人员的交款明细。这款为企业量身定制的产品得到高度评价。

为适应业务发展的需要，有效控制业务风险，积极引导个人网上银行客户申领客户证书，工商银行自2004年2月1日起调整了个人网上银行无证书客户对外转账交易限额、B2C交易限额，以及B2C特约网站退货交易有效期等参数。个人网上银行无证书客户对外转账与个人汇款（行内汇款、跨行汇款）单笔交易限额由10 000元调整为5 000元，当日累计交易限额由30 000元调整为10 000元；B2C单笔交易限额由10 000元调整为5 000元，当日累计交易限额由30 000元调整为10 000元。使用证书的客户办理网上银行业务不受上述交易限额限制。逐步下调无证书客户的B2C等支付交易的限额，最终实现B2C、个人汇款等对外支付交易必须凭客户证书办理。将B2C特约网站退货交易有效期限由360天调整为90天。

## 二、中国农业银行嘉兴分行

农行嘉兴分行20世纪80年代就拥有汇兑、托收承付、银行汇票、银行本票、支票、三省一市结算等较为完整的结算工具和跨行结算、农行内部结算等相当完备的支付系统。随着科技的发展，结算更加快捷、方便。

1991年计算机已经在农行嘉兴市分行的营业网点得到了广泛应用。对公储蓄业务在同城实现了联网。

1995年储蓄实现远程终端联网，基本实现全嘉兴市范围内的通存通兑，并开始实施全省农行系统（AS/400）联网工程，当年有3个储蓄所进入了AS/400网络。

1996年正式开通了全国联行电子汇兑业务和省辖联行电子汇兑业务，使农行开户企业跨省、跨市（地）的资金汇划得以24小时到账抵用，减少了资金汇划的在途时间，提高了客户的资金使用效益。

1998年中国农业银行嘉兴市分行营业网点的人民币对公、信用卡系统和本外币储蓄业务全部纳入了AS/400网络，使该行从微机时代进入小型机时代。实现全省农行客户间的资金汇划实时到账。

2003年开办了个人网上银行业务和企业网上银行业务，当年实现交易额达4.8亿元，使客户在办公室、家里都可以办理资金划拨、查询等银行业务；2005年开办了电话业务；2009年开办了手机银行、电子商务业务；2010年开办了个人资金归集、个人自动转账业务。

2004年推广上线现金管理系统。当年完成了通信公司、电信公司、嘉吉饲料、移动公司、联通公司、联连科技、烟草等七个系统客户的现金管理系统上线工作，落实了景兴纸业集团公司和桐昆集团现金管理系统上线意向。

2005年全国农业银行的业务系统全部启用总行版的ABIS系统，从而结束了各省使用自行开发的业务系统的历史，实现了全国农行业务结算的大联网和数据集中统一处理。

2010年相继推出了大小额支付系统、漫游汇兑系统、"全国支票影像交换系统（直联式）"、"电子商业汇票系统"、"结算业务套餐"等新系统。

### 三、中国银行嘉兴市分行

1995年上半年，中国银行嘉兴市分行顺利实现了区域同城通存通兑，并在市行本级储蓄网点完成了PC-486电脑与小型机的转换。到1996年8月，全辖开通了收付清算系统网络，使该行成为全国中行系统首家在全辖联网使用收付清算系统的市地行。

1998年，在全辖开通了通存通兑业务，并利用数据集中处理的机会，开办了一柜通业务，方便了客户存取款和结算业务。

2000年10月，停止全国手工联行往来业务，开通电子联行系统。

2001年9月，取消省辖手工联行往来业务，投产支付汇兑系统。

2002年1月，经人民银行验收，正式加入嘉兴市电子联行"天地对接"系统。

2006年，配合省分行共完成了小额支付系统、查询查复系统的全辖投产以及部分RTS系统的推广投产工作，进一步提高了全行的支付清算能力、风险控制能力和客户服务能力。当年新投产的小额支付系统往来业务量为24 098笔，日均笔数为2 065笔。

2007年，积极探索和推广新的票据交换集中处理模式，投产了新版同城票据交换清算系统，实现了"票据当地交换、信息集中处理、交换资金全辖集中清算"的处理模式，既节约了资金管理成本，又降低了操作风险。同时实现了包括投产客户信息补录系统、全国支票影像交换系统、国内对公支付结算电脑验印系统等成功上线。

2009年2月，全辖各网点全面投产RTS系统（省分行集中清算系统），增强基层网点的市场竞争能力，提升客户服务水平，提高了资金汇划效率。并实现票据交换系统在市本级正式投产，新系统上线后，票据交换账务由原先的手工挂账改为系统根据柜员录入的交换数据自动生成，进一步提高了系统操作及风险监控的有效性。6月，该行在前台推广应用电子验印系统，投产前台验印模块。12月，根据省分行《关于中国银行浙江省分行二级分行公司金融架构整合有关工作的通知》（浙中人〔2009〕50号文件）要求，对业务部国内结算条线进行职能整合。

2009年7月，中国银行嘉兴市分行根据中国银行浙江省分行《关于收取银行承兑汇票业务专项咨询费的通知》（浙中司发〔2009〕116号）要求拓展承兑业务延伸服务，在开展银行承兑汇票相关业务时，不断提高服务水平，加强对企业办理银行承兑汇票业务的咨询服务。除咨询、融资服务方案设计以外，为拓展服务空间，免去客户保管实物票据的风险，增加向客户提供票据保管业务，为客户提供一揽子服务，提升服务价值，并提高承兑业务的综合效益。

2010年6月，中国银行嘉兴市分行完成了电子商业汇票系统的投产工作，系统投产后，电子商业汇票与纸质商业汇票业务将并行开展，全面革新了商业汇票的记载形式。

### 四、中国建设银行嘉兴分行

建设银行嘉兴分行自1991年以来按照国家结算业务法规，开展银行结算业务。1996年1月1日起《中华人民共和国票据法》实施，1997年10月1日、12月1日相继执行《票据管理实施办法》、《支付结算办法》。2002年完成会计业务量1 343万笔、出纳现金收付640多亿元，实现各类会计结算业务收入357万元。2003年4月10日起执行人民银行颁发的《人民币银行结算账户管理办法》新规，在全行范围进行账户清理和培训；2004年拓展银行承兑汇票承兑、贴现、保函等结算业务，新增两个网点开办三省一市汇票，当年办理银行承兑业务1 331笔，金额9.01亿元；至2007年办理人民币支付结算业务已达119万笔。2008年以来，不断推出资金结算产品，构建了以"收付款产品"、"流动性管理产品"、"信息报告产品"、"对公投资理财产品"为产品主线，辅以"行业现金管理解决方案"的资金结算产品体系；2010年实现单位人民币结算业务收入9 509.35万元，全年人民币收付金额1 485.6亿元，现金投放6.4亿元。2010年底，该行全辖账户管理总户数达16 279户，其中：基本存款10 130户、一般存款4 409户、临时存款667户、专用存款1 073户。

1991年储蓄、会计MIS 2.0和信用卡三个系统上线，1995年城综网上线，实现全市联网；1997年，建行嘉兴市分行双大结算系统会计核算程序运行；1998年完成全省统一的城综网上线；2002年5月18日综合柜面系统（城综网优化系统）在该行平稳顺利上线；2004年7月26日起启用总行数据集中系统。

2005年5月财政集中支付系统（嘉兴版）切换上线，2008年省级地方版上线。2005年9月，浙江建设银行开发用于数据集中系统（CCBS）的"柜员身份指纹认证系统"在建行嘉兴分行试点运行。2008年4月，CCBS系统取消柜员密码优化版本顺利切换上线。2006年5月，完成省分行委托的登记簿管理系统的开发、测试及流程的编写工作，并率先进行试运行，后协助登记簿系统在全省推广上线进行系统初始化、培训、答疑和指导等。

2006年5月小额支付系统上线工作，缩短了跨系统资金结算、清算的速度。2007年，人民币银行结算账户管理系统（二期）、出纳管理系统、全国支票影像系统、A+P个贷系统、同城票据清算系统（2007.9.13）、柜员权限及转授权系统、调整柜员职责和柜员卡系统等八个新系统和优化版本在该行成功上线。

2007年12月17日，该行作为省分行指定的试点行，柜员权限及转授权系统、调整柜员职责和柜员卡系统优化版本率先在海盐、秦山试点运行，试运行后在全省、全国推广。2008年该行完成10个新系统的上线、两个系统的功能优化上线、银行本票业务和小额支付系统华东三省一市银行汇票业务的开办，并根据运行情况，对后续有关事项进行了梳理，完善操作流程。2008年9月完成了全市新版同城票据清算系统的上线，使提入贷记业务实现自动入账成为现实，为交换的电子化打下基础。2008年11月20日财税库行联网系统在该行成功上线。

为确保奥运期间自助设备运营安全，提高自助设备的监控及响应效率，2008年8月，该行自行开发的自助设备故障短信通知平台试运行，以提高自助设备的故障处理速度，并对自助设备故障短信通知平台试运行情况进行跟踪，下发故障类型、原因的分析及提示。

2009年，浙江建行区域特色平台批量代收付系统在该行试点上线，并在全省推广，另外还完成了支行代理地方财政集中支付系统、ATM流水查询分析系统和ATM故障提示信息发布系统、公积金贷款A+P系统、鑫万佳验印系统、省分行区域特色平台系统（该行14个子系统）、财税库银联网系统、国内信用证系统等二十九个新系统的上线。2010年11月，自动回单箱系统在该行试点上线。

2001年12月，建设银行嘉兴市分行所属的支行全部开通"天地对接"电子联行业务，经中国人民银行现场验收，自2002年1月起正式加入嘉兴市电子联行"天地对接"系统，其跨系统汇划款项均可通过中国人民银行清算和转汇。2002年共有10个支行加入"天地对接"系统。2004年该行运行中心进入"天地对接"系统。

根据OCR系统上线计划，2006年8月，建行嘉兴分行完成全市所有网点上线工作，实现了全市稽核集中。

2000年起分理处以上网点逐步推行综合柜员制，2002年实行综合柜员制的网点44个，占对公、对私本外币一体化网点的97.8%。2003年1月1日起，对该行依托综合柜面系统进行本外币对公、对私一体化核算的综合对外营业机构，全面推行综合柜员制。

截至2005年，完成客户对账统一集中到市分行，实现了对账的前后台分离，同时实现了金库、重要空白凭证、交换集中提入集中提出、银联POS清算资金的集中入账、印鉴扫描的集中、检查辅导的扁平网点集中、贴现业务的核算集中、承兑汇票业务的核算集中和贷款额度信息维护的集中，使前台操作简单化、工序化。

2008年顺利完成了全市支行核算组撤并营业部工作。为整合和优化业务流程，节约人力资源，通过业务整合、流程调整，顺利完成了六个支行核算组与支行营业部的合并工作，使节约的人员充实到急需和重要的业务岗位。

2010年实现建行嘉兴分行和嘉善支行所有离行式ATM及本级部分附行式ATM的集中加钞

维护工作，至12月底已集中40台。

2002年3月15日起，取消50万元以上大额汇划款项必须通过中国人民银行转汇的规定，其汇划业务可通过该行行内电子汇兑系统办理。2003年为住房资金管理中心扣收公积金业务采用特约委托收款，并在全市范围内对联通电信资费业务实现自动扣款。2003年3月30日（星期日）起，停止使用两联式现金交款单，启用新版单联式现金交款单。

2003年4月开通点对点现金通兑业务；2004年1月1日起该行在全市范围内正式开办国内信用证业务。2005年上半年该行实现全辖汇划业务的自动编核押。2008年5月8日银行本票业务在该行正式开办。

2009年实施对公账户的后台集中管理，完成了全市绝大部分网点的对公账户开户集中管理工作，各县支行网点对公账户管理也已收归后台集中管理。2009年8月国内信用证业务系统上线运行，同年12月资金结算产品新增现金管理系统、推广电子回单柜业务；2010年4月资金结算产品新增人民币对公一户通。

2010年专门组建结算产品专家队伍，加大资金结算产品的培训，电子回单箱用户新增3 591户、实现中间业务收入240.12万元，国内信用证相关业务共19个客户、40笔，实现中间业务收入为14.03万元，现金管理系统客户新增10户，中间业务收入超万元，新推的对公一户通已有11家单位使用、资金沉淀达2.4亿元；对公通存通兑业务新增638户，实现中间业务收入81万元。

## 五、交通银行嘉兴分行

交通银行嘉兴分行自1994年以来按照国家结算业务法律法规，逐步形成了以中国人民银行跨行支付系统为核心，行内支付系统为基础，票据支付系统、银行卡支付系统、境内外币支付系统等为重要组成部分的结算支付清算网络体系。1996年1月1日起执行《中华人民共和国票据法》，1997年10月1日、12月1日相继执行《票据管理实施办法》、《支付结算办法》。2003年执行《人民币银行结算账户管理办法》新规，在全行范围内进行账户清理和培训。2005年以来，不断推出资金结算产品，积极配合第三方存管、财税库行、理财产品、股指期货、黄金代理买卖、汇丰现金合作、盈通账户、港股直通车、电子票据等新业务、新产品，配套制定了会计核算办法和业务操作流程，开发了核心账务系统相关交易和功能。2010年完成会计业务量330万笔、出纳现金收付量281亿元、实现各类结算业务收入1 663万元，同比2008年分别增加12%、16%、65%。截至2010年底，全辖账户管理总户数达5 861户，其中：基本存款2 712户，一般存款2 958户，专用存款175户，临时存款16户。

交通银行嘉兴分行人民币结算业务系统主要经历了单机版业务系统、综合业务系统、大集中核心账务系统三个主要发展阶段，依托人民银行支付清算网络体系和总分行结算业务处理系统，努力提升"营运安全、操作高效、服务优质"这一会计结算条线核心价值，不断提高资金结算效率，推动金融服务创新，满足客户多样化需求。

1997年12月1日起，交通银行嘉兴分行系统内50万元以上（含）的大额汇划款项通过人民银行清算资金和转汇。

1999年6月22日，参加上海区域性票据交换业务，进一扩大支票使用范围。

2002年2月11日，正式加入嘉兴市电子联行"天地对接"系统，其跨系统汇划款项均可通过人民银行清算和转汇。

2002年7月29日，正式上线综合业务处理系统。该系统是以中央会计系统为核心，以客户管理和公共控制信息为基础，以综合柜员制为操作形式，以面向业务操作为基本内容的全行本外币核算一体化的新型业务处理系统。

自2002年8月15日起，交行嘉兴分行系统内50万元（含）以上大额资金汇划取消通过中国人民银行转汇的规定，一律通过交通银行行内电子汇兑系统办理。

自2004年4月1日起，交行嘉兴分行签发的跨系统银行汇票由中国工商银行代理兑付。

2005年2月28日，正式上线大集中核心账务系统（一期）。数据大集中工程是交通银行各项改革与发展的重要组成部分，该工程的推广上线采用了金融界史无前例的3+2模式，在统一处理平台下，实现业务一体化操作，通过优化核算流程、资金汇划流程、业务操作流程、日终处理流程和报表生成流程，实现多重管理目标。同时系统的可扩展性又为业务创新、交叉销售、差别化服务创造了有利条件。

自2005年5月12日起，正式上线人民币银行结算账户管理系统，人民币银行结算账户的清理核实工作也正式启动。

2005年6月27日，正式上线大额支付系统。

2006年1月21—22日，正式上线大集中工程事后监督系统（二期）。

2006年2月9日，同城交换系统与人民银行实现网络实时传输。

2006年5月29日，正式上线小额支付系统。

2006年8月6日，正式上线大集中核心账务系统（二期）。

2007年6月底，正式上线运行联网核查公民身份信息系统。

自2007年10月29日起，退出上海区域性票据交换业务。

2008年5月8日，正式上线小额支付系统银行本票业务。截至2010年，共签发25 764笔，合计金额32.94亿元。

2008年12月1日，正式上线小额支付系统华东三省一市银行汇票业务，辖内9家支行第一批上线。上线6个月内共签发4 462笔，合计金额55.21亿元，共兑付4 459笔，合计金额52.37亿元。

2009年6月25日，正式上线全国支票影像交换系统。截至当年7月15日，共提出提入支票196笔，合计金额896.56万元。

根据中国人民银行颁布的《票据法》、《票据管理实施办法》、《支付结算办法》、《人民币银行结算账户管理办法》、《电子支付指引》等支付结算法规制度体系基础，交行嘉兴分行开办的各类人民币结算业务品种齐全，手续方便，特色鲜明，满足了社会各界对支付结算业务多样化的需求。

1994年交行嘉兴支行开业后，即可办理支票、银行汇票、银行本票、商业汇票、委托收款、汇兑等基本结算方式。

1994年12月5日，经交通银行上海分行批复同意（沪交银〔1994〕1765号），开始办理银行承兑汇票业务。

自1997年1月1日起，办理的交行系统内银行汇票、委托中国人民银行代理解付的银行汇票及华东三省一市银行汇票一律使用计算机签发。

自2005年4月8日起，正式受理浙江省辖银行汇票。

2005年8月，正式上线嘉兴市缴费"一户通"系统。

自2005年8月1日起，开始受理现金代缴杭州师范学院学生学杂费。

2005年9月，正式开办代理汇丰银行异地资金支付结算业务。汇丰银行委托该行分支机构代理其客户在中国大陆境内的人民币异地资金汇划业务。

2007年9月，与中国邮政储蓄银行开展人民币存量信贷资产转售与新增贷款合作业务会计处理，截至2007年底共转让同业贷款余额2.56亿元。

自2008年1月17日起，正式受理地税缴费对公对私委托扣收签约业务。

2009年3月，开办单位结算账户通存通兑业务，截至10月共有252户单位结算账户申请开通。

2009年4月，为满足交行高端客户的个性化需求，推出"沃德尊票"业务，一种由沃德客户（即出票人）签发的委托交行在见票时无条件支付确定的金额给收款人的新型结算工具。

2009年7月3日，交通银行嘉兴嘉善支行代理嘉善县财政非税收入业务系统成功上线，成为浙江省交行范围内首家代理财政非税收入业务的县域支行，当天共办理代理业务17笔。

2009年8月10日，与浙江省分行合作开发的代收嘉兴职业技术学院学费的"银校通"项目正式上线，通过该系统嘉兴职业技术学院学生能在全省除宁波分行以外的交通银行各网点办理缴费业务。

自2009年11月2日起，与江苏常熟农村商业银行共同开办"柜面通"业务。自2010年4月1日起，开办代理平安信用卡还款业务。通过合作有效拓展了交行客户办理业务的范围，为与同业银行业务联动创造有利条件。

2010年7月28日，交通银行嘉兴开发区支行和嘉兴市嘉港合成材料有限公司成功办理首笔电子商业汇票签约业务。截至8月31日，分行公司条线电子票据签约客户数净增75户。电子商业汇票的推广应用提高了该行票据业务管理水平，大大减少了业务人员工作量，加速了资金周转速度，深受客户的好评。

### 六、中信银行嘉兴分行

（一）结算业务概述

中信实业银行嘉兴支行自1996年成立以来，遵照我国支付结算法规制度，有序开展各项银行结算业务。2001年代理签发工行三省一市汇票，参加了中国人民银行电子联行"天地对接"系统，开办夜间金库和自助银行，全辖结算业务量253.65万笔，现金收付34万多笔，金额42亿元。2002年全辖结算业务量422万多笔，现金收付33万多笔，金额近70亿元。2003年9月1日起执行中国人民银行颁发的《人民币银行结算账户管理办法》新规。2004年按照中国人民银行调整票据、结算凭证种类和格式要求，有序做好全辖凭证更换工作。2005年继续做好大额支付系统上线的操作规范和风险防范工作，确保系统顺利运行。2007年联网核查公民身份信息系统和全国票据影像交换系统上线，给结算工作手段带来较大的改变。2007年全辖结算业务量达1 281.56万笔，现金收付达58.39万笔、现金收付金额达273.21亿元。2008年利用小额支付系统实现了银行本票、华东三省一市汇票业务在全辖的顺利开展。2009年全辖实现了账务集中工作，中信银行嘉兴分行设立账务核算中心，在有效防范操作风险、规范和统一业务操作模式等方面成效显著。截至2010年底，全辖结算账户总数4 626户，其中基本账户1 843户，一般账户2 453户，临时账户52户，专用账户278户，会计结算从业人员110名。

（二）资金结算系统

1996年11月，中信实业银行嘉兴支行网点实行单机系统进行业务处理，这也被称为第一代业务系统。

1998年10月，新一代AS400综合业务操作系统的上线，实现了以杭州分行为一级行的全辖业务操作系统对接，这也被称"第二代业务综合系统"。储蓄业务实现省内通存通兑。

2000年，批量业务（代发工资等）系统上线。

2001年，代签工行三省一市汇票业务上线，参加中国人民银行电子联行"天地对接"系统，执行新版的电子汇划操作程序。

2005年，通过中信银行杭州分行接入大额支付系统并运行成功，同年启用人民币银行结算账户管理系统。

2007年6月，联网核查公民身份信息系统首批上线，全国票据影像交换系统上线。

2007年9月，电子对账系统顺利上线运行。

2007年"小额支付系统通存通兑业务"和"银行汇票业务联机密押系统"顺利上线运营。

2007年11月，中信银行反洗钱信息管理系统上线。

2008年5月，银行本票业务上线，中信银行指纹系统上线。

2008年7月，集中版验印系统顺利上线运营。

2008年9月18日，交通罚没款收缴系统上线，实现首家开通代收交通罚款收缴业务的银行。试点上线当天全辖共收缴1 020笔、金额达18.9万元，也为中信银行嘉兴分行与财政非税收业务的合作提供铺垫。

2008年11月，国库税银横向联网系统上线，实现了国税在银行的实时扣缴。

2008年12月，华东三省一市汇票业务上线。

2009年3月，账务集中系统上线投产，通过影像扫描技术，实现了全辖核算业务的集中。

2009年4月，电子档案监督管理系统上线，实现了业务监督的电子化、信息化。

2009年10月，电子商业汇票系统（CDBS系统）在全行范围内上线。

2010年，现金重要空白凭证集中调缴系统上线。

2010年5月，国库会计数据集中系统（TCBS系统）上线。

2010年6月，会计监控系统正式上线。

2010年7月，反假货币信息系统正式上线运行。

2010年8月，特色交警罚没系统上线试运行。

此外还陆续完成了分行内部管理系统、柜员指纹认证系统、个人结售汇系统、会计档案管理系统、会计管理信息系统、综合业务报表系统等。

### (三) 结算机构调整

1996年11月中信实业银行嘉兴支行成立，唯一核算网点——支行营业部依托单机系统进行业务核算处理，跨行业务通过中国人民银行清算。嘉兴支行结算营业工作提出"365天天天开门营业"的口号，这在当时的同业中引起了强烈反响，"中信服务，天天进步"更有良好的客户口碑。随后，1997年11月海宁分理处开业、1998年4月建国路分理处开业也都沿用了支行营业部的结算处理模式。

2000年1月乍浦分理处开业、2000年9月新城分理处开业、2002年南湖分理处开业，都是在新一代AS400综合业务操作系统的基础上，实现了与以杭州分行为一级行的全辖业务操作系统（第二代业务综合系统）的对接。截至2005年底，中信银行嘉兴分行形成了市本级营业部、两家城区支行、两家县域支行共5个核算网点，结算业务包含会计、储蓄、出纳业务，其中储蓄出纳实行综合制。事后监督实行集中处理、分散保管的方式，全辖结算业务由营业部统一管理。

2009年初，成立了账务中心，实现了全辖财务集中和电子化档案监督管理，在强化规范、集约化管理的同时，真正做到了结算业务"T+1"的监督要求。截至2010年底，真正形成了嘉兴分行的结算管理体系。

### (四) 结算业务发展变化

1996—1998年，全辖结算操作系统均为单机处理，跨行资金清算通过中国人民银行。严格执行中国人民银行支付结算办法及其会计核算手续，按照票据管理实施办法处理票据业务。

1998—2009年，全辖结算系统均为联机处理，经过了第二代、第三代综合业务系统的演变，实现了从分行到总行范围的业务延展。

2009—2010年，全辖结算系统均为总行统一的账务集中系统。基于影像技术、远程技术、三代系统改良技术合一的综合业务处理系统，通过账务核算中心这个业务流枢纽，真正实现了业务和实物的分流，受理和处理的分离，不同环节的授权制约，大大加强了对网点操作风险的把控，同时集约各类资源，规范统一了操作行为。全辖的事后监督管理跃上新台阶，通过电子档案管理系统的运行，在集中手工监督的基础上，实现了监督电子化和业务档案的集中保管。

### (五) 结算产品体系

1996—1998年，全辖先后建立起以汇票、支票等为主的非现金支付工具，以汇兑、委托收款等为方式，以中国人民银行交换、清算以及系统内清算相佐的结算体系，向社会提供结算服务。

1998—2010年，全辖先后建立完善了以汇票、本票、支票为主的非现金支付工具，辅以信用卡（包括各类银行卡）等信用、结算个人支付工具，以汇兑、委托收款等为方式，以上海大同城票交、嘉兴本地票交、大小额支付系统、影像交换系统、系统内汇划系统、网银支付系统、电子对账系统、电子商业汇票系统等结算系统为主的结算体系，向社会公众提供结算产品服务。

## 七、上海浦东发展银行嘉兴分行

浦发银行嘉兴分行的人民币结算业务包括支票、本票、汇兑、托收承付、支付结算、联行等结算方式。

浦发银行嘉兴分行的支票结算业务经历了嘉兴转账（现金）支票、上海普通支票、转账（现金）支票（转账支票全国影像）等几个阶段，现在的转账支票已实现了全国通用。自2009年7月1日起开始办理本票业务。随着电子化在浦发银行不断发展，传统的联行业务已淡出，信汇业务也已基本消失了。2009年11月浦发银行嘉兴分行开始实施签发电子银行承兑汇票业务，2010年9月2日该行辖属嘉兴平湖支行成功签发了首张电子银行承兑汇票。

### 八、兴业银行嘉兴分行

从初始仅能办理支票、汇兑等一些基础业务，到目前已开办了全方位的结算业务，如银行本票、银行汇票、商业汇票等，为客户提供了全面便捷的金融服务，在业务量方面也有了快速发展。自开业以来，本部共办理支票业务7 082笔，累计金额93.12亿元；银行本票业务3 348笔，累计金额30.48亿元；银行汇票927笔，累计金额12.61亿元；商业汇票3 580笔，累计金额4.36亿元；汇兑业务6 827笔，累计金额449.73亿元；委托收款504笔，累计金额3.77亿元。

### 九、招商银行嘉兴支行

招商银行嘉兴支行自建行以来，秉承"因您而变"的服务宗旨，为客户提供全方位的金融服务，在支付结算方面涵盖各类中国人民银行支付系统业务，包括大额支付系统中的大额汇兑业务；小额支付系统中的小额汇兑业务、本票业务、三省一市汇票业务及各类定期借记、定期贷记等业务；全国支票影像业务；财税库银业务；浙江省同城票据交换业务等。同时，招商银行根据中国人民银行支付结算办法，开办支票、本票、汇票等各类票据业务，电子商业汇票等各类新兴业务也在该行顺利开展。

自开业以来，招商银行嘉兴支行已累计开立人民币结算账户1 234户；银行本票业务10 057笔；银行汇票业务4 279笔；各类转账汇款业务51 097笔。

### 十、浙商银行嘉兴支行

浙商银行嘉兴支行根据中国人民银行核准的经营业务范围开展各项本外币结算业务。目前开通有大小额支付系统业务、同城票据交换业务、支票影像提出提入业务。票据业务经总行批准后也已全面开办，目前有银行承兑汇票的签发和承兑、商业汇票贴现和转贴现业务、电子银行商业汇票的签发和承兑、浙商银行电子银行汇票的签发等结算业务。该行目前开办的非现金支付工具有汇兑、托收承付、委托收款、银行本票、银行汇票、支票、商业汇票等。

浙商银行嘉兴支行推出新型、方便、实用的电子存款账户——电子存折业务，这是一种客户自愿在该行实名开立，与指定银行结算账户建立对应关系的辅助性存款账户。客户凭预设密码使用电子存折。电子存折资金可根据客户需要用于定期存款、通知存款、理财产品等金融产品认购。客户认购的定期存款、理财产品可用于授信业务质押。

### 十一、深圳发展银行嘉兴支行

深圳发展银行嘉兴支行自开业以来，在银行结算业务方面发展迅速，从初始仅能办理支票、汇兑等一些基础业务，到目前已开办了全方位的结算业务，如银行本票、银行汇票、商业汇票等，为客户提供了全面便捷的金融服务，在业务量方面也有了快速发展。共办理银行本票业务868笔，累计金额23.66亿元；银行汇票50笔，累计金额41.77亿元；商业汇票592笔，累计金额6.67亿元。

## 十二、嘉兴银行

嘉兴银行自成立以来，按照国家结算业务法规，开展银行结算业务。1997年12月1日起同时执行《支付结算办法》和《支付结算会计核算手续》。2003年9月1日起实施中国人民银行颁发的《人民币银行结算账户管理办法》，并在全行范围内开展了培训和对所有存量账户进行全面清理。截至2010年12月底，嘉兴银行全辖人民币银行结算账户数为11 124户。

嘉兴银行成立初期自主研发投产了综合业务处理系统，后根据业务发展需要进行了多次改造，2003年1月1日正式投产了第二代综合业务系统。2010年12月，经过再次重大改造，实现了核心系统多币种模式下账务处理，从而为外汇自营铺平道路，为实现跨区经营奠定坚实的基础。

2000年加入中国人民银行电子联行"天地对接"，2000年4月底参加上海区域交换。2001年为完善服务功能，加快结算速度，方便客户，全行开通了对公通存通兑业务系统。2005年6月27日，以直连方式加入大额支付系统，并顺利上线运行；2005年6月27日，以直连方式加入城市商业银行汇票系统，2005年5月，所有网点运行人民币银行结算账户管理系统。2006年5月29日，以直连方式加入小额支付系统，并顺利上线运行；2007年6月25日，以直连方式加入全国影像交换系统。2007年11月19日开通小额支付系统通存通兑业务；2008年5月8日以直连方式开通签发本票业务，2008年10月8日以直连方式开通三省一市汇票签发业务；2010年6月28日以直连方式加入电子商业汇票系统。

1998年12月成立了事后监督中心，实现了全辖机构事后监督的集中化管理。2002年，在总行成立了稽核监督部，配备专职稽核监督员，构筑会计风险防范的第二道防线。

会计结算管理职能成立初期归口于会计财务处，后于2006年从会计财务处独立出来，单独成立了会计结算部，单独行使会计结算管理职能。2002年实现资金集中清算，并成立清算中心，承担全行大小额支付系统、全国支票影像系统、同城交换系统银行卡、ATM和行内运营资金清算工作，同时，负责同业往来核算工作，确保内外账务相符。

## 十三、农村合作金融机构

1991年以来，全辖农信社按照国家结算业务法规，开展银行结算业务。1996年1月1日起《中华人民共和国票据法》实施，1997年10月1日、12月1日相继执行《票据管理实施办法》、《支付结算办法》。2003年4月10日起执行中国人民银行颁发的《人民币银行结算账户管理办法》新规，2005年根据中国人民银行《关于浙江省实施人民币银行结算账户清理核实工作的通知》，按照中国人民银行的步骤，对人民币银行结算账户进行清理核实。

结算工作一直是农村信用社业务的薄弱环节，由于体制等方面的影响限制农村信用社结算速度的提高。1997年下半年农村信用社系统与农业银行脱钩后，各项结算业务受到了制约，农村信用社急需寻找自己的结算渠道，在中国人民银行的关心支持下，原嘉兴市信用联社的领导下全辖做了大量的具体工作，使农村信用社的结算工具、结算环境逐年好转。

到2010年底，除网上银行、电话银行等新兴业务外，各项银行票据结算业务、电子汇兑业务基本上与国内各大中型银行处在同等水平。

1992年以前，嘉兴农村信用合作系统跨行结算业务基本上通过农业银行票据交换、嘉兴市县辖限额结算凭证结算，跨嘉兴市区域的结算通过农业银行转开华东三省一市银行汇票或通过农业银行汇划结算。2007年7月，将原县辖限额结算凭证改为嘉兴市行社汇票结算。

1994年至1999年末，在全市106家农村信用社（部）相继全部参加苏南区域性结算网络的基础上，1999年全部参加上海区域性票据交换，并新增78家信用社（部）代签工行华东三省一市汇票，35家代签全国汇票，同时经中国人民银行审批还推出了嘉兴市农村信用社特约通汇结算业务，最大限度地疏通结算渠道。至1999年末，全市农村信用社代签农行、工行华东三省一市汇票的社已达104家，代签网点已发展到135个。

2000年2月，根据嘉兴市联社与工商银行嘉兴市分行的业务合作意向，联系、协调了信用社代理工商银行全国银行汇票业务，并专门对代理工商银行全国银行汇票业务的信用社进行培训辅导，制定、布置管理和操作办法。

2000年，利用特约通汇替代市辖汇票，中国人民银行原开办的市辖银行汇票业务停办，这给农村信用社的结算业务带来了不少的困难。为此，用我市农村信用社已参加的江苏常熟特约通汇凭证代替市辖汇票功能，各专业银行按收妥抵用方式正式受理，同时对确需急用的客户也可使用代签三省一市汇票方式解决，从而使停办市辖汇票对全市农村信用社的负影响降到最低。

2001年12月，在嘉兴市信用联社的业务指导下，顺利开通了全市农村信用社储蓄业务通存通兑；全市对公结算业务实时联网，加快了市辖农村信用社之间结算业务的结算速度。

2001年中国人民银行电子联行"天地对接"汇兑系统经多次测试并对计算机综合业务系统进行了多次升级，2月中国人民银行电子联行"天地对接"自行录入在全辖信用社全面推开。

2001年3月，开通了嘉兴市辖电子联行结算汇兑业务，全市范围内的对公结算业务做到能当天到账，加快了市辖农村信用社之间结算业务的结算速度。

2003年在浙江省农村信用社协会、嘉兴市信用联社的业务指导下，6月底，全省已有嘉兴、温州、金华、绍兴、杭州、台州共六个市（地）开办省辖储蓄通存通兑业务。首批参加省辖电子联行的有嘉兴市、金华市、绍兴市共259家农村信用社（部）。

2003年7月，将辖内农村信用社代签工商银行汇票业务全部转入信用社综合业务信息系统内操作，对规范银行汇票签发，加强内部风险控制起到了一定的作用。

2003年8月，为充分借助工商银行结算优势，根据《中国人民银行关于商业银行跨行银行承兑汇票查询、查复业务处理问题的通知》精神，在与市工商银行充分协商的基础上，签订了代理银行承兑汇票委托收款及查询协议书，对异地银行承兑汇票的查询及委托收款，委托市工商银行查询及收款。

2004年为进一步疏通汇路，减少票据在农村信用社的流转时间，加快资金清算速度，根据中国人民银行嘉兴市中心支行对市本级农村信用社受理的客户票据收妥抵用时间的规定，从7月19日起对辖内农村信用社实行每天二场票据交换。

2005年6月，根据中国人民银行《大额支付系统业务处理办法（试行）》及省农信联社的统一步骤，自6月27日起，异地结算电子汇划业务一律通过系统内电子联行经省联社与中国人民银行"大额支付系统"接口汇划，同时停止办理全国"天地对接"电子联行业务。

2006年5月，根据中国人民银行、省农信联社的步骤，全辖行社5月上线小额支付系统。

2007年是中国人民银行、省联社各项新系统、新业务推广较为频繁的一年，具体包括：事后监督系统、银行账户管理系统、公民身份信息联网核查系统、支票影像交换系统、农信银全国汇票业务、小额支付跨行通存通兑业务、报表管理系统、管理信息系统、上海区域交换停止后的业务衔接、反洗钱信息监控报告系统等。

2008年2月，开通全国农信银储蓄通存通兑业务。该业务依托农信银业务系统开办的全国通存通兑业务，实现了全国范围内农村合作金融机构个人客户跨省、市实时办理现金存款、现金取款、资金转账和客户账户信息查询业务，解决了农村信用社多年的支付结算瓶颈问题，对提高业务竞争力有着重要意义。截至2008年底，全国已有十三个省、市农村合作金融机构开办此项业务。

2008年5月，开办嘉兴市银行本票业务。

2008年12月，上线自签华东三省一市银行汇票业务。

至2010年6月末，全辖全部上线了OCR影像事后监督系统，成立事后监督中心，实行事后监督的集中管理。

2010年3月29日，禾城合作银行第一家正式开通"全国支票影像交换系统直连业务"。

### 十四、中国邮政储蓄银行浙江省嘉兴市分行

邮储银行嘉兴市分行依托行业优势，积极融入地方经济发展，现已建成了全市覆盖面最广的个人金融服务网络，全市拥有储蓄营业网点135个，汇兑营业网点165个，ATM超过108台，成为网点遍布城乡、服务功能齐全的现代金融机构。该分行成立以来，不断推出新的金融业务，形成了品种日益丰富的金融产品系列，如商易通业务、网上支付业务、POS收单业务等支付结算工具，创立了社会知名、百姓信赖的业务品牌。

2008年邮储银行嘉兴市分行成立后，邮政储蓄支付结算业务快速发展。2010年嘉兴市分行异地结算业务交易笔数和交易金额迅速增长，各类个人结算业务交易量合计超过58.6亿元；POS收单业务快速发展，特约商户和终端数量比上年翻番；商易通业务稳健发展，客户数量近2000户，客户质量不断提高。特别是商易通结合华商联盟客户群推出了多项优质、优惠服务，打造了邮储银行值得信赖的结算服务品牌。

1999年，邮政储蓄机构业务、会计全市大集中上线，实现了在全市范围内的通存通兑。

2004年底，全国邮政储蓄统一版本上线，实现了全国通存通兑。客户持邮政储蓄绿卡或存折，可在全国邮政储蓄联网网点办理存取款以及转账业务，也可在邮政储蓄所有ATM上办理取款、转账业务，还可在全国范围内的商场、超市、酒店等消费场所贴有"银联"标识的POS机上刷卡消费。邮政储蓄拥有36 000多个网点，基本覆盖全国范围内所有地区，特别是

在边远地区，邮政储蓄网点优势更为明显。庞大的网络及数量众多的网点，为办理异地结算业务提供了强有力的支撑。

2007年，汇兑全国大集中系统上线，实现了储蓄业务和汇兑业务的全国联网互通。中国邮政储蓄银行汇兑业务秉承邮政"汇通天下"百年业务的积淀，求真务实，开拓进取，始终坚持以客户为中心，竭诚为广大城乡居民和企事业单位提供安全、快捷、方便的汇款服务。中国邮政汇款网络是全国最大的个人汇款网络。全国已完成了覆盖所有市县的邮政电子汇兑系统骨干网络建设，建成了联接31个省（自治区、直辖市）、2 000多个县市、4万多个联网网点的邮政电子汇兑计算机处理系统。遍布城乡的4.6万个邮政汇兑网点，均可办理邮政汇兑业务。

2007年，商易通系统上线，商易通业务是中国邮政储蓄银行依托邮政储蓄支付结算网络，为中高端客户提供的一种安全、方便、快捷、优质的金融支付结算服务，是中国邮政储蓄银行在支付结算领域的一次金融创新。商易通业务以固定电话设备为载体，客户通过在电话机上的简易操作，无须携带大量现金，足不出户即可办理业务，其实时到账、资金周转快、交易时间不受银行营业时间限制的突出特点深受广大客户的喜爱和好评。

2008年，电子银行系统成功上线，为该分行客户增加了电话银行和网上银行等新兴支付结算手段。在邮政储蓄网点加办电话银行汇款服务，并预留收款人信息后，就可通过电话银行办理按址汇款和密码汇款业务，无须再到网点，方便快捷，省时省心。

## 第六节　各银行机构银行卡业务的发展

### 一、中国工商银行嘉兴分行

中国工商银行嘉兴分行的牡丹信用卡业务起步于1992年9月，当年发卡量即达到5 215张。1993年在全市率先开通3台ATM。牡丹信用卡实行公司化管理，1997年向客户推出牡丹灵通卡，当年新增牡丹灵通卡51 141张。1998年开始推出了"一卡多用"新举措。2000年9月1日在全市金融机构率先推出牡丹贷记卡，贷记卡是一种具有还款免息期功能的新型信用卡，9月1日一经推出就引起广大市民极大兴趣。到9月末发放贷记卡600余张。2006年推出首款牡丹联名卡产品，牡丹银行卡发卡量呈现高速增长态势，9月末累计办理信用卡分期付款业务5 982笔，金额达到6.36亿元。2009年工商银行浙江省分行银行卡业务考评中，嘉兴分行荣获"业务创新奖"与"风险管理奖"两项大奖，成为全省工行系统唯一一家荣获两项殊荣的二级分行。

深入开展各种形式促销活动。1999年，开展"共庆辉煌"迎国庆暨纪念牡丹卡发行十周年促销酬宾活动，共发牡丹纪念卡37 883张。与移动通信公司联合推出"牡丹移动联名专用卡"，共发卡57 569张。2000年开展"迎奥运——全家康"牡丹卡促销活动，实行累计积分，对不同消费积分登记奖励不同的体育产品。2009年3月的"玫瑰色的快乐人生"三八节特别活动，5月的"刷刷牡丹卡 幸福齐'分'享"等活动，以赠送礼券、礼品，减免手续费等一系列的方式，让利于民。2009年4月1日至12月13日，开展"活折升级换卡四重礼"活动。活动期间，全市持有活期存折客户（单一存折客户）申请办理活期存折升级为牡丹灵通卡，免收牡丹灵通卡首年年费、灵通卡工本费，赠送账户对账簿一本，赠送礼品一份。在办理"折换卡"业务时要主动将客户原活期存折账户指定为牡丹灵通卡·e时代的基本账户，对原活期存折已办理委托代理业务的，提醒客户关注代发工资、代缴水电费等代理业务是否自动转户，防止遗漏，造成客户不必要的麻烦，第三方存管业务仍须办理变更。"折换卡"活动对于方便客户办理业务，分流柜面业务发挥积极作用。2004年银行卡还开展了"我携牡丹网上行"活动。

大力推广联名卡，扩大发卡量。2006年先后推出牡丹戴梦得购物中心联名卡、牡丹人保财险车友联名卡、牡丹中油卡，全年发卡量净增3.15万张，刷卡消费额达到7.95亿元。2008年，先后与江南大厦、桐乡乌镇、海宁皮革城等合作单位共推出购物、休闲、娱乐等各类联名卡项目八个，牡丹海宁华联联名卡、牡丹江南大厦联名卡、牡丹东兴联名卡、牡丹乌镇休闲联名卡、牡丹海宁中国皮革城联名卡、牡丹濮院毛衫联名卡、牡丹东方联名卡等相继走进嘉兴市民当中。当年新发联名卡20 201张，占总发卡量的36.4%。2009年5月20日，推出发行牡丹电信联名信用卡，这是浙江省首张电信金融联名卡，它既是一张银联标准信用卡，又是一张电信e家俱乐部会员卡，包含了工行银行卡账号及电信会员卡账号，除了具有信用卡的信用消费、分期付款、余额变动提醒、人性化密码选择、挂失即时止付等金融功能外，还等同于电信e家俱乐部会员卡，享受装维预约服务、客服热线优先接入、寄送账单、免费补换卡、授信提升等尊贵服务。拥有该卡的持卡人不仅可以在工行下属网点享受VIP理财室专人服务，申请办理开通电信资费的代扣业务，还可参加工行不定期为联名卡持卡人举办的形式多样的刷卡消费有奖促销活动，赢得积分，兑换多种礼品。持卡人到中国电信浙江公司的加盟商户进行消费时，还可享受更多优惠折扣。

发行推广牡丹公务卡。继2008年首家推出军队公务用卡后，牢牢保持着军队公务卡100%的市场份额。2009年又率先在嘉兴国资公司推出牡丹公务贷记卡，对于政府财政预算和行政事业单位的各项公务支出规范、提高支付透明度、加强财务管理、提升我市国库集中支付的信息化应用水平，都将发挥积极的意义。也使用卡单位的公务支出费用告别现金支出，步入刷卡时代。为满足单位需求，提供一系列公务用卡配套服务。

作为广州亚运会唯一银行合作伙伴，2009年独家推出亚运主题的联名卡产品，工银亚运灵通卡卡片设计凸显运动时尚的五只羊，分别为"阿祥"、"阿和"、"阿如"、"阿意"和"乐羊羊"，配合"祥和如意乐洋洋"的亚运吉祥物主题，具有灵通卡的所有功能。

2010年8月，配合"手拉手，低碳生活我行动"主题教育实践活动，向嘉兴各级各类中小学校少先队员推出工行牡丹宝贝成长卡。

创新收单商户模式。2008年，创新收单商户模式，发展嘉兴江南大厦、嘉善东方大厦为工行MIS商户，通过使用基于互联网VPM模式的MIS–POS系统，成功营销了嘉兴市服装龙头企业——浙江雅莹服装有限公司，全年共成功营销收单商户4 500多户，一举成为嘉兴市最大的收单银行。

发展信用卡分期付款业务。2008年6月正式推出汽车消费分期付款业务，先后与4家担保公司签订合作协议，并于2009年5月推出了针对汽车经销商和担保公司的促销活动，根据合作单位的业绩给予一定的奖励，收到了良好的激励效果。

率先创新推出了信用卡购车分期付款业务。2008年，共办理各类分期付款1 273笔，分期付款总额6 156万元，实现中间业务收入614万元。

2009年6月18日，成功举行"优质人生，提前分享"——"居家乐"特惠分期付款合作签约仪式，现场与8家装饰公司签订合作协议，共同承诺为工行现有按揭客户提供包括家庭装修、购买家具、购买家电在内的一站式分期付款优惠服务。此次推出的"居家乐"一站式特惠分期付款业务能帮助有家庭装修、购买家具、购买家电方面融资需求的客户，通过分期付款的方式实现，同时在该行指定的装修公司、家具和家电专卖店消费，可以享受无息免手续费特惠分期付款服务，让客户能够提前享受到优质的生活。

2009年8月初，由工行嘉兴分行研发的信用卡分期付款台账管理系统正式投产，进一步完善信用卡分期付款业务精细化的管理。

2009年7月30日全面投产牡丹卡审核作业系统。充分利用网点已有的设备，实行分散扫描、质检模式，投产半个月，全行67个网点对所受理的申请表全部进入系统审核，占总收表量的90%以上，起到了较好效果。

## 二、中国农业银行嘉兴分行

1992年10月中国农业银行嘉兴市支行信用卡部成立，各县（市、区）支行相继成立了信用卡代理处。从而，拉开了农业银行嘉兴市分行信用卡业务的帷幕。

农行嘉兴市分行从1992年12月正式对外发行信用卡。当年发放准贷记卡2 345张、建立特约商户122家、受理网点66家、卡存款546万元。

2002年，为了适应嘉兴市政府"一卡通缴费"实事工程，全面推广金穗缴费一户（卡）通；推进银行卡进入专业市场的进程。在城乡并举发展战略上，以联合协作的方式，占领农村和城市两个市场。对农村市场，提出了"金穗绿卡通"项目，以绿卡和金穗卡的结合，使金穗卡在农村市场结算服务空间上，涵盖辖内全部区域，弥补网点空白；对城市市场，抓金穗卡在城市中的发展和普及，在发展"一户（卡）通"的同时，积极进入嘉兴市"数字化社区"建设试点，提出了"金穗通结算系统"项目，利用政府"数字化社区"中的96345商务平台为切入点构建金穗卡普及通道，实现区块突破战略。加强银行卡产品的功能与技术创新，提升竞争能力。开发POS/MIS锁定消费功能，突破了以联名卡形式争取批发消费业务的局限，实现了较大范围的可适用性，稳定了一批大商户。同时，通过开发POS多用户共享功能，使该行的卡消费业务进入了嘉兴茧丝绸市场等9家批发类单位和市场。开发"金穗通转账宝"产品，为农行银行卡进入大型企事业单位、政府部门，提供有效途径和手段，进一步突破市场空间，形成了在同业银行卡业务竞争中的一定优势，发现和发展了一批新业务领域，增强了银行卡业务持续发展的能力。2002年农行ATM加入银联，使跨行业务在ATM上得以顺利进行，为持卡人提供便利。年末ATM安装运行数已达60台，全市有效商户达到281家，商户POS联线率91.46%。2002年全行银行卡发卡量达到64.47万张，其中准贷记卡发卡量达到4.59万张；银行卡存款达到5.59亿元，银行卡消费额达到2.28亿元，外卡收单达到316.78万元。银行卡业务市场占有率全面提高，年末银行卡发卡量市场占有率25.5%，银行卡存款市场占有率27.8%，银行卡消费额市场占有率26.2%。

2004年正式对外发行贷记卡，并开发了"金穗通转账宝"，为农行银行卡进一步突破市场空间，在同业银行卡业务竞争中取得优势。

2004年建立"金穗会员俱乐部"，实行银行卡个人客户分类管理。

2008年为了给"三农"提供全方位、多层次的金融服务，发行惠农卡30 719张。2009年，以专业市场经营户、农业生产资料经营户、规模型种养殖业大户、其他优良个体工商户、新农村建设中有足值房产地产的展业创业农户、农村各级干部和具有有效资产抵押或担保的其他农户为重点，大力推广农行惠农卡，切实解决农户贷款难问题，得到了广大农户的欢迎。2009年全市农行共发放惠农卡29.3万张，惠农卡农户小额贷款授信达4.29万户、金额7.27亿元，当年就发放农户小额贷款1.05万户、余额5.23亿元。

金穗银行卡的种类。农行嘉兴市分行现有银行卡主要分为借记卡和信用卡两大类。信用卡又分为：准贷记卡和贷记卡。

准贷记卡。1992年12月开始发行，发卡量几年内达到了5万多张，此后随着借记卡的推出，发卡量逐渐保持在8万张左右，作为借贷合一的银行卡产品，在产品结算上具有独特的优势。2009年农行嘉兴市分行又推出了服务"三农"的惠农准贷记卡。惠农信用卡具有"信用+保证+质抵押"的授信方式，最高透支额度为100万元。惠农信用卡定位于短期的个人小额授信产品，用于填补客户临时性和短期的小额资金短缺。

借记卡。借记卡从1999年4月起正式对外发行。凭借着完善的网络，农行的借记卡发卡量快速增长，品种不断增多，除普通的借记卡外，还发行了星座卡、联名卡，并在2009年对外发行了服务"三农"的惠农卡。借记卡的功能不断完善，从发卡初期的一张借记卡对应一个活期账户，逐步发展为一张多账户、多币种，并增加了个人理财、手机短信、网上银行、手机银行等功能，农行借记卡已发展为国内发卡量最大、功能完善的银行卡产品。

贷记卡。贷记卡有维萨、万事达双币种卡和银联人民币卡。为了迅速推广电子货币，促进银行卡业务发展，为消费者和商户提供快捷的服务，不断推出新的卡种，逐步拓展银行卡使用领域。

2004年6月，推出符合国际标准的金穗贷记卡，当年发卡量达到1万张。

2005年8月，为大学生群体量身设计的贷记卡产品"优卡"在嘉兴发行，在产品创新方面迈出成功的一步。

2007年12月，携手VISA打造的全国首张全球旅游主题双币种贷记卡——金穗国际旅游卡在嘉兴地区发行。全套5张，卡面以奥运城市地标为主图，见证了百年梦想成就中国的历史时刻。该卡于2008年9月停发，只在奥运期间发行，更具珍藏纪念意义。

2008年4月，农行在全国率先发行以PETG新型材料制成的金穗环保卡，倡导"绿色生活"环保消费理念，农行嘉兴市分行也同步发行。

2008年11月，农行助持卡人体验"化繁为简，随心所易"，创新出"易申请、易使用、易还款、易提额"的"金穗如'易'卡"。无任何附加条件，持卡人即享免年费优惠。该卡也是农行首款竖版贷记卡。

2008年12月,推出金穗贷记卡"516"分期付款业务,还款期最长可达24个月,轻松满足持卡人消费需求,助其减轻还款压力、实现理财需要。

2008年12月,为成功人士推出的高端信用卡产品——尊然白金卡在嘉兴发行,该款产品包括典藏版、精粹版两个系列,提供十项专属服务,打造精彩尊然人生。

2009年发行的金穗喜羊羊与灰太狼联名卡,卡面分为喜羊羊、美羊羊、懒羊羊、灰太狼一家。这款产品深受广大市民的喜爱,已累计发行近万张。

2010年6月,配合嘉兴市级机关公务卡改革,推出了浙江公务卡,面向市级政府部门及所属预算单位在职人员发行金穗浙江公务卡,为公务支出提供单位账户结算服务。农行嘉兴市分行浙江公务卡发卡量占市级预算单位发卡总量的近三分之一。

2010年8月,推出信用卡商户分期付款业务,业务范围包括汽车、家装、家电、手机等,当年分期付款达到5 000多万元。

到2010年末,中国农业银行嘉兴分行借记卡发行量达217万张,卡存款106.4亿元,信用卡发卡量达到21万张,年信用卡消费达到28亿元,特约商户发展到5 300多家,发卡量、卡存款、消费额均为嘉兴当地各发卡银行首位。

### 三、中国银行嘉兴市分行

中国银行在1979年首次将信用卡带入中国,开启了中国信用支付的新时代。1987年,中国银行先后加入了MasterCard、VISA国际组织,此后又相继发行了国内第一张长城提款卡、长城国际卡、长城智能卡、JCB外汇卡、百货联名卡等,并首次将信用卡的发行拓展至海外,发行了新加坡龙卡。同时,在收单、风险控制等方面也走在同业的前列。

1989年,中国银行嘉兴支行推出了人民币长城信用卡业务。1993年,信用卡业务从存汇科划出,单设信用卡部,指标分设,单独考核。开办了外卡取现业务,旅行支票业务也从单一的代兑发展到代兑代售均可办理。与市自来水公司通力合作,开办了代收水费业务,使长城卡走向居民家庭,并逐步扩展到郊区集镇,提高了长城卡的辐射面和渗透力。

1994年,中国银行嘉兴市分行建立了信用卡业务专柜,使柜面服务场所和环境得到进一步改善。在业务处理的手段上,全辖实现了统一机型即PC-486微机,统一操作软件的目标,从而大大提高了业务速度,为客户提供了便利,促进了信用卡业务的发展,也为全辖联网奠定了基础,信用卡业务向规范化、制度化、现代化管理目标迈出了一大步。

1995年,中国银行嘉兴市分行加快了推广EDC-POS系统在各储蓄网点、特约商户的应用,并在人民银行和上级行的大力支持下,率先在全省实现了中国银行、农业银行、建设银行三家银行的POS共享,从而大大方便了商户和持卡人的存取款、交易和直接消费,为银行间的电脑技术合作做了有益的探索。

1996年,推出了长城电子借记卡,把信用卡的消费功能和储蓄账户的存取功能结合起来,以业务品种改善服务手段。同时该行信用卡部门利用良好的长城卡用卡环境推出了长城卡系列产品——彩照卡和浙通卡,广泛运用于代发工资、代收费用,取得了良好效果。

1997年,加强了科技开发和投入,完善了全辖的网络功能,实现了长城电子借记卡在全辖的通存通兑,有效地改善了用卡环境。

1998年，运用整体营销理念，以市场为导向，以客户为中心，努力做好信用卡市场开发工作，找准新的业务增长点：一是在省分行的支持下成功推广了海盐支行的IC卡代收税业务；二是利用长城电子借记卡的网络技术优势，与嘉兴市两家最大的证券营业部合作，开发了股票资金自动转划系统；三是拓展代收代付人寿保险费业务，市本级、海宁、海盐三行通过各网点为当地人寿保险公司代收营销员的营销保费和为持卡人代付保费业务，提供多方面的便利服务。同时仍大力发展代发工资业务和代收代付业务。与嘉兴市江南大厦联合推出大宗商品消费分期付款业务，有效地启动了消费。与上海香港汇丰银行和中银国际信用卡公司合作，为国际卡特约商户开通了外卡EDC-POS，帮助解决商户的疑难问题。开发了利用借记卡网络代理证券资金账户实时划拨以及电话委托系统。

在用卡环境方面采取的主要措施有：一是发展特约商户；二是发挥POS机和ATM的作用；三是发挥电脑网络的作用；四是采用集中24小时授权。在增加直接消费方面采取的主要措施有：一是抓住元旦春节消费旺季推出幸运消费活动；二是开展中行人用中行卡和消费累计积分办法；三是推出新的品种，与江南大厦联合推出了大件商品消费分期付款业务，这对拓展长城卡消费功能是一个新的尝试。在长城卡的"三代"业务方面，主要抓住利用借记卡办理证券资金账户实时划拨以及电话委托业务，取得了较好的效果，当年新开账户2 000多户。同年，该行还推出了全球通用的外汇信用卡——新一代长城国际卡，赢得了良好的市场声誉。

2004年，中国银行嘉兴市分行与嘉兴市团委、志愿者协会联合发行了我国第一张"长城—志愿者联名卡"。

2010年3月，与嘉兴市广电和报业集团合作发行"中银读者卡"、"嘉兴人卡"，扩大了发卡量，收效显著。同年，成功发放嘉兴机场军保卡836张，是全省系统内第一家使用军保卡代发工资的分行。

### 四、中国建设银行嘉兴分行

（一）银行卡概述

1992年中国人民建设银行总行作出继续扩大信用卡业务试点的决定，有计划、有步骤地在全国经济发达的大中城市和沿海开放城市推行信用卡业务。同年12月，中国人民建设银行嘉兴市中心支行被总行列为第3批发卡行。为促进银行卡业务的发展，更好地为广大消费者和商户提供方便、快捷的服务，建行嘉兴分行不断推进银行卡业务，并在发展中逐步完善服务手段。

大力推行试点，创新卡种。1993年根据上级行"加快发卡、扩大布点、规范管理、完善服务"的要求，全市各级建行大力推开该项业务的试点工作，翌年7月在嘉兴首家发行了集彩色照片和身份证号码于一体的彩照卡，起到了方便持卡人、增加安全性的作用。1995年3月，建行龙卡新产品之一浙江省地方卡之江卡在嘉兴发行，该卡具有不用担保、不提供透支、手续简便、入账速度快等特点，仅限于浙江省范围内使用。此后，建行嘉兴分行陆续推出了公积金龙卡、汽车卡、联名卡、信用卡等一系列创新产品，随着产品和功能的不断完善，建设银行银行卡越来越受到客户的欢迎，"龙的传人用龙卡"这一银行卡品牌深入人心。

增加服务功能，方便持卡人。自开办银行卡业务以来，建设银行积极发展代发工资、代收代付、投资理财、短信提醒等业务功能，以此为突破口，使这一新的金融工具更好地发挥作用。

（二）储蓄卡

建行嘉兴分行1996年开始发行储蓄卡。在随后的几年中，借记卡发卡量逐年递增，在2005年的"银行卡之春"刷卡消费活动中，消费量达到了1亿多元，列四行第一。到2010年，借记卡发卡量已达120多万张。在上级行的统一安排下，还陆续发行了生肖卡、支付宝龙卡、公积金龙卡等一系列特色储蓄卡。

建行嘉兴分行自1999年开始发行生肖储蓄卡。生肖储蓄卡是建设银行专门为儿童和青少年设计推出的一种龙卡储蓄卡，它不仅具备储蓄卡的基本功能，还不断推出适合儿童和青少年使用的功能，并具有很好的收藏价值。到目前为止，建设银行已连续12年推出了兔年、龙年、蛇年、马年、羊年、猴年、鸡年、狗年、猪年、鼠年、牛年、虎年生肖储蓄卡。

2006年10月，中国建设银行与阿里巴巴（中国）网络技术公司联合发布国内首张真正专注于电子商务的联名借记卡——支付宝龙卡。这是双方基于打造"快乐网购"而为网上购物一族专门量身定制的银行卡。该卡除了具有建行龙卡借记卡的所有功能外，还能使持卡人享受到电子支付创新产品"龙卡支付宝卡通"的服务。持卡人将支付宝账户与支付宝龙卡通过建行柜台签约绑定后，可登录支付宝账户，直接通过支付宝龙卡账户，完成持卡人在支付宝平台的在线支付业务。同时，持卡人还能通过"龙卡支付宝卡通"完成支付宝龙卡账户余额和支付限额的查询服务。支付宝龙卡以其方便快捷的功能深受广大年轻客户，特别是网购人员的欢迎。

2007年5月，根据嘉兴市场情况，建设银行与嘉兴市住房公积金管理中心合作发行了公积金龙卡，公积金龙卡除具有借记卡的所有功能外，还可实现住房公积金提取的转存功能，职工在中心柜台提取或委托提取住房公积金，建设银行直接将提取资金转存到职工住房公积金龙卡的储蓄账户；职工申请了个人住房贷款后，还可以将住房公积金龙卡签约为自动转账还贷账户；还具备查询公积金渠道等功能，深受市民欢迎。到2010年底，全市发放公积金龙卡22万张。

（三）理财卡

2004年10月，建设银行嘉兴分行开始发行专为个人VIP客户开发的多币种、多功能、标准化、高档次理财工具——乐当家理财卡。

乐当家理财卡是建设银行向中高端客户提供的多币种综合性金融产品，具有一卡多账户、综合管理、签约理财、自动转账、境外交易、全球通用、自助贷款、代收代付、短信通知、个性选号等功能，并可享受中国建设银行提供的优先优惠、理财咨询等多项尊贵服务，按客户层级不同分为金卡和白金卡，理财卡同时也是客户尊贵身份的标识。至2010年底，嘉兴建行理财金卡和白金卡共发行3万余张。

（四）准贷记卡

建设银行嘉兴分行从1992年12月开始发行准贷记卡，准贷记卡是一张介于借记卡和贷记卡之间的银行卡，在建行贷记卡未推出前，准贷记卡是一张广受市民欢迎的银行卡。该卡是具有消费支付、存取现金、转账结算、小额消费信贷等功能的支付结算工具。龙卡准贷记卡按加入的信用卡组织不同，分为银联卡、VISA卡、万事达卡等；按卡片信息载体不同，分为磁条卡、芯片卡和复合卡；按发卡对象不同，分为个人卡和单位卡；按持卡人信用状况不同，分为普通卡和金卡等；按卡片是否影印持卡人照片，分为彩照卡和非彩照卡。

（五）结算通卡

2008年4月，建行嘉兴分行在上级行统一安排下开始推广结算通业务，并发行结算通卡。为满足个人客户资金结算需求，以结算通卡为载体，为个人客户提供一系列安全、方便、快捷的人民币资金结算服务。至2010年底，已发行结算通卡1万余张。

（六）贷记卡

建行嘉兴分行于2003年8月8日正式向市场发行双币种龙卡贷记卡，至2010年，已形成龙卡贷记卡完整的产品系列，包括标准卡系列（钻石白金信用卡、标准白金卡、高尔夫白金卡、金卡、普卡）、三名卡系列（地方性联名卡、百货卡、名校卡、名企卡）、特色卡（戴梦得龙卡、创富精英卡、汽车卡、华数龙卡、大学生卡、网球卡、冠军足球卡）、公益卡系列（财政预算单位公务卡、八一龙卡、红十字龙卡）、商务卡（商务卡、公务卡）。目前，建设银行嘉兴分行国际标准信用卡——龙卡信用卡发行量将近17万张，成为信用卡发卡规模最大的国有商业银行之一。

2004年8月28日开始发行具有建设银行特色的龙卡汽车卡，至今已发卡近3万张。龙卡汽车卡主要面向七座以下非营运汽车车主发行，并具有积分加倍换油、免费洗车、车险购买优惠、免费道路救援、特惠租车礼遇等特色功能。

2009年8月28日建设银行向市场发行My Love信用卡，My Love信用卡具有特色的DIY制作功能、记录真爱功能。客户可通过建设银行网站个性化信用卡频道上传、编辑个人所属的照片，也可从网站图库中选择喜欢的图片，亲自设计My Love信用卡卡面。My Love信用卡为追求个性的年轻客户提供了新的选择。

### 五、交通银行嘉兴分行

（一）太平洋卡概述

交通银行银行卡品牌统一称为太平洋卡，包括借记卡、准贷记卡、贷记卡三大系列。1998年3月，交通银行嘉兴分行在储蓄科下设立了卡中心，承担会计、系统运行、信控、营销四大职能。1998年5月，交通银行嘉兴分行发行第一张太平洋借记卡和太平洋准贷记卡，正式开办银行卡业务。2000年开展"太平洋卡理财通天下"主题营销活动，强势推出"全国通"品牌，异地汇款，实时到账，受到广大客户特别是个私业主的欢迎。随着交通银行太平洋卡中心的设立和贷记卡的推出，自2009年1月起交通银行太平洋准贷记卡停止续办新卡。随着太平洋卡业务的快速发展和发卡数量的快速增加，银行卡用卡环境和渠道建设步伐不断加快。1999年3月，交通银行嘉兴分行在嘉兴市禾兴路、勤俭路十字路口设置第一台ATM自助设备，提供取款、查询、改密等业务。先后与江南大厦、戴梦得购物中心建立特约商户代理关系，至2010年末特约商户总量达494户。1999年9月，交通银行嘉兴分行太平洋卡开始办理代收国税业务，先后代收管理煤气费、水费、电费等。为了进一步优化刷卡环境，2009年3月27日，正式开始办理家易通业务。家易通业务通过家易通电话机，依托电信电话网络，采用PKI&PSAM卡和硬件加密机技术向个人、企业等客户提供相应的太平洋卡业务、购货转账等金融服务。至2010年末，累计发行各类太平洋借记卡338 721张，太平洋准贷记卡570张，太平洋卡双币贷记卡41 437张。

（二）主要银行卡产品

1. 储值卡

1999年12月25日，交通银行嘉兴分行创新发行融消费、珍藏、纪念为一体的人民币（磁条）卡，太平洋"千年"储值纪念卡，每张面值200元，客户以现金购买，有效期为一年。不挂失，不计息，只能消费刷卡，不能续存，遗失不补，仅限于在嘉兴指定特约商户使用。

2. 公交IC卡

2003年3月5日交通银行嘉兴分行与市公交公司签订合作协议，共同投资开发嘉兴公交IC卡收费管理系统，这标志着嘉兴市交通"一卡通"工程正式启动。7月5日，分行在火车站广场举行隆重的庆典仪式，庆祝嘉兴市公交"一卡通"公交IC卡首发成功。持卡人可以在分行各网点进行充值，实现客户的公交乘坐及指定商场的小额消费支付。

3. 理财卡

"沃德财富"卡。2005年1月14日交通银行嘉兴分行隆重举办"交银理财"VIP卡首发式，2005年11月1日分行个人理财中心开始试营业，这是个金理财业务走向专业化、个性化的深层次服务模式的尝试。2007年"交银理财"VIP卡全面提升为针对零售高端客户推出沃德财富理财服务新品牌[主要针对该行季日均金融资产50万元以上（含）客户]，该品牌具有专属理财客户经理、专属理财服务渠道、专享沃德财富账户、专享优惠服务价格、专享的财富管理、专享增值服务等六大服务特色。为沃德财富客户提供全方位的服务体系，包括专享的财富管理、投资咨询，全面、个性化的财务规划，快速通道，机场及联盟商户的增值服务，紧急援助等服务内容。

"交银理财"卡。2007年4月推出专门针对优质客户[主要针对该行季日均金融资产5万元以上（含）客户]的"交银理财"卡，结合"交银理财"品牌为广大客户倾心打造一站式综合理财服务品牌，"四个一的理财一体化"，让理财成为一种快乐的享受。该品牌具有"四专"的服务特色：专属理财锦囊、专属服务窗口、专享优惠、专享礼遇。尤其专属理财锦囊，根据客户人生中结婚、生子、买房、购车、子女升学、退休等不同阶段的理财需求，以及客户风险偏好，设计6款理财锦囊，结合人生规划，灵活订制理财方案。

"快捷理财"卡。2009年11月18日首家推出针对个人资产在1万元至5万元之间的客户提供一系列优惠及增值服务的银行服务品牌，率先实现了中高端客户理财的全面覆盖。该品牌具有"三大快捷"享受服务功能；一个团队，专享快捷理财顾问（电话理财顾问和MSN在线客服），满足客户理财咨询和交易需求。二免资费，免收每月2笔ATM同城跨行取款手续费，免收手机银行服务费。三享服务，专享免费财务健康诊断、专享免费"基金智慧定投"理财规划、专享免费电话银行代客交易。

4. 薪金卡

为加快代发工资业务的发展，交通银行嘉兴分行于2009年2月21日起发行太平洋薪金卡。太平洋薪金卡具有标准借记卡的所有功能，一套三款，分别为年年有余、步步生花和源源不断。企事业单位可以根据自己的喜好选择一款或几款，也可选择在一款卡面上加上该单位的标识和名称或重新设计卡面。同时具有代发工资、奖金、红利、企业年金等薪金代发功能及灵活的理财功能。

5. 信用卡

2005年10月正式推出第一张双币种信用卡（人民币及美元），2007年7月18日发行了全国第一张名人主题信用卡（刘翔卡），2008年5月28日正式发行白金信用卡，2009年4月21日发行首张世博信用卡，累计已发行了七大类贷记卡。

白金信用卡。2008年5月28日正式发行白金信用卡，在同业首家采用了"标准服务（基本年费）+客户自选增值服务（付费定制）"的产品设计模式。客户在缴纳极其优惠的基本年费后，即可享受一系列优于市场平均水平的基本功能服务；如客户还希望享受更多高附加价值服务，例如高尔夫、星级酒店优惠服务等，也可通过自选定制方式，支付一定费用后提供针对性的服务。为层次跨度较大的各类高端客户群提供了个性化选择，充分体现了该行白金卡"定制美好新生活"的鲜明个性特点。

世博业务。交通银行作为世博会唯一商业银行全球合作伙伴，在发行借记卡、贷记卡、门票销售、特许商品销售等多方面进行了合作：

2008年12月交通银行嘉兴分行发行采用环保材质制作的银行卡"金"彩世博卡，充分体现了世博会倡导的绿色环保理念，是一款实用与艺术收藏相结合的银行卡产品。

2009年3月27日全面代理销售世博门票，截至2010年10月31日，累计销售近38 000张。

2009年4月21日至2010年10月31日发行首张采用国际新型可降解绿色材料制成的世博信用卡。

### 六、中信银行嘉兴分行

（一）银行卡概述

1999年中信实业银行总行作出发行银行卡业务试点的决定，有计划、有步骤地在全国经济发达的大城市和沿海城市推行银行卡业务。1999年10月，中信实业银行嘉兴支行成为第一批发卡行。

为更好地为持卡人提供方便、快捷的服务，中信银行不断提升银行卡功能，在发展中逐步完善服务手段，积极开展代发、一户通代扣费、理财投资、金融短信通等服务功能，使银行卡这一新的金融工具更好地发挥了作用。

（二）借记卡产品

1999年发行中信理财宝借记卡，该卡是中信银行面向社会发行的，到2010年末，借记卡发卡量已达37万多张，是融存取款、转账、消费、投资理财于一体的多功能借记卡。自正式面市以来，以其科学理财功能获得嘉兴地区客户的广泛认同和青睐。国家工商行政管理局商标局确认"理财宝"为国家工商行政管理局认可的注册商标，核定的服务项目范围包括银行卡发放、银行卡服务、金融服务等方面，2005年，扩大核定服务的项目范围。

中信理财宝的理财方式具备以下三大特色：存款收益与提款便利兼得；灵活支取，利息损失最小；智能透支，享用"免费午餐"。

2001年，推行"以卡为中心、以卡为重点"的方针，加大卡的功能开发力度，先后与中国电信、人保、平保、太保、中国移动、中国联通等签订代收费协议，开发"电子对账"服务功能并与爱建证券合作推出了POS银证转账业务，使中信卡越来越被社会公众所认同。

2002年推出的"中信慈善卡"是中信理财宝借记卡的衍生产品。利用"中信理财宝"活期存款超过其他银行借记卡的收益，中信实业银行嘉兴支行为嘉兴慈善事业捐款15万元。中信慈善卡作为慈善公益事业的专属卡片，自动为浙江慈善总会的指定账户捐款。

2005年，中信理财宝卡全新升级改版，扩大核定服务项目范围，功能和服务更加完善，卡面采用"七彩风帆"。

近几年来，陆续推出了中信理财宝金卡、白金卡，为客户提供更加尊贵的理财服务，另外还推出了中信香卡、中信晒卡、中信回卡等为客户量身设计的借记卡产品，除了具备传统借记卡的功能外，还可实现投资理财、第三方存管、外汇买卖等各项理财需求，增加了亲子、旅游和积分等功能，客户可享受到专属于自己的贴心特惠服务。

（三）信用卡

2004年中信实业银行嘉兴支行发行中信信用卡系列产品，推出STAR卡及自动还款功能。

2005年发行中信魔力女士信用卡，中信魔力女士卡的特色功能有：国内首创，一卡四款，专为女性设计，嘉兴第一张专属女性的信用卡，卡片夜光设计，魔温变色，引领信用卡时尚，享有作为女性的专属待遇，赠送女性健康保险一份，细心呵护，超值积分待遇，生日当月消费积分翻倍，轻松增值。2006年，中信银行嘉兴分行在原来中信魔力女士卡的基础上进行产品升级，向社会推出魔力女士卡的高端产品——中信魔力金卡、白金卡。在产品功能和增值服务的设置上，"亲子、美容、消费、健康"是四大主题服务，即："魔力无忧"女性专属健康保险、"亲子两全"保险计划、"亲子欢乐"积分计划和"魔力沙龙"系列讲座。近几年来，陆续推出的中信国航知音卡、美国运通卡、中信淘宝联名卡等系列产品，不断丰富了信用卡的产品线，为广大持卡人带来了满意的增值服务。

为了给中信出国金融客户提供更加全面优质的金融服务，2009年，中信银行正式推出"出国全程通"专属借记卡——中信"回卡"。作为国内首张针对出国金融业务的借记卡，使用"回卡"可以获得中信银行提供的各项优惠和便利，专享贴心服务。"回卡"客户可享受专属提供的全球关爱升级保障服务，包括境外意外伤害、境外紧急医疗、境外旅行不便援助。"回卡"除可在境内银联网络使用外，还可在境外60多个国家和地区的银联网络使用。

## 七、上海浦东发展银行嘉兴分行

浦发银行卡包括借记卡和贷记卡（信用卡）两类。浦发银行的借记卡取名东方卡，是一张集多储种、多币种、多渠道和多功能于一体的借记卡。其主要功能有：一是一卡多户，存取便捷；二是定期收益、活期便利；三是账户变动，一动了然；四是异地服务，使用无忧；五是想汇就汇、四通八达；六是综合积分、优惠多多。目前，浦发银行的借记卡已集消费、现金存取款、投资理财、代扣代缴等服务功能于一身。自1997年在嘉兴市场推出浦发银行卡以来，至2010年末，累计发行各类浦发银行卡25万多张。

1997年，浦发银行嘉兴支行在嘉兴同业中率先推出东方芯片卡（嘉兴第一张金融IC卡），是嘉兴首家倡导银行卡业务圈存圈提概念的银行；1999年6月1日，推出了"东方—嘉图卡"联名卡，当年累计发放东方—嘉图卡4 000多张。2002年，又推出了"浦发·大润发"联名卡。

2005年，浦发银行正式推出了轻松理财系列卡，取代了原先的东方卡卡面系列。轻松理财卡融合借记卡理财和信用卡消费免息的优势，不仅每笔消费均授予固定期限的延期支付服务，更可享受约定理财、多币种多期限的存款、第三方存管、银基通等投资理财服务，实现真正的一卡多用。

轻松理财卡系列分借贷合一卡和借记卡两大类。借贷合一卡中包括了普卡（香港旅游卡普卡等）、银卡、智业卡银卡、金卡、智业卡金卡、香港旅游卡金卡、卓信白金卡、钻石卡等；借记卡包括东方卡、贺岁卡等。

信用卡业务方面，2004年，借力花旗银行，推出了嘉兴同业中首张外资品牌的信用卡；近几年，浦发银行针对不同人群，陆续推出了诸如白金卡、金卡、普卡、加速积分卡、财星金卡、上海旅游信用卡、星尚·浦发信用卡、WOW卡、麦兜主题卡、东航·浦发联名信用卡、日航·浦发联名信用卡等系列品种，不断丰富信用卡品种，满足禾城市民日益变化的金融需求。针对女性客户，推出了轻松理财知性卡，是专为都市女性打造的新一代个性卡。知性卡不但融合知性理财与消费延期支付的优越功能，更具备"《今日风采》读者俱乐部"会员服务功能，独享会员专属精彩活动。

### 八、兴业银行嘉兴分行

兴业银行卡分为理财卡和信用卡两大类。自开业以来，理财卡发卡15 526张，信用卡发卡17 298张。理财卡分为普卡、白金卡和黑金卡三种卡片，白金、黑金级别客户均可享受手续费全免及多种贵宾增值服务，如定期寄赠畅销书、机场贵宾专享礼遇、健康医疗增值服务及可参与"高尔夫免果岭费畅打"、"高尔夫练习场免费畅打"活动。理财卡具备强大理财投资功能，拥有本外币理财、基金、国债、外汇、实物黄金等各种理财产品。"加菲猫"信用卡、星夜·星座信用卡、中国心信用卡、QQ VIP信用卡、都市丽人信用卡、中国低碳信用卡等系列主题信用卡新颖时尚、独具特色，并在全国独家推出异型、迷你套卡。另外，该行推出彰显身份的白金信用卡，可享全国16大城市17大机场免费不限次数机场贵宾服务，专业医疗机构每年赠送2次钻石级健康体检和1次洁牙护理，全国26个城市33家顶级高尔夫俱乐部练习场无限畅打。

### 九、招商银行嘉兴支行

自2008年成立开始，积极应对金融形势变化，依托该行零售业务品牌优势和业务特点，确立以金葵花理财、"两卡一网"等特色业务作为重点，以网点创赢为突破口，加大业务产品组合营销力度，努力拓展市场。

（一）银行借记卡业务

1998年，招商银行作为国内第一个面向个人客户的网上银行——招行"一网通"正式推出，开创了"鼠标+水泥"的业务模式。招商银行发行了"一卡通"，是以磁条或IC芯片为介质的银行借记卡,向符合条件的持卡人提供人民币、外币的结算、支付和综合理财服务。"一卡通"按所加入的交易网络不同,分为中国银联卡、VISA卡、MASTER卡和其他卡;按从属关系分为主卡和附属卡;按客户身份分为个人卡和单位卡;按客户性质分为金卡和银卡或贵宾卡和普通卡,以客户号管理方式为基础,通过招商银行的网点柜台和自助设备(如自动柜员机、自助存款机和查询机等)、电话银行、网上银行、银行卡网络以及移动通信工具等服务载体,提供本外币存取款;账务查询、转账;短信提醒功能;代理收付及小额支付;个人消费信贷及质押融资服务等。"一卡通"又分为普通卡和贵宾卡,贵宾卡分为金卡、"金葵花"卡、钻石卡和私人银行卡,所有"一卡通"都能成为理财卡。"一卡通"金卡具有五大特色:国内首张理财国际卡、个性卡号自主选择、大额消费短信通知、全球通行消费取现、委托购汇方便快捷。

在嘉兴市当地"金葵花"卡同样可以享受中国最佳零售银行的贵宾服务体系,拥有专属贵宾理财顾问及强大的后台专家团队服务体系。为"金葵花"客户提供的理财产品,其收益更具吸引力,品种更丰富。针对"金葵花"客户群不定期举办或提供如亲子活动、投资策略报告会、少儿钢琴赛、全国少儿绘画赛等活动。招商银行嘉兴支行发行的"一卡通"开通上述全部功能,开业3年以来,已在嘉兴成功核发一卡通28 000余张,使"一卡通"这一招行品牌深入人心。

(二) 银行贷记卡业务

招商银行信用卡中心成立于2001年12月,采取全国集中化运作,是国内首家真正意义上独立运作的信用卡中心,完全按照国际标准运作,真正实现信用卡的一体化专业化服务。

招商银行嘉兴支行拥有招商银行贷记卡完整的14个产品系列,包括young卡青年版、酒店航空系列、无限信用卡、VISA白金信用卡、标准信用卡、美国运通卡、卡通&粉丝系列、时尚女性系列、餐饮娱乐系列、爱车一族系列、百货购物系列、城市金卡系列、文化&高校系列和商务卡等共140余卡种。拥有"签名/密码随心选择、消费提醒短信、24小时异常消费监测、失卡万全保障、消费明细E-mail告知"五重安全保障。

### 十、浙商银行嘉兴支行

浙商银行嘉兴支行严格执行总行有关制度和操作规范办理银行卡业务,目前业务仅限借记卡。网上银行业务推动较为积极,目前银行卡网银交易占比较高,客户开卡时免费为客户开通余额变动的短信通知,有效地防范了银行卡的操作风险。2009年末该行借记卡合计1 028张,借记卡存款余额为7 815万元,借记卡当年累计消费3 424万元。2010年末,借记卡合计1 820张,借记卡存款余额为8 870万元,借记卡当年累计消费2 972万元。

### 十一、深圳发展银行嘉兴支行

深圳发展银行信用卡中心成立于2000年11月。作为国内信用卡行业的先行者之一,深发展信用卡中心持续努力,不断推出符合不同类型客户需求的产品。

嘉兴地区可发行深圳发展银行的发展信用卡、白金至尊卡、香港旅游卡、靓丽卡、靓易卡、靓房卡、靓绿卡、白金天玑卡、靓车卡、欧尚卡、当当卡等十余款信用卡产品。这些卡产品特色鲜明,如靓绿卡主打"环保"理念,采用国际新型可降解绿色材料制作卡版,得到了环保拥护者的普遍认可。

深发展银行嘉兴支行信用卡业务始终坚持以"服务客户"为最高宗旨，以创新为价值导向，遵循"专业、服务、效率、诚信"的理念，业务规模不断扩大，市场占有率不断增长。

### 十二、嘉兴银行

经中国人民银行上海分行批准，2002年12月22日嘉兴市商业银行在五周年行庆大会上举行南湖卡首发式，2003年7月，嘉兴市商业银行成功加入中国银联网络并向社会发行银联标准卡，成为中国银行卡业务联网联合的成员行之一。从此，嘉兴市商业银行银行卡业务紧跟中国人民银行、中国银联的管理要求和发展步伐，服务功能逐步完善，业务规模日益扩大。

2003年8月，嘉兴市商业银行开通首台加入中国银联网络的自动柜员机；2003年11月，加入由中国人民银行嘉兴市中心支行组建的嘉兴市缴费一户通平台，启动南湖卡和其他个人结算账户代缴水电煤气费、有线电视费、固定电话及移动电话通信费等八项公共事业费用和地方税收的代收代缴业务。

2004年5月，首家以银行卡服务为主的自助银行在总行营业部建立，配置自动取款机、自动存款机和多媒体查询终端各一台，实现24小时银行卡业务不间断服务。2004年10月，南湖卡加入中国银联浙江省分公司组建的"银联柜面通"业务平台，实现在浙江省辖内各城市商业银行、兴业银行、华夏银行等银行之间银行卡查询、存现、取现、转账等四项业务的柜面互通，从而满足客户大额支付结算的需求。

2005年6月，嘉兴市商业银行试行个人长期不动户管理办法，分年度清理银行卡账户和其他个人结算账户。2005年8月，嘉兴市商业银行与嘉兴市中港通讯有限公司合作开发的短信服务系统首次应用于南湖卡业务，实现自动柜员机取现、转账交易和POS消费交易的实时短信通知和代发代缴业务的批量短信通知，极大地方便客户及时对账，为南湖卡交易安全又增添保障手段。2005年12月，与嘉兴市公共信息系统建设办公室合作成功试发"嘉兴市民卡（B卡）"，成为嘉兴市民卡业务唯一银行合作伙伴。

2008年2月，嘉兴市商业银行与浙江支付宝网络科技有限公司合作开发的南湖卡支付宝卡通业务成功上线运行，标志着南湖卡开始通过互联网交易支付步入电子商务服务领域。

2009年6月，在电话银行系统升级改造的同时新增南湖卡跨行转账业务，并实现24小时坐席服务。2009年7月，南湖卡业务按优惠标准实施跨行交易收费。

2010年4月，嘉兴银行与嘉兴市民卡服务中心有限公司签订合作协议，成为嘉兴市民卡业务主办银行和结算银行，同时启动南湖卡与市民卡绑定、服务环境建设等合作项目。2010年6月，嘉兴银行与银联商务浙江省分公司签订POS收单服务合作协议，将商户服务承包给第三方专业化服务公司。通过8年来全行上下的共同努力，到2010年末南湖卡发卡量达到24.49万张，卡存款余额6.48亿元，当年直接消费7.80亿元，年总交易额220.80亿元。2006年，嘉兴市商业银行荣获"嘉兴市银行卡跨行交易质量奖"。

### 十三、农村合作金融机构

2005年1月，浙江辖内农村合作银行和统一法人联社开办丰收卡业务，2005年3月23

日,浙江省农信联社入网开办银联借记卡业务。2005年4月6日"丰收卡"发行试点工作在温州拉开帷幕,这标志着浙江农信系统终于有了自己的银行卡。根据浙江省农信联社稳步推进丰收卡业务的原则,2005年9月,浙江禾城农村合作银行被省农信联社确定为嘉兴地区农信系统第1家丰收借记卡业务试点行,2005年10月禾城农村合作银行成功发行第一张丰收借记卡,并于2006年5月正式对外发行个人借记卡。

2008年6月,浙江省农村合作金融机构发行了全国农村信用社系统首张省级贷记卡——丰收贷记卡。这是浙江农村合作金融机构继2005年推出统一品牌借记卡(丰收借记卡)之后,推出的一个全新的银行卡产品。标志着3 000多万浙江农民能与城镇居民一样,享受贷记信用卡全方位的金融服务,对解决全省农民生产和生活暂时性资金短缺,培育农民现代信用意识,具有重要意义。丰收贷记卡的发行提高了农村合作金融机构自身的综合竞争力,完善了服务功能,拓宽了结算渠道,满足了农村日益旺盛的多层次、多元化的金融需求。并且新增了"4008896596"全省客户服务热线电话。2008年10月,浙江禾城农村合作银行开办丰收贷记卡业务,2009年5月正式对外发行丰收贷记卡,禾城合行成为嘉兴地区首家开办贷记卡业务的农村合作金融机构。

2009年8月,全辖开办丰收小额贷款卡业务。丰收小额贷款卡业务实现"一次核定、额度控制、随用随贷、手续简便"等功能,受到农民朋友的普遍欢迎。丰收小额贷款卡除具有丰收借记卡的各项功能外,还具有小额个人循环贷款载体功能,主要三大特点:一是一次授信、循环使用;二是自助贷款、方便快捷;三是通存通兑、随借随还。该卡不但可以通过网点方便、安全、快捷地办理各项存贷款业务,还可以凭卡在任何地方贴有银联标识的ATM办理取款业务,可以在POS机上消费。该产品已成为全国银行业知名品牌,荣获"2010年服务小企业及三农十佳特优金融产品"、"浙江省2010年度十大民生工程"等称号。

## 十四、中国邮政储蓄银行浙江省嘉兴市分行

自1998年嘉兴邮政储蓄机构推出首张邮政绿卡以来,邮政储蓄不断丰富各类银行卡品种,包括储蓄卡、联名卡、生肖卡、绿卡通卡、邮储信用卡等,不断满足客户的用卡需求。截至2010年底,共发卡173.8万张,结存32.8亿元人民币;结存信用卡1 800张。

(一)借记卡

1998年,嘉兴邮政储蓄机构推出全市首张邮政绿卡,该卡是银联标准借记卡,开始了嘉兴邮储银行卡业务的发展历程。绿卡(借记卡)是由中国邮政储蓄银行发行的,具有消费、转账、结算、存取现金等全部或部分功能的金融支付工具。绿卡为借记卡,不允许透支。邮政储蓄网点遍布城乡,持绿卡可在任一网点及贴有"银联"标识的ATM支取现金,轻松实现"一卡在手,走遍神州"。

2004年,邮储储蓄机构推出首张绿卡·猴年生肖卡,截至2010年已陆续发行了猴、鸡、狗、猪、鼠、牛、虎等7张绿卡生肖卡。绿卡生肖卡是中国邮政储蓄银行发行的一款既有银行卡功能,又带有新春祝福的系列银行卡产品,深受广大客户喜爱。

2008年,邮储银行嘉兴市分行推出淘宝绿卡。淘宝绿卡是中国邮政储蓄银行与浙江淘宝网络有限公司、浙江支付宝网络科技有限公司联合发行的集金融服务和网上支付于一体的联名

借记卡，具有在淘宝网、阿里巴巴、支付宝及其外部网站进行方便、快捷网上支付的功能。无须网银，淘宝绿卡让客户轻松享受网上购物的乐趣。淘宝绿卡采用实名制认证和手机安全认证方式，能有效保护客户的资金安全。

2008年底，邮储银行嘉兴市分行推出绿卡通卡特色产品。绿卡通卡是中国邮政储蓄银行发行的将不同储种、币种、资金形态的账户及理财账户集中于一张借记卡上，用一张卡管理个人多个账户资金活动情况的银行卡。持绿卡通卡可在全国邮政储蓄网点进行活期存取款交易，在贴有"银联"标识的ATM上办理取款交易。同时，持绿卡通卡可在当地邮政储蓄网点办理整存整取、定活两便和通知存款三种储种的存取款业务。客户可将绿卡通卡内活期闲置资金转成卡内整存整取、通知存款、定活两便任一储种的存款，也可将卡内整存整取、通知存款、定活两便任一储种的存款转成活期存款。同时，该卡还可以购买保险、国债、基金、理财产品，亦可办理转账、消费、网上购物及缴纳电话费、公共事业费等多种业务。每张主卡申请多张副卡，并对每张副卡的月支出额度进行管理。副卡可以办理活期存款及规定额度内的取款、消费、转出转账、可用额度查询等业务。

(二) 信用卡

2009年邮储银行又推出了首张信用卡，又称"鼎"卡，实现了邮储银行嘉兴市分行卡业务从借记卡到贷记卡的飞跃。自古"鼎"都被视为传国重器，是国家和权力的象征。汉字中"鼎"字也被赋予"显赫"、"尊贵"、"盛大"等引申意义，卡片以"鼎"作为设计主元素，体现精诚守信、一诺千金的内涵，以及中国邮政储蓄银行"鼎立为您"的服务承诺。

邮储信用卡普卡在产品设计过程中，充分借鉴了目前其他银行信用卡产品的功能和特点，在紧密结合邮政储蓄银行业务发展现状的基础之上，针对邮储银行潜在客户对信用卡的实际需要，为客户量身打造了一款经济、实用，特色鲜明的信用卡产品。"方便"、"实惠"、"安全"是邮储信用卡的核心的价值理念。

邮储信用卡金卡是针对中高端人群开发的一款标准贷记卡产品。产品除具备循环信用、消费分期、预借现金、密码可选等服务外，还具有机票酒店预订、附属卡额度调整、48小时失卡保障、免费交易提醒、高额度预借现金、生日双倍积分、精彩礼品兑换等多项特色服务，是符合国际标准的真正信用卡，可令持卡人尽情享受境内和境外"先刷卡消费后还款"的便利和实惠，随时随地，无忧用卡。

# 第五章 外汇业务

## 第一节 概 述

随着嘉兴市经济体制改革的推进和对外经贸活动的发展,外汇管理体制发生了深刻的变化,整体发展格局产生了重大变革,外汇业务发展迅速。

1991年之前,嘉兴地区的外汇业务呈现出中国银行嘉兴市支行一家独大的局面。1991年,外贸体制进一步改革,全年出口总额3.56亿美元,同比增长12.97%,其中外贸收购2.28亿美元,非外贸收购1.28亿美元。自营出口4 956万美元,收汇4 731.05万美元,辖内只有中国银行发生外币贷款,可办理国际结算出口收汇业务。

1992年,工商银行嘉兴市分行被浙江省外汇管理局批准为外汇指定银行,同意办理自营外汇业务。

1993年,农业银行嘉兴市分行被浙江省外汇管理局批准为外汇指定银行,同意办理自营外汇业务。1993年全市利用外资发展迅速,新批"三资"企业419家,相当于前8年发展总和的1.36倍。1993年嘉兴外汇业务的办理银行开始多元化,也是嘉兴市银行业外汇业务增幅最快的一年,截至年底全市经营外汇业务的金融机构达53家(当年新批17家),其中自营机构8家,代理机构15家,办事处和储蓄所29家,非银行金融机构1家,全市各县(市)的中国银行、工商银行、农业银行已全部开办外汇业务,普及面居全省之最。

1994年,国家对外汇管理体制实行改革,嘉兴辖内外汇指定银行外汇收支实行银行结汇和售汇制度,外汇业务品种、业务量、范围逐渐扩大增长。全市当年新批外汇业务机构及网点39家,其中自营机构1家,代理机构2家,办事处和储蓄所36家。外汇局组织了对金融机构17行次的外汇业务合格性检查,对6家擅自开办外汇业务的机构依法进行了处罚。1994年,中国人民建设银行嘉兴市分行被浙江省外汇管理局批准为外汇指定银行,同意办理自营外汇业务。

1995年,外汇体制改革后,外汇管理工作逐渐由直接对企业前台操作转为向银行的间接管理,全年举办了4期银行外汇政策培训班,提高从业人员素质,同时对近100家代理外汇业务机构进行清理检查,对工、农、中、建开展了结售汇、外汇账户等检查。为减轻外汇指定银行工作量、提高外汇局的监管效率，嘉兴市外汇业务陆续采用电脑无纸化自动处理系统，组织开发了进口付汇核销系统软件，并经国家外汇管理局信息中心、国际收支司可行性认证完善后在全国推广运用。

1996年，根据中国人民银行新制定的《结汇、售汇及付汇管理规定》的有关精神，国家外汇管理局嘉兴市分局结合当地实际，及时转发国家外汇管理局《关于结汇、售汇及付汇管理若干具体问题的实施规则》，对全市1 200家外商投资企业外汇账户进行了申报区分，加强对辖内银行结汇、售汇业务的监管，使结汇、售汇业务更趋完善。1996年8月各市级银行在外汇局的牵头下正式签订了《嘉兴市银行外汇业务公平竞争同业公约》，为外汇体改政策贯彻执行创造了良好的金融环境。

1997年，亚洲金融危机爆发，为防范化解外汇指定银行风险，外汇局以监管为切入口，组织了全市外汇指定银行分管行长和217名外汇业务从业人员进行了外汇政策的培训和考试。对全市15家金融代理、代办外汇业务机构进行了全面清理，13家转为自营，撤销了外汇资产质量严重恶化的工行嘉善县支行经营国际业务资格，取消了1家重复布点机构。当年，全市外汇指定银行制止了多起企业恶意套取外汇信贷资金和虚假信用证开证风险案件。经过努力，全市150家经营外汇业务机构，当年实现利润513万美元，同比增长35%。

1998年是极不平凡的一年，为抵御东南亚金融危机冲击，维护人民币汇率稳定，国家外汇管理政策调整较大，严格资本项目管理，规范经常项目业务。同年9月，国家外汇管理局下发了《关于加强资本项目外汇管理若干问题的通知》，明确规定从1998年9月起，各外汇指定银行支行及支行以下分支机构不得再办理资本项目外汇业务，已办的此项业务全部上划至上级分行。同时，国务院在全国范围内组织开展了打击走私和骗汇违法活动的行动，国家外汇管理局嘉兴市分局通过嘉兴电视台《今晚八点》、嘉兴电台新闻台《1485直播室》、《嘉兴日报》、《南湖晚报》等新闻媒体进行外汇法规宣传，组织各外汇指定银行开展大型外汇法规现场咨询活动，市人大副主任范巴陵、市政府副市长赵友六亲临现场指导，单丽蓉、娄荣民等行领导及8家单位近80人参加咨询活动。

1999年，资本项目管理更加严格，国家外汇管理局《关于完善资本项目外汇管理有关问题的通知》，明确企业偿还境内中资金融机构自营外汇贷款本金、信用证项下垫款，需经外汇局审批。当年6月，国家外汇管理局嘉兴市支局、公安局和工商局联合下发《关于严厉打击外汇黑市活动的通知》，维护外汇金融稳定，打击套汇、走私、骗税等犯罪活动。面临新形势，国家外汇管理局要求外汇管理做到"说得清，管得住"，年底逐渐恢复县级银行资本项目售付汇操作。

2000年，随着我国经济的好转和国际市场逐渐复苏，嘉兴市的进出口增长迅猛，银行外汇业务经营稳健并有了长足发展，业务发展空间增大。当年11月，恢复了工行嘉善县支行经营国际业务资格，获准办理结售汇业务。

2001年，我国加入世贸组织对嘉兴市银行外汇业务产生了直接而长远的影响，嘉兴市委、市政府把当年定为"招商引资年"，提出把扩大对外开放、发展开放型经济作为新一轮经济发展重要战略选择，2001年嘉兴市外商投资企业的出口已占全市出口总额的51.11%。在外汇管理上，电子口岸执法系统正式施行，提高了企业出口通关与收汇核销速度，开展了中资企业现汇账户开立试点工作，全市有38家中资企业开立了现汇结算账户，在一定程度上满足了这些企业保留外汇的愿望，使企业能较为主动地选择结汇时机，有效防范汇率风险，降低了财务费用。同时，资本项下放松企业提前购汇还贷与购汇归还逾期贷款的政策限制，以及简化国内银行自营外汇贷款管理方式，对嘉兴市银行外汇业务发展产生了积极影响。

2002年以来，随着全市开放型经济的快速发展，辖内的外汇业务步入了高速发展的道路，国际结算量大幅增加，国际结算业务品种拓展明显加快，结算方式也日益增多。同时，国家放宽了对国内外汇指定银行自营外币贷款的管理，部分银行开办了福费廷、保理、信用证项下贴现等业务，发挥出口押汇贷款作用，嘉兴辖内外币贷款达1.74亿美元，同比增长34.88%，增幅之大为近年来少有。此外，嘉兴市继续实施经常项目账户第二步改革试点，全市中资企业结算账户猛增至300多户，企业外汇持有量增加，全市各项外汇存款余额突破5亿美元大关。

2003年，嘉兴市虽受美伊战争和"非典"疫情的影响，但随着美元持续贬值、利率下调，人民币汇率升值预期强烈，国际资本加速流入境内之趋势初显端倪，全市银行累计结汇31.76亿美元，售汇7.66亿美元，同比分别增长51.40%和82.23%，结售汇顺收24.10亿美元，同比增长43.68%，嘉兴市通过银行收汇结汇检查、规范外汇管理、实施外汇反洗钱等途径，严防游资流入。

2004年，在国家宏观调控力度加大、要素资源约束趋紧和国内外市场竞争日益加剧的大背景下，嘉兴市涉外经济继续保持快速增长，全市进出口总额达79.25亿美元，同比增长38.74%，再创历史新高。贸易、非贸易和资本项下结售汇继续保持大额顺差，当年全市银行结售汇总额超过了2000年以前年度的累积总和。

2005年，进一步完善人民币汇率形成机制改革，7月21日起开始实行以市场供求为基础、参考一篮子货币进行调节、有管理的浮动汇率制度。改变传统的一日一价制，结售汇业务总分行平仓价、内部平仓价、对外报价及人民币兑外汇的远期结售汇业务均实行一日多价。同时，随着嘉兴对外贸易的增加，辖内的结售汇总量总体经历了一个从徘徊不前至快速递增的过程，至2005年，连续八个年头都保持顺差势头。

2006年，人民币汇率的持续升值，对我市以出口为主的涉外经济影响较大，企业持有外币资产的意愿持续下降，大部分企业选择来账即结，或择机而结，外贸出口结汇率明显上升，2006年全市企业贸易出口结汇率达到了81%。同时，我市的贸易付汇方式发生了较大变化，大部分企业采用延期付款和货到付款方式对外支付，经常项目外汇账户政策的进一步放宽，也为企业贸易用汇创造了日益宽松的环境，有外汇收入的企业一般以收汇后的资金进行付汇，有效规避了汇率风险。

2007年，人民币对美元汇率呈现单边升值状态，全年累计升值6.9%，为避免汇兑损失，涉汇主体加快结汇速度，企业账户上只留小部分资金用于维持正常的付汇需要，部分企业采用预收货款、T/T押汇、福费廷等贸易融资方式提前结汇规避汇率风险。1—12月，全市贸易外汇收入108.61亿美元，同比增长26.24%；贸易收入结汇89.56亿美元，同比增长27.73%。

2008年，全球金融危机愈演愈烈，各国实体经济先后遭受了不同程度的影响，外部需求萎缩显著，全球经济逐步显现衰退迹象。受此影响，下半年以来嘉兴对外贸易增速明显回落，收汇风险加大，全市出口增速较2007年下降5个百分点，其中对美、欧、日出口增速分别下降11个、4.9个、1.7个百分点。同时，国内宏观调控方向适时调整，由从紧转为适度宽松，诸多利好政策的出台，有力缓解了企业短期经营压力。

2009年，在外汇业务量明显萎缩的情况下，各外汇指定银行纷纷主推进口配套理财产品，如中国银行的"汇利达"，工商银行的"付汇通"，农业银行的"付汇理财通"等。此类产品是在人民币升值预期下，企业以人民币全额质押后，获得进口外汇融资对外支付，同时办理同期限远期售汇，锁定远期汇率，降低购汇成本。由于这些产品既能为银行增加中间业务收入，又能为企业降低财务成本，贸易融资额快速上升，全年嘉兴市进出口贸易融资余额8.27亿美元，较年初增加了4.52亿美元，同比增长119.36%。

2010年6月19日，我国重启汇改之路，人民币汇率弹性明显增加。尤其是9月以来，人民币兑美元汇率出现单向升值走势，人民币兑美元中间价由1美元兑6.8126元人民币升值至1美元兑6.6997元人民币，升值幅度为1.68%，在此背景下，银行外汇存贷款增势加快，外汇头寸仍较为紧张。12月末，全市国内外汇贷款余额20.79亿美元，较年初增加4.97亿美元，外汇存款余额9.7亿美元，较年初增加2.24亿美元。各银行尽量使用境外外汇资金弥补境内资金不足，充分发展海外代付、海外担保等工具，缓解境内外汇资金紧张局面。在业务开展方面，汇改进一步刺激了外汇避险和理财产品、外汇贷款、贸易融资的市场需求。

1991年至2010年间，嘉兴市开办外汇业务的银行机构逐渐增多，外汇业务产品也逐步丰富，外汇业务总体开始步入快速发展的轨道，符合外向型经济发展的需要，也是嘉兴经济融入经济全球化的必然结果。截至2010年，嘉兴开办外汇业务的银行机构除了工、农、中、建外，还有浦发、中信、交行、兴业、招商、浙商、邮储、华夏、深发展和农村合作金融机构，开办外币贷款业务的银行机构有11家。

## 第二节 外币存款

### 一、总体情况

1991年，嘉兴全市开办外汇存款业务的银行机构只有中国银行。为适应外向型经济发展的需要，多家银行机构相继开办外币业务，到2010年末，全市开办外币存款业务的银行机构达到14家，各项外币存款96 966万美元。

表3-5-1　　　　　　　1993—2010年嘉兴市银行业外币存款变化状况　　　　　单位：万美元

| 年份 | 年末余额 | 比上年 | 增减（%） | 年份 | 年末余额 | 比上年 | 增减（%） |
| --- | --- | --- | --- | --- | --- | --- | --- |
| 1993 | 6 293 | — | — | 2002 | 49 949 | 9 997 | 25.02 |
| 1994 | 7 178 | 885 | 14.06 | 2003 | 50 927 | 978 | 1.96 |
| 1995 | 7 917 | 739 | 10.30 | 2004 | 50 205 | -722 | -1.42 |
| 1996 | 10 563 | 2 646 | 33.42 | 2005 | 44 558 | -5 647 | -11.25 |
| 1997 | 12 122 | 1 559 | 14.76 | 2006 | 59 643 | 15 085 | 33.85 |
| 1998 | 18 319 | 6 197 | 51.12 | 2007 | 52 495 | -7 148 | -11.98 |
| 1999 | 25 924 | 7 605 | 41.51 | 2008 | 60 830 | 8 335 | 15.88 |
| 2000 | 33 520 | 7 596 | 29.30 | 2009 | 74 563 | 13 733 | 22.58 |
| 2001 | 39 952 | 6 432 | 19.19 | 2010 | 96 966 | 22 403 | 30.05 |

资料来源：中国人民银行嘉兴市中心支行。

从1993—2010年嘉兴市银行业外币存款增长状况分析，18年间，外币存款几乎是连年增长，年均递增超过18%，增幅较高的是1998年和1999年，其中：1998年当年增幅达到51.12%；其次是1999年，当年增幅达到41.51%；当年增幅超过30%的年份有1996年、2006年和2010年，当年增幅分别为33.42%、33.85%和30.05%。从18年来外币存款余额的绝对值来分析，从1993年6 293.3万美元，到1996年突破1亿美元用了3年时间，此后几乎每一两年就上一个新台阶。这也从一个侧面反映出嘉兴外向型经济发展速度较快，外向型经济的发展和外商投资企业资金实力的增强，增加了全社会外汇资金的供应。此外，嘉兴市出口形势较好，外汇收支顺差逐年扩大，这一方面增加了企业的自有资金，另一方面又表现为银行外汇存款的增加。

在外币存款中外币储蓄也占据一定比重，1994年外币储蓄2 357.24万美元，占全部外币存款余额的32.85%，到2010年末，外币储蓄达到12 710万美元，占全部外币存款余额的13.1%。

1994年外币体制改革对个人外币管理没有产生实质影响。个人外币收入可以存入银行，也可卖给银行；外币个人存款的原则也是存取自由，存款有息，本金和利息均支付外币，为储户保密，因此，进一步调动了个人参加外币储蓄的积极性，使全市的外币储蓄保持了稳定增长的良好态势。

表3-5-2　　　　　　　1991—2010年嘉兴市银行业外币储蓄增长状况　　　　　　　单位：万美元

| 年份 | 年末余额 | 比上年 | 增减（%） | 年份 | 年末余额 | 比上年 | 增减（%） |
| --- | --- | --- | --- | --- | --- | --- | --- |
| 1991 | — | — | — | 2001 | 27 431 | 2 824 | 11.48 |
| 1992 | — | — | — | 2002 | 28 882 | 1 451 | 5.29 |
| 1993 | — | — | — | 2003 | 27 080 | -1 802 | -6.24 |
| 1994 | 2 357 | — | — | 2004 | 22 006 | -5 074 | -18.74 |
| 1995 | 3 044 | 687 | 29.17 | 2005 | 17 590 | -4 416 | -20.07 |
| 1996 | 3 826 | 782 | 25.69 | 2006 | 16 954 | -636 | -3.62 |
| 1997 | 5 055 | 1 229 | 32.12 | 2007 | 12 512 | -4 442 | -26.20 |
| 1998 | 8 618 | 3 563 | 70.48 | 2008 | 12 283 | -229 | -1.83 |
| 1999 | 14 816 | 6 198 | 71.92 | 2009 | 12 987 | 704 | 5.73 |
| 2000 | 24 607 | 9 791 | 66.08 | 2010 | 12 710 | -277 | -2.13 |

资料来源：中国人民银行嘉兴市中心支行。

## 二、外币存款的种类

嘉兴市外汇银行开展的外币存款分三种。

（一）甲种（单位）外币存款

甲种外币存款是吸收境内外机关、团体、企事业单位持有外币或外汇的一种对公存款业务。本存款分定期和活期两种。定期存款为记名式存单，存期分三个月、半年、一年、二年四档，起存金额不低于人民币10 000元的等值外汇；活期存款分存折户和往来户两种，起存金额不低于人民币10 000元的等值外汇。其使用范围主要有：（1）汇往中国各地或汇往境外；

（2）按公布当日牌价兑换人民币；（3）可转入在存款银行开立的其他外币存款账户；（4）本单位所属人员需要离境，经银行同意可以酌情售给外钞。

（二）乙种（个人境外户）外币存款

这是以境外个人为对象的一种外币存款业务。此项存款分为定期和活期两种。定期存期分三个月、半年、一年、二年四档，起存金额不低于人民币50元的等值外汇；活期存折户，起存金额不低于人民币20元的等值外汇。存款货币种类与甲种外币存款相同。

（三）丙种（个人境内户）外币存款

这是一种以境内个人为对象的外币存款业务。存期分三个月、半年、一年、二年四档，定期存款起存金额不低于50元人民币的等值外汇；活期存款起存金额不低于20元人民币的等值外汇。存款货币种类与甲、乙种外币存款相同。

以上乙、丙种外币存款使用范围是：（1）本息可支取外币，也可以支取人民币，享受侨汇优待；（2）外汇户本息可以汇往境外，银行视库存情况允许支取部分或全部外钞；（3）外钞户本息可以支取外钞，丙种外钞户存款汇出境外金额较大时，须经国家外汇管理局批准；（4）存款人或其直系亲属携带支取的外币出境，可凭出境证件由存款银行开给携带外币出境许可证；（5）存款支取的货币应与原存款货币相同，如兑换其他货币，按支取日外汇牌价折算。

为了进一步说明嘉兴开展外币存款的种类，将中国银行嘉兴市分行开办的个人外币存款品种撰述如下：

1. 活期存款

外币活期存款为存折户，可随时存取。开户起存金额：乙种存款不低于人民币100元的等值外币；丙种存款为不低于人民币20元的等值外币。多存均不限。

2. 定期存款

（1）整存整取定期存款。整存整取定期存款为固定存期，一次存入，到期一次支取本息，存期分为1个月、3个月、半年、1年、2年五个档次。银行出具记名式存单。起存金额：乙种存款不低于人民币500元的等值外币，丙种存款为不低于人民币50元的等值外币，多存不限。

（2）定活两便。外币定活两便是一种不确定存期，利率随存期长短而变动的记名式不定额存款。起存金额不低于人民币50元的等值外币，多存不限。存期最长为1年，按实存天数及整存整取定期存款同档次利率打折计息。

（3）通知存款。通知存款一次性存入本金，存期不少于7天。起存金额不低于人民币5 000元的等值外币。支取存款需在7天前书面通知银行。

（4）个人大额定期存款。

个人外币大额存款利率由金融机构与客户协商确定。

个人外币大额存款的划分标准为300万美元以上（含300万）或等值其他外币。300万美元等值外币不按牌价折算，以绝对额划分，即200万英镑、340万欧元、30 000万日元、2 300万港元、440万加拿大元、530万瑞士法郎、540万澳大利亚元以上（含）为大额。其他外币大额标准，按最新内部折算率折美元计算（折合300万美元以上为大额存款）。其他存取规定同小额外币存款相同。

### 三、外币存款的币种

外币存款货币种类，原章程规定为美元、英镑、港元、西德马克和日元5种。1987年2月24日起，增加法国法郎。同年8月31日起，增加开办加拿大元、荷兰盾、瑞士法郎、比利时法郎4种外币存款。

以中国银行嘉兴市分行为例：该行开办的个人外币存款的币种有9种。截至2010年，美元、英镑、日元、港元、欧元、加拿大元、瑞士法郎、澳大利亚元、新加坡元，可以原币直接存入，其他可自由兑换的外币由存款人自由选择上述9种货币之一种按当日外币牌价折算入账。2010年末中国银行嘉兴市分行外币存款28 942万美元，其中：19 981万美元占69%，379万英镑折600万美元占2%，18 618万港元折2 399万美元占8.29%，65 678万日元折790万美元占2.72%，其他币种折5 207万美元占17.99%。

### 四、外币存款的结构

根据1996—2010年嘉兴市银行业外币存款余额结构分析：以2010年末外币存款余额96 966万美元为例，个人储蓄12 710万美元，占13.11%；外商投资企业活期存款5 392万美元，占5.56%；单位定期存款6 166万美元，占6.36%；其他72 698万美元，占74.97%。

从外币储蓄存款对象构成划分：2010年末，全市外币储蓄余额12 710万美元，其中个人活期存款3 581万美元（占28.17%）；个人定期存款9 129万美元（占71.83%）。

表3-5-3　　　　1996—2010年嘉兴市银行业外币存款余额结构统计　　　　单位：万美元

| 年份 | 合计 | 外商投资企业活期存款 | 对私活期存款 | 对私定期存款 | 单位定期存款 | 其他 |
| --- | --- | --- | --- | --- | --- | --- |
| 1996 | 10 563 | 3 353 | — | 3 826 | — | 3 384 |
| 1997 | 12 122 | 3 797 | — | 5 055 | — | 3 270 |
| 1998 | 18 319 | 1 810 | 76 | 8 542 | 6 577 | 1 314 |
| 1999 | 25 924 | 2 801 | 94 | 14 722 | 5 796 | 2 511 |
| 2000 | 33 520 | 2 857 | 171 | 24 436 | 2 667 | 3 389 |
| 2001 | 39 952 | 2 401 | 388 | 27 043 | 5 217 | 4 903 |
| 2002 | 49 949 | 3 210 | 666 | 28 216 | 9 442 | 8 415 |
| 2003 | 50 927 | 3 359 | 1 219 | 25 861 | 4 221 | 16 267 |
| 2004 | 50 205 | 6 320 | 1 554 | 20 452 | 1 890 | 19 989 |
| 2005 | 44 558 | 4 878 | 2 433 | 15 157 | 1 191 | 20 899 |
| 2006 | 59 643 | 6 148 | 3 632 | 13 322 | 6 780 | 29 761 |
| 2007 | 52 495 | 7 446 | 3 397 | 9 115 | 2 565 | 29 972 |
| 2008 | 60 830 | 3 831 | 3 324 | 8 959 | 5 720 | 38 996 |
| 2009 | 74 563 | 4 019 | 3 352 | 9 635 | 4 799 | 52 758 |
| 2010 | 96 966 | 5 392 | 3 581 | 9 129 | 6 166 | 72 698 |

资料来源：中国人民银行嘉兴市中心支行。

从1996—2010年嘉兴市银行业外币存款年末余额分布上来分析，以2010年为例，全市外币存款96 966万美元，中国银行嘉兴市分行24 537万美元，占25.30%；工商银行嘉兴分行16 442万美元，占16.96%；建设银行嘉兴分行21 283万美元，占21.95%；农业银行嘉兴分行22 941万美元，占23.66%；交通银行嘉兴分行2 609万美元，占0.27%；中信银行嘉兴分行6 014万美元，占0.62%；兴业银行嘉兴分行683万美元，占0.07%；招商银行嘉兴支行1 237万美元，占0.13%；农村合作金融机构1 975万美元，占2.04%。

表3-5-4　　2001—2010年嘉兴市银行业外币存款分机构年末余额统计　　单位：万美元

| 年份\机构 | 2001 | 2002 | 2003 | 2004 | 2005 | 2006 | 2007 | 2008 | 2009 | 2010 |
|---|---|---|---|---|---|---|---|---|---|---|
| 合计 | 39 952 | 49 949 | 50 927 | 50 205 | 44 558 | 59 643 | 52 495 | 60 830 | 74 563 | 96 966 |
| 工行 | 5 907 | 9 296 | 8 977 | 9 012 | 9 515 | 11 389 | 12 816 | 14 162 | 22 080 | 16 442 |
| 农行 | 4 492 | 7 153 | 8 344 | 8 974 | 6 436 | 7 926 | 9 447 | 9 181 | 10 000 | 22 941 |
| 中行 | 21 626 | 23 918 | 23 280 | 18 417 | 15 852 | 20 441 | 14 800 | 18 386 | 20 483 | 24 537 |
| 建行 | 4 515 | 5 660 | 6 304 | 9 325 | 8 694 | 14 079 | 7 878 | 13 177 | 13 694 | 21 283 |
| 交行 | 1 071 | 1 449 | 1 577 | 2 012 | 1 545 | 2 070 | 3 783 | 1 904 | 2 377 | 2 609 |
| 中信 | 1 547 | 1 736 | 1 537 | 1 408 | 1 630 | 2 401 | 2 783 | 2 120 | 3 356 | 6 014 |
| 浦发 | 794 | 737 | 908 | 852 | 648 | 762 | 388 | 579 | 777 | 445 |
| 兴业 | — | — | — | — | — | — | — | 157 | 351 | 683 |
| 招商 | — | — | — | — | — | — | — | 287 | 658 | 1 237 |
| 华夏 | — | — | — | — | — | — | — | — | 33 | 11 |
| 深发展 | — | — | — | — | — | — | — | — | 3 | 2 |
| 邮储 | — | — | — | — | — | — | — | — | 7 | 7 |
| 浙商 | — | — | — | — | — | — | — | — | — | 9 |
| 农信 | — | — | — | 205 | 238 | 575 | 600 | 854 | 1 126 | 1 975 |

资料来源：中国人民银行嘉兴市中心支行。

表3-5-5　　2001—2010年嘉兴市银行业外币储蓄存款分机构年末余额统计　　单位：万美元

| 年份\机构 | 2001 | 2002 | 2003 | 2004 | 2005 | 2006 | 2007 | 2008 | 2009 | 2010 |
|---|---|---|---|---|---|---|---|---|---|---|
| 合计 | 27 431 | 28 882 | 27 080 | 22 006 | 17 590 | 16 954 | 12 512 | 12 283 | 12 987 | 12 710 |
| 工行 | 3 068 | 3 221 | 3 029 | 2 963 | 2 598 | 2 443 | 1 338 | 1 426 | 1 511 | 1 604 |
| 农行 | 3 792 | 4 011 | 3 765 | 3 818 | 2 138 | 1 890 | 1 406 | 1 077 | 1 185 | 1 360 |
| 中行 | 15 751 | 16 457 | 15 228 | 11 071 | 9 200 | 9 387 | 7 202 | 7 330 | 7 831 | 7 269 |
| 建行 | 2 793 | 2 811 | 2 632 | 2 125 | 1 500 | 1 522 | 1 232 | 1 231 | 1 269 | 1 329 |
| 交行 | 850 | 1 066 | 1 030 | 806 | 1 042 | 799 | 682 | 660 | 555 | 630 |
| 中信 | 861 | 964 | 931 | 754 | 737 | 633 | 335 | 214 | 240 | 297 |
| 浦发 | 317 | 352 | 465 | 387 | 349 | 248 | 190 | 153 | 178 | 41 |
| 兴业 | — | — | — | — | — | — | — | 44 | 69 | 32 |
| 招商 | — | — | — | — | — | — | — | 32 | 52 | 81 |
| 华夏 | — | — | — | — | — | — | — | — | 1 | 2 |
| 深发展 | — | — | — | — | — | — | — | — | 3 | 2 |
| 邮储 | — | — | — | — | — | — | — | — | 7 | 7 |
| 农信 | — | — | — | 82 | 26 | 32 | 127 | 116 | 86 | 56 |

资料来源：中国人民银行嘉兴市中心支行。

从2001—2010年嘉兴市银行业外币储蓄存款年末余额统计分析，截至2010年末，全市已有13家银行机构开办外币储蓄业务，全市外币储蓄12 710万美元，其中：中国银行嘉兴市分行7 269万美元，占57.19%；工商银行嘉兴分行1 604万美元，占12.62%；建设银行嘉兴分行1 329万美元，占10.46%；农业银行嘉兴分行1 360万美元，占10.70%；交通银行嘉兴分行630万美元，占4.96%；中信银行嘉兴分行297万美元，占0.23%；兴业银行嘉兴分行32万美元，占0.03%；招商银行嘉兴支行81万美元，占0.06%；农村合作金融机构银行56万美元，占0.41%。

## 第三节 外币贷款

1991年嘉兴辖内只有中国银行发生外币贷款，该行1991年末外币贷款余额为3 141万美元。工商银行嘉兴分行、农业银行嘉兴分行和建设银行嘉兴分行自1992年起相继开办了外币贷款业务，至2010年本市有外币贷款余额的银行营业机构有11家。

从1991—2010年嘉兴市金融机构外币贷款年末余额增长状况进行分析，外汇贷款余额波动较大。1992年至1997年，外汇贷款年增长率呈逐年递减之势，增幅分别为50.27%、41.65%、52.05%、17.61%、5.4%、0.12%，1998年出现了负增长：-22.47%。1998年，我国的外汇贷款政策变化较大，国家外汇管理局为防止外汇储备减少，出台了一系列新的政策，加强逾期贷款、垫款还贷管理。严禁提前购汇还贷，资本项目必须先使用自有外汇，不足部分才可以申请购汇，同时上收资本项目账户开户管理至市级银行，归还外汇贷款需经市级中心支局审批等，使企业对外汇贷款望而却步，新发生贷款大幅下降，外汇贷款趋于萎缩。直到1999年底才逐渐恢复县级银行资本项目售付汇操作，2001年放宽逾期贷款还贷核准，并将外汇贷款现汇还贷核准授权银行操作，2002年取消提前购汇还贷限制，因而直至2001年外汇贷款才出现恢复性增长。

从历史数据看，外汇贷款年增长率最高的是2003年，当年增长207.15%。原因一是2003年人民币升值预期强烈，企业为避免可能的汇率损失，纷纷运用资本运营手段，调整负债币种结构，选择"弱势"的美元贷款，以降低汇率的潜在风险。二是当年美元贷款利率远低于人民币贷款利率，如1年期美元贷款利率在2.0%~2.5%，相对5.31%的人民币基准利率，外汇贷款正以其成本优势备受企业欢迎。三是国内宏观经济呈现新一轮增势，企业技改和规模扩张，设备、原材料的进口需求剧增，直接拉动银行外汇贷款大量投放。四是银行加大了对涉外企业外汇贷款的营销力度，尤其是打包贷款结汇权限下放银行后，大大激发了银企双方积极性，业务拓展呈现加速增长趋势，不少银行开始尝试扩大贸易融资渠道，不断创新外汇贷款品种。

2005年，LIBOR利率一直呈上升趋势，外汇贷款成本接近人民币，同时外汇打包贷款也因不得结汇而抑制了企业借款需求，外汇贷款连续两年出现负增长。2007年，基于人民币贷款利率上升，人民币贷款持续加息，外汇贷款利率走低人民币汇率持续升值等因素，外汇贷款重拾增长态势，增幅为42.33%。此后3年，外汇贷款稳步增长，2008—2010年的增幅分别为18%、67.51%、31.39%。

表3-5-6　　　　1991—2010年嘉兴市金融机构外币贷款年末余额增长状况　　　单位：万美元

| 年份 | 年末余额 | 比上年 | 增减（%） | 年份 | 年末余额 | 比上年 | 增减（%） |
|---|---|---|---|---|---|---|---|
| 1991 | 3 141 | — | — | 2001 | 12 854 | 3 473 | 37.02 |
| 1992 | 4 720 | 1 579 | 50.27 | 2002 | 17 284 | 4 430 | 34.46 |
| 1993 | 6 686 | 1 966 | 41.65 | 2003 | 53 088 | 35 804 | 207.15 |
| 1994 | 10 166 | 3 480 | 52.05 | 2004 | 67 436 | 14 348 | 27.03 |
| 1995 | 11 956 | 1 790 | 17.61 | 2005 | 62 315 | -5 121 | -7.59 |
| 1996 | 12 602 | 646 | 5.40 | 2006 | 56 263 | -6 052 | -9.71 |
| 1997 | 12 617 | 15 | 0.12 | 2007 | 80 073 | 23 810 | 42.32 |
| 1998 | 9 782 | -2 835 | -22.47 | 2008 | 94 490 | 14 417 | 18.00 |
| 1999 | 9 839 | 57 | 0.58 | 2009 | 158 276 | 63 786 | 67.51 |
| 2000 | 9 381 | -458 | -4.65 | 2010 | 207 958 | 49 682 | 31.39 |

资料来源：中国人民银行嘉兴市中心支行。

表3-5-7　　　　2001—2010年嘉兴市金融机构外币贷款年末余额统计　　　单位：万美元

| 年份<br>机构 | 2001 | 2002 | 2003 | 2004 | 2005 | 2006 | 2007 | 2008 | 2009 | 2010 |
|---|---|---|---|---|---|---|---|---|---|---|
| 合计 | 12 854 | 17 284 | 53 085 | 67 436 | 62 315 | 56 263 | 80 073 | 94 490 | 158 276 | 207 958 |
| 工行 | 612 | 1 751 | 5 904 | 4 035 | 2 320 | 2 904 | 8 407 | 6 652 | 20 219 | 31 473 |
| 农行 | 1 057 | 2 711 | 4 779 | 6 857 | 8 103 | 7 851 | 9 840 | 6 490 | 13 488 | 23 984 |
| 中行 | 10 511 | 11 219 | 33 828 | 38 570 | 34 465 | 29 661 | 40 240 | 60 773 | 91 969 | 109 091 |
| 建行 | 69 | 851 | 5 205 | 13 611 | 12 584 | 10 163 | 14 310 | 13 540 | 20 854 | 27 732 |
| 交行 | 351 | 173 | 2 083 | 2 311 | 2 252 | 2 542 | 2 106 | 2 362 | 2 066 | 1 569 |
| 中信 | 226 | 518 | 607 | 816 | 1 600 | 2 068 | 4 205 | 3 662 | 3 920 | 4 171 |
| 浦发 | 28 | 61 | 679 | 626 | 770 | 912 | 593 | 118 | 3 517 | 4 723 |
| 兴业 | — | — | — | — | — | — | — | — | 673 | 651 |
| 招商 | — | — | — | — | — | — | — | 275 | 908 | 2 967 |
| 华夏 | — | — | — | — | — | — | — | — | 48 | — |
| 农信 | — | — | — | 610 | 220 | 162 | 372 | 618 | 614 | 1 598 |

资料来源：中国人民银行嘉兴市中心支行。

从1991—2010年嘉兴市金融机构外币贷款年末余额统计进行分析，截至2010年，经营外币贷款业务的银行机构年末外币贷款207 958万美元，其中：中国银行嘉兴市分行109 091万美元，占52.46%；工商银行嘉兴分行31 473万美元，占15.13%；建设银行嘉兴分行27 732万美元，占13.34%；农业银行嘉兴分行23 984万美元，占11.53%；交通银行嘉兴分行1 569万美元，占0.08%；中信银行嘉兴分行4 171万美元，占0.20%；兴业银行嘉兴分行651万美元，占0.03%；招商银行嘉兴支行2 967万美元，占0.14%；农村合作金融机构银行1 598万美元，占0.76%。

## 第四节 国际结算

### 一、概况

1979年，中国银行从中国人民银行分设出来后，专营外汇业务，成为我国最早、当时唯一的外汇专业银行，经营国家的全部外汇。工商银行嘉兴分行、农业银行嘉兴分行、建设银行嘉兴分行三大国有商业银行自1992年起相继被批准为外汇指定银行，开始自营外汇业务，结算方式包括信用证、托收、汇款三种。交通银行嘉兴分行、中信实业银行嘉兴分行、浦东发展银行嘉兴分行三家股份制银行自1996年起相继被批准为外汇指定银行，开始经营外汇业务。自此，形成了全市七家外汇指定银行相互配合又相互竞争的国际结算业务体系。

自2000年起，嘉兴市又有一大批银行机构申请取得了外汇业务资格，分别为农村合作金融机构行、招商银行、兴业银行、嘉兴银行、浙商银行、深圳发展银行、华夏银行、邮储银行等，截至2010年末，嘉兴市本级共有13家银行机构经营外汇业务。

截至2010年底，辖内外汇指定银行结算业务总量达到3 351 549万美元，其中收汇2 154 619万美元，付汇1 196 930万美元，结算总量较1999年增长1 939.06%。

表3-5-8　　　　1999—2010年嘉兴市国际收支结算统计　　　　单位：万美元

| 年份 | 涉外收入结算 | | | 涉外支出结算 | | |
| --- | --- | --- | --- | --- | --- | --- |
| | 上年累计 | 本年累计 | 同比增长（%） | 上年累计 | 本年累计 | 同比增长（%） |
| 1999 | — | 121 918 | — | — | 42 449 | — |
| 2000 | 121 918 | 176 465 | 44.74 | 42 449 | 64 410 | 34.10 |
| 2001 | 176 465 | 220 826 | 25.14 | 64 410 | 85 117 | 24.33 |
| 2002 | 220 826 | 260 979 | 18.18 | 85 117 | 88 411 | 3.72 |
| 2003 | 260 979 | 388 476 | 48.85 | 88 411 | 178 666 | 50.52 |
| 2004 | 388 476 | 558 031 | 43.65 | 178 666 | 231 078 | 22.68 |
| 2005 | 558 031 | 753 956 | 35.11 | 231 078 | 262 496 | 11.97 |
| 2006 | 753 956 | 1 005 292 | 33.34 | 262 496 | 337 092 | 22.13 |
| 2007 | 1 005 292 | 1 257 120 | 25.05 | 337 092 | 423 513 | 20.41 |
| 2008 | 1 257 120 | 1 468 853 | 16.84 | 423 513 | 555 512 | 23.76 |
| 2009 | 1 468 853 | 1 939 569 | 32.05 | 555 512 | 773 387 | 28.17 |
| 2010 | 1 939 569 | 2 154 619 | 11.09 | 773 387 | 1 196 930 | 35.39 |

资料来源：国家外汇管理局嘉兴市中心支局。

### 二、结算品种

2002年以来，随着全市开放型经济的快速发展，辖内的外汇业务步入了高速发展的道路，国际结算量大幅增加,国际结算业务品种拓展明显加快,辖内外汇指定银行国际结算的方式日益增多,在原来信用证、托收、汇款的基础上,又相继拓展了许多配套品种。以中国银行嘉兴市分行为例,2003—2010年,全部国际结算业务量中,各结算产品分布如表3-5-9所示。

表3-5-9 　　　　2003—2010年中国银行嘉兴市分行国际结算业务情况　　　　单位:万美元

| 项目<br>年份 | 信用证及<br>托收业务 | 汇入汇款 | 汇出汇款 | 进口开证 | 进出口结算 | 出口<br>收汇 | 进口<br>付汇 |
|---|---|---|---|---|---|---|---|
| 2003 | 49 658 | 133 907 | 32 048 | 43 212 | 265 974 | 20 480 | 7 181 |
| 2004 | 65 494 | 184 997 | 38 727 | 44 968 | 337 662 | 25 293 | 6 420 |
| 2005 | 83 527 | 229 773 | 40 665 | 34 496 | 391 503 | 27 680 | 9 019 |
| 2006 | 99 477 | 272 928 | 58 473 | 41 753 | 476 080 | 32 508 | 8 444 |
| 2007 | 109 508 | 308 450 | 69 225 | 52 737 | 544 231 | 35 183 | 11 949 |
| 2008 | 125 456 | 359 308 | 88 140 | 81 109 | 665 263 | 32 759 | 12 647 |
| 2009 | 88 967 | 315 775 | 90 813 | 69 459 | 570 605 | 43 041 | 19 527 |
| 2010 | 95 144 | 435 793 | 127 631 | 99 954 | 772 481 | 42 815 | 149 220 |

资料来源:中国银行嘉兴市分行。

## 第五节　外汇买卖和结售汇

### 一、外汇买卖

1987年12月13日,国务院下发《关于〈金融机构代客户办理即期和远期外汇买卖管理规定〉的批复》。该批复规定,外汇买卖业务限于进口项下的即期和远期外汇买卖,由中国银行办理,其他银行和金融机构暂不经营此项业务。中国银行可制定关于代客户办理外汇买卖业务的具体规定,并发布施行。

根据国务院的批文以及中国银行总行的要求,中国银行浙江省分行于1987年12月中旬开始办理第一笔代客外汇买卖业务。鉴于当时代客外汇买卖业务仅限于进口项下的保值,该业务放在中国银行浙江省分行国际贸易结算处综合科办理。代客外汇买卖的对象为中国境内的机关、团体、事业及其他单位。代客外汇买卖的货币为各种可自由兑换的各国货币。代客外汇买卖交易的种类有五种:即期外汇买卖、远期外汇买卖、择期外汇买卖、调剂外汇买卖和期权外汇买卖。截至2010年,嘉兴开办外汇买卖业务的银行机构除了工、农、中、建外,还有浦发、中信、交行和兴业、招商、华夏、浙商、邮储、农村合作金融机构。为了比较详细地撰述嘉兴辖内银行开展外汇买卖的实际状况,本章节着重列举中国银行嘉兴市分行外汇买卖业务的开展情况。

中国银行嘉兴市分行的资金业务是指利用国内、国际金融市场的金融工具为客户提供以"规避汇率、利率等风险,保值、增值为目的"的代客业务。其代客原则是:"客户自主、自愿、自担风险与盈亏"。银行向客户提供交易的风险和收益分析，让客户充分了解自己可能承担的风险。

1994年，国家对外汇体制实行改革，为适应外汇体制改革的要求，中国银行嘉兴市分行于1994年在计划信贷科配置专人负责本外币资金业务的叙做和调拨。随着市场需求变化，中国银行嘉兴市分行的资金业务品种、业务量、范围也逐渐扩大增长，陆续开办结售汇业务、远期结售汇业务、结售汇平仓业务、代客外汇买卖业务、代客债务风险管理业务、外汇资金管理业务、代客外汇期权业务、贵金属业务、柜台记账式国债交易业务、代理现券回购业务、债券分销业务、纸黄金等一系列资金业务产品。

期初设置的资金计划岗主要负责全辖人民币外汇汇率的接收、传递、人民币外汇资金的统计和管理，人民币外汇资金轧差头寸的管理。当时中国银行的人民币外汇汇率实行统一管理的模式，即由中国银行总行对系统内的人民币外汇汇率实行统一报价，集中管理。人民币外汇汇率由总行统一制定，总行下属各行在办理人民币外汇买卖中，必须严格执行总行下发的当日汇率，不得擅自更改。省分行的人民币外汇汇率通过两种途径进行传递：（1）通过广播电台每天早上8点30分向全省广播，有关办事处、收兑点接收广播；（2）通过内部专线向中国银行浙江省分行资金部收取并转入本行电脑系统。中国银行嘉兴市分行人民币外汇买卖的轧差头寸，进行手工轧差汇总后由市行全辖汇总上报省分行，再由省行资金部汇总后统一同总行平仓。

为了提高数据的准确性，加快人民币外汇资金轧差头寸同总行的平仓速度，1995年10月，中国银行浙江省分行成功研制了全省人民币外汇买卖业务从人民币外汇汇率的传递、结售汇业务的数据提取，到结售汇轧差头寸平仓等电脑无纸化自动处理系统，并于同年12月在各市地运行，初步建成了省、市人民币外汇买卖业务电脑无纸化自动处理二级网络。2002年，省分行通过系统升级改版工作，实现了人民币外汇买卖业务全过程的自动处理，通过系统自动完成汇率传递、结售汇数据提取汇总、结售汇轧差头寸自动平仓及年末各外汇损益的自动平仓处理等。

随着中国加入世贸组织，逐步由计划经济体制向市场经济体制过渡，以市场为导向的经济体制日趋完善，中国银行为了符合国际市场准则，顺应国内金融市场发展的需要，同时也为了控制嘉兴中行外汇资金业务的汇率风险，2005年，根据总行制定的930即期结售汇一日多价的具体实施步骤，并报经国家外汇管理局批准，于同年9月26日正式投产"930一日多价系统"，改变传统的一日一价制为市场化的一日多价制。结售汇业务总分行平仓价、内部平仓价及对外报价均实行一日多价，结售汇业务轧差头寸实现实时汇集，实时平仓。同时对于人民币兑外汇的远期结售汇业务也实行一日多价。

## 二、结售汇

结汇指企业（或者个人）将外汇卖给银行，银行按一定汇率付给企业等值本币。售汇指银行将外汇卖给用汇单位，按汇率收取本币。1994年外汇管理体制改革后，嘉兴取消了外汇留成和上缴，辖内外汇指定银行外汇收支均实行银行结汇和售汇制度。1996年6月，根据中国人民银行新制定的《结汇、售汇及付汇管理规定》的有关精神，国家外汇管理局嘉兴市分局结合当地实际，及时转发国家外汇管理局《关于结汇、售汇及付汇管理若干具体问题的实施规则》,加强对辖内银行结汇、售汇业务的监管,使结汇、售汇业务更趋完善。嘉兴辖内外汇业务开办之初,各外汇指定银行以代理上级行办理结汇、售汇业务为主,随着嘉兴对外贸易的增加,嘉兴市辖内外汇指定银行陆续得到外汇局的批准办理自营结售汇业务,至2004年5月辖内已有33家金融机构获准自营结售汇业务,至2005年,连续八个年头都保持顺差势头。

1997年,中国银行嘉兴市分行率先推出远期结售汇业务,2003年5月工商银行嘉兴市分行、7月农业银行嘉兴市分行推出远期结售汇业务。自2005年7月21日起,我国开始实行以市场供求为基础、参考一篮子货币进行调节、有管理的浮动汇率制度。人民币汇率不再盯住单一美元,形成更富弹性的人民币汇率机制。受人民币汇率形成机制改革的影响,嘉兴出口企业普遍出现利润空间减少,生产成本增加,结汇损失较大的情况。但与此同时,企业降低了进口成本,为推动企业加快技术改造步伐,增强国际竞争力带来积极影响。为减少汇率损失,企业结汇意愿增加。

2005年12月国家外汇管理局嘉兴中心支局又陆续批准部分外汇指定银行开展人民币与外币掉期业务,仅到2006年10月已有6家金融机构开办掉期业务,2006年8月28日建行嘉兴市分行为桐昆集团股份有限公司办理了全辖范围内第1笔193.53万美元的掉期业务,获得银企双赢。

2010年外汇指定银行共实现结汇收入151.27亿美元,售汇支出39.88亿美元,结售汇顺收111.39亿美元。

表3-5-10　　　　　1995—2010年嘉兴市金融机构外汇结售量统计　　　　　单位:万美元

| 年份 | 结汇 | 售汇 | 小计 | 年份 | 结汇 | 售汇 | 小计 |
|---|---|---|---|---|---|---|---|
| 1995 | 30 240 | 8 489 | 38 729 | 2003 | 317 581 | 76 585 | 394 166 |
| 1996 | 52 810 | 11 760 | 64 570 | 2004 | 443 847 | 111 797 | 555 644 |
| 1997 | 89 100 | 17 763 | 106 863 | 2005 | 632 570 | 135 777 | 768 347 |
| 1998 | 78 707 | 24 826 | 103 533 | 2006 | 812 928 | 155 040 | 967 968 |
| 1999 | 101 127 | 25 524 | 126 651 | 2007 | 1 064 900 | 187 289 | 1 252 189 |
| 2000 | 141 724 | 33 707 | 175 431 | 2008 | 1 236 285 | 307 247 | 1 543 532 |
| 2001 | 171 463 | 38 300 | 209 763 | 2009 | 1 066 767 | 276 753 | 1 343 520 |
| 2002 | 209 759 | 42 027 | 251 786 | 2010 | 1 512 665 | 398 767 | 1 911 432 |

资料来源:国家外汇管理局嘉兴市中心支局。

据统计1995—2010年16年间,嘉兴全市外汇指定银行共结售汇981.41亿美元,其中:结汇796.25亿美元,占81.13%;售汇185.16亿美元,占18.87%。

# 第六节　其他外汇业务

## 一、外汇兑换

外汇兑换券是特定历史条件下的产物。改革开放以来,旅游事业和对外经济、文化交流日益发展,来华的外国人和港澳台同胞大量增加,在当时人民币汇率不尽合理、物资供应匮乏的情况下,为维护上述人员的利益,方便他们的旅游购物以及支付各种费用,经国务院批准于1980年4月发行。外汇兑换券限定使用对象和地点,在全国流通,达到了一部分预期的目的。改革开放十几年以来,市场经济不断发展,商品的供应日趋丰富,外汇兑换券的作用已随经济的发展逐步减弱,自1994年1月起,嘉兴辖内停止发行外汇兑换券,并于翌年6月全部退出流通。

随着嘉兴市投资环境的改善,外币兑换业务发挥着越来越重要的作用,如何服务好各层次客户各方面的需求,成为各银行面临的新问题。嘉兴开办外汇业务后,以中国银行为主要骨干力量的金融机构为方便客户外币兑换,均适时开办外币兑换业务,完善了服务功能,方便了外宾、华侨、港澳台同胞兑换外币。这个时期的绝大多数业务均发生在中国银行。

有些经办外汇业务的银行,除了自身开办外币兑换业务外,还开设外币代兑点办理兑换业务。1992年5月1日桐乡市梧桐大酒店成为嘉兴市首家代理银行办理的外币代兑点,截至2010年末全市已有45家外币代兑点(均属涉外宾馆),其中嘉兴市本级有10家,分别是戴梦得大酒店、阳光大酒店、嘉兴宾馆、沙龙国际宾馆、嘉兴世茂花园大酒店、南湖国际、博雅大酒店、财富假日酒店、奥林匹克酒店和丽都国际中港城大酒店,分别代理中国银行嘉兴市分行和工商银行嘉兴分行代兑业务。

表3-5-11 2003—2010年嘉兴全市外币代兑点外币现钞兑换量统计　　　单位:万美元

| 年份 | 兑换量 | 年份 | 兑换量 |
| --- | --- | --- | --- |
| 2003 | 133.92 | 2007 | 364.9 |
| 2004 | 241.97 | 2008 | 282.84 |
| 2005 | 278.27 | 2009 | 204.92 |
| 2006 | 328.9 | 2010 | 282.97 |

资料来源:国家外汇管理局嘉兴中心支局。

## 二、外汇调剂

随着嘉兴外向型经济的逐步发展,嘉兴企业采购国外原材料及设备的外汇需求量不断增加,经上级批准,1988年6月8日成立了国家外汇管理局嘉兴市外汇调剂中心。

1990年,调剂外汇额度成交6 854.69万美元,现汇成交1 874.55万美元,同比分别增长104%、253%。

1991年,省外汇调剂中心推行公开市场,实行竞价交易,为外汇资金的横向融通创造了条件,嘉兴市外汇调剂再创佳绩,成交总额7 577.13万美元,其中,额度5 666.34万美元,现汇1 910.79万美元,同比分别增长38.19%、93.77%。

1992年,嘉兴市外汇调剂市场进一步发展和完善,调剂外汇实际成交首次突破1亿美元,达到11 736.73万美元,同比增长54.9%,特别是现汇成交达4 896.12万美元,较上年净增1.56倍。

1993年,外向型经济发展带动进出口用汇进一步扩大,全市共调出外汇12 187.15万美元,同比增长75%,调入外汇10 235.83万美元,同比增长10%。

1994年，外汇管理新体制改革后，当年嘉兴市银行累计结汇1.57亿美元，累计售汇0.38亿美元，随着国内企业与外商投资企业余缺调剂渠道的分离，外汇调剂中心外汇供大于求的矛盾十分突出，全年调剂中心共成交26 046.90万美元，同比下降19.18%，净调出8 746.92万美元，同比增加4倍。

1995年、1996年由于外汇调剂中心仅限于为外商投资企业办理外汇买卖，且外汇供大于求极不平衡，调剂中心受人民币资金限制无法吞吐部分外汇，货币转换不如银行结售汇快捷，致使全市外商投资企业有约三分之二的多余外汇需要通过银行办理结汇，外汇调剂中心业务日趋萎缩。此后，由于中国银行等外汇行开办外汇结算和结售汇业务，嘉兴外汇调剂中心逐渐停止业务而退出历史舞台。

## 第七节  各银行机构外汇业务的发展

### 一、中国工商银行嘉兴分行

1992年，在全市辖属五个县市支行均建立了国际业务代理点，以此扩大服务范围。全年办理国际结算595笔，累计金额达3 606万美元，是1991年的10倍。累计发放外汇贷款530万美元，余额已达359万美元。重点支持了中外合资企业浙江菲利普自行车有限公司、同兴丝绸制衣有限公司等影响大、效益高的企业。

1993年，外汇结算工具得到更新，自动化程度显著提高，并在9月开通了全国外汇联网，提高外汇资金划拨速度。累计发放外汇贷款1 416万美元，较好地支持了嘉兴外向型经济发展。

1995年，制定了优惠措施，灵活使用外币贷款币种以贷引结算，与出口创汇大户企业建立"双保协议"，全年累计完成国际业务结算量1.82亿美元，完成结售汇业务量6 723万美元。

1996年，在花旗银行纽约分行开立美元清算账户，成为嘉兴同行业中首家拥有境外账户的银行，外汇结算速度由原来的7天缩短为2天。全年累计办理国际结算2.21亿美元，累计办理结售汇业务量1.25亿美元。

2001年，开启低风险贸易融资业务授信与审批的"绿色通道"，推出单证结算限时服务等。全年办理国际业务结算量4.16亿美元，结售汇2.36亿美元。

2002年，推出代理环球金融退税、速汇金等新业务和内地及港澳台地区汇款业务，以及福费廷、出口保理业务和出口信用保险项下应收账款质押贷款业务，进一步完善外汇融资业务产品体系。成立了外商投资企业服务中心，配备了日语、韩语、英语翻译，做好与外资企业的联系沟通工作，加强对外资企业后续服务。同时，根据新办外商投资企业对银行的融资需求，率先推出了"外商投资企业厂房按揭贷款"新品种。全年办理国际结算6.4亿美元，结售汇3.56亿美元，国际结算量保持全省系统内第二，同业占比达16.8%。

2004年，国际金融业务产品体系更加成熟和完善，推出银关通产品，开办关税保函业务，不断完善信保融资通、出口保理、福费廷等产品，积极推广进口押汇、发票融资等贸易融资新产品。

2007年，针对上半年国际业务严峻形势，出台《关于加快国际业务发展的若干意见》，建立重要客户定期沟通制度、国际业务营销方案预审制度、产品经理联动营销制度、外汇结算人员轮训制度和重要业务办理情况跟踪制度，有效提高了外汇业务整体服务效率和质量。全年累计办理国际结算41.3亿美元。

2009年5月22日，办理一笔"付汇理财通"业务，这是新业务"工行财智国际"中的一项，就是将进口融资、远期售汇和全额人民币质押三项业务捆绑操作，客户先将预备购汇对外支付的人民币以定期存单的方式存入该行用于质押，该行同时为客户办理一笔远期售汇或结构性利率掉期，然后客户使用该行发放的融资对外付款或指示境外机构对外付款，融资到期时，该行以人民币定期存单派生的本息办理远期售汇交割或结构性利率掉期交易交割，归还融资。该项业务为企业节省财务成本，为银行增加中间业务收入。

拓展NRA账户业务。2009年9月，推出NRA账户业务，9月12日组织NRA业务培训会议。2009年12月31日为某港资企业完成首笔大额NRA账户资本金汇划业务，涉及金额973万美元，NRA账户具有跨境资金集中管理、存款利率相对较高等有利条件，NRA账户资本金汇划实时到账，为客户节省了时间和繁杂手续，得到了客户的好评。

深化外币业务流程改革。2008年2月16日，实施外币光票托收业务集中处理，新的光票托收集中处理流程大大减少了支行外汇人员的后台业务处理压力，同时有利于集中控制业务风险。此次外币光票托收集中处理是继外汇汇款、外汇查询查复业务集中处理后，实现前后台业务分离的又一流程再造项目，加快了外汇业务集中化进程。外币光票托收集中处理，提高了托收发出、款项收回的速度及业务风险控制能力，为外币票据业务发展提供了更强有力的支持。

创新外币业务金融产品。2009年8月21日，成功开立了两笔总金额为121.58万美元的国内付款保函。由于此次保函的开立申请人与受益人均是国内企业，货物却是经过保税区的，企业向工行申请开立外币国内保函。弥补了该行国内信用证不能开外币的缺陷，为开展中间业务和国际业务打开了一条新的思路。

2009年10月23日，完成本级首笔国际贸易项下预付货款融资101万美元，实现又一次的新产品突破。该产品直接省略了开证环节的手续和费用，实现直接付款，快捷便利，并且企业在实现进口报关后，可以向工行申请进口押汇用以归还预付货款融资，可增加企业的融资渠道。

2010年6月10日，成功归还境外分行首笔内外联动方式下出口贸易融资业务，标志着该行成功办理内外联动方式下出口贸易融资业务营销、融资发放、融资归还完整业务流程。内外联动方式下出口贸易融资业务系指工行境内分行作为主办行，境外营业性机构作为融资行，在出口贸易融资业务经境内分行审批通过后，由境外营业性机构提供融资资金的操作方式。内外联动方式下出口贸易融资业务包括出口信用证项下出口押汇与贴现、出口跟单托收项下的押汇与贴现、出口发票融资、出口订单融资以及出口保理融资等出口贸易融资业务。

2010年，推出跨境贸易人民币结算业务。在客户服务上打造 ICBC 信息服务 E 通道，加强与涉外客户的日常沟通与联络，及时了解客户的业务与服务需求。开通业务咨询邮箱，直接、及时解决客户的业务疑难。同时制订专属客户个性化服务方案，一方面做好已做方案客户的回访工作，通过持续的跟进，总结方案成效；另一方面每月以支行意见为中心，针对客户需求，走入企业，制订个性化方案，与客户进行个性化交流，有针对性地解决客户需求，搭建银企合作的空间。目前已对吉恩士、港龙、新澳、金达等重点客户制订了个性化服务方案。

截至2010年末，工行嘉兴分行国际结算量达到86.43亿美元，同比增长87%，四行同业占比达到30.1%，跃居同业首位。

## 二、中国农业银行嘉兴分行

1991年7月，中国农业银行浙江省分行国际业务嘉善代理处的成立，拉开了农行嘉兴市分行国际业务的序幕。而后，桐乡支行、郊区支行以及海宁、平湖、海盐支行的国际业务代理处也相继成立。当时，开办的业务仅限于信用证、托收、汇款等三种国际结算，且还要在代理处受理后送到中国农业银行浙江省分行国际业务部办理。1993年2月18日经人民银行嘉兴市分行、国家外汇局嘉兴分局批准，中国农业银行嘉兴市分行国际业务部开张营业。各支行的外汇业务也由代理中国农业银行浙江省分行转为代理中国农业银行嘉兴市分行。直至1998年各支行的外汇业务才逐步将代理转为自营。开办的外币储蓄种类有活期储蓄存款、整存整取、定活两便储蓄存款。当年市分行国际业务部累计发放外币贷款1 520多万美元，办理国际结算735笔、金额7 640万美元。

1995年，中国农业银行嘉兴市分行外汇存款余额达到358万美元、外币贷款余额达到1 300万美元，国际结算达到4 781笔、金额3.03亿美元。

1998年，面对东南亚金融风波造成的对外经济萎缩的局面，积极调整国际业务经营机制，及时改变经营策略，外汇进出口业务仍取得了一定的成绩，年末全行各项外汇存款余额达1 617万美元，比年初增加356万美元，各项外汇贷款余额1 613万美元，全年共办理国际结算业务5 119笔，金额2.44亿美元，其中出口结算业务3 975笔，金额1.7亿美元，同比增长16.1%，全年实现外汇利润164万美元。

2000年国际业务以国际结算为重点，狠抓业务归行。本着"业务发展与风险控制并重"的方针，严格开证、交单等一系列操作，并通过在美联银行开立子账户，缩短了资金汇划的时间，增强了竞争能力。全年全行国际结算4.15亿美元，同比增加1.13亿美元，在全省市地行中名列前茅，结售汇3.47亿美元，同比增加8 869万美元。

2002年，开办了福费廷、保理和T/T单据质押贷款新的业务品种，并运用美国西联公司汇款系统（西联汇款），实现了个人外汇实时汇款。经人民银行批准，中国农业银行嘉兴秀城、秀州、开发区、中山等四家城区支行获准开办外汇存款、外汇贷款、外汇汇款和外汇兑换等四项外汇业务。

2003年，落实外资企业和项目28个、外汇账户354户，其中新增外汇资本金账户164家、外汇结算账户190家，使开户的外商投资企业由原来单纯的台资企业扩大到港资、日资、韩资等企业；先后推出信用证打包结汇业务、T/T和托收项下打包贷款、进口押汇、免担保即期开证、D/A项下押汇、免担保打包贷款等多种业务，加大了低风险贷款的投入，当年L/C打包和退税质押资金累计达到9 383万美元；核准开办远期结售汇业务和境内居民个人售汇业务的备案，增加了外汇业务功能，更有力地吸引了客户。至年末，全行累计办理国际结算为10.28亿美元，比上年同期增长50.55%。其中：进口2.81亿美元，同比增长99.16%；出口6.01亿美元，同比增长23.7%；非贸易1.46亿美元，同比增长161.79%。各项外汇存款余额8 344万美元，比年初增加1 191万美元，增长19.36%；各项外汇贷款余额4 779万美元，比年初增加2 068万美元，增长76.28%。

2005年，适时推出了T/T押汇和出口单据质押贷款新业务，并根据企业实际情况，积极推荐福费廷、假远期信用证。全年该行共办理福费廷业务40笔、166万美元；开立假远期信用证70笔、3 180万美元；出口信用保险43笔、330万美元。

2008年，农行嘉兴市分行以滨海新区、嘉善台资企业园区、海宁尖山经济开发区、桐乡经济开发区、海盐跨海大桥经济区及市本级的经济开发区、南湖和秀州工业园区为重点，对注册资本1 000万美元以上的大客户、世界500强企业投资的项目以及国际结算在500万美元以上的企业进行上下联动营销，全年新增外汇账户283户，其中新增外汇资本金账户52户，外汇注册资本3.26亿美元，当年实际汇入该行的外汇资本金达2.56万美元。全年累计办理国际结算45亿美元，比上年同期增长17%。其中进口结算量9.1亿美元，同比增长20.3%。

2010年抓住重点区域招商引资机遇，抢抓嘉兴港区、海盐港区、尖山新区、国际商务区四个区域新落户的优良企业。新营销外资落户企业67户，占全市所有金融机构份额20.69%；实到资本金3亿美元，占全市所有金融机构份额的17.96%。

经过近二十年的努力，中国农业银行嘉兴分行的外汇业务得到了迅速发展，经营外汇业务的机构除了市分行本部外，还有嘉善支行、平湖支行、海盐支行、海宁支行和桐乡支行，外币储蓄网点达到89个。其币种已发展到美元、港元、瑞士法郎、英镑、日元、韩国圆、加拿大元、澳大利亚元和欧元8种。目前开展的业务已涉及外汇存贷款、国际结算、贸易融资、外汇交易理财、个人外汇等五大类，如保付加签、内保外贷、进口信用证、出口信用证、出口跟单托收、光票托收、国际汇入汇款、国际汇出汇款、出口单据质押贷款、远期结售汇业务、打包放款、福费廷、远期信用证、进口押汇、出口押汇、提货担保、出口商业发票融资、西联汇款、大额人民币债务管理、国际保理、出口信用保险项下融资、进口代收、出口票据贴现、涉外保函/备用信用证、银关通等近50个产品，基本涵盖了个人、公司客户的外汇、贸易需求。中国农业银行嘉兴分行与香港、纽约、伦敦、新加坡、东京等国际金融中心的分支机构保持着密切的业务往来，与世界上100多个国家和地区1 000多家银行及其10 000多家分行建立了代理关系，国际业务网络遍及全球。农行嘉兴市分行与新澳集团、盖世理物流、浙江海利集团、富士康科技集团、嘉兴良友进出口集团股份有限公司、浙江乍浦实业股份有限公司、巨石集团有限公司、桐昆集团、晓星氨纶（嘉兴）有限公司、韩泰（嘉兴）有限公司、浙江汇信进出口股份有限公司、昱辉阳光能源有限公司等外贸企业建立了长期稳定的紧密合作关系，到2010年末，外币存款达到2.29亿美元，外币贷款达到2.4亿美元，国际结算达到57.86亿美元，贸易融资1.64亿美元。

### 三、中国银行嘉兴市分行

1979年,中国银行从中国人民银行分设出来后,专营外汇业务,并且成为我国最早、当时唯一的外汇专业银行,经营国家的全部外汇。直至1988年,工、农、中、建四大行实行了业务交叉经营,可经营外汇业务,才打破了中国银行垄断经营外汇业务的格局。在这期间,中国银行嘉兴市分行一直作为全市外商投资企业对外结算的主要渠道,为全市的外向型经济发展、改善对外投资环境提供快捷、优质的金融服务,并有效融合到本币经营中,发展成为其核心竞争力。

开业以来,中国银行嘉兴市分行外汇业务沿着良性循环的发展路径,发挥中国银行海内外分支机构的网络联动优势,依托全市良好的经营环境、优质的外向型客户群体,凭借良好的市场信誉、庞大的境外机构和代理行网络以及高素质的员工队伍,不断为市场提供全面、多样化的产品,在外汇业务这一领域形成了包括产品、服务水平、专业技术和专业人才等方面的强大比较优势,始终在当地同业中保持领先地位。到2010年末,该行外币存款余额2.45亿美元,外币贷款余额10.90亿美元,国际结算总量达到77.25亿美元,跑赢外贸大市2.76个百分点,市场份额提高0.68个百分点。

(一)外汇存款

中国银行嘉兴市分行从开业起即开办中国境内居民外币存款业务。1993年,中国银行总行对1982年制定的《中国银行外币存款章程(甲种)》和《中国银行外币存款章程(乙种)》重新进行了修订,于1993年3月1日颁布实施。新章程主要对办理存款业务的机构、存款对象、开立存款货币账户的种类,存款品种、期限以及对大额定期存款的优惠条件等方面的规定进一步放宽。根据新修订的内容,中国银行嘉兴市分行认真贯彻执行,采取如下措施:

1. 甲种外币存款方面

一是扩大了办理存款业务的机构,如办事处、分理处和储蓄所,为了方便客户就近办理业务,明确了各级营业机构都可以办理外币存款业务。当年新批网点17个,新增开业16个,老储蓄网点基本得到改造,营业面貌焕然一新。二是进一步放宽存款对象。甲种外币存款增加了"在中国境内保税区的中外企业、单位","经中国人民银行批准可经营外汇业务的金融机构"和"私营企业"。三是增设了存期档次,增设了7天和1个月存期档次。四是增加了存款货币种类,增加了法国法郎存款。五是增加了存款新品种,增加了通知存款和协定存款两个新品种。(1)协定存款:由存户和银行双方就存款期限、金额、利率签订协定,起存金额不低于人民币300万元的等值外汇,存期不少于1个月。(2)通知存款:起存金额不低于人民币1万元的等值外汇,存期不少于7天,支取须在7天前通知银行。

2. 乙种外币存款方面

一是明确对象为外国人、外籍华人、华侨、港澳台同胞,"按国家规定允许将外汇留给个人的中国人",归入丙种外币存款办理。二是提高了存款起存金额。定活期存款起存金额由原来的人民币50元和20元等值外汇分别提高为人民币500元和100元的等值外汇。三是增设了外币现钞存款账户。四是定期存款增设了一个月存期。

1993年,随着金融体制改革的深化,中国银行嘉兴市分行外汇业务优势面临更为激烈的同业竞争。对此，设立了"外汇存款市场占有率"和"外商投资企业存款占有率"指标并按省分行规定外汇贷款必须建立偿债基金专户的要求，克服了抓本外币存款"一手软，一手硬"的倾向。1994年末，外汇存款余额市场占有率达58.88%，企业外汇存款市场占有率达53%。

自从1994年实行银行结售汇制度以来，外汇企业存款受到影响，此外1995年人民银行全面清理企业多头开户，要求一家企业只能选择一家金融机构开立基本账户，这对企业存款也有很大影响，外汇企业存款发展缓慢。到1996年，单位外币存款的发展趋势看好，下滑状况有所改善，但结售汇制对外币存款的影响仍未消除。1997年，由于个人外币存款与人民币存款之间的利差缩小，外币存款呈现稳步增长趋势。

2001年，积极拓展外币存款业务。2月21日国家外汇管理局、国家证监会发布的《关于开放国内居民投资B股证券办法》实施后，争揽B股保证金账户和A股清算账户，最终与各证券公司订立合作协议，开设所有储蓄网点B股资金划转业务。

2004年，举办了"第一届个人实盘外汇买卖交易大赛"，稳定了客户，巩固了该行外汇存款的优势地位。

2008年，开始重视和关注上市企业动态，跟踪重点企业的进程，将募集上市企业资金作为增加外汇存款的新途径。例如，对中国三江精细化工有限公司的上市营销，2008年开始关注，跟踪进度，同时在授信、理财、供应链融资等方面加大合作，进一步巩固银企合作关系，浙港中行联动促成三江集团及其关联企业嘉化集团同意首选中行为金融战略合作银行。2010年9月16日，三江化工在香港联合交易所主板成功上市，上市募集资金9.81亿港元。9月21日，募集资金除暂时不能划回国内超募的2.04亿港元外，其余7.77亿港元全部划入该行NRA账户。

（二）外汇贷款

改革开放以来，中国银行嘉兴市分行为嘉兴市外向型经济、外商投资企业的快速发展提供了多方位、高质量的金融服务，同时该行充分发挥对外融资主渠道的优势，利用广泛的国际融资渠道和合作关系网络，筹措境外银团贷款，提供境外融资担保业务，成为境外投资者在境内投资开办企业和经营各种业务的首选银行。

1992年是嘉兴市三资企业发展较快的一年，中国银行嘉兴市支行把支持重点放在双优三资企业和经评估确有效益的新办三资企业上，为做到心中有数保证贷款按期收回，对三资企业原有贷款进行了合规性调查，分析产生问题的原因逐笔清理纠正，使三资企业贷款趋于合规化，完善了三资企业资金使用监控机制，做到积极支持又保证贷款安全。当年全市批准建立三资企业176家，在中行开户的140家，发展信贷关系的63家，全辖经批准发放三资企业人民币股本贷款4项，贷款金额335万元，实际发放335万元，经批准三资企业外币股本贷款11项，金额373万美元，实际发放373万美元；三资企业的发展速度、经济效益均创历史最好水平。当年发放外贸、出口生产企业外汇流动资金贷款13.4亿美元，支持外贸企业收购（含供货）4.3亿美元。

1993年，根据外商投资企业组织出口商品生产的资金需要，中国银行嘉兴市分行向总行推荐了乍王公路等5个利用外资项目协议1 976万美元。同时加大重点客户技改项目投入，对已列入国家经贸委下达的国债贴息重点技术改造项目计划的项目给予重点支持，如（中国化建）巨石集团有限公司无碱玻璃纤维池窑拉丝生产线技改项目，支持外汇贷款960万美元；浙江卡森实业集团有限公司兰坯革生产技改项目，支持外汇贷款1 100万美元、人民币贷款3 870万元。

"八五"期间，中国银行嘉兴市分行外汇项目贷款明显增加。共对56个项目发放外汇贷款5 424万美元。其中：丝绸、毛纺、纺织、化工等国有大中型企业项目13个，占了总贷款额的33.2%。引进了高档喷水织机、片梭织机、真丝针织大园机及纺织设备、电脑横机、印染等设备，促进了企业上规模、上档次，提高了嘉兴市企业产品的技术含量，调整了全市的产业结构。"八五"期间共发放股本贷款1 325万美元，向海外融资工作也逐步展开。期间主要支持企业出口创汇，为了促进外贸深化改革和经营策略的转变，掌握企业经营情况，实行统一计划分类指导，对外贸企业信贷资金质量进行了专项调查分析，对外贸企业历年亏损挂账和不合理资金占用提出了改进意见，引起了企业领导和有关部门的重视。

1996年后，中国银行嘉兴市分行发挥整体优势，根据全市外向型企业对外汇贷款需求趋旺的情况，注重加大外汇贷款投放力度，加快信贷结构调整，外汇优势仍然稳固。2001年形成了以三资、股份制、优质个体私营企业为核心的客户群，并加大重点客户技改项目投入，对已列入国家经贸委下达的国债贴息重点技术改造项目计划给予重点支持，如（中国化建）对巨石集团有限公司无碱玻璃纤维池窑拉丝生产线技改项目，支持外汇贷款960万美元。次年，外汇贷款实现新突破，外币贷款余额3.38亿美元，新增2.26亿美元，同比多增2.19亿美元，在四大国有银行的市场占有率达到68.04%。

2008年之后，全球金融危机集中爆发，金融市场竞争空前激烈、国际国内经济金融市场以及宏观政策变化较大，商业银行适应能力减弱，特别是从2009年8月起，由于国家宏观调控政策发生新的变化，信贷规模受到一定限制，中国银行首当其冲，紧缩信贷、按月监控，致使贷款投放的速度明显放慢。面对如此情况，中国银行嘉兴市分行根据嘉兴地区外向型经济特点，积极向省分行争取外汇贷款规模以及外汇资金上的倾斜，不断加大对外向型企业的支持力度，全力支持一批外向型企业和优质民营企业的融资需求。

2009年，继续加大信贷支持力度，外汇贷款再增3亿多美元，有效地缓解了企业融资难的矛盾。截至2009年末，该行外汇贷款余额超过9亿美元，余额市场份额在四大行中继续保持全市半壁江山的地位，当年度外汇余额贷存比高达331%。

2010年，随着全球经济金融进入"后危机"时代，在不断扩大外汇贷款规模的同时，着力调整业务结构，促进全市外向型经济稳健发展。自2008年以来短短两年的时间里，全行资产业务实现历史性突破，各项外汇贷款出现了前所未有的增势，规模达到建行之初的三倍，市场份额始终保持同业首位。2008年、2009年、2010年成为该行成立以来贷款增长最多、发展最快的三年。截至2010年12月末，该行外币贷款余额10.90亿美元，当年新增1.71亿美元，在所有金融机构中余额和新增市场份额分别为52.46%和34.47%，再次稳坐全市外汇贷款业务的头把交椅。

（三）国际结算

开业以来，中国银行嘉兴市分行一直在国际结算领域居全市主导地位。截至2010年末，国际结算总量达到77.25亿美元，跑赢外贸大市2.76个百分点，市场占有率为33.85%。

1992年，中国银行嘉兴市支行新开办了转电索汇和信用证结算业务，使纽约和其他地区的收汇速度比以前加快五至七天，平均在二十天以内，深受客户欢迎。

1993年，为适应嘉兴市涉外经济的蓬勃发展，满足广大客户的业务需求，遵循"哪里有进出口业务，结算服务就跟到哪里"的服务方式，积极开展上门服务，拉直索汇线路，提高出单速度和效率，加快收汇、结汇速度，加快企业资金周转。同时开发了新的业务品种，从信息服务、融资手段、加速收汇、代客外汇买卖及风险防范方面为客户提供"一条龙"服务，全面加强国际贸易结算业务的竞争力，努力为客户提供高质量高效率的服务。次年，该行鼓励各县（市）支行多揽代收（审）单业务，使国际结算业务范围不断向县（市）延伸，五个县支行已全部开办了国际结算业务。

1995年，筹备开通SWIFT电信网络，大大提高了汇出汇款、国际贸易结算付款批示及各种查询查复业务的速度，减少了内部业务处理环节，提高了工作效率。同年，还开办代客外汇买卖业务，并在全辖推行"上门收单、送证上门和代客制单"的特色服务工作，提高了服务质量和效率。

1997年，经中国银行浙江省分行验收批准，实现了代理省分行进口开证和代收等业务，成为全省系统内首家获得批准代理省分行开办进口代收业务的市地行。此外，还利用海外机构遍布、信息网络健全、海外贸易信息反馈快的优势条件，为客户提供国外贸易信息、汇率变化、贸易风险咨询等服务，针对一些企业对经办外汇业务不熟悉的情况，还多次为企业举办培训讲座，并编写业务手册分发到企业，帮助企业提高业务水平。比如，亚洲金融危机期间，一些企业通过向该行咨询后才真正弄清金融风波的成因，采取了一定措施，避免了贸易风险，并先后为企业对外追讨，挽回损失共计130万美元，先进典型事例被登载在《金融时报》、《中行职工》报上，起到良好的社会效应。当年该行出口贸易结算量在全市6家经办的行中所占的比例达51.65%，进口结算量已跃居首位。

1998年，嘉兴市以轻纺为主的外贸出口受亚洲金融危机的影响大幅下降，面对严峻形势和激烈的同业竞争，中国银行嘉兴市分行将工作重心由后台审核转移到对外拓展上去，以上门争取客户，并简化办事手续，提高结算质量，加快结算速度为突破口，得到了更多企业客户的信任和认可，当年外管统计的6项外汇业务指标由过去的4项第一变成6项全部第一，首次实现进口结算量和市场占有率两个第一。

继在当地同业中首家推出国际保理业务后，1999年该行又率先开办了国内保理业务。通过收购客户在国内贸易中因赊销产生的应收账款，解决了客户资金周转紧张的问题，达到了为客户理财的目的。

2000年11月，在中国银行浙江省分行的帮助下与广东省银行香港分行合作，通过花旗银行香港分行SWIFT路线不落地直开台湾，加快了开证速度，也简化了手续，受到客户的欢迎。此外，还与邓白氏国际信息咨询（上海）公司达成协议，开办了对外咨询调查业务，帮助客户及时了解国外贸易伙伴的状况，以避免可能的损失。

2003年，根据市场融资需求，该行创新推出了"出口商业发票贴现业务"、"商业发票贴现业务"、"税款保付保函业务"、"福费廷业务"等新产品，取得了实质性进展。4月成功叙做的第一笔出口信用保险项下押汇业务，成为全省系统内首家叙做该业务品种的分支机构。当年共叙做出口商业发票贴现业务87笔，合计金额363.46万美元，实现了出口保理业务零的突破，叙做开立税款保付保函27笔，合计金额854.58万元人民币。

2006年，积极向广大客户推介中行规避汇率风险的各类资金产品，开展了无本金交割业务，叙做了全国第二笔、全省系统内首笔项目贷款利率调期业务。积极开展"报关即时通"业务，通过企业网上银行推介会、结算新产品推广会，向重点目标客户推介中行企业网上银行集团理财、银企对接等支持现金管理产品和结算业务产品。通过服务意识的提高和产品的创新与推广，进一步提高了市场竞争力。同时根据汇率市场变化，积极推广个性化中间业务产品，成功地叙做了全省第一笔美元/人民币无本金交割远期交易业务，交易额1.5亿美元。成功叙做了2.8亿元人民币利率掉期业务，成为全国第二家叙做此项业务的基层行，还成功叙做了外汇保值理财业务。同年，中国银行总行成功投产"中国银行纽约分行GPS与国内系统直连项目"，凡中国银行嘉兴市分行与纽行往来的MT103、MT202报文直接通过总行与纽行间新开通的"内部直连通道"进行外币汇划业务的内部直通处理，而其他报文以及该行与其他海外联行和代理行往来的业务仍沿用目前的SWIFT通道进行。

2009年4月，成功营销浙江嘉华特种尼龙有限公司并叙做该行首笔金额高达2 016万元的"融易达"业务。当年新发展国际结算基础客户111家，业务量在全部金融机构中占比超过33%，国际结算业务总量刷新历史纪录，累计达到57.06亿美元，跃居全省系统内第三位，从而有效地扭转了自2003年以来国际结算市场份额连续大幅下降的被动局面，出现了止跌回稳的良好态势。

2010年，在近两年金融危机余波的冲击下，通过提升服务水平、强化产品创新等一系列积极措施，推动了国际结算业务逆势而上，为全市进一步改善外商投资环境作出积极贡献。该行灵活运用国家外汇政策和市场汇率变化趋势，根据企业对外贸易发展水平和需求，充分发挥人才、技术、服务等"软件"优势，全力推进汇利达、融信达、如意达等"当家"产品的市场调研和营销工作，主动积极地为全市外向型企业提供贸易融资、资金结算、政策咨询等全面优质的金融服务方案。

2010年6月人民银行跨境人民币业务试点扩大政策出台后，中国银行嘉兴市分行在当地取得跨境贸易人民币结算业务首发。截至2010年末，跨境贸易人民币结算业务总量突破5亿元，市场份额同业第一。同年，还成功叙做了系统内全省首笔采购固定资产预付货款项下协议付款业务和针对特定客户的支付特许权使用费汇利达项下协议付款业务，并成为全市唯一一家连续三年荣获"嘉兴市外汇诚信建设A类单位"、"嘉兴市外汇业务综合信用管理A类行"称号的金融机构。

（四）结售汇

中国银行是办理结售汇业务的主要指定银行之一，在结售汇市场上一直占有最大的份额。在产品服务方面，曾在多项业务上享有专营权，如外汇兑换券（于1995年1月1日停止使用，中国银行回收）等。随着市场化改革的逐步推进，尽管中国银行办理外汇业务的特权逐步取消，但仍保持在产品开发和产品创新方面的绝对优势。

1993年，在引起全世界关注的外汇体制改革中，中国银行在汇率并轨、银行结售汇、外资企业纳入结售汇体系及建立来料加工保证金台账等方面，发挥了不可替代的作用，保证了改革的成功。同年,中国银行嘉兴市分行缩短结汇时间1.5天,加快了企业资金周转,得到了南湖染织厂等客户的好评。

1994年4月1日汇改以后,外汇指定银行成为外汇交易的主体。自1996年7月1起,国家对外商投资企业实行银行结汇的重大改革,取消了外商投资企业的经常性用汇限制,宣布实现人民币经常项目可兑换。中国银行嘉兴市分行按照中国人民银行具体实施方案和要求,进行广泛动员,做了大量的宣传和解释工作,为外汇改革方案的顺利实施做好准备。另一方面,认真组织有关售货员学习落实结售汇业务操作规程,特别是4月1日正式实施结售汇制后,严格按照《结汇、售汇和付汇管理暂行规定》及《进口付汇核销管理办法》等有关规定,积极为客户提供优良、快捷的结售汇和付汇服务。并把结售汇资金头寸纳入信贷资金运营计划,统一安排调度,建立头寸日报制度,做到日轧打、旬匡算、月分析"头寸",及时做好资金的分析预测,保证了结售汇业务的健康发展,结售汇业务总量在全市金融机构保持主导地位。

1997年,经中国人民银行批准,中国银行开始试办远期结售汇业务,之后中国银行嘉兴市分行按照上级行部署率先在全市推广,成为当时唯一开办此项业务的机构。

2005年,中国银行嘉兴市分行实现了930即期结售汇一日多价功能。930一日多价实现后,促进了个人结售汇业务的发展,提高了产品竞争力。由于双休日930汇率沿用上一日的汇率,不能实现一日多价,节假日(节假日中的周六、周日除外)930汇率变动次数又较少,因此为规避汇率波动风险,对双休日和节假日的结售汇操作专门做了规定,即双休日和节假日只允许办理找零业务的结售汇,及等值1 000美元(含)以下的结售汇。

2007年2月1日起,国家外汇管理局大幅调整了个人外汇管理的各项政策,对个人结售汇实行年度总额管理,尤其是个人年度售汇限额由原先的2万美元调高到5万美元,更好地满足了境内个人的用汇需求。国家外汇管理政策调整后,客户双休日及节假日的结售汇需求也进一步增加,原先规定的结售汇限额已无法满足客户的需求。为更好地服务客户,促进个人结售汇业务更好更快地发展,在风险可控的前提下,该行对双休日及节假日的个人结售汇金额限额作如下调整:美元结汇仍按原标准执行,即单日单客户原则上不超过1 000美元(含),客户确有特殊原因的,可酌情放宽至5 000美元(含);美元售汇单日单客户限额提高到5 000美元(含);非美元结售汇单日单客户不得超过等值1 000美元(含)。原双休日、节假日结售汇的操作规程停止执行。当年,经省分行授权,该行在辖内尚未办理"因私售汇业务"的50家机构网点增加开办该项业务。

2005年,在开展产品创新活动和完善结算服务功能方面,做了大量工作。例如,在全省中行系统内开办了第一笔假远期信用证业务,累计额2 143万美元;推出了出口商业发票贴现业务,叙做业务1 974笔,金额5 351万美元;抓住嘉兴海关在嘉善、平湖乍浦分设加工贸易业务办事点的机遇,及时申请并获总行批准,在嘉善支行、平湖乍浦支行与当地海关办事点同时开办加工贸易保证金台账业务,配合当地海关做好工作,从而巩固了国际结算业务量和份额在同业中的领先地位。

2008年9月中国银行嘉兴市分行开办了"T+2远期结汇"业务,帮助客户在人民币升值的情况下规避人民币短期汇率风险。

## 四、中国建设银行嘉兴分行

(一) 外汇业务概述

建设银行嘉兴市分行从1992年开始代理开办外汇业务，并开始筹建国际业务部，1992年底，外汇存款51万美元，外汇客户不到10户。1993年，为适应改革开放新形势，支持外向型经济的迅猛发展，在平湖和秦山也开办了外汇业务。1993年末，外汇贷款29万美元，结算量200多万美元。1994年，正式开办自营性外汇业务，外汇业务开办机构已遍布全市，三资企业开户数增加到近50家。自外汇业务开办以来，全行外汇业务量逐年增长，1996年，全行国际结算业务突破1亿美元，2002年全行国际结算量突破5亿美元，2004年建行嘉兴分行国际结算量首次突破10亿美元大关，2005年成为浙江省建行系统内首家结算量超15亿美元的二级分行，2006年成为浙江省建行系统内首家国际结算量突破20亿美元的二级分行，四行占比由开办初的个位数已提升至2010年的20%以上，四行位次首次挤进前三。

(二) 外汇产品创新

外汇业务产品也由最初的结算、结售汇不断丰富和发展。开办外汇业务以来，建行嘉兴分行各类外汇业务产品不断出新。1994年初，结合当地实际，开始在市分行营业部等部分机构率先推出个人结售汇业务，至2010年底，全市所有网点都开办了个人结售汇业务，业务量在当地各银行中名列第二，当年结售汇量达6 348万美元。

2003年，开办了远期结售汇业务；推出了出口信用保险项下出口融资贷款、远期信用证项下票据贴现、延期信用证项下应收款买入、两岸汇款即时通等业务，开办外汇贷款利率掉期、福费廷等业务。年初，在分行营业部试点个人外汇买卖业务，随后在全市推开，客户可以通过柜台、电话、网上银行或自助终端进行外汇买卖。

2005年，建行嘉兴分行的国际业务产品组合应用创新步伐加快，带来了明显的效益增长，在当年全行的对公中间业务收入中，约72%由国际业务创造。当年，在全省建行系统首家办理了代客户外汇资金管理业务，在国内首创了港元单边结汇模式，还在全省建行系统率先操作远期组合结汇，率先为独资企业策划提供境内DF与境外NDF对冲避险方案。2006年，建行嘉兴分行的外汇衍生产品"金字塔"汇率结构性产品、"汇利盈"交易居全省领先地位，并办理浙江省建行系统内首例以海外分行保函为担保的循环额度贷款，外汇产品营销及运用能力提升迅速。2007年建行嘉兴分行主动探索降低客户成本的外汇资金新产品，大力发展"汇利盈"、人民币掉期和其他期权产品。2009年，外汇产品应用范围再次扩大，首次办理了大宗贸易进口开证业务和"证证通"业务。

## 五、交通银行嘉兴分行

(一) 外汇业务概述

1996年7月1日交通银行嘉兴支行经上海分行批准，设立国外业务部，7月3日国家外汇管理局正式批准开办外汇业务，主要外汇品种以信用证、托收、汇款为主。2001年，交行嘉兴分行国外业务部更名为国际业务部。自2002年6月1日起，经国家外汇管理局嘉兴市中心支局授权该行办理资本金结汇审核业务。2002年7月17日，辖属海宁支行开办外汇业务，成为第一家可办理外汇业务的异地支行。2006年末,国际结算量首次超过10亿美元,达到12.35亿美元。2007年12月24日,交行系统内SWIFT大集中系统(简称CSP系统)首家成功上线。2008年8月1日,作为系统内单证结算上收试点行,单证业务全部上收总行。至2010年末,全行所有本级网点均可办理个人外汇业务,所有县域支行均可办理外汇业务,全年国际结算量达到19.12亿美元。2006年至2010年,该行连续五年获得国家外汇管理局嘉兴市中心支局颁发的外汇指定银行结售汇统计"先进集体"称号。

(二)外汇产品创新

2004年9月9日,交通银行嘉兴分行获准办理结售汇业务,禾兴支行获准办理个人结汇业务。2005年1月10日,获准开办远期结售汇业务,并于4月27日受理第一笔远期结售汇业务,有利于企业对将来预期的外汇收入或支出事先锁定成本,规避了汇率风险。2005年2月8日,成功获准开办境内居民个人售汇业务。2005年4月14日,获准开办福费廷业务。2005年8月17日,开办外汇宝代理业务,带动了国际业务其他产品和信用卡业务的发展。2006年2月20日,成功办理首笔外汇预付款保函业务。2006年6月7日,正式推出海内外分行间对公快速汇款业务,具有汇款速度快、处理效率高、业务收费低等优势,大幅度提高了境内分行与香港分行间汇款速度,首批推出的是美元和港元两个币种的快速汇款。2006年11月27日,依托与汇丰银行充分发挥资源共享、业务联动的优势,交行与汇丰联名快汇业务正式上线,当日汇出,即时收到,即时解付,收款速度较往常提前一个工作日。2006年9月1日,成功办理了该行首笔出口发票融资业务,外汇业务实现新突破。2006年9月28日,成功叙做差额交割与人民币汇率挂钩结构性利率掉期业务,这是继远期结售汇业务之后办理的新的外汇业务衍生品种。2007年2月14日,成功办理了首笔速汇金汇入汇款业务,最快可在十余分钟内完成由汇款人到收款人的汇款过程。外汇汇款业务方面已有普通汇款、"快汇通"(海内外分行间对公快汇业务)、"通汇捷"(交行汇丰联名快汇业务)和"速汇金"业务等多个业务品种。2007年5月11日,成功办理首笔离岸出口信用证议付业务,这是在单证结算领域的一大突破。2007年10月16日,正式开办个人外汇保证金交易产品——"满金宝"业务。该业务是交通银行在远期外汇买卖等衍生产品交易业务经营范围内推出的一种外汇交易新产品,是对传统"外汇宝"交易产品的全面升级。2008年2月24日,成功办理首笔出口保理业务,向国外保理商成功转让两笔出口发票,实现了国际保理业务零的突破。自2008年3月开始,经交通银行浙江分行批准,先后获准开办国内信用证开证业务、进口代收融资业务、进口汇出款融资业务、人民币与外币掉期结售汇业务,并于2009年10月26日成功办理首笔完全现金保证项下DF结合汇出汇款融资组合业务。2010年1月4日,成功办理金额为200万美元的境外直接投资汇款业务,这是该行办理的首笔境外投资(ODI)业务。2010年5月27日,成功办理金额为人民币189万元的国内信用证卖方福费廷业务,这是办理的首笔国内信用证卖方福费廷业务。2010年9月28日,成功办理贸易项下跨境人民币结算业务,实现了该行跨境人民币结算业务零的突破。

(三)离岸业务

离岸银行业务是指银行吸收非居民的资金,服务于非居民的金融活动。俗称"两头在外",即资金来源于境外,资金运用亦在境外。2002年6月,交通银行经中国人民银行、国家外汇管理局批准，主要经营办理外汇存款、外汇贷款、国际结算、同业拆借、外汇担保、外汇买卖、咨询、顾问业务、离岸债券投资等业务。2006年1月，交行嘉兴分行开立第一个离岸账户，截至2010年末已成功开立171户离岸账户，至2010年末离岸结算量达到7.88亿美元。

## 六、中信银行嘉兴分行

### （一）概述

1996年底筹建国际结算部。开业两个月，中信实业银行嘉兴支行就开始代理杭州分行外汇业务。

1997年初成立国际结算部，最先在国际结算业务中推出12小时出单服务。1997年12月末，中信实业银行嘉兴支行外汇存款201万美元，实现国际业务收付汇量4 498万美元，支行外汇业务正式起步。

1998年1月获准开办自营性外汇业务，核准开办外汇存款、外汇贷款、外汇汇款、外币兑换、国际结算、结汇、售汇，资信调查、咨询、见证业务。1998年末，外汇存款482万美元，实现国际业务收付汇量6 217万美元。1999年在当时外贸业务滑坡、业务竞争激烈的环境下，坚持"多出口、少进口、多即期、少远期"的原则，积极稳妥发展业务，当年实现国际业务收付汇量6 564万美元，1999年末外汇存款余额756万美元，外汇贷款余额336万美元。

2000年，全行国际业务收付汇量突破1亿美元，达1.15亿美元。2003年资本及非贸易结算量居杭州分行系统第一，结售汇列当地四大国有商业银行之后，位居第五位，实现国际业务收付汇量1.84亿美元。2004年国际业务收付汇量突破2亿美元，实现2.55亿美元。2005年提出国际业务重点发展战略，实施了"千万美元工程"、重点营销工程、产品拉动工程，2005年首次在第一季度实现收付汇超1亿美元大关，全年国际业务收付汇量4.26亿美元，国际业务收入1 505万元，比上年同期增加了119.39%。2006年中信银行嘉兴分行国际业务收付汇量突破6亿美元，完成6.56亿美元。

2007年国际结算业务呈现跳跃式增长的良好势头，当年国际业务收付汇量首次突破10亿美元大关，实现11亿美元，业务增幅达67.8%，超过市场平均增幅30个百分点；业务量占全市总量的6.25%，市场份额同比上升1.25个百分点，位居股份制商业银行第一位。2007年末外汇存款余额2 783万美元。

国际结算继续保持较快增长，2008年、2009年实现国际业务收付汇量分别为14.3亿美元和15.15亿美元。2009年收付汇量同比增长5.77%，超过全市外贸增幅21个百分点，市场占有率提高0.82个百分点，在全市继续列四大国有商业银行之后，位居第五。

2010年抓住外贸复苏的有利时机，坚持以产品和营销推动为抓手，全年新增国际业务有效客户数45户，新增千万美元客户22户，2010年末外汇存款余额为6 014万美元，当年完成结售汇总量14.66亿美元，增幅92%。国际业务收付汇量首次突破20亿美元大关，达22.81亿美元，增幅50.59%，占杭州分行系统总量的17.1%，市场份额提高近1个百分点，成为2010年中信杭州分行系统内国际业务收付汇量首次突破20亿美元的三家机构之一。

### （二）产品创新

自开办外汇业务以来，各类外汇业务产品不断出新。1997年9月1日起以杭州分行名义出单代理分行出口议付业务。1998年1月获准自营外汇业务。积极协助杭州分行开展外卡代理收单业务，成为杭州分行系统外卡收单业务量最大的分支机构，并于当年最先开办越洋即付业务。

2001年完成境外子账户的开立，成为嘉兴市唯一一家在境外有自己账户的外汇指定银行，收汇速度也相应加快。SWIFT系统顺利启动。

2004年开办了出口保理业务，并给予企业以保理项下融资业务，开创了中信系统内的保理业务先河。

2001—2004年，相继推出个人结售汇业务，开办了远期结售汇业务、人民币与外币掉期业务，外汇买卖和结构性理财产品，以及开展福费廷业务和保险后押汇业务。

2005年，首次尝试了福费廷业务的直接买断，稳步开展国际保理业务，积极扩大与出口信用保险公司的合作，大力推广出口信用保险后押汇业务。2007年，在国家对短期外债和外汇贷款规模调控趋紧而市场需求旺盛的背景下，在杭州分行系统内率先推出买方远期信用证、国内外资银行进口代付等贸易融资产品，全年累计办理贸易融资1.67亿美元，较好地缓解了客户需求的压力。

2008年，在灵活运用买方远期信用证、国内外资银行代付等产品的基础上，推出进口偿付信用证、内保外贷等产品，并实现在杭州分行系统内签下首笔国内保理业务、最先将人民币利率互换用于短期债券利率风险管理业务，较好地替代了银行外汇贷款，及时丰富了产品线。

2009年为企业策划提供境内DF与境外NDF对冲避险方案，当年推出了"自由结"等一系列产品，丰富了中信银行嘉兴分行外汇资金衍生产品交易品种。继开办国内信用证业务后，2009年办理相关的国内证融资业务，包括国内证买断、代付、议付、贴现等融资产品。

2010年，运用利率互换产品，为民丰特纸、景兴纸业办理资金交易1 200万美元；浙江省跨境人民币结算业务试点以来，试点当天就开展了首笔跨境人民币TT汇款业务，成功开立NDR账户，之后开办了跨境人民币开证业务，当年完成人民币跨境结算量1.17亿美元。通过对国际业务各类产品的有效运用和持续针对性的营销，促进了国际业务总量和中间业务收入的持续增长。

## 七、上海浦东发展银行嘉兴分行

（一）概述

1998年开始筹建国际业务部。成立伊始，员工仅有两名，浦发银行嘉兴支行就开始以代理杭州分行外汇业务的方式开展业务。

1999年初成立国际结算部。

2001年获准开办自营性外汇业务，核准开办外汇存款，外汇贷款，外汇汇款，外币兑换，国际结算，结汇、售汇，资信调查、咨询、见证业务。在业务初创时期，以出口结算为主，进口结算为辅，积极稳妥发展业务。

2010年浦发银行嘉兴分行的国际结算业务在经历金融危机后呈现恢复性增长，坚持产品和营销推动为抓手，当年国际业务收付汇量首次突破10亿美元大关，并且出现单月国际业务收付汇量超1亿美元的业绩，位居股份制商业银行第二位。稳居杭州分行系统的前三位。

### (二)产品创新

自开办外汇业务以来,各类外汇业务产品不断出新。

2001—2004年,相继推出个人结售汇业务,开办了远期结售汇业务、人民币与外币掉期业务,外汇买卖和结构性理财产品。

2005年为海宁德俊织染集团有限公司开办了出口双保理业务,并给予企业以保理项下融资业务,开创了浦发银行系统内的出口双保理业务先河。首次尝试了福费廷业务的直接买断,稳步开展出口双保理业务,并积极扩大与出口信用保险公司的合作,大力推广出口信用保险项下融资业务。同时,作为全国拥有离岸业务牌照的4家银行之一,开始代理总行离岸业务部受理离岸开户申请等业务。

2007年,在国家对短期外债和外汇贷款规模控紧而市场需求旺盛的背景下,在杭州分行系统内率先推出买方远期信用证、假远期信用证、国内外资银行进口代付、境外银行进口代付等贸易融资产品,较好地缓解了客户需求的压力。当年还率先在杭州分行系统内开展了首笔国内保理业务。

2008年,为企业提供了远期结售汇业务,为企业有效规避汇率风险提供了强有力的工具。同时结合客户结构、利用离岸业务优势,推出了一系列离岸、在岸联动的业务方案,如内保外贷、外保内贷、离岸进口代付等,为支持浙江华友钴业等企业"走出去"提供了强有力的支持。开始提供网上银行的外汇业务服务,并不断优化改进外汇业务模块,先后推出了网上结汇、网上开证、网上保理等功能。

2009年为企业策划提供境内DF与境外NDF对冲避险方案,由于境外没有分支机构,通过总行与境外银行开展业务合作,弥补了自身的短板。继2008年开办国内信用证业务后,2009年办理相关的国内证融资业务,包括国内证买断、代付、议付、贴现等融资产品。与中远物流、中外运的现代物流企业合作,开展"海陆仓"等贸易融资新模式,为中小企业融资探索新路。结合海关推进关税网上缴纳的要求,重点推进"银关通"工作,为进口企业缴纳关税提供方便。与中信保嘉兴办开展全面合作,推进出口信用保险项下融资业务的发展,为出口企业走出金融危机的阴影提供支撑。

2010年浙江省跨境人民币结算业务试点以来,与境外银行开展深入合作,为吉恩仕公司等提供了人民币跨境结算的一系列服务:成功开立杭州分行系统内的首个人民币NRA账户,之后开办了跨境人民币开证业务,当年完成人民币跨境结算量近4亿元人民币;并尝试探索人民币海外代付的可能性。结合外汇局出口企业收入存放境外工作的推进,利用离岸优势,配合外汇局完成了浙江省首个出口企业收入存放境外专户的开立。通过对国际业务各类产品的尝试探索、有效运用和持续针对性的营销,促进了国际业务总量和中间业务收入的持续增长。

### 八、兴业银行嘉兴分行

兴业银行嘉兴分行自2008年4月获准开办结售汇业务、2008年5月获准办理资本金结汇业务后,国际业务品种不断丰富,业务结构日趋合理。2009年11月,国际结算量突破1亿美元大关。2010年8月,结售汇总量突破1亿美元大关。截至2010年末,该行各项外币存款余额达687万美元,各项外币存款余额为677万美元,共办理福费廷转卖业务27笔,总金额248.37万美元;

办理进出口押汇 55 笔，总金额 1 999.25 万美元；办理进口代付 11 笔，总金额 1 065.61 万美元；累计完成国际结算量 19 680 万美元；完成结售汇量 18 729 万美元，远期结售汇签约 4 852 万美元。

### 九、招商银行嘉兴支行

招商银行嘉兴支行自 2008 年成立起即组建了国际业务部，开办国际业务。同年 5 月，经向嘉兴市外汇局备案，开办对公、个人即期外汇结售汇业务，并于 2009 年初，获准办理远期结售汇业务。2010 年海宁支行开业，国际业务发展更加迅猛，极大地支持了当地外向型经济的发展。

2008 年国际业务刚刚起步，全年结算量 5 260 万美元，外汇存款 287 万美元，国际业务客户数 56 户。2008 年金融危机后，外向型经济合约骤减，收汇风险无处不在，货已装船但账期漫长，即便是以信用证结算也存在风险。该行适时向客户推荐出口保理、福费廷、信用证出口公开保兑等产品，协助客户转让应收账款，防范开证行信用风险及国家风险，为出口企业提供双重付款保证。

经过近三年的奋力拼搏，至 2010 年底，全行年国际结算量已达 9.7 亿美元，外汇存款 1 237 万美元，贸易融资余额 2 967 万美元，国际业务有效客户数 296 户。各项指标在同期新建的股份制银行中排名第一。

招商银行国际业务的产品创新与推广紧跟市场与政策的变化。在嘉兴市政府鼓励企业"走出去"的背景下，及时运用三位一体平台优势，为众多的"走出去"、"引进来"等跨境经营企业提供国际化、全球性的金融服务。在 2009、2010 年，该行联合嘉兴市贸促会、海宁市总商会分别在嘉兴、海宁，面向全市开办了大型的离岸业务专题讲座，参会企业超过 400 家，大大提升了招商银行国际业务在当地市场的影响力，并已为上百家企业提供了跨境金融服务。

国际业务已经形成了较为完备的产品体系，包括国际结算、贸易融资、外汇理财、保理保函、物流融资、咨询代理等。在努力构建完整的国际业务产品体系的同时，该行还致力于走差异化路线，整合推出了贸易金融"八大套餐"和"同舟共济"系列解决方案，在市场上树立了该行鲜明的点金贸易金融品牌形象。

自"二次汇改"以来，汇率波动未曾停止，企业资金增值可能大受影响。招商银行嘉兴支行为客户量身定做避险融资方案，通过"结汇通"、"购汇通"、"远期结售汇"等产品规避汇率风险，同时，运用出口押汇、出口信保融资、出口保理融资、福费廷、出口退税质押融资等产品为客户提供资金上的融通，使企业在汇率波动中把握资金增值机会，保障利润最大化，助力企业稳步发展。

汇款无小事，汇款的质量和效率直接关系到企业对外经济往来的成本、风险和收益。招商银行全新优化外汇汇款流程，整合推出外汇汇款系列，为企业提供方便高效的汇款服务。如小（多）币种汇款、早到账汇款、全额到账汇款、汇款快线、网上批量汇款等，帮助企业实现汇款的智能化、多样化、快速化。

在发展自身国际业务的同时，也在积极探寻同业间国际业务合作空间。成立于 1997 年的嘉兴银行是一家具有丰富中小企业国际业务客户资源的地方性商业银行，自身尚未开办国际业务。基于与该行多次战略合作关系和招行优质、高效的服务，终于在 2009 年达成国际业务全面合作的协议。两行的成功合作，不仅拓宽了招行嘉兴支行国际业务的发展渠道，而且有效提升了嘉兴地区该行国际业务的知名度和影响力，同时也开创了招商银行系统内代理同业国际业务之先河。至2010年，招商银行嘉兴支行已累计代理嘉兴银行国际业务4 800万美元。

### 十、浙商银行嘉兴支行

2010年4月，浙商银行嘉兴支行取得外汇业务资格并于6月起开始受理外汇业务。目前，可自行办理柜台对公、对私外汇业务，包括外币存取、外币兑换、即期外汇买卖、即期结售汇、外汇汇款、外币光票托收等业务；同时由分行代办资本金结汇、远期结售汇、各类国际结算单证及贸易融资（除出口合同打包贷款、非投保出口信用保险的出口商业发票融资）等外汇业务。截至2010年末，完成外汇业务共计35笔，金额203.68万美元，其中外汇汇款业务26笔，金额159.90万美元；出口单证业务9笔，金额43.78万美元。开立外汇账户16户，均为经常项目外汇账户。其中美元账户13户，欧元账户1户，港元账户1户，日元账户1户。

### 十一、嘉兴银行

2008年，嘉兴市商业银行成立国际业务部，开始外汇代理业务，当年实现业务零突破。2009年实现代理国际结算量8 126万美元，代理结售汇业务7 324万美元。2010年超2亿美元，实现代理国际结算量2.07亿美元，代理结售汇业务1.58亿美元，客户数达到91家。三年来，全行国际业务量快速增长，国际结算量、结售汇业务量增速显著。

开办外汇代理业务以来，嘉兴银行各类贸易融资产品不断推陈出新，先后推出了推荐进口开证业务、信用证项下流动资金贷款业务、进口项下贸易融资业务、出口项下贸易融资与贴现业务，有力地支持了国际结算和结售汇业务的开展。

与中国银行、招商银行、农业银行等金融机构建立了业务合作关系，双方在贸易授信、国际结算、人员培训等方面的合作在不断推进和深化。

### 十二、农村合作金融机构

禾城农村合作银行首家于2007年4月初起开始试办包括外币储蓄、对公国际结算、贸易融资等外汇业务。2007年6月18日开办结售汇业务，由此正式开办外汇业务。此后在花旗银行纽约分行开立美元结算账户，并获得中国外汇交易中心会员资格，2007年8月自营结售汇业务。外汇业务开办近四年来，业务规模和业务品种逐步扩大。至2010年末，全辖除海盐联社外其他5家行社全部开办外汇业务。

### 十三、中国邮政储蓄银行浙江省嘉兴市分行

邮储银行可办理的外汇业务有个人国际汇款业务、外币储蓄业务、个人即期结售汇业务、外币理财业务等。个人国际汇款主要有代理西联汇款业务、银邮汇款业务和邮政国际汇款业务。

2004年邮储银行开办了西联国际汇款业务。西联国际汇款是邮储银行代理美国西联公司的快速国际汇款产品，快捷、可靠、方便、覆盖范围广。

2005 年邮储银行开办了银邮国际汇款业务。银邮国际汇款是中国邮政储蓄银行与德意志银行合作开办的国际汇款业务，是邮储银行自己的银行间国际入账汇款，具有速度快、安全性高、资费低廉等优势，真正实现可全球入账的梦想。

2007 年邮储银行开办了外币储蓄业务。目前开办的币种为美元存款业务，包括活期、定期、定活两便存款证明等品种，可以使用活期一本通、定期一本通、绿卡通卡等卡折进行办理。2007 年邮储银行推出了"储汇聚财"系列外币理财产品，分储蓄产品和理财产品。储蓄产品门槛低，收益稳定、风险小、期限灵活、手续简便。理财产品结构简单、专业投资、助力财富增长。

2009 年，邮储银行推出了绿卡·外汇卡，实现国际汇款快速服务功能，既可大大减少客户的填单时间，又能大幅度提高柜面交易速度和质量。

2010 年，邮储银行实现了绿卡通本外币互通功能，绿卡通卡将客户的本币和外币集中于一卡，实现本外币存取款、国际汇款、结售汇业务等多项功能。

# 第六章 中间业务

## 第一节 概 述

在我国逐步开放金融市场，持续深化体制改革的背景下，银行业的竞争日益激烈，在做好传统的存贷款业务的同时，各商业银行纷纷加快其中间业务的发展。1991年至2010年，嘉兴商业银行中间业务发展较快，业务收入逐步提高，各项业务均得到了不同程度的较快发展。

1991年以来，特别是2004年以后，嘉兴市中间业务量逐步增长，呈较快上升态势。2010年，嘉兴银行业的中间业务量达106 693.45亿元，其中，支付结算业务占较大比重，2010年，国内支付结算业务和国际支付结算业务的累计额分别为76 465.04亿元和2 164.07亿元，占中间业务量的71.67%和2.03%。而其他中间业务如代理业务和担保及承诺业务等占比较小，仅占中间业务总量的2.07%和0.01%。

由于本章涉及的支付结算、银行卡、国内国际结算业务在前述章节中已专门表述，故本章不再重复，各类中间业务发展情况用下列表格表示。

表3-6-1　嘉兴市商业银行本外币中间业务量统计（2005—2010年）　　单位：亿元

| 项目名称＼年份 | 2005 | 2006 | 2007 | 2008 | 2009 | 2010 |
| --- | --- | --- | --- | --- | --- | --- |
| 国内支付结算业务金额 | 23 386.87 | 26 587.02 | 36 637 | 39 765 | 56 645.31 | 76 465.04 |
| 国际支付结算业务金额 | 922.97 | 1 141.54 | 1 453 | 1 572 | 1 480.17 | 2 164.07 |
| 银行卡业务金额 | 2 338.32 | 3 386.12 | 6 083 | 9 245 | 9 090.79 | 14 993.31 |
| 代理业务金额 | 353.86 | 374.49 | 2 623 | 1 118 | 872.33 | 2 208.07 |
| 担保及承诺业务金额 | 462.26 | 694.72 | 510 | 796 | 937.60 | 948.70 |
| 交易类业务金额 | 37.41 | 89.55 | 78 | 121 | 117.84 | 452.24 |
| 托管业务金额 | 5.14 | 34.85 | 114 | 158 | 153.51 | 106.66 |
| 其他中间业务金额 | 1 521.00 | 5.86 | 3 289 | 4 390 | 7 359.24 | 9 355.36 |
| 金额总计 | 29 027.83 | 32 314.15 | 50 787 | 57 164 | 76 656.79 | 106 693.45 |

表 3-6-2　　全市商业银行本外币中间业务收入统计（2005—2010年）　　单位：万元

| 项目名称 \ 年份 | 2005 | 2006 | 2007 | 2008 | 2009 | 2010 |
|---|---|---|---|---|---|---|
| 支付结算业务收入 | 15 741.95 | 21 642.63 | 25 654 | 44 417 | 49 352.64 | 60 150.70 |
| 银行卡业务收入 | 5 943.32 | 7 954.59 | 10 922 | 15 896 | 14 428.59 | 23 186.83 |
| 代理业务收入 | 3 112.48 | 4 621.44 | 9 086 | 7 381 | 9 525.90 | 11 723.68 |
| 担保及承诺业务收入 | 1 456.71 | 2 909.39 | 3 971 | 7 753 | 6 936.34 | 8 023.94 |
| 交易类业务收入 | 763.55 | 809.96 | 2 053 | 3 452 | 3 163.42 | 5 657.52 |
| 托管业务收入 | 186.01 | 706.60 | 7 002 | 5 359 | 7 225.31 | 6 026.82 |
| 融资顾问业务收入 | 1 461.13 | 3 474.37 | 11 096 | 26 965 | 57 378.37 | 58 374.81 |
| 其他中间业务收入 | 2 416.75 | 3 474.37 | 5 375 | 6 075 | 10 731.57 | 26 167.65 |
| 收入总计 | 31 081.90 | 3 474.37 | 75 159 | 117 299 | 158 742.12 | 199 311.95 |

表 3-6-3　　2010年嘉兴市银行业金融机构个人金融综合理财业务统计　　单位：万元，万美元

| 理财业务名称 | | 人民币 | 外币 |
|---|---|---|---|
| 代理保险 | 代售及代扣 | 187 738 | 0 |
| 代理基金 | 代售 | 394 682 | 0 |
| | 赎回 | 409 232 | 0 |
| 其中QDII基金 | 代售 | 359 | 0 |
| | 赎回 | 1 272 | 0 |
| 代理国债 | 代售 | 45 697 | 0 |
| | 兑付 | 42 773 | 0 |
| 代理黄金买卖 | 买入 | 129 183 | 90 |
| | 卖出 | 131 038 | 97 |
| 代理信托计划 | 代售 | 51 917 | 0 |
| | 到期 | 41 904 | 0 |
| 第三方存管（银证转账、银证通） | 转入 | 10 549 507 | 6 |
| | 转出 | 10 894 736 | 4 |
| 代客理财 | 发售 | 6 666 861 | 2 334 |
| | 到期及提前赎回 | 6 621 529 | 1 899 |
| 其他理财产品 | 发售 | 233 802 | 62 |
| | 到期及提前赎回 | 190 412 | 59 |

## 第二节　各银行机构主要中间业务的发展

### 一、中国工商银行嘉兴分行

（一）个人中间业务

多年来，为适应城乡居民的金融需要，从最初简单的代理收付业务开始，逐步向理财服务方向转变，在为客户提供方便、节约社会时间的同时，也为客户和自身创造了价值。

1. 代理业务

代理业务起步于代发工资，从 20 世纪 90 年代初期开始，先后开发了代发工资、代收电话费、代收水电费、代理保险费、代付失业救济金、代收学费、代收有线电视费、代收税费、代保管箱、代理中国福利彩票等多项代理业务，都形成了一定的规模。

1998 年成立代理业务中心，开通了专线服务电话，为市民提供业务咨询、服务投诉和有关业务的紧急挂失、代缴各种规费等多方面服务。

1998 年与市国税局、申银证券公司、移动电话公司等多家单位新签了代理业务协议，新增了代理社会养老保险基金、代收税款、代收移动话费等代理业务新品种。

1999 年新增牡丹卡代理加油业务、代发养老保险金、代收管道煤气费、代收国信寻呼等项目，代理品种发展到 22 种，年末代发工资单位 1 346 家，户数 18.7 万户，累计代理金额 11.62 亿元。

2000 年代收浙大新生和嘉兴一中等院校新生的学费，受到了校方和学生的欢迎。

2009 年 2 月 12 日，与嘉兴电力局合作，南湖供电分局营业厅中的电费收缴业务正式开通，通过设立现金缴费柜台、自助终端、POS 机等设备方便用电户缴费，由此银行柜面分流 1/3 以上的缴费业务，有 1 万多客户通过供电厅缴费、自助终端等便捷地完成缴费过程。

2. 理财业务

2001 年初工商银行总行首次提出建立 1 000 个个人理财中心，培养 10 000 名理财人员，着手从现有员工中选拔熟悉业务、品德优秀、大专以上学历的人员进行定向培养，个人理财业务正式面向市场，形成了基本的客户群。

2002 年开始不定期编发《理财专递》，传递理财资讯，引导客户的理财观，得到客户欢迎。

2004 年推出个人网上银行，成为市民居家理财的新时尚。在全市范围内开展"财富之旅在工行"系列活动。95588 电话银行，提供电话理财：查询、交易、炒汇、炒股。2005 年以后，贵宾理财的理财金账户，牡丹灵通卡—e 时代卡，牡丹贷记卡，配以电话银行，网上银行和 777795588 手机银行、短信驱动掌上理财等电子媒介，自助办理各项个人理财业务。

2005 年将《理财专递》扩版为工行《财富之旅》，还编发电子版，理财金账户客户均可发 E - mail 至 cfzl@ zj. icbc. com. cn 免费索取。

2005年初，陆续推出"稳得利"人民币理财产品、"汇财通"个人外汇理财产品、"珠联币合"人民币结构性理财产品系列、东方之珠代客境外理财产品等个人理财产品系列，均获成功推广。其中"稳得利"人民币理财产品一经推出客户反映良好，成为个人理财主打产品，2010年发售量达到62期。

2006年8月28日，面向个人投资者推出"利添利"自动化理财账户。

3. 代理保险业务

2000年代理平安"千禧红"分红等各类保险1 975份。

2003年5月13日各网点独家代理销售"非典"专项保险——《世纪泰康抗击SARS保险计划》，是嘉兴市面上唯一非附加险的"非典"保险产品。

与中国人民财产保险股份有限公司嘉兴市分公司签订协议，合作推出车贷险业务，成为自2004年8月以来当地首家恢复办理该业务的金融机构。

2005年3月16日代理太平人寿保险有限公司"太平安益长期健康保险销售"。3月28日起在全市推出新华人寿"得意理财两全保险（万能型）"。

2007年6月5日"银保通"系统新增代理销售平安人寿"财富一生"等五款寿险产品。

2008年7月1日与合众人寿合作，开展三季度竞赛活动，推广合众金长红B（万能型）、合众长红A（分红型）保险。至此与本地20家保险公司建立了保险代理关系，代理保险产品148项。

4. 基金业务

2005年1月6日起开办基金定投业务。定投业务的投资期限为3年和5年。

2007年5月底推出的国内首款直接以人民币投资港股的QDII产品——"东方之珠"募集资金突破10亿元。

2009年妇女节前，开展"万朵玫瑰送祝福"基金定投活动。2010年春节期间开展"十二生肖闹新春"活动，推动偏股型基金和基金定投。

5. 贵金属业务

自2001年正式开办贵金属业务以来，不断丰富完善产品体系，实现了贵金属业务的跨越式发展。客户数、交易量、中间业务收入快速增长，产品线不断丰富完善，已形成实物类、交易类、融资类、理财类四大产品线，成为同业中产品最为齐全的商业银行，品牌金积存、账户贵金属、递延业务等新兴产品显示出强大的市场竞争力。

近年来，随着黄金、白银价格的一路攀升，社会投资贵金属、消费贵金属的热情日益高涨，市场容量不断扩大。

同时工行嘉兴分行充分利用行内外各类宣传渠道，为客户提供的黄金交易业务自主品牌"金行家"不断推出新品，在2009年首家推出如意金积存业务的基础上，2010年上半年又新增代理AU（T+D）、AG（T+D）及工行账户白银业务；针对不同类型的客户群体，推荐适合客户的贵金属产品。特别是普通的贵金属投资客户，对贵金属没有足够时间深入了解，但又想分享牛市行情，工行的"账户黄金"、"账户白银"、"如意金积存"、"积存金2号"等特色产品深受这一群体的喜爱。

（二）公司中间业务

1. 法人代理业务

1992年信托代理业务全年为七家单位代理发行企业债券3 150万元，发放信托流动资金贷款123笔、4 825万元。发放租赁贷款30笔、616.6万元，促进了企业生产和流通的扩大及技术进步。

1993年利用信托融资的灵活性主动参与地方基础设施建设，对市区邮电局发放设备租赁贷款，支持了通信设备的改造项目。年末委托存款余额6 398万元，委托贷款余额6 000万元。

1994年代理发行企业债券5 300万元，信托业务各项委托存、贷款余额分别达10 049万元和9 000万元。

1995年全年住房公积金余额已达3 303万元，户数95 291户，住房信贷部经营性存款月均余额4 695万元。

1997年成为国家开发银行秦山核电三期建设项目的现场经办行，代理秦山核电三期商业贷款4 002.6万美元。

2001年依托传统业务优势，积极发展与信用社、股份制商业银行的代签汇票业务、代签银行承兑汇票、代理支付结算等业务，代签汇票机构达142家，代签汇票13.65万笔，金额169亿元。成功合作市本级医保代理项目、第一批财政预算会计核算分中心（民政、教育）。

从2005年到2009年8月，先后取得嘉兴市本级及南湖区、秀州区财政代理国库集中支付业务，依托领先的技术优势，成为仅有的两个代理行之一。

2. 法人理财业务

2009年实现了新兴托管业务的突破，全行资产托管业务累计实收资产额达到22.6亿元；创新商户预收销货款资金托管、商品交易履约资金托管、信托资产托管等10项托管品种；实现中间业务收入342万元。被工商银行浙江省分行授予2009年度资产托管业务先进单位"综合贡献奖"。

2010年，注重法人理财业务的扩面提速工作，法人理财销售规模接近35亿元，日均存量达4.8亿元。

3. 票据业务

2001年推出票据业务。

2009年12月10日，第一笔电子商票业务开始操作。至2010年4月末，所辖所有支行均开办电票业务，累计开立电子商业汇票近2亿元，电票贴现量近2亿元，占工商银行浙江省分行系统内电票贴现量的55%。

4. 投资银行业务

2003年担任民丰特纸财务顾问，成功办理巨额欧元理财业务。

2003年4月在同业中率先推出现金管理业务，在网上银行推出"理财e站通"品牌，整合了现金管理网上收费站、B2B在线支付、电子票据、信息查询、集团理财等功能。

2004年，分别又与民丰特纸、华友钴镍等10户企业签订了财务顾问协议。为海宁尖山围垦项目银团贷款担任融资顾问，促成了总额达2亿元的行内银团贷款。

2006年3月成功为嘉兴高等级公路有限公司交通建设25亿元债券发行提供担保。

2007年，通过加强与信托投资公司、系统内其他分行和系统外信用社的合作，积极拓展结构化融资、银团贷款安排和间接银团等品牌类投行业务；成功举办企业上市有关问题交流会，积极探索推介股票上市、股票配售、并购等高附加值的投行业务。

2009年10月30日，与平湖经济开发区投资（集团）有限公司成功签订了人民币8亿元、期限8年的标准银团贷款协议。这是工行嘉兴市分行历史上首笔标准银团贷款业务。

2010年12月29日，与嘉湘集团在湘家荡湘湖阁举行5亿元银团贷款签约仪式，承贷4亿元。

截至2010年末已成功组建标准银团6个，涉及贷款金额40亿元。

5. 企业年金业务

2005年8月，取得企业年金基金账户管理和托管两项资格。

2006年4月签订了首份企业年金账户管理和托管协议，成为嘉兴同业首家办理企业年金业务的银行。8月成功争取到全省系统内最大一笔年金账户托管业务。

2007年成功合作全市社保存量年金、全市农信系统、秦山二期、嘉兴市商业银行、桐乡龙翔纺织、嘉善裕华木业等一批中央及地方国有、股份制、民营企业年金客户。成功开办了外贸加工企业保证金、社保系统软件维护收支账户资金托管业务。

2010年加强如意年金等企业年金产品推介，做大年金规模。

## 二、中国农业银行嘉兴分行

中国农业银行嘉兴分行的中间业务除了结算和现金管理外，其他的中间业务起始于20世纪90年代，经历了存款导向阶段（2000年前）、收入导向阶段（2001—2003年）、主动发展阶段（2004年起）。到2010年末，中间业务收入达到45 597万元，中间业务收入占经营收入的比重达到20.41%。

（一）代收代付业务

1995年开办了用金穗信用卡代缴公路规费、邮电费业务。

1996年逐步延伸到为企业代付工资，代缴税金、电费等业务领域，使银行卡存款成为全行存款新的增长点。到年末，卡存款达到1.44亿元，占各项存款的3.42%。

1999年开办代收联通公司手机费、万声寻呼台、八一寻呼台、嘉兴寻呼台和联通寻呼台服务费，代理粮食、二轻、供销等系统归集和发放退休养老金，代理订报等业务，开创了嘉兴市代理发放退休养老金的先河。

2000年开办代收自由职业者养老保险、大病医疗保险、代收水费，代售电话卡和互联网卡、代收法院诉讼费和执行费、代发放公积金贷款、国信证券银证转账业务，全年银行卡代收代付金额达到15.89亿元。

2001年拓展移动、电信公司电话费和广电局电视费等业务；抓住嘉兴市自来水供给一户一表改造的有利时机，开办了代扣水费业务，填补了农行城区水费代理业务的空白。

2002年，与嘉兴市国税局签订"银税全面合作协议书"，确立了经收业务的主办行地位，取得了银税联网、资源共享、实时扣税、代征代缴、出口退税托管贷款等的优先权；与嘉兴地方税务局实施了邮寄申报、电子申报业务，全面实施批量扣税银行代征办法；抓住推行《客户交易结算资金管理办法》的有利时机,使8家证券营业部成为"客户交易结算资金专用存款账户"的存管银行,既拓展了同业存款,又扩大了银证转账业务;开办了代收网通、铁通公司电话费,航管规费,汽车消费业务和房产消费业务,成为传统业务增加附加值的新亮点。

(二)代理保险业务

1996年开办代理保险业务,2002年代理保险从财险、汽车险扩大到寿险业务,全年代理额突破1 640万元,手续费32.81万元。2004年代理了国寿公司的"永泰年金"、正德人寿的"龙胜"等产品,随着汽车进入家庭,与保险公司合作,代办了汽车保险业务。

(三)代理国债业务

1992年成立证券部,当年推销国库券3 300万元,兑付国债、保值公债46万元。2002年独家推出了柜台记账式国债交易业务,开办代理发行记账式国债业务,当年销售记账式国债1 132户、2 614.96万元。2004年开办电子记账凭证式国债业务,当年销售1.26亿元;2006年开办代理电子式储蓄国债业务。

(四)代理基金业务

2002年开办代理基金业务,当年代理销售富国动态平衡、宝盈鸿利收益、大成价值增长三只开放式基金3 834.85万元。

(五)理财业务

2001年成立"金钥匙"金融超市,为客户开展人民币理财业务。

2002年开办代客外汇买卖的个人外汇理财业务。

2004年开办"汇利丰"个人外汇结构性存款理财业务。

2005年开办了"金钥匙·汇利丰"人民币理财业务,当年销售"金钥匙·汇利丰"理财产品11期,金额539.69万美元,销售"金钥匙·本利丰"理财产品一期,金额8 189万元。2007年开办代客境外理财业务。

2009年开办"金钥匙·安心快线"理财业务,2010年开办"天天得利"资金约定转存业务。

(六)贵金属业务

2008年开办实物黄金买卖业务。

2009年6月推出自主品牌的"传世之宝"实物黄金。

(七)结售汇业务

2005年针对外向型企业比较关注的"如何利用外汇产品来规避汇率风险"问题,特邀省农行外汇理财专家为全市50多家100多位外向型企业人员举办专题讲座,以增强企业外汇理财和外汇避险意识。

2006年配备专职或兼职的产品理财经理,为外向型企业提供外汇理财和外汇避险服务。共办理互换类外汇理财产品1.42亿美元,即期外汇买卖1 408万美元,掉期存款913万美元,远期结售汇6 574万美元。办理代客外汇理财产品的品种也从基本的外汇买卖拓展到衍生类外汇理财产品,如"金字塔形理财产品"、"权利宝"、"得利宝"、"结汇宝"、"结构性远期外汇买卖"等理财产品。共实现了代客外汇买卖收益4万美元,实现互换类理财收益5.66万美元。

（八）投资银行业务

2007年起开展投资银行业务，当年实现财务顾问收入914万元。随后通过做好企业常年财务顾问扩面工作，抓好项目贷款的投行收入。积极开展银团贷款、资产转让和委托贷款、短期融资券业务等业务创新，使投资银行业务得到了快速发展。

（九）电子银行业务

2003年开办电子银行业务，当年交易额达4.8亿元。2004年网银企业注册客户204家，个人注册客户5 029户，业务交易额达106亿元，绝对额排名全省农行第二，增幅排名第一。到2010年末，企业网银注册客户3 485家、个人注册客户137 208户。

10. 现金管理业务

2002年起开办现金管理业务，至2010年末共上线客户28户、账户320个。

### 三、中国银行嘉兴市分行

2002年以来，积极拓展个人代理业务，逐步形成以代理保险、代理证券、代理基金、个人实盘外汇买卖业务和个人理财服务等为核心的个人中间业务发展体系。

2003年，进一步发挥在资金业务方面的传统优势，在加强营销外汇交易、资金管理与债务风险管理等产品的同时大力开发新产品，在同业中率先推出"期权宝"、"债券宝"、"黄金宝"、"汇聚宝"等代客业务产品，交易量大幅上升，取得了良好的收益。

2004年，推出"汇聚宝"和"春夏秋冬"系列外汇理财产品。

2005年，做好银行卡的产品包装营销和特约商户的维护工作，大力发展"四代业务"，推广"奥运卡"、"一户通"、银证、银保等各类代理业务。

2006年，发挥业务优势，大力推广中间业务新产品，抓住国内和国外外汇远期交易市场价格差异，推出了进出口组合交易，金额达到1.35亿美元，直接收益320万元。

2007年5月在个人保证金外汇买卖系统正式投产之后，开办个人保证金外汇买卖业务，满足了外汇投资者的多元化投资理财需求。

2008年，全面完成了新三代平台的项目开发维护工作，对原1 000多家代发代扣单位进行了迁移。并完成了国税、社保等联网项目的顺利投产，完成保险代扣、海宁公积金、水电费代扣、联通代收费、秀城预算中心工资代发等10多项批量三代项目的新开发投产。

2010年11月，开办金融市场业务咨询顾问服务业务。该业务根据提出咨询事宜的企业法人单位和其他经济组织（称为咨询人）的需求，利用金融市场业务专业知识提供金融市场信息、金融市场分析及建议、金融市场业务方案设计等供咨询人参考并收取费用的业务。同年该行还为嘉兴南方水泥成功开办了全国中行系统首家现金管理业务，开创了集团客户服务新模式，同时自身创新、盈利能力不断提升。

### 四、中国建设银行嘉兴分行

（一）个人中间业务

除了开展政策性代理业务外，还开拓和发展了代理收付、代理国债、代理保险、代理基金等中介业务，促进了建设银行服务功能的完善，对满足社会需求、方便客户、增强筹资力度、优化资产结构、防范信贷风险、提高整体参与市场竞争能力发挥了一定作用。

1. 代理收付业务。1984年第四季度,根据财政部《建筑税征收暂行办法施行细则》,开始办理纳税单位建筑税的代扣代缴工作。20世纪80年代中期以后代理收付业务得到较快发展,陆续与铁路、人防、邮电、土地管理、交通、电力等部门签订了代收费协议。在社会保险基金代收业务方面,开展了大病统筹基金、失业保险基金、体育发展基金、残疾人康复基金等代收业务。

建行嘉兴分行还根据自己的业务优势和业务关系,承办了代收交通罚没款、煤气、水费、电费、电话费、工商管理费、物业管理费、代收税费、代发工资等10多种代收代付业务。

2. 代理保险业务。1994年6月与保险公司签订协议,在全辖代理保险公司的财产保险、人身保险等。到2010年底,70个网点均开办代理保险业务,代理的保险公司有14家。当年累计销售保险额达4.26亿元,实现保险中间业务收入1 320万元,在当地四大国有商业银行中名列第一位。

3. 代理国债业务。从1986年起,全面开办现金出纳业务,代理业务量不断增加,经过20多年的发行,代理发行国债的种类不断丰富,发行量不断增大,2010年当年共代理发行国债5 184万元。

4. 代理基金业务。2001年11月,代理发行了第一只开放式基金——华夏成长基金。至2010年9月底,代销的开放式基金共分五大类:股票型基金、混合型基金、债券型基金、货币型基金、QDII基金,共计672只基金可供客户选择。建设银行嘉兴市分行当年基金销售额7.6亿元,销售收入803万元,列当地四大国有商业银行第一位。

2006年6月,建行嘉兴分行开办基金定期定额投资业务。至2010年,基金定投账户签约数已达3.7万户,已开通基金定投业务的基金产品达到300多只,客户可以根据自身情况选择适合的基金定投产品。

5. 个人理财业务。2005年初,开办个人理财业务,经营人民币理财产品。至2010年,实现个人理财业务收入567万元,本年销售理财产品32.5亿元,实现理财产品销售收入1 351万元。

6. 黄金业务。2005年2月,开办"龙鼎金"账户金业务。

2006年元月推出自主品牌的"龙鼎"实物金。

2009年12月,发布黄金产品品牌"建行金",并同步推出"虎年贺岁系列"、"福禄寿喜系列"、"十二生肖套装"和"婚庆系列"等二十余种近百款"建行金"实物黄金新品。至2010年底,当年累计销售实物金384千克,账户金7 201千克。

(二) 公司中间业务

1. 代理业务

1993年,开始拓展非银行金融业务,成立了信托办事处,开展了委托、租赁和证券买卖业务。

1994年,利用建行长期从事固定资产投资信贷的优势,开始大力发展代理保险、代收代付等代理业务,到1994年底,通过代理吸收的沉淀存款达2 000万元。

2005年,尝试保险代理业务新的运作模式,对公司信贷业务抵质押财产保险,实行招标选择方式进行保险代理业务的合作。

2006年3月,率先在浙江省建设银行系统内开办"银关通"业务,并实现了大通关。

2008年,与浙商银行、兴业银行开展了现金寄库、运送、代签汇票等一揽子合作。

2. 财务顾问业务

2002年,在嘉兴同业中首家开办财务顾问业务和法人账户透支业务,为企业提供全面的理财业务。

2002年首次为桐昆集团提供现金管理服务,2007年为五芳斋集团提供现金管理服务。

2005年通过衍生产品运用方案设计,完成第一笔真正意义上的融智型财务顾问业务。

2010年,为富士康万马奔腾项目提供现金管理服务,打造"禹道"现金管理服务品牌。

3. 保理和担保业务

2003年,成立票据中心,票据融资业务快速发展。

2004年,担保业务有突破性发展,首次办理出口卖方信贷担保业务,后陆续开办融资性保函和非融资性保函业务,并与国家开发银行、进出口银行进行保函业务合作。

2005年,票据贴现业务实现全流程系统操作,并在当年开办了全省建行系统第一笔国内保理业务。

2009年在浙江省建设银行系统率先办理服务保理业务。

2010年在浙江省建设银行系统率先办理工程保理业务。

4. 投资银行业务

2006年开始大力发展投资银行业务。

2006年与新华信托合作,为嘉兴市交投集团办理信托融资,开创了信托业务合作空间。

2007年首创财政"一对一"信托增值理财业务,为嘉兴市财政局10亿失地农民养老金办理了"一对一"信托增值理财业务,此业务开创了浙江省建设银行系统和嘉兴市财政资金信托理财先例。

2007年,成功与秦山核电联营公司开展企业年金业务合作,填补了浙江省建设银行年金业务空白,之后,又顺利实现了与秦山核电公司企业年金业务的合作。试水"利得盈"融资产品业务,为嘉兴交投集团策划设计10亿元的"利得盈"融资产品。

2008年成功营销了秦山核电联营公司1.5亿元"一对一"乾图理财信托业务,填补了此类业务空白。

2009年开办了浙江省建设银行系统首单民营企业并购贷款业务,为嘉化集团并购项目成功提供并购贷款和并购顾问支持。成功发行了"龙信通"、"建行财富"、"乾元"等理财新产品,其中"龙信通"理财产品在浙江省建行系统内属首次办理。

2010年,首次办理融资租赁业务,为申嘉湖高速公路办理5亿元的融资租赁业务。完成全省首笔中小企业集合信托产品。通过信托公司成功为平湖6家中小企业集合发行2 400万元的信托贷款,在探索出信托合作新模式的同时也为中小企业融资开拓了新渠道。

5. 房改金融业务

1991年参与了当时嘉兴房改方案的测算、讨论和修订,并制定了房改金融配套办法,取得了地方政府的支持。

1992年，嘉兴当地的房改金融业全部委托建设银行管理，成立了房地产信贷部，并形成了和储蓄网点相结合的房改金融服务网络，当年底吸收住房存款1.1亿元，发放住房贷款和房改单位贷款4 507万元，并在全省率先发行住房建设债券1 500万元。

1994年，随着嘉兴住房制度改革的稳步发展，公有住房向私有化转化，从原来以政策性为主的单一房改业务，调整为以政策性资金为依托，发展房地产金融业务，推动了住宅房地产的开发。

1995年，利用业务优势，成立了全省第一个多功能、全方位的房地产交易中心，在新旧房产交易、估价、代理收费等方面取得突破性发展。

1996年，开始承办归集住房公积金，在当地占主导地位。2006年，在业内率先实现公积金网上代扣操作，通过网上银行外联平台接口，成功实现对建行系统内住房公积金缴纳单位的批量扣款。

### 五、交通银行嘉兴分行

（一）个人中间业务

交通银行嘉兴分行个金中间业务包括理财产品销售、基金销售、代理银保产品、第三方存管、黄金业务等。

理财业务于2004年6月发行第一期"得利宝"美元3年期理财产品，2006年6月推出人民币理财产品，2007年上线银保通交易系统，全面销售各类理财产品。个人理财产品以"得利宝"为统一服务品牌。截至2010年末，理财产品销售种类包括：七彩系列结构性产品、添利系列、至尊系列、QDII系列，产品期限从一天至永续型，收益类型涵盖保本保收益、保本浮动收益、非保本浮动收益。

2002年4月16日，正式发行第一只基金——国泰金鹰增长基金，截至2010年12月，合作基金公司59家，代销基金达799只。2008年8月总行与晨星公司合作推出"智慧选基"，2010年10月1日"智慧选基"又推出市场首个基金营养组合，实现客户资产的合理配置。

2007年上线银保通交易系统，到2010年末已代理7家保险公司的银保寿险产品。

2009年5月，全面办理贵金属销售业务，重点销售各题材收藏金、实物黄金网上交易，大大丰富了个金产品。2010年，全年销售各类黄金超过100公斤。

2007年6月，交行嘉兴分行与中信金通证券公司吉杨路营业部正式联合推出第三方存管业务。2010年末，已与本地8家证券公司营业部、5家期货公司建立了合作关系，并可以签约与总行有合作关系的近百家证券公司。

（二）公司中间业务

1. 代理业务

2005年在嘉兴市税务大检查中，由于保险代理规范，成为市本级唯一没有违规进行保险代理手续费结算的银行。与中保嘉兴分公司签订了双向业务合作协议书，把单纯的保险代理扩大为双边的银保合作，为分行保险业务的开展提供了较好的依据，其他代理和中间业务也逐步纳入发展正轨。

2005年作为"海关行"，成功办理了首笔网上税费的异地支付代理业务。突破银关通一般支付功能,成功开立交通银行杭州分行首份以杭州海关为唯一受益人的《银行网上支付担保文书》。

2. 财务顾问业务

2008年开始大力发展财务顾问业务,为客户提供现金管理服务和对公理财服务。首次为浙江景兴纸业股份有限公司开通蕴通账户,为企业提供全方位的现金管理服务。为黄山天盈福地置业发展有限公司、浙江富悦置业有限公司提供人民币对公理财服务,理财金额4 000万元。

2009年,为浙江恒创集团有限公司、民丰特种纸股份有限公司、嘉兴电力集体资产经营中心等提供现金管理服务,体现蕴通财富"企业财富管理、金融智慧服务"的品牌宗旨。

到2010年,对公理财产品包括"蕴通财富·生息365"和"蕴通财富·稳得利"两大类,满足了客户的对金额、期限、收益率的不同需求,成为提供财务顾问服务的特色产品。

2009年首次参与银团贷款项目,银团总金额34亿元,承担份额4.4亿元。

3. 投资银行业务

2007年成功叙做了嘉兴市众合拆迁有限公司企业年金业务,实现了年金业务零的突破。2009年正式成为浙江景兴纸业股份有限公司1 330名职工的年金计划账户管理银行。2010年年金业务取得了长足发展,先后成功营销新凤鸣集团股份有限公司、嘉善东菱电子科技有限公司、浙江佳源房地产集团有限公司、浙江杭州湾钢贸城开发建设有限公司企业年金业务。

2009年,成功营销嘉兴嘉源九鼎投资管理有限公司和嘉兴嘉昊九鼎投资中心两个基本账户,第一期私募基金托管金额为2.2亿元,拓宽了该行新型存款的来源。

2010年成功参与组建银团项目2个,分别为平湖市公路开发建设有限责任公司债务优化银团贷款,银团总规模4.5亿元,作为牵头行参贷2亿元。嘉兴经济技术开发区投资发展集团有限责任公司城南产业园项目,银团总规模10亿元,参贷2亿元。2010年发放首笔信托贷款,贷款对象为秦山核电有限公司,金额为人民币2.5亿元。

## 六、中信银行嘉兴分行

(一)个人中间业务

2005年启动"中信贵宾理财"业务,抓住机遇,陆续推出了出国金融、中信理财等特色业务,在贵宾理财上打响"要理财、找中信"的品牌。

1. 出国金融服务。1998年3月开办出国金融全程通业务,为出国人员和来华外籍人士等提供代收签证申请费、代传递签证申请材料等五大系列的套餐服务。

2. 个人理财业务。经银监部门批准,率先在嘉兴市开办特色个人理财业务,经营人民币理财产品。2010年,进一步加强了产品销售"售前、售中、售后"三个环节的管理,当年全辖共销售500余只理财产品,全年销售额达到34.80亿元,成为中信银行杭州分行和当地同业的销售冠军。

3. ETC高速公路不停车收费。2010年,与嘉兴市公路管理处合作,独家办理高速公路不停车收费ETC代理业务。

（二）公司中间业务

中信银行嘉兴分行对公中间业务主要是结算、代理及代收代付等传统中间业务；为更好地为客户提供全面的金融服务，嘉兴分行不断进行创新，相继推出银信合作理财产品、银团贷款、债券发行与承销、咨询顾问、托管等业务。截至2010年底，中信银行嘉兴分行实现中间业务净收入6 389万元，同比增长36.23%，业务增长迅速。

1. 支付结算业务。嘉兴分行相继开展了汇兑、托收承付、委托收款等传统中间业务。2008年，中信银行嘉兴分行成立了中间业务部，业务得到快速发展。随着电子商务的蓬勃发展，嘉兴分行在网上银行、电话银行等电子银行业务上也发展迅猛。截至2010年底，嘉兴分行在传统中间业务上一直保持着良好的发展。

2. 咨询顾问业务。财务顾问业务是一类内容最为丰富、适用面最广的业务，这类业务可以充分借助银行资金和表外业务优势，是最有条件和优势快速形成市场规模的一类业务。截至2010年，嘉兴分行已经与辖区内8家单位签订了财务顾问服务协议，为其提供专业的咨询、财务管理等服务。

3. 担保及承诺业务。从创立之初，便开展银行承兑汇票业务。1998年，开展保函业务。2004年开展出口保理业务。在不要求有足额抵押或担保的条件下为企业解决资金需求，有效地将资产业务与中间业务联系起来，实现资金优势的协同效应。2008年，开始尝试国内保理业务，并在秀州支行、桐乡支行顺利开展，在规模紧张的情况下，个别机构已经尝试开展国内保理代付业务，当然相关的操作流程和业务管理办法还有待进一步完善。

（三）年金及托管业务

2007年，中信银行嘉兴分行年金业务开始启动，成功营销浙江长盛滑动轴承有限公司，成为杭州分行系统内首单年金业务。2010年，嘉兴分行与国投信托嘉兴新洲国际大酒店开展托管业务，首笔托管量达17 000万元；2010年成功托管嘉兴银行理财产品，之后持续保持良好发展。嘉兴分行一直以来重视年金业务的推广，截至2010年底成功营销年金业务12笔。

（四）投资银行业务

鉴于政策环境变化及企业融资方式趋于多元化，中信银行嘉兴分行审时度势，依托中信银行强大的专业团队和优质客户基础，于2008年开始大力发展投资银行业务。债券承销业务是银行维系大型、优质客户银企关系的重要纽带。2009年，中信银行嘉兴分行与巨石集团合作，将该企业10亿元短期融资券项目在中国银行间市场交易商协会成功注册，并且中信银行作为主承销商将该债务性融资工具第一期于2010年顺利发行。2010年，与景兴纸业合作，将该企业7亿元短期融资券项目在中国银行间市场交易商协会成功注册。

2009年，嘉兴分行除参加由国家开发银行牵头的嘉绍跨江通道北接线项目34亿元银团项目外，还牵头组建了海宁市盐官景区综合保护开发项目4亿元银团贷款项目。2010年，成功为平湖鸿禧光伏引入战略投资者，帮助企业募集股权融资资金，实现了非银行融资渠道业务的巨大突破。同时，积极开展信托融资业务，增加银信合作机会，提高中间业务收入。

### 七、上海浦东发展银行嘉兴分行

2001年，率先在嘉兴同业中推出个人VIP客户服务。

2002年以来，个人中间业务依托浦发总行"轻松理财"服务平台，积极推进个人银行类中间业务发展，逐步形成了以汇理财、基金代销、信托产品、保险代销等理财类产品以及个人理财为主，个人银行中间业务发展体系。

公司中间业务依托浦发总行"浦发创富"服务平台，积极推行公司银行中间业务发展，以传统的结售汇、打包、押汇等业务为主，积极拓展国际业务；通过全方位、多功能、一体化、综合性的服务优势，增强业务的联动效应，加快中间业务向社会服务领域渗透；注重以多元化营销为手段，积极推广公司网银、集团账户管理、资产托管、企业年金、投行业务等业务新品。

2010年末，实现中间业务收入1 679.83万元。

### 八、兴业银行嘉兴分行

努力在实现中间业务转型升级上下工夫，在做好传统的结算、外汇、代理、银行卡等业务的同时，积极发展非占用资本的中间业务，培育新的业务和盈利增长点，扩大中间业务收入渠道。开业以来，该行中间业务收入逐年攀升，2008年实现中间业务收入100万元，2009年为383万元，再到2010年的818万元，两年年均增长186%，2010年末非占用资本的中间业务收入393万元，占中间业务收入总额48.04%，较2009年上升2.71个百分点，收入结构持续优化。

### 九、招商银行嘉兴支行

招商银行嘉兴支行代理收付、代理国债、代理保险、代理基金等中介业务，促进了招商银行服务功能的完善，对满足社会需求，方便客户，提高整体参与市场竞争能力发挥了一定作用。

（一）代理收付业务

招商银行至2010年，代理收付业务品种有：代收电费、代收水费、代收电信通信费、代收移动话费、代收煤气费、代收有线（数字电视）费、代发工资等。

（二）代理保险业务

在总分行的统一指导下，全辖代理保险公司的财产保险、人身保险等。到2010年底，三个网点均开办代理保险业务，所有银保业务均通过招商银行银保通系统完成。

（三）代理基金业务

招商银行代销的开放式基金共分股票型基金、混合型基金、债券型基金、货币型基金、QDII基金五大类供客户选择。招商银行的基金"智能定投"业务更是突破一般定投模式，是招行在一般基金定投的基础上，针对不同客户需求与投资目标而设计开发的新一代定期投资方式。除保留一般基金定投的优点外，在计划性、管理性方面更加智能：全部代销产品均可定投；扣款周期、日期灵活多样；可设"期满条件"和设有"宽限期"；可追加投资和临时暂停定投计划；交易渠道多样和查询方便。

（四）个人理财业务

随着投资者理财需求的日益多元化，招行个人理财业务蓬勃发展。在"金葵花"理财品牌下，形成了"日日金"、"安心回报"、"招银进宝"等在内的八大系列理财产品。为保证产品的充足供应，招行理财产品根据市场时机和投资热点不断推陈出新，系列化、多样化的理财产品大大丰富了投资者的选择；产品的结构设计上，尽可能提高客户获取高收益的概率，保障投资者利益。

（五）黄金业务

招商银行黄金业务分金银投资品代购、代理交易、外汇黄金三大部分。

1．"招财金"金银投资品代购。个人金银投资品代购业务指招行通过与合作商的合作，代理客户购买合作商所加工的金银投资品的行为（客户不能回购）。

2．"招财金"代理交易。"招财金"代理个人客户实物黄金交易业务，是招商银行根据交易所相关规定，代理个人投资者，向交易所提出交易所挂牌交易的各类贵金属的买入、卖出等现货交易委托，和开仓、平仓、交收等延期交收交易委托，并代理客户完成相应的结算、交割处理，以及协助客户完成交易所实物黄金的提货等相关业务。

代理个人客户T＋D黄金延期交收交易业务，又称递延交易，是以保证金方式进行交易，投资者可以选择合约交易日当天交割，也可以延期交割，同时引入延期补偿费机制来平抑供求矛盾的一种现货交易模式。

3．"招财金"外汇黄金。"招财金"外汇黄金分为个人实盘纸黄金买卖业务和黄金牛熊证。

"牛熊证"是"牛证"和"熊证"的合称，是一种反映相关资产表现的结构性产品，黄金牛熊证的价格主要追踪挂钩黄金的价格。该产品是国内零售业务的重大创新，已向国家知识产权局申请了专利。

黄金牛熊证突破黄金传统交易模式，进一步满足了客户对具备杠杆效应的黄金投资产品的需求。黄金牛熊证类似于外汇期权合约，但更具备优势：一是牛熊证价格由招行自行制定，不需要境外的价格源，可以保持招行报价的稳定性；二是牛熊证产品结构简单，容易理解接受。另外，黄金牛熊证类带有杠杆效应，投资门槛低，不需要交易本金的到账，极大地满足了客户以小资金来博取高收益，或者以小资金来规避大风险的要求。小资金投入，客户所承担的最大风险只是投入资金的全部，不需要像外汇保证金交易那样追加保证金，风险相对可控。同时，24小时自助交易，24小时全球同步交易，便于客户捕捉每一个获利的机会。

### 十、深圳发展银行嘉兴支行

深圳发展银行嘉兴支行努力在实现中间业务转型升级上下工夫，在做好传统的结算、代理、银行卡等业务的同时，积极发展非占用资本的中间业务，培育新的业务和盈利增长点，扩大中间业务收入渠道。开业以来，中间业务收入逐年攀升，2009年实现中间业务收入92万元，2010年为224万元，增长143%。

## 十一、嘉兴银行

2003年8月恢复成立个人金融业务部,强化对个人中间业务的开拓、组织和营销。

2004年10月拓展银行与财通证券、金通证券和中科信证券等证券公司驻嘉兴营业部之间的业务合作,直至2007年末中国证监会严格执行客户证券资金第三方存管的规定实施时停办银证转账业务。

2005年9月启动与保险公司之间的全面业务合作,规范兼业代理行为,受托为客户办理保险业务提供方便服务。

2007年10月与中国光大银行杭州分行签订合作协议,代销中国光大银行阳光理财产品,开办银行个人理财产品销售业务。11月,加入由杭州银行发起组建的浙江省城市商业银行"价值联(连)城"联合体,并销售"价值联城"0701期个人理财产品获得成功。

2008年8月首次承担设计开发"价值连城"0803期个人理财计划的任务,以海宁市旧城改造与建设投资开发有限公司"群利村区块安置房"项目单一资金信托贷款为理财标的,顺利募集个人理财资金1.5亿元。

2009年1月启动理财业务品牌战略,自主理财品牌"嘉银理财"0901期个人理财计划发售,为平湖市城市发展投资有限公司"韩家埭和县后底地块改造拆建工程"项目信托贷款募集个人理财计划资金2亿元。

2009年12月22日与中投信托有限责任公司合作开发的中小企业成长信托基金联结个人理财计划的业务正式启动,"嘉银理财"首次与海宁市经编园区管委会牵头组织的海宁市经编园区中小企业债权投资信托基金相对接,首期发售的"嘉银理财"0908期个人理财计划在10天内成功募集资金5 000万元。

2009年推出了财务顾问业务,为公司客户提供理财咨询服务。

2010年先后设计开发机构理财和信贷资产转让型理财产品,与兴业银行嘉兴分行合作,为个人理财客户持续提供债券(票据)型理财产品。截至2010年末,嘉兴银行银行卡自助服务机具78台,银行卡特约商户786家,建立代发工资或代缴费用的个人客户数达到56.40万户,保险兼业代理业务量年超2 500万元标准保费,个人(机构)理财产品销售累计达到19.59亿元,个人中间业务手续费收入连续三年超过全行中间业务收入的50%。

## 十二、农村合作金融机构

(一)个人中间业务

1. 代理收付业务

20世纪90年代初,随着农村信用社电子化建设的起步、点多面广优势、营业网点的不断增加和优化,代理代收付业务逐步发展。2001年全省综合业务系统的全面上线,代理业务得到了科技有力的支撑。至2002年,全市农村信用社代收付业务达10.5亿元,新增了多种实时代收付业务。代理中国网络通信有限公司嘉兴分公司代收网通通信费业务,代理浙江移动公司嘉兴分公司移动实时联网收费业务,代理嘉兴市国家税务局实时联网收税业务。代收电费业务由原乡镇农电站分散管理模式,发展为统一与嘉兴市电力局各县(市)分局签约代理代收电费业务。2003年7月，与铁通通信信息责任公司嘉兴分公司业务合作代收铁通通信资费业务。2008年初，代理浙江烟草公司嘉兴分公司代收烟草款，为卷烟经营户提供便捷的服务，方便烟草款的缴费。2008年8月，根据浙江财政厅、浙江公安厅浙财综字〔2008〕76号文件通知《关于进一步完善道路交通违法罚没收入收缴有关问题的通知》，农村合作金融机构成为代收交通罚没款收入的代理银行。

至2010年，全辖行社代理收付业务品种有：代收电费、代收水费、代收电信通信费、代收移动话费、代收烟草款、代收交通罚没款、代扣地税、代扣国税、代收养老金、代收物业管理费、代收煤气费、代发工资、代发水库移民补助金、代发种粮补助款、代发保险到期给付金等。

2. 代理保险业务

2002年，代理人寿险保险业务的签约公司有：中国平安保险股份有限公司嘉兴支公司、中国太平洋保险公司嘉兴支公司、中国人民保险公司嘉兴支公司。

2004年5月，与中国人民财产保险股份有限公司嘉兴支公司、大众保险股份有限公司嘉兴支公司合作，开展代理"企财险"业务。

2003年，与中国人寿保险嘉兴分公司签约，代理分红型寿险产品。同年，与中国太平洋人寿保险公司嘉兴中心支公司合作，开办了针对个人贷款客户的借贷者意外伤害保险代理业务，2004年6月，在原基础上开办了借贷企业主意外伤害保险代理业务，实行电脑系统收费和统计。2009年12月上线了借贷者意外伤害保险业务（简称"安贷宝"业务）实时收费实时出单系统。

（二）企业中间业务

对公中间业务主要为对公结算业务、代理银行承兑汇票业务、自签银行业务汇票业务、保函业务及财务顾问业务。

2001年1月，全辖开办了银行承兑汇票代理业务，委托工商银行各县（市）支行、中国银行各县（市）支行等代签银行承兑汇票。

2006年8月，全辖开办了自签银行承兑汇票业务。

2009年11月，禾城合作银行开办人民币保函业务。

2010年12月，禾城合作银行开办财务顾问业务。

## 十三、中国邮政储蓄银行浙江省嘉兴市分行

邮政储蓄银行嘉兴市分行自恢复开办以来，逐步开拓和发展了代理收付、代理国债、代理保险、代理基金等中间业务，特别是2008年邮储银行成立以后，更着力推进了中间业务的发展。

（一）代收、代付业务

主要有代收电讯费，包括电信、移动、联通等，代收公用事业费，包括水费、电费等，代收续期保费等；代付类有代发工资、代发养老金、代发各类涉农补贴款等。

（二）代理保险业务

邮储银行嘉兴市分行成立以来，与保险公司开展了业务合作，在全辖代理财产保险和人身

保险。"邮保通"系统实时出单，更快捷方便地为客户提供服务。2010年末，135个网点均已开办，合作的保险公司有太平洋人寿、中国人寿、人民人寿等多家保险公司。

（三）代理国债业务

1999年成为凭证式国债承销团成员。

2008年成为储蓄国债（电子式）承销团成员。2008年1月28日，全国大集中处理的（个人客户）凭证式国债业务系统正式上线，实现了总行统一管理国债额度、统一结算国债资金、直接监控国债资金安全的客户管理模式。

（四）代理基金

2008年代理发行了第一只基金——东方金账簿。开办了基金定期定额投资，推广"小太阳—望子成龙的教育金储备计划"、"骄阳—安家立业的梦想计划"、"夕阳红—乐享晚年的轻松养老计划"三类"金太阳"品牌定投组合。

（五）理财业务

2008年3月6日开办人民币个人理财业务，对外销售了第一只理财产品——天富人民币理财计划1号。截至2010年末，形成了"创富"、"天富"、"财富"、"金种子"、"金苹果"五大系列产品线，满足了高、中、低不同风险偏好客户的投资理财需求。

# 第七章 风险管理

## 第一节 概　　述

1991年以来,嘉兴市金融系统深入贯彻落实风险管理各项政策措施,不断完善风险管理体系,优化风险管理组织架构,健全风险管理制度,将有效控制金融风险、维持地区金融稳定放在各项工作的重中之重。

多年来,嘉兴市金融环境持续保持良好、平稳状态。中国人民银行嘉兴市中心支行、嘉兴银监分局一方面有效履职,监督管理辖内各金融机构,促使其规范经营,维护有序金融秩序;另一方面,积极做好金融知识普及、宣传工作,有效提高居民金融风险防范意识。同时,辖内各金融机构不断加强自身风险管理建设,提高其在信用风险、市场风险、操作风险等方面的风险防范和管理水平。在安全性前提下,为嘉兴市经济发展提供了充足流动性,同时有效提高了自身盈利能力。

管理部门维护金融稳定和实施金融监管、预防系统性风险的内容已在第一篇有关章节中具体记载。

## 第二节　各银行机构的风险管理

### 一、中国工商银行嘉兴分行

1991年,把清理"三角债"作为搞活大中型企业的重要突破口,注意集中清欠与日常清欠、清理拖欠与限产压库、清理拖欠与严肃结算纪律、发挥信贷杠杆相结合,清旧堵新,以清促压。

1993年,在贷款增量上逐渐减少信用放贷,大力倡导抵押担保贷款。通过努力,抵押贷款的比重已占到全行各项贷款的26.2%，其中市本级已消灭了信用放款。同时，在全省率先制定《信贷资产风险管理办法》。

1994年，加强信贷资产风险管理，选择嘉善支行作为信贷风险管理试点行，按商业银行要求，对信贷调查岗、审批岗、检查岗，实行三岗分设，确立以风险权重为主要内容的信贷管理机制，初步形成信贷的量化管理体系。同时，在全面实行担保、抵押贷款的基础上，着重强化了担保、抵押的有效性和合法性。

从1995年6月起，在全市范围内推行信贷资产风险管理，市县两级行都成立了信贷委员会，对技改贷款、超过授信额度贷款及疑难贷款进行了集体讨论，更从实际出发，加强抵押贷款的合法合规。

1996年，积极探索降低信贷风险新路子，如嘉兴石油机械厂经过全面的市场调查，从自身工作、技术优势出发，决定新上一项摩托车配件产品建设项目，并向工行提出240万元技术改造贷款要求。围绕这一项目，工行召开两次信贷委员会议，鉴于该厂尚欠工行1 090万元贷款，决定在企业找到担保单位及领导班子愿意以私人存款作质押的前提下统一贷款。结果该厂领导班子成员以10.7万元的个人存单作为工行贷款的质押，此举成为全省工行技改史上的一个先例，并赢得了社会舆论好评。

1997年，对"三项贷款"采取了"专题研究、专项管理、专人清收"的管理办法，开展了多层次的化解风险工作。首先是清户压贷。针对3B级（含）以下企业有929户的情况，增加了清收计划，并予以分解落实，各行（部）在清户中，根据实际情况采取有效措施，扎实做好清户压贷工作。其次是化解。通过补办抵押、担保和督促担保单位承担贷款的办法，使一些高风险贷款化险为夷。再次是以少量的增量带活存量。对仍处于暂时困难之中的企业，工行在严格贷款条件的前提下，仍给予适度的贷款支持，促使企业进入正常运转，扭转了亏损局面。最后是抓住优化资本结构试点城市机遇，既为国企改革减负增效，又努力盘活贷款存量，化解风险。经过努力，"三项贷款"率由年内最高的27.52%下降到了年末的17.83%。

1998年，根据国家宏观政策调整，及时调整信贷工作重点，正确处理好加大投入力度与防范风险的关系、压缩贷款与拓宽业务领域的关系、加大投入总量与结构调整的关系、拓宽贷款市场与加强管理的关系、传统业务领域与新兴业务领域的关系。在此基础上，工行继续做好淘汰劣质客户的工作，通过调查，列出清单，一户一策，落实专人，加强督促，全年共清理BBB级企业120户，压缩BB级以下企业贷款19 105万元。

2000年，加大贷款市场退出和清收力度，做好存量结构调整文章。在市场退出上，工行提出要贯彻"三讲"，一是讲政治，要一级对一级负责；二是讲方法，要注重工作的方式方法，避免产生负面效应；三是讲进度，制订了分阶段的退出计划。到年末，工行A级企业贷款退出额达21 324万元，BBB级以下企业贷款清收额达8 950万元，其中市分行营业部分别退出和清收6 393万元和2 393万元。并且对所有企业进行一次即期评定，重点关注从AA级下降到A级的企业，适时予以退出。进一步做好对流通企业转制中的资产保全工作。

2004年，加快不良贷款清收转化步伐，全年累计处置不良贷款2.36亿元。进一步加强对低效益、亚健康贷款的退出工作。全年共实施劣质市场退出9.03亿元。持续完善信贷全过程管理，建立信贷管理和风险预警机制，实施信贷业务精细化管理。组织开展了新增流动资金贷款风险清查，摸清全行贷款资产质量家底，对发现的抵押物估价过高、折率超上级规定、重复抵押、脱保、保证人保证能力不足等问题，督促相关行部整改。

2006年，实施"三色预警"管理，提高和增强信贷风险的识别能力和控制能力，完善低效、亚健康贷款退出机制。全年现金压降潜在风险贷款5.33亿元，清收转化不良贷款2.72亿元，其中现金清收1.9亿元，以物抵债6 093万元，呆账核销1 859万元，还款免息493万元；处置盘活闲置资产1 700余万元，当年处置抵债资产9 146万元。

2007年，进一步完善信贷管理体系和操作流程。建立了客户评级、授信、融资业务、抵押物评估、贷款利率"五合一"、一站式受理的审查审批工作机制；按照"前后台分离，前台延伸，后台集中"的思路，设立了信贷业务操作中心；为提高效率，下放了小企业信贷授信业务审批权限、法人客户国际贸易融资核准权限和贷款利率审批权限，试行了公司信贷业务无纸化审批，进一步加快了公司信贷业务审查审批速度。

通过实施个人贷款审批人派驻制，简化贷款审批操作流程，大幅提高了业务处理效率；针对出口退税新政和"二高一资"环保政策的出台与实施，及时组织开展了"出口退税新政对该行信贷企业风险影响的分析"和"辖内环保问题企业信贷调查分析"，严格控制小火电、水泥、造纸、印染等高耗能、高污染行业贷款，及时退出了"二高"行业贷款1.21亿元。针对资本市场火暴可能带来的风险，加强了贷前调查和贷款用途审查以及贷款用途的跟踪检查，收回了不符用途贷款2 120万元。

重点加强对潜在风险贷款管理，采用集体认定会诊，制订压降方案，全年共压降潜在风险贷款5.93亿元。制定了《关于改进小型企业信贷管理的意见》，根据其不同风险因素，实行差别化分类管理。综合有效地运用"三色预警"、贷款分类、销售归行监测、贷款用途监管、押品评估及反哺管理等管理工具和手段，进一步完善了《法人信贷客户风险预警系统》。

加强新政策制度执行落实和新融资产品推广运用的调研分析和跟踪，提高了政策执行效率和政策运用效果。进一步规范抵质押及抵质押物评估有关操作。努力探索信贷作业监督的新模式，采用扩大非现场监督检查范围，对新业务实行逐笔作业监督，保障了信贷资料的完整性、合规性和有效性。通过组织开展"政府类贷款专项检查"、"集团授信客户信贷业务专项检查"等一系列检查，及时提示重大隐患，督促落实整改，有效化解风险。针对个人贷款业务高速成长的状况，通过加强个人贷款风险管理体系，建立完善监督机制，增强对贷款发放流程和贷后管理各岗位履职的约束，有效防范了操作风险和道德风险；通过开展个人风险贷款责任评议工作，增强责任评议对市场准入系统性风险的提示作用，切实防范了个人类贷款风险。

2008年，开展对公司贷款客户地毯式排查，运用"三色预警"系统加强对企业现金流监测等措施，及时掌握企业经营管理中出现的新动向和新问题；采取综合企业经营变化、现金流状况、融资情况以及高管人品等多角度分析手段，筛选出潜在风险客户名单，实行动态认定的名单制管理，并运用压贷、转化等多种方式，加大潜在风险贷款退出力度，全年累计清收转化潜在风险贷款8.65亿元；深入开展"三增强"和"学规定，促合规"等内控防案主题教育活动，不断完善内控评价考核体系，积极推行内控评价日常化管理，创新内控述职形式和内容，梳理整合业务规章制度，加强对风险控制重点领域的审计，建立健全反洗钱工作机制，强化操作风险监测，规范守押社会化移交后各项业务操作规程；全面落实各项防案工作措施，围绕防案重点、热点和难点开展各种教育和履职检查活动,深化防案分析会和员工行为动态管理。

2009年,成立小企业业务专营机构,适时调整下放中小企业授信、融资审批权,实行客户评级、授信、融资业务、抵押物评估、贷款利率"五合一"一站式审查流程。密切关注退出企业的实际经营、现金流量以及抗风险能力,把握好转化、退出尺度和节奏,使潜在风险贷款及时得到转化、压降。

2010年,继续完善风险管理委员会运作机制,着力构建全过程法律风险控制体系。

## 二、中国农业银行嘉兴分行

1990—2010年的二十年间,是中国市场经济产生、发展、成熟的阶段。我国改革开放后乡镇企业得到了快速发展,20世纪90年代国有企业、集体企业开始转制,产业结构开始调整,银行的不良贷款也随之大量显现出来。中国农业银行嘉兴市分行1993年不良贷款达到2.50亿元、不良贷款率达到9.83%;1998年不良贷款达到11.30亿元、不良贷款率达到20.38%;1999年不良贷款达到顶峰,余额高至26.08亿元、不良贷款率高至40.433%。东南亚金融危机对银行经营风险的警示以及企业转制、产业结构调整引发大量不良贷款的沉痛教训,迫使该行在建立商业银行经营机制的过程中将资产风险作为生命线来加以管理与防范,切实加强风险管理体系建设,并采取一系列行之有效的清收措施,使不良贷款从2000年起逐年下降。2000年不良贷款率下降至30%以下,达到27.03%;2002年不良贷款率下降至20%以下,达到14.11%;2004年不良贷款率下降至10%以下,达到8.85%;2010年不良贷款率下降至1%以下,达到0.77%。

1992年制定了《贷款风险管理办法(试行)》,对贷款的风险控制起到了重要作用。

1994年认真贯彻实施中国人民银行、国家经贸委、国家国资局联合下发的《关于防止银行信贷资产损失的通知》和省农行《关于企业转制过程中的贷款掌握意见》,积极参与企业转制。

1995年将催收贷款率、逾期贷款率、呆滞呆账贷款率、盘活催收贷款任务、资信等级贷款比例以及信贷综合风险度纳入了支行的经营目标责任制考核。

1998年亚洲金融危机爆发,贷款开始实行"五级分类",不良贷款开始大量显现出来。为了改善信贷资产质量,1998年农行嘉兴市分行开展了清收不良贷款"攻坚战",虽然当年收回不良贷款本息2.49亿元,以资抵债1.88亿元,但不良贷款仍比上年增加5.05亿元,增长80.86%,不良贷款率达到20.38%,比上年增加7.21个百分点。为了加快不良贷款的清收,彻底改变资产质量低、经营效益差的不利局面,一方面紧紧抓住国有商业银行不良贷款剥离的机遇,精心组织,并于2000年1月向长城公司剥离不良贷款11.94亿元,表内应收利息5 677万元,表外应收利息2.18亿元,为资产质量的提高起到了关键作用。2008年在农业银行股份制改造中,根据上级行的统一部署,又成功地剥离了信贷类不良资产5.97亿元、非信贷类不良资产852万元、损失类准贷记卡透支1.87万元、无本有息资产1 278.37万元。另一方面组织机构、配备人员,专职从事不良贷款的清收工作,取得显著成效。1999年11月在桐乡成立副科级单位——资产清收一部,组织部分员工专职从事不良贷款的清收工作。当年全市农行收回不良贷款8 682万元,盘活不良贷款1.54亿元。2000年上半年,成立了由市分行副行长任总经理的资产经营部,专司城区支行不良资产的清收、盘活、保全。在剥离后不良资产总额在5 000万元以上且不良率在15%以上的嘉善、平湖、海盐支行设立了资产经营部,实行"机构单设、人员专职、绩效挂钩、单独考核"。全市农行建立了一支由57人组成的专业化清收不良贷款队伍,形成了一个由市、县两级组成的不良贷款清收盘活组织体系。制定了《风险贷款清收管理办法》、《风险贷款清收实施细则》、《风险贷款清收诉讼管理办法》等一系列规章制度,下达了清收风险贷款的基础任务、目标任务和不良贷款年末控制额;逐户制订了风险贷款清收方案和抵债资产处置方案;建立了激励和约束相结合的机制,制定了绩效挂钩考核办法,从而使贷款清收取得了明显的成效,贷款的风险得到了最大限度的控制、转移、分散和防范,资产质量得到了极大地改善。2000—2010年的11年间,中国农业银行嘉兴分行共收回不良贷款22.58亿元。其中:2000年清收1.68亿元、2001年清收2.17亿元、2002年清收1.83亿元、2003年清收1.36亿元、2004年清收2.04亿元、2005年清收1.98亿元、2006年清收不良资产1.57亿元、2007年清收不良资产1.56亿元、2008年清收0.89亿元、2009年清收3.15亿元、2010年清收4.35亿元。

(一)授信管理

1998年开始实行授信管理,当年对24家省、市黄金客户授信贷款额度7.6亿元,比年初增加2.98亿元;对92家支持型企业批准授额度14.45亿元,比年初增加5.44亿元。

1999年在省分行的授信管理办法的基础上,制定了《中国农业银行嘉兴市分行客户授信额度管理补充意见》,下发了《关于直属支行客户授信管理的补充通知》,对全市农行的客户全部实行授信管理。

2000年,以授信管理为抓手建立信贷进退机制,实施信贷结构调整规划。对授信的企业,根据其财务指标、经营能力、发展前景等要素,划分支持型客户、限制型客户和淘汰型客户。通过对限制型客户压缩授信,对淘汰型客户清收授信,对水泥行业、污染未达标行业实行限制授信,达到优化信贷结构之目的。

2004年实施了"有保有压、有进有退"的授信管理制度,对年度统一授信细分为增量授信、存量授信和压缩退出授信三类。通过逐户分类排队,对照退出标准和重点退出指导原则,共确定全年退出客户175个,压缩授信总额4.4亿元。

2008年为推动行业授信管理,适时调整信贷政策,对部分行业信用实施授权及风险限额管理,上收纺织、服装行业的授信审批权限。对政府性、房地产行业、纺织服装、交通运输、教育、水泥、外贸行业实行行业授信限额管理。在扩内需保增长政策出台后,根据省分行文件精神,一是在充分调查的基础上向上级行申请增加行业授信限额。二是在行业授信管理中积极考虑企业担保方式,适当转授支行纺织、服装行业审批权限,放宽纺织、服装类客户的房地产抵押授信;把限制的重点放在为非房地产抵押贷款上;改善第二还款来源结构,淘汰利用保证担保过度放大负债的客户;优先增加传统行业中低负债并且第二还款来源充分的客户授信。

(二)信用风险

为了减少农行贷款的信用风险,一是从20世纪80年代起,就开始对信贷企业的信用情况进行评审,将企业的信用等级作为银行发放贷款的重要依据之一。1991年共评出特级、一级信用企业923家。其中特级信用企业152家,一级企业771家。向特级、一级信用企业倾斜,累计发放贷款45.97亿元,占发放总数的51.4%,年末,信用等级企业贷款结构达到5:3:2和4:3:3。二是努力提高抵押贷款的比重,减少信用担保贷款比重。2007年积极支持成长性良好的优质中小企业。2007年末,全市AA级及以上客户共计1 687户、占全部法人信贷客户的63.59%,贷款余额176.09万元、占全部法人贷款余额的92.52%;优良客户1 087家、占全部法人信贷客户的64.43%,贷款余额175.49万元、占全部法人贷款余额的92.2%,分别比年初增加50家和4.7个百分点。

(三)市场风险

为了切实防范贷款的市场风险,中国农业银行嘉兴分行除了在发放贷款上把好进入关外,随着企业的所有制结构、产业结构的调整,于20世纪90年代后期开始对现有的客户结构进行调整。

1997年,清理、取消了"小、散、差"客户300多家,占总开户数的5%以上。

2000年在认真分析测算了贷款客户的结构目标、贷款行业及品种结构目标、贷款期限结构目标、贷款方式结构目标后,精心组织编制了2000—2004年信贷结构调整规划,规划了今后五年全行信贷结构的目标蓝图,确定了分步实施信贷进入与退出目标。并以授信管理为抓手引导信贷进退。对明令退出的客户逐户压缩信用总量,下达退出任务,实行硬性考核;当年清理、退出贷款客户164户、占四年退出目标的38.23%,退出贷款2.24亿元。

2001年,农行嘉兴市分行退出贷款4.14亿元。其中通过压缩授信,退出纺织服装、商贸服务、供销、化工建材行业贷款2.29亿元;退出发展前景一般、潜在风险较大、产权相对不明晰的国有、乡镇集体企业贷款2.23亿元。

2002年,退出风险性贷款4.41亿元。从行业看,对加工制造类和商贸类进行了重点退出,分别退出1.55亿元和1.50亿元,分别占退出数的36.7%和35.6%。其中加工制造类中的纺织服装类退出8 030万元,占该类贷款退出数的51.8%。从企业性质看,国有、集体企业退出贷款2.67亿元,占63.4%;从信用等级看,信用等级在B级及以下企业退出贷款2.97亿元,占70.5%;从客户分类看,限制、淘汰类客户退出贷款2.87亿元,占68.3%。

2003年建立信贷预警机制,落实贷款退出责任。为了统一贷款退出的标准,中国农业银行嘉兴市分行对贷款风险预警的信号如何识别、怎样处理等作出了详细规定,明确监控管理的责任人,及时采取措施化解风险,对10户1 000万元以上贷款企业委托地方专业部门进行真实性审计,为贷款退出提供依据。通过排查,确定退出对象354家,当年实际退出风险贷款5.93亿元。

2004年下达贷款指令性退出任务3.1亿元。为了落实上述退出任务的如期完成,该行专门制定了《信贷结构目标考核办法》,进一步完善了退出工作激励机制,充分调动全行信贷退出工作积极性,确保全年信贷退出目标的顺利实现。至年末,实际退出劣质贷款7.57亿元。

2005年继续坚定不移地实施信贷退出战略,通过行业、产业等一系列专题分析,明确年度信贷退出重点对象,坚持行业与客户并重,对衰退行业及淘汰客户进行主动信贷退出。全年退出劣质贷款6.5亿元。

2007年认真执行国家产业政策和中国人民银行、上级行的绿色金融政策,出台了《嘉兴市分行信贷结构调整考核办法》,加强对因宏观政策变化引发的贷款风险控制。及时对受国家产业结构调整,特别是像纺织印染、造纸、冶炼、建材、化工、皮革、服装等"两高一剩"、"节能减排"不达标高发行业或企业进行摸底、调查,分类排队,掌握和跟踪分析政策实施的后续影响,实行行业总量控制、"一户一策",及时进行风险预警和风险化解。全年共清退一般客户贷款1.06亿元。

2008年积极贯彻、落实环保政策法规,加强与环保部门和金融监管部门的合作与联动,严格控制信贷风险。一是严格新进入客户环保标准。在客户营销工作中,将企业环保条件作为信贷进入的基本条件。有选择地支持排污类基础设施项目和企业治污技改项目。对环保部门评为环保信用等级红色及黑色的企业,严禁信贷进入。二是积极排查存量客户环保条件。严格限制排污不达标企业的贷款,及时调整信贷管理,防范企业和建设项目因环保要求发生变化带来的信贷风险;贷款审查时,查询企业和个人信用信息基础数据库,并将企业环保守法情况作为审批贷款的必备条件之一。三是严格实施污染企业退出机制。对上环保部门黑名单的信贷企业及时进行排查风险。对通过治理能达标的企业,在整改阶段严格落实专人监管,并定期向上级行上报风险评价报告。对不能达标企业坚决退出。全年退出一般性客户贷款6.15亿元。

2009年建立风险退出库,按照退出标准编制退出客户清单,实施按月监控。全年退出劣势产业和行业中的一般客户贷款2.28亿元。

2010年积极贯彻银监会及上级行关于加强政府融资平台贷款风险管理的要求,扎实开展政府融资平台贷款解包还原工作,确保政府融资平台贷款风险可控。同时,继续对具有潜在市场风险的贷款实施前瞻性退出,全年退出一般客户贷款3.13亿元。

十多年来,农行嘉兴市分行持之以恒的实施客户结构调整战略,严守客户的准入关、坚持退出劣势产业和行业中的一般客户,使该行的客户结构得到了极大地改善。到2010年末法人优良客户贷款占比达到96.95%,不良贷款率下降至0.77%,抵御市场风险的能力大大增强。

(四)操作风险

1991年在中国农业银行嘉善县支行试行"管贷分离"制度,是目前审贷分离制度的雏形。

1996年上收了部分效益差、贷款余额小、信贷人员质素不全的营业所的贷款审批权和县支行的高负债企业贷款审批权。

1997年,根据上级行的《授权管理办法》,农行嘉兴市分行对各支行和职能部门开始进行授权,使全行的业务经营和管理纳入法律的轨道。同时针对不良贷款不断显现,资产质量持续下滑的情况,采取了一系列防范金融风险的措施。一是市分行及其所属支行相继成立了信贷管理委员会和贷款审查组,实行贷款集体审批,加强信贷统一决策和管理。二是取消了42个营业所贷款审批权,占全市农行营业所总数的74%。其中,海宁支行、海盐支行率先实行了县支行集中审批贷款,提高了信贷经营决策层次。三是进一步健全和完善了审贷分离制度,在营业所设立贷款调查岗、在支行信贷部门设立贷款审查岗、在市分行设立资产保全处。四是各行相继制定了信贷岗位责任制,市分行制定的《中国农业银行嘉兴市分行不良贷款处罚办法》按新老划断的办法,对新发放贷款进行考核,加大处罚力度。

1998年全部取消营业所的贷款审批权。海宁、桐乡、嘉善等支行陆续出台了《贷款规范化操作办法》,切实防范贷款操作风险。

2000年对增量贷款坚持"先授信、后贷款"的原则,杜绝越级授信、越权授信等违规授信行为。

2001年初步建立了市分行前后台有效制衡的经营管理机制。建立了资产负债管理委员会、贷款审查委员会、内部监督委员会，初步形成了科学、规范的决策管理体系。

2003年实行了审、贷、查部门分离、程序制约，市分行还专门建立审查工作组，分片包干，落实责任制，并单独成立项目部，独立于信贷管理部。强化三位一体的客户信用评价体系。规范信贷业务审批。一是强化事前风险防范，年初统一授信，对每个企业制定不同的授信额度和限制条款，并且除对AA级以上客户及低风险业务转授部分审批权外，对授信和其他增量授信业务不予转授权。二是落实贷后管理，出台了《嘉兴市分行信贷业务发生后管理的有关实施意见》，实行客户分层贷后管理责任制。三是强化资产监管，建立不良贷款监测台账，加强对大额贷款企业监管，落实高风险预警制度。四是严格贷款的责任追究，建立了贷款问责制度，当年共计处罚144人次，金额86 504.85元。通过贷款全过程风险控制，从制度上防范信贷风险。

2007年积极开展"合规风险管理机制推进年"活动。一是成立领导小组、组建合规部门，配备合规经理，初步搭建了全行合规风险管理框架；二是制定《合规管理实施意见》，完善合规问责、诚信举报、绩效考核等三项基本制度；三是为防范会计操作风险，提升会计精细化管理水平，制定了《中国农业银行嘉兴市分行会计内控管理综合评价办法》及其《实施方案》，成立了检查评估小组和"风险控制突击检查飞行队"，对辖内营业机构的会计内控管理检查评估，加强了会计监管、自律检查和在线监控；四是成立了对账中心，构建了全行集中对账体系，使对账工作得以集约化和专业化管理。

2008年以强化贷后管理水平为核心，提升信贷风险控制能力。抓好信贷风险排查和信贷投放"回头看"活动。业务检查覆盖当年新发生的所有信贷业务，从总体上看贷后管理比较到位，风险预警及时。加强在线监控和现场检查。通过CMS系统信息的应用，提高贷后管理电子化操作水平。同时，把信贷自律监管作为贷后管理检查的重点内容，特别是突出风险经理对客户经理履责情况的检查。

2010年重新构建信贷风险管理新体系，实现"审、贷、查"彻底分离。市分行初步建立了一个由"市场发展部负责贷款调查、贷后管理，信贷管理部负责贷款审查、权限内审批，资产风险监管部负责贷款监控、贷后检查，资产经营部负责不良贷款清收、盘活和保全"为内容的"四位一体"的信贷风险防范与控制新体系。规范了"贷审会"议事规则，把"贷审会"记名表决改为无记名投票，"贷审会"主任不参与投票，更好地发挥了"贷审会"的议事咨询作用。建立了信贷决策主责任人制度，对下级上报的贷款业务一律明确主责任人。严格执行贷款报备制度。对报批信贷业务从行业、产业政策、借款人信用状况、借款用途、担保情况等方面严格审查核对，对低风险优良客户的信贷业务实行即时批复，对限制淘汰客户增量贷款严格审查。

### 三、中国银行嘉兴市分行

(一) 授信管理

1993年，中国银行嘉兴市分行完善了《外事、外商投资企业贷款操作程序》，以及《信贷业务综合考评》、《外汇信贷工作纪律》等制度和管理办法，建立和完善了信贷企业档案管理制度，实行分类管理，对全市63家企业进行了信用等级评估。

随着我国金融、财税、外贸等体制改革的出台，1994年，中国银行嘉兴市分行对信贷管理办法进行了改革，结合自身实际制定了"外汇贷款"、"三资企业贷款"、"外事企业贷款"三个操作规程，并统一制定了《贷款审批暂行办法》，认真落实"分级审批、按级负责"责任制。对信贷业务实行分块、双线、双岗责任制管理，规范和约束信贷员操作行为，减少和降低风险贷款的发生，使全辖的信贷操作行为逐步规范化。同年还建立了贷款偿债基金制度，全面推行财产抵押和信用担保相结合的贷款方式，扩大抵押比例，人民币贷款财产抵押率达到74.4%，外币贷款财产抵押率78.3%，对过去不符合要求的贷款及时重整担保责任，使资产管理措施逐步落到实处。

1995年，在建立偿债基金专户取得经验的基础上，完善了《偿债基金专户管理办法》，并在全市中国银行系统推广。

1996年，取消县级行办事处的贷款审批权，进一步强化了管理职能，减少了操作环节。

1997年，初步建立了以"统一授信，审贷分离，分级审批，互相制约"为内容的新的信贷管理体制，完成了信贷机构人员的分设，并按新体制正常运行。信贷管理科成立后，加强了制度建设，制定了《信贷体制改革方案》、《信贷业务上报审批管理办法》、《低质量贷款催收责任制》和《违规经营清理责任制》等一系列的管理办法，落实了风险防范的管理机制。

2001年，建立科学授信决策机制。建立风险评审机制，制定了风险管理委员会条例和尽职调查小组操作办法，成立了以行长—风险管理委员会—尽职调查小组—授信业务部门为主线的新的授信运作体系，对信贷业务及风险管理中的重大事项，均提交信贷管理委员会讨论决策，从体制上来保证资产质量。

2002年后，根据总行的统一部署，着重抓了决策机制的建设，建立了独立的尽职调查、民主的风险评审和严格的问责审批"三位一体"的授信决策机制，逐步完善了内部授信审批流程、贷款"三查"制度、授信后评价制度等授信制度，制定了授信准入与退出标准、客户信用评级体系、贷款五级分类操作准则和管理要求等。授信体系制度的完善在一定程度上对控制授信风险起到了积极作用。2002年，认真贯彻授信业务集约化管理原则，制定了授信业务审批中心管理办法和业务操作流程，并于10月正式成立了审贷中心，对所有公司授信业务和超权限零售贷款业务实行了集中审批，切实加强统一授信管理，从源头上控制了风险。

2004年，中国银行嘉兴市支行公司、零售业务实现前后台分离，突出了前台系统营销和后台放款管理的职能，在公司、零售部建立了后台放款管理中心，对本级放款进行了集中管理。

2006年，继续推进授信管理制度建设，制定下发了《中国银行嘉兴市分行本级公司授信业务发放审核工作操作细则》，调整了授信单笔审批权限及贸易融资和保函的审批流程。根据省分行文件精神，制定并下发了关注类、非前提条件、逾期、预计到期等授信监控的操作流程，建立了全辖的授后监控体系，提升了风险预警能力。当年授信执行顺利地完成了职能的转换，进一步建立全辖授信发放审核体制，提高授信审批效率。授信执行审核人员能够独立从事发放审核工作。根据实际情况，该行还重新制定了授信发放操作细则，建立了发放审核的绿色通道，确保了重点企业在半小时内完成审核。同年7月，根据省分行统一部署，该行在全辖建立在线集中审批系统，对全辖进行了在线审核系统的培训，授信业务集中市行审核，最大限度地控制了授信发放环节的操作风险。

2009年，中国银行嘉兴市分行加强授信执行工作以及授后监督管理，提高精细管理水平。通过授信发放的集中在线审核，较好地落实了授信批复前提条件，最大限度地控制了授信发放环节的操作风险。

自2010年2月银监会"三个办法一个指引"实施以来，中国银行嘉兴市分行严格按照外部监管及内部管理要求，充分发挥授信发放中的二道防线作用，严把授信条件落实关。2010年，专门抽调力量，对存量押品集中进行了全面现场核查，核查押品数达278件，贷款金额97亿元。

（二）资产质量

20世纪90年代，随着资产规模不断扩大，中国银行嘉兴市分行本外币贷款逾期率有所提高，资产风险加大。其间，不断加大催收力度，把催收任务列入经营管理目标责任制进行监控考核。对老逾期贷款成立了以副行长为组长的催收小组，选择重点对象，分不同情况采取相应五项措施，能分流的促其分流，能转移的设法转移，能转化风险的迅速采取补救措施促其转化，并由信贷部门把逾期贷款下降率落实到每位信贷员，实行清贷挂钩，坚持每月发出催收通知单，督促企业及时归还到逾期贷款，对风险贷款和呆账贷款则按照贷款合同由担保单位负连带责任；对个别因企业关停形成的呆账贷款则积极组织清收往来系项归还贷款，或帮助企业牵线搭桥处理库存积压商品收回银行贷款。1998年，通过对372户企业摸清家底，对其中一些信用低下的企业及时诉诸法律诉讼。

2001年，把"抓降"工作作为各项工作的重中之重，在调整和优化资产结构、健全和完善授信风险控制体系、加大不良资产清收力度、加强基础管理工作等方面做了大量工作，"抓降"工作取得明显成效。一是大力调整客户结构，发展优质基本客户群。发展了与晓星氨纶（嘉兴）有限公司、巨石集团正原电气股份公司、嘉兴技术学院、开发区海关通关站及福茂等优质客户。形成了以三资、股份制、优质个体私营企业为核心的客户群。二是建立了科学授信决策机制、风险评审机制、启动授信决策的后评价系统。三是为认真落实"抓降"工作，努力优化资产质量，对每户不良企业制订了具体抓降计划，落实了任务要求，明确了责任目标和奖罚措施；对转制企业做到经常性摸底，全面关注企业动态，积极寻求最佳处理方案；对正常运转的企业，实行统一授信制度，并在授信额度内办理贷款审批手续。四是加强信贷基础管理工作。制定和完善了《信贷基础管理规范化操作规程》、《不良贷款认定实施细则》、《省分行直贷项目管理实施办法》、《风险管理委员会条例》和《尽职调查小组操作办法》等多项制度，进一步规范信贷基础工作。五是努力保全信贷资产。对嘉丝联（金三塔）等列入国家计划内的破产企业，为了最大限度减少损失，该行积极主动参与破产会议，积极维护合法权益，争取政府、部门的理解和支持，经过艰苦努力，成功收回了清偿资金达4 800万元，减少了资金的损失。六是加强不良资产清收工作。按"分类管理、分别考核"的原则，将清收任务指标逐级分解，责任到人，层层落实，并建立了不良贷款清收承包责任制，落实了奖罚措施，充分调动清收人员的积极性。同时建立不良资产清收监控体系，建立了不良贷款监控台账，对重点行进行逐月监控，按季通报清收进度情况。七是做好呆坏账核销工作。当年，该行人民币不良率7.86%，比年初下降了3.79个百分点。外币不良率4.86%，比年初下降了3.76个百分点。

2005年以来，中国银行嘉兴市分行把"抓降"、清收以及授信结构的调整作为一项重要工作来抓，并通过推进授信管理制度的建设，努力提高风险管理水平。主要措施有：加强全辖授信重点客户的风险监控工作，修订了《中国银行嘉兴市分行重点企业监控管理（暂行）办法》。确定了授信投入亿元以上的25家重点企业为监控对象，约占该行当年贷款余额的50%。通过监控，发现问题及时以风险提示形式下发，在化解潜在风险、控制新增不良贷款方面取得了一定的成效。

2007年，根据不良资产分布情况，该行对不良贷款进行认真调查摸底，确定清收目标，落实责任人，采取"一户一策"办法，同时继续推行《公司类授信不良资产清收处置专项奖励办法》，对清收处置工作进行奖励，加快了不良贷款化解步伐。同时根据国家宏观调控政策和上级行的要求，对高能耗高污染行业、行业发展前景不佳、国家限制发展的行业和企业开展调查摸底，并进行有计划地控制、压缩和退出，继续实行主动退出战略。在继续执行2006年一期、二期退出企业退出计划外，又先后确定了2007年一期、二期的退出企业，并制订了2007年退出计划。四期总计计划退出金额2.58亿元。通过清收、退出，有效地控制了新生不良贷款，使不良率比年初下降了0.41个百分点。

截至2010年末，中国银行嘉兴市分行本外币贷款综合不良率0.74%，资产质量保持优良。

（三）信用风险

1996年，中国银行嘉兴市分行为了加强控制信用风险、建立起素质较好的基本户企业群，首创实施了《中国银行嘉兴市分行全辖百家最大贷款企业竞赛评比制度》，从四个方面、分四个单项指标、十个综合指标，由竞赛评比小组按半年预评打分、全年总评的方式，进行考核评比，对获得单项考核前三名、综合考核前十名的企业分别在流动资金项目投资上给予重点支持、倾斜，并由市分行召开表彰大会，对优胜企业法人代表颁发年度荣誉证书，给予物质奖励，并作为资信等级评比的重要条件。通过考评对优良企业在流动资金、项目资金上予以重点支持。

2006年，客户信用等级结构明显好转，在授信客户结构、行业结构、授信产品结构、授信资产质量结构、授信币种结构的调整上均取得了明显成效，热点行业中房地产、政府类贷款及潜在过剩的纺织行业均得到了有效控制。同时加大了零售贷款及贸易类融资的拓展力度，低风险产品比重增加。

2007年，由于规模不足、持续加息、出口退税调整等因素对进出口企业客户造成影响，以及国家对高能耗、高污染、产能过剩行业的一系列限制性措施，极大影响了授信资产质量。根据以上情况，中行嘉兴市分行以上级行授信指导意见为指导原则，结合区域授信指引，认真、全面、细致梳理现有存量授信客户，理清授信市场发展目标和退出目标客户，实施主动的授信资产结构调整。（1）密切关注高污染、高能耗、资源性行业以及产能过剩、潜在过剩行业的企业，加快退出列入国家明令淘汰范围的企业和行业内落后企业。对造纸、化工、冶金、化纤等行业严格贯彻环境保护、节能减排要求，执行"政策合规"一票否决和"环保达标"一票否决。（2）对符合以下条件的客户坚决退出：①对目前环保条件未达标或未能正式取得环保许可证的存量授信企业；②受到内外部政策变动负面影响较大的客户，尤其是因出口退税政策变动导致经营性现金流持续为负值的企业，或信用系统升级后非模板因素但信用等级下降2个级别（含）以上且下降后等级至BBB级以下（不含）的企业，抓紧清退；③生产经营存在潜在风险的客户对于C、D类客户①，市场不景气，产品档次低，技术落后，实力不强的企业，全行应加快退出。（3）严格房地产开发贷款管理，对项目资本金比例达不到35%或未取得"四证"的项目决不介入；严格规范土地储备贷款及住房消费贷款管理，认真落实相关文件精神。当年贷款的行业投向主要集中在制造业、批发和零售业、房地产业，行业结构趋于合理，热点行业、敏感行业的授信比重得到控制。

2009年，结合嘉兴地区产业结构现状及发展趋势，加快存量调整，合理配置新增授信，加快对区域传统行业领域诸如纺织、服装等行业内客户结构调整步伐，主动退出规模小、竞争力差、技术创新能力低的存量客户，把授信投放重心逐步向行业内具备良好公司治理机制、竞争优势突出、品牌经营、综合效益回报高的优质企业群集中，提高授信资源的配置效率，优化授信资产组合，促进授信资产质量健康发展。

2010年，根据中国银行浙江省分行《关于转发总行〈关于政府融资平台存量贷款打开重检工作指引的通知〉的通知》（浙中银险〔2010〕74号）要求，专门成立工作小组指导融资平台存量贷款打开重检工作的开展与实施，同时通过下发嘉中银险〔2010〕319号文对政府融资平台存量贷款打开重检工作做了具体布置。在总行及省分行信贷管控小组的具体安排下，工作小组针对所有贷款对应的项目逐项从项目的合规性、可行性、效益性，项目还款来源的充足性，项目投入资本金的可靠性及充足性，项目融资需求的合理性，项目资金使用的真实性等方面进行全面检查和评估。通过现场及非现场自查、排摸，对10个项目存在的不足，在自查的过程中随即进行整改和完善，确保了贷款发放及使用符合相关的规定和要求。同时自查中还对2个政府类项目贷款下调了分类等级，实事求是地反映了资产质量，明确了后续管理手段。通过自查、整改，一定程度上有效地消除了政府类贷款中的部分风险。按中国银行总行管理口径，截至2010年末，地方政府融资平台贷款余额为15.2亿元，贷款涉及平台公司20家，共涉及20个项目，无不良贷款余额。与年初相比，贷款余额下降了3 660万元，不良贷款下降4 000万元。

（四）操作风险

1994年，中国银行嘉兴市分行加强"防诈骗、防盗窃、防抢劫、保障银行资金安全"的"三防一保"工作。采取如下措施：一是多次召开专题会议，总结交流防范工作经验，检查工作措施到位情况。落实防范责任制，实行分级管理，重新制定了各部门、各重要岗位的管理职责，从行长到员工，层层签订"防范经济案件责任状"并把防范工作纳入各行、各部门的经营目标责任制进行考核。二是实行了"员工责任保证金制度"和"一票否决制"两项新举措。这些措施得到了总行、省分行的充分肯定，也受到了省、市纪委和省、市金融系统纪检组的好评，并在省、市《金融纪检与监察》刊物上介绍了做法。三是进一步加大监督检查工作力度，首先是完善监督岗位，在搞好柜面监督的基础上把营业部、信用卡部等事后监督集中到会计

---

① C类客户：信用极差，几乎无偿债能力，未来1年内违约可能性极高；D类客户：截至评级时点，客户已发生违约。

科,加强事后监督工作力量和工作力度。其次是发挥综合监督部门的作用,组织三个检查小组,对辖内各行和各部门落实规章制度和"三防一保"措施情况进行全面检查,对查出的问题认真加以整改,并定期或不定期对出纳、联行、信用卡部、储蓄、信贷等重点部门、风险岗位进行了专项检查,发现问题书面通知限期整改,事后又跟踪检查。最后是发挥业务部门自身的管理职能,每月一次认真进行自查自纠,及时完善制度,堵塞漏洞,消除隐患。基本形成了部门与部门、岗位与岗位、柜组与柜组之间的监督制约机制,从而使经济案件得到了有效遏止,实现了全行不发生经济案件和重大差错事故的目标。

1995年,进一步健全规章制度,制定完善了信贷管理、收付清算、外汇买卖、国际、国内结算、联行销账、信用卡授权清算、转账以及计算机和SWIFT操作管理、职工技术测评、业务测试考核等二十多项管理考核办法、制度,进一步完善了内部管理制度体系,强化了员工的组织纪律和制度观念,确保了已有的各项规章制度的严格执行,为各项业务健康发展提供了保障。

2002年,建立了主办会计制度,所有涉及资金流出的支付、结算等业务必须经主办会计审核签字确认后,才能进行资金清算,切实从源头上把住风险。

2003年,积极加大技防投入,提高防护能力,重点加强了监控中心集成建设,把本级所有网点监控系统、GPS卫星定位系统、大楼安保系统、金库管理系统、自助银行和ATM系统、门禁系统合为一体,实现了安全保卫工作的现代化、集约化。

2004年,全辖会计、储蓄事后监督进行了大集中,在各网点配备主办会计、实施风险控制的基础上,对特殊业务和大额交易进行逐笔审核,重点审核合规性、合法性,强化风险再监督。

2006年,积极按照省分行浙中会〔2005〕32号文的要求做好内外部对账工作,将全辖外部对账工作集中到事后监督中心,切实将账务核对人员与核算人员相分离,降低对账风险。同年落实了"逐级负责"制度,建设以"自律"为核心的风险监控机制。通过落实责任人,使所有清算系统(支付汇兑、RTS、查询查复、内部资金等系统)都处于监控之下,并通过设计"清算业务差错单"的形式,抄告全辖,强化考核力度。自7月1日起,正式投产事后监督管理系统。同时,根据省分行《中国银行股份有限公司浙江省分行事后监督管理实施细则》中监督内容的有关规定,统一事后监督工作内容和审核标准,进一步提高事后监督工作质效,有效控制业务风险。确定专人利用事后监督管理系统每日监控监督员监督的时效性、编制联系单的规范性、联系单发送的及时性、网点反馈的及时性,从而提高监督质量和监督管理水平。该行还作为全省非试点行首家投产了现金运营系统,全辖现金运营业务顺利实现了在系统中操作,为防范风险和省分行现金运营系统的全面推广作出了应有的贡献。

2007年,通过邮局外包形式发放全辖网点上交事后监督的传票,大大提高了上交的时效性。

2008年6月,经中国人民银行和上级行批准,中国银行嘉兴市分行正式与浙江嘉兴安邦护卫有限公司办理押运移交手续,实现了社会化押运。

2008年,全面落实网点业务经理派遣制,全行营业网点共配备专职业务经理118名,全面取消了机构负责人代理授权卡,有效防止违规操作风险情况发生。在业务经理的配备和管理方面，一是配备了 8 名休假代职业务经理，解决了业务经理休假代职问题。二是全辖实现了业务经理队伍统一归口管理，并对所有原兼职经营性支行副行长的业务经理实行了岗位调整，"消灭"了兼职业务经理。三是对所有包括网点主任在内的非业务经理的授权卡进行了清理，"消灭"了业务经理授权卡。四是加强对全辖 16 个集镇网点的业务经理的配备和轮岗，配备了素质过硬、业务能力强的员工担任集镇网点的业务经理。

同年，中国银行总行、浙江省分行在嘉兴市分行实施网点远程集中授权业务试点工作，网点实施远程集中授权业务后对事后监督工作提出新的要求，必须对监督业务流程进行整合。2009 年 8 月，对个人业务集中远程授权系统二期 3.0 版进行改造，并在 9 月初完成全辖投产。10 月中旬对全辖对公机构部分授权业务实施集中远程授权。选派优秀的业务经理到集中授权中心后，业务经理授权对应的网点数由原来的 1 个网点增加为 58 个网点，各网点之间的业务差异性得到互补。同时，派驻业务经理制度与远程集中授权并行。

2010 年，根据中国银行浙江省分行工作部署，开展"模范—2010"内控联合检查行动，内控管理水平有效提升，无重大差错、案件发生，被省公安部门评为"全省治安安全示范单位"。

### 四、中国建设银行嘉兴分行

（一）风险管理概述

建行嘉兴分行 1994 年以前贷款审查、项目评审、用款监督、逾期催收等职能均由信贷经营部门行使，没有独立的风险管理部门。从 1994 年 8 月由总行发布《贷款风险管理试点办法》开始，历经多次管理体制改革，逐步建立并完善了审贷"三查"制度、审贷分离制度、贷款授权授信制度、授信额度管理制度等基本的风险管理框架，形成了前后台业务分开、相互制约的信贷管理运行体系，制定了《信贷业务内部审批操作暂行规定》、《信贷授权管理办法》、《授信额度管理办法》等重要的规章制度。1999 年 6 月，根据总行的统一部署进行了信贷业务管理体制改革，通过对信贷机构设置的调整，强化审贷分离，加强部门间的相互制衡，实现信贷业务的经营操作与风险监管分离，从组织上保证加强信贷风险管理，同时使信贷经营部门集中力量开拓信贷市场。改革的主要内容：一是调整机构设置。在已有信贷管理委员会的基础上，增设风险管理委员会；撤销信贷管理处和项目评审处，设立信贷风险管理处、信贷经营处以及专职的信贷委办公室。二是改革贷款决策制度。实行彻底的审贷分离，所有的信贷经营部门都不参与贷款审批，不再实行个人、部门、信贷委分别审批贷款的办法，改由各级信贷委任贷款审批人，并同意组织他们审批贷款和其他授信业务，实现贷款审批的专业化；加大审批牵头人的权力和责任。三是加强信贷风险监管。实行信贷经营部门与信贷风险管理部门分离。信贷风险管理部门对贷款的风险状况进行监测并独立作出评估。四是强化责任约束。对每笔发放的贷款，都要明确一名经营主负责人和一名审批主负责人；贷款调查评估、决策、发放、贷后管理直至本息收回各层次、各环节的责任都要落实到个人。

2006 年，根据总行的统一部署，对风险管理体制再次进行改革。遵循了全面风险管理、垂直化管理、联动与制衡、专业化管理、权责对等、积极稳妥等原则，按照集中管理模式，构建起集中、垂直的风险管理体制，形成覆盖各种风险的全面风险管理体系。在组织架构上，推行风险经理制，分行设立风险主管，在省分行风险总监领导下，主要负责市分行风险管理及信贷审批工作；分行设风险管理部和信贷审批部，向各支行派出履行风险主管授予相应职责的风险经理。按照客户导向优化业务流程，前移风险管理关口，在风险管理部专设平行作业模块，第一次提出了平行作业工作机制；配备专门人员，初步建立起市场风险和操作风险管理体系。2010年还实施了贷后管理岗位职责分离，明晰客户经理、信贷经理（专职贷后管理岗）、平行作业风险经理的工作职责，组建了信贷经理团队，实现专业专注，为贷后管理的深入有序开展创造了条件。实施个贷中后台经营管理职能的集中管理。

2004年6月《巴塞尔新资本协议》的发行，促进了建行风险管理从定性向定量、从事后处置向主动管理、从单笔业务管理向单笔业务和组合管理并重发展。建行嘉兴分行在上级行的指导下，开始了以经济资本计量与监管为核心的风险管理阶段。通过对信贷资产违约风险暴露、违约概率、违约损失率、违约相关系数等参数的计算和调整，建行经济资本管理已在预算计划、资源配置、绩效考核、风险政策、风险定价、风险限额等方面发挥出重要的作用。在风险管理工具上，开始使用授信风险监测系统、组合风险管理系统、押品信息管理系统等IT系统；在风险政策上，严格执行信贷结构调整政策，实现了行业、客户、产品的矩阵式管理，对行业、客户分别执行保、控、进、压、退的政策，并按风险程度高低对不同的客户分别配置不同的产品；在风险计量上，从2008年1月开始正式实行信贷资产十二级分类办法。

建行嘉兴分行1999年以来风险管理工作多次获得上级行表彰。2001年被总行评为提高资产质量降低不良贷款工作先进集体。2006年在省行系统风险管理排名第一。

（二）授信管理

建行嘉兴分行1995年开始实行审贷分离制度，全面开展企业信用等级评定工作。1996年9月设立信贷管理委员会，对企业开展授信试点。1997年开始由建行市分行信贷管理处统一行使各项信贷管理职能，1999年，对原有的信贷业务管理体制进行了彻底改革，实行审贷分离、贷款审批人个人负责、独立决策的信贷审批体制，全行公司客户授信业务逐步转由信贷委员会办公室组织审批。2001年实行一级审批体制，改变了过去的二级审批体制，经办行直接将申报材料上报有权审批行审批，取消层层审批，提高了对市场的反应能力。2004年对信贷审批实施集约化和条线管理，大幅上收信贷审批授权，审批人员改由上级行派驻，个人信贷业务由经营部门内部层级审批转由贷款审批人审批，并逐步理顺个贷审批人的管理关系，对大中型公司客户原则上执行"先评级、后授信、再使用"的授信业务审批操作流程。2006年在分行设立信贷审批部，向县（市）支行派出贷款专职审批人，在审批模式上推行"方案审批"或者"无条件审批"机制，前移风险管理关口，逐步建立并完善了会前协商制、时效承诺制、绿色通道制、异常审批预报制、审批联系人制度、AB岗工作制等工作制度。在信贷投向上，根据总行信贷结构调整政策，重点投向抗周期性强及国家促进投资、扩大内需的受益行业，重点压缩总分行信贷政策要求审慎介入或实施战略退出的行业或项目。2009年全行实施电子化审批，继续深化方案审批机制改革。

到2010年末，建行嘉兴分行共有专职贷款审批人（牵头审批人）11名，专职合规性审查人员7名，各支行均配备了专职贷款审批人。2010年，全市共审批各类信贷业务15 643笔，金额520.89亿元；其中对公授信业务4 373笔，金额474.6亿元；个人信贷业务11 270笔，金额46.29亿元。全市额度授信覆盖面达91%，全市内部信用等级评级覆盖率达99.99%。

（三）资产质量

建行嘉兴分行1990年底贷款余额17.18亿元，各类逾期贷款1.95亿元，不良率11.38%。1991年到1998年，贷款不良率一直处在较高水平，1997年1月10日召开的全市建设银行支行行长（秋季）座谈会指出"防范和化解金融风险是实现该行'死里逃生'的唯一出路"。该行通过诉讼、盘活、重组、核销、剥离等多种手段化解信用风险，资产质量开始逐年提升，到1999年，全行贷款不良率降至7.69%（不含剥离），成为建行嘉兴分行不良贷款率开始大幅度下降的拐点。2002年末不良贷款率降至2.32%。2002年，根据中国人民银行和上级行的统一部署，改革信贷资产质量分类方法，把传统的以贷款形态划分的"一逾两呆"分类法，改变为以风险为基础判断偿还本息可能性的五级分类法。这标志着建设银行信贷管理的价值标准、信贷文化、管理目标等朝着国际惯例迈进了一大步。

1999年，根据国务院和上级行的统一部署，在对信贷资产进行清分的基础上，剥离不良资产1.72亿元移交给中国信达资产管理公司。2004年，为了股改上市，建设银行再次实施部分不良资产剥离，嘉兴分行剥离符合条件的不良资产1.3亿元给信达资产管理公司。

2002年建行开始全面推行信贷资产五级分类管理，2002年末分行五级分类口径不良贷款3.88亿元，不良率3.77%。2010年末分行五级分类口径不良贷款余额1.44亿元，不良贷款率0.35%。从2001年至2010年末，建行嘉兴分行资产质量一直名列当地同业第一，在全省建行系统也保持在前2位。

（四）信用风险

建行嘉兴分行1991年到2004年信用风险管理面临的主要问题是资产质量不高，不良资产处置任务重、压力大。分行采取了促进企业改制、法律诉讼、参与破产清算、呆账核销、资产剥离等途径，"一户一策"制订方案，逐渐扭转了不利局面。2001年，建行开展了"提质降比"活动，分行首次实现不良额和不良率"双降"，10月底不良率4.35%。2003年开展"降低不良贷款攻坚战"，全年现金回收存量不良资产3 110万元，年末"一逾两呆"不良贷款为1.44亿元，不良率0.95%；五级分类不良贷款为3.13亿元，不良率2.05%。2004年开展了"降不良 防案件 抓管理 促发展"攻坚战活动，剥离不良资产1.33亿元，实施债转股0.58亿元，回收存量不良资产0.95亿元，年末五级分类不良贷款余额1.27亿元，不良率下降至0.74%。

建行嘉兴分行推行一系列加强防控信用风险的措施。实施差别化信贷政策，深化结构调整；加强高耗能、高污染、产能过剩行业风险排查，强化贷后管理；控制表外业务风险敞口，完善底线和限额管理；推广上线项目融资和房地产专业评估系统、零售分池及报表系统，建立全覆盖的风险评级系统；实施平行作业，使其向贷中、贷后环节全面延伸；创新工作机制，在全行推行贷前协商机制，扎实开展预警跟踪管理；积极配合城乡一体化发展综合配套改革金融服务试点工作，探索建立新农村建设创新产品的风险评价机制。2010年，完成客户评级491家；完成235家大中型授信流程的额度授信客户贷前申报，总计授信额度569.22亿元；完成274家小企业客户贷前申报环节，总计授信额度61.86亿元；完成个贷风评584户，金额11.5亿元；完成贷款项目评估报告31个，涉及项目总投125亿元。

（五）市场风险

从2005年起，根据银监会《商业银行市场风险管理指引》要求，建行嘉兴分行开始了对市场风险管理的探索。从2008年起初步建立了对利率风险情况、代客衍生产品市场风险、理财产品市场风险的监测和报告体系。2009年6月，省分行下发了中国建设银行浙江省分行市场风险管理实施细则，明确了市场风险管理的组织架构、职责分工、管理流程、报告体系和内部控制等政策。2010年7月，建立了外汇衍生品交易台账和客户信息台账，实现了外汇衍生品交易的自动化市值重估、蒙特卡罗模拟法信用风险敞口自动化计量及报告。

（六）操作风险

1998年10月7日，分行成立由徐众华行长为主任委员的内部控制委员会，各部门主要负责人为成员，楼崇民、吕长山为副主任委员，协调、决定内控建设方面的重大问题，下设授权管理组、人事教育控制组等8个内控小组。

1998年，分行建立了防范风险联席会议制度，联席会议人员由各业务处室主要负责人组成，每月定期分析防范风险中的新情况、新问题，研究防范和化解金融风险方面的措施。

2000年，从组织机构和人员上保障风险评估活动的连续性和完整性，成立了风险管理处，成为管理全行所有业务经营风险的监控部门。从2007年开始，分行风险管理部配备了专人负责全行操作风险牵头管理工作，持续开展关键风险点监控检查，加强基层网点13个关键风险点检查，建立全行统一的营业录像强制定期抽查制度，强化重点业务领域和重点部位操作风险防控；操作风险管理信息系统（一期）上线；加强不相容岗位（职责）制度建设和管理，突出岗位制衡的刚性约束；规范管理员工行为，防范人为操作风险；完善应急预案、加强应急演练，建立完善主要生产系统应急处置机制；建立操作风险监控员制度，组建了操作风险检查督导任务型团队；推行操作风险与内部控制自我评估和优化机制，建立了操作风险案例库、手册化管理等管理工具，定期开展操作风险自评估工作，并逐步从关注柜面业务风险点向关注信贷业务层面风险点的延伸。2008年以来操作风险管理评价结果居全省先进水平，监察网络监控员报送的有效信息和数量在全省排名第一，连续多年无重大风险事项发生。

## 五、交通银行嘉兴分行

自1994年10月成立以来，交行嘉兴支行的不良贷款率一直处于较低水平，1994年底，交行嘉兴支行不良贷款余额70万元（按"一逾两呆"口径统计），不良贷款率为1.4%。为防止发生新的不良贷款，保证不良资产清收取得实效，嘉兴交行加强对不良贷款的考核工作，同时通过诉讼、盘活、重组、核销、剥离等多种清收手段化解风险，并将风险管理工作前置。

1995年1月，交行嘉兴支行成立清产核资领导小组及办公室，负责各项存贷款等资产的清查工作。自1995年起，将"提高资产质量"纳入每年度目标管理责任制考核。2000年6月，交行嘉兴分行成立了风险资产审查委员会，主要职责是审查不良资产的处置方案，提出审查意见。2001年，对原有的信贷审批体制进行了优化，实行审贷分离，设立贷款审查委员会，由分管信贷业务的副行长任贷审会主任。2002年，根据中国人民银行和上级行的统一部署，改革信贷资产质量分类方法，从以期限为基础的四级分类全面向以风险为基础的五级分类转变。同年，全面推行世行项目手册，引进"6因素分析法"，将财务分析工具推广到授信分析中。2005年,制定风险资产审查委员会工作职责,明确风险资产审查委员会的人员组成、职责权限、工作程序和议事规则等,建立健全该行内部控制体系,防范金融风险,提高风险防范、控制和管理水平,促进该行各项经营业务稳健、协调、快速发展。同时,还设立了风险经理岗位,以此完善风险预警、风险识别和风险提示流程,其主要职责是:预先、有效地识别风险;强化风险监察名单制度的执行力度;对潜在风险尽早采取补救措施并实施主动退出,最大限度减少资产损失;对客户经理实施贷后检查和贷后管理的尽职情况进行评估。2006年3月,对规定符合集团标志的客户必须纳入集团申报授信。

2007年4月,在信贷管理中提炼出20条信贷文化的基本内容,以此引导信贷从业人员在日常信贷工作中不断加以磨砺、提炼和升华,使之在非制度约束领域和环境下发挥行为指引和自我约束作用。同年8月,全面实行绿色信贷工程,要求在贷前、贷时、贷后环节做好节能环保问题"三查"工作,同时密切跟踪有关部门及总行发布的节能环保信息,主动调整信贷政策和授信策略,为促进授信业务可持续发展提供有力支撑。同年10月,在贷款风险五级分类的基础上,又推行信贷资产十级风险评级办法,重要变化包括:适用范围从贷款扩展为所有信贷资产;提出了风险分类必须坚持真实、及时、重要和审慎原则;引入了客户分类的概念,根据客户评级分为优质客户、普通客户和问题客户;分类频率从至少每半年一次,缩短为至少每个季度一次;将风险分类与贷款逾期、减值拨备有机结合,规定逾期90天且拨备率大于10%的贷款,必须分为次级以下;对必须分为关注类的规定趋于严格,包括逾期、借新还旧、逃废债、贷款挪用等;对重组贷款进行了较为严格的定义,区分了贷款重组与重组贷款,等等。2007年底,在信贷评审(包括授信安排、贷款定价等分析和决策)过程中实行内部评级和"双十级评级"两大评级体系同时并存的"双轨制"。内部评级旨在衡量授信客户违约的可能性、测量授信业务预期损失率、监控信用风险的总体水平及其构成变化情况,是其他信用风险管理流程的基础,如客户选择、贷款定价、资产分类、监控策略、银行拨备计提、贷款组合管理、经济资本的分配、绩效考核、授信授权等,同时也是银行制度创新和文化创新的推动力。从2008年起,逐渐在信贷评审过程中变为以内部评级结果为主,"双十级"评级结果为参考,深化内部评级在信贷流程中的应用,并逐步改造和完善内部评级系统,以便信贷人员准确预测客户的风险和收益情况,按照风险与收益两个维度细化客户分类,为授信方案设计、审批决策提供定量参考,提升信贷质效。2010年10月,根据内部评级法达标预评估意见及交行2010年巴塞尔新协议实施计划,嘉兴交行在信贷评级体系中由"双十级"评级与内部评级并行的"双轨制"转为全面实施内部评级的"单轨制"。

根据《巴塞尔新资本协议》和银监会有关指引中对操作风险管理体系建设的要求和总行的统一安排,2010年开展了操作风险与控制自我评估工作,对会计、公司、零售、个金、国际等76个业务流程的剩余风险、固有风险、控制设计、控制落实度进行评估。此次操作风险与控制自我评估工作是实施新资本协议、开展操作风险管理体系建设项目后的第一次全面操作风险自我评估工作,取得了积极成果,使评估工作能切实成为实行操作风险管理的有效工具和坚实基础。

自2003年起,交行嘉兴分行的不良贷款率一直保持在1%以下,2010年底,该行不良贷款合计355万元(按五级分类口径统计),不良贷款率0.02%,为建行以来的历史最低,在当地同业以及全省系统的排名始终保持在前列。

## 六、中信银行嘉兴分行

（一）风险管理概况

1999年6月以前，中信实业银行嘉兴支行贷款审查、项目评审、资金监督、逾期催收等职能均在信贷经营部门行使，只配备相应的专职人员进行专项管理。在原有信贷管理部的基础上，2001年，根据总行2000年新授信流程和综合授信制度，逐步建立起贷款"三查"制度、审贷分离制度、贷款授权授信制度等信贷风险管理框架，日益形成了前后台业务分开，又相互制约的信贷管理运行体系，信贷经营部门不参加贷款审批，由信审委集体评审、表决、行长一票否决。开展贷款五级分类，规避经营风险、优化资源配置、提高信贷资金运作质量和效益。

2005年，为加强信贷风险监管，强化责任约束，信贷管理部更名为风险管理部，并设立放款中心，实行统一审查审批、集中放款的运行机制。每一笔授信由双人调查、专职审查、集体评审、放款监督、贷后检查，各个环节责任落实到人。

2006年，总行2005版授信流程上线，对风险管理体制再次改革，遵循全面、垂直化、专业化管理的原则，在已有的信贷审查委员会的基础上，增设风险管理委员会，组织架构上推行风险经理管理模式，分行副行长兼任风险主管，全面负责风险管理及授信审批工作。各支行按集中、垂直的风险管理体制设立相应风险管理部，履行相应职责。

2009年，优化业务流程，前移风险控制关口，分设了风险管理部、信贷管理部，强化风险管理部对授信的独立审查，信贷管理部负责授信业务放款的审查工作，包括落实授信条件、控制授信额度以及授信材料合法、合规、完备性审查、授信风险预警评判、贷后管理等职责。

（二）授信管理

中信实业银行嘉兴支行从1996年11月开业之日起改传统的等客上门为主动出击，坚持"重效益、低风险"的原则，把重点工程项目和优势工业企业发展作为重点，实行审、贷分离的管理体制，成立贷款评审组织，实行"信贷员第一责任人制度"、"信贷员搭档制"、"首贷户实地调查制度"和"首笔贷款集体评审制度"，制定了《信贷员守则》。

1999年制定实施授信综合管理办法、信贷资产质量奖惩办法，建立以业绩为基础的评估及奖惩机制，实行第一责任人风险责任保证金制度。成立资产保全小组，制定资产保全工作小组制度。中信实业银行嘉兴支行2001年前的授信管理采用单笔单批，专职审查岗审查，信贷部经理审批，然后由分管行长审批同意后放款。2001年后实施综合授信管理，贷款授权授信制，杭州分行直接对各分支行实行转授权，依据各分支行的资产规模、管理水平确定审批权限。2005年下半年起执行总行新授信流程，对授信客户风险评级进行差别化授信"先评级、后授信、再使用"的授信操作流程。从2007年起实行客户风险评级等级与综合授信额度、审批权限挂钩的授信授权管理体制。

2008年前，中信银行嘉兴分行的授信业务由风险管理部管理，实行贷审会制度和贷审分离原则。2009年2月底，在内控管理上从风险管理部的基础上成立了信贷管理部及信贷部放款中心。

自开业以来，在信贷投向上，根据中信银行总行、杭州分行授信政策，结合嘉兴经济发展的特点和热点，每年制定嘉兴分行授信指导意见，适时调整信贷结构，建立健全风险预警机制，贷款不良率一直保持在1%以下。

（三）资产质量

中信实业银行嘉兴支行1997年底贷款余额2.66亿元，各类逾期贷款余额111万元，逾期率为0.42%，利息回收率100%。按"一逾两呆"分类法，1998年至2002年不良率分别为0.64%、1.57%、1.87%、1.66%、1.16%。2003年起开始实行五级分类口径统计，2003年末不良贷款为657万元，不良率为0.23%。

至2004年末，按五级分类计算的本外币不良贷款余额为235万元，比年初下降423万元，降幅达64%，不良率仅为0.06%，比年初下降0.17个百分点，贷款利息回收率达100%。2005年升格分行之后，资产质量继续保持优质，至2008年末不良率为0.33%。

2008年底由于受国际金融危机的影响，嘉兴市企业也受到了明显的冲击。2009年中信银行嘉兴分行的不良贷款呈反弹趋势，年末不良贷款余额9 340.34万元，不良率为0.84%。

针对不良贷款反弹的严峻形势，深入贯彻总行"坚持效益、质量、规模协调发展，追求滤掉风险的真实利润"的经营理念，围绕"双优、双主"发展战略，切实提高风险防控能力，采取了多方面的措施。一是严格贷后检查制度，将贷后管理工作贯穿于对企业的日常管理中。根据总行《中信银行信贷资产风险分类管理办法（2009年版）》的规定，定期做好贷后检查工作，并按十一级分类法对信贷资产进行划分，使信贷资产质量更为真实准确。同时结合贷后首笔检查、定期检查及五级分类情况，对检查中发现的问题，及时深入企业了解生产经营真实情况、财务状况、抵质押物的完好情况及贷款资金流向情况，并针对企业的具体情况及时制定相应的贷后管理措施。二是构建风险预警机制。根据《中信银行杭州分行授信业务风险预警管理办法（试行）》（信银杭〔2009〕205号）的规定，构建以风险防范为核心，以发现甄别、快速报送、落实措施有效防控和化解为主要环节，在分行预警管理领导小组领导下的各级机构上下纵向联动、各个管理部门横向互动、全辖员工共同参与的立体式的风险预警管理体系。三是在全行范围内开展每月风险排查工作，并根据排查结果对客户按"正常、观察、预警、退出"进行分类，对列入后三类的企业逐户进行分析并制订相应的贷后管理方案，并进行跟踪管理。四是优化信贷结构，主动退出不符合国家产业政策的高污染、高能耗企业、低技术、低附加值、低利润企业以及高资本消耗、低综合回报、经营效益差、市场前景暗淡的企业。2009年以来每年退出的高风险客户数均在5%以上，信贷资产质量不断得到提高。2010年12月末，不良贷款余额为8 154.21万元，比年初减少1 185.79万元，贷款五级分类不良率为0.61%，比年初下降0.23个百分点。不良贷款余额与占比实现了"双降"。

（四）信用风险

从开业伊始，先后制定了《流动资金贷款操作管理办法》、《个体私营企业贷款操作规程》、《委托贷款操作规程》、《贴现业务操作规程》、《综合授信管理办法》、《中信银行公司客户信用风险评级暂行办法》等规章制度，防范信用风险的同时，素质较良好的客户群也随之建立起来。

在坚持强化信贷"三查"制度的基础上，1997年实行双人调查、双人核保制度、首笔贷款集体评审制度、贷款客户的定期回访等制度，并将信用证风险审查纳入综合授信管理；1998

年,完成对授信企业1997年度信用评定工作;2000年,积极推行实施新授信流程和贷款五级分类,完成了1999—2000年度贷款的五级分类。在此基础上,2004年到2008年集团客户和关联企业授信风险管理等工作加强,根据有效客户评级和预警退出机制,业务部门开始择机选择退出。

通过一系列强化审查、优化信贷资产结构的措施,2010年中信银行嘉兴分行压缩退出有风险隐患的或经营状况不佳、不符合产业导向的客户共32户、合计26亿元,较好地控制了信贷资产风险。按照银监会"三办法一指引"的规定,增强了对授信业务政策性风险的把控,制造业及中小企业开始成为信贷扶持的重点。

(五) 市场风险

1998年在分析行业风险的基础上,坚决压缩风险企业贷款,共压缩各类风险贷款23户、3100万元;积极调整贷款种类,控制保证贷款,增加抵押、质押贷款比重。

1999年确立了"有风险无效益不贷、有风险有效益不贷、无风险无效益不贷"的信贷"三不"原则,仅上半年压缩6户7笔、977万元,增加对公用事业、大型企业的信贷投入3139万元,使信贷结构得到优化,资产的流动性得以加强。

2001年,根据对授信企业的信用评定,按照不同情况,分别采取不同对策,清理、压缩了一批贷款和企业。全年共压缩76户,16799万元。

2002年加大清收力度。共清收了37户问题贷款,压缩了3户,收回贷款290万元,收回账销案存贷款60万元,累计收回现金350万元,完成清收计划的100%。

2003年,全辖更加注重在资产"质"和"效"上下工夫。对全行授信客户按支持、维持、压缩三类进行分类排队,加大调整力度,并实行对客户合作价值、增量授信的风险评估制度,发展了一批具有长期合作、长远发展潜力的目标客户群,当年无新增逾期贷款。

2005年,中信银行总行根据银监会的要求制定并实施资本充足率三年达标规划。积极调整信贷结构、客户结构、担保结构,严格限制信用授信,扩大抵质押授信比重,压缩收益、风险和资本占用不匹配的表内外业务,重点压缩和控制三类授信:低水平重复建设钢铁、电解铝、水泥等的项目贷款;资产负债率高、主业不突出、经营效益差的客户授信;"以存引贷"的高风险授信业务。同时加强了定价的窗口指导,建立了一套与风险大小、期限长短、资金供求、地区差异、市场变化等相匹配的利率、费率管理办法。

2006年根据总行和杭州分行信贷政策指引,结合本地区域经济特点,更新制定了《信贷投向指导意见》,增强了业务人员市场营销的针对性和有效性。

2007年,在国内人民币进入升息周期的背景下,分行出台了《关于加强贷款利率管理的通知》,采取果断措施缩短重定价周期和提高结息频度。

2008年,针对宏观调控风险和产业政策风险,启动预警机构,严控潜在风险的发生,边拓展,边压缩。退出比例全行保持在10%左右,D类客户数量得到压缩,全年分三批压缩退出企业88户,其中压缩38户,压缩金额10933.5万元;退出50户,退出金额26812.5万元。

2009年进一步强化了存贷款利率的定价管理。存款方面,存款付息率控制在上级行核定范围内,贷款方面制定了本外币贷款利率定价规则,结合资金成本,充分考虑利率和汇率风险,进行合理定价,在辖内资金市场方面,完善机构之间的利益补偿机制,提高辖内利率与市场利率的关联度。

2010年中信银行嘉兴分行积极贯彻银监会及上级行关于加强政府融资平台贷款风险管理的要求，扎实开展政府融资平台贷款解包还原工作，严格按照支持、维持、调整、退出四类梳理政府平台授信，确保政府融资平台贷款风险可控。

（六）操作风险

从成立之初就非常重视加强"防诈骗、防盗窃、防抢劫、保障银行资金安全"的"三防一保"工作，1996年11月装备了较为先进的安全保卫硬件设施，成立了人事保卫部，通过整章建制，落实防范责任，完善各部门、各重要岗位的管理职责，将安全保卫、案件防范纳入了本行的"双百分"目标责任制进行考核。

1997年完善修订《中信实业银行嘉兴支行员工守则（试行）》各类规章制度17个，从落实制度入手，严格授信授权，加强逐级监控，为各项业务健康发展提供了保障。

1998年底率先在杭州分行系统设立了专职稽核监察员。

2001年全辖建立了稽核联系人网络，2003年嘉兴支行成立稽核部。支行对各个部门、各项业务、各个岗位实施全面的经常性的监控和评价，加强了常规稽核、专项业务稽核和离任稽核工作。

2000年先后成立了经营目标责任制考评委员会、内控工作委员会、信用审查委员会、资产负债比例管理领导小组、社会治安综合治理（四防一保）领导小组等内控组织，各类组织均建立工作制度，有明确的工作职责和议事规则。

2004年8月，嘉兴支行以"银监会对股份制商业银行内控检查卷"形式，对辖内开展全面的内控评价活动，并得到了杭州分行"内控有效"和嘉兴银监分局"满意"的评价。在安全保卫工作中，从"四防一保"、信息安全、综合管理三个方面进行量化、细化评分，作为对部门和机构年度考核评选先进的重要依据。

2005年按照总行要求成立了风险管理委员会等专门机构，2006年又在内控委员会的直接领导下成立业务推动和内部管理两个工作小组，充实了执行层面的组织架构，使业务经营和内控管理得到双加强。

2005年7月中信银行嘉兴分行在半年度工作会议暨内控工作会议上确立了依法合规、适应市场竞争的经营理念，提出了业务发展有起伏、合规经营不能有起伏的要求，强化内控，强调执行力文化。在安保方面，制定修改相关制度、完善监控设备和管理，在全辖各网点的重要部位（通勤门、电脑室）安装了指纹门禁系统，在运钞车上加装了车载录像系统。

2006年，结合分行新大楼的搬迁，全面更新了大楼及同城支行网点的监控报警设施，有效缓减了监控人员的劳动强度，提高了监控的针对性和银行安保工作的水平。

2007年稽核部正式更名为合规审计部，开展"合规建设年"活动，逐级签订合规经营管理责任书，明确合规管理责任；3月，经中国人民银行和上级行批准，在嘉兴市当地银行中首家实行社会化押运，与浙江嘉兴安邦护卫有限公司签订了委托押运协议，提高了金融守押的专业化水平，一定程度上规避了银行自行押运带来的操作风险。

2008年，开展了全行性的"合规学教专项活动"，倡导"追求过滤掉风险的利润"，"合规从高层做起，人人合规"，"合规创造价值"的中信合规文化。合规审计工作已形成了检查目标和频率明确、检查方式多样（现场检查、突击检查、专项检查、全面检查、录像抽查）的内部稽查机制；为做好奥运安保工作，在制定下发应急保障工作机制的同时还对重要岗位人员进行了摸底排查。

从2009年2月起，中信银行嘉兴分行对合规审计部加强了力量，开展全辖"百日风险大排查"活动。当年银企对账率达到90%，其中企业账户余额100万元、发生额1000万元以上和银行承兑汇票、单位定期、单位保证金账户对账单回收率均达100%。合规审计工作在原有的工作机制上，进一步形成了全辖分录像监控联网。在管理部门与各机构间形成了重要联系事项记录报告合规审计部的制度、每月向合规审计部报送各单位监控管理台账的制度，即"二本制度"。结合公安部出台的《银行自助设备、自助银行安全防范的规定》，全辖开展了针对自助设施的安全评估检查、安全保卫业务知识及操作比武竞赛等工作。当年，被省公安厅评为"全省治安安全示范单位"。

2010年，在全行组织开展"内控和案防制度执行年"活动。分行重点实施了信贷资产风险分类偏离度、票据业务、授信风险排查、新增贷款"三查"情况、个人贷款业务、"三办法一指引"落实情况等12个项目的合规检查。以"内控案防制度执行年"活动为抓手，积极开展制度学习、贷款新规考试、自查自纠、分管领导实地测试、推广"致客户公开信"、加强要害岗位和员工行为管理等多方面的工作，进一步提高全员合规意识和自律意识。在上海世博会期间，有针对性的应急预案和演练等各项工作，受到嘉兴市公安局及上级行的好评和表扬。

在强有力的合规文化与合规操作要求下，嘉兴中信银行实现了自成立以来无任何风险事故发生、保持无案件的记录。

## 七、上海浦东发展银行嘉兴分行

浦发银行嘉兴分行严格按照上级行信贷投向政策指引和客户政策，在行业与客户准入时严格把关，2010年以来，行业投向政策主要侧重于如下领域：顺应产业升级规划，积极支持地方经济转型；积极支持现代装备制造业优势企业；支持民生和消费升级领域的信贷需求；适度介入战略性新兴产业，严格控制产能过剩行业。

除了前述在行业准入、客户选择的前提下，在贷款调查阶段着重对企业的生产经营状况、财务状况及非财务状况进行系统、全面分析，目的主要是了解授信企业的第一还款来源的保障概率，为了确保第二还款来源，该行对担保方式的选择、准入除了担保法、物权法及该行相关规定以外，实务操作中还有独特的规定，主要表现在：一是在抵押担保方式上，要求根据抵押物的变现能力、抵押财产的通用性还是专业性选择不同的抵押率，尤其是抵押物虽然产权清晰，但如果在相邻权、通行权等属性上存在一定瑕疵，可能影响抵押物变现能力的，该行一般不主张办理抵押担保。二是抵押担保物价值的确定要求该行入围的评估机构进行评估或该行认定与市场价值相近的证明材料，规避了抵押价值确定随意性、操作人为性可能影响抵押物价值的充足、对该行债权的保障性。三是连带责任保证企业要求视同借款企业一样审查保证人的长短期偿债能力、预期现金流对保证担保的保障能力，如果借款企业或保证企业在授信期间随意对外担保，将实现动态管理，轻则向授信银行、客户经理出具风险提示，重则要求适时调整或压缩授信，直到退出。四是即使授信企业由专业担保公司提供保证，无论是政策性担保还是商业性担保，一般也都要求授信企业向担保公司提供反担保，如果是反担保物，须将抵押资料清单抄送该行，目的是万一出现系统性风险担保公司清偿能力不足或资金链断裂，该行至少知道借款企业在担保公司反担保物财产线索，必要时还可进行代位权诉讼，增加风险防控的保障系数。

（一）业务流程风险管控

授信业务严格遵循"先授信、后用信"的原则，具体流程为：授信申请→审查审批→用信申请→审查审批→运行放贷→贷后检查→安全收回。总的概括"贷前、贷中、贷后"三查制度为：三道防线、关口前移。

第一道防线：客户经理尽职调查、审查人员尽职审查、贷审会尽职履责、有权审批人问责审批。在这个阶段，该行制定了相应的管理办法、操作流程、工作职责，授信调查特别强调应坚持"注重实际"和"双人调查"原则，在源头上确保对授信风险的把控。在审查人员尽职调查阶段强调业务部门另外的独立机构、专职人员，以独立的视角，对授信业务风险进行客观识别、度量和控制。在贷审会及有权审批人阶段强调程序的合规性、公平性和程序性，确保决策的程序管理、科学管理。

第二道防线：贷后管理。即制定印发了《上海浦东发展银行授信贷后管理办法》，针对中小企业的特殊性还单独制定了《上海浦东发展银行中小企业客户经理贷后检查管理办法》，新的管理办法新增了贷款新规（即三办法一指引）用途支付管理方面的贷后管理要求，新的贷后管理办法明确了客户经理、经办机构负责人、产品管理部门和产品经理、公司银行管理部门和风险管理部各自的贷后管理职责与分工，甚至包括运营管理部门也有一定的贷后管理的职责，符合全面、全员、全程大风险管理的要求。管理办法罗列了常见但不限于123种的风险预警信号，根据不同的风险预警信号采取不同的风险应急预案，管理办法有较好的可操作性、通用性，很好地指导了该行的贷后管理工作实践。

第三道防线：授信后评价及合规风险管理。在"三查"制度、贷后管理基础上，为了能够更好把控授信业务方面常规的授信企业信用风险、所处行业市场风险和内部管理操作风险，该行设置第三道也是相当重要的环节，即授信后评价及合规风险管理。授信后评价与贷后管理相辅相成、各有侧重，授信后评价在授信政策制度及风险管理方法实施之后、授信项目决策完成之后，通过对执行情况的跟踪、监控和了解，对执行效果进行总结、判断和评价，对从业人员的尽职情况进行评价，以不断改进授信决策质量、提高风险控制水平及授信从业人员的业务素质。2010年该行按照上级行要求，配备专职合规风险管理人员，合规风险系指银行因没有遵循法律、规则和准则（银行业经营活动的法律、行政法规、部门规章及其他规范性文件、经营规则、自律性组织的行业准则、行为守则和职业操守）可能遭受法律制裁、监管处罚、重大财务损失和声誉损失的风险，因此合规风险管理在授信风险管理方面更加侧重依法合规经营、更加侧重授信风险可能影响银行的声誉、更加侧重授信风险可能导致重大财务损失。

（二）授权授信风险管控

浦发银行杭州分行依据嘉兴分行实际，进行差别化授权，对授信业务授权对象作出了一定的限制性规定，授信业务转授权内容主要包括短期信贷业务、中长期信贷业务方面的表内授信业务；银票、信用证、保函、承诺与远期外汇买卖、结售汇等表外业务。授权授信管理方面主要体现以下特点：一是实施总量余额授权，即针对客户授信总量设置批准权限，超过权限的授信总量须上报上一级行进行审批，从而确保了对授信风险总量的控制管理；二是授权与客户信用等级挂钩，在对客户信用评级的基础上，分别确定对不同信用等级客户的授信批准权限，对信用等级高的客户授信，设置了较高的授信批准权限，同时降低了对信用等级低的客户的授信批准权限，较好地实施了根据风险大小、差别授信的原则。

### 八、兴业银行嘉兴分行

在授信管理上，遵循统一授信、收益与风险平衡、授信控制、差别化的授信基本原则，按照"先评级、后授信、再使用"的程序严格规范授信流程，并通过信贷管理系统，对授信额度、额度有效期、审批结论有效期、额度串用等进行授信监管。该行紧密围绕"业务发展模式"和"盈利模式"两个转变的战略指引，以拓展与本行实力和业务相匹配的客户为主线的发展思路，通过加大"中型主办行"业务的推进力度，实现对客户的全面合作与深度开发；着眼于培育和巩固基础客户群体、加快业务转型、提升综合收益，积极落实"有保、有控、有压"的区别信贷策略，着力调整客户结构和信贷结构，提升行业与客户的精细化管理；深入贴近区域经济特色和资源禀赋特征，积极探索推进差异化区域政策。

在信用风险管理上，严格遵循转授权制度执行，综合考虑风险敞口，确保审批权限不越权，做到调查、审查、审批相分离。同时，认真执行银监会"三办法一指引"贷款新规，高度重视政府性项目贷款的潜在风险和信贷投向把握，全面了解区域行业动态，新增项目选择严格按照行业准入要求，严防区域性系统风险；遵循"双线检查、双人经办、常规为主、点面结合、及时预警"原则，全面开展贷后检查工作。

在操作风险管理上，充分发挥风险业务指导功能，强化业务操作环节风险管理，开展操作风险专项治理，努力消除内部重大违规和外部欺诈隐患；建立健全操作风险管理的架构体系、制度体系和流程体系。严格防范骗贷、假票据、假按揭、假权证等风险，加强贷款贸易意愿及贸易背景真实性审核和调查，加强对客户经理、柜员等关键业务环节人员的操作风险管理，并加强对重要岗位的人事管控。加强安全保卫和信息科技管理工作，切实做好各类金融案件防范工作，加强安全保卫工作检查，定期或不定期组织实施案件防范、防抢劫、消防等突发事件应急预案演练和信息系统应急处置演练，重视员工安全教育培训，不断提高员工安全防范意识和应急处置能力。

在合规内控管理上，自开业以来，高度重视组织架构、机制体制及内控规章制度体系建设，积极推行和倡导合规文化建设，努力建立健全内控机制，设立了8个专门议事决策机构和9个专门工作领导小组，制定出台了涉及经营与内控管理各方面的规章制度和操作流程140多项，建立了适应业务发展与内控管理需要的较完善的经营管理制度体系；同时，强化制度执行力，根据监管部门要求，先后认真部署开展案件防控"百日大查防"活动、"发展质量年"活动、"内控和案防制度执行年"活动等，并组织开展了信用业务、会计业务、安全保卫等多项专项自查。周密部署做好政府平台公司贷款"解包还原"，逐笔打开项目包，做好政府融资平台贷款清查；积极落实人民银行综合业务检查和银监部门"三个办法一个指引"贯彻情况及政府融资平台贷款清查工作检查整改意见，切实防范各类风险，确保各项业务依法合规开展。

### 九、招商银行嘉兴支行

招商银行嘉兴支行于2008年4月成立，通过对授信业务全流程实施有效、规范和严格的风险管理与控制，提升整体风险管理能力，不断提高风险调整后资本收益率和资产质量，稳妥、持续地发展授信业务。实现发展与风险平衡下的利润长期稳定增长和股东价值增值，是该行信用风险管理的基本目标。该行提倡效益、质量、规模协调发展的理念，资本覆盖风险的理念，全面风险管理的理念，风险管理创造价值的理念以及不断夯实"稳健、理性、主动、全员"的风险理念。形成以稳健的风险态度，理性地对待市场、同业和自己，主动管理经营风险、管理风险，要求全行员工共同参与风险管理全过程，实现市场营销与风险管理的和谐统一。为此，该行建立健全了信用风险管理体系，建立了从贷款调查、审批到回收各个环节相互分离、相互制约的信用风险管理体系，实行了统一授信、专业审批、独立操作放款的制度安排，并对不良贷款实行单笔质询制和不良资产问责制等，并实行专业化清收机制。此外，该行还稳步推进风险管理体制的垂直化改革。在全行范围内推行了"审贷官制度"，并开始对审贷官进行授权，实行了双签审批。

2009年，面对复杂多变的外部形势和不断增加的内部压力，该行在国内银行中率先提出二次转型，包含了提高资本效率、增加价值客户、控制财务成本、提升风险定价、确保风险可控五大目标。其中风险可控是二次转型成功的基本条件，是转型成功的前提。为此，信用风险管理条线不断深化全面风险管理，树立"促进资本效率提升、积极主动管理风险、底线与边界管理、精细清晰顺畅有效的信贷流程、增强透明度和一致性"等风险管理理念，努力实现风险可控三层目标——确保关键指标（KPI）稳定、确保不发生系统性和大额风险、促进银行资本效率和竞争力的提升，通过信用风险管理变革推进二次转型，打造以风险调整后价值创造为核心的全面信用风险管理体系。

2010年，该行进入转型的关键之年，进一步明确了风险管理目标，深入推进二次转型，逐步建立以文化为核心、以战略为导向、以全局为视角、以长效为标准、以现实为依托的国内领先的信用风险管理框架；强化风险制衡，细化准入核准，优化制度生成，推进并表管理，持续完善审批决策，建立健全信用风险管理运行机制；实施小企业信贷流程和放款操作流程优化，建设行业授信审批标准，整合贷后管理与信贷资产分类流程，深化信用风险管理关键流程优化；积极探索信贷组合管理，推进信贷结构转型，坚持贷款合规转让，探索资本节约型的信贷资产流量经营模式；强化信贷信息和数据质量管理，搞好新一代信用风险管理系统持续开发，探索信用风险量化应用，加强集团客户管理，持续提升信用风险管理基础；加强信用风险管理队伍建设。

### 十、浙商银行嘉兴支行

浙商银行嘉兴支行成立以来，遵循全面、统一的风险管理原则，建立了审贷"三查"制度、审贷分离制度、授权授信制度、统一授信管理制度，形成了前后台业务分离、相互制约的授信风险管理运行体系。在组织架构方面，由总行派驻支行的风险监控官负责管控全行的信用风险，拥有对授信业务的否决权；设立独立的授信风险管理部门，主要负责授信评审、贷后管理等工作；建立了有效的授信决策机制，支行成立了授信审查委员会，负责审批权限内的授信方案。在岗位设置方面，设立了授信评审岗，主要负责信用评级和授信方案审查；贷后检查岗主要负责贷后管理、资产分类、风险预警、不良资产处置等工作；放款岗主要负责贷款发放、核保核签、档案管理等工作。授信审查、审批、发放、贷后管理等各岗位职责明确、相互配合、相互制约。在机制运行方面，推行主办、协办客户经理调查制度，在授信调查阶段由主办、协办客户经理双人对授信客户进行实地调查，确保调查的真实性；在小企业授信业务方面，实行客户经理与风险经理的双人核查制度；在授信审查阶段，实行主审现场核查和评估，全面了解与评价授信风险状况。嘉兴支行成立至今无不良信贷资产，授信资产质量良好。

### 十一、深圳发展银行嘉兴支行

在信用风险管理上，深圳发展银行嘉兴支行严格遵循转授权制度，综合考虑风险敞口，确保审批不越权。做到调查、审查、审批三分离，建立信贷执行官制度，实行集中审贷，保证信贷审批的独立性。在信贷投向把握上，严格遵循总行授信指引和监管部门的各项规定，认真执行"三办法一指引"等贷款新规，高度重视政府融资平台项目贷款的潜在风险，全面了解本地的经济状况，特别是区域经济和特色经济，提高行业准入标准，严防区域性、行业性风险。

在严格准入条件、控制市场风险的前提下，深圳发展银行嘉兴支行也不放松操作风险的管理，坚持"双人调查、双人经办、双人检查"的"三双"制度，并以集中放款为抓手，由放款中心对信贷资料和出账资料进行再一次的审核，降低操作风险，强化业务操作环节风险管理，根据总分行及监管部门的要求，多次有重点地进行操作风险的检查，排除内部重大违规和外部欺诈隐患；建立健全操作风险管理的架构体系、制度体系和流程体系，多部门群防群治，特别是加强了营业部审核的独立性，强化流程管理，落实各项面签制度，强化客户的授信意愿及贸易背景真实性审核和调查，加强对客户经理、柜员等关键业务环节人员的操作风险管理，并加强对重要岗位的人事管控。加强安全保卫和信息科技管理工作，切实做好各类金融案件防范工作，加强安全保卫工作检查，定期或不定期组织实施案件防范、防抢劫、消防等突发事件应急预案演练和信息系统应急处置演练，重视员工安全教育培训，不断提高员工安全防范意识和应急处置能力。

在合规内控管理上，自开业以来，深圳发展银行嘉兴支行高度重视组织架构建设，积极推行和倡导合规文化氛围，努力建立健全内控机制，专门设立了合规部门，在每个业务条线聘请副职以上人员担任兼职合规员。同时，强化制度执行力建设，根据监管部门要求，先后认真部署开展"案件防控百日大排防"、"发展质量年"、"内控和案防制度执行年"、"安防·合规活动月"等活动，并组织开展了信用业务、会计业务、安全保卫等多项专项自查，切实防范各类风险，确保各项业务依法合规开展。

### 十二、嘉兴银行

嘉兴银行2005年开始形成三道风险防线。经营层采用行长负责制，分级经营。职能部门采用前中后台条线管理模式，按流程性质分为前中后台，以风险管理委员会为核心，建立信用风险专业委员会等六个专业委员会，组织各主要业务部门贯彻实施三位一体的新型风险管理组织体系。探索风险管理条线垂直管理，确保其工作独立性。总行新设首席风险控制官，风险经理均由总行风险管理部直接任命，接受总行风险管理条线的直接领导，向总行风险管理条线负责，保证风险管理条线工作的独立性。在风险管理上，该行已基本形成了经营单位、风险管理部和风险管理委员会以及审计稽查三道防线，三道防线各司其职、各有侧重，基本实现了风险预警、处置联动。

嘉兴银行2008年在总行设立了审计部，作为董事会审计委员会的工作部门，受董事会直接领导，以加强内部审计的独立性和权威性，加强董事会对全面风险的控制和管理，形成风险控制的"制高点"。为实现全面风险管控奠定了坚实的基础。

嘉兴银行董事会自2008年起每年制定下发《董事会关于进一步加强风险管理工作的决定》。2009年，董事会首度制定年度风险管理政策，风险管理与关联交易控制委员会和审计委员会加强了对风险管理的指导与监控，监督检查有关决议和制度的执行情况。董事会还与监事会一起每年聘请专业会计师事务所对全行年度经营情况进行审计，及时出具审计报告和管理意见书。

2008年后，受由美国次贷危机引发的国际经济金融危机影响，宏观调控政策复杂多变，该行能一直认真贯彻执行人行和银监部门的宏观政策及监管要求，严格执行"有保有控"的信贷政策，加强对信贷规模实施实时监控，强化指导，按月编制信贷投放计划，把握贷款投放节奏，实现贷款均衡合理投放。

到2010年末，嘉兴银行五级分类不良贷款率为0.67%。

## 十三、农村合作金融机构

（一）风险管理概述

1998年以前，嘉兴市信用联社的风险管理包括贷款审查、项目评审、用款监督、逾期催收等职能，由信贷经营部门行使。

1998年底，联社与有关科研单位成功地研发了贷款业务管理系统，1999年全市已有3个县（市）联社开始运用该系统。通过应用，不但规范了信贷管理，而且还大大提高了管理效率，使贷款形态更加真实，多头贷款或跨地区贷款以及超规模贷款得到控制，信贷风险跟踪更加及时，信贷管理的数据集中还为联社管理和决策提供方便。同时，全市农村信用社还积极参与人行贷款登记咨询系统的推广工作，1999年末全市6个联社营业部已全部入网。

2000年，嘉兴市信用联社根据全市农村信用社业务经营发展特点和适应现代经济发展的要求，先后通过修改和增补有关规章制度，从建立健全有关规章制度着手，加强了内部自我控制能力和制度建设，共建立了三十二项管理制度和业务操作规范。如《社务会议制度》、《社员大会议事规则》、《理事会、监事会议事规则》、《信贷管理办法》、《贷款操作规程》、《财务管理办法》、《计算机应用管理制度》、《稽核工作管理办法》、《保卫工作管理办法》、《农村信用联社、信用社重大事项报告制度》以及各种业务操作规程和制度等。通过规章制度的建立和执行，规范员工行为，建立起相互制约的内控机制。同年，市联社强调信贷有效投入要以"额小、面广、短期"为主要的贷款原则，不与大银行争项目贷款。强调要认真执行《贷款管理责任制》和《资产负债比例管理》规定，严格按《贷款通则》要求进行操作，实行审贷分离，注重"三查"制度。对1 000万元以上的贷款大户，市联社进行按月统计和监控，500万元以上的县联社进行按月统计监控；对5万元以下小额贷款采取由信贷员包放包收、奖赔挂钩办法，促使信贷员加强工作责任心。

2001年，嘉兴市信用联社对1998年以来新发放贷款进行调查，组织了贷款管理责任制执行状况稽核并督促整改、复查。为监控单户大额企业贷款，制定了《嘉兴市农村信用社单户大额企业贷款管理办法》，还制定《嘉兴市农村信用社客户授信额度实施细则》、《嘉兴市农村信用社贷款操作规程办法（暂行）》，并编制贷款档案标准文本，指导各地农村信用社进一步强化信贷管理，规范贷款行为。

2002年出台了《嘉兴市农村信用社信贷准入与退出管理办法》。组织开展清非攻坚战，打击逃废金融债权。2000年市联社提出了《嘉兴市农村信用社清收不良贷款化解金融风险工作指导意见》，2001年以抓"双降"为目标继续加大清收力度。从2000年起，市联社制定、完善有关管理办法，对300万元及以上项目贷款进行严格审核；建立大额贷款、固定资产贷款市、县、信用社分级审批制度。

2003年，嘉兴市信用联社与中国人民银行嘉兴市中心支行联合下发《农村信用社农户小额信用贷款推进指导意见》，在平湖新埭信用社、嘉善杨庙信用社开展信用建设试点；市联社先后参加平湖、海盐信用乡镇命名大会并在会上讲话，推动全市信用社积极参与打造"信用嘉兴"工程，在创建信用乡镇、村、户活动中，发挥了骨干作用。到2010年底，全辖共评定信用乡镇8个、信用村445个、信用户20.58万户。通过创建信用系列活动，农村社会信用环境得到改观，促进了"支农信用卡（贷款证）"、"农户联保"、"农业贷款担保公司担保"等贷款方式的完善，形成了农贷系列套餐，满足了农民不同层面的贷款需求，实现了政府满意、农民高兴、信用社业务发展的"三赢"局面，充分发挥了农村信用社金融主力军和联系农民的金融纽带作用。

（二）授信管理

1997年至2006年，全辖行社按照银监会《商业银行授信工作尽职指引》、《商业银行小企业授信工作尽职指引》和《商业银行集团客户授信业务风险管理指引》等文件精神，以及省联社《浙江省农村合作银行授信管理办法》等，制定了《授信管理实施细则》，建立了分级授信尽责调查制度。客户经理能按照相关文件要求撰写调查报告，能客观真实地揭示客户的经营情况和风险情况，能揭示集团客户授信集中度风险及其关联客户授信风险。

（三）资产质量

1991年以来，全辖行社的资产质量不断提高，不良贷款余额及不良率总体呈现持续下降的态势。至2010年末，全市系统五级分类不良贷款余额8.26亿元，不良贷款率1.8%；五级非信贷资产不良余额0.72亿元。

## 十四、中国邮政储蓄银行浙江省嘉兴市分行

2008年4月嘉兴市分行挂牌成立，将风险合规部设在办公室，把控全行的第二道风险防线，内设审计部门，专门开展各类审计工作。

2009年上半年，开展反洗钱工作评价。为进一步增强全行反洗钱工作意识，提高反洗钱管理水平，根据"合规管理年"活动安排，于5月15日至6月30日在全行范围开展了反洗钱工

作评价活动。

2009年上半年开展"百日风险大排查"活动。分阶段开展百日风险排查活动，分支行及时完成了对当年100万元（含）以上大额进出的企业账户的上门对账工作。

2009年上半年为加强信贷业务日常检查和风险控制，确保信贷业务健康发展，根据总行《关于深入细致做好小额信贷业务发展和管理工作的通知》文件精神，在市分行审计部设置信贷检查岗位，配备专职信贷检查员，负责信贷业务的现场检查及非现场检查工作。

2009年上半年公司业务管理人员归口会计结算部门。为切实加强公司业务会计结算管理工作，总行在前期《关于明确公司业务会计结算管理工作职责的通知》（邮银发〔2008〕632号，浙邮银〔2009〕83号转发）的基础上，又下发了《关于尽快完成公司业务会计结算管理工作职责交接的通知》（邮银发〔2009〕410号）。要求正确认识公司业务会计结算管理工作职责调整。将公司业务会计结算管理工作职责划转会计部门，正是体现了前后台分离的原则。

2009年上半年开展小额贷款业务专项检查通报工作。前期省分行在全省范围内组织开展了小额贷款业务专项检查工作，其间浙江银监局及其分支机构也对浙江省信贷业务开展情况进行了现场检查。针对检查中暴露出的问题，省分行在全省信贷、公司业务推进会上对检查结果进行了通报，要求各行针对检查出的问题，在下一阶段工作中，进一步规范业务管理和操作，完善业务制度，加强培训，切实提高小额贷款业务的风险管控水平。

2009年邮储银行嘉兴市分行成立信贷审批中心，落实分级审批要求。根据总行《关于对中国邮政储蓄银行浙江省分行调整个人商务贷款产品要素的批复》（邮银发〔2009〕198号）的精神，为落实个人商务贷款、二手房贷款等信贷业务的分级审批要求，决定在信贷业务部设立相对独立的信贷审批中心，对个人商务贷款、二手房贷款额度超过100万元的贷款进行审批。

2010年5月，成立了嘉兴市分行风险合规部，负责全行的风险监测、风险预警、风险评估和风险管理工作等，有效地起到第二道风险防线的真正作用。

2010年嘉兴市分行下发《关于信贷业务相关制度规范的通知》（嘉邮银〔2009〕151号），这是为规范信贷业务操作流程、加强信贷风险管理，市分行对前期总行及省分行下发的信贷业务各项相关业务制度、操作规程及指导意见进行的整理、归类；同时，在遵循上级行相关制度精神的基础上，结合嘉兴市实际情况制定了包括信贷业务操作规程、业务实施细则、档案管理办法在内的多项制度规范，增设了部分空白单式，以满足业务发展要求。为提高各项制度的执行力，另行下发了信贷业务操作差错考核办法，在全辖范围内实施。

2010年上半年由市分行牵头，各（县）市支行一是通过签订《合规经营与资金安全责任书》，强化"合规管理年"活动责任追究；二是建立健全完善各项工作规章制度和各项业务操作规程，成立相关不良贷款清收小组、个人贷款业务大检查领导小组、业务行为规范年领导小组，积极、主动开展合规风险评价，并根据自评发现风险点，进行落实整改；三是落实屡查屡犯专项整治工作。针对网点检查发现的问题及对存在问题整改乏力的现象，适时开展了屡查屡犯专项整治工作，按上级行要求对每个网点进行了现场检查。

# 第八章 稽核及纪检监察

## 第一节 概 述

金融稽核的主要任务是集中运用经济、行政和法律手段监督检查金融机构各项业务、财务活动，促进各项金融方针、政策的贯彻落实。1985年以后，随着经济体制和金融体制改革的深入发展，中国人民银行和各专业银行、商业银行相继建立稽核机构，逐步形成了以中央银行稽核为主体、专业银行稽核为基础的银行稽核体系。中国人民银行嘉兴市分行专门设立了稽核科，人民银行各县（市）支行设立了稽核股，对各金融机构业务工作进行定期或不定期地全面稽核或专项稽核。1999年，中国人民银行总行要求撤销稽核部门，其现场检查职能由相应的金融管理部门承担。同时中国人民银行为加强自身监督，设专门内审部门，对本系统的业务活动和财务收支进行审计；2003年初，又设立事后监督中心，行使事后监督职责。

根据中纪委要求，1987年，各市地分行和部分县支行先后建立当地纪委驻金融系统纪检组。金融系统纪检组受派驻纪委的委托，对专业行司党组（党委）纪检组实行双重领导。1988年11月12日，浙江省监察厅、浙江省分行联合下达关于在中国人民银行市地分行设立金融系统监察室的通知。此后，各市地分行根据工作需要，陆续在县（市）支行普遍设立金融系统监察室。与此同时，工行、农行、中行、建行、中保公司系统也先后在各市地及部分县的行司中设立监察室。2003年，中国人民银行对金融系统的监管职能有所调整，撤销金融系统监察室，设置纪检监察办公室，履行系统内部监察职能。各金融纪检监察部门充分发挥职能作用，有效促进了金融系统党风廉政建设。

## 第二节 稽核与审计

### 一、中国人民银行嘉兴市中心支行

1999年以前,为了保证金融业务活动正常进行,促进经济发展,各级人民银行对包括各级工商银行、农业银行、中国银行、建设银行、保险公司、国际信托投资公司和其他金融机构的业务活动和各金融机构业务工作进行定期或不定期地全面稽核或专项稽核。

对各金融机构的业务活动着重从以下几个方面进行稽核:(1)执行国家的经济方针、政策和金融方针、政策的情况;(2)执行国家的有关法律、法令、条例和中央银行的各项规定的情况;(3)执行信贷计划、现金计划、外汇计划和财务计划的情况;(4)资金营运及经济效益的情况;(5)中国人民银行认为需要进行稽核的其他事项。

为了行使稽核职能,各级人民银行设立稽核机构,配备不同级别的稽核人员。在各级行行长领导下开展稽核工作。中国人民银行嘉兴市分行设立副行级的总稽核岗位,设稽核科,配备若干科级稽核员;各县(市)支行设稽核股,配备若干股级稽核员。

中国人民银行稽核人员在执行稽核任务时有如下职权:(1)查阅被稽核单位的各种凭证、账簿和报表等资料;(2)检查被稽核单位的业务库现金、金银、外币、有价证券和代理发行库的发行基金,必要时可以先封后查;(3)参加被稽核单位的有关会议,查阅有关文件;(4)责成有关单位和人员积极配合稽核工作;建议有关单位对阻挠、拒绝和破坏稽核工作的人员追究责任;(5)提出制止、纠正和处理被稽核单位不正当业务活动的意见。同时各级稽核部门对本系统的业务活动和财务收支也进行稽核。

1999年3月,中国人民银行决定调整内部监管职能,撤销了稽核部门,其现场检查职能分别由相应的金融管理部门承担。同时设立专门的内审部门,对本系统的业务活动和财务收支进行审计。

(一)稽核

1991年在全市金融系统部署了全面自查和组织力量对46家金融机构进行抽查,共对346户集体、个体户1.1亿元贷款、大额现金支取与联行等业务进行了专项稽核,发现了一些违规贷款和支取大额现金方面的问题,促进了各金融机构加强内部管理。

1992年全年共对金融机构开展常规稽核和专项稽核117次,查处违规资金3.8亿元,处以各类罚款、罚息和没收违规所得4.1万元,追缴一般存款准备金965万元,提出整改意见和建议83条,其中75条被稽核单位重视并采纳。

1993年,根据中国人民银行浙江省分行关于开展金融同业拆借专项检查、稽核的通知要求,对全市各金融机构的同业拆借进行初步清理,并实施了报送稽核。全年共稽核各类金融机构84家,查出违规金额13.88亿元,处以各种罚款、罚息和没收非法所得22.59万元,提出整改意见和建议56条,其中28条整改意见全部被采纳落实。

1994年全年共完成稽核项目32个，查出违规金额8.06亿元，处以各种罚款、罚息和没收非法所得90万元，提出整改意见和建议78条。

1995年除常规稽核外，开展了现金管理、证券回购、粮棉油、委托贷款、利率、资金来源与运用6项专项稽核。

1996年开展对非银行金融机构的全面清理。先后对辖内所有城市信用社资金来源与运用、执行金融政策、内部管理进行现场稽核，对嘉兴市信托投资公司及其所属的办事处、证券业务部和海宁信用联社及18家农村信用社进行常规稽核。集中力量对12家办理信托、证券交易的非银行金融机构的合法性、合规性及整改情况进行了复查。对已经撤销的原市信托投资公司嘉善办事处、平湖办事处督促做好清理工作。

1997年通过对金融机构的稽核和各种利率、现金结算、外汇业务检查和年检，及时发现了各种违规行为和潜在风险，在责成金融机构纠正问题的基础上，对违规行为进行了严肃查处，发出《稽核结论和处理决定》25份，《行政处罚决定书》36份，共没收非法所得14.47万元，罚款79.47万元，有效地遏制了金融违法违规行为的发生。

1998年全年共完成稽核项目11个，查出违规金额近19亿元。营造了公平竞争的金融环境。

（二）内审

中国人民银行内部审计，是指中国人民银行内审部门对系统内和所属企事业单位各项业务活动、财务活动、经营管理所进行的监督和检查。

《中国人民银行内审工作制度》（银发〔2005〕73号）规定，中国人民银行内审部门履行以下基本职责：

1. 对各职能部门、分支机构和行属企事业单位执行法律、法规和规章制度、执行财务纪律的情况进行审计监督；

2. 对各行职能部门、分支机构和行属企事业单位内部控制和风险管理的情况进行审计监督；

3. 对中国人民银行工作人员依法履行职责的情况进行审计监督，对各级领导干部实施履行职责审计和离任审计；

4. 对内审监督检查中发现的违法违纪问题及其责任人提出处理建议。

《中国人民银行内审工作制度》（银发〔2005〕73号）规定："中国人民银行内审工作实行统一领导、分级管理。中国人民银行内审司在行长领导下，负责组织开展中国人民银行系统的内审工作。中国人民银行各分行、营业管理部、中心支行设置内审部门，在本行行长领导下，负责本辖区的内审工作，接受上级行内审部门的指导和监督。"

2006年中国人民银行嘉兴市中心支行内审推行了"内审组织紧密型，内审工作一体化"的管理模式。具体为：中国人民银行嘉兴市中心支行全辖内审工作统一计划，统一布置，统一开展，全辖内审力量相对集中，统一使用，共同学习培训，以确保全辖各项内审工作任务的完成。

2004年、2005年制定了《中国人民银行嘉兴市中心支行实时检查制度》和《中国人民银行嘉兴市中心支行内部管理制度执行情况的督查条例》、《中国人民银行嘉兴市中心支行内部控制分级管理暂行办法》等制度。加大了内审的监督作用,提升了中心支行内部管理水平,使中心支行的各项内部管理制度得到有效落实。

2007年制定了《中国人民银行嘉兴市中心支行关于加强审计、监督、检查后续管理的规定》,不定期地组织召开内审工作会议和内控检查员会议,整合内控力量,构筑控制和防范重要业务风险的工作体系。

2010年推出《前车之鉴》与《他山之石》刊物。《前车之鉴》主要是为加强内部控制建设,强化风险防范理念,将在大范围内的各类审计、检查、监督中发现的有针对性的问题及相关情况摘录编辑,供辖内各支行、各科室开阔视野,引以为戒;《他山之石》主要是为提高中心支行的各项业务工作水平,更好地履行人民银行基层行职责,将在大范围内的各类审计、检查、监督中了解掌握的、值得借鉴的相关情况摘录编辑,供辖内各支行、各科室开阔视野、参考借鉴、吸收提高。

2005年完成的《平湖支行央行票据专项审计》项目被评为总行优秀项目。

2008年制定的《关于加强内部控制建设的意见》(嘉兴银办〔2008〕42号),得到了中国人民银行上海总部的肯定与推广。

(三)事后监督

1. 机构设置。2003年初,中国人民银行嘉兴市中心支行根据《中国人民银行会计事后监督办法》(银办发〔2002〕126号)精神,本着精简、效能原则,把事后监督这项职能从会计财务科中划出,设立了正科级内部组织机构——事后监督中心,正式开始独立行使事后监督职责。

2. 事后监督职责。事后监督中心严格把好会计核算质量关,促进会计核算规范化,加强风险防范。切实遵守"五性"原则,即独立性原则、连续性原则、及时性原则、全面性原则和重点性原则,按照规定的程序和方法,对营业、国库、货币金银等业务的会计核算全过程进行复审、控制和检验。

3. 事后监督范围。事后监督中心成立时,把全辖营业核算业务纳入监督范围;2003年4月,把本级国库核算业务纳入监督范围;2005年6月,把全辖货币金银核算业务纳入监督范围;2005年9月,把各县(市)支库核算业务纳入监督范围,至此,把全辖营业、国库、货币金银三部门的日常会计核算业务均纳入了监督范围;2009年,把人事劳动工资统计报表纳入监督范围。

4. 电子化监督。2005年11月,推广运行中央银行会计集中核算事后监督系统;2006年5月,在全国率先试点运行事后监督系统小额监督模块;2009年6月,上线运行中央银行会计核算电子对账系统;2010年12月,自行模拟运行国库会计数据集中日志监督系统。

5. 内部管理制度。从责任、监督、服务、反馈、报告、考核等角度建立健全内部管理制度,制订了《事后监督中心职责》、《事后监督中心岗位职责》、《核算业务事后监督操作规程》、《事后监督信息提醒制度》、《事后监督中心工作情况反馈制度》、《事后监督中心重大差错和事故报告制度》、《事后监督中心年度工作绩效综合考核暂行办法》等20余项制度,为事后监督中心稳健运行和严密内控打下了坚实的制度基础。

6. 创新工作。在查错方面,实现"三个结合"。一是实现静态监督与动态监督相结合。建立健全按日序时登记的动态监督台账,发挥动态监督的连续性作用,弥补静态监督只有时点监督的不足。二是实现全面监督与重点监督相结合。出台实施《人民银行核算业务风险重点及事后监督控制要点》,动态跟踪检测各类重要风险点。三是实现主动控制与被动监督相结合。出台实施《重要核算业务事项报备制度》和《嘉兴市县级国库核算业务事后再监督实施细则》,使县（市）支行事前、事中控制和中心支行事后控制相互结合,形成风险控制合力。在纠错和防错方面,实行"三个机制"。一是实行信息反馈机制。截至2010年12月,共签发《事后监督通知书》、《事后监督意见书》、《事后监督联系单》等反馈载体317期（份）,督促纠正会计核算的违规情况。二是实行风险预警机制。截至2010年12月,共签发《事后监督信息提醒》15期,实现事后监督"关口前移"和"风险预警"的目的。三是实行工作回访机制。每年对各监督对象开展监督情况回访活动,主动与业务部门进行零距离沟通交流,合力防范会计核算风险。

## 二、中国工商银行嘉兴分行

1986年成立稽核科,主要职能为监督、检查全行各项经营活动,保障法令和各项规章制度的执行,保证全行资金、资产的统一完整；纠正日常工作中出现的差错、失误,揭发舞弊、贪污盗窃和严重渎职等违法行为；反馈信息,针对发现的问题,分析原因,提出处理和建设性意见；负责对行长经营目标完成情况的监测工作；承担市分行直贷部分信贷业务的贷后检查工作；承担行长交办的其他专项监督、检查工作。

1991年该行加强对稽核工作的指导,充实了稽核力量,全年完成专项稽核、日常稽核和全面稽核295次,广度、深度非同一般,有力地促进了信贷工作减少风险。

1992年开展"教育、清理、整顿"活动七个方面的专项检查和抽查工作,并先后组织了各类稽核362次,其中全面稽核2次,专项稽核38次,日常稽核322次,帮助业务部门找出各类问题205件,并提出改进措施103条,其中为有关部门采纳整改的有90条。为全行加强内部管理,提高资金效益发挥了监督职能作用。

1993年着重对联行、电脑、新兴业务以及信贷资产质量、违规拆借资金进行了稽核,全年共开展稽核活动537次,其中全面稽核2次,专项稽核23次,稽核调查9次,日常稽核447次,参与其他专业检查活动56次,共提出稽核意见137条,已被采纳落实16条,挽回经济损失16.8万元,保证全行业务工作的健康开展。

1994年紧跟改革发展形势,有重点地开展专项稽核等工作,抓好日常定期稽核,维护规章制度严肃性。全年共开展稽核490次,参与其他专业检查82次,发现问题282件,提出整改意见183条,被采用161条,揭露经济案件2起,涉及金额2.3万元,挽回经济损失19.9万元。

1995年强化稽核监管力度,以提高信贷资产质量和经济效益为中心,开展稽核活动,全年共进行稽核462次,发现问题131件,挽回经济损失56万元,提出整改意见170条,被采纳151条。

1996年稽核科改为稽核部,并在省分行的支持下,配备了正处级的总稽核,实行了稽核派驻员制度,较好地增强了稽核工作力度,对保障全行业务规章制度的执行、规范全行经营行为发挥了积极作用。

1998年先后开展了事后监督质量、信贷贷后检查质量、代理业务垫款情况和以物抵贷物资管理状况及对计算机管理的后续稽核等多项专项稽核，全年共进行各类稽核及调查132项；进一步完善了稽核工作回访制度，注重稽核对现时工作的指导，采取当年稽核当年回访的工作方法，及时对发现的问题进行整改，整改率达到90.59%；并且初步形成了非现场稽核框架。用自行设计的程序，监测各行"二呆"贷款变化、违规经营清理进度等；利用总行贷款质量监控系统，进行贷后稽核。

1999年在全行开展规章制度检查清理，同时制定完善了《嘉兴市分行稽核人员管理暂行办法》、《嘉兴市分行行务公开实施细则》、《大宗物品集中采购管理办法》、《银行卡收费管理》、《内部财务管理若干规定》等20多个制度办法。实行稽核派驻员制度，全年共完成银行卡和储蓄业务后续稽核、1999年上半年贷款投向稽核等16个稽核项目。

2000年全年共执行信贷投向和质量稽核等稽核项目12个，撰写各类稽核报告75份，提出整改意见286条。针对因业务经营政策等变化而引起的内控评价机制的不适应，市分行及时修改、完善，重新拟定了适应现在业务发展情况的内控风险评价体系。

2002年全面开展依法合规大检查工作，实现了自查面、复查面"两个100%"。制定了《2002年内部管理控制工作实施方案》，成立分行、支行两级内控委员会，配备内控专管员，落实各项内控管理职责。

2005年调整内控管理模式，将稽核监督部整体改组为内控合规部，承担全行内部控制、合规管理、常规审批的职能。制定了《内控检查监督网络体系成员责任制》，加强和完善对内控检查监督网络成员履职情况的考核，并组织开展了"五到位"主题教育活动和依法合规大检查，保障了全行的安全经营。

2006年成立了分行风险管理委员会，加强对全行的信用风险、操作风险、市场风险、道德风险等各类风险进行全面的监测、分析、预警和管理、控制。

2007年通过多种形式活跃和营造内控合规文化氛围，开展以"四主动"为主要内容的主题教育活动、组织内控合规摸底测试和知识竞赛活动、开展"我为内控献一策"等富有新意的活动，使员工树立了"合规人人有责"的内控合规文化理念，增强了内控合规意识。

2008年深入开展"三增强"和"学规定，促合规"等内控防案主题教育活动，不断完善内控评价考核体系，积极推行内控评价日常化管理，创新内控述职形式和内容，梳理整合业务规章制度，加强对风险控制重点领域的审计，建立健全反洗钱工作机制，强化操作风险监测，规范守押社会化移交后各项业务操作规程，确保了全行依法合规经营。

2009年持续开展主题教育、警示教育和案例教育，不断完善内控管理薄弱支行联系制度，持续推进和完善内控评价日常化管理，完善履职检查工作规程，改进履职报告机制，强化问责管理，不断增强各级人员的内控意识和制度执行能力。加强法律事务管理工作，完善反洗钱工作机制，强化三防一保，全面提升了全行安全防范管理水平，连续五年实现安全经营无案件。

2010年着力抓好工行总行七个重要风险点、工行省分行八个高风险点和银监会六个重要环节的防控治理工作，共组织各种专项检查16次，突击检查覆盖面超过70%，检查中发现问题447个，提出整改意见205条，问题整改率达到100%。同时，积极探索操作风险与控制自我评估试点工作，全年共开展了两次大规模的制度梳理工作，先后修订各类规章制度18个，整合2个，废止51个，确保了内控合规与业务工作同步发展。

### 三、中国农业银行嘉兴分行

农行嘉兴分行于1986年6月成立稽核审计科，所属各县支行也先后成立稽核审计股，建立了一支专职的稽核审计队伍，负责本级及辖内的常规和专项稽核审计工作。1997年按照省分行的统一部署实行下伸一级的稽核体制改革，撤销各县（市）支行的稽核审计股，并相应在各县（市）支行建立市分行派驻稽核办公室，割断了稽核审计人员与当地支行的隶属关系。当年实施稽核及调查项目89个，现场稽核单位数251个，发现问题208条，提出整改意见、建议420条，被采纳382条。2006年9月，该行实行上收一级的稽核审计管理模式，即撤销该行的稽核审计科，建立与该行没有隶属关系的中国农业银行浙江省分行驻嘉兴办事处，从而确保了稽核审计工作的独立性。2010年4月撤销中国农业银行浙江省分行驻嘉兴办事处，该行的稽核审计由中国农业银行上海审计局接管。

### 四、中国建设银行嘉兴分行

1987年1月，中国人民建设银行嘉兴市中心支行设立稽核审计科，专职行使内部审计职责。1996年11月，改为稽核审计处。1999年7月，建设银行省分行设立专司审计管理工作的副行级总审计师，撤销了审计处，设立了总审计室，负责领导和管理全省建行系统的审计工作；2000年1月，撤销了各二级分行及以下的审计机构，设立杭州、温州、嘉兴、绍兴、金华五个区域的审计办事处，建设银行嘉兴分行配合省分行完成了嘉兴审计办事处的组建工作，嘉兴审计办事处作为省分行总审计室的派出机构，代表省分行对嘉兴、湖州辖区各级机构独立行使审计职责。同时，在市分行会计处设立稽核中心，负责会计前台业务的事后监督和控制。省分行对内审人员进行了优化和调整，实现了对审计人员的统一集中管理。审计部门制定完善了一系列规章制度，不断健全内部审计规范体系，提高审计质量。2005年，建设银行总行进行内部审计体制改革，内审实行垂直领导，浙江设立总审计室，撤销各审计办事处，辖内内审工作均由总审计室负责。

1994年，随着向商业银行转轨，建设银行审计内容逐渐由单项业务审计拓宽到内部控制能力、资产负债管理等综合、全面业务审计；审计重点由合规性审计向合规性与风险性、效益性审计相结合方面转移。1991年，中国人民建设银行嘉兴市中心支行开始对辖属机构离任行长（经理）进行离任审计。1996年6月，制定《中国建设银行嘉兴市分行、县（市）支行行长任期经济责任稽审办法》。1992年开始推广应用存贷款稽审系统，并取得较好的效果。1997年，在全分行内部开展了以经营风险审计为主要目标的"百人大审计"活动，多个业务管理部门参与，这次审计使全行员工普遍接受了一次现实的风险教育，促进完善了各项规章制度，为各项业务的健康发展打下了良好基础。1998年，部署开展了整顿银行账外账及违规经营工作，针对海宁长安办事处存在的突出问题，下派工作组进行重点整改。1998年至1999年，开展了内部控制制度审计评价工作。1999年，组织对信贷、会计、出纳、储蓄等岗位进行了重点审计。2000年，组织开展了呆坏账核销审计和资产、负债、损益真实性审计工作，其中呆坏账审计项目的审计面达到100%。建行嘉兴分行2001年以后内部审计工作主要由嘉兴审计办事处负责。2001年，将储蓄事后监督并入分行会计稽核中心进行管理，各县市支行全部成立稽核分中心，配备专职稽核人员。2001年至2002年，配合省分行开展了基层机构内部控制评价，审计覆盖面为100%，为加强制度建设、规范业务管理、防范经营风险提供了有力的依据。

### 五、中信银行嘉兴分行

中信银行嘉兴分行于1998年底率先在杭州分行系统设立了专职稽核员。

2001年全辖建立了稽核联系人网络，2003年成立稽核部。支行对各个部门、各项业务、各个岗位实施全面的经常性的监控和评价，加强了常规稽核、专项业务稽核和离任稽核工作。

2000年先后成立了经营目标责任制考评委员会、内控工作委员会、信用审查委员会、资产负债比例管理领导小组、社会治安综合治理（四防一保）领导小组等内控组织，各类组织均建立工作制度，有明确的工作职责和议事规则。

2004年8月，以"银监会对股份制商业银行内控检查卷"形式，对辖内开展全面的内控评价活动。

2005年按照总行要求成立了风险管理委员会等专门机构，2006年又在内控委员会的直接领导下成立业务推动和内部管理两个工作小组，充实了执行层面的组织架构，使业务经营和内控管理得到双加强。

2005年7月在半年度工作会议暨内控工作会议上确立了依法合规，适应市场竞争的经营理念，提出了业务发展有起伏，合规经营不能有起伏的要求，强化内控，强调执行力文化。

2007年稽核部正式更名为合规审计部。2008年，开展了全行性的"合规学教专项活动"，倡导"追求过滤掉风险的利润"，"合规从高层做起，人人合规"，"合规创造价值"的中信合规文化。合规审计工作已形成了检查目标和频率明确、检查方式多样（现场检查、突击检查、专项检查、全面检查、录像抽查）的内部稽查机制。

2009年2月起，对合规审计部加强了力量，正式在编3人。合规审计工作在原有的工作机制上，进一步形成了全辖分录像监控联网，每月监看制度，对员工的操作风险、服务品质要求的规范性进行监看，同时受理全辖投诉。在管理部门与各机构间形成了重要联系事项记录报告合规审计部的制度、每月向合规审计部报送各单位内控管理台账的制度。在强有力的合规文化与合规操作要求下，实现了自成立以来无任何风险事项发生，保持无案件的记录。

### 六、农村合作金融机构

2000年2月，成立嘉兴市农村信用联社，设立稽核保卫处，2004年5月，嘉兴市农村信用联社撤销，改为省农信联社嘉兴办事处，原保卫职能划归综合科承担，同时办事处设立审计科，承担原稽核职能，对全市农村合作金融机构的业务活动进行审计。2003年稽核保卫处牵头完成了《嘉兴市农村信用社规章制度》摘编工作，将1999年以来制定的农村信用社规章制度和有关法律法规等100个制度40多万字摘编成上下二册，分发到全市每位员工，方便员工学习和工作参考。2006年嘉兴农村合作金融机构在全省合作金融系统率先实行审计公告制度，分别将审计存在的问题和整改情况在市、县《农村合作金融》简报上进行公告。2008年办事处审计科根据近三年农村合作金融系统各级审计、业务部门和外部审计监督机构在审计、检查中发现的违规问题，编写了《嘉兴农村合作金融机构审计检查问题汇编》，分十一个方面共201个类别的问题，分发到全市每位员工，方便员工参考。2010年又对新发现的问题进行了补充，对不适用的问题和依据进行了删除、修改。2010年3月底成立了浙江省农信联社嘉兴审计支队，所辖3家合作银行和3家信用联社在5月底前均组建了审计大队。

### 七、中国邮政储蓄银行浙江省嘉兴市分行

2008年邮政储蓄银行嘉兴市分行成立，在市分行设置了审计部门，各县支行配备专职审计人员，行政上归属综合管理部门，业务上体现了垂直管理的关系。为遏制邮政储蓄资金案件高发势头，切实维护邮政储蓄资金安全，该分行开展了邮储银行案件风险排查自查自纠活动，围绕"发现隐藏案件"这个核心任务展开案件排查，未发现隐藏案件。

2009年增强了审计队伍建设，随着业务领域的拓展，增加信贷检查岗位，开展了相应的专项检查工作。参照《中国邮政储蓄银行浙江省分行业务审计实施办法（试行）》，网点审计工作规范性进一步提高。在本年度为建立健全邮政金融内控制约机制，加强金融从业人员动态管理，降低金融从业人员安全风险隐患，切实做好邮政储汇资金安全和风险防范工作，根据《关于开展全省邮政储汇网点负责人风险排查活动的通知》（浙邮金协〔2009〕4号）等文件要求，成立了邮政金融从业人员风险排查领导小组和工作小组，邮政人力资源部、市场部、邮储银行办公室、审计部、综合管理部等抽调人员参与了各自辖内邮政储汇网点负责人风险排查活动，并同时开展了对其他岗位及储汇从业人员的风险评定工作。

2010年，审计队伍进一步扩大，新增了公司业务审计人员，开展了对公司业务网点的相关现场和非现场审计工作。为有效解决有章不循、违章操作问题，引导和督促各级机构和工作人员遵章守纪、依法合规经营，制定了《嘉兴市邮政金融违规行为积分考核办法（试行）》，下发给各县（市）支行，市本级各二级支行、代理网点遵照执行，完善了内控考核机制。

## 第三节　纪检监察

### 一、机构沿革

1985年5月15日，中纪委作出关于派驻金融系统纪律检查组的决定，1985年8月9日建立浙江省纪委驻金融系统纪检组。1987年起，各市地分行和部分县支行也先后建立当地纪委驻金融系统纪检组。金融系统纪检组受派驻纪委的委托，对专业行司党组（党委）纪检组实行双重领导。1988年5月19日，国务院批复同意监察部在中国人民银行等部委设置派出机构。9月15日，监察部、中国人民银行联合下达关于在中国人民银行省（市）分行设立金融系统监察专员办公室，与监察部驻金融系统纪检组合署办公，实行一套工作机构、两个机构名称、

履行两种职能的体制。1988年11月12日，浙江省监察厅、浙江省分行联合下达关于在中国人民银行市地分行设立金融系统监察室。此后，各市地分行根据工作需要，陆续在县（市）支行普遍设立金融系统监察室。与此同时，工行、农行、中行、建行、中保公司系统也先后在各市地及部分县的行司中设立监察室。各市地县金融系统监察室对同级专业行司监察室是协助领导关系。

嘉兴市金融纪检监察机构的建立与健全，在保证党和国家路线方针政策和金融法规的贯彻执行、严肃查处违法违纪案件、推动金融系统党风廉政建设、行风建设、维护银行信誉上发挥了积极作用。1998年12月中国人民银行设立大区分行，上海分行成立，市地设立人民银行系统纪委，行政上继续保留金融系统监察室。2003年《中华人民共和国中国人民银行法》修改后，中国人民银行不再履行对金融系统的监管职能，设置内设机构纪检监察办公室（监察室），履行对中国人民银行系统内部的监察职能。

1993年4月，嘉兴市金融系统纪检组、金融系统监察室被评为1992年度全省金融系统纪检监察工作先进集体。1993年嘉兴市金融系统监察室被嘉兴市纪委评为纪检监察工作先进集体。2010年中支纪委、监察室被评为总行级"2006—2009年度中国人民银行纪检监察先进集体"。

## 二、惩腐倡廉

（一）落实党风廉政责任制

1998年中央颁布了《关于实行党风廉政建设责任制的规定》，全市金融系统认真落实全面推行党风廉政建设量化管理，积极推行党风廉政建设责任追究，把党风廉政建设与领导干部廉洁自律、行风建设、防范和化解金融风险紧密结合起来，与业务工作统一部署、统一考核和统一奖惩。2000年，全市金融系统全面推行党风廉政建设责任制，使领导干部廉洁自律工作得到层层落实。中国人民银行嘉兴市中心支行党委还制定了《党风廉政建设责任制实施办法》，进一步明确党委书记对全行党风廉政建设和反腐败工作负总责，对班子成员、各科室负责人及县支行正职干部的党风廉政状况负直接领导责任。加大了廉政建设和领导干部廉洁自律工作的力度，细化、实化、量化、深化了党风廉政建设。使这一工作从过去务虚的多、口号要求多，转变为任务具体、内容实在，收到了较好效果。中国人民银行嘉兴市中心支行的党风廉政建设量化管理工作，其经验被中央金融工委、纪工委肯定，经验材料收入经验汇编。

（二）纠正行业不正之风

进入20世纪90年代金融事业日益发展，嘉兴市各金融单位更加重视行风与廉政建设。金融纪检监察部门发挥职能作用，积极协助单位领导，促进了勤政廉政。为保持领导干部廉洁自律，全市金融系统对发生在领导干部中各种不正之风做到一不放松，二不手软。在及时组织领导干部自查自纠基础上，还及时进行督查和纠正。

1996年初发出金融系统领导干部和员工元旦、春节期间不准请客送礼的规定，接着清理领导干部住房超标、领导干部出国旅游问题。1997年清理通信工具；补交住宅电话安装费，规定通信费报销标准，连抓三年，使全市金融系统领导干部通信工具全部取消公配，费用一律限额报销，超支自负。1997年12月，浙江省委、省政府反腐败斗争联席会议办公室行风评议检查组一行16人，对嘉兴行风评议情况进行检查，并对嘉兴市金融系统的行风评议给予高度肯定。1999年初嘉兴市金融系统行风办召开全市金融系统行风建设"回头看"工作总结表彰大会。1999年重点抓了奢侈浪费和假日腐败现象，具体做法如严禁到风景名胜区开会、公费出国管理、三年不建办公楼等。进入21世纪又重点抓了领导干部子女配偶经商办企业的问题，清理为领导干部住宅配备电脑。2002年又对领导干部接受馈赠、配偶子女经商和因私出国护照进行了专项清理，使发生在领导干部身边的各种不正之风和不良苗头及时得到提醒、约束和遏制。全市各级金融机构聘请行风监督员460多人，持之以恒地自觉接受社会监督，通过定期联系沟通，组织明察暗访，经常征询意见，使金融系统整体行业形象得到改观。

2002年中国人民银行嘉兴市中心支行作为总行级双文明单位与全国金融系统22家先进集体，在2002年4月1日《金融时报》的头版联合发出了在金融行业树立温家宝同志提出的"严格、规范、谨慎、诚信、创新"十字行风的倡议。既抓窗口一线服务形象，又抓机关内部的工作作风，提高办事效率。形成了一二线联动，行内外并进，一线为社会服务，二线为一线服务，人民银行为各金融机构服务的整体形象提升。与此同时，在抓好纠正行业不正之风方面，各行司党委、纪委非常重视，把它作为反腐败斗争的重要工作来抓。首先，确立行风建设的重点，狠抓行风建设落实。各行司都结合本单位的实际，以争创文明行业、文明单位和青年文明号为契机，深入开展"微笑留南湖，满意在嘉兴"活动。其次，建立行风建设的长效机制。有些行司在行风建设"回头看"后，还设立了专门机构，或确立兼职人员，负责抓行风建设工作。2006年推行行务政务公开制度，按照《行政许可法》的要求，根据中央银行新职能的特点，多渠道、多形式地开展政务行务公开，及时调整在政府网、电子触摸屏幕上政务公开的内容。进一步转换职能，完善内控，强化管理，规范操作，提高效率，在辖内树立中央银行的新形象。2009年开展加强行业作风建设，实施满意工程。组织全市金融系统以文明行业创建为抓手，开展"两服务一满意"活动，不断优化服务质量，为客户提供便利。各金融窗口客户满意度测评都达到95%以上，有效提升了金融行业的文明程度。

（三）案件查处与防范

1. 案件查处工作

查处与防范经济案件一直是金融监察工作的重点。嘉兴市各级金融单位重视抓经济案件及其他违纪案件，通过建立全市金融纪检监察体系，把分散的纪检监察力量拧成一股劲，加大了查处与防范经济案件的力度。据全市人、工、农、中、建、交、保六行一司和农村信用社1991—1998年的统计，7年来共查处违法违纪案件126件，不断提高纪检监察办案质量，加大执法执纪和责任追究的力度，落实处分决定，维护纪检监察工作的严肃性。如嘉兴市金融系统纪检监察室与嘉兴市人民检察院派驻金融系统检察室联合办案，查处涉及金融系统职务犯罪的典型案例7起。

在查处方面，一是加强调查研究，及时掌握经济案件的新情况、新动向及其规律性特点，做到心中有数；二是重视信访举报工作，扩大案件来源；三是抓住重点，集中力量，主动出击，以快制胜，并且注意查处深层次的大要案、案中案、连环案和集团性案件，在查案的深度上下工夫；四是加强案件的管理与审理，提高办案的质量。

在防范上，强化领导责任制；建立案件防范责任制；加强基层处所社建设，选配好领导班子；建立健全并认真贯彻落实规章制度，堵塞漏洞；加强监督检查，严格制约机制；开展"两防一保"和"三防一保"，督促其工作严肃执纪，从严治行；积极支持促进改革，消除产生腐败的土壤与条件。为了遏止金融系统案件的高发势头，2003年以来，嘉兴市各行司坚持防案分析会制度和落实专项检查制度。工行、农行、中行、建行不断完善防案工作制度，定期召开防案分析会，加大关口前移的力度，防止案件低发后出现反弹。

2009年中国人民银行嘉兴市中心支行认真开展案件专项治理活动，建立了领导小组，拟定了包括宣传发动、查找问题风险点、整改督查、完善内控四个阶段的活动方案。为了吸取中国人民银行宣化案件教训，开展了会计、国库、发行业务的集中对账工作，采取中国人民银行和开户金融机构"一对一"集中对账模式；实施了县级国库"异地整体代班"制度。同时还组织会计财务科和事后监督中心，联合对中支营业部多岗位实施"会计业务跟班检查监督"。开展员工行为考核。组织全行干部员工填写了案件专项治理员工行为登记表，对经商、贷款、担保、社会交友、涉足黄赌毒等情况进行了排查。

认真做好纪检监察信访举报工作，1991—2009年受理信访件68件，严格按照信访报告制度办理，提高信访办结率。

2. 廉政教育工作

嘉兴市的金融职工，从20世纪80年代初的5 000人，到90年代初9 600人，队伍急剧扩张，人员素质难免参差不齐，人员比较分散，手中权力较大。为增强防腐能力，抵制种种诱惑，全市金融系统开展了形式多样、丰富多彩、持之以恒、卓有成效的思想教育活动。如1991年开展金融队伍教育、清理、整顿活动；1996年开展讲政治、讲改革、讲效益、讲法治，提高服务水平的"四讲一服务"教育；1997年开展树行业新风、创优质服务、防金融风险、促经济发展为重点的行风教育；1999年在领导干部中开展讲学习、讲政治、讲正气的党性党风教育；2000年开展职业道德教育；2001年开展"三个代表"重要思想教育；2005年开展保持共产党员先进性教育活动，全面提高党员干部思想素质。另外还有经常性的形势政策教育、法纪教育和警示教育。通过电化教育、案例分析、请英模作报告、请专家作辅导、让案犯现身说法、举办政治培训班、读书会、知识竞赛、演讲比赛等途径，使广大干部职工保持清醒头脑，对金融犯罪形势有一个清醒的认识，增强了对各种诱惑和腐蚀的抵制能力。同时，2005年人行嘉兴市中心支行网页中专门开辟了"反腐倡廉 激浊扬清"网页，成为党风廉政建设和廉政文化的宣传窗口和园地。2008年以深化廉政文化建设为契机，创新"五个一"教育平台。人行嘉兴市中心支行纪委与党务部门联合推出的每日《三分钟导读》、每周《小故事大道理》、每月"南湖课堂学习日"、每月中心组理论学习资料、每季《干部职工理论学习要点》和《廉文荐读》，每年举办一批读书班、推荐一批好书、组织廉政建设经验交流等"五个一"组合学习模式将廉政教育全面融入职工素质教育工程中，变纪委"独唱"为全员"合唱"。

3. 执法监察工作

执法监察是金融行政监察的一项重要工作。自建立全市金融系统监察体系后，这项工作进一步开展起来。除了在查处经济案件和纠风治乱中对执行方针政策法规情况进行监督检查外，嘉兴市各级行司监察部门积极探索开展专题专项执法监察的路子，由试点到全面有步骤地进行。执法监察是维护金融秩序、防范经济犯罪的重要手段。嘉兴市金融业开展执法监察始于

1991年，头几年主要是配合稽核、计划、财会等业务管理部门，开展结算纪律检查、信贷资产质量稽核、呆滞呆账贷款调查、逾期贷款清理、执行货币信贷政策、执行计划等金融法规、规章制度执行情况检查，了解本系统执行政策法规和规章制度情况，摸索开展执法检查的方法。

中国人民银行在1994年12月下达《金融系统执法监察工作暂行办法》，规范和推动了执法监察工作，明确执法监察工作的任务是促进被监督单位认真贯彻执行国家金融方针政策；增强监督对象遵纪守法、廉政勤政意识，正确履行职责；纠正违反国家金融法规的行为；协助被监督单位改善和加强内部管理，维护金融秩序，保障金融改革措施的顺利实施。规定执法监察的程序为立项、通知、进点会谈、自查、项目小结、检查事实与评价、反馈、反馈意见认定、监察报告、监察建议、跟踪监察、资料归档等，规范和推动了全市金融系统执法监察工作的全面开展。嘉兴市金融系统监察室和各行司监察部门先后开展了对全市证券交易、信贷、结算等部门，支农信贷政策贯彻落实情况、执行信贷、储蓄利率政策、公款购礼卡、非法集资、擅自开办储蓄机构、与经济实体脱钩以及财务管理等项目的执法监察工作，及时发现和纠正了隐患和问题。如1995年对重业务轻管理、有章不循、违章操作现象进行曝光，对乱提利率、乱集资、乱设金融机构问题进行查处；1996年对金融机构合规经营进行监察；1997年在对违规经营、贷款质量等项执法监察中处理处罚了一批违规违纪人员，维护了金融法规的严肃性，纠正和制止了一些违法违纪苗头和问题。

20世纪90年代末，嘉兴市金融执法监察进入了由监察部门组织、各业务管理部门共同参与、专项监察与常规监察相结合的新阶段，内容扩大到党风廉政建设责任制、内控制度执行情况、案件防范情况和业务部门履行职能情况等更大范围。各行司每年都制定年度执法监察计划，会同稽核、财会、零售业务、信贷管理等业务管理部门开展有针对性的执法监察。2000年市金融系统监察室组织对3个县支行以内控制度执行情况为主要内容的执法监察，有效地发挥了纪检监察部门促进内部管理、防范经济案件的作用。2001年4月，联合内审部门，对中心支行金融管理科、合作金融机构管理科履行监管责任制情况的执法监察。2002年自选项目开展了以固定资产管理为主要内容的内部管理制度执行情况的执法监察。2003年全市各行司都结合各自实际开展了执法监察。如工行嘉兴分行开展了依法合规大检查；中行嘉兴市分行组织开展了业务风险大检查；建行嘉兴市分行开展了有章不循、违章操作专项治理活动；市商业银行开展窗口服务规范达标大检查等。2004年自选项目对人行嘉兴市中心支行营业部落实内控制度情况进行了执法监察。2005年对人行嘉兴市中心支行国库科落实内控制度及行政许可实施情况进行了执法监察。

### 三、各银行机构纪检监察

（一）中国工商银行嘉兴分行

中国工商银行嘉兴分行一直以来十分重视全行的廉政教育和氛围营造，在面对复杂的经济形势和激烈的竞争态势下，大力开展廉洁从业教育与监督工作，共同营造良好的廉政氛围，构建起工行嘉兴分行的廉政企业文化，让廉洁自律作为工行嘉兴分行员工的自觉行动，使全行廉政风气不断上升。

1991年加强领导班子建设,在开展思想作风整顿和"教育、清理、整顿"中,各行党组都召开民主生活会,开展批评与自我批评,并针对存在问题,切实研究改进或解决的办法。各行在思想作风整顿中,将加强思想建设、树立为经济中心服务、密切联系群众与掌握批评武器等要求作为班子与队伍建设的内容。进一步促进廉政建设,提高拒腐防变能力。全市共拒收退物品126件次,上交礼品30件,两项合计折价7 789元。

1993年积极探索新时期监察工作的特点和形式,及时查处经济犯罪案件,减少银行经济损失,开展纠正行业不正之风工作的调查,反对腐败,抓好干部的廉政建设。

1994年加强教育,强化廉政勤政意识,增加干部职工遵纪守法意识,提高反腐倡廉的自觉性。并要求党员干部以身作则,市、县二级行的党组一班人认真对照中央提出的"五条规定"进行自查,并在此基础上,分别召开了党组民主生活会。开展对违反规定无偿占用企业通信设备、违反规定购买汽车、借用企业豪华小轿车等的调查清理。

1995年本着节约的精神,在上半年行庆十周年、机构分设、新办公大楼落成"三喜临门"之际,不宴请,只开了1小时的新闻发布会,在社会上产生较好影响。各级行领导也带头执行廉政建设有关规定,据不完全统计,1995年元旦、春节期间,上缴各种礼金等13 450元。

1996年继续加强廉政建设,组织观看法制教育录像片、上法制宣传课,提高了全行员工拒腐防变的自觉性,开展"六查、六看、六再增"活动,推动"班子树正气,队伍树士气,员工树志气,工行树名气"的良好行风形成。各级领导干部率先垂范,全体员工自觉遵守纪律,据统计全行共拒绝公款宴请娱乐117次,各级干部上交礼品计价45 552元,拒收45 600元。

1997年制定出台《加强市分行机关作风建设的若干规定》,就劳动纪律、办事秩序和效率、卫生、勤俭办行、自身形象、仪表着装、举止行为、组织纪律等九个方面做了具体规定,并将执行情况作为今后部门行风建设和评议考核的主要内容和依据。

1998年重点开展"从严治行、强化管理、防范风险、遏制案件"、"行风建设回头看"、"从严治行回头看"等多个活动,全行设立行风管理常设机构9个,人员9名,聘请社会行风监督员118名,设立监督电话19部,意见箱135个。市分行近百人次下基层支行进行明察暗访,检查网点390多个次。

1999年开展"三讲"教育,深刻剖析自身存在的问题,并从思想根源上寻找原因,提出具体整改措施,进一步增强整个领导班子的凝聚力和战斗力。在政治思想建设、组织建设、作风建设和制度建设等方面,设置了39项考核指标,建立了衡量总支(支部)工作好差的统一标准。

2000年制定了《党风廉政建设责任制量化考核办法》,各级领导干部能严格遵守"五个不准"、"十个严禁"等规定,廉洁自律,据上下半年对8个支行进行的两次廉政建设责任制量化管理考评显示,全市平均得分都在95分以上。

2001年制定了《关于加强和改进思想政治工作的意见》,在提高对新时期加强和改进思想政治工作必要性、紧迫性的认识,深入开展理论学习和思想政治教育,落实"一岗两责",紧紧围绕改革发展,做好一人一事的思想政治工作等方面予以规范。针对改革过程中部分机关员工存在的工作作风、思想作风、学风等方面的问题,在市分行机关开展了思想作风纪律教育整顿活动，通过学习教育、对照检查、整顿提高，解决机关员工思想作风、精神状态问题，树立机关创新、团结、高效、廉洁的新形象。

2002年开展"创先争优"、"五个一"等活动，加强各行党组织建设和党员队伍建设。通过领导谈话、群众监督、公开办事制度等，倡导勤政清廉的风尚。

2004年开展党员先进性教育，突出党员发展和"创先争优"两个重点，加强领导班子、党风廉政和作风"三项建设"，完善中心组学习、民主生活、员工座谈会和"三会一课"等，各级党组织的战斗堡垒作用得到有效发挥。

2007年出台加强作风建设的四项制度，不断加强各级领导干部的工作作风、思想作风和学风建设。

2008年以党风廉政建设责任制为保证，深入开展形式多样的党风廉政建设和反腐倡廉工作，提高各级领导班子和广大党员的素质。

2010年将节日廉政提醒、日常警示教育、定期开展宣传、认真做好监督作为加强党风廉政建设的基本举措。结合主题教育，在全行开展好廉政从业和防案教育，努力筑牢员工的思想道德防线。组织员工观看了《珍惜职业生涯　远离经济犯罪——黑龙江省分行警示教育演讲报告会》的录像片和《算一算七笔账　常思贪欲之害》警示教育片，并组织125人次去杭州参观金融系统反腐倡廉建设巡展。节前，向全行干部员工提出廉洁自律的要求。各级管理人员要带头抵制各种不正之风，不得违规收送礼品、礼金，无法拒收的要及时上缴；要带好队伍，教育员工自觉遵守《嘉兴市民文明守则》，远离"黄、赌、毒"，不搞封建迷信，在全行大力营造廉洁、节俭、和谐、安定的节日气氛。全年共有180人上缴了"三礼"，共计735笔，折计人民币81.05万元。

(二) 中国农业银行嘉兴分行

1985年8月，中共中国农业银行嘉兴市支行党组纪律检查组成立，1988年8月设立监察室，协助党组搞好农行、信用社的党风廉政建设。

1991年，贯彻全省金融系统、检察院的联合"通告"，深入开展揭查各类违法违纪案件活动。全年共受理并处理群众来信来访121件；查处各类违法违纪案件16起。

1992年，建立经济案件责任制，将经济案件纳入行长年度考核内容。

1993年，认真学习中纪委二次会议精神，24名市、县行领导对照中纪委五条规定自查自纠，上缴和拒收现金、代价券等42 245元。

1994年，深入开展"二五"普法活动，层层签订经济案件防范责任书。

1995年，对照中纪委"二个五条"规定和"七行一司"的要求，对行社干部的廉洁自律情况开展自查自纠。据统计，当年拒绝参加可能对执行公务有影响的宴请1 000余人次，拒绝参加公费支付的各类娱乐活动500多人次，拒收、退回、上交各种礼品、礼金、代价券309 549元。

1996年，实行岗位轮换制度，加强岗位制约，防止以岗谋私。当年轮岗318人。

1997年，制定了《接待标准和会议费用标准》，制止公款吃喝。制定了《中国农业银行嘉兴市分行公费配置通讯设备若干规定》，当年清理移动电话机171部、住宅电话87部、BP机117台，全部折价给个人。

1999年，建立案件防范与化解风险分析会议制度，及时研究分析防范风险和遏制案件的新情况、新问题，尽力将风险与案件扼杀在萌芽之中。

2002年，全辖9个行党委（支部）或纪委专门向其开户单位发出廉政公开信共2 259封，在感谢各开户单位对农行工作支持的同时，明确提出协助抓好党风廉政建设和行风建设，并对该行干部员工进行监督。同时在1月和8月对市分行机关干部、员工集中进行了二次行为考核，通过对员工政治思想、业务工作、经济收支、社会交往、生活方式等方面了解分析，看其有否苗头性、倾向性问题和违法违纪迹象，从而采取预防措施。

2004年，根据农总行的部署开展整肃行风行纪活动。活动第一阶段在组织员工学习的基础上写出书面学习体会；第二阶段每个领导干部撰写书面自我剖析和自我评价材料；第三阶段对自查中发现的问题，对照制度规定和整肃内容逐条进行梳理，制订整改计划。

2005年，根据党风廉政建设的形势和任务，联系实际开展多种形式的法纪教育：一是组织本级机关党员干部学习党的十六届四中全会、中纪委五次全会精神，《中国共产党党员领导干部廉洁从政若干准则（试行）》等文件；二是组织机关全体党员干部集中收看警示录像片《迟到的忏悔》、《不应重复的代价》，警示广大干部引以为戒，防微杜渐；三是编发《警示教育》，发至副科级以上领导干部学习，提高各级领导干部拒腐防变的能力。

2009年，建立健全党风廉政建设责任制，明确各级在抓党风廉政建设中的职责，对9家一级支行党风廉政建设责任制进行量化考核。认真开展领导班子和领导干部"三谈一述"工作和信访核查工作。全辖共进行谈话94人次，其中市分行纪委书记谈话11次。开展党委班子和班子成员述廉工作，全辖9个支行领导班子和36位领导干部开展述廉。认真执行领导干部重要事项报告制度和廉政提示制度，辖内各级领导干部个人重大事项报告64人次，共寄发新提拔领导干部廉政提示函109份，收到回函109份。抓廉政档案建设，全辖各行全部建立了干部廉政档案。

2010年，一是组织员工观看警示教育片、赴监狱接受警示教育，学习《中国共产党党员领导干部廉洁从政若干准则》，持续开展党风廉政教育。二是及时完善党风廉政责任制组织领导和责任分工，修订党风廉政责任制考核办法，纳入绩效考核体系，层层签订党风廉政建设责任书。三是落实领导干部"两谈一述"、诫勉谈话、廉政提示等措施。全辖开展纪委书记与下级行主要负责人谈话102人次。四是落实领导干部个人重大事项报告制度。重新调整了领导干部重大事项报告内容以及报告对象。全年全辖执行个人重大事项报告568人次。五是组织开展领导班子和领导干部履职监督检查、一级支行高管人员问卷调查等活动。

（三）中国建设银行嘉兴分行

1991年2月，中国人民建设银行嘉兴市中心支行经浙江省分行党组批准，设立中共中国建设银行嘉兴市中心支行纪检组。1988年11月，建立监察室。此间，纪检监察部门的主要工作是协助党组抓好党风建设。1990年以后，查处违法违纪案件、纠正行业不正之风、党风廉政建设等成为工作重点。为切实加强案件风险防范，建立了"党政齐抓共管，纪委组织协调，部门各负其责，部门抓系统、部门对系统负责"的案件防查领导体制和工作机制。对举报有功人员实行奖励。把案件的查防工作列入年度考核内容中，从而做到了对案件的查防工作与其他工作同布置、同检查、同考核。

1995年，中国人民建设银行嘉兴市分行对水雨携款潜逃案件进行了专门查处，对相关责任人进行了责任追究和处分。建立了查案责任制，加大对责任人员尤其是对负有领导责任和部门管理责任人员的责任追究力度。

1998年，建立了每季一次的风险防范联席会议制度，定期分析风险隐患，提出整改意见，落实责任部门。组织开展"以案论纪，以案论法"巡回演讲、"五个一"教育等活动，狠抓风险防范教育和警示教育。有针对性地开展了员工行为动态管理

1999年，制定了党风廉政建设组织领导和责任分工制度，建立了党风廉政建设考核制度，将党风廉政建设责任制落实情况列入各行年度目标责任制考核内容。建立综合营业楼项目建设廉政监督制度，与基建办、施工单位、监理单位签订廉政协议，邀请市监察局进行全程廉政监督，得到市纪委领导和市建设市场执法检察组的充分肯定。

2000年，在全行组织开展了以爱岗敬业、遵纪守法为主要内容的职业道德教育活动。

2001年，组织对各支行开展《中国建设银行违规行为处理办法》执行情况和党风廉政建设责任制执法监察。

2003年，在全行组织开展"有章不循，违章操作"专项治理活动，加强员工行为动态管理，实施员工外观违章行为扣点管理办法。

2004年，建行嘉兴分行成立员工行为督查组，采取现场督查和录像监控抽查的方法，加大对违规行为的处罚力度。建立了经营管理风险损失的全面责任认定问责体系，全年共进行责任认定119起，处罚73人次。

2005年，深入组织开展案件专项治理活动，组织精兵强将对信贷、会计结算制度执行情况、基层机构负责人管理情况、安全保卫措施和档案保密制度落实情况开展专题检查，发现问题800个并落实了整改。

2006年，在全行建立纪检监察特派员制度，选聘了7名干部担任纪检监察特派员派驻各支行，加强监督检查，以进一步促进基层机构领导班子加强党风廉政建设，依法合规经营、有效防控案件与风险。

2007年，以落实《案件防控及整改方案》为重点，全面推进案件防查工作。在全行推行领导人员廉洁从业和合规经营"双指定"学习制度，确保每季廉政教育不少于一次。

2009年，制定实施《中国建设银行嘉兴分行建立健全教育、制度、监督并重的惩治和预防腐败体系五年工作实施计划》。组织开展案件风险"百日大排查"活动，在活动中共检查发现问题1 207个并全部进行了整改。

2010年，在全行组织开展"内控和案防制度执行年"活动，开展了"学制度、抓内控、防案件、促发展"主题活动、"风险、内控、合规文化建设"宣讲活动、"以案例为鉴，以案例为训"案例征集竞赛活动、会计主管谈会计营运风险内控活动以及现身说法警示教育活动等一系列活动，组织员工签署《廉洁合规从业承诺书》，继续深入开展案件专项治理工作，排查和整治易引发案件的违规行为，深化案件防控长效机制建设。

# 第四篇
## 保险机构与业务

# 第一章 保险机构沿革

## 第一节 概 述

从1991年到2010年这20年间,嘉兴保险业历经了由中国人民保险肩负行政职能独家经营,到财产保险、人寿保险分业经营;从2001年中国加入世贸组织后的承诺到国内保险市场全面开放,保险主体迅速扩增,市场竞争日益激烈的群雄逐鹿。在这个变革的年代,嘉兴保险业顺应时代潮流,审时度势,加快发展。以1995年为界,之前在嘉兴经营保险业务的只有中国人民保险公司一家保险机构。直到1996年后,人保"一统天下"的局面被打破,截至2010年12月,在嘉兴市注册开业的保险机构已达47家,其中:财产保险公司23家、人寿保险公司22家、政策性保险公司1家、专业性保险公司1家。在47家保险机构中,地(市)级分公司2家、中心支公司36家、营销服务部8家、政策性保险办事处1家。

2000年2月22日,嘉兴市成立保险行业协会。目前,下设8个专业委员会,分别是:机动车辆保险专业委员会、财产保险(非车险)专业委员会、寿险(团险)专业委员会、寿险银行(邮政)业务专业委员会、寿险(个人营销)专业委员会、健康保险意外保险专业委员会、保险中介专业委员会和保险宣传专业委员会。

## 第二节 财产保险机构

1991年至2001年,嘉兴保险市场尚未完全开放,经营财产保险业务的保险机构只有3家,分别是:中国人民财产保险股份有限公司嘉兴市分公司、中国太平洋财产保险股份有限公司嘉兴中心支公司、中国平安财产保险股份有限公司嘉兴中心支公司,其中,中国人民财产保险股份有限公司嘉兴市分公司为地(市)级分公司。2001年到2010年的10年间,财产保险机构新增22家(含政策性保险机构1家),特别是从2005年开始,随着中国加入世贸组织后对中国保险市场三年保护期的结束，保险市场随之全面放开，2005年至2010年落户嘉兴的财产保险公司多达15家。

### 一、中国人民财产保险股份有限公司嘉兴市分公司

1995年底，根据我国《保险法》的规定，经国务院批准，中国人民保险公司实施机构改革，原中国人民保险公司实行产、寿险分业经营，分设财产保险公司、人寿保险公司、再保险公司等专业子公司。中国人民保险公司嘉兴市分公司根据总公司和省公司的改革方案，于1996年上半年完成了产、寿险分业经营的机构改革任务。1996年3月25日，中保财产保险有限公司嘉兴市分公司正式成立，下辖7个支公司和3个营销服务部。1999年，中保财产保险有限公司嘉兴市分公司名称恢复沿用中国人民保险公司嘉兴市分公司。2003年，中国人民财产保险公司嘉兴市分公司重组更名为中国人民财产保险股份有限公司嘉兴市分公司（简称人保财险嘉兴市分公司）。公司注册地为嘉兴市斜西街213号。

### 二、中国太平洋财产保险股份有限公司嘉兴中心支公司

中国太平洋财产保险股份有限公司嘉兴中心支公司（简称太保财险嘉兴中支公司）其前身是中国太平洋保险公司嘉兴支公司。1997年5月16日，经省人民银行批准设立，同年6月16日挂牌开业。2000年11月，太保嘉兴支公司分业为产、寿险公司。2001年11月，经中国保监会批复正式定名为中国太平洋财产保险股份有限公司嘉兴中心支公司，下辖桐乡、海宁、嘉善、平湖、海盐等5个县级支公司，6个乡镇营销服务部。公司注册地为嘉兴市禾兴南路298号。

### 三、中国平安财产保险股份有限公司嘉兴中心支公司

中国平安财产保险股份有限公司嘉兴中心支公司（简称平安财险嘉兴中支公司）成立于1998年4月，下设海盐、海宁、桐乡、嘉善、平湖5家四级机构。公司注册地为嘉兴市吉杨路985号陆捷大楼一、二楼。经营业务范围涵盖车险、财产损失险、责任保险及信用与保证保险等一切法定产险业务及国际再保险业务。近年又适时开发推出了平安个人责任险自助卡、律师责任保险、会计师责任保险、董事及高级职员责任险、国内短期信用保险、补充工伤责任保险等符合市场需求的新险种。

### 四、其他财产保险机构

1. 天安保险股份有限公司嘉兴中心支公司，于2001年9月开始筹建，2002年3月8日正式开业，公司注册地为嘉兴市建国路华庭街财富中心七楼。天安保险是中国首家由企业出资组建的股份制商业保险机构，总部设在上海。

2. 大众保险股份有限公司嘉兴中心支公司，于2002年1月开始筹建，同年4月17日正式对外营业，公司注册地为嘉兴市南湖区新气象路618号国际会展中心商务楼五楼。大众保险由上海大众公用事业（集团）股份有限公司等26家大中型企业投资创建，总部设在上海。

3. 中华联合财产保险股份有限公司嘉兴中心支公司，于2003年5月21日正式成立，下设

嘉善、海宁、海盐、平湖、桐乡5个支公司，乍浦、许村、周王庙3个营销服务部。公司注册地为嘉兴市中环西路与洪兴路交叉口苏银国际大厦。总部设在新疆乌鲁木齐。

4. 2004年，有三家财产保险机构先后在嘉兴开业。分别是：总部设在深圳的华安财产保险股份有限公司嘉兴中心支公司，于2004年8月13日正式挂牌营业，注册地为嘉兴市洪兴西路1628号。总部设在深圳的太平保险有限公司嘉兴中心支公司，于2004年8月24日正式成立，公司注册地为嘉兴市建国北路锦江商务楼7楼。总部设在上海的中国大地财产保险股份有限公司嘉兴中心支公司，于2004年11月2日正式开业，公司注册地为嘉兴市勤俭路159号发展大厦。

5. 2005年，三家财产保险机构相继落户嘉兴。分别是：总部设在西安的永安财产保险股份有限公司嘉兴中心支公司，于2005年2月5日正式成立，公司注册地为嘉兴市二环西路2258号。总部设在北京的安邦财产保险股份有限公司嘉兴市中山西路营销服务部，于2005年3月31日开业，注册地嘉兴市凯旋路88号瑞鑫大厦15楼。2005年9月1日，总部设在北京的华泰财产保险股份有限公司嘉兴中心支公司正式开业，公司注册地为嘉兴市中山路672号世纪嘉园A座602室。

6. 2006年，新增三家财产保险机构在嘉兴开业。分别是：总部设于北京的都邦财产保险股份有限公司在嘉兴成立中心支公司，并于2006年8月3日正式开业，注册地为嘉兴市中山路汇丰广场A座10楼。总部设在上海的中国第一家专业汽车保险公司——天平汽车保险股份有限公司嘉兴中心支公司，于2006年10月24日开业，注册地为嘉兴市中山路1601号世纪广场10楼A座。2006年12月19日，总部设在北京的阳光财产保险股份有限公司嘉兴中心支公司正式对外营业，公司注册地为嘉兴市中山东路1135号。

7. 2007年，共有三家财产保险机构进驻嘉兴挂牌营业。分别是：总部设在北京的中银保险有限公司嘉兴营销服务部，于2007年2月9日正式挂牌开业，注册地为中山路县前街口。总部同样设于北京的永诚财产保险股份有限公司嘉兴中心支公司，于2007年4月18日正式开业，公司注册地为越秀南路中环广场C座301室。总部设在天津的渤海财产保险股份有限公司嘉兴中心支公司，于2007年9月24日成立开业，注册地为中环南路华东石油大厦二楼。

8. 2008年，又有四家财产保险机构抢滩嘉兴财险市场。分别是：总部设在北京的中国人寿财产保险股份有限公司嘉兴中心支公司，于2008年6月12日正式开业，公司注册地为嘉兴市凯旋路88号瑞鑫大厦2楼。总部设在深圳的第一家境外保险公司——民安保险（中国）有限公司嘉兴中心支公司，于2008年7月3日经批准正式成立，注册地为嘉兴市勤俭路363号三楼。2008年8月26日，以责任保险为特色，总部设在北京的长安责任保险股份有限公司嘉兴中心支公司正式成立，注册地为中环南路城南路口中核大厦三楼。2008年12月16日，总部设在重庆的安诚财产保险股份有限公司嘉兴中心支公司正式开业，注册地为嘉兴市昌盛路252号正益大厦5楼。

9. 2009年7月18日，总部设在上海的安信农业保险股份有限公司嘉兴中心支公司正式成立，公司注册地为嘉兴市新气象路618号702号7—8层。安信农业保险公司除经营传统的种植业和养殖业农业保险外，还经营财产保险、责任保险、信用和保证保险、短期健康和意外伤害保险和其他涉及农村、农民的财产保险等业务。

10. 2010年2月10日，总部设在浙江的浙商财产保险股份有限公司嘉兴中心支公司获准开业，公司注册地嘉兴市南湖区禾兴南路（梅湾街东区）19号楼3楼301室。浙商保险由浙江省商业集团、浙江省能源集团、雅戈尔集团、正泰集团等9家单位联合发起设立。

## 第三节　人寿保险机构

人寿保险机构的沿革与财产保险机构沿革类同，1991年到2000年的10年期间，在嘉兴寿险市场上专业经营人身保险业务的人寿保险公司只有3家，分别有：中国人寿保险股份有限公司嘉兴分公司、中国太平洋人寿保险股份有限公司嘉兴中心支公司、中国平安人寿保险股份有限公司嘉兴中心支公司。其中，中国人寿保险股份有限公司嘉兴分公司为地（市）级分公司，机构规模较大、业务较为发达。2001年到2010年的10年间，嘉兴人寿保险机构新增19家。

### 一、中国人寿保险股份有限公司嘉兴分公司

1996年5月，经浙江省人民银行（浙银发〔1996〕511号）批准同意，中国人民保险公司嘉兴市分公司分设成立为中保财产保险有限公司嘉兴市分公司和中保人寿保险有限公司嘉兴市分公司。分设后的中保人寿保险有限公司嘉兴市分公司下辖5个县（市）支公司，设有4个内部机构，2个营业部。1999年4月更名为中国人寿保险公司嘉兴分公司。2003年6月，中国人寿保险公司加快了改革发展的步伐，组建中国人寿保险（集团）公司，并独家发起设立中国人寿保险股份有限公司，公司总部设在北京。中国人寿保险股份有限公司嘉兴分公司（简称中国人寿嘉兴分公司）是隶属于中国人寿保险股份有限公司的地（市）级分公司，注册地为嘉兴市城东路108号。下辖嘉善、平湖、海盐、海宁、桐乡、秀州、南湖7个县（市、区）支公司。遍布全市的销售服务网络由个人代理人、直销人员及专业和兼业代理机构组成。

### 二、中国太平洋人寿保险股份有限公司嘉兴中心支公司

中国太平洋人寿保险股份有限公司嘉兴中心支公司（简称太保寿险嘉兴中心支公司）其前身是中国太平洋保险公司嘉兴支公司。1997年5月16日，经省人民银行批准设立，同年6月16日挂牌开业。2000年11月，太保嘉兴支公司分业为产、寿险公司。2002年1月23日，更名为中国太平洋人寿保险股份有限公司嘉兴中心支公司。公司目前地址为嘉兴市越秀南路882号。公司下辖海盐、海宁、平湖、嘉善、桐乡、南湖、秀州7个支公司及5家营销服务部。太保寿险是中国太平洋保险（集团）股份有限公司旗下的专业寿险公司，总部设在上海。

### 三、中国平安人寿保险股份有限公司嘉兴中心支公司

1998年6月8日，经中国人民银行批准，中国平安保险股份有限公司嘉兴支公司（寿险）正式开业。2001年10月，公司更名为中国平安保险股份有限公司嘉兴中心支公司（寿险）。2003年3月，公司完成分业重组，机构正式更名为中国平安人寿保险股份有限公司嘉兴中心

支公司（简称平安寿险嘉兴中支公司），公司注册地为嘉兴市越秀北路1098号。平安寿险是中国平安保险（集团）股份有限责任公司旗下的专业子公司，总部位于深圳。

### 四、其他人寿保险机构

从2001年到2010年的10年间，嘉兴共有19家人寿保险公司相继开业。尤其是"十一五"（2006—2010年）期间，新增人寿保险机构15家。

1. 2002年4月29日，总部设在北京的新华人寿保险股份有限公司嘉兴中心支公司正式开业，目前公司下设7个营销服务部，公司注册地为嘉兴市中山东路1135号。同年7月5日，总部同样设于北京的泰康人寿保险股份有限公司设在嘉兴的中心支公司正式对外营业，注册地为嘉兴市友谊路与洪兴路路口兴禹大厦8楼。

2. 2004年4月，总部设在上海的太平人寿保险有限公司嘉兴中心支公司和总部设在北京的民生人寿保险股份有限公司嘉兴中心支公司同时落户嘉兴。太平人寿保险有限公司嘉兴中心支公司注册地嘉兴市城北路279号同乐商务大厦3楼。民生人寿保险股份有限公司嘉兴中心支公司注册地为嘉兴市中山西路527号财富广场27楼。

3. 2006年2月至11月，相继有三家人寿保险机构进驻嘉兴寿险市场。分别是：总部设在上海的中宏人寿保险有限公司嘉兴营销服务部，于2006年2月13日正式成立，这是首家进入嘉兴市的外资人寿保险机构，注册地为嘉兴市环城西路385号汇丰广场A座8楼。2006年7月，总部设在深圳的生命人寿嘉兴中支公司正式开业，公司注册地为嘉兴市建国路惠肯商务楼四楼。2006年11月30日，中德安联人寿保险有限公司在嘉兴成立营销服务部，注册地为嘉兴市中山东路205号嘉华广场403室。中德安联是安联在华唯一的合资寿险公司，总部设立于德国的慕尼黑。

4. 2007年，共有五家人寿保险机构在嘉兴获准开业。分别是：总部设在北京的嘉禾人寿保险股份有限公司嘉兴中心支公司，于2007年8月17日正式开业，公司注册地为嘉兴市中山路639号中山名都1幢7楼。总部设在武汉和北京的合众人寿保险股份有限公司嘉兴营销服务部，于2007年9月20日成立开业，注册地为嘉兴市中山路中山名都1幢10楼。总部设在上海的国泰人寿保险有限责任公司嘉兴营销服务部，于2007年9月20日正式开业，注册地为嘉兴市中山东路1601号世纪广场6楼A座。2007年9月21日，平安养老保险股份有限公司在嘉兴成立中心支公司，注册地为嘉兴市越秀北路1098号四楼。2007年11月28日，总部设在北京的中国人民人寿保险股份有限公司嘉兴市中心支公司正式开业，公司注册地为嘉兴市南湖区东栅街道南溪西路1999—2001号。

5. 2008年，先后有七家人寿保险机构抢滩嘉兴寿险市场。分别是：总部设在北京的华泰人寿保险股份有限公司嘉兴中心支公司，于2008年1月18日正式开业，公司注册地为嘉兴市凯旋路瑞鑫大厦9楼。2008年1月31日，总部设在天津的中外合资寿险公司光大永明人寿保险有限公司嘉兴营销服务部正式开业，注册地为嘉兴市中山路639号中山名都1幢901室。2008年3月17日，总部设在北京的中国人民健康保险股份有限公司嘉兴中心支公司正式对外营业，公司注册地为嘉兴市中环西路1 000号远洋大厦B幢10—11楼。2008年3月25日，总部设在广州的信诚人寿保险有限公司嘉兴营销服务部正式开业，注册地为嘉兴市凯旋路88号瑞鑫大厦3楼。2008年9月18日,总部设在杭州的信泰人寿保险股份有限公司嘉兴中心支公司获批正式开业,公司注册地为嘉兴市华庭街财富中心6楼。2008年9月3日,总部设在杭州的正德人寿保险股份有限公司在嘉兴成立中心支公司,注册地为嘉兴市凯旋路58号信诺大楼二楼。2008年11月24日,总部设于上海的国华人寿保险股份有限公司嘉兴中心支公司正式开业,注册地为嘉兴市梅湾街10号楼。

## 第四节 其他保险机构

中国出口信用保险公司(简称中国信保,英文Sinosure)是我国唯一承办出口信用保险业务的政策性保险公司,其主要任务是:积极配合国家外交、外贸、产业、财政、金融等政策,通过政策性出口信用保险手段,支持货物、技术和服务等出口,特别是高科技、附加值大的机电产品等资本性货物出口,支持中国企业向海外投资,为企业开拓海外市场提供收汇风险保障,并在出口融资、信息咨询、应收账款管理等方面为外经贸企业提供快捷、完善的服务。主要产品包括:短期出口信用保险、中长期出口信用保险、投资保险、国内贸易信用保险、担保业务;主要服务有融资便利、应收账款管理及商账追收、资信评估服务以及国家风险、买家风险和行业风险评估分析等。2005年12月6日,中国出口信用保险公司浙江分公司在嘉兴设立中国出口信用保险公司嘉兴办事处,注册地为嘉兴中山西路远洋大厦8楼A座。主要任务是负责中国信保在当地的联络、沟通、宣传、调研、咨询、服务等工作,以充分发挥其政策性作用,更好地为当地外经贸事业的发展服务。

# 第二章 保险业务发展

## 第一节 嘉兴保险业发展概况

1995年以来,党中央和各级地方政府都十分重视保险业发展,在多份重要文件中提出要大力发展保险业,出台了一系列促进保险业改革发展的政策措施。1995年6月30日,第八届全国人民代表大会常务委员会第十四次会议通过了《中华人民共和国保险法》。党的十六届三中、五中全会对保险业的改革发展作出了一系列重要论述。2005年12月,嘉兴市人民政府办公室下发了《嘉兴市人民政府办公室关于促进我市保险业加快发展的意见》(嘉政办发〔2005〕159号)。特别是2006年5月,国务院常务会议专门听取保险工作汇报,研究保险业改革发展问题,印发了《国务院关于保险业改革发展的若干意见》(国务院〔2006〕23号)(以下简称《若干意见》)。2006年12月,嘉兴市人民政府结合嘉兴实际下发了《嘉兴市人民政府关于进一步加快保险业改革发展的实施意见》(嘉政发〔2006〕99号)(以下简称《实施意见》)。《若干意见》和《实施意见》深刻分析了加快保险业发展的重要意义,提出了保险业改革发展的一系列重大政策,为保险业改革发展指明了方向。

"八五"期间(1991—1995年),嘉兴保险业由中国人民保险公司嘉兴市分公司独家经营,5年累计收入保费9.38亿元(见表4-2-1)。而到"九五"期间(1996—2000年),嘉兴保险业开始实行产、寿险分业经营,随着保险市场的逐步放开,保险业规模迅速扩大。以人保财险嘉兴市分公司和中国人寿嘉兴分公司为例,两家公司5年累计产、寿险收入保费达28.48亿元(见表4-2-2)。从2001年开始,保险市场全面放开,业务规模始终保持两位数增长比例,尤其是"十一五"期间(2006—2010年),嘉兴市国民经济的持续快速发展,保险需求的不断扩大,把保险业带入了"快车道",保费收入增势强劲,据嘉兴市保险行业协会统计,2006年至2010年底的五年间,全市保险业务累计收入保费231.39亿元(见表4-2-4),其中:财产保险保费收入77.93亿元;人身保险保费收入153.26亿元。

2010年底,全市保险深度(年保费收入/年地区生产总值)2.85%;保险密度(年保费收入/户籍人口)1 916.86元。

表4-2-1　　　　　　　　　　1991—1995年嘉兴市保险业务经营情况

（中国人民保险公司独家经营，产、寿险合计）　　　　　　　　　单位：万元

| 年份 | 保费收入 | 赔款及给付 |
| --- | --- | --- |
| 1991 | 10 485 | 2 454 |
| 1992 | 13 336 | 3 531 |
| 1993 | 15 062 | 3 667 |
| 1994 | 22 907 | 5 839 |
| 1995 | 31 989 | 9 032 |
| 合计 | 93 779 | 24 524 |

资料来源：中国人民财产保险股份有限公司嘉兴市分公司统计资料。

表4-2-2　　　　　　　　　　1996—2000年嘉兴市保险业主要经营业绩

（分业经营初期产、寿险分别经营业绩）　　　　　　　　　单位：万元

| 年份 | 人保财险嘉兴分公司 | | 中国人寿嘉兴分公司 | |
| --- | --- | --- | --- | --- |
| | 保费收入 | 赔款支出 | 保费收入 | 赔款及给付 |
| 1996 | 20 606 | 10 266 | 14 442 | 5 817 |
| 1997 | 22 934 | 12 670 | 22 090 | 12 468 |
| 1998 | 28 168 | 14 633 | 36 572 | 13 809 |
| 1999 | 29 479 | 17 926 | 39 018 | 11 417 |
| 2000 | 28 533 | 14 815 | 42 999 | 9 024 |
| 合计 | 129 720 | 70 310 | 155 121 | 52 535 |

资料来源：人保财险嘉兴分公司和中国人寿嘉兴分公司年度统计资料。

表4-2-3　　　　　　　　　　2001—2005年嘉兴市保险业主要经营业绩

（全部产、寿险公司经营业绩合计）　　　　　　　　　单位：万元

| 年份 | 财产保险 | | 人寿保险 | |
| --- | --- | --- | --- | --- |
| | 保费收入 | 赔款支出 | 保费收入 | 赔款及给付 |
| 2001 | 40 121 | 19 227 | 82 163 | 11 503 |
| 2002 | 47 678 | 22 254 | 138 624 | 13 381 |
| 2003 | 55 214 | 29 906 | 170 477 | 21 880 |
| 2004 | 73 451 | 39 183 | 174 157 | 19 370 |
| 2005 | 83 595 | 53 237 | 183 949 | 182 756 |
| 合计 | 300 059 | 163 807 | 749 370 | 248 890 |

资料来源：嘉兴市保险行业协会统计年报。

表4-2-4　　　　　　　2006—2010年嘉兴市保险业主要经营业绩

（全部产、寿险公司经营业绩合计）　　　　　　单位：万元

| 年份 | 财产保险 | | 人寿保险 | |
| --- | --- | --- | --- | --- |
| | 保费收入 | 赔款支出 | 保费收入 | 赔款及给付 |
| 2006 | 101 950 | 49 802 | 206 032 | 34 676 |
| 2007 | 127 720 | 61 040 | 229 196 | 133 047 |
| 2008 | 144 049 | 99 879 | 332 395 | 65 851 |
| 2009 | 173 556 | 86 893 | 342 212 | 73 550 |
| 2010 | 232 069 | 99 415 | 422 775 | 42 799 |
| 合计 | 779 344 | 397 029 | 1 532 610 | 349 923 |

资料来源：嘉兴市保险行业协会统计年报。

## 第二节　财产保险业务的发展

改革开放之后特别是"十一五"（2006—2010年）以来，嘉兴市财产保险业务处于高速发展阶段。从保险种类看，1991年到2010年的20年间，人保财险嘉兴市分公司开办的保险种类由32个险种发展到目前的724个险种。从业务结构看，占嘉兴市财产保险市场份额最大的险种为机动车辆保险，至2010年底，全市机动车辆保险保费收入18.2亿元，其中机动车交通事故责任强制保险保费收入4.02亿元；其次为企业财产保险保费收入2.43亿元。家庭财产险、责任险比重较小，2010年底，家庭财产险收入保费4 720万元，责任险收入保费4 159万元。从扩容速度看，以"十一五"（2006—2010年）为例，嘉兴市财产保险的扩容速度连年超过GDP的增长速度（见表4-2-5）。

表4-2-5　　　　　嘉兴市GDP增长率与财产保险保费增长率对比　　　　　单位：%

| 年份 | 2006 | 2007 | 2008 | 2009 | 2010 |
| --- | --- | --- | --- | --- | --- |
| GDP增长率 | 13.7 | 14.4 | 10.7 | 9.3 | 13.7 |
| 保费增长率 | 21.89 | 25.32 | 12.76 | 20.63 | 33.62 |

资料来源：嘉兴市统计公报和嘉兴市保险行业协会年报。

### 一、机动车辆保险形成"一险独大"格局

2000年底，嘉兴全市承保机动车辆仅有20.52万辆，保险费收入1.87亿元，至2010年底，全市机动车辆保险业务承保数量达到了95.19万辆，保费收入18.2亿元。全市机动车辆保险保费收入10年增长10倍，是嘉兴市财产保险业中的第一大险种。从"十一五"（1996—2010年）的发展情况看，车险保费在财产保险业务中占比持续走高（见表4-2-6），总体上

已超过了70%，根据嘉兴市保险行业协会统计数字，截至2010年底，嘉兴市共有22家财险公司车险业务占总保费收入的比例超过70%。

表4-2-6　　　　　　　　　　　　嘉兴市车险保费占比　　　　　　　　　单位：亿元，%

| 年份 | 2006 | 2007 | 2008 | 2009 | 2010 |
|---|---|---|---|---|---|
| 产险总保费 | 10.19 | 12.82 | 14.40 | 17.36 | 23.21 |
| 车险保费 | 6.91 | 9.04 | 9.98 | 12.37 | 18.20 |
| 车险保费占比 | 67.81 | 70.51 | 69.31 | 71.26 | 79.41 |

资料来源：嘉兴市保险行业协会年报。

自2006年开始，依据国家《道路交通安全法》规定，全市全面实施机动车辆险第三者责任强制保险，至2010年底，全市"交强险"累计保费收入13.07亿元。对机动车辆保险业务的大发展起到推波助澜的作用。

## 二、政策性"三农"保险实现新跨越、新突破

2006年4月，嘉兴市正式启动政策性农业保险试点工作，并于2006年11月在全市推广政策性农村住房保险试点工作，其保险对象为具有农业户籍的农村居民自有的、用于生活居住的房屋（仅指房屋主体，不包括附属建筑物），每户房屋保额为18 000元，其中每间房屋保额为3 600元。在保险期间内，保险房屋发生保险责任范围内的倒塌，保险公司按房屋倒塌程度等级确定赔偿金额。人保财险嘉兴市分公司作为政策性农业保险共保体首席承保人，具体承担了该项目的运作。2007年，试点范围扩大到桐乡、平湖、海盐、嘉善4个县（市），并增加了"能繁母猪保险"，其中"能繁母猪保险"规模列全省第一，并成为全省政策性农业保险规模最大的地区。2008年试点范围再次扩大到全市7个县（市）区，保险种类增加了奶牛保险和油菜保险。根据我市农产品品种比较丰富的特点，实行"4+X"基本选保模式，其中"4"是指水稻、油菜、能繁母猪、奶牛4种国家财政补贴品种；"X"是指各县（市）区在大棚蔬菜、露地西瓜、生猪、鸡、鸭等品种中根据实际需要自行选择的地方特色品种。至2010年底，人保产险和太保产险组成的农险共保体共为94 256户农户承担了6.42亿元保险金额的农业保险保障，收取保费3 259万元。

2007年，嘉兴市在全省乃至全国率先推出了政策性农民自主创业保险。参保对象为嘉兴市行政区域内具有工商登记的个体工商户（环保部门界定的污染企业除外），后来又扩展到当地未办理登记手续的个体工商业者及在外地具有工商登记按章纳税的个体工商户。保险组合包括个私财产险、雇主责任险、人身意外伤害险、住院津贴险4个基本保险品种，以及普通家庭财产险、子女意外伤害险、货物运输险、机动车辆险等自选险种。在保费交纳上则坚持"农民自主掏一点、保险公司优惠一点、政府财政支持一点"的原则，按商业保险的最低费率确定基础险种组合总保费600元，其中40%的保费由政府财政补助，参保农户1年仅需负担360元。

2007年11月9日，由国务院办公厅、发展改革委、农业部、中国保监会组成的联合调研组专程到平湖市就农业保险开展情况进行专题调研。联合调研组听取了平湖市委副书记胡水良和人保财险平湖支公司关于开展农业保险工作以来的主要做法、经营状况、取得的经验及面临

问题的汇报。调研组实地走访了平湖市的种植业及养殖业大户，重点围绕种养殖业保险投保及理赔情况进行了深入调研。

至2009年12月，南湖和秀州两个试点区自主创业保险参保农户达到991户，实现保费收入58.9万元，保额601.2万元，共受理案件18起，理赔16.3万元。"政策性农民自主创业保险"也获得了2009年浙江省保监局颁发的保险创新一等奖。

### 三、重点工程建设保险和责任保险同步发展

2005年2月4日，大众保险嘉兴中心支公司成功承保杭州跨海大桥三个标段的建工一切险，保费收入达218.5万元。

2007年，永安财险嘉兴中心支公司承保申嘉湖高速公路建工险，收入保费97.5万元；2009年，再次承保嘉兴至绍兴高速公路建工险，保费76.6万元。

2009年起，人保财险以57%的份额作为首席承保人，联合3家财产保险公司成立了政策性医疗责任保险共保体，顺利实现了本级公立医院医疗责任险的统保工作。

为解决中小企业融资难、担保难及生产流通中原材料、产成品大量占用企业流动资金等问题，长安责任保险嘉兴中心支公司通过与银行以及社会各界的共同努力，创新地开展了资产监管责任保险。

都邦财险嘉兴中心支公司特别推出了为家庭装修设计的"家装险"、"个人安心无忧"意外险以及"监护人责任险"。

### 四、"信保"业务助飞嘉兴经贸事业发展

2006年1月，嘉兴信保全面推出保险融资业务，解决出口企业资金需求、加速企业资金周转。当年即支持全市出口企业融资1.6亿元人民币。2007年，全面推出国内贸易信用保险业务，并于2007年10月签订第一张内贸险保单。2010年5月，嘉兴信保为进一步履行政策性职能，切实支持我市中小企业发展，解决企业融资难问题，积极推广全国首个短期出口信用保险中小企业简易投保模式。并利用出口信用保险拓宽贸易融资渠道，帮助企业规避汇率风险。2010年上半年支持嘉兴市企业融资8 103万美元，同期增长193.03%，向40多家企业提供融资支持。

## 第三节 人寿保险业务的发展

1991年至1995年，嘉兴市人身保险业务由中国人民保险公司嘉兴市分公司独家经营，开办险种主要以简易人身保险、个人养老金保险和意外伤害保险业务为主，年保费规模不足5 000万元。从1996年至2001年，得益于寿险业的分业经营和良好的宏观社会经济环境，嘉兴市人身保险业务得到了飞速发展，从1998年开始，嘉兴市人身险保费规模始终超过财产保险。特别是2001年以来，随着投资型新型寿险产品的问世，嘉兴寿险业更是得到了高速发展，至

2010年底，全市实现人身保险费42.28亿元，同比增长23.05%。其中，个险营销业务19.33亿元、团体保险业务2.68亿元、银（邮）代理业务20.19亿元。寿险保费收入占嘉兴市全部保费收入比例为64.54%。从业务结构看，传统寿险和分红型寿险等产品占据主导地位。以个险营销业务为例，2010年底，全市个险营销业务中传统寿险保费7.93亿元，分红型寿险保费9.45亿元。

### 一、引入寿险营销机制，促进寿险业快速发展

1996年6月，中国人寿嘉兴分公司率先引进寿险营销机制，在市本级首批招聘营销员70名。同年10月，完成了营销机制向全市各县（市、区）辐射工作，销售的寿险产品主要以储蓄型、但不分红的传统保险产品为主。经过为期六个月的推广试点，中国人寿嘉兴分公司不但为全面引入个险营销机制积累了经验，同时也为寿险业务发展注入了新的活力。至1996年底，全市个险营销业务保费收入1 504万元，实现了零的突破。1997年，太保寿险嘉兴中支公司开始引入个险营销机制；1998年，平安寿险嘉兴中支公司也引入了个险营销机制。至1998年底，三家寿险公司个险营销业务保费总量突破2亿元，达到了2.18亿元。个险营销机制的引入，使嘉兴寿险业有了第一次飞跃，不仅为我市寿险业带来了新的发展机遇，而且也拓宽了市场，提高了寿险产品的销售能力。

### 二、2001—2010年，新型寿险产品的高速发展期

2001年以来，嘉兴市各人寿保险公司相继推出投资型新型寿险产品，先是平安寿险嘉兴中支公司推出投资连结保险。2001年4月30日，中国人寿嘉兴分公司通过杭州保监办"推广分红险保险业务"检查验收，正式开始推出分红型保险业务。之后太保寿险嘉兴中支公司推出了万能险。现在各公司都有了形式多样的分红型保险和投资连结保险产品。其产品主要特点是：（1）以储蓄型和投资型产品为主，保险责任回归为比较单一，主要为两全保险和终身保险；（2）产品的创新一般从个人寿险开始，逐步扩大到团体年金保险，而且具有明显的退休基金管理功能；（3）责任单一的、免核保要求的银行保险产品逐步成为市场竞争的焦点。据统计，2010年底，全市共有18家寿险公司经营银行保险产品，保费规模达到了20.19亿元，占寿险总保费收入的47.75%。

### 三、市场供给不断增加，形成多元化共同发展格局

2001年11月，根据中国加入世贸组织后寿险业的对外承诺，国内保险市场逐步开放，嘉兴寿险市场供给不断增加，行业活力明显增强，市场发展日益活跃，形成了多元化共同发展的格局。以"十一五"（2006—2010年）嘉兴市寿险市场份额为例（见表4-2-7），2006年底，中国人寿嘉兴分公司、太保寿险嘉兴中支公司、平安寿险嘉兴中支公司三家公司合计市场份额为95%，而到2010年以上三家公司的市场份额为63%。此外，根据2003年1月1日实施的新《保险法》规定，财产保险公司也开始经营短期健康保险和意外伤害保险业务，从而更加剧了寿险市场短期健康保险产品和意外伤害保险产品的竞争。2003年以来，全市寿险公司经营的短期健康保险和意外伤害保险业务占比平均为85%左右，另有15%左右的短期健康保险和意

外伤害保险业务来自财产保险公司。

表4-2-7　　　　　　　　嘉兴市2006—2010年寿险市场份额　　　　　　单位：亿元，%

| 公司名称 | 2006年 | | 2007年 | | 2008年 | | 2009年 | | 2010年 | |
|---|---|---|---|---|---|---|---|---|---|---|
| | 保费 | 份额 | 保费 | 份额 | 保费 | 份额 | 保费 | 份额 | 保费 | 份额 |
| 中国人寿 | 13.7 | 66.67 | 14.11 | 61.56 | 18.20 | 54.61 | 16.08 | 46.80 | 16.76 | 39.64 |
| 太保寿险 | 3.22 | 15.67 | 2.85 | 12.43 | 3.08 | 9.24 | 3.04 | 8.85 | 4.20 | 9.93 |
| 平安寿险 | 2.54 | 12.36 | 3.07 | 13.39 | 3.72 | 11.16 | 4.93 | 14.35 | 5.73 | 13.56 |
| 其他寿险 | 1.09 | 5.3 | 2.89 | 12.62 | 8.33 | 24.99 | 10.31 | 30.00 | 15.59 | 36.87 |
| 合计 | 20.55 | 100 | 22.92 | 100 | 33.33 | 100 | 34.36 | 100 | 42.28 | 100 |

资料来源：嘉兴市保险行业协会年报。

### 四、创新"三农"保险产品，加大农村市场拓展力度

根据市场需求，各寿险公司在积极拓展传统型和投资型寿险产品的同时，大力开展"三农"保险业务，加大了"两乡"（乡镇、乡村）保险业务的开发力度，相继开办了失地农民和外出务工农民养老保险、新居民意外伤害保险和新型农村合作医疗保险等。2000年9月，中国人寿嘉善县支公司在新学期开学之际，给来该县落户的91名三峡移民学生送去了"国寿学生、幼儿平安保险"，每人可获得三万元的保险保障，共计保险金额273万元。切实解决了三峡移民安家落户的后顾之忧。

2003年11月，太保寿险嘉兴中心支公司在农村市场推广"安贷宝借款人意外伤害保险"。这一产品有效填补了农村个人短期贷款市场无专用保险产品的空白，并与农业保险、农村新型合作医疗保险共同形成了多层次、全覆盖的保险网。它不但解决了农户贷款难的问题，同时消除了银行的后顾之忧，实现了农户、银行和保险公司的"三赢"，得到了中国保监会等各级领导的充分肯定和《人民日报》等国内主流媒体的广泛报道。至2010年底，公司已为50余万户农户提供了保险保障服务，累计为500多亿元信贷资金的安全系上了"保险带"。此外，国华人寿嘉兴中心支公司与嘉兴市新居民管理局合作开办了"新居民意外险"等。

# 第三章 保险保障与服务

## 第一节 保险理赔与给付

1991年以来,特别是"十一五"以来,全市各家公司紧紧围绕嘉兴经济社会发展大局,不断满足经济社会对保险的需求,保险的经济保障和经济补偿作用得到有效发挥,为稳定企业经营、安定人民生活方面发挥了重要保障作用。

"八五"期间(1991—1995年),在人保公司独家经营的5年间,共支付各类保险赔款及给付3.13亿元,其中财产保险赔款1.64亿元,人身保险赔款及给付共计1.49亿元。

"九五"期间(1996—2000年),产、寿分业经营初期,以人保财险嘉兴市分公司和中国人寿嘉兴分公司为例,两家公司5年累计支付各类保险赔款及给付12.28亿元,其中财产保险赔款7.03亿元,人身保险赔款及给付共计5.25亿元。

"十五"期间(2001—2005年),随着保险业的不断发展,保险赔款和给付也随之增加,各产、寿险公司5年累计支付保险赔款及给付总额达41.27亿元,其中财产保险赔款16.38亿元,人身保险赔款及给付共计24.89亿元。

"十一五"期间(2006—2010年),在业务高速发展的同时,保险保障功能也得到充分发挥,产、寿险公司近5年来累计支付保险赔款及给付总额达到了74.69亿元,其中:财产保险赔款39.7亿元;人身保险赔款及给付共计34.99亿元。

### 一、财产保险理赔

1999年6月30日,嘉兴市遭遇百年未遇的特大洪灾(简称"6·30"洪灾),使工农业生产遭受重大损失,受灾企业之多,受灾面之广,创历史最高纪录,其中人保财险和太保财险两家公司共向1 120户受灾企业、4 598户受灾家庭支付赔款5 339.6万元。在防洪抢险理赔中,人保财险嘉兴分公司与全省系统抽调来的12名业务骨干组成大灾理赔组,一起到现场办公,打破常规,简化理赔手续、下放理赔权限,聘请专家科学定损,做到小案现场拍板、大案提前预赔,用最快的速度、最佳的服务,共向1 028户受灾企业、4 598户受灾家庭支付赔款

4 991.6万元。太保财险嘉兴中心支公司成立抗洪抢险、救灾理赔突击队，在积极参与社会抗洪抢险的同时快速处理大灾理赔，共向92家企业支付赔款348万元。

2000年10月26日，太保财险嘉兴中心支公司承保的嘉善振华木业有限公司发生火灾，受灾面积5 000平方米，厂房、设备及大量原材料和成品受损。太保财险共兑付赔款345万元。

2001年6月26日，嘉兴市遭遇洪涝灾害以及多次暴雨、雷击的袭击，人保财险嘉兴市分公司紧急行动，成立了51个理赔小组，230多名工作人员战斗在抗洪救灾的第一线，凭借丰富的防汛抗灾经验，协助企业落实防灾措施，抢救受灾物资，尽量减少损失，并在10天时间内完成400余个企业和500余户家庭的定损理赔工作，集中支付大灾赔款达1 500万元。

2003年7月24日，海宁市上元皮革有限公司整理车间因喷浆管组除尘管内水溶性硝化纤维受热自燃引起大火，烧毁烧坏进口制革设备七台（套），烧毁手套革1 968张，因救火淋湿手套革、服装革、斜面革25 000余张。太保财险嘉兴中心支公司支付火灾保险赔款共计173.5万元。

2003年8—9月，嘉兴遭受冰雹、暴雨和雷雨袭击，人保财险嘉兴市分公司及时启动《大灾理赔预案》，在不到三天的时间里完成定损工作，及时将赔款送到受灾保户手中。全年公司及时赔付企业财产、火灾损失224起，赔付金额达805.2万元，处理机动车辆赔案21 893件，赔付1.24亿元。

2004年9月21日，海盐县威康纺织工业有限公司针织车间发生特大火灾。大圆机、横机、变速烤箱等针织设备以及涤纶、低弹丝、面纱等一批原材料被烧毁。太保财险嘉兴中心支公司在确定企业全部损失后最终共赔付2 083万元。这是嘉兴历史上火灾保险赔款最多的赔案。

2005年7—9月，嘉兴先后遭受三次强台风袭击，仅8月的"麦莎"和9月的"卡努"两次台风，人保财险嘉兴分公司共接到受灾报案10 962起，其中企业1 362家，家庭9 500户，支付赔款5 000万元。太保财险嘉兴中心支公司共向424家企业支付赔款达900万元。

2007年，嘉兴市受到"韦帕"、"罗莎"两次台风袭击，人保财险嘉兴分公司共支付赔款395.5万元，其中企业262家，赔款375.8万元；家庭1 058户，赔款19.63万元。

2007年1月18日，平湖市天宸箱包有限公司发生重大火灾，太平保险嘉兴中心支公司接到报案后及时展开理赔调查及核损工作，最终向该企业支付赔款111.78万元。

2007年2月20日，平湖茉织华服装有限公司仓库发生火灾，大火烧毁该企业的一楼辅料车间和二楼主车间，涉火面积有4 000多平方米。接到报案后，人保财险嘉兴市分公司理赔人员迅速赶赴火灾现场，积极向厂方提出施救方案，并向该企业支付赔款共计1 702.53万元。

2008年1月28日至2月2日，嘉兴遭遇历史罕见的雨雪冰冻灾害天气，财产保险公司在第一时间启动大灾预案，遵循"主动、迅速、准确、合理"的原则，切实加快救灾理赔工作进程。人保财险嘉兴市分公司第一时间组织60个理赔查勘小组、360位理赔人员前往一线，开展查勘理赔工作。据人保财险等8家公司统计（见表4-3-1），全市共受理雪灾赔案5 593件，累计支付赔款1.45亿元。

表 4-3-1　　　　　　　　　　2008 年雪灾受灾企业理赔情况　　　　　　　　单位：件，万元

| 公司名称 | 人保 | 太保 | 大众 | 天安 | 大地 | 永安 | 阳光 | 都邦 |
| --- | --- | --- | --- | --- | --- | --- | --- | --- |
| 受理件数 | 4 300 | 613 | 145 | 227 | 145 | 155 | 7 | 1 |
| 赔款金额 | 9 505 | 828 | 1 260 | 564 | 600 | 1 100 | 552 | 123 |

资料来源：各公司提供。

2009年6月2日，嘉兴韩泰轮胎有限公司厂区自动仓库发生火灾，造成仓库建筑物及高架库内部分垛机设备、职工休息室、贮藏室，及存货商标80万张、成品轮胎1万个被损毁。火灾发生后，作为共保人太保财险嘉兴中心支公司在第一时间通过首席承保人委托国内知名公估公司进行现场查勘和事故处理，最终太保财险在共保份额内支付火灾赔款154万元。

2010年4月29日，平湖市广陈镇的浙江旭马服饰有限公司发生重大火灾。嘉兴永安财产中支公司及时支付赔款850万元。同年5月16日，该公司承保的嘉兴华盛塑料有限公司发生火灾，支付赔款400万元。

## 二、人身保险赔款（给付）

1999年11月8日，被保险人汤某因脑癌形成呼吸循环衰竭而死亡，生前投保中国人寿"潇洒明天"保险产品10份。中国人寿海盐县支公司向其受益人给付死亡保险金10.5万元。

2000年8月10日，被保险人吴某在旅游就餐时，因食物中毒而死亡。生前投保了中国人寿"旅游意外险"和"师生平安险"，该公司经调查核实后，及时将两笔总额为9万元的死亡保险金给付给受益人。

2002年9月20日，被保险人黄某因患"肾病综合征"医治无效死亡。黄某于1999年8月向中国人寿嘉兴分公司投保"国寿祥运定期保险"，保额30万元，累计已交保费3 084元。经核查审定属保险责任范围，该公司向其受益人给付身故保险金30万元。

2004年5月21日，被保险人蒋某因患胃癌向中国人寿嘉兴分公司申请重疾给付。经核查，蒋某于1999年和2000年分别为自己投保了"国寿康宁终身保险"，总保险金额27万元。中国人寿嘉兴分公司依据保险合同约定，及时给付重残疾保险金18万元，并且豁免以后各期应交保险费。同年11月4日，被保险人周某因交通事故不幸身亡。周某于4月15日为自己投保了中国人寿"吉祥卡B"保险产品3份，属保险责任范围，该公司及时给付身保险金15万元。

2004年12月，太保寿险嘉兴中心支公司为嘉兴市反扒志愿者服务队的全体成员送上每人3万元保额的人身意外伤害保险保障。

2005年6月29日，中国人寿嘉兴分公司副总经理张世平携公司理赔人员来到见义勇为不幸牺牲的英雄张康杰家中，将2.7万元人身保险赔款及时送到了英雄父母手中。2005年6月30日，太保寿险嘉兴中心支公司向见义勇为、勇斗歹徒而光荣献身的张康杰勇士家属送上3万元赔款和3 170元员工捐款。

2005年9月14日，某石料加工厂职工郭某在工作时因岩体坍塌从70米高处坠落并被石块压住上身和头部致死。经核查，2005年6月17日，该企业为每位员工投保了3份中国人寿团体人身意外伤害综合保险，属保险责任，公司共赔付30万元。

2007年5月21日，太保寿险嘉兴中心支公司向在交通事故中意外身故的被保险人金某家

属送上"安贷宝借款人意外伤害保险"赔款70万元,并为同一事故中意外身故的被保险人吴某代为偿还了信用社未到期的30万元贷款。2007年4月17日,被保险人吴某、金某一行驾车途经江苏金坛市境内时发生车祸意外身亡。太保寿险嘉兴中心支公司接到报案后,经核查审定属保险责任范围,于是立即向受益人给付赔款。

2007年8月19日,被保险人文某因患"左顶枕叶恶性肿瘤"医治无效死亡。被保险人曾于2003年3月,向平安人寿投保平安康乃馨终身女性重大疾病保险,保险金额为10万元;2006年5月又分别投保平安鸿祥两全保险(分红型)保险金额15万元、平安附加住院费用医疗保险3份,平安智富人生终身寿险(万能型B)保险金额60万元,平安财富一生两全保险(分红型)保险金额10万元。被保险人身故后,平安人寿嘉兴中心支公司向其受益人共计支付身故保险金100.69万元,并豁免保费7.8万元。

2007年10月10日,太保寿险嘉兴中心支公司替被保险人姚某偿还未到期贷款88万元,同时向其家属给付赔款12万元。2007年2月,姚某委托信用社向太保公司投保"安贷宝借款人意外伤害保险"。2007年10月9日,姚某驾车途经海宁马桥街道先锋村时发生车祸当场死亡。事故发生时姚某尚有未偿还贷款88万元。太保寿险嘉兴中心支公司接到报案后,经核查审定属保险责任范围,于是立即向受益人给付赔款。

2008年1月20日,被保险人姜某经公安机关证实系他杀死亡。姜某于2002年5月,向平安人寿嘉兴中心支公司分别投保了平安鸿盛终身寿险(分红型)保险金额10万元;附加平安意外伤害保险,保险金额10万元;平安附加意外伤害医疗保险金额1万元,2003年1月29日,再次投保平安康乃馨终身女性重大疾病保险,保险金额6万元。被保险人死亡后由平安人寿嘉兴中心支公司给付死亡保险金26.11万元。

2009年3月11日,太保寿险嘉兴中心支公司替被保险人陈某偿还了未到期的100万元贷款。2009年3月9日,陈某驾车送货途经桐乡崇福地方,因车辆发生故障下车察看时被一辆重型挂车撞死。太保寿险嘉兴中心支公司获悉后迅速派人赴交警部门了解案情,确认该事故属被保险人投保的"安贷宝借款人意外伤害保险"责任范围,于是立即向受益人给付赔款。

2009年6月9日,被保险人沈某在高速公路上发生车祸当场身故。2006年1月,被保险人分别投保平安鸿盛终身寿险(分红型)保险金额10万元;平安附加鸿盛提前给付重大疾病保险,保险金额10万元;平安附加意外伤害保险,保险金额20.7万元、平安附加意外伤害医疗保险金额2万元,平安附加住院费用医疗保险3份。车祸身故后平安人寿嘉兴中心支公司向其受益人支付身故保险金30.79万元。

2009年7月6日,机动车驾驶员李某因驾车发生碰撞后侧翻造成死亡。后经道路交通事故认定,肇事司机李某负主要责任。事发后,李某所在单位代其受益人向国泰人寿保险有限责任公司嘉兴营销服务部提出意外伤害理赔申请,依据保险合同规定,国泰人寿嘉兴营销服务部向其受益人给付身故保险金30万元。

2009年12月,信诚人寿某客户被确诊为宫颈癌,之前该客户在信诚人寿嘉兴营销服务部投保丰盈终身保险(保额23万元);长期重疾保险(保额20万元);附加豁免长期重疾保险1份。接到报案后该公司及时对客户保单信息进行查询,确认属于保险责任范围,2010年1月29日,信诚人寿嘉兴营销服务部向该客户支付了20万元医疗赔款。

2010年5月31日,乍嘉苏高速公路嘉兴新塍段发生了一起特大交通事故,造成8死37伤。获悉事故消息后,新华人寿嘉兴中支公司理赔人员立即展开了主动寻访工作,经过多方调查后确认,在此次事故中身故的山东籍男子王某,系该公司客户,理赔人员一方面及时上门慰问了客户家属,一方面协助其收集理赔申请材料,并及时向其受益人给付身故保险金10.48万元。

2010年8月18日,太保寿险嘉兴中心支公司替被保险人陆某偿还了未到期的100万元贷款。2010年6月陆某向平湖农村合作银行当湖支行贷款,同时委托该行投保了太保公司"安贷宝借款人意外伤害保险"。2010年7月15日,陆某驾车途经07省道25K+100M处时,突发车祸意外身亡。太保寿险嘉兴中心支公司接到报案后,经核查审定属保险责任范围,于是快速向受益人支付了赔款。

2010年9月14日,被保险人顾某因患肺癌医治无效死亡。该被保险人于2009年3月向华泰人寿嘉兴中心支公司投保财智人生终身寿险(万能型)A款,保额12万元。经调查核实该保险事故属保险责任,华泰人寿嘉兴中心支公司向其受益人给付身故保险金12万元。

2010年10月15日,新华人寿嘉兴中心支公司理赔人员接到报案,10月11日嘉善发生一起精神病人打死路人、在出殡时死者家属又不慎从桥上坠落身故的连环案件,总共造成3死3伤。其中一名出险人蒋女士系该公司客户。接案后,理赔人员立即展开调查,最终确认被精神病人殴打致死的张姓男子也系该公司客户。由于查勘及时,此次理赔的一些重要凭证得以在第一时间获得,并很快向其受益人给付死亡保险金17.72万元和12.72万元。

### 三、政策性保险理赔

2007年,"罗莎"台风首次给嘉兴市政策性农险造成了较大规模的灾害,核定水稻受灾面积1.88万亩,水稻倒伏面积占全市投保面积的24%,人保财险嘉兴分公司共支付水稻赔款400万元,支付农房险赔款30万元。

2006年3月30日,太保寿险嘉兴中心支公司向平湖市蘑菇业种植大户顾某的受益人送来了"借贷者人身意外伤害保险"赔款50万元。顾某是平湖市蘑菇业种植大户,其种植规模为全省第一。2005年8月,顾某因园区发展需要,由平湖市农经局担保,分两次向平湖农村合作银行贷款60万元,同时缴纳1 000多元保险费,委托新埭支行向太保寿险嘉兴中心支公司投保了"借贷者人身意外伤害保险"。2006年3月17日凌晨,顾某随车送蘑菇至江苏吴江,在吴江境内因车祸致顾某当场身亡。太保寿险嘉兴中心支公司按"借贷者人身意外伤害保险"50万元的保险最高限额予以赔付。

2007年4—5月,被保险人以OA 90天支付方式,向美国买家出运数票货物,买家提货后仅支付部分货款,经中国信保海外调查追讨,买家无理拖欠货款,损因属短期出口信用保险责任范围,中国信保嘉兴办事处赔付56万多美元。

2008年9月,被保险人代理其买家进口货物后,再以内销合同的方式向买家及其关联企业进行销售。应付款日届满后,买家资金链出现问题,未能付款。经调查,由于买方资金链断裂造成对被保险人的拖欠,根据保单规定,相应损失属于保险责任,赔付金额1 080万元。

2009年末,受国际金融危机影响,C公司市场销售下滑,资金链紧张,开始对多个出口商出现不同程度的拖欠。我市多家企业与该案买家有多年交易，买家为美国一大型家具生产及批发企业，对中国供货商大多采用赊销90天的付款方式。2010年3月初，中国信保介入对买家的调查追讨，发现该买家的融资银行已发生变动，且在2009年因拖欠货款被美国的追账公司追讨欠款，种种迹象表明该买家的资金状况及偿付能力已明显恶化。中国信保快速地启动了理赔绿色通道，及时完成定损核赔及赔款拨付工作，向嘉兴5家出口企业支付960多万美元赔款。

## 第二节 保险服务与管理

保险业作为服务行业，其产品表现为一纸承诺。保险产品的特殊性决定了保险企业必须靠企业的服务、信誉取胜市场。嘉兴市各保险公司顺应时代潮流，通过不断拓宽服务领域、实施服务创新、完善服务承诺、强化管控措施等，全面提升服务品质和管理水平。

### 一、拓宽服务领域

各保险公司在拓展财产保险和人身保险业务的同时，积极拓宽服务领域，相继成立了经营健康险、汽车险、责任险和信用保证等专业保险机构。在维护社会稳定方面，开展了学生在学校责任保险、旅行社责任保险等；在参与社会保障体系建设方面，开展了企业年金、商业养老和健康保险等；在服务新农村建设方面，开展了政策性农业保险、农房保险、农民工养老保险、失地农民养老保险和新型农村合作医疗保险等一系列保险服务。同时，还积极参与"平安社区"、"保险社区"、"保险村"等创建工作，保险的社会管理职能得到有效发挥。

自2006年起，嘉兴市范围内全面开展政策性涉农保险。人保财险嘉兴市分公司作为政策性农业保险首席承保人，其政策性农业保险一直处于省内领先地位，创下五个"最"（或"第一"）：全省政策性农业保险第一单于2006年4月诞生于桐乡；政策性能繁母猪保险在全省范围内最先出单；第一个农村家庭保险档案建于嘉善"保险服务村"；嘉兴是浙江省人保财险首个在每个县（市、区）支公司设立农业保险部，专门服务于政策性农保的地区；至2009年全省政策性农业保险实现全覆盖之前，嘉兴一直是全省覆盖面最广的地区。据不完全统计，2010年人保财险嘉兴市分公司为全市广大农户提供了117.76亿元的风险保障，1.44万余户农户受灾后及时拿到了保险赔款。

中国人寿嘉兴分公司充分发挥嘉兴市县域经济发达、城乡差别小的优势，建好建强农村营销服务部。1998年5月，为加强对农村专职保险员队伍管理，充分调动专职保险员的工作积极性，中国人寿嘉兴分公司决定对专职保险员实行聘用合同制。至2010年底，在全市53个建制乡镇布局了58个农村营销服务部，实现了镇镇有网点的目标。

2007年，华安财产保险股份有限公司以"让每个社区都享受到高品质的保险服务"为目标，打破过去保险公司过度依赖业务员和代理渠道的经营模式，主动走近客户，服务社区居民。启动了建设"华安万家连锁式营销服务部"的项目工程，为社区居民提供"面对面"的保险直销与各项增值服务。至2009年底，华安财产保险股份有限公司嘉兴中心支公司已设立连锁式网点12家。

2008年6月26日，太保寿险嘉兴中心支公司加入"嘉兴市96345社区服务中心"，成为该中心的一个服务分站。几年来，公司借助这一平台，广泛宣传普及保险知识，切实保护保险消费者权益，使保险更好地服务于人民群众，努力促进社会的和谐稳定。

### 二、实施服务创新

各公司纷纷推出"小额快速赔付"、"一站式服务"、"保险理财专柜"等多形式的服务措施。同时，还通过"客户服务节"、"客户服务年"等活动不断创新特色服务。

2004年5月，中国人寿嘉兴分公司率先推广实施"柜面一站式服务"。

2007年6月，中国人保财险嘉兴市分公司创办了人保之友俱乐部，同年11月，俱乐部与工行嘉兴市分行联合发行"牡丹人保车友联名卡"后，基本建成了集保险、金融、车辆养护为一体的服务平台。为有效推进星级客户差异化服务水平，中国人保财险嘉兴市分公司还制定了《重要客户管理办法》，开发重要客户分级管理平台，为星级客户提供高效、优质的差异化服务。

2007年，平安寿险嘉兴中支公司首创手机交费新方式；为客户提供"一个账户、多个产品、一站式服务"。

自2008年6月1日起，中国人寿嘉兴分公司在全省率先启用"一户通"收费模式。

2008年，大地保险公司开通了车险赔案网上在线查询，极大地方便了出险客户的理赔，使大地保险的理赔服务置于广大客户的公开监督之下，增强了理赔服务工作的透明度，受到了客户的普遍赞誉。

天平汽车保险嘉兴中心支公司旨在为客户提供个性化的车险产品，拥有独立于人保、太保、平安三家大的保险公司之外的一整套商业车险产品。如车损综合险提供自燃、涉水行驶、动物侵扰、高空坠物等保障，客户将以同样价格获得更高保障。并且开发了电销专用产品，形成了具有鲜明天平特色的完整产品体系。

太保寿险嘉兴中心支公司围绕着以客户需求为导向的服务理念，积极优化理赔作业流程，不断进行服务方式的创新。如公司开展的"主动式理赔"服务，将理赔人员的角色从"核准理赔"转变为"帮助客户理赔"，在一些重大案件上，公司不再依赖客户报案，而是主动通过报纸、新闻媒体的报导，开展"寻找客户"行动。

华泰人寿嘉兴中支公司推出了"差一补二、快速理赔、延迟补偿"的特色理赔服务。即对属于保险责任的案件，由于公司的原因致使客户获得的实际赔款少于其依照条款应获得的赔款时，不足部分公司承诺双倍支付，每次最高限额为20 000元；对个人理赔（非调查件）在正式受理并资料完整齐全后3日内作出核定，情形复杂的案件30日内作出核定；对未及时履行快速理赔中时效规定义务，并且属于保险责任的，除支付保险金外，双倍赔偿受益人因此受到的利息损失。

2010年，嘉兴市成立"安心理赔联盟"，由安诚保险浙江分公司牵头，联盟成员由安诚保险、长安保险、大众保险、中国人寿财险四家公司组成，联盟的宗旨是提供"更快、更准、更透明"的车险理赔服务。

### 三、完善服务承诺

为强化保险业诚信意识，切实提升服务质量，最大限度保护好被保险人利益，各公司结合本单位实际制定了相应的服务承诺。

1996年12月，中国人寿嘉兴分公司制定了《保险优质服务制度》和《保险系统社会服务承诺制度》，对优质服务做了进一步规范。

1997年9月，中国人民银行浙江省分行、浙江省金融系统创建文明行业工作领导小组以浙银发〔1997〕552号、浙金文明〔1997〕2号文确定中国人寿嘉兴分公司营业部为全省金融系统"文明服务示范点"。

2005年3月，中国人寿嘉兴分公司开始向社会聘请服务质量社会监督员。第一批服务质量社会监督员共10人，分别来自新闻媒体、保险行业协会、消费者协会和团险、个险、中介三大业务渠道的企业代表。

自2006年1月1日起，由嘉兴市保险行业协会牵头制定的《嘉兴市个人意外伤害保险、健康保险服务承诺》（以下简称《服务承诺》）正式实施。《服务承诺》对于消费者普遍关心的问题，尤其是承保、理赔的时限作出了明确规定，强调了保险机构的告知义务。《服务承诺》的制定和出台，进一步增加了保险服务的透明度，既维护了保险消费者根本利益，也确保了保险业持续健康发展。

自2008年3月起，各财产保险公司全面开展以"服务方式文明诚信，服务流程规范高效、服务质量显著提高"为主题的"车险理赔服务争先创优"活动。经浙江省保监局同意，嘉兴市18家财产保险公司在车险理赔服务方面作出了8项承诺和18条机动车辆理赔服务标准。

2008年，平安寿险嘉兴中支公司推广"客户服务时效承诺"，承诺涵盖投保、体检、理赔、保全、投诉等环节。2009年，该公司又推广了"信守合约，为您寻找理赔的理由"服务承诺。

2010年1月，嘉兴市人寿保险公司共同签订了《嘉兴市人身险公司银行（邮政）代理保险业务自律公约》。

2010年，人保财险嘉兴市分公司向客户作出了车辆损失5 000元以下、材料齐全，实行1小时通知赔付等六项服务承诺。并对外聘请了客户服务监督员，来自新闻媒体、消费者协会、政府职能部门及客户等12位代表成为了公司新一批客户服务监督员。

太保寿险嘉兴中心支公司营业厅被嘉兴市金融系统创建文明行业领导小组先后授予"2006—2007年度嘉兴市金融系统文明礼仪示范窗口"、"2008—2009年度嘉兴市金融系统文明礼仪示范窗口"、"2009—2010年度嘉兴市金融系统文明礼仪示范窗口"。

### 四、强化风险管控

各保险公司不断完善和严格执行各项规章制度，加大内审工作力度，履行行业自律公约，认真贯彻落实保监会的"六条禁令"，保持上下政令畅通，令行禁止，不断提升管控能力，有效防范经营风险。

为了提升风险管控水平,人保财险嘉兴市分公司全面实施企财险现场验险制度,定期对企业单位进行风险检查和评估,并提出风险整改方案,帮助企业提升了风险管控水平。

2000年1月,中国人寿嘉兴分公司正式启用总公司的综合业务处理系统(CBPS),实现了对所有寿险业务的集中统一处理,标志着该公司"两个中心"(业务处理中心和财务处理中心)建设进入了一个新的阶段。

2000年5月,平安寿险嘉兴中支公司实行前后台管控分离,建立了规范化管理平台。制定了《营销管理人员守则和评判标准》、《后线管理人员守则和评判标准》、《业务人员守则及评判标准》。

2003年1月,全国试行机动车辆保险管理制度改革,为了确保改革的顺利实施,嘉兴市保险行业协会制定了《嘉兴市机动车辆保险行业自律公约》。2004年9月,经人保财险嘉兴市分公司、太保财险嘉兴中心支公司、平安财险嘉兴中心支公司、天安保险嘉兴中心支公司、大众保险嘉兴中心支公司、中华联合嘉兴中心支公司、太平保险浙江省分公司嘉兴市建国北路营销服务部、华安财险杭州分公司嘉兴市越秀南路营销服务部共同协商,对2003年制定的《嘉兴市机动车辆保险行业自律公约》进行了修订。

2004年1月,中国人寿嘉兴分公司与嘉兴市检察院签订了人寿保险理赔勘验鉴定协议。

2005年5—8月,中国人寿全国系统404项目推广试点工作在中国人寿嘉兴分公司正式启动。404项目是美国《萨班斯—奥克斯利法案》中的第404条款,是在美上市企业必须遵循的内部控制体系,该条款在《萨班斯—奥克斯利法案》中属最严苛、最复杂、执行成本最高的条款,内容包括:控制环境、风险评估、控制活动、信息沟通和监督五个部分。为确保404项目试点工作的顺利进行,中国人寿嘉兴分公司成立了404项目工作组(下设业务小组、财务小组、质量审核小组)、综合组,具体负责404项目推广的各项工作。2006年7月,此项工作正式通过了普华永道的现场审计。

2007年7月,太保寿险嘉兴中心支公司根据人民银行和上级公司反洗钱管理要求,建立了《太保寿险嘉兴中心支公司反洗钱内部操作规程》和《太保寿险嘉兴中心支公司客户身份识别和客户身份资料及交易记录保存管理办法》等一系列较为全面的反洗钱内控制度,确保公司反洗钱工作的有效开展。

自2008年12月1日起,太保寿险嘉兴中心支公司根据保监会《关于加强人身保险收付费相关环节风险管理的通知》精神,全面启动人身保险收付费零现金运营模式。通过推行以转账为主的多种形式的非现金收付费方式,确保客户在投保、缴费、退保、索赔等环节中的资金安全。

2010年7月8日上午,由嘉兴市保险行业协会牵头、各寿险公司业务、财务骨干组成的银保自律检查组,对太保寿险嘉兴中心支公司的银行邮政代理保险业务进行了自律检查。检查组对公司在开展银保业务中严格遵守《浙江省银保、邮政代理保险行业自律公约》合规经营做了充分肯定。

**五、合作助推民生**

各保险机构以不同的合作形式,先后与政府相关职能部门和银行、邮政等金融机构建立了保险合作关系。

2001年10月，国家卫生部/联合国儿童基金会"预防农村小学生意外伤害健康促进项目"正式启动。中国人寿嘉兴分公司与负责承办该项目的嘉兴市健康教育所签订了合作协议书，独家出资预防费人民币5万元，资助健康促进项目顺利启动。

自2002年起，太保寿险嘉兴中心支公司每年出资2万元建立起"出租车司机好人好事奖励基金"，表彰奖励拾金不昧、助人为乐、展示嘉兴人文明风貌的人和事，为建设文明嘉兴出了一份力。

2003年5月30日，中国人寿嘉兴分公司与嘉兴市关心下一代委员会签订了"爱心助学"结对协议，该公司下辖各县（市）支公司也相继签订了"爱心助学"结对协议。共有44位困境中的学龄儿童成为中国人寿嘉兴分公司的"爱心助学"对象。

2007年10月24日，嘉兴市政策性农民自主创业保险试点签单仪式在余新镇金星村举行。人保财险嘉兴市分公司与首批36位创业农户签下了政策性农民自主创业保险保单。

2007年，人保财险嘉善支公司在大云镇廖家村开展"保险服务村"建设试点工作，并根据当地村民保险需求，针对性地开发了保费低廉、保障适度的农村保险服务村"2+2+2+X"的保险产品体系，该体系中除政策性涉农保险外，新增了新型农村合作医疗补充保险、计划生育保险、家财险、人身意外伤害保险等险种，极大地保障了农户的生产、生活，受到了村民的欢迎。

2008年8月6日，嘉兴市人民政府与中国人寿保险（集团）公司社会经济建设洽谈会在嘉兴举行。市长李卫宁、副市长赵树梅，中国人寿保险（集团）公司副总裁兼资产管理有限公司董事长缪建民、中国人寿资产管理公司独立董事施宇澄等领导出席会议。嘉兴市发展改革委、市国资委、市交通局、市驻京办、嘉城集团、嘉通集团、嘉物集团，中国人寿资产管理公司国际部、项目部及中国人寿嘉兴分公司等有关部门（单位）的负责人参加了会议。

2009年7月15日，中国人寿嘉兴分公司80多名党员干部和销售精英参加了"赤诚热土祝福中国——十一运·中国人寿和谐之旅"嘉兴站圣土采集活动。中国人寿集团公司副总裁、资产管理有限公司董事长缪建民、浙江保监局局长吴勉坚、十一运组委会、嘉兴市政府领导鲁俊等和30多家新闻媒体出席仪式。

2010年3月15日，华泰财产嘉兴中支公司与嘉兴市公安局消防支队签订《社会消防事业合作框架协议》，双方结为社会消防事业合作伙伴关系，携手推进嘉兴公众营业场所火灾责任保险的开展。华泰财产嘉兴中支公司同时成为嘉兴市首家与嘉兴市公安局消防支队签订此项协议的保险公司。

2010年3月，浙江信保和嘉兴市人民政府签署《战略合作协议》，双方将根据发展需求和各自优势，围绕嘉兴市开放型经济建设，开展多种形式的战略合作。

浙江信保嘉兴办事处不断加强信银合作，利用出口信用保险拓宽贸易融资渠道，帮助企业规避汇率风险。先后与全市30家分支银行建立合作关系，向40多家企业提供融资支持。2010年上半年支持嘉兴市企业融资8103万美元，同期增长193.03%。

2010年4月12日，太保寿险海盐支公司与海盐县民政局签署"海盐县老年人出行意外伤害保险协议书"，为全县老年人出行系上了一条安全带。

太保寿险嘉兴中心支公司一直以回报社会为己任，先后出资为嘉兴市人民代表大会代表、援藏援疆干部、嘉兴市行政执法人员、嘉兴市反扒志愿者服务队队员、南湖区公安干警和平安志愿巡防人员、公路管理稽查人员、巾帼家政服务员、嘉兴市96345社区党员志愿者等免费提供人身保险保障，累计保险金额超过3亿元人民币，受到各界的广泛赞誉。

# 第五篇
## 证券机构与业务

# 第一章　证券机构

## 第一节　概　　述

1991年以来，嘉兴市证券交易网点覆盖全市，证券公司规范化运作水平明显提高，全市证券投资者数量、交易额逐年递增。截至2010年末，嘉兴市共有证券营业部17家，其中市本级9家，县域机构8家。县域机构为中信金通证券海宁南寺街证券营业部、中信金通证券平湖人民东路证券营业部、中信金通证券海盐证券营业部、中信金通证券嘉善证券营业部、财通证券海宁水月亭西路证券营业部、浙商证券海宁水月亭西路证券营业部、申银万国证券桐乡振兴东路证券营业部、申银万国证券嘉善证券营业部。市本级的9家机构作为嘉兴市的主要证券交易机构将在第二节中重点予以介绍。

## 第二节　主要证券机构

### 一、爱建证券有限责任公司嘉兴斜西街证券营业部

爱建证券有限责任公司是经中国证券监督管理委员会批准组建的准综合类证券公司。公司于2002年9月5日开业，2006年增资后爱建证券注册资本由6.5亿元增至11亿元，公司总部所在地为上海市，并在上海、深圳、厦门、宁波、嘉兴、重庆等大中城市设立了16家证券营业部，员工总数300余人。公司的经营范围包括：证券（含境内上市外资股）的代理买卖；代理证券的还本付息、分红派息、证券代保管、鉴证；代理登记开户；证券的自营买卖；证券的承销（含主承销）；客户资产管理；证券投资咨询（含财务顾问）；中国证监会批准的其他业务。

爱建证券有限责任公司嘉兴斜西街证券营业部位于浙江省嘉兴市斜西街497号，营业面积1 500平方米左右，营业部前身为嘉兴市信托投资公司嘉兴证券营业部，成立于1993年6月。

嘉兴市信托投资公司归属地方财政，成立于1992年，注册资本金5 000万元，拥有嘉兴营业部（即本营业部）与上海证券营业部（现爱建证券上海龙水北路证券营业部）。2002年9月因信托、证券分业，上述两营业部并入爱建证券有限责任公司。

## 二、财通证券有限责任公司嘉兴勤俭路证券营业部

财通证券有限责任公司（以下简称公司）注册地在中国杭州，其前身是成立于1993年5月的浙江财政证券公司。2003年6月，根据国务院有关文件的精神，改制为财通证券经纪有限责任公司。2006年10月，公司吸收合并天和证券经纪有限公司。2007年6月29日，浙江省委、省政府明确公司为省直属国有企业，由省政府授权省国资委监管。2007年9月，公司控股浙江省永安期货经纪有限责任公司。2009年3月，经中国证监会核准，公司更名为财通证券有限责任公司。公司注册资本11.27亿元，现有营业网点50家（分布在北京、上海、深圳、福州、青岛、大连、南京、无锡、重庆等城市及浙江省内各市县），员工2 000余人。公司经营范围为：证券经纪，证券自营，证券承销与保荐，证券资产管理，证券投资咨询，证券投资基金代销，为期货公司提供中间介绍业务以及中国证监会核准的其他业务。

嘉兴营业部隶属于财通证券有限责任公司，其前身是嘉兴市财政局国债服务部，1998年初开始代理浙江财政证券公司证券远程委托业务。2000年2月，挂牌浙江财政证券公司嘉兴营业部，与嘉兴市财政局国债服务部合署办公。2002年9月，国债服务部完成机构整体转制工作，正式成为浙江财政证券公司嘉兴证券营业部。2003年6月，改制为财通证券经纪有限责任公司嘉兴勤俭路证券营业部，2009年3月，更名为财通证券有限责任公司嘉兴勤俭路证券营业部。公司恪守"规范经营、稳健发展、务实创新、追求卓越"的经营理念，优化股权结构，提升服务质量。

## 三、上海证券有限责任公司嘉兴营业部

上海证券有限责任公司（以下简称公司）成立于2001年5月，是由原上海财政证券公司和上海国际信托有限公司证券总部合并成立的全国性综合类证券公司。公司注册资本金26.1亿元人民币，股东单位为上海国际集团有限公司和上海国际信托有限公司。2005年12月，公司成为全国创新试点证券公司之一。同时，公司也是上海国际集团核心成员企业之一。

上海证券有限责任公司嘉兴营业部成立于2003年2月，营业部现位于浙江省嘉兴市中山西路289号兴业大厦。地处中山路与常秀街交接处，是城市新中心地带，附近有招商银行，兴业银行、中国银行等多家银行机构，交通便利。营业部在职员工均为大专以上学历，并已获证券从业人员资格证书。营业部非常重视员工知识的积累与更新，并将"诚信、稳健、开拓、高效"的经营理念融入每位员工的日常工作之中，从而保证了为客户提供优质的服务。

## 四、新时代证券有限责任公司嘉兴吉杨路证券营业部

新时代证券有限责任公司秉承"融合创新、个性理财"的核心理念，致力于为客户提供"全能化、个性化"的证券投资服务，全力打造专业化、职业化的投资顾问团队。公司注册地为北京，注册资本金14.63亿元。下属2家分公司，45家证券营业部，遍及全国15个省、自

治区和直辖市，形成辐射全国、布局合理的客户服务和经营网络。

嘉兴吉杨路证券营业部是公司在浙江省设立的首家营业部，位于嘉兴市南湖区吉杨路1号，于2004年2月正式成立。营业部经营团队在胡卫东总经理倡导的"讲诚信、懂感恩、务实、求创新"服务理念指导下，逐步整合了上海、北京、广东等地的众多民间高手、私募基金、公募基金等投资专家云集于营业部，构建了一个"传导市场成功经验，倡导正确投资理念，把握市场投资机会"的证券服务平台。

### 五、中信金通证券有限责任公司嘉兴吉杨路证券营业部

中信金通证券有限责任公司是经中国证券监督管理委员会批准成立并在工商行政部门登记注册的专业性证券公司，是中信证券股份有限公司的全资子公司，其前身是成立于2002年2月6日的金通证券股份有限公司。中信金通证券有限责任公司嘉兴吉杨路证券营业部作为其分支机构前身是成立于1992年的中国农业银行浙江信托投资公司嘉兴办事处，1998年改建为浙江国际信托投资公司嘉兴证券交易部，2002年重组为金通证券股份有限公司嘉兴吉杨路证券营业部，2005年7月正式更名为中信金通证券有限责任公司嘉兴吉杨路证券营业部。营业部始终秉承"竭尽全力为投资者提供财富管理服务"的宗旨，一直以规范求发展，努力为投资者提供优质服务，在广大投资者心目中树立了良好的服务形象。营业部经营深沪两市A股、B股、封闭式基金、权证、开放式基金、债券、创业板等证券种类，提供电话、自助、网上交易、手机证券等多种委托方式，拥有两层多达40间明亮舒适的大户室，一层散户大厅和业务大厅，各种设施齐全。

### 六、申银万国证券股份有限公司嘉兴禾兴北路证券营业部

申银万国证券股份有限公司（以下简称申银万国），由原上海申银证券公司和原上海万国证券公司于1996年7月16日合并设立，是国内最早的一家股份制证券公司。申银万国现有218家股东，其中中央汇金公司是第一大股东。创业二十余年至今，公司已经发展成为一家拥有近5 000名员工，资本金67.16亿元的大型综合类证券公司。除各直属总部外，申银万国在全国各地共设有9个分公司、2个代表处、150家营业网点。

从1984年创业以来，申银万国创造了一系列新中国证券史上的"第一"，对新中国证券市场的成长和发展作出了卓越的贡献，受到国际和国内同行的高度评价。曾连续三年被国际权威金融期刊《欧洲货币》评为"中国国内最佳证券机构"，并荣获"卓越奖"；2003—2005年，连续被国际权威金融期刊《亚洲金融》杂志评为"中国最佳经纪商"；2005年被认定为上海市著名商标。

申银万国证券股份有限公司嘉兴禾兴北路证券营业部开业于1993年，营业部面积2 400平方米，交易量、利润一直位于同行业前列，截至2010年底，总资产30.7亿元，开户数3.2万户。2004年被省证券期货业协会评为"优秀营业部"。2007年被省证券业协会评为"投资者教育工作优秀营业部"。

### 七、安信证券股份有限公司嘉兴中山东路证券营业部

安信证券股份有限公司嘉兴中山东路证券营业部成立于1992年，前身为中科信嘉兴营业

部,1998年初营业部迁至现址——嘉兴市中山东路917号鸿运大厦。

2006年12月,安信证券股份有限公司以市场化方式收购中科证券的证券类资产,并于2007年10月,经中国证监会机构字〔2007〕264号文批准开业成立,目前营业部配置国内最先进的电脑硬件设备,交易网络高效快捷,代理沪深A股、B股、债券、权证、封闭式和开放式基金等所有证券经纪业务。

嘉兴营业部地处繁华闹市,交通方便,环境优美,营业面积1 800平方米,拥有嘉兴地区最大的营业大厅,大户室30余间。现营业部正式员工共17人,所有员工均具有证券执业资格证书。

### 八、中国银河证券股份有限公司嘉兴证券营业部

中国银河证券股份有限公司(以下简称银河股份)为非银行金融机构,于2007年1月成立于中国北京。中国银河证券股份有限公司嘉兴证券营业部(以下简称本营业部)由银河股份收购中国银河证券有限责任公司嘉兴证券营业部相关资产、负债后设立,其前身建行浙江省信托投资公司嘉兴营业部成立于1994年,原属建行浙江省信托投资公司,1997年银证分离,由中国信达信托投资公司转接,2000年中国银河证券有限责任公司成立时并入中国银河证券有限责任公司,更名为中国银河证券有限责任公司嘉兴证券营业部。2007年1月中国银河证券股份有限公司成立后更名中国银河证券股份有限公司嘉兴证券营业部。由银河股份拨入营运资金500万元,经营地址在嘉兴市勤俭路363号;经营范围包括证券代理买卖;代理还本付息、分红派息;证券代保管、鉴证;代理登记开户。本营业部现任总经理胡俊。营业部下设:综合管理部、市场营销部、交易服务部、理财服务部等部门,现有员工41人(含客户经理)。是嘉兴地区唯一一家AA券商。资产总额达4.21亿元。

### 九、浙商证券有限责任公司嘉兴梅湾街证券营业部

浙商证券有限责任公司(Zheshang Securities Co. Ltd.)是经中国证监会批准的全国性综合类证券公司,成立于2002年5月9日,总部设于浙江省杭州市,注册资本29.15亿元人民币。多年来不断开拓,公司逐步形成"证券+期货+基金"三位一体的金融产业布局,全资控股浙商期货有限公司和浙商资本管理有限公司,主发起浙商基金管理有限公司,为广大投资者和各类机构提供包括证券经纪、资产管理、卖方研究、投资银行、股权投资、证券投资、期货业务等综合投融资服务。经营网点已经涵盖北京、上海、天津、深圳、重庆、广州等一线城市和沿海发达地区以及经济发达的内部省份,尤其在总部所在地浙江省已经覆盖所有地市,为广大投资者提供更为便利的服务。合理的网点布局为公司下一步发展奠定了坚实的基础。近年来,公司业务持续增长,经营指标不断改善,公司实力显著提升,赢得市场良好口碑。展望未来,浙商证券将继续以"同创同享同成长"为文化理念,秉承"永不满足现状,永不畏惧困难,永不忘记责任"的企业精神,致力于打造最具浙商特色的财富增值服务商,为建设和谐社会、完善资本市场、发展地方经济作出贡献。

浙商证券嘉兴梅湾街证券营业部于2008年8月6日成立,坐落于嘉兴南湖河畔,营业部内为贵宾客户设有多个VIP临湖交易室。其中股民俱乐部是浙商嘉兴营业部的一大特色,俱乐部定期为会员组织娱乐、健身等各项活动。

表5-1-1 嘉兴市本级营业部一览表

| 机构全称 | 历史简称 | 设立时间 | 历任负责人 | | | | | | 运行资本（万元） | 营业地点 | 下辖服务部 | 人员数 |
|---|---|---|---|---|---|---|---|---|---|---|---|---|
| | | | 年份及姓名 | 年份及姓名 | 年份及姓名 | 年份及姓名 | 年份及姓名 | 年份及姓名 | | | | |
| 爱建证券有限责任公司嘉兴斜西街证券营业部 | 嘉兴市信托投资公司斜西街证券营业部 | 1993.06 | 1993.06—1994.11 李伟民 | 1994.11—2008 沈建昌 | 2008—2010 蒋旱女 | 2010.05— 沈建昌 | | | 500 | 嘉兴市斜西街497号 | 无 | 19 |
| 财通证券有限责任公司嘉兴勤俭路证券营业部 | | 2002.09 | 2002.09—2004.05 戴铭 | 2004.05—2006.03 祝孔民 | 2006.03—2007.02 朱晓云 | 2007.02—2010.08 陆火亮 | 2010.08— 蒋旱女 | | 500 | 嘉兴市勤俭路1000号 | 无 | 18 |
| 上海证券有限责任公司嘉兴中山西路证券营业部 | 中富证券嘉兴营业部 | 2003.02 | 2003—2004 刘琰 | 2004—2006 托管期 | 2007— 薛胤 | | | | 500 | 嘉兴市中山西路289号 | 无 | 11 |
| 新时代证券有限责任公司嘉兴吉杨路证券营业部 | | 2004.01 | 2004— 胡卫东 | | | | | | 500 | 嘉兴市吉杨路1号 | 无 | 27 |
| 中信金通证券有限责任公司嘉兴吉杨路证券营业部 | 嘉兴市农业银行证券营业部、浙江国际信托投资公司嘉兴营业部、金通证券股份有限公司嘉兴吉杨路证券营业部 | 1992 | 1992—2003 厉吉良 | 2004—2006 王蕊 | 2007— 蒋伟忠 | | | | 1300 | 嘉兴市吉杨路123号 | 无 | 58 |

续表

| 机构全称 | 历史简称 | 设立时间 | 历任负责人 | | | | | | 运行资本（万元） | 营业地点 | 下辖服务部 | 人员数 |
|---|---|---|---|---|---|---|---|---|---|---|---|---|
| | | | 年份及姓名 | 年份及姓名 | 年份及姓名 | 年份及姓名 | 年份及姓名 | 年份及姓名 | | | | |
| 申银万国证券股份有限公司嘉兴禾兴北路证券营业部 | 上海申银证券公司嘉兴营业部、申银万国证券股份有限公司嘉兴营业部 | 1993.09 | 1993.09—1993.12 张佳伟 | 1993.12—1996.01 刘勇 | 1996.01—1997.06 楼小平 | 1997.06—2002.03 刘国勇 | 2002.03—2003.03 吴成明 | 2003.03— 刘国勇 | 500 | 嘉兴市禾兴北路620号 | 无 | 14 |
| 安信证券股份有限公司嘉兴中山东路证券营业部 | 中国银行杭州信托投资公司、中国科技国际信托投资有限责任公司、中国科技证券有限责任公司中山西路证券营业部 | 1992.12 | 1992.12—1997.02 姚天韵 | 1997.02—2002.10 葛明珊 | 2002.10—2007.10 宋征晖 | 2007.10—2008.02 张耀东 | 2008.02—2010.06 王斌 | 2010.07— 徐欣浩 | 500 | 嘉兴市中山东路917号 | 无 | 17 |
| 中国银河证券股份有限公司嘉兴证券营业部 | 建行信托投资公司嘉兴证券营业部、中国银河证券有限责任公司嘉兴证券营业部 | 1994.11 | 1994.11—1997.11 芦建人 | 1997.11—2004.09 陈智平 | 2004.09— 胡俊 | | | | 500 | 嘉兴市勤俭路363号 | 无 | 41 |
| 浙商证券有限责任公司嘉兴梅湾街证券营业部 | | 2008.08 | 2003.08— 沈月根 | | | | | | 500 | 嘉兴市梅湾街商务中心1号 | 无 | 47 |

表5-1-2  嘉兴市1997—2010年本级营业部成交量一览表

历史年成交量（亿元）

| 机构 | 1997 | 1998 | 1999 | 2000 | 2001 | 2002 | 2003 | 2004 | 2005 | 2006 | 2007 | 2008 | 2009 | 2010 |
|---|---|---|---|---|---|---|---|---|---|---|---|---|---|---|
| 爱建证券有限责任公司嘉兴斜西街证券营业部 | | | | | | 2.19 | 13.49 | 19.84 | 16.59 | 53.60 | 281.21 | 198.71 | 346.12 | 257.72 |
| 财通证券有限责任公司嘉兴勤俭路证券营业部 | | | | | | 17.60 | 12.25 | 5.10 | 5.76 | 24.63 | 203.14 | 112.00 | 142.84 | 247.95 |
| 上海证券有限责任公司嘉兴中山西路证券营业部 | | | | | | | | | | | 20.45 | 44.16 | 95.66 | 115.04 |
| 新时代证券有限责任公司嘉兴吉杨路证券营业部 | | | | | | | | 4.53 | 11.13 | 29.17 | 286.06 | 68.25 | 131.05 | 103.39 |
| 中信金通证券有限责任公司嘉兴吉杨路证券营业部 | | 37.98 | 62.20 | 79.36 | 25.53 | 18.17 | 21.51 | 21.86 | 14.67 | 40.70 | 257.43 | 148.83 | 345.59 | 430.97 |
| 申银万国证券股份有限公司嘉兴禾兴北路证券营业部 | | | | | 30.32 | 27.49 | 57.98 | 125.01 | 62.31 | 125.74 | 518.92 | 283.28 | 398.79 | 380.84 |
| 安信证券股份有限公司嘉兴中山东路证券营业部 | 19.00 | 41.00 | 40.00 | 57.00 | 53.00 | 37.00 | 44.00 | 63.00 | 42.00 | 59.00 | 339.00 | 279.00 | 759.00 | 773.00 |
| 中国银河证券有限公司嘉兴证券营业部 | | | | 111.33 | 47.35 | 50.91 | 18.31 | 22.44 | 21.35 | 137.56 | 583.05 | 347.82 | 509.83 | 655.19 |
| 浙商证券有限责任公司嘉兴梅湾街证券营业部 | | | | | | | | | | | | 9.30 | 121.46 | 173.06 |

表 5-1-3　嘉兴市本级营业部利润总额一览表

历年利润总额（万元）

| 机构 | 1993 | 1994 | 1995 | 1996 | 1997 | 1998 | 1999 | 2000 | 2001 | 2002 | 2003 | 2004 | 2005 | 2006 | 2007 | 2008 | 2009 | 2010 |
|---|---|---|---|---|---|---|---|---|---|---|---|---|---|---|---|---|---|---|
| 爱建证券有限责任公司嘉兴斜西街证券营业部 | | | | | | | | | | 1.40 | -45.34 | 2.87 | -111.19 | 648.50 | 4 650.05 | 2 399.33 | 2 833.13 | 1 529.24 |
| 财通证券有限责任公司嘉兴勤俭路证券营业部 | | | | | | | | | | 158.80 | 46.00 | -83.30 | -25.20 | -68.40 | 834.73 | 527.90 | 971.96 | 620.58 |
| 上海证券有限责任公司嘉兴中山西路证券营业部 | | | | | | | | | | | | | | | 100.00 | 340.00 | 450.00 | 270.00 |
| 新时代证券有限责任公司嘉兴吉杨路证券营业部 | | | | | | | | | | | | -138.00 | -52.00 | 189.00 | 1 350.00 | 563.00 | 1 156.00 | 547.00 |
| 中信金通证券有限责任公司嘉兴吉杨路证券营业部 | | | | | 159.70 | 315.20 | 983.00 | 642.57 | 369.07 | 360.93 | 571.98 | 243.91 | 2 437.42 | 15 587.47 | 7 795.35 | 9 918.83 | 3 345.00 |
| 申银万国证券股份有限公司嘉兴禾兴北路证券营业部 | | | | 363.18 | 412.14 | 495.08 | 1 040.01 | 378.07 | 219.66 | 184.63 | 316.22 | 160.56 | 1 279.42 | 9 381.89 | 4 432.54 | 5 122.19 | 2 952.81 |
| 安信证券股份有限公司嘉兴中山东路证券营业部 | | | | | 300.00 | 500.00 | 400.00 | 400.00 | 500.00 | 50.00 | 400.00 | 500.00 | 100.00 | 900.00 | 3 000.00 | 2 500.00 | 3 800.00 | 2 700.00 |
| 中国银河证券股份有限公司嘉兴证券营业部 | 6.96 | -5.27 | 4.49 | 156.35 | | | | 500.00 | 800.00 | 100.00 | 100.00 | 200.00 | 10.00 | 900.00 | 5 600.00 | 2 900.00 | 4 300.00 | 3 300.00 |
| 浙商证券有限责任公司嘉兴梅湾街证券营业部 | | | | | | | | | | | | | | | | -127.41 | 219.51 | 337.54 |

# 第二章 证券发行

## 第一节 股票发行

1991年以来,嘉兴市抓住资本市场快速发展的机遇,实现了跨越式发展,上市公司队伍不断扩大,截至2010年末,全市共有21家上市公司,发行股票22只,资本市场的快速发展有力地推动了经济持续稳定增长,为加快嘉兴市经济转型升级提供了有效支持。

从1997年4月8日"钱江生化"上市至2010年末,嘉兴全市共有上市公司21家、股票22只(其中嘉善的昱辉光能为英国、美国两地上市),累计融资164.04亿元,上市公司总数居杭州、宁波、绍兴、台州之后,列全省第五位。全市上市公司数及融资额按县(市、区)计算,分别为:嘉善县4家、融资46.85亿元;平湖市1家、融资15.50亿元;海盐县1家、融资3.02亿元;海宁市6家、融资41.82亿元;桐乡市2家、融资7.07亿元;市本级4家、融资39.94亿元;南湖区1家、融资1.13亿元;嘉兴港区2家、融资8.70亿元。

嘉兴市21家上市公司主要分布在电子、纺织、机械、造纸等经济主要产业,是嘉兴市支柱产业的龙头企业,并且在国内相关产业中也处于领先地位,如晋亿实业是嘉兴市乃至国内紧固件行业冠军级企业,三江化工是嘉兴市滨海新区化工产业的突出代表。

上市融资促进了上市公司的高速发展,从14家A股上市公司公布的2010年前三季度财务报告看,累计实现营业收入140.61亿元,同比增长74.59%,实现净利润合计15.41亿元,同比增长51.92%。同时我市上市公司也实现了公司价值的迅速提升,股票市值不断增加,截至2010年12月31日,21家上市公司总市值合计1 064亿元,以衡量上市公司在经济中重要程度的经济证券化率计算,嘉兴市证券总市值与2010年嘉兴市地区生产总值2 296亿元相比,经济证券化率达46%。

表 5-2-1　　　　　　　　　　　嘉兴市股票发行及上市公司市值情况

| 序号 | 证券代码 | 股票名称 | 上市时间 | 总股本（万股） | 收盘价（元） | 总市值（万元） |
|---|---|---|---|---|---|---|
| 1 | 600796 | 钱江生化 | 1997.04.08 | 27 400 | 8.41 | 230 434.00 |
| 2 | 600208 | 新湖中宝 | 1999.06.23 | 507 660 | 6.00 | 3 045 960.00 |
| 3 | 600235 | 民丰特纸 | 2000.06.25 | 26 340 | 8.27 | 217 831.80 |
| 4 | 600330 | 天通股份 | 2001.01.18 | 58 882 | 17.29 | 1 018 069.78 |
| 5 | HK.0496 | 卡森国际 | 2005.10.20 | 115 672 | 1.35（HK＄1.59） | 156 496.23 |
| 6 | SOL | 昱辉光能 | 2006.08.08（aim）2008.01.03（nyse） | 18 637 | 57.88（U＄8.74） | 499 930.27 |
| 7 | 002067 | 景兴纸业 | 2006.09.15 | 39 200 | 6.65 | 260 680.00 |
| 8 | HK.0528 | 金达控股 | 2006.12.12 | 62 250 | 0.66（HK＄0.77） | 40 785.76 |
| 9 | 601002 | 晋亿实业 | 2007.01.16 | 73 847 | 13.75 | 1 015 396.25 |
| 10 | 002144 | 宏达高科 | 2007.08.03 | 15 134 | 17.29 | 261 666.86 |
| 11 | 002188 | 新嘉联 | 2007.11.22 | 15 600 | 10.90 | 170 040.00 |
| 12 | 002206 | 海利得 | 2008.01.23 | 25 000 | 21.75 | 543 750.00 |
| 13 | 002343 | 禾欣股份 | 2010.01.26 | 9 906 | 33.16 | 328 482.96 |
| 14 | 002344 | 海宁皮城 | 2010.01.26 | 28 000 | 54.88 | 1 536 640.00 |
| 15 | 002381 | 双箭股份 | 2010.04.02 | 7 800 | 33.25 | 259 350.00 |
| 16 | 002404 | 嘉欣丝绸 | 2010.05.11 | 13 350 | 21.00 | 280 350.00 |
| 17 | BOY | 博元集团 | 2010.06.11 | 1 619 | 12.75（C＄1.93） | 20 633.58 |
| 18 | 900130 | 亚特电器 | 2010.07.23 | 5 588 | 6.64（KRW 1190） | 37 104.32 |
| 19 | HK.02198 | 三江化工 | 2010.09.16 | 102 230 | 2.30（HK＄2.70） | 234 866.27 |
| 20 | LZEN | 利展环境 | 2010.11.19 | 1 364 | 24.04（U＄3.63） | 32 791.11 |
| 21 | 002522 | 浙江众成 | 2010.12.10 | 10 667 | 42.52 | 453 560.84 |
| 合计 | | 21家公司、22只股票 | | 1 166 146 | 9.13 | 10 644 820.03 |

## 第二节　债券发行

### 一、制度沿革

1987年3月27日发布的《企业债券管理暂行条例》规定中国人民银行对企业发行债券实行统一管理、分级审批，中国境内具有法人资格的全民所有制企业在境内可发行债券。中国人民银行嘉兴市分行根据相关规定作为企业债券的主管部门，对辖内企业债券进行审查批复。

1989年3月，国务院发布《关于加强企业内部集资管理的通知》，使企业内部债券管理走向统一和规范化。企业内部债券是1984年就出现的最早的债券形态，是企业内部集资的规范化，不少乡镇企业、集体企业开始以"以资代劳"、"以劳带资"等方式向职工筹集资金或内部职工有偿借款,形成了企业内部债券。1994年开始此种债券逐步取消。

1987年、1988年,为了缓解企业在银行银根紧缩后流动资金的供求矛盾,企业短期融资券在上海试点发行,1989年中国人民银行发布《关于发行企业短期融资债券有关问题的通知》(银发〔1989〕45号)将该券种推向全国,集体企业和全民企业都可发行。1993年,中国人民银行嘉兴市分行为进一步规范一级证券市场发行工作,建立了企业短期融资券发行的资信评估制度。1996年,为加强企业短期融资券发行管理,中国人民银行嘉兴市分行根据省分行文件精神,就进一步加强全市企业短期融资券发行管理,确保债券按期偿还提出了补充意见。组织力量对全市短期融资券的发行、兑付情况进行了全面调查。短期融资券余额从年初的4.6亿元下降到年底的1亿元,基本实现了平稳过渡,达到了严格控制规模和规范管理的要求。1997年开始中国人民银行不再审批此种债券,企业短期融资券开始退市。

1993年8月2日,《企业债券管理条例》发布,国家对企业债券的发行规模、指标开始实施严格的管理办法,企业债券的审批主管逐渐转移至国家发展改革委。1993年国家开始了经济整顿治理工作,因此《企业债券管理条例》虽然将发债主体扩大为境内全部法人企业,但由于这一阶段整顿力度大,发行企业债券的主体减少,逐步转向大型国有企业。

2004年,国务院出台《关于推进资本市场改革开放和稳定发展的若干意见》,企业债券市场迎来新的发展时期,并随着发行制度改革的加快推进,呈现出蓬勃发展的良好势头。嘉兴市紧紧抓住企业债市场规模迅速壮大的有利契机,积极推动国有企业利用重点基础设施项目发行企业债。

2005年5月24日,中国人民银行发布《短期融资券管理办法》等规定,允许符合条件的企业在银行间债券市场发行短期融资券。嘉兴市企业短期融资券发行工作重启,其主管机关为中国人民银行。2008年4月15日,中国人民银行实施《银行间债券市场非金融企业债务融资工具管理办法》,《短期融资券管理办法》、《短期融资券承销规程》、《短期融资券信息披露规程》同时废止。

2008年1月2日,国家发展改革委出台《关于推进企业债券市场发展、简化发行核准程序有关事项的通知》,该政策改变了以前企业发债先审核规模再批准发行的模式,简化为直接核准发行。

## 二、业务状况

1991年,全市批准发行地方企业债券1 340万元,企业短期债券1 925万元,企业内部债券3 179万元,合计6 444万元。

1992年,为配合企业转换经营机制,加大企业直接向社会融资的分量,经过批准,发行地方企业债券6 170万元、企业短期债券2.06亿元、企业内部集资1.01亿元,合计3.69亿元,比上年增长4.72倍。

1993年,对企业债券的发行,严格控制固定资产投资,适当放宽流动资金的短期周转,全年批准发行地方企业债券、短期融资券和企业内部集资5.97亿元,余额比上年增加3.10亿元,其中地方企业债券余额比上年增加150万元。

2006年2月,首次成功发行嘉兴交投集团企业债券,这是当时国内第一家地级市国有企业发行的债券，也是我市首次尝试通过资本市场筹措重大基础设施建设资金，此次债券发行共募集资金25亿元。2006年至2010年期间，全市共有8家企业9次发行债券，发行企业覆盖所有县（市），累计募集资金122亿元，企业债发行家数和发行规模均位居全省第一。

2007年至2010年期间，全市共有2家企业6次发行短期融资券，累计募集资金33亿元，为促进我市企业转型升级提供了重要金融支持。

表5-2-2　　　　　　　　嘉兴市企业债发行名单（2006—2010年）

| 债券发行人 | 债券简称 | 发行时间 | 发行总额（亿元） | 债券期限（年） |
| --- | --- | --- | --- | --- |
| 嘉兴市高等级公路投资有限公司 | 06嘉交通债 | 2006年 | 25 | 10 |
| 嘉兴城市建设投资有限公司 | 08嘉城投债 | 2008年 | 17 | 7 |
| 嘉兴市高等级公路有限公司 | 09嘉高投债 | 2009年 | 10 | 10 |
| 海盐县国有资产经营有限公司 | 09盐国资债 | 2009年 | 10 | 7 |
| 海宁市资产经营公司 | 09海宁国资债 | 2009年 | 12 | 7 |
| 嘉善县国有资产投资有限公司 | 09嘉善债 | 2009年 | 13 | 7 |
| 桐乡市城市建设投资有限公司 | 09桐城投债 | 2009年 | 12 | 7 |
| 平湖市城市发展投资（集团）有限公司 | 10平湖债 | 2010年 | 15 | 7 |
| 嘉兴市乍浦建设投资有限公司 | 10嘉建投债 | 2010年 | 8 | 8 |

表5-2-3　　　　　　　嘉兴市企业短期融资券发行情况（2007—2010年）

| 年份 | 发行日期 | 融资券名称 | 发行单位 | 发行规模（亿元） | 到期日 |
| --- | --- | --- | --- | --- | --- |
| 2007 | 2007年4月24日 | 07秦二核CP01 | 核电秦山联营公司 | 5.00 | 2008年1月21日 |
| 2008 | 2008年4月1日 | 08秦二核CP01 | 核电秦山联营公司 | 8.00 | 2009年3月1日 |
| 2009 | 2009年5月7日 | 09巨石CP01 | 巨石集团 | 5.00 | 2010年5月8日 |
| | 2009年11月3日 | 09秦二核CP01 | 核电秦山联营公司 | 6.00 | 2010年11月4日 |
| 2010 | 2010年2月23日 | 10巨石CP01 | 巨石集团 | 5.00 | 2011年2月26日 |
| | 2010年4月27日 | 10秦二核CP01 | 核电秦山联营公司 | 4.00 | 2011年4月27日 |

# 第三章 证券交易与管理

## 第一节 证券交易

随着证券发行的增多和投资者队伍扩大，证券流通需求日益强烈，证券交易陆续在全国各地出现。1991年初以国库券转让为主体的证券交易市场在全国范围内出现，主要采用柜台交易等场外方式。

从嘉兴市情况看，1991年全市扩大国库券的经济发行，证券市场主要以国库券为主，全市批准设立证券代理机构13个，证券交易品种由上年的11种增加到19种，全年经济发行国库券近7 000万元，证券成交总额6 257万元，其中国库券成交额占87%。

1992年随着有价证券的不断增加，有价证券柜面转让成交额1.91亿元，比上年增长2倍，其中国库券成交额1.58亿元，占82.78%，证券市场迅速发展，办理证券交易的机构已从年初的13家增加到19家，证券交易品种由年初的20种增加到88种。

1993年全年以国库券为主的证券柜面转让交易量达到2.23亿元，比上年交易量增长16.74%。1994年之前国债主要面向居民个人和机关团体发行，1995年国债开始面向机构投资人，推出无纸化发行。1996年国债市场发展全面走向市场化，实现了由承购包销向公开招标的过渡，国债的发行方式从以实物券为主转向以无纸化电子记账为主，国债的二级市场也采取了电子化方式，大大降低了发行成本和交易成本。

1998年12月29日，全国人大常委会审议通过了《中华人民共和国证券法》，并于1999年7月1日起施行，证券市场发展进入了一个新阶段。以上海证券交易所、深圳证券交易所为主的场内证券交易市场得到了进一步发展。1998年全市共有7个证券营业部，开户股民7万余户，其中法人开户48户，证券交易总额200.58亿元，其中A股交易额119.69亿元，基金交易额10.53亿元，国债交易额70.36亿元。

1999年证券市场交易火暴，稳定发展。全市共有7个证券营业部，开户股民86 171户，比上年增加22.95%，全年总交易额266.98亿元，比上年增加33.10%；其中A股交易额185.13亿元，比上年增加54.67%，基金交易额17.27亿元，国债现券交易37.88亿元，国债回购交易26.68亿元,各项交易额名列全省市地前茅。

2000年全市13个证券交易机构,全年总交易额430.49亿元,比上年增长61.24%,创历史新高。其中A股交易额368.97亿元,比上年增长了99.3%,几乎翻一番;基金交易额50.83亿元,比上年增长194.33%,增长近2倍;国债现券交易4.69亿元,国债回购交易6.01亿元,各项交易名列全省地级市前茅。

2001年,全市共有9个证券营业部、6个证券服务部,共15个营业网点,全年证券交易额291.68亿元,比上年减少32%,与全国下降指数基本持平。其中A股成交额233.24亿元,占总交易额79.96%;B股成交额18.44亿元,占总交易额6.32%;基金成交额14.11亿元,占总交易额4.84%;国债现券成交额9.18亿元,占总交易额3.15%;国债回购成交额16.71亿元,占总交易额5.73%。

2002年,全市共有9家证券营业部,9个证券服务部,共18个营业网点。在股市大盘行情欠佳的情况下,全市有开户股民近16万户,全年证券交易额214亿元。其中A股成交额175.7亿元,占总交易额72%;B股成交额4.3亿元;基金成交额4.3亿元;国债现券成交额13.5亿元;国债回购成交额16亿元。2002年,证券新业务陆续推出,如申银万国证券嘉兴营业部开通了电话自动委托炒股、手机炒股、网上炒股等业务;金通证券嘉兴营业部与电信部门合作,独家推出包月网上炒股优惠措施,与工商银行合作推出银证通炒股业务,与中国移动通信公司合作推出"炒股伴侣"短消息业务。

2003年,全市共有9家证券营业部,11个证券服务部,共20个营业网点。在股市大盘行情继续欠佳的情况下,全市开户股民稳定在16万户左右,全年证券交易额307.29亿元,比上年增长43.77%。其中A股成交额187.03亿元,占总交易额60.86%,比上年增长6.45%;B股成交额2.62亿元;基金成交额3亿元;国债现券成交额16.72亿元,比上年增长23.85%;国债回购成交额97.55亿元,比上年增长5.10倍,债券及其他成交额3 600万元。

2004年,全市有10家证券营业部,20个营业网点。在股市大盘行情低迷的情况下,各证券营业机构推广手机炒股、网上炒股新业务,方便股民交易。全市开户股民16.74万户,全年证券交易额471.51亿元,比上年增长53.44%,比出现大牛市的2000年还多41.02亿元。其中A股成交额292.60亿元,占总交易额62.06%,比上年增长56.44%;B股成交额1.76亿元;基金成交额2.73亿元;国债现券成交额4.05亿元;国债回购成交额168.89亿元,比上年增长73.12%,债券及其他成交额1.48亿元。

2005年,全市有10家证券营业部,20个营业网点。在股市大盘行情比较低迷、全年大盘运行轨迹盘整向下的情况下,全市开户股民16.79万户,全年证券交易额284.06亿元,比上年减少184亿元。其中A股成交额219.07亿元,占总交易额77.12%;B股成交额1.23亿元;基金成交额2.78亿元;国债现券成交额4.56亿元;国债回购成交额46.88亿元,债券成交9.54亿元。

2006年是股市"牛年",全市有10家证券营业部,20个营业网点。全市开户股民17.08万户,全年证券交易额750.99亿元,比上年增加164.38%。其中A股成交额641.99亿元,占总交易额85.49%,比上年增加193.05%;B股成交额3.46亿元;基金成交额24.34亿元;国债现券成交额4.48亿元;国债回购成交额2.54亿元,债券、权证及其他成交额73.73亿元。

2007年，全市有10家证券营业部，20个营业网点。全市开户股民28.05万户，比上年增长64.23%；全年证券交易额4 107.73亿元，增长446.98%。其中A股成交额3 516.86亿元，占总交易额85.62%，增长447.81%；B股成交额139.28亿元，占总交易额3.39%，增长39.25倍；基金成交额172.1亿元；国债成交额0.85亿元，下降88.48%；债券、权证及其他成交额278.65亿元，增长277.93%。

2008年是股市"熊年"，也是沪深股市开市18年以来行情起伏最大的一年，股市交易屡创新低。全市有11家证券营业部，22个营业网点。全市开户股民30.66万户，比上年增长9.30%；全年证券交易额2 533.52亿元，减少38.33%。其中A股成交额2 236.53亿元，占总交易额88.28%，减少36.41%；B股成交额66.81亿元，占总交易额2.64%，减少52.03%；基金成交额39.80亿元，占总交易额1.57%，减少76.87%；国债成交额2.97亿元，增长250.64%；债券、权证及其他成交额187.41亿元，减少32.74%。

2009年，全市证券二级市场在资本市场行情趋缓的带动下表现活跃，交易额现"井喷式增长"。全市有13家证券营业部。全市开户股民36.21万户，比上年增长18.11%，其中法人户795户，个人户36.13万户；全年证券交易额4 878.89亿元，比上年增长92.54%；其中A股成交额4 617.20亿元，占总交易额94.64%；B股成交额31.19亿元，占总交易额0.64%；基金成交额29.23亿元，占总交易额0.60%；债券成交额5.22亿元，占总交易额0.11%；权证及其他成交额196.04亿元，占总交易额4.01%。

2010年，在国家一系列针对房地产和通货膨胀的宏观调控政策影响下，上海证券交易所和深圳证券交易所两市表现不佳。年内嘉兴市居民却保持强烈的投资热情，全市有17家证券营业部。全年新增开户4.24万户，年末证券账户总数达40.54万户。全年证券交易额5 610.71亿元，比上年增长15%；其中股票成交额5 445.7亿元，占总交易额97.06%；权证成交90.12亿元，占总交易额1.61%；基金成交额55.55亿元，占总交易额0.99%；其他证券成交19.34亿元，占总交易额0.34%。

## 第二节　证券管理

1994年，为加强异地股票上市交易的管理，中国人民银行嘉兴市分行制定《嘉兴市证券交易营业部管理实施办法》和《嘉兴市证券机构从业人员行为守则》，规范交易行为。

1995年完善金融年检制度，中国人民银行嘉兴市分行对信托、证券等新业务进行了重点检查。开展了证券回购专项稽查，达52人次，现场稽核了31家机构，稽核面达63%；对部分信托投资公司证券业务部有针对性地开展证券业务等自选项目稽核。

1996年到1998年，全国开始了规范证券交易场所，清理场外非法市场的整顿行动。1996年中国人民银行嘉兴市分行抓好对证券业金融机构的全面清理，对嘉兴市信托投资公司及其所属办事处、证券业务部常规稽核。集中力量对嘉兴市12家办理信托、证券交易的非银行机构合法性、合规性及整改情况进行了复查。积极督促国有商业银行尽快与自办信托投资公司脱钩，完成工行嘉兴市分行所属信托办及其嘉兴、嘉善两家证券代理处的撤销工作和农行嘉兴市分行所属信托办的撤销工作。

1998年8月5日，国务院批转中国证监会《证券监管机构体制改革方案》，确定证券市场体系由证监会和派出机构组成。同时将原国务院证券委员会的职能、中国人民银行履行证券公司监管职能划入中国证监会。从此，中国人民银行嘉兴市分行不再对嘉兴市证券公司履行监管职能。

1999年嘉兴市政府为加强对证券市场及股份有限公司的规范化管理，出台《嘉兴市公司制企业法人治理结构内部运作指导意见》、《嘉兴市股权管理暂行办法》及其《实施细则》等政策性文件，促进了证券市场的良性发展。

2000年11月21日，嘉兴市人民政府发文，决定撤销市政府证券委员会，成立市政府上市工作领导小组，由市政府分管领导任组长，市体改委、市计委、市经贸委、市科委、市财政局、市工商局、市人民银行等7个单位的领导为成员；下设办公室，办公地点设在市体改委，负责日常事务。

2001年，嘉兴市政府制定嘉政办发〔2001〕113号文件《嘉兴市推进企业上市工作实施意见》，支持企业股改上市。

2002年，嘉兴市政府2次召开会议，专题研究企业股改上市工作的政策和有关问题，并形成〔2002〕3号专题会议纪要，将企业股改上市的量化指标列入政府工作目标责任制考核。

2003年12月22日，嘉兴市政府与浙江省证监局在嘉兴合作监管嘉兴市上市公司。签署《上市公司合作监管备忘录》，协议的主要内容是：建立信息共享机制、工作磋商机制、健全风险防范机制，共同推进市场主体规范运作。双方将在公司上市、拟上市公司辅导验收、证券期货交易、上市公司规范运作等方面，互通信息、互相配合、合作监管、搞好服务，共同推动证券资本市场良性发展。

2004年，根据国务院《关于推进资本市场改革开发和稳定发展的若干意见》的新要求，嘉兴市政府重新梳理了近年来的相关文件和政策，在市政府《推进企业上市工作实施意见》的基础上，又制定出台了《关于培育企业上市和促进上市公司发展的补充意见》。对企业股改进行辅导、报证监会预审、公发上市、再融资发展、购并外地上市公司等环节，给予明确的奖励和扶持。如企业通过上市辅导验收上报证监会申请上市的奖励20万元，股票公发上市后再奖励30万元，"买壳上市"奖励50万元等，加大了企业上市的政策扶持力度。

2006年，全市加大证券业务培训力度。3月7日，外汇管理局与市上市办、市外经贸局联合举办企业境外上市、投融资政策业务培训班，重点介绍国内企业境外上市的政策法规和操作流程，并请境外上市企业卡森国际介绍经验和体会；3月22日，中国人民银行嘉兴市中心支行与市上市办联合举办"创新融资方式、拓展融资渠道"专题业务培训会，请华西证券公司介绍资本市场融资及企业债券发行办法，请市交投公司介绍企业债券发行经验及体会；10月11日，嘉兴市政府与浙江省证监局、深圳证交所联合举办"全市企业上市工作业务培训会"，重点介绍去深圳中小企业板上市的政策法规、上市条件和操作办法，请景兴纸业负责人介绍中小企业板上市经验与体会。

2007年7月31日，嘉兴市政府召开全市企业上市工作会议，部署2007年及今后5年的企业上市工作目标任务。年内,市委、市政府提高企业上市奖励力度,企业上市后一次性奖励从50万元提高到100万元。

2008年,为进一步推进证券市场发展,8月1日,邀请中国证监会研究中心主任祁斌作《资本市场与创新经济》的辅导报告,市委中心学习组全体成员、市级机关各部门、直属各单位主要负责人、各县(市、区)委书记、县(市、区)长等到会听取报告。10月,经市政府研究决定,市政府企业上市工作领导小组更名为嘉兴市人民政府金融和企业上市工作领导小组,下设办公室由上市办更名为金融上市办公室。

# 第六篇
## 金融科技与电子化

# 第一章 中国人民银行嘉兴市中心支行金融电子化建设

## 第一节 计算机硬件设备建设

随着计算机技术的不断发展,1991年至2010年这二十年中,中国人民银行电子化建设的进程也得到了极大的发展,硬件设备也随各业务应用的深入而不断地更新换代。

20世纪90年代初,中国人民银行嘉兴市分行计算机设备主要是以国产286机器为主,如西子、东海、联想等286主机。主要应用于人民银行的三大基础业务工作,即中央银行会计核算系统、国家金库会计核算系统、金融数据统计系统。数据传输的通信手段是以MODEM(调制解调器)电话拨号方式进行。1991年中国人民银行下拨了两台安装了SCO UNIX操作系统的NCR公司TOWER 32立式服务器,是第一套服务器。

80年代末90年代初,中国人民银行根据当时全国经济金融形势发展的需要建立了全国电子联行系统,负责全国异地跨系统的资金清算业务。该系统的硬件设备是由中国人民银行总行下拨的卫星通信天线、卫星通信设备及两套专用的计算机设备。电子联行的地面卫星小站通信波段为C波段。其中专用计算机设备的主机为长城386微机,四套电子联行专用的金融计算机终端设备,一套3KVA 8小时UPS电源。随后在1993年、1997年电子联行的计算机设备进行了二次更新,分别为东海386主机和惠普VL7系列主机。1993年1月作为全国第四批小站系统,加入了全国400个城市的电子联行业务网络。建立了VSAT卫星小站系统。

至2010年底,计算机设备已经拥有:HP、DELL、IBM服务器、台式计算机、便携式计算机130多台,各类激光打印机、喷墨打印机、针式打印机等600多台。2台艾默生30KVA 8小时UPS、1台山特10KVA 8小时UPS、4台山特6KV 4小时UPS。计算机机房由原来的单间20平方米左右,经历三次改、扩建后,拥有功能区域划分合理,面积近160平方米的现代化中心机房。

金融城域网、内联网的建设和投入使用,将中国人民银行嘉兴市中心支行与全国人民银行所有分支行、全市各家金融机构联成一个集文件传送、办公自动化、资金清算、数据通信等网

络应用的整体。计算机在数据处理、信息传送、办公自动化等工作中扮演了不可或缺的角色，现代化管理水平有了很大的提高。

## 第二节 计算机网络建设与应用

1995年，中国人民银行嘉兴市分行在文昌路办公大楼建设了第一个按照标准PDS布线规范进行设计、施工的大楼局域网，办公楼之间采用光纤连接，并根据中国人民银行浙江省分行内联网建设规划要求，向嘉兴市电信公司申请一条64K的X.25线路，采用静态路由协议，与省分行、省外汇局、五个县支行连接。网络设备主要是美国BAY公司的产品。

1998年，为配合中国人民银行信贷登记咨询系统在嘉兴试点的工作要求，根据总行内联网二期工程网络改造方案，利用金融数据通信骨干网络，申请接入中元公司帧中继线路，开通一条512K PVC连接杭州中支，用于数据传输和电视会议系统。开通一条16K PVC连接省外汇局，用于外汇管理局SAFE-MIS系统的数据传输。采用OSPF路由协议，按照中国人民银行IP地址规范，互联网段和本地局域网段都隶属于代表浙江省域的OSPF的子域24。同年，嘉兴市金融城域网建成，有8家金融机构与中国人民银行实现网络互联，其中中国工商银行嘉兴市分行、中国银行嘉兴市分行、中国人民建设银行嘉兴市分行、中信实业银行嘉兴支行采用X.25线路连接，中国农业银行嘉兴市分行、交通银行嘉兴分行、嘉兴市商业银行、嘉兴市市郊信用联社采用远程拨号方式连接。网络设备开始引入Cisco公司的产品，路由器由BAY更新为Cisco 2509。通过金融城域网运行的系统主要有：同城票据交换、清算系统、银行信贷登记咨询系统、商业银行数据报送业务等。

2000年，基于业务系统通过网络传输数据的急剧增长，对局域网和嘉兴市金融城域网进行优化改造，首次选用了Cabletron公司的Cabletron2000三层交换机，中国人民银行5个县支行由16K的X.25线路升级为2M的SDH光纤线路，各金融机构直接通过10M光纤线路接入嘉兴市金融城域网。在浙江省内率先完成了人民银行市县网和金融城域网的线路改造。

2001年，中国人民银行电视电话会议系统上线，为保证网络传输图像的清晰，路由器由Cisco2509升级为Cisco3640，到中国人民银行浙江省分行的帧中继电路，由原来的64KB提升为512KB。浦东发展银行嘉兴分行、嘉兴市信用联社加入嘉兴市金融城域网。为满足进出口付汇核销业务需要，该行申请安装了国际互联网宽带接入。

2002—2003年，根据中国人民银行防火墙工程的实施规划，采用方正防火墙，构建防火区，银行信贷登记咨询系统、银行债权管理系统、同城票据交换系统、数据通信系统迁移到防火区。为保障天地对接、会计"四集中"核算等实时处理系统的连续稳定运行，各县市支行和外联单位采用主、备线光纤接入。

2005—2006年，完成核心交换机、内联网路由器热备份工程建设，全面提升了网络的可靠性、稳定性、安全性和不间断性。

2009年，按照杭州中支网络外联全省集中的要求，取消嘉兴市城市金融网，各外联单位或通过其上级行或直接一点接入浙江省城市金融网。2008年开始在中环南路办公楼新建局域网，采用六类线，光纤到楼层，千兆到桌面，信息点增加到1 500多个。

2010年，按照《中国人民银行办公厅关于开展两网分离工程的通知》（银办发〔2010〕127号文件）的要求，实现两网分离，建成中支办公网。

## 第三节　计算机软件开发与应用

### 一、办公自动化系统的应用

自1990年开始，中国人民银行嘉兴市分行办公室开始使用WPS和比特排版软件进行公文制作。1994年在Windows32操作系统下，尝试使用Word32字处理软件和Excel32表格处理软件，随着Windows操作系统计算机的增多，Office97、Office2000办公软件逐步普及。2000年中国人民银行统一推广了基于IBM公司LOTUS NOTES技术的电子公文和电子邮件系统，2010年，原电子公文和电子邮件系统迁入办公网，业务网新建电子公文和电子邮件系统。2001年，在帧中继电路上，使用VTEL设备，建成电视电话会议系统。2003年采用北京中软融信公司开发的C/S版OA系统，实现行内电子公文流转，2010年改版为B/S版，并延伸到五个县支行。2004年自主开发了用于信息发布和事务流转的内联网网站。

### 二、中央银行会计核算系统

从最初的DOS操作系统单机版本，逐步升级到1992年由原中国人民银行浙江省分行推出XENIX操作系统的COBOL语言版，1998年中国人民银行开发了基于SCO Open Server5.0.5操作系统，使用Informix数据库开发的中央银行会计核算系统2.0版本，2001年到5.0版。2002年，更换为使用前置机、服务器分离方式的会计"四集中"系统。2005年上线运行中央银行会计集中核算系统（ABS）和大额支付系统，2006年上线运行小额支付系统，ABS通过与大、小额支付系统连接，为金融机构提供清算服务，并办理中国人民银行内部资金汇划业务。2010年，中国人民银行开始开发全国数据集中的新版中央银行会计集中核算系统（ACS）。

### 三、全国电子联行系统

1993年1月，中国人民银行嘉兴市分行作为第四批电子联行试运行的人民银行二级分行，开始电子联行试运行，1995年9月，所辖海宁、桐乡支行列入全国第八批电子联行试运行单位。1996年12月，海宁、桐乡支行卫星小站停止运行，辖内支行的电子联行业务全部通过嘉兴市分行转发。全国电子联行应用系统从开始的基于XENIX操作系统的EIS11.0，1998年更新到基于UNIX操作系统ORACLE数据库开发的EIS15版。中国人民银行电子联行通过中心设立在北京的星形结构卫星通信网，实时传递业务数据。2001年完成天地对接中转站的建设，当年中国工商银行嘉兴市分行、中国农业银行嘉兴市分行、中信实业银行嘉兴支行、浦东发展银行嘉兴支行、嘉兴市商业银行五家银行完成入网。2005年中央银行会计集中核算系统（ABS）上线运行后，电子联行系统停止运行。

### 四、国家金库会计核算系统

和中央银行会计核算系统很相似，同样经历了从最初的DOS操作系统单机版本，逐步升级到1992年由原中国人民银行浙江省分行推出XENIX操作系统的COBOL语言版，该版本在1992年全国第二届电子信息技术应用展览会上获国务院信息办颁发的优秀奖，在1993年获中国人民银行科技司与国库司联合颁发的国库软件一等奖。2001年7月，中国人民银行基于Windows NT操作系统Sybase数据库开发的国家金库会计核算系统（TBS）1.0版正式运行，在人行嘉兴市中心支行和辖内五个县（市）支行单独部署服务器，2003年升级为2.0版。2005年TBS接入大额支付系统，2006年TBS接入小额支付系统。2010年5月，国家金库会计集中核算系统（TCBS）的上线，中国人民银行嘉兴市中心支行和辖内五个县（市）支行的服务器停止运行，数据集中在中国人民银行总行。

### 五、同城票据交换系统

1995年嘉兴作为全省试点，开始由原中国人民银行浙江省分行推广同城票据交换、清算系统，应用环境为XINIX操作系统的COBOL语言，采用操作员当场手工录入方式进行业务操作。后来逐步采用由各参加票据交换单位使用计算机软盘提出交换数据的方式，减少了一定的操作工作量。1997年，升级为由中国人民银行台州市分行基于UINX操作系统RM COBOL语言开发的版本，采用了网络传输交换数据方式进行业务处理，缩短了清算时间，提高了工作效率。2008年6月，中国人民银行嘉兴市中心支行及所辖县（市）支行正式启用新版浙江省同城票据交换清算系统，票据信息由杭州金融清算中心集中处理。

### 六、信贷登记咨询系统

1998年，中国人民银行嘉兴市分行作为全国三家试点城市之一参与中国人民银行信贷登记咨询系统建设，该系统在WindowsNT操作系统下运行，使用了Sybase数据库进行数据存储和处理，并首次使用了IBM的MQ中间件和清华紫光的MT中间件技术实现数据的稳定传输。系统运行初期，嘉兴市有8家金融机构接入该系统，1999年实现全国联网。2002年，总行委托杭州中支对该系统进行二次开发、完善。2005年中国人民银行实施系统数据集中，2006年全国统一的数据集中在总行的企业和个人征信系统建成并正式联网运行。

### 七、金融数据统计系统

金融数据统计系统最初为DOS操作系统单机版本，1992年升级到XENIX操作系统的COBOL语言版，1999年开始使用的中国人民银行开发的基于Windows NT操作系统SQL Server数据库开发的金融统计监测管理信息系统2.4.0版。后来经过一系列的版本升级，直到2006年中国人民银行着手实施金融统计数据全国集中，开发金融统计监测管理信息数据集中系统，2007年嘉兴市作为浙江省唯一一家地市中支参与总行数据集中接口测试，成功完成金融统计数据集中系统试点测试工作。2009年B/S版的金融统计监测管理信息数据集中系统正式投入运行。

### 八、外汇管理系统

1989年，国家外汇管理局嘉兴市分局开始应用由国家外汇管理局推出的各类应用软件，这些应用软件是在宝来B25系列计算机上开发和应用的。1999年外汇管理系统的所有计算机设备改为PC服务器和微机，应用系统大量使用了UNIX操作系统、Windows操作系统和Sybase数据库，业务系统主要有：出口电子口岸、进口监管系统、经常项目外汇业务管理系统、境内居民个人因私购汇管理系统、外债监测系统、外商投资企业外汇管理系统、国际收支系统、出口监管系统等。2004年开始，国家外汇管理局开始数据集中，逐步取消各分支局的PC服务器，建设采用B/S结构的全国数据集中应用系统。至2009年底，数据集中工作基本完成。

# 第二章 嘉兴市金融机构金融电子化建设

## 第一节 中国工商银行嘉兴分行

1991年科技工作紧紧服务于业务开拓,年内全市五县(市)支行、市本级储蓄科、营业部均成立了科技股,初步形成市本级以M380主体机,各支行以紫金386为主体机,通过调制解调器用近远程终端办理各项银行业务的集中处理模式,S/640小型机上机工作加快进程,在市区建国路试行并行记账,1992年上半年在市区形成网络,实现通存通兑。

1993年该行推出了信用卡专用的POS终端消费机,为群众到商场购物提供了方便。同年,还推出了ATM自动取款机,解决了银行八小时营业以外老百姓急需取款用钱的问题。

1994年进一步加快服务手段电子化建设的进程,发挥县、市两级行的积极性,增加科技投入,先后完成了6个对公网点、9个储蓄所的升级工作和39个柜员制单位的升级改进工作。在做好计算机普及的同时,还在实现区域性联网,提高计算机的使用效益上进行了多项实践。3月28日在海宁召开推广编码印鉴现场会,积极推广对公业务使用编码印鉴,为全市对公业务实现通存通兑打下基础。同年,还先后顺利完成了机制汇票上机和第一、二批电子汇兑行的上机工作。系统内结算明显加快,据统计,每天通过电子汇兑的结算资金超过680万元,按平均加快三天时间计算,节约在途资金使用2 000万元。工行桐乡支行还率先开通了电话银行业务。

1994年6月正式对外推出电费代收业务,市民不仅可以在工行的任何一个储蓄所缴纳电费,还可以申请通过工行的账户自行扣收。同年,工商银行利用其遍布全国的联系网络开发了一套电子汇划系统,率先在同行业中推出了电子汇兑业务。通过系统内的数据传送,异地普通汇款24小时就能到账,而加急汇款只需2小时。结算速度的加快,大大提高了客户的资金效率,进而加快了商品的流通。

1995年先后完成了市本级和五个县支行的上机工作,在此基础上,进行了通存通兑的模拟试验,并于8月1日正式开通通存通兑网络系统。这在嘉兴全市,在全省同行业中处于领先地位。该网络的开通大大方便了开户企业异地采购,加速了企业资金的流转,5个月来该网络累计处理业务104 470笔，累计金额30.46亿元，日均业务量929笔，每天可为开户企业减少资金占用2 700万元。

1996年该行共投入各类计算机设备392台，总值900多万元，科技装备水平有较大的提高，并建成了颇具规模的计算机管理中心和业务处理中心。顺利地实现了活期储蓄存款和对公业务的全省通存通兑；先后完成了各支行及本行金牡丹信用卡应用软件新版本的更换，分部开通了与各行储蓄联网系统；进一步扩大了对公业务"双通"网络，将3个集镇办事处的计算机业务与全市联网，方便了开户企业资金结算。工行全省活期储蓄通存通兑的网点开通率已达到100%，11个营业机构开通了全国电子汇兑，18个营业机构开通了省辖电子汇兑，完成了所有八个县级行处储蓄事后监督版本和出纳的上机工作。并且不断加快信息管理数据库的建设，参加了省行组织的信息系统的研制和开发，并在较短的时间内完成了设备的安装、调试、优化和联网工作，走在全省前列。

1997年在全行开展"联通工程"，经过上半年的软件开发、网络建设等前期准备，第三季度进入正式的上机阶段，对全市科技、储蓄、信用卡等专业的业务骨干进行培训，并分四个晚上做了对公业务上大机的模拟测试。在此基础上，分别于9月和10月进行了市区及五个县支行对公业务、储蓄业务、信用卡业务数据的移植和转换，确保了全行"大机延伸"任务的顺利完成。同年对市分行本部大楼进行线路设计，设置了72个信息点，不做任何扩充就可将144台电子计算机联网，在此基础上，建成了市县电子邮箱系统，初步实现了公文传输无纸化。

1998年先后共进行了10次大机版本升级的模拟测试，承担了"个人住房信贷核算操作系统试点"和配合中国人民银行进行"信贷台账登记系统的试点"工作。此外还根据业务发展需要，做好"系统内实时交换系统"开发和储蓄代理业务数据库集中市分行的配套工作，及时对市区营业网点通信线路进行了改造、代理业务新品种的开发、会计档案的光盘缩微的全市推广、证券转账、电话银行、流动金库、自助银行的开通等工作。

2000年工商银行先后推出了具有独创性和领先地位的企业和个人网上银行，通过这种新的结算工具，客户可以轻而易举地在网上办理除现金以外的所有结算业务。

2001年，该行作为总行的试点行，投产了综合业务整合版系统，该系统是以客户为中心，集对公、储蓄、会计、银行卡、本外币等业务于一身的全面、综合的账务处理系统，实现了全市网点储蓄和对公业务的综合化。

2002年，工商银行在全国范围内实现了储蓄和对公业务的通存通兑，在此基础上又推出了"即时通"业务，为企业实现跨地区的资金归集创造了条件。

2007年完成了财政集中支付应用系统升级工作。

2009年该行加强系统的运行跟踪和监控，完成了市区2个离行式ATM的UPS远程监控试点，及时发现和解决电源运行故障，提高系统的可用率和稳定性。完成本地办公NOTES系统升级改造，消除信息安全隐患。完成代发工资管理系统、特约商户管理系统的优化工作，事后监督挂失系统的投产，并在全市投产了综合技术支持系统。

2010年完成了SEP安全二期项目测试、二级行互联网统一出口以及网络监控系统和五级网络事件提醒告警系统三个项目的省行试点工作。完成了省行"个人业务在线辞典"项目的开发和试点工作，做好本级及支行营业部远程授权、业务集中处理平台、影像综合处理系统、业务运行主要事项核准报备管理平台的投产。

## 第二节　中国农业银行嘉兴分行

农行嘉兴市分行的计算机应用起始于1984年。该行从使用国产个人计算机起步,随即大量应用单用户和多用户微机。1985年1月,统计项目分析软件投入运行。1986年引进单用户机对公业务处理软件作单笔记账和批量处理。1989年引进和推广多用户微机网点,逐步推广对公业务同城通存通兑的服务。

1988年,农业银行浙江省分行在全省推广储蓄单机应用软件,该软件在DOS操作系统环境下,在IBM–PC及其兼容机上运行。1989年引进推广多用户微机应用软件开发,实行局域网络的通存通兑。

1995年计算机网点达到200个,其中对公63个、储蓄137个。储蓄实现远程终端联网,基本实现全嘉兴市范围内的通存通兑,并开始实施全省农行系统(AS/400)联网工程。

1995年试运行电子汇兑,1996年正式开通全国联行和省辖联行电子汇兑业务,跨省跨市的资金汇划得以在24小时内到账抵用,减少了资金汇划的在途时间,提高了客户资金使用效益。

为了提高工作效率,提升经营管理水平,农行嘉兴市分行从1996年起开始实施办公自动化工程。1998年局域网延伸至县支行,并实现全行发文从起草、核稿、签发、发送到归档,收文从登记、拟办、流转、圈阅、督办到归档全部都在网上进行,基本达到了办公无纸化要求。

1998年所有网点的对公业务、信用卡系统和本外币储蓄业务全部纳入了AS/400网络,使该行从微机时代进入小型机时代。

1999年成功地建成了融分析预测、辅助决策为一体、初步实现事务处理、数据分析、决策现代化的管理信息系统。

2003年,将原置放于支行的ABIS业务前置机全部集中到市分行,利用市分行的技术力量优势,进行统一管理。

2005年中国农业银行在上海建立了具有国际一流水平的数据运行中心,实现了全国的数据集中。全国农业银行的业务系统也全部启用总行版的ABIS系统,从而结束了各省使用自行开发的业务系统的历史,实现了全国农行业务的联网处理和统一的数据处理。

2008年,实施了网络改造工程,将原来分散地以支行为单位集中的网络模式,改为以市分行为单位集中的网络模式,取消了县支行的网络汇聚功能,将原来网点单条通信线路模式改为每个网点两条不同运营商的通信线路模式,在单条线路故障的情况下自动会切换到另一条线路,保障了通信安全,将原来的以裸光纤为主的线路模式改为以MSTP为主的线路模式,进一步提高了通信线路的安全性。

近年来,中国农业银行又不断开发新的业务管理系统,使科技支撑能力不断增强。在电子银行方面,开发了现金管理、企业网银、个人网银、电话银行、手机银行等系统,为不同层次的对公和个人客户提供强大的电子银行业务服务。在业务经营和客户营销方面，开发了PCRM、CCRM等客户关系管理系统，进一步加强了客户管理，提升了客户的价值创造能力。在资产业务管理上，先后开发了全国的信贷管理系统、十二级分类评测系统等，为信贷优化管理打下了良好的基础。在精细化管理方面，先后推出了业务经营分析系统、员工绩效考核系统、机构绩效考核系统、业务量结构分析系统等一系列系统，为业务经营决策提供了精确的数据支持。在结算业务上，相继推出了大小额支付系统、漫游汇兑等系统，完成了全国支票影像交换系统（直联式）、电子商业汇票系统，方便了客户的结算。到2010年末已拥有自助银行91家，现金类设备407台，自助通115台，自助设备总量同业第一。

## 第三节　中国银行嘉兴市分行

1992年，中国银行嘉兴市支行抓住机遇，大力增设网点和储蓄代办机构，储蓄电脑应用有所突破，市本级实现了电脑联网。

1995年，中国银行嘉兴市分行继续重视加大资金投入，提高网点的信息科技化程度，加快推行储蓄、出纳单人临柜电脑及监控设施的安装步伐，当年全辖机构网点电脑普及率达100%，促进了单人临柜试点工作的稳步进行，提高了网点的服务质量和效率。并于当年实现了国库电子联网。

1996年3月，该行在做好RISC/6000小型机的全面投产、实现全辖活期、定期储蓄业务通存通兑基础上，加快推进商户及储蓄网点的EDC-POS联网，推出了电话银行服务项目，开发了"一本通"和"电子借记卡"软件，并顺利投入运行。

1998年，该行网点基本实行单人临柜，加快了业务处理速度和质量，同时充分发挥全辖网络系统功能，与2家证券商建立了利用贷记卡办理股民资金划转业务，受到了客户的好评。

2002年，该行按照扁平化管理和集约化经营的要求，加大了机构整合力度，成立了运钞中心和审贷中心，实现了数据中心向华东中心迁移。

2003年1月，该行实现SWIFT系统在各县（市）支行的全面开通，加快了收汇速度。同时为了改善商户POS机通信不畅的问题，专门拟订改造方案，以混合中继线路的方式替代原有的单路拨号方式，极大提高了商户POS机响应速度，满足了用户的需求。并在全市金融机构中率先投产了ATM视频发布系统。3月，该行完成了市本级所有营业网点的网络改造和办公自动化延伸，实现了在原有通信线路上同时传输交易数据和电子公文，市本级OA系统的覆盖率达100%，加快了办公电子化进程。6月，该行完成了市本级局域网改造，采用华为高端交换机S8016替换CISCO2948，楼层交换机更换为华为S3026交换机，并通过了所有业务的网络检测，为局域网办公楼提供了千兆主干连接，进一步提高了网络的安全性和可靠性。9月，该行首家自助银行正式对外营业，次月推出网上金融交易服务系统。11月，该行成功开发客户经理考核程序（Client Manager Assess Program），该系统结合以前客户经理考核的经验，在充分考虑与原有系统考核的连贯性、有效性的基础上，实现了机构整合后客户经理业绩的实时考核。12月，该行成功开发了重要空白凭证出入库管理系统，并投入运行。该系统主要实现了对库房凭证的实时控制，对领入、领出凭证进行实时的登记和销号，自动生成当前库房凭证清单、当日出入库清单，摆脱了人工管理库房的烦琐劳动，提高了库房管理的效率和质量。

2004年3月，该行完成了授信在线审批系统的安装与调试，缩短授信业务各操作环节所需的时间，提高了工作效率，并投产了平均利率测算系统。该系统运行于Windows98及以上操作系统，方便、灵活地实现了各类复杂测算公式的定义和计算，具有良好的用户交互能力，可以及时对各类平均利率（或其他指标）根据预先设定的置信区间进行测算，为会计核算的准确性提供了有力的分析、监控工具。7月，该行内部网站正式投入运行，网站建设充分考虑了其安全性、稳定性、可扩展性、动态性、便管理性的要求，基于Linux操作平台，采用Apache＋Mysql＋XOOPS框架，使用PHP语言编写。同时，为配合公司业务部授信前台、后台管理分离，该行还完成了授信管理系统（Credit Manage System Ver1.0.0）的开发和投产。系统采用C/S设计模式，前端充分利用了Windows丰富的界面功能，以提高对用户的友好性；后台利用Rs6000中的Oracle数据库进行数据的组织和存放，确保了数据的安全性和稳定性。该系统主要包括授信企业管理、贷款管理、承兑汇票管理、贴现管理、信用证管理、其他授信业务以及信息分析、统计等几大功能，进行了授信信息的整合，实现了客户经理、授信后台、授信管理者之间的有效分离，加强了业务管理的便捷性、有效性、实时性，提升了授信管理的效率。11月，该行根据上级行安排，成功投产并试运行总行统一版本辖内清算系统（RTS）。该系统是一个综合业务处理系统，包括全国联行往来、省辖联行往来、人行大额支付系统往来、对公网上银行接口、国际收付款业务等多项业务处理模块。

2005年5月，该行按照省行二、三级网分离和局域网改造的统一部署，成功实施网络升级改造，完成了所有网点的线路切换、路由器配置更新，并确保了第二天的按时正常营业，没有出现任何网络故障。通过此次改造，实现了该行网络整体升级，优化了网络拓扑结构，减少了网络单点故障。6月，该行首台公务用卡POS机在浙江汇信进出口有限公司启用并向全辖机构、开户企业推广。7月，该行将个人征信系统的查询纳入个人贷款业务操作流程，有效地从源头上控制了借款人的信用风险，为个人贷款业务审批、银行卡办卡的审核提供了个人信用依据。10月，该行针对当前业务应用系统繁多、对各业务系统运行状况监控、检测不够，特别是网络以及各外联应用项目遇到故障不能及时响应的情况，开发完成了系统运行监测系统，该系统采用的是c/s＋b/s混合模式。

2006年1月，该行辖内在线审批系统成功投产。5月，该行设计开发的内部对账系统通过验收，当月小额支付系统正式上线投产。7月，公司授信在线集中审核工作正式启动，该行也成为全省中行系统较早推行在线集中审核的地市行之一。当年该行还自主研究开发了"外部对账系统"和"非现场监控系统"，通过对外客户对账、报表数据等进行有效监督和管理，既减轻了员工的劳动强度，又确保了对账数据和监控的准确性，使科技手段在内控建设中得到了广泛运用。

2007年3月，该行成功投产了国内支付结算系统（二期），首次在辖内实现了银行汇票、托收承付、银行承兑汇票等国内结算主要业务和重要空白凭证的系统化处理，有效改变了以前手工操作带来的内控手段落后、数据采集滞后等问题。6月，该行电子验印系统正式建库成功并于7月率先在全省范围内通过第一笔支票影像自动整票验印。

2008年，针对影像系统自动化程度不高，操作流程烦琐，提入全国影像支票资金清算逾期率较高的情况，该行自主开发程序实现影像数据自动清分，并于年初正式投产。同时对操作流程进行了合理调整，将发送影像回执工作前移前台，减少了中间环节，大大提高了资金清算速度，提入影像支票资金清算逾期率降幅显著。

2009年，该行全辖各网点于2月全面投产RTS系统（省行集中清算系统）。3月，该行境内外币支付系统"内港外币支付互通项目"正式投产，原先内地和香港两地外币支付清算主要通过代理银行的方式，主要存在费用相对较高、难以实现亚洲时区T+0结算等弊端。而"内港外币支付互通项目"投产，实现了内港外币支付系统互通，既节约了清算费用，还提高了资金清算速度。12月，该行在全辖正式投产柜员申报综合管理系统（TRMS），实现了业务应用系统柜员申报管理流程的信息化和标准化。

2010年12月，该行首家酒店收单收银一体化系统（MIS系统）在桐乡振石大酒店顺利上线，该系统将酒店收银系统与银行收单系统连接起来，通过专线方式与银行卡网络联网进行电子交易，取代传统的金融POS机来处理客户的各种银行卡支付请求，如人民币卡、外币卡，同时支持EMV芯片卡和外卡DCC（货币实时转换系统）等，系统自动传送数据，准确无误地完成自动入账，从而减少人工操作失误，并能提供各种详细的统计报表，方便酒店财务统计、查询及与银行对账。

## 第四节　中国建设银行嘉兴分行

1990年，中国人民建设银行嘉兴市中心支行继1989年第一代会计柜台业务系统（单机版）推广应用后，单机版本的储蓄业务系统在各储蓄所开始使用。1992年，第一版信用卡系统开始使用。1995年，中国人民建设银行嘉兴市分行完成了全市计算机系统的联网，所有营业机构全部实现了电子化作业；以城镇为中心实现了储蓄业务通存通兑；完成了小型机综合业务网络系统试点一期工程；行长查询系统通过验收全面运行。1997年，完成了小型机更换中型机工作，提高了计算机运行质量；开通了全市对公业务通存通兑系统。

1999年，建行互联网站建立，个人网上银行开通运营，开始为建设银行客户提供网上金融服务。2000年，企业网上银行服务开通。

2002年，建设银行嘉兴市分行成功开发了龙卡客户经理考核系统、储蓄工作量考核系统、客户经理账户考核系统和网点信息交流系统并全行推广应用；在全省二级分行首家推广应用OA系统。2003年，开发应用了营销信息系统和网点在线服务系统。

2004年，建行嘉兴市分行通过数据清理、人员培训和模拟演练等一系列准备工作，7月23日DCC系统在全行顺利上线并平稳运行。12月2日，该分行与所属各县市支行、城区各网点2.0版OA系统全部成功对接，成为全省第一个与各县市支行、各网点同时成功上线OA2.0版系统的二级分行。

2005年，开发并在全行推广了公司、个银客户经理考核辅助系统，不仅为管理人员和客户经理提供了动态了解经营状态和客户信息的工具，而且还为制定和实行合理的客户经理考核办法提供了技术和数据支持；开发了柜员绩效考核系统，为柜员"同工同酬"考核办法的实施提供了技术支撑；配合财政国库集中支付，开发了网银国库集中支付系统；完成 OCRM 的试点工作和柜员指纹身份识别系统的试点上线工作；同年，完成了 PDS 系统、个贷系统、票据业务管理系统、中国人民银行账户管理系统等的上线工作；9 月，新一代贸易融资系统（NTFS）在该分行国际业务中心及所辖各支行成功上线；12 月，非标类重控管理系统顺利切换上线。该系统的上线，解决了数据集中系统（DCC/CCBS）上线后非标类重控号码控管和金库中心与运行中心账簿、账实核对问题。

2006 年，开发完成金库集中后会计金库配送的系统应用。完成了对公贷款管理 CLPM 系统、CCI 95533 系统、个人网银 5.0 系统、计划财务 ERPF 系统的上线工作；完成了省行委托的电子登记簿系统和年终总账数据预结转程序的开发，并在全省推广上线；7 月，会计档案管理及会计稽核系统（OCR 系统）成功上线。

2007 年，开发了身份证件扫描管理系统，优化了 PBMS 和 CBMS 考核系统、集中对账管理系统，配合上级行和中国人民银行，做好个贷 A+P 系统、人民币银行结算账户管理系统（二期）、新版同城票据清算系统等系统的上线，为业务发展和内部管理提供了强大的支持。

2008 年，银关通电子保函业务系统优化版在全省系统内首家正式上线。2009 年，成功开发柜员在线系统并在全行应用。10 月，推广使用信贷审批综合服务系统。2010 年，成功开发回单自助服务系统并试点上线。

## 第五节　中信银行嘉兴分行

1996 年 10 月，中信实业银行嘉兴支行筹建组成立，信息技术条线划归支行营业部综合业务组。主要工作包括联系上级行信息技术部、设备安装、网络调试、软件安装等。

面对着许多全新的问题与困难，信息技术管理人员与业务条线人员一起摸索前进。此时系统条件较为不成熟，计算机综合业务系统还是单机版 UNIX 系统支持下的 Informix 数据库支撑的多用户系统，联行临柜人员使用的汇票签发管理系统问题较多。直至 1997 年 4 月计算机管理员重新设计了一个实用、高效、操作便捷的汇票签管系统，解除了临柜人员的烦恼。同年 8 月，中信实业银行嘉兴支行自行设计的银行内部管理系统开始上线使用，这是一个基于 Windows98 的管理系统，初步解决了支行对客户、员工、资金统计等方面的综合管理。此后该系统几经完善，作为中信银行嘉兴分行内部管理业务支持平台，并被推广到杭州分行全辖。

对核心业务系统的不断完善是信息技术条线开业初期阶段的主要任务。1998 年 2 月中信实业银行嘉兴支行信息技术人员参加总行举办的"新一代电脑应用系统"建立与维护培训班。从 1998 年 6 月起，逐步退出各分支行独立的计算机信息处理系统，采用业务数据集中到杭州分行的模式。业务系统更名为新一代业务综合系统，简称"二代"。该模式采用各支行分设前置机，接入业务处理终端，业务存贮数据全部由省行的 AS400 作后台处理。

在信息技术团队不断自我学习与发展的过程中,信息技术人员也不断地面对问题,攻克难关。特别是1999年3月,信息技术团队全力以赴解决计算机2000年问题,并在全系统范围内开展了"解决千年虫"主题活动。

信息技术团队从发展伊始就注重与业务的紧密结合。为了配合不断发展的零售业务,2000年3月16日中信实业银行嘉兴支行第一台ATM安装使用,标志着ATM时代的开始。同年4月13日,开发了代发工资账号核对系统,彻底解决代发工资批量业务效率低下的问题,保证了数据的准确性。同时,个人网银、企业网银正式投入使用。10月26日,第一家自助银行进入施工阶段。2001年11月17日,第一家自助银行——建国路商城自助银行建设成功。2003年2月起,所有ATM/POS机加入银联系统。根据中国人民银行嘉兴市中心支行统筹安排,中信实业银行嘉兴支行参与中国人民银行实施的便民工程"一户通"缴费系统。

对于全辖的网络安全,信息技术团队一丝不苟。2003年5月,完成了全辖各机构的网络改造工作。第三代综合业务系统上线,实现了所有业务数据全部上收至总行,进一步加强了数据安全。

2004年3月正式成立中信实业银行嘉兴支行信息技术部。信息技术团队不断壮大,技能不断提高,并且带动全辖开展信息技术工作。2005年3月对平湖、海宁支行试点监控图像大集中项目。

2005年,中信银行嘉兴分行国际业务新版系统更新上线,提高了外汇收付汇工作效率。2006年11月,国际业务上线新一代业务系统简称"EE系统"。全辖ATM加密方式改为3DES方式,确保ATM数据安全。新一代信贷登记系统上线,提高了放贷工作效率。上线新一代票据验印系统,提高了票据流通安全性。2009年2月上线账务集中处理系统,简称AB业务平台,同时柜员采用指纹认证方式。3月上线辖属机构监控图像大集中项目。4月上线新一代后督处理系统。上线中国人民银行新一代同城票据清算系统。7月上线嘉兴市交警罚没款系统,该系统为嘉兴银行业第一家上线机构,方便驾驶人就近缴交通罚款。海宁支行上线当地财政集中支付系统,确保和当地财政的良好合作关系。2010年嘉兴中信银行正式上线办公OA系统,电子档案管理系统,实现了办公无纸化。

为了进一步保障网络安全,全辖机构实施网络设备准入项目,保障了行内信息安全,从而使得外来设备无法接入中信银行嘉兴分行内部网络。

## 第六节　农村合作金融机构

### 一、嘉兴农信机构应用系统的开发和使用

嘉兴农信机构的计算机应用起始于1990年,海盐县城西信用社最早上线单机版;1992年,平湖乍浦信用社、桐乡城南信用社等一部分信用社上线单机版;1993年,禾城新塍信用社、嘉善魏塘(罗星)信用社、海宁斜桥信用社上线单机版;1993年底1994年初收付记账法

改为借贷记账法时更新系统；1994、1995年全市农信大规模推广计算机应用，信用社内实现网点间通存通兑；1997年更换为浙江农信的远程多用户版，实现县辖内通存通兑；1997、1998年，各县市信用联社基本实现电脑网络覆盖。2001年5月禾城率先上线VBS2000综合业务系统，同年9月全市储蓄通存通兑；从2003年1月8日起，在嘉兴、温州、金华三市农村信用社率先开办省辖储蓄通存通兑业务；2004年9月1日，全省农村信用社系统储蓄通存通兑；2005年10月全市10台NCR 5884 ATM（购置于2001年）正式对外营业；2006年12月3日嘉兴率先上线新一代核心业务系统。

### 二、2000年"千年虫"问题

1999年8—11月，为解决全省农信2000年问题，1999年三次大规模停业测试，解决2000年问题，业务功能也有所改善，更符合全省农村信用社实际应用需要。参与软件修改和优化的是浙江省农金改办的技术人员。

### 三、嘉兴农信机构网络体系的建设和改造

1990年，部分信用社单机版运行，未联网；最初几年，信用社总部与网点间使用MODEM、多路复用器通过拨号或DDN专线建成县辖联网；2000年底，全市建成市—县—信用社三级网络；2005、2006年，全辖实施第一次网络大改造，运用三层网络架构，增强安全性。

## 第七节　中国邮政储蓄银行浙江省嘉兴市分行

2007年邮储银行嘉兴市分行个人贷款系统正式上线，该系统有八大功能，即客户信息管理，社区信息管理，业务审批发放管理，额度管理，贷后业务管理，综合统计管理，会计报表，行业资料查询。形成了贷前，贷中，贷后全覆盖。实现了贷款流程化，规范化，科学化。提高了效率，防范了风险。

2008年7月，邮政储蓄系统2.0版本改造工程第一阶段工作正式开启，该项目优化改造后日终处理时间大大缩短，非特殊日日终处理时间由12小时缩短到6小时，同时还增加对HP/IBM新一代主机、数据库新版本和中间件新版本的支持。

2008年8月，根据省分行与省电信公司签署的《资金归集业务合作协议》，邮储银行嘉兴市分行作为全省唯一试点地区，成功运行了电信公司在该行开立对公存款账户，结算电信资金归集及代收话费两项业务的资金这一新模式。新模式下要求款项解付时间由T+0日统一为T+1日，即由该行各分支行于每个工作日上午10:30前完成上一工作日汇款明细的对账后，将归集资金直接解付至当地电信的账户中。

2008年8月邮储银行嘉兴市分行公司业务系统正式上线。该系统是一套以客户为中心、业务处理规范化、会计核算标准化、数据全国集中存储，应用集中处理的计算机系统。为了防范风险，该行电子验印系统上线，随着公司业务步入快速发展轨道，电子验印系统交易量将越

来越大，在公司业务的未来发展中所发挥的作用也日益重要。

2008年9月，为方便用户开办对公业务，邮储银行嘉兴市分行公司业务网上银行系统正式上线。

2008年11月，邮储银行嘉兴市分行电话银行暨信用卡客服系统成功上线，该系统各项业务功能使用正常，运行稳定。

2008年12月25日，邮储银行嘉兴市分行为进一步完善邮政金融服务渠道、提升服务水平、拓展邮储中高端客户市场，促进邮政金融业务又好又快的发展，绿卡通项目正式上线。绿卡通卡项目是通过整合原有业务功能和新增加功能，通过发行绿卡通卡和副卡，向客户提供储蓄、支付结算、投资理财等服务的业务。

2009年邮储银行嘉兴市分行对公与储蓄互通项目改造完成，实现了对公向个人转账及个人向对公转账等功能；对同城模块、内部付款等进行了改造；对POS机自动入账、同城轧差等流程进行了优化。

2009年2月28日邮储银行嘉兴市分行作为全省第一个试点单位，国库信息处理系统（TIPS）成功试点上线并平稳运行。该系统使该行更好地适应公司业务发展需要，进一步满足企业用户自动缴纳税款的需求。

2009年9月，邮储银行嘉兴市分行基金综合评价系统上线。

2010年5月，邮储银行嘉兴市分行邮政储蓄系统2.0版本改造工程顺利竣工。系统改造后日间处理能力增加1.7倍，日均交易由每天380万笔提高到900万笔，峰值交易由每天480万笔提高到每天1 300万笔，中间业务批扣提高1倍，批开提高2倍，同时还新增了储蓄三地转账、小额账户收费、VIP特优服务、VIP服务费、绿卡通外币业务等功能。

2010年6月1日邮储银行嘉兴市分行个人网上银行正式对外推广使用。个人网银系统为客户提供综合性、多功能、现代化、方便、安全、快捷服务的互联网窗口，满足个人客户全天候、全方位、个性化使用银行业务的需要。网上银行系统工程上线大大降低了该行的经营成本，也将成为该行为个人客户服务的又一重要渠道。

# 第七篇
## 金融文化和党建工作

# 第一章　综　述

嘉兴市金融系统在快速发展业务实力的同时，高度重视文化建设和基层党建工作。多年来，在中国人民银行嘉兴市中心支行的带领下，辖内各金融机构开展了一系列形式多样、内容丰富、深具意义的主题活动及教育实践活动，文明单位、文明行业创建工作硕果累累。

在文明单位创建工作推动下，企业文化建设和基层党建工作也是成果颇丰。中国人民银行嘉兴市中心支行紧紧依托南湖岸、红船旁的政治优势，培育了既具地缘优势又富央行特色的文化体系和基层党建工作特色，不断提升人民银行基层行的金融工作水平，有效推动辖区经济社会又好又快发展。同时，全市银行、保险、证券等各金融机构积极结合地区特点及自身优势，形成了自己独具特色、内涵丰富的企业文化，以文化建设提升企业核心竞争力，促进企业持续健康发展，实现企业与社会的和谐共赢。截至2010年底，全市金融系统共有员工12 707人，其中党员3 799人，团员2 084人。

# 第二章　嘉兴市金融系统文明行业和文明单位创建

## 第一节　文明行业创建

根据嘉兴市委、市政府和市文明办关于创建文明行业工作的有关精神和要求，2005年，嘉兴市金融系统创建文明行业领导小组正式成立，由中国人民银行嘉兴市中心支行党委书记、行长为组长，各创建单位"一把手"为副组长，分管领导为成员，同时成立领导小组办公室，设在中国人民银行嘉兴市中心支行。2006年4月，《嘉兴市金融系统创建文明行业实施意见》制定并印发，明确提出了通过创建活动，使金融系统全体员工政治信念有新增强、业务素质有新提高、敬业精神有新提升、服务作风有新改善的创建目标。至此，在创建领导小组的带领下，全市各金融机构以创建文明行业为标准，各项工作全面铺开，在创建进程中不断提升全市金融业的整体服务水平。

2006年4月，领导小组办公室主任王胜安在市委、市政府召开的嘉兴市"树立社会主义荣辱观'八个一'活动动员暨文明提升工程工作"会议上，代表嘉兴市金融系统作《加强窗口文明礼仪建设　提供优质文明高效服务》的发言。5月26日，召开由16家创建单位中层以上干部参加的创建文明行业动员大会，领导小组组长王中佳同志在大会上作《树立社会主义荣辱观　共谱金融文明行业新篇章》动员报告。2006年，领导小组编印《嘉兴市金融系统文明礼仪服务规范手册》，并在全市金融系统开展"文明窗口行　礼仪在金融"主题活动，共评选出"嘉兴市金融系统文明礼仪示范窗口"23家、"嘉兴市金融系统文明礼仪使者"23名。

2007年，围绕"服务人民、奉献社会"的创建宗旨，突出抓好职业道德建设和优质服务，深化"文明窗口行　礼仪在金融"主题活动，组织开展争创"规范服务达标"和市级"文明示范窗口"活动。在"规范服务达标"考核工作中，各创建单位成立了由"一把手"任组长的"规范服务达标"工作领导小组，建立了"一把手"负总责、分管领导亲自抓、职能部门具体抓、工青妇等群团组织合力抓的工作机制。其中，交通银行嘉兴分行制定了行风建设和规范化服务工作实施方案；浦东发展银行嘉兴分行制定实施了《浦发嘉兴分行员工行为准则》

和《浦发嘉兴分行优质文明服务规范》；人寿嘉兴分公司制定了服务承诺和规范服务考核细则等一系列制度，有力地推动了"规范服务达标"活动。结合市文明委关于开展争创嘉兴市级"文明示范窗口"活动要求，领导小组向市文明委推荐申报首批市级"文明示范窗口"。2007年，领导小组出刊《嘉兴市金融系统"文明礼仪示范窗口"和"文明礼仪使者"事迹汇编》和《嘉兴市金融系统创建文明行业风采录》，编发《金融文明·嘉兴之窗》3期，举办"和谐金融杯"乒乓球比赛，2007年合唱歌会暨第五届中国嘉兴南湖合唱节选拔赛，中国银行嘉兴市分行合唱队作为嘉兴市金融系统唯一参赛队在全省合唱大赛中获银奖。

2008年，开展"为金融文明增光添彩 建文明行业争创一流"主题活动，举办创建文明行业培训班，推荐浙江禾城合作银行合唱队代表市金融系统参加"唱响南湖"嘉兴市群众合唱大赛，金融系统组队代表嘉兴市参加全国"迎奥运、讲文明、树新风"礼仪知识电视竞赛浙江省选拔赛，组织嘉兴市道德模范巡讲展示活动金融系统专场报告会并获"优秀组织奖"，组织金融系统参加嘉兴市"学先进、比贡献"演讲比赛和嘉兴市"我推荐、我评议身边好人"活动。组织开展第二批嘉兴市金融系统"文明礼仪示范窗口"、"文明礼仪使者"的评选推荐活动，共评选出"嘉兴市金融系统文明礼仪示范窗口"22家、"嘉兴市金融系统文明礼仪使者"22名。按照市委市政府的统一部署，组织市级金融系统参加全国文明城市创建活动，中国人民银行嘉兴市中心支行和建设银行嘉兴分行吴铁雁等6名个人被分别授予嘉兴市创建全国文明城市工作先进集体与先进个人。市级金融系统因地制宜地开展形式多样的创建活动，其中，建设银行嘉兴分行全面实施客户满意战略，开展多形式的客户满意度测评，制定柜面服务突发事件应急预案，在同业中率先建立了行长客户接待日制度，健全通畅高效的客户投诉处理程序和渠道，使每一位客户的投诉和建议都能得到比较满意的答复和解决。人寿嘉兴分公司在公司上下积极开展文明规范服务，修订《保全、核保、理赔服务承诺细则》等一系列规范服务制度，对外公布了15项服务承诺，推行"一站式"办公和"一条龙"服务。太保人寿嘉兴中心支公司开辟快速理赔"绿色通道"，实行送赔款上门，延长服务时间等一系列便民服务措施，促进了各单位窗口文明服务质量的有效提升。交通银行嘉兴分行等10家单位被市文明委命名为"规范服务达标行业（单位）"。

2009年，以"为金融文明增光添彩，建文明行业争创一流"为主题开展多形式的教育实践活动，承办嘉兴市"迎国庆、讲文明、树新风"礼仪知识竞赛，市金融系统代表队获第二名。组织开展"庆祝中华人民共和国成立60周年嘉兴市金融系统书法美术摄影作品展"与嘉兴市金融系统"我与我的祖国"征文活动，出刊《庆祝中华人民共和国成立60周年嘉兴市金融系统书法美术摄影作品集》、《嘉兴市金融系统"我与我的祖国"主题征文作品荟萃》。认真组织金融系统全面做好嘉兴市公共文明指数测评迎检工作，开展迎国庆"文明出行"交通安全系列宣传活动及文明劝导活动。组织金融系统开展向台湾受灾地区捐款活动，共募集捐款30多万元。组织金融系统参与组建嘉兴市"文明单位艺术团"，开展"我们的节日——端午"文艺宣传活动。农业银行嘉兴分行、中国银行嘉兴市分行、嘉兴银行、浙江禾城合作银行代表金融系统参加"唱给祖国的歌"嘉兴市群众合唱大赛，分获银奖和铜奖，创建办获"组织奖"。中国人民银行嘉兴市中心支行、交通银行嘉兴分行、嘉兴银行、中国人民人寿保险股份有限公司嘉兴中心支公司、中国人民财产保险股份有限公司嘉兴市分公司5家单位被命名为市级"文明行业"，金融系统文明行业建成率由31.25%提高至62.50%，兴业银行嘉兴支行获"规范服务达标行业（单位）"称号，中国人民银行嘉兴市中心支行货币金银科等12个金融窗口获嘉兴市"文明示范窗口"荣誉称号。

2010年，组织开展"庆世博、迎省运、文明窗口行、礼仪在金融"主题实践活动和嘉兴市"迎国庆、迎省运、窗口行业文明优质服务月"活动，组织市金融系统参加"迎世博、迎省运、讲文明、树新风""三五"集中行动，举办嘉兴市道德模范基层巡讲活动金融系统专场报告会，参加嘉兴市"党员读书周"、"文明单位艺术团"群众性巡演活动，组织举办纪念"三八"节100周年嘉兴市金融系统女职工文明礼仪展示大赛。组织开展嘉兴市金融系统2009—2010年度"文明礼仪示范窗口"、"文明礼仪使者"推荐评选工作，共评选出"嘉兴市金融系统文明礼仪示范窗口"24家、"嘉兴市金融系统文明礼仪使者"24名。组织市金融系统认真做好嘉兴市公共文明指数测评迎检工作，开展"窗口服务日"督查活动以及秀州区创建省级示范文明城区迎检工作。组织金融系统开展"慈善一日捐"活动，共募捐资金143.74万元。嘉兴市人民银行系统等5家市级文明行业在全市三级干部大会上获通报表彰。

## 第二节　文明单位创建

### 一、中国人民银行嘉兴市中心支行

中国人民银行嘉兴市中心支行始终以邓小平理论、"三个代表"重要思想和科学发展观为统领，把文明单位创建工作牢牢作为各项工作的基石和总抓手，不断探索精神文明建设的引领作用，并随着人民银行基层行履职职能的调整和金融宏观调控要求的提高不断加以重视。

1992年，中国人民银行嘉兴市分行先后被授予全国金融系统先进单位和全国金融系统思想政治工作先进单位，迈出了文明单位创建的坚实步伐。1999年，中国人民银行嘉兴市中心支行开始地方与系统"两条腿"同步前行的创建历程，并于2001年被授予总行级双文明单位。之后，与所辖五个县（市）支行上下联动、整体推进，先后开展了2003—2005年度、2006—2008年度、2009—2011年度三轮文明单位创建工作，连续两轮荣获"全国精神文明建设工作先进单位"和"中国人民银行文明单位"称号。

18年来，中国人民银行嘉兴市中心支行先后荣获了"全国金融系统'五一'劳动奖状"和"全国创建文明行业工作先进单位"、"中国人民银行先进基层党组织"的荣誉称号，先后10次被上级行考核为综合业务一等行，中心支行党委书记、行长王中佳还荣获了"全国金融五一劳动奖章"和总行优秀党务工作者。在地方上，先后被嘉兴市委市政府授予"五型机关创建一等奖"、"嘉兴市创建全国文明城市工作先进集体"和"文明行业"荣誉称号，先后9次被市委市政府考核为优秀部门。

（一）坚持精神引领，始终把握文明创建的方向

中国人民银行嘉兴市中心支行通过各种形式的座谈会、讨论会和金点子活动，使文明单位

创建在全体干部员工的情感上产生共鸣、思想上达成共识。2002年，与全国22家获得全国金融系统精神文明建设先进单位的金融机构，联合发出了树立"十字行风"的倡议，并提炼了"与时俱进，奋发向上"的中支精神。2006—2008年度，又先后提出"潜心做事、又好又快"的作风要求和"创新创优、致力和谐"的工作理念。近年来，中心支行还提出了"新起点、新高度、新业绩"、"新环境、新形象、新业绩"以及"融入十二五、携手创辉煌"的三年特色创建主题，叫响了"目标咬定全国级　行动落实每一天"的创建口号，荣获了"全国文明单位"殊荣。

（二）坚持机制营造，始终营造文明创建的氛围

中国人民银行嘉兴市中心支行每年的第一件大事就是召开文明单位创建工作动员会，行长接待日制度、员工谈心谈话制度、县支行联系点制度等工作机制也为科学合理的工作规划提供了多角度全方位的信息渠道。同时，还构建起党政工团联手的大宣教、大创建模式，并把创建任务落实到"一岗双责"中，建立起一级抓一级、一级促一级、层层抓落实的创建责任制。2003年，中心支行制定《文明单位创建考核办法》，深入开展文明科室、文明员工细胞创建工程，2010年开展基础管理百日提升活动，都为文明单位创建提供了强有力的机制与内控保障。同时，编发《中心支行文明单位创建工作简报》，在全辖推广"文明单位创建网"，推动创建工作的电子化进程，营造起务实、高效的创建氛围。2010年10月10日，展示中支文明单位创建成果的"一船红中国"总行机关党建工作会议欢迎晚会在主楼中庭隆重举行，创建成果得到了地方政府与总行总部领导的充分肯定。

（三）坚持载体多元，始终保持文明创建的动力

在学教平台上，中国人民银行嘉兴市中心支行建立起党委成员、中层干部、普通员工"三位一体"的学习体系，并创新《三分钟导读》、《廉政小故事大道理》、"南湖课堂"、《嘉兴央行之窗》以及每年推荐一批好书和"南湖读书俱乐部"的"五加一"组合学习模式，不断优化立体式、全覆盖的学习载体。在竞赛平台上，早在2007年就提出了全员劳动竞赛的工作理念，并在2010年"创新金融服务　支持经济发展"业务竞赛中被总行授予"业务竞赛活动先进集体"。在爱家平台上，中心支行实践"季季有赛事，月月有活动，重大节日不放过"的工作要求，国庆中秋联欢晚会，员工生日慰问，职工五必访工作，再加上4个青年兴趣小组、6个工会俱乐部的职工之家建设，真切地给员工营造一种家园氛围。

（四）坚持打造特色，始终树立文明创建的品牌

1999年，外汇管理科成为全行第一个全国级青年文明号和中国人民银行总行级先进集体，由此开始推广"一号一亮点"工程。目前，全辖共有各级"模范职工之家"5个，"青年文明号"4个，"巾帼文明岗"4个。同时，积极引导支行体现"一行一特色"，嘉善县支行的"三精一创"，平湖市支行的调研立行，海盐县支行的"5S"管理，海宁市支行的企业文化，桐乡市支行的"三新"理念均体现了创建工作的典型性。此外，每年开展军民共建、结对共建、扶贫帮困、志愿者服务等活动，先后被地方授予"社区结对共建工作优秀部门"和"双结对创文明"活动百家先进集体。还作为牵头部门，积极组织全市金融机构开展文明行业创建工作，2009年全市人民银行系统等5家金融系统同时被市委市政府命名为市级文明行业，彰显了"一地一整体"的创建特色。

（五）坚持服务履职，始终筑牢文明创建的根基

中国人民银行嘉兴市中心支行创造性地提出了"金融生态推进年"、"金融服务提升年"、"和谐中支建设年""'三年'联抓、连抓三年"的"三年活动"中期目标，确保"抓班子，带队伍，促业务"创建原则的有效落实。先后出台《嘉兴市金融支持产业转型升级的指导意见》，引导金融机构加大对实体经济的资金投入，出台《金融支持城乡统筹发展的指导意见》，促成市政府与省人民银行合作，配合地方"两分两换"与新农村建设工作，共同推进城乡统筹发展。此外，地方政府性债务优化银团贷款、"世博金融满意一百"工程、跨境贸易人民币结算试点、境外上市企业定期监测、地方产业指数构建等一系列创新创优工作切实发挥了金融支持经济发展、促进结构调整的积极作用。

## 二、中国工商银行嘉兴分行

1999年该行获得省级文明单位称号。下辖嘉善、平湖、海盐、海宁、桐乡5家重点县级支行和68家营业网点，5家支行实现省级文明单位"满堂红"。多年来，在邓小平理论、"三个代表"重要思想和科学发展观的指导下，围绕提升市场竞争力这一中心，全行上下齐心协力持续开展文明创建活动，有效提升了全行的凝聚力、创造力和竞争力，经营效益不断攀升，谱写了一曲文明乐章，唱响了奋斗强行之歌。

1991年6月进行"基本国情"和"基本路线"教育，掀起政治学习热潮。对全市131名股以上干部分两批共22天进行了科学社会主义基本理论和党的政治思想工作原理的脱产学习培训；各行先后组织观看《世纪行》、《东欧剧变》、《惨痛的教训》、《总行学雷锋先进事迹报告》等录像，举办了"党在我心中"演讲赛，"歌颂祖国"征文赛，提高员工思想政治觉悟。同年，嘉善支行积极为灾区捐款捐物，被总行评为抗洪救灾先进集体，桐乡支行职工抢救广西某厂驾驶员事迹被传为佳话，还涌现了嘉兴建国路所、桐乡新华路所、平湖出纳股和嘉善会计股四个省级文明先进单位和一大批市级文明先进集体。

1992年开展群众性的理论学习和业务培训活动。组织9个场次的普法辅导课，并进行法律知识统考，合格率达到100%。以干校为基地，全年举办业务培训9期，211人得到了业务培训。

1993年5月开展"优质文明服务月"和评选"双最佳"活动，得到社会各界热情支持，收到行内外推荐表1 566份，最终评出最佳储蓄所7个，最佳储蓄员9名。同年，全市开展"岗位学雷锋、工行树新风"系列活动，促进全行员工职业道德、技术水平、服务质量的提高。党建工作和军民共建活动形式多样，促进了该行精神文明建设水平的进一步提高。市分行营业部主动为客户排忧解难的事例屡见于《浙江工商银行报》，全年收到表扬信12封。

1994年上半年在会计、出纳、储蓄等一线临柜部门开展了红五月文明优质服务活动，注重扩大宣传，增强声势和立足岗位为客户办实事相结合，取得良好效果。同年，该行成立普法领导小组，制订教育计划，为每个员工配发材料，聘请专业老师授课，组织观看金融法纪录像和考试，考试结果及格率达100%。经市委有关部门验收，被命名为全市首批九个"二五"普法教育合格单位，在金融系统则是第一家。

1995年开展"迎新春文明优质服务月"，"红五月"，"金秋十月"，"学习山东济南工行"

等文明优质服务活动。秀州支行建国路储蓄所和市分行营业部会计部被评入全市10个"青年文明号"单位之中。

1996年举办"四比四赛"活动以及全国范围内的"四讲服务"及争创"青年文明号"等活动,开展形式多样、扎实有效的文明优质服务活动。7月全行推行首问责任制和承诺制,规定本行工作人员接受非本行人员询问,必须有明确答复,办理业务必须在限定的时间内完成。此外还推出青年文明号服务卡。海宁支行在当地媒介开展了"你投诉,我发奖"活动,桐乡支行聘请40多为服务监督员担当"啄木鸟",使该行工作人员自觉接受社会监督。9—10月分别对八个支行的二十四个营业网点进行两次明察暗访,确保文明服务各项措施落到实处。全年该行涌现全国工行系统先进个人许伟旭、嘉兴市级机关最佩服的党员王建平等有影响的先进人物和先进事迹。共收到客户表扬信(或意见)149封(条),受当地新闻媒体表扬80余次。

1997年,全行精神文明建设以争创省级文明单位为目标开展了扎实的基础工作。多次组织营业网点临柜服务工作的明察暗访,加强"三职教育",深入开展"近学身边人——全国工行系统优质服务先进个人许伟旭先进事迹"活动,在全行先后组织六场先进事迹报告会。在行风评议活动中,加强宣传报道,做好涌现出的先进事迹以及该行在"两个文明"建设中取得的新成就的宣传工作。据统计,该行在市级以上新闻单位刊(播)出各类报道计178篇(次)。在行风评议活动中被评为金融系统优秀一等奖。

1998年2月下旬至3月底开展了"情系客户工行服务功能大奉献"宣传月活动。在嘉兴的三张报纸、两家电视台和市电台进行了大规模集中宣传。在《嘉兴日报》上专辟了一个"工行与嘉兴两个文明建设"的征文专栏,共刊文章24篇。在嘉兴市首创为1997年度的"十佳行员"做了半版宣传广告,一度成为社会新闻,获得行内外普遍好评。

同年开展"从严治行、强化管理、防范风险、遏制案件"活动、"行风建设回头看"、"从严治行回头看"活动和学习王涛等多个活动。及时发起"工行人情系灾区人民"募捐活动,市分行还参与倡议发起了为全国助残日"捐一天工资,献一片爱心"活动。

全年受到表扬信48封,锦旗9面,电话表扬、意见本上表扬等157件次。新增总行优质服务示范点1个,市分行、桐乡支行和海盐县支行通过了省级文明单位验收,南湖支行被推荐为省级综合治理先进单位。

1999年统一各营业网点形象标识,营造节日氛围,树立工商银行整齐划一的良好社会形象。市分行借荣获省级文明单位的良机,在有线电视台做了多个专题介绍。同时,各行结合各地的特点开展了形式多样的特色服务。如开展了礼仪迎宾,向新年的第一位客户赠送小礼品,开展了为农户送"福"下乡等活动。同年该系统团委建立,举办了九九重阳团拜会,组织离退休老干部参观嘉兴城建新貌等活动。该行深入开展"规范化党支部"建设活动,有7个党支部获得了嘉兴市机关党工委颁发的"规范化党支部"称号。还在市人行组织的全市金融系统《金融违法行为处罚办法》知识竞赛中荣获第一名。

2000年7月开始在全行开展"弘扬敬业精神、强化基础管理、树立'三铁'形象"系列活动。全行范围内开展"员工的一天"征文活动,邀请"老银行"讲"三铁"传统,培养敬业爱岗精神。同年,全市共建立了9个个人金融服务中心,并将服务中心放在客户往来较为方便的临街网点上,并开展"给客户最大的辩论——个人金融服务在工行"大型宣传活动。该行荣获中国工商银行"优质文明服务先进单位",中华全国总工会"全国工会先进女职工集体"。

2001年以"围绕业务抓党建,抓好党建促发展"为主线,通过组织开展缴纳"特殊党费"、"党旗下的辉煌"征文、"党在我身边"演讲比赛、组织新党员入党宣誓、纪念建党八十周年党的知识竞赛,结合纪念建党八十周年系列庆祝活动,深化"创先争优"活动。下半年该行设立了文明优质服务领导小组办公室,通过开展"迎建党八十周年,展工行员工风采"等优质文明服务竞赛活动,提高全行服务水平。工行嘉兴市分行和工行桐乡市支行分别被嘉兴市政府授予嘉兴市首批"文明行业"称号。另外还荣获工行浙江省分行"先进职工之家"以及"服务工作先进单位"称号。

2002年全行一线员工开展"学业务、练技能、强素质"活动,员工在省分行举办的第八届业务技术比赛中,获得3个单项冠军、1个单项亚军、1个单项第四名和3个单项第六名,以及总团体第五名的好成绩。截至年末,该行已建成省级文明单位3个、嘉兴市级文明单位4个,县(市、区)级文明单位3个,市级以上各类文明服务示范点、巾帼示范岗、青年文明号等示范窗口27个。该行荣获工行浙江省分行"党建工作先进单位",桐乡市支行荣获总行级"职工之家"先进集体称号。

2003年荣获中国工商银行"教育先进集体"荣誉称号,嘉兴市"万名市民评窗口"活动"十佳优胜窗口"单位。

2004年组织开展全行党员读一本好书,学习两个《条例》,做"三件实事",带头参与"四项活动"等系列活动,推动全行党建工作,有力推进了全行"三个文明建设"。加强员工培训,全年组织培训20期,培训人数达到4 900人(天)次,使该行员工业务素质得到有效提高。该行荣获"嘉兴市消费者信赖的住房贷款优质服务银行"荣誉称号。

2005年深入开展"为基层服务,让群众满意"和"做五好党员,创一流业绩"主题实践活动,积极开展"创建和谐银行,营造温馨家园"活动,适时调节员工情绪,减轻工作压力,营造和谐的发展环境。

2006年在全行推行"和谐银行、温馨家园"建设,恢复了行长接待日,开设了行长信箱,进一步畅通了沟通渠道,为员工创建了身心愉悦的工作环境。积极探索员工职业生涯管理机制,初步构建了人人成才的育人机制。该行荣获中国工商银行"学习型组织先进单位"以及工行浙江省分行"党建工作先进单位"荣誉称号。

2007年成立企业文化建设推进委员会,组织开展"为昨天喝彩,为明天加油"巡回报告会和以"培育现代企业文化,提升核心竞争力"为主要内容的主题教育活动。以实施"四大工程、十件实事"等活动为载体,不断丰富企业文化建设的内容和形式,创新思想政治工作方法,"和谐银行、温馨家园"建设进一步引向深入。不断加强具有嘉兴分行特色、符合时代要求、积极向上、健康和谐的企业文化建设,与嘉兴电视台联合举办"工行未来之星"电视竞技大赛,组织贷款超200亿元暨荣获全国金融"五一劳动奖状"系列庆典活动,开展"新工行、新服务、新体验"文明服务系列活动,打造了卓越的企业形象。该行荣获全国金融工委授予的全国金融"五一劳动奖状",被中共浙江省委组织部、浙江省总工会联合授予"模范职工之家"荣誉称号。

2008年进一步深化"和谐银行、温馨家园"建设，隆重举办"盛世欢年春满园"颁奖晚会，实施快乐工程和员工带薪休假制度，继续推行"职工小家"建设，增强了员工的感恩和爱心意识；充分发挥企业文化在引领发展、创造价值、塑造形象和凝聚人心等方面的重要作用，通过组织实施动车文化项目建设，确立了"和谐＋动力＝高效"的动车文化新理念，营造了"人人都为全行发展发力，人人都为同一目标努力"的新颖企业文化氛围。该行荣获中国银行业协会授予的"中国银行业文明规范服务示范单位"称号。

2009年全面推行动车文化建设，主动用动车文化理念改造传统管理，积极探索建立新的文化管理模式。按照《动车文化实施三年规划》的要求，不断丰富动车文化落地根植的载体，充分利用文化标语、宣传画、网讯、工行视线等媒体以及大讨论、辩论赛等系列活动，使动车文化活动多姿多彩、生动活泼，在全行营造了"人人都有方向，人人都有目标，人人都是动力源"的发展氛围，并荣获中国企业文化研究会授予的"全国企业文化建设先进单位"称号。

2010年把文明创建工作延伸到营业网点服务窗口，延伸到社区乡镇等共建单位，通过外聘专家开展服务技巧讲座，开展征集服务案例、服务工作演讲和晨会录像评比、开展"最佳网点主管"和"十佳服务明星"评比活动，开展"建设一流企业文化、培育服务价值理念"等主题教育活动，更新员工服务观念，提高服务从业技巧。荣获工行浙江省分行授予的"2010年度服务工作先进单位"称号，嘉善支行营业部被评为中国银行业世博金融服务先进集体。

### 三、中国农业银行嘉兴分行

1991年5—6月在全市农行系统开展"双基"教育活动。参加活动的干部职工达3 682人，考试合格率达100％。

1991年9月至1992年5月全市农行系统开展"教育、清理、整顿"活动，在这一活动中，二级行先后召开党组会议30多次、行长会议56次，专题汇报会42个，编发简报62期，还派出工作组25批、297个、1 692人次。对全辖的6个支行、44个营业所（部）、151个信用社、121个信用分社、195个储蓄所，以及1 307个信用站、代办所进行了人财物全方位的清理清查。通过这一活动，使全体行社干部职工经受了一次时间最长、声势最大、内容丰富的社会主义思想教育，增强了法纪、道德意识和为人民服务的观念。起到了"强化管理、健全制度、纯洁队伍、提高整体素质"的良好作用。

1992年中国农业银行嘉兴市分行被授予"区级文明单位"荣誉称号。

1994年中国农业银行嘉兴市分行被授予"嘉兴市文明单位"荣誉称号。

1997年按照省委、省政府以及上级行的部署，在全市农行开展了以"树行业新风、创优质服务、防金融风险、促经济发展"为主题的行风建设与评议活动。通过建组织、订计划、查问题、搞整改，提高了队伍素质，改善了经营状况，防范了金融风险，纠正了不正之风，树立了节约风尚，刷新了社会形象。

1998年根据省委、省政府和上级行的部署，农行嘉兴市分行在上年行风评议活动的基础上，又开展行风建设"回头看"活动。通过明察暗访、聘请行风监督员和两次行风大检查等措施，使全市农行窗口的顾客满意率达到92％。

1999年根据中央〔1999〕17号文件和中央金融工委〔1999〕1号文件精神和农总行新部

署,于7月、8月两个月在全市农行领导班子和领导干部中深入开展以"讲学习、讲政治、讲正气"为主要内容的党性党风教育。

2000年上半年,按照上级行党委的统一部署,认真开展"三讲"教育"回头看"活动,通过整改措施的落实,进一步巩固和扩大了"三讲"教育的成果。作为"三讲"教育的延伸,9月1日起又集中开展了为期一个半月的以"敬业爱岗、遵纪守法"为主题的职业道德教育,通过学理论、看影片、听报告、作测试、座谈会等形式,在全体员工中掀起了一股学先进、比贡献的热潮,增强了员工的向心力、凝聚力。

2001年开展了以"青年文明号"、"巾帼建功示范岗"、"警民共建"、"文明单位"等为载体的各类创建活动。年末,全行县级文明单位32家,市级文明单位8家,拥有总行级"青年文明号"1个、省分行级11个、市地行级39个。

2002年通过创建文明学校、培育文明员工、开展技术比武、推动岗位练兵和群众性的精神文明创建活动,努力营造积极向上的企业文化氛围。中山支行营业部等4个网点被授予2001年度市级"巾帼文明示范岗";海盐支行朝阳西路储蓄所获2001年度省分行级"青年文明号"称号;市分行结算中心获得青年文明号"三连冠"称号。

2003年农行嘉兴市分行被省文明委授予"浙江省文明单位"称号。是年又制定了《嘉兴农行企业文化建设2003—2005年三年规划》和《嘉兴市农行企业文化建设2003年实施意见》。围绕"以人为本",树立农行核心价值观,形成嘉兴农行企业文化特色,举办企业文化建设专题研讨会和嘉兴农行第一届企业文化节,参与人数近千人。通过有形的、丰富多彩的、内容多样的活动,调动全行员工企业文化建设的参与度,推进无形的、有农行嘉兴市分行特色的理念的确立,用文化力打造品牌形象和核心竞争力。

2004年坚持以人为本,稳步推进企业文化建设。制定《2004年全市农行企业文化建设实施意见》,开展了"小进也是退"企业精神和"三个负责"价值理念大讨论活动,在十月分别组织举办了企业精神行长论坛和青年论坛活动,组织了全市第二届企业文化节。

2005年农行嘉兴市分行"心连心"营业中心被团中央、全国妇联分别授予"金融系统全国青年文明号"和"全国级巾帼文明岗"荣誉称号。

2006年荣获"中国银行业文明规范服务示范单位"称号。2007年荣获"浙江省企业文化建设先进单位"称号。

2008年被浙江省总工会授予"浙江省模范职工之家"称号。

2009年在全行开展"二次创业"大讨论、大调研两项专题活动,提炼出推进"二次创业"的思想和文化,并编写完成《企业文化宣传手册》。创新企业文化宣传载体,市分行于3月编印了《巾帼风采录》,进一步学习宣传该行女员工的先进事迹,弘扬典型人物的崇高精神,促进全行形成崇尚先进、学习先进、争当先进、赶超先进的良好风尚。

2010年,农行嘉兴分行被评为"全国农行文明单位",嘉善县支行、桐乡市支行被评为"全国农行精神文明单位"。至年末,全市农行已创建省级文明单位1个、地市级文明单位22个。

## 四、中国银行嘉兴市分行

中国银行嘉兴市分行精神文明建设工作在上级行党委和地方各级党委的正确领导下,坚持以邓小平理论、"三个代表"重要思想和科学发展观为指导，紧紧围绕全行中心工作，以创建"文明行业"、"文明单位"、"文明窗口"为主要载体，广泛深入开展思想政治教育及各类群众性精神文明创建活动，取得了丰硕成果。

1994年，中国银行嘉兴市分行在全辖广泛开展了"我为嘉兴添锦绣"活动，成立了以行长为组长的"精神文明建设领导小组"，下设办公室，制定《创建文明单位实施意见》和"1994—2000年中国银行嘉兴市分行精神文明建设规划"及"职责分解方案"，把各项工作任务分解落实到各部门，并纳入经营目标责任制一起考核，做到精神文明建设与业务工作同研究、同检查、同考核、同奖罚。工作得到了嘉兴市委童炽昌副书记的肯定，《嘉兴日报》、嘉兴电视台、电台等多次做了报道。同时健全党、团、工会组织，适时把行机关党、团支部改选为党总支和团委，进一步加强了基层组织建设，形成和党、政、工、团齐抓共管精神文明建设工作的新格局。

1995年，中国银行嘉兴市分行大力提倡优质文明服务，社会公众形象进一步提高。一方面，以创建文明单位为龙头，在全行广泛开展了以"做文明职工、树文明行风、创文明单位"为主要内容的文明优质服务活动。一是各行和市行各科（室）根据省分行《关于进一步加强文明优质服务工作的意见》和市行制定的《实施意见》，结合部门实际开展了宣传教育活动，提高了全行员工的"向优质文明服务要效益"的思想认识；二是全面推行了文明优质服务用语和禁语，并结合全行各项中心任务，开展了"创优达标活动"和以争创"文明优质示范岗"及争当"文明优质服务示范员"为主要内容的劳动竞赛，在考核检查的基础上评出了14个示范岗和20名示范员；三是深入开展创建"青年文明号"活动，通过全市企业事业单位和个人的民主投票并经过市人民银行和团市委评议，全行有4个窗口被评为市级"青年文明号"，其中市分行营业部、市分行信用卡部2个窗口部门被评为市级"十佳青年文明号"，树立了良好的社会公众形象。

另一方面，坚持"两手抓"，两个文明建设又上新台阶。为进一步推动全行"两个文明"建设工作向纵深发展。一是大力倡导以弘扬"嘉兴中行精神"和"八字行风"为主要内容的活动，提高了全行的凝聚力；二是创建适合该行实际的企业文化，筹办了全辖首届文艺汇演和首届体育运动会，激发了全行员工奋发向上的精神，取得了较好的社会效益，扩大了中行的知名度；三是深入开展创建"文明单位"活动，并列入了年内十大工作目标之一，保证了"创建"活动的深入开展，并在全辖实施了以"三爱、三学、三讲"为主要内容的精神文明建设，为该行各项工作协调健康发展提供了有力的思想保证和精神动力。

1996年，中国银行嘉兴市分行把"创建市级文明单位"作为全行十大目标任务之一来抓，调整充实了"创建"领导小组，具体制定了年度创建工作计划和各项措施，把开展"特色理论学习"、"三讲、三学、三树"活动、"四讲一服务"及"我为中国银行添光彩"活动，作为加强全行精神文明建设的有力措施和途径，从而大大激发了全行员工爱岗、爱行、敬业奉献的热情。4个营业窗口被授予市金融系统"青年文明号"，其中1个被评为省级"青年文明号"，并顺利通过了市级文明单位验收考评，精神文明建设工作被《嘉兴日报》、嘉兴电台、电视台在醒目位置或用大篇幅做了报道，并顺利通过了市级文明单位验收考评，中国银行的社会知名度进一步提高，社会形象进一步改善。

1995年、1996年，中国银行嘉兴市分行连续两年在市级机关"创优夺杯"竞赛中荣获"先锋杯"金杯奖，还有1人被评为"南湖百杰"和全省金融系统十大杰出青年。

1997年，中国银行嘉兴市分行深入开展行风评议活动，促进经营管理水平的提高。全行以行风评议为契机，围绕"树行业新风，创优质服务，防金融风险，促经济发展"这一主题，开展了一系列扎扎实实的活动，涌现了许多先进人物和典型事例，行风建设取得了显著的效果，在全市金融系统行风评议表彰会上被评为"优秀一等奖"，并被省分行推荐为省委、省政府的行风建设先进单位。

2003年，中国银行嘉兴市分行再次被浙江省政府授予"文明单位"称号，在嘉兴服务行业"万名市民评窗口"活动中，获得"十佳"称号，以绝对多的票数，成为当地市民最受欢迎的金融机构之一；在"万名居民评社区"活动中被评为先进共建单位；在争创"文明行业"活动中，通过初审，被省分行授予"创建文明行业优胜单位"。

2004年，中国银行嘉兴市分行被嘉兴市政府授予"文明行业"称号，并再次通过省级"文明单位"验收。

2005年，中国银行嘉兴市分行深化文化服务、强化监督力度，市行营业部储蓄专柜被团中央授予"青年文明号"称号。

2006年，中国银行嘉兴市分行辖内的嘉善支行及其储蓄专柜分别荣获"浙江省文明单位"和"全国青年文明号"称号，全辖有3个基层机构和3名员工分别获得"文明礼仪示范窗口"和"文明礼仪使者"荣誉。在当年嘉兴金融系统文明行业创建活动中，该行在社会上的满意率名列前茅。

### 五、中国建设银行嘉兴分行

1998年被省政府授予行风建设先进单位，2001年，中国建设银行嘉兴市分行被浙江省委、省政府授予省级文明单位称号，2003年，桐乡市支行被浙江省委、省政府授予省级文明单位称号，2005年，嘉善县支行被浙江省委、省政府授予省级文明单位称号，2005年，桐乡市支行被中央文明委命名为"全国精神文明创建工作先进单位"，2007年，海盐支行被浙江省委、省政府授予省级文明单位称号。

2005年，中国建设银行海宁支行营业部被评为全国"青年文明号"和"巾帼文明示范岗"。2006年，桐乡支行营业部被评为全国"青年文明号"。2007年桐乡支行被中国银行业协会授予"全国文明规范服务示范单位"荣誉称号。2009年，海盐支行行长方红君被评为全国"巾帼建功标兵"。

2008年和2010年，建设银行嘉兴分行领导班子连续两届被省分行评为全省建行系统"四好"领导班子。2008年，被嘉兴市评为创建学习型组织示范单位，2009年被建设银行总行评为全国建行系统创建学习型组织先进单位，2010年被评为浙江省创建学习型组织先进单位。2007—2009年连续三年被省分行评为职工教育培训先进单位。在2008年全省分行企业文化建设考核评价中被评为第一名。2010年，被中国金融工会评为全国金融系统职业道德建设先进单位。

1991年，秦山核电专业支行被浙江省政府授予"支持重点项目建设先进单位"荣誉称号。

1999年，建行嘉兴市分行营业部方一男因多次截获假银行承兑汇票，为企业避免重大经济损失而被浙江省公安厅等10个部门联合授予"浙江优秀青年卫士"称号。

建设银行嘉兴分行在创建文明城市、扶贫帮困、捐资助学、环境保护等方面开展了一系列富有成效的工作。一是组织开展系列公益宣传活动。如2007年组织开展支持上海特奥会"用行动关爱社会"系列公益活动，组织员工参加"建设未来——中国建设银行资助贫困高中生成长计划"捐款活动，在嘉兴产生了良好的社会反响。二是积极参与各类公益捐款活动。2001年5月，建设银行嘉兴市分行在新大楼落成乔迁时将节约的乔迁费用10万元捐赠给嘉兴市再就业管理局，以支持再就业工程。仅2007年以来，全行员工参加各类公益性捐款达66万元，单位慈善捐款50多万元。汶川地震和玉树地震发生后，分行立即组织全行员工向地震灾区捐款，捐款额分别达49.98万元和17.18万元，被红十字会授予特别奉献奖。三是积极组织参与志愿者和结对共建活动。组织党团员188人参加城市志愿者队伍，成立了金融系统唯一的党员志愿者服务队，积极组织党员参加社区党员志愿者活动和"金融服务进社区"等活动，每年组织员工参加义务献血，与两个社区和一个村建立了结对共建关系，2007年和2009年被嘉兴市政府评为结对共建工作先进单位。

### 六、中国农业发展银行嘉兴市分行

自成立以来，在邓小平理论、"三个代表"重要思想和科学发展观的指导下，围绕支持农业农村经济发展和服务新农村建设这一中心，成立领导小组，制订创建规划，建立分类台账，有目标、有计划地开展行内外各类文明单位创建活动，不断谱写文明乐章。

1998年，被中央金融团工委、中国农业发展银行命名为"青年文明号"；被中国人民银行嘉兴市分行和浙江金融系统创建文明行业工作领导小组命名为"文明服务示范点"。

2001年，被中共嘉兴市南湖区委员会、嘉兴市南湖区人民政府命名为"区级文明单位"，被秀城区委、秀城区人民政府命名为"2000—2001年度社会治安综合治理先进集体"。

2005年至2008年，连续四年荣获南湖区"社会治安综合治理先进集体"。

2006年，荣获嘉兴市市级"巾帼文明示范岗"；荣获嘉兴市金融系统"文明礼仪示范窗口"。

2007年，被嘉兴市精神文明建设委员会命名为嘉兴市级"规范化服务达标"单位。

2009年，荣获嘉兴市市级"爱国卫生先进单位"。

2010年，被中共嘉兴市委、嘉兴市人民政府命名为"2009—2010年市级文明单位"。

### 七、中信银行嘉兴分行

中信银行嘉兴分行自1996年11月开业以来，积极开展创建文明单位、文明行业活动。坚持"两手抓、两手都要硬"，认真落实"联手共建"的各项责任，促进党支部工作规范化、制度化，抓住强化思想教育、提高党员队伍思想素质这个根本，以党建带团建促工建，开展创建"规范化党支部"活动、"创三优机关、当满意公仆"活动、创"红旗团组织"、"青年文明号"、"职工之家"等活动，通过以目标信念鼓舞人、正确舆论引导人、创新机制激励人、民主管理凝聚人、开展活动陶冶人、领导以身作则带动人、高尚的精神塑造人的行之有效的思想政治工作，充分发挥党组织的战斗堡垒作用和党员的先锋模范作用，促进了中信银行嘉兴分行两个文明建设的协调发展。

1997年，被嘉兴市金融系统行风评议领导小组评为嘉兴市金融系统行风建设与评议活动先进集体。

1998年，被浙江省人民政府纠风办评为浙江省金融系统行风建设先进集体；9月嘉兴支行营业部先后被中国人民银行浙江省分行、浙江省金融系统创建文明行业工作领导小组评为"文明服务示范点"、中信实业银行总行授予"青年文明号"的荣誉称号。

1999年，被中共嘉兴市秀城区委、嘉兴市秀城区人民政府评为文明单位；支行党支部被嘉兴市直机关党工委评为1998年度"规范化党支部"；支行党支部被评为市直机关1998—1999年度先进基层党组织。

2001年，先后被中共嘉兴市委、嘉兴市人民政府评为文明单位、嘉兴市级（首批）文明行业；支行营业部被中央企工委、共青团中央授予"全国青年文明号"的荣誉称号。

2003年，中信实业银行海宁支行被中共嘉兴市委、嘉兴市人民政府评为文明单位；嘉兴支行营业部被浙江省财贸工会授予"省级品牌服务示范岗"，成为全省股份制商业银行中唯一获此荣誉的银行；在市人行组织的"存贷超千亿"庆祝活动中，嘉兴支行营业部被评为"优胜金融服务基层机构"。

2004年，中信实业银行平湖支行被中共平湖市委、平湖市人民政府评为文明单位。

2005年1月，被中共浙江省委、浙江省人民政府评为"省级文明单位"、"浙江省特色服务品牌示范岗"。

2009年中信银行嘉兴分行海宁支行被中共浙江省委、浙江省人民政府评为"省级文明单位"。

2010年中信银行嘉兴分行嘉善支行被中共嘉善县委、嘉善县人民政府评为文明单位。

伴随着中信银行嘉兴分行的发展，员工队伍综合素质不断提高，以行为家、乐于奉献的先进人物不断涌现，自1998年开展活动以来，获得杭州分行级"青年文明号"共39个次、中信银行总行级"青年文明号"共23个次；获得杭州分行级"青年岗位能手"共19人次、中信银行总行级"青年岗位能手"共77人次。张岚被连续授予中信总公司"百佳中信人"、嘉兴市"三八"红旗手、"嘉兴市劳动模范"、"浙江省劳动模范"和全国"五一劳动奖章获得者"荣誉称号。

### 八、兴业银行嘉兴分行

自开业以来，坚持以科学发展观为指导，以文明单位创建为抓手，努力提升兴业形象，促进业务发展。并结合实际，制订创建文明单位规划，配套出台相关条线服务规范，根据创建要求建立分类台账，有目标、有计划地开展创建工作。一是健全组织领导机制，提高创建水平；二是依法合规经营管理，提高运作水平；三是加强思想道德教育，提高员工素质；四是深入开展创建工作，提高服务水平；五是积极履行社会责任，提高文化内涵。

2009年，被中共嘉兴市南湖区委员会、嘉兴市南湖区人民政府命名为2007—2008年度嘉兴市南湖区文明单位；荣获2008年市级治安安全单位。

2010年，被嘉兴市精神文明建设委员会命名为嘉兴市级"规范化服务达标"单位；荣获2009年度嘉兴市南湖区"青年文明号"称号；荣获"2009年度南湖区计生协会先进集体"称号；荣获"浙江省银行业2010年度文明规范服务示范单位"荣誉称号；荣获"2009—2010年度嘉兴市级文明单位"；荣获2009、2010年市级治安安全单位；荣获2009—2010年度嘉兴市金融系统"文明礼仪示范窗口"；分行员工周红获"文明礼仪使者"；获争创嘉兴市级"巾帼文明岗"；章云芬获嘉兴市"五一巾帼标兵"。

### 九、招商银行嘉兴支行

招商银行嘉兴支行自开业以来，在行领导正确领导下，始终坚持以邓小平理论、"三个代表"重要思想为指导，始终坚持全面贯彻落实科学发展观，始终把"三个文明"建设放在重要位置。以"学习、创新、发展"为主题，全行上下团结一致，努力提高业务水平和服务水平，创建工作与企业发展任务紧密结合，创建工作与客户服务任务紧密结合，创建工作与企业文化建设紧密结合，创建工作与员工队伍建设紧密结合，创建工作与企业社会责任感紧密结合。

以各种活动带动服务提升、各项业务提升。将精神文明工作融入到经营发展中。将各种社区活动、志愿者活动、结对子活动、公益活动、企业营销活动结合到企业发展中。通过走进社区、走进超市、走进商厦、走进车展房展中心、走进商贸园区、走进大型单位、走进特色街区等多种多样的活动形式，把招商银行的特色业务和品牌渗透到千家万户。

在2009—2010年度人民银行组织的"青春共建和谐　金融知识进社区"系列活动中，共进行各类宣传活动26次，获得先进单位称号；荣获2009—2010年度嘉兴市金融系统"文明礼仪示范窗口"称号，员工唐靓获得嘉兴市金融系统"文明礼仪示范使者"称号；荣获2010年市级卫生单位先进称号。

### 十、嘉兴银行

建行以来，嘉兴银行始终将开展文明单位创建活动摆在重要议事日程，总行成立了"文明单位创建领导小组"，由党政"一把手"亲自挂帅。2008年，总行新设立了党群监察部，进一步明确了文明单位创建的工作机构，并落实党政工团各级组织齐抓共管的具体措施，做到年初有计划、年终有总结，常年活动不断，工作成效明显。

（一）员工教育

嘉兴银行相继出台了《嘉兴银行全员教育培训工作计划》、《嘉兴银行培训中心管理条例》、《嘉兴银行培训师资队伍管理规定》等规章制度，已累计举办各类培训班300多期，累计受训达9 000人次。嘉兴银行2006年开始推出了开放式培训，2007年又推出了网络学院的自助学习形式。在开展文明单位创建活动中，嘉兴银行始终把提升员工职业道德素质作为一项主要内容来抓，通过礼仪专家授课、业务知识培训、对口交流、现场观摩，使员工的整体素质得到了很大提高。同时，通过举办"嘉兴银行与我的职业生涯展望"演讲比赛、"我们的价值观"大讨论等活动，在全行营造了良好的创建氛围。

## (二) 文化建设

嘉兴银行从战略发展、培育品牌、提升核心竞争力的高度，十分重视企业文化建设，2006年初在全行范围内开展了"企业职工文化建设大讨论"活动，确立了全行"企业精神、企业目标、经营宗旨、服务理念"的表述语。在制定《嘉兴市商业银行发展规划（2006—2010）》时，将"企业职工文化建设"纳入其中。这些年来，嘉兴银行相继组织开展了"企业职工文化建设大讨论"、"我为商行献一计"、"实现跨越式发展大家谈"、"创建文明行业金点子征集"等活动，相继举办了"树立社会主义荣辱观、创建文明行业"、"展商行风采、促科学发展"等不同主题的演讲比赛，同时，嘉兴银行还成立了"嘉银文联"、"嘉银体协"两大文体组织，通过举办运动会、文艺汇演、野外拓展训练、员工才艺展示等活动，丰富了员工的业余文化生活。

## (三) 单位管理

一是学习文化氛围浓郁，创设了"嘉银论坛"，开办了网络学院，并举办了专题讲座，开展"好书你推荐、好书伴嘉兴银行"等活动。二是合规文化稳步推进，健全和完善了几乎涵盖全行所有工作内容的300多项规章制度。三是廉政文化常抓不懈，行党委与各管理部门、支行每年签订党风廉政建设责任书，2010年，重点组织开展了以"九个一"为核心内容的"廉政文化进企业"活动。四是民主文化深入人心，建立和健全职工代表大会制度，畅通了职工参事议事的权利和渠道，充分体现管理民主、决策民主的良好氛围。五是形象文化不断提升，2009年，嘉兴银行紧紧抓住更名的契机，全面完成了以"视觉识别系统"和"环境识别系统"为两大核心内容的CI形象改造工程，进一步扩大了嘉兴银行的社会影响力。

## (四) 创建活动

嘉兴银行在创建活动中，十分注重全行员工的参与度，创建活动规划经职工代表大会审议通过。同时，嘉兴银行在对支行、部门实行的经营目标责任制考核中，将创建活动与支行行长和部门经理任期目标、职级提升、经济奖惩挂钩，与其他业务工作目标相统一，为文明单位创建夯实了扎实的基础。为了弘扬先进、倡导文明，嘉兴银行在多年的实践中，形成了一个评创系列，即文明支行、文明部室、文明员工评比。为了进一步营造"学先进、赶先进"的良好氛围，嘉兴银行在2009年开始隆重推出了以"感动嘉银"为主题、包含12个奖项的大型年度系列评比活动，并组织身边的先进人物举行"感动嘉银·闪光言行"宣讲报告会，从而将全行的各类争创活动推向了一个新的高潮。

## (五) 社会贡献

嘉兴银行在开展助学结对、与贫困家庭建立扶贫帮困关系、向贫困地区捐款捐物、向社会献爱心等方面取得了明显成效。在逢年过节开展了上门慰问贫困老党员、孤寡老人、贫困家庭的献爱心活动；在酷暑高温季节，开展了慰问值勤交警的活动；在新学期开学之际，开展了向民工子弟学校捐书捐物的活动。与此同时，嘉兴银行继续巩固和做好军民共建、社区共建、镇（村）共建工作，坚持不定期地开展送金融知识下乡、上街、进社区、进市场活动，积极参与社区环保志愿者活动，每年都超额完成志愿者义务献血指标。2009—2010年度嘉兴银行获得了"慈善一日捐"活动先进单位。自2010年起嘉兴银行又出资45万元，完成了南湖区创业学校"嘉银慈善助学"项目的建设。

(六) 示范作用

嘉兴银行自2005—2006年度成功创建"省级文明单位"以来，始终坚持教育全行干部员工积极弘扬"超越自我、不断创新"的企业精神，始终围绕"争创一流、追求卓越"的企业目标，自觉遵循"诚信、严谨、稳健、高效"的经营宗旨，时刻牢记"用心关爱客户"的服务理念，努力塑造地方银行的品牌特色和服务特色，精心营造全行上下人人关心、人人参与创建文明单位活动的良好氛围，不断巩固创建成果。近年来先后获得了"嘉兴市'十佳'企业职工文化建设示范单位"、"市级文明行业"、"浙江省创建学习型组织先进单位"、"浙江省企业文化优秀单位"、"浙江省模范职工之家"、"浙江省职工文化建设先进企业"、"全国模范职工之家"等荣誉称号。

## 十一、中国人民财产保险股份有限公司嘉兴市分公司

跨入治理整顿和改革开放的20世纪90年代，嘉兴市保险公司在中央精神和省保险会议精神的指引下，从"奋发展业上台阶，狠抓管理出效益"两方面工作入手，艰苦创业，锐意改革，实现嘉兴市保险事业的持续稳定发展。在争创保险先进县活动中，嘉兴市保险公司的六个县（市、区）支公司1990年承保率都达到了保险先进县（市、区）考核指标，被评为省保险先进县，实现全市满堂红。嘉善、平湖、郊区三个县（市、区）又被评为全国保险先进县，参加了在京召开的全国保险先进县表彰大会。之后，全市六个县（市、区）支公司均被评为全国保险先进县，实现全市满堂红。全市保险业务迅速发展，并向深度和广度推进，积极推广各类企业财产附加险及家庭财产保险、产品质量保险、各类盗窃险等新险种，并一如既往大力开展农业保险，坚持加强各项防灾防损工作的开展。

市分公司2005年被浙江省政府授予"省级文明单位"称号，嘉善支公司2006年被授予"县级文明单位"称号，桐乡支公司2008年被授予"嘉兴市级文明单位"称号。市分公司2009年被嘉兴市委授予"嘉兴市2009年度市级文明行业"称号。

市公司2009年被总公司授予中国人保系统"地市级分公司2009年度经营业绩50强"称号。市公司团支部2007年被授予2007年度全省系统"五四红旗团组织"称号，市公司渠道管理部/客户服务部95518专线岗2006年、2007年两年连续获得省公司授予的"青年文明号"称号。

海盐支公司2006—2007年被授予嘉兴市"消费者信得过单位"称号，海盐县支公司2006年被授予2006年度"慈善捐赠星级单位"称号，海盐县支公司2008年被授予"巾帼文明示范岗"称号，桐乡支公司2008年被授予2007年度"桐乡安全生产先进单位"称号。

海宁支公司2008年被保监会授予"2008年浙江保险业抗击雨雪冰冻灾害先进集体"称号，海宁支公司2007年被浙江省地方税务局纳税信用等级联合评审委员会授予"2006年度A级纳税信用等级单位"称号。

人保财险在创建文明城市、扶贫帮困、捐资助学、环境保护等方面开展了一系列富有成效的工作：人保财险嘉兴市分公司地处紫阳社区，公司经常与该社区开展结对活动，组织员工帮助该社区打扫卫生，逢年过节主动看望该社区困难户家庭，并送去油、米和水果。公司领导也多次带领办公室同志到该社区了解情况，对社区建设、结对共建和精神文明建设提出具体指导意见，2007年公司为紫阳社区提供共建费2 500元。按照市委办文件精神，公司又与丁家桥社

区结对，并与该社区困难户周惠华、姚雪华家庭确立结对关系，为他们提供生活保障费。多年来，公司都会在节日期间送上慰问金和生活用品去看望他们，切实可行地为他们解决一些实际困难。同时，公司还主动与中国人寿嘉兴分公司的一位已故员工的孩子结成对子，连续多年援助学费。市公司承保中心员工自发组织捐款，连续两年赞助四川成都市青年区一位贫困家庭子女上小学。市公司第一营业部与秀州区油车港镇张家三胞胎兄弟结成长期对子，已连续五年对他们进行了无偿资助。公司为嘉兴蓝天民工子弟学校共捐赠各类书籍2 000余册；全体党员、团员及员工向四川地震灾区捐款（含特殊党费）共计13万余元。

### 十二、中国人寿保险股份有限公司嘉兴分公司

中国人寿保险股份有限公司嘉兴分公司2001年4月被嘉兴市委、市政府授予"市级文明单位"荣誉称号。多年来，中国人寿嘉兴分公司紧紧围绕公司中心工作，把文明单位建设贯穿于公司建设与发展的各个环节，采取有效措施，不断推进文明单位建设，促进了公司各项工作健康发展。

1997年7月，为认真贯彻党的十四届六中全会精神，进一步推进公司精神文明建设，经市公司研究决定，成立精神文明建设领导小组。

1997年"六一"前夕，公司为嘉兴市社会福利院42名残疾儿童送去了4 300元子教婚嫁金保险；为市区280名交警投保了保额560万元的人身意外伤害保险；全市系统向再就业工程捐款18万元，同时还为扶贫、助学、创建等捐款，仅郊区支公司捐款就多达17万元。6月1日，全市系统组织开展了"迎香港回归"大型保险宣传咨询活动，共设咨询点20个，参加人员254名，接受咨询1 614人次，分发宣传资料1 800余份。

1997年，中国人民银行浙江省分行、浙江省金融系统创建文明行业工作领导小组以浙银发〔1997〕552号、浙金文明〔1997〕2号文确定公司营业部为全省金融系统"文明服务示范点"。

1999年，市公司召开"三讲"教育总结大会。全市系统从11月24日到12月27日，集中进行了以"讲学习、讲政治、讲正气"为主要内容的党性党风教育。

2000年，全市系统各级团组织积极响应中央金融团工委、总公司团委、省公司团委提出的关于"保护母亲河行动"和支援本部开发等社会公益活动。广大团员青年积极参与，踊跃捐款，支援在黄河、长江流域等地区植树造林，兴建生态工程建设"金融青年林"。全市系统职工和部分营销员中的181名团员青年共募集资金9 110元。

2002年，嘉兴市消费者协会中国人寿嘉兴分公司监督联络站在公司正式揭牌。至此，在中国人寿嘉兴分公司投保的客户，如发生各种合同纠纷，可以直接、快速地在这个联络站得以解决。

2004年，为响应嘉兴市委、市政府"关于开展结对帮困爱心活动"号召，公司与解放街道办事处签订了两年的结对帮困献爱心协议。共向3户困难家庭的9位帮困对象资助扶助金计12 960元。同年，公司组织开展了"3·15走近寿险"咨询活动和"爱心助学"等公益活动，全市系统广大员工个人捐款35 200元，与45名贫困学生签订了"爱心助学"结对协议，受到社会的一致好评。

2006年，公司下发了《中国人寿嘉兴分公司开展"文明窗口礼仪在国寿"主题活动的实施方案》，按照市文明委开展"文明礼仪建设年"活动的总体要求，扎实推进文明创建活动。

2007年，根据市政府的安排，公司与秀州区王店镇三建村开展结对共建。公司在三建村挂牌成立了中国人寿图书室，新添置1 500多册书籍，大大丰富了农民的业务文化生活；同年，公司被评为全省系统"双文明"建设先进单位。

2008年，在"5·12"汶川大地震发生后，全市系统干部职工积极开展为灾区捐款献爱心活动，通过两次捐款以及党员缴纳特殊党费的方式，先后为灾区捐款16万余元。在11月寒冬来临之际，公司又开展为地震灾区人民捐赠御寒衣被活动，充分体现了中国人寿的爱心文化；奥运前夕，公司以"国寿客户节"广场宣传咨询活动为契机，开展了倡议抵制白色污染、建设绿色家园、赠送环保袋、为浙江奥运健儿加油签名等公益性活动，提高了广大市民对中国人寿及其服务品牌的认识和了解。

2009年时任中国人寿嘉兴分公司总经理林伟被评为嘉兴市创建全国文明城市先进个人。8月11日，中共嘉兴市委、嘉兴市人民政府为其颁发了荣誉证书。

2009年9月25日，全国系统2008年县域保险业务发展先进单位表彰大会在安徽合肥召开。嘉兴市系统海宁、桐乡、海盐3家支公司荣获"2008年度中国人寿业务发展百强县"荣誉称号，浙江省系统共有15家支公司获此殊荣，中国人寿嘉兴分公司占了三席；同年，在全国开展的"保险业深入学习科学发展观活动知识竞赛"中，中国人寿嘉兴分公司共有2名员工获得二等奖、有3名员工获得三等奖，另有3名员工获得入围奖。

2010年，公司成立了以市公司党委书记为组长，纪委书记为副组长的创先争优活动领导小组，召开全市系统创先争优动员视频动员大会。要求全体党员认真贯彻总公司、省公司相关文件精神，不断提高思想觉悟，加强党性修养，明确努力方向；同年，全市系统广大员工多次开展为遭受自然灾害的特困群体捐款捐物和"慈善一日捐"活动，仅市公司本部员工捐款51 500余元。

2010年，公司被新嘉街道文明委授予"社区共建工作突出贡献单位"称号。

公司每年开展一次"诚信我为先"教育活动。公司分管总经理深入到每个职场宣讲诚信理念；对AA级以上的业务员进行通报表彰，树立诚信标兵；全市各公司围绕"七个一"，开展丰富多彩、形式多样的诚信宣传活动，宣扬了诚信理念，弘扬了诚信精神。

### 十三、中国太平洋财产保险股份有限公司嘉兴中心支公司

1997年成立之时，正适逢市金融系统开展行风评议活动，该分司抓住机遇，并决定以行风建设为抓手，促进公司规范化建设，取得了丰硕的成果。1997年，市金融系统行风评议领导小组在民丰会堂举行市级金融机构"迎国庆、庆十五大、创优质服务"歌咏比赛。该公司组队50人参赛的大合唱《中国太平洋保险之歌》、《党啊，亲爱的妈妈》喜获一等奖；公司为市本级获得省、国家优秀教育工作者称号的60名教师赠订《嘉兴日报》；积极参与市见义勇为表彰活动。

1998年公司被评为全省金融系统行风建设先进集体；在海宁召开的全省金融系统第二批"文明服务示范点"命名大会上，50家单位被表彰为省级"文明服务示范点"，该公司营销部榜上有名；公司积极参加市区城市"绿色行动"捐赠活动。全司员工争做"绿色使者"，共捐款1 500元。

1999年下半年积极开展规范服务达标，努力争创文明行业；服务制度规范完善，制定《文明服务公约》、《公司员工行为规范》，建立了一系列文明规范准则，开展了一系列义保义举活动。

2000年公司制定了创建文明单位实施意见，以开展"三优一满意"活动和参与创建文明社区活动为主要内容，统一思想，认真实施，立足于把公司建设成为服务优、作风正、环境美，适应社会市场经济要求的，开拓求实，廉洁高效的文明单位。与市公安局交警支队直属三大队共办"太保杯"交通安全宣传语征集活动；组织员工向四川凉山彝族自治州募集衣被100百余件，捐款300余元。

2001年2月，公司在被市文明委授予市属"窗口"服务行业第一批"规范化服务达标单位"的基础上，深入开展"三优一满意"为主要内容的争创文明单位活动。公司与河东街社区举办迎新春首届"太保杯"火炬接力赛，社区10个单位参加了比赛。该司分别获得接力赛二等奖和精神文明奖；产险营业厅被评为"2000年嘉兴市青年文明号"；积极参加金融系统庆祝建党80周年文艺晚会，街道紫阳社区庆祝"八一"军警民文艺联欢会；响应市委市政府关于开展"爱心行动"的号召，组织员工爱心捐款，43名员工捐款3 350元；积极参加市府"心连心"活动，为该活动捐款25 000元；发动全体员工向四川阿坝州捐赠衣被146件，其中毛衣裤94件、绒衣19件；组织员工参加所在街道开展的"我为学校、社区捐图书"活动，据统计共捐百余册；为太平洋保险帮困基金捐款，88名员工共捐款6 000元；经过努力，2002年公司被命名为2001年度文明机关（单位）。

2003年，市文明办组织的嘉兴市创建全国文明城市"万名市民评窗口"活动，选择与广大市民密切相关的46家"窗口"单位作为市民评选的对象；评选出了"十佳优胜窗口"，太保公司排名34位，名列全市保险系统首位。积极参与全市开展的以"冬衣暖人心"为主题的"扶贫济困送温暖"捐助活动，全体员工捐赠棉衣、毛衣裤、秋衣裤178件；响应市委市政府关于开展2004年"爱心行动"活动的号召，本级40名员工捐款3 250元。

2004年，公司员工向太平洋帮困基金捐款9 260元；与秀城区建设街道签订"结对帮困"协议书，公司为三贫困户（7人）提供为期两年的扶助金10 080元。

2005年，公司被授予"嘉兴市第六届消费者信得过单位"荣誉称号；与南湖区建设街道签订结对帮困献爱心协议书，为吉华青等三户家庭（7人）提供5 040元的扶助；与秀州区王江泾镇阳城村结成"共建文明对子"。

2006—2007年先后开展了争创文明行业和文明优质服务等活动，有力地促进公司"三个文明"建设。公司党委高度重视"创建文明行业"和"规范服务达标"工作，出台公司《员工行为规范》，对员工的职业道德、营业服务、仪表举止、接待礼仪、文明用语做了明确的规范。要求业务人员保险操作做到"四个熟知"；办理保险业务做到"五个一样"、"六个不准"；经济往来做到"七个不准"。积极参加市金融系统创建文明行业及"文明窗口行，礼仪在金融"主题活动，全体员工参加保监会举办的"诚信教育知识竞赛"，公司选派员工参加省公司举办的"争做诚信员工，共建诚信太保"知识竞赛。公司举办社会主义荣辱观学习会，2006年11月公司获"市金融系统文明礼仪知识竞赛银奖"，营业厅被授予"市金融系统文明礼仪示范窗口"。向市慈善总会捐款1万元，与三贫困户，府南社区结对共建，及参加所在社区文明建设共资助万余元。

2008—2009年在继续开展争创文明行业和文明优质服务等活动基础上，在省公司的统一领导下实施"五心服务金字塔工程"创建服务品牌工作，全面提升了公司的社会形象。2008

年"5·12"四川汶川发生特大地震,继5月16日全司员工捐款后,19日嘉兴太保对四川灾区人民的浓浓爱心再一次迸发,总经理室带头捐款,在前后两次捐款中,公司员工共捐款57 450元,党员还捐了特殊党费。

2010年公司认真贯彻落实分公司年初提出的"业务发展转型,管理经营升级"的主导思想,紧紧围绕"固基强司"、"五心金字塔服务"和"争先创优"三大工程主线,在创新发展的同时,不忘加强思想作风建设和组织建设,通过每月的机构工作例会和每个机构每周固定一次的晨会等形式,运用丰富多彩的课题、信息和生动的例子教育和培训员工树立正确的价值观和人生观,使他们爱护公司、珍惜工作、关心同事,构筑和谐的公司文化。在"4·14"青海玉树地震、市委市政府倡导的"慈善一日捐"活动中,广大干部员工纷纷解囊、奉献爱心。

**十四、中国太平洋人寿保险股份有限公司嘉兴中心支公司**

中国太平洋人寿保险股份有限公司嘉兴中心支公司自2007年被评为"市级文明单位"以来,一直把文明单位创建工作当做促进公司改革和发展的一个有效载体常抓不懈,取得了丰硕的成果。公司先后被评为浙江省工商企业信用AA级"守合同重信用"单位,嘉兴市第九届、第十届"消费者信得过单位",嘉兴市"诚信经营·消费满意保险公司"。公司营业大厅连续六年被评为嘉兴市金融系统"文明礼仪示范窗口"。公司党委书记、总经理李爱良先后获得了"嘉兴市2001—2002年劳动模范"称号、"2007首届中国保险经理人"称号、"2010年浙江保险业十大人物"锐意创新奖。在2010年浙江省保监局召开的浙江保险业创先争优活动经验交流会上,公司党委更是作为全省创先争优活动的先进代表做了交流发言。

多年来,太平洋寿险嘉兴中心支公司始终将实现企业自身与社会的共同进步作为义不容辞的责任,将服务社会、回报社会作为永无止境的追求。先后出资为嘉兴市人民代表大会代表及工作人员、市农科院农业科技人员、援藏援疆援川援青干部、嘉兴市行政执法人员、嘉兴市反扒志愿者服务队队员、南湖区公安干警和平安志愿巡防人员、公路管理稽查人员、嘉兴市建筑工程深基坑坍塌突发事故应急预案现场演练人员、巾帼家政服务员、嘉兴市96345社区党员志愿者、嘉兴市市级以上道德模范等提供人身保险保障,累计保险金额超过30亿元人民币,受到社会各界的广泛赞誉。

# 第三章　嘉兴市金融机构企业文化建设

## 第一节　嘉兴市金融工会

1993年10月，人民银行嘉兴市分行工会工作委员会向人民银行嘉兴市分行党组提交《关于组建嘉兴市金融工会的报告》，拟定《嘉兴市组建金融工会的方案》。1993年12月，人民银行嘉兴市分行党组向人民银行浙江省分行党组提交《关于组建中国金融工会嘉兴市工作委员会实施方案的请示》（嘉银党字〔1993〕5号）。1994年5月，中国金融工会浙江省工作委员会行文《关于同意组建中国金融工会浙江省嘉兴市工作委员会的批复》（浙金工委〔1994〕6号），随即召开成立大会，中国金融工会嘉兴市工作委员会正式成立，简称嘉兴市金融工会。1994年6月，召开首届一次全委会（扩大）会议，讨论并建立经审委、女职工委员会，并恢复银鹰体协。至1997年，全市金融工会县（市）工作委员会全部成立。2000年5月，为贯彻落实中央金融工委、全国总工会《关于调整中国金融工会领导体制　加强金融系统工会工作有关问题的通知》（金融工发〔1999〕26号）文件精神，根据省金融工会工作安排，嘉兴市金融工会以及所辖各县（市）金融工会撤销。

嘉兴市金融工会受人民银行嘉兴市分行党组、省金融工会和市总工会的领导，以人民银行嘉兴市分行党组领导为主，办事机构设在人民银行。首届嘉兴市金融工会工作委员会主任由时任人民银行嘉兴市分行副行长张向明同志兼任，1999年6月调整为由时任人民银行嘉兴市中心支行副行长娄荣民同志兼任。副主任由时任各行（司）分管副行长（副经理）担任。

1994年11月，举办全市金融职工首届电脑打字操作比赛。

1996年，在全市金融系统中深入开展讲改革、讲政治、讲法纪、讲效益，提高服务水平"四讲一服务"活动。举办嘉兴市金融系统第二届乒乓球锦标赛。

1997年，开展"四讲一服务"活动先进单位和精神文明建设标兵评选表彰活动，2家单位和5位个人受到省金融工会表彰。在全市金融系统开展以"树行业新风、创优质服务、防金融风险、促经济发展"为主题的行风建设和评议活动，全市13家金融机构向社会作出承诺，接受社会监督。

1998年，在全市金融系统组织开展行风建设"回头看"活动，中国人民银行嘉兴市分行会计营业部在活动中被授予"省金融系统文明服务示范点"。参加嘉兴市第四届"南湖俊杰"推荐评选，金融系统2位个人受到表彰。举办全市金融系统业务技能比赛，并组队参加浙江省金融系统点钞比赛。举办全市金融系统保龄球比赛和第一届钓鱼比赛，组队参加嘉兴市第四届运动会，并参加浙江省金融体协代表团，参加浙江省第十一届运动会。

1999年，组织举办全市金融系统大型文艺晚会和消防、射击、牌类比赛。推荐评选浙江省金融系统群众体育先进单位和先进工作者，4家单位和4位个人受到表彰。

## 第二节　嘉兴市金融工会网片组

2003年，嘉兴市总工会为进一步加强对市属基层工会的管理，更好地发挥基层工会的作用，为全市金融机构搭建了工会网片组的工作平台，组长单位为市人民银行工会。2005年5月，嘉兴市总工会印发《关于调整市属基层工会工作网片组的通知》（嘉总工办〔2005〕21号）文件，将市属110家基层工会按企业、机关事业、金融类别调整为5个网片组，金融系统工会网片组为第五组，人民银行工会为组长单位，银监局工会为副组长单位。在市总工会的领导下，由中国人民银行嘉兴市中心支行发挥牵头组织职能，以网片组工作例会及活动为平台，加强各成员单位之间的联系，共同开展各类文化建设活动。

2004年，组织13家市级金融机构参加"与文明同行、献爱心无偿献血"活动。

2005年，组织参加全市纪念世界反法西斯胜利70周年暨抗战胜利60周年"夏之魂"合唱音乐会，全市94支合唱队参加演出，人民银行成立"央行之声"合唱队。组织金融机构在嘉兴市表彰"巾帼文明示范岗"大会上进行"巾帼文明示范岗"服务技能展示，并由17家单位联合举办金融系统女职工风采图片展。

2006年，组织代表队参加"商业银行杯"嘉兴市职工才艺比赛。举办嘉兴市金融系统羽毛球比赛，来自银行、保险系统的14支代表队参加。组织并参加嘉兴市金融系统"红船颂"——金融之声合唱歌会。组队参加嘉兴市金融系统文明礼仪知识竞赛。

2007年，举办嘉兴市金融系统合唱歌会暨第五届中国·嘉兴南湖合唱节选拔赛，11支合唱团同台演出，中行嘉兴市分行合唱队作为嘉兴市金融系统唯一参赛队参加全省合唱大赛获银奖。组织举办"和谐金融杯"全市金融系统乒乓球友谊比赛。农行嘉兴市分行被授予浙江省"模范职工之家"。

2008年，会同嘉兴广电总台文化影视频道举办"嘉兴市银行职工技能操作电视大赛"，在电视台《今朝多看点》栏目中播出，引起良好的社会反响。举办市金融系统"和谐金融杯"垂钓比赛。嘉兴银行被市委市政府授予"十佳企业职工文化建设示范单位"，中行嘉兴市分行陈黎红被授予浙江省"三八红旗手"。

2009年，联合市书协、美协、摄协举办"庆祝中华人民共和国成立60周年嘉兴市金融系统书法美术摄影作品展"，参展单位17家，送展作品236件。组织开展"我与我的祖国"主题征文比赛，共收到优秀征文 52 篇。组织金融系统参加对嘉兴市新居民的"送文化"活动与"弘扬劳模精神　喜庆建国 60 周年"系列活动。推荐 4 家市级金融机构参加"唱给祖国的歌"嘉兴市群众合唱大赛，获 2 个银奖、2 个铜奖。推荐金融机构参加全市企业歌曲大赛获金奖。积极协助市总工会与市妇联，做好市级金融系统出席嘉兴市第六次工代会、第六次妇代会的相关工作。

2010 年，组织举办纪念"三八"节 100 周年嘉兴市金融系统女职工文明礼仪展示大赛。举办市金融系统"和谐金融杯"垂钓比赛。中国人民银行嘉兴市中心支行被市委市政府授予"十佳企业职工文化建设示范单位"。

## 一、中国人民银行嘉兴市中心支行

多年来，中国人民银行嘉兴市中心支行紧紧依托南湖岸、红船旁的政治优势，始终以创新金融服务、支持经济发展为己任，认真履行人民银行基层行职责，培育了既具地缘优势又富央行特色的人民银行基层行文化体系，有效提高了人民银行基层行金融工作水平，推动了辖区经济社会的又好又快发展，为党的诞生地构建社会主义和谐社会展示了人民银行基层行的新风采。2007 年 6 月 21 日中国人民银行项俊波副行长视察嘉兴时，对中心支行央行文化建设工作给予了高度评价，并做了"传承红船精神，弘扬央行文化"专门批示。

（一）创优文化理念，培育央行文化之"魂"

1. 在继承中思考，全心提炼央行精神

"与时俱进、奋发向上"作为中心支行精神，是多年来广大干部职工在中支党委的带领下奋勇拼搏的凝练，是体现时代发展、践行科学发展观的本质要求，更是履行人民银行基层行职能的精神支柱。"与时俱进"是一种思想理念的体现，要求干部职工把握时代脉搏、把握战略机遇、提前分析形势、看准方向目标、驾驭复杂局面，始终把握发展的主动权。"奋发向上"是一种精神状态的体现，要求干部职工以良好的职业道德、以饱满的精神面貌、以强烈的主人翁责任感，爱岗敬业、奋发图强、艰苦创业、立志成才，为人民银行基层行事业贡献力量。这八个字既是对嘉兴优良传统的概括，又符合央行发展的要求，是承前而鉴今、扬长而克短的有机结合。

2. 在思考中实践，全面培育核心文化

行党委专题开展人民银行基层行文化建设研究，将《中国人民银行工作人员手册》中提出的"勤奋学习、提高素质；敬业爱岗、恪尽职守；依法监管、廉洁奉公；文明办公、弘扬美德；团结协作、开拓进取"40 字要求与中心支行的实际相结合，研究出台《中心支行文化建设的工作指引》及实施办法，明确央行文化建设的指导思想、目标体系、实施步骤、实施原则和考核要求，并在此基础上于 2007 年制定印发《嘉兴市中心支行文化建设规划》，构建起包括精神文化、履职文化、廉政文化、管理文化和形象文化五大方面的文化建设体系，为嘉兴中支的发展提供了有力的精神动力和智力支持。

3. 在实践中规范，全力打造创建之律

中国人民银行嘉兴市中心支行建立起央行文化建设工作领导小组，形成了由党委书记、行长任组长，班子其他成员为副组长，各科室主要负责人为成员的文化建设组织架构，并落实相关责任，突出一把手亲自抓、党政工团合力抓、条块结合共同抓、专门机构具体抓的工作格局。同时，坚持文化建设党委成员联系制度，各级领导干部既是文化建设的组织者，又是文化建设的参与者，使文化建设横向到边，纵向到底，实现全覆盖。此外，中心支行还建立起央行文化工作例会制度，由员工代表畅谈文化建设的成果，查找文化建设的不足，使中支文化建设由自上而下的领导工程转变成为上下互动的集体工程。

（二）创优文化人本，强固央行文化之"身"

1. 注重文化引导，使员工工作上有方向感

中国人民银行嘉兴市中心支行始终注重"人才战略"的实施，突出以文化人，倡导用先进文化引导人、教育人、塑造人，着力培养员工的全局意识、机遇意识、忧患意识、改革意识和创新意识。加强学习型组织、学习型单位建设，推进"五型"干部队伍培养，先后制定了《嘉兴市中心支行关于"职工素质工程"的实施意见》、《关于新形势下进一步加强和改进全市人民银行系统思想政治工作的意见》和《嘉兴市中心支行推进学习型党组织建设实施方案》。在成立南湖读书俱乐部的基础上，中心支行每年开展好书推荐和学习体会征集评选活动，近年来还结合工作要点开展"中华经典诵读"活动、"共铸理想信念，共促科学发展"主题教育活动以及"庆世博、迎省运、讲文明、树新风"系列活动，引导员工"工作学习化、学习工作化"理念，并通过召开一年一度的思政理论研读会，提升员工运用科学理论解决实际问题的能力。

2. 拓展激励效应，使员工事业上有成就感

中国人民银行嘉兴市中心支行不断完善公选竞争机制，全面修订了《中心支行聘任工作人员实施办法》，建立起自我推荐、公开竞聘、竞争上岗为核心的选人用人机制，确保做到"三公开、三到位"，即方案公开、程序公开、结果公开；组织部门把关到位、纪检内审部门监督到位、全行员工参与到位。同时，在宣传栏、网站、《嘉兴央行之窗》报刊等载体刊登员工先进事迹，关注员工履行岗位职责和发展央行事业中的优点、亮点和创新点，以点带面，激发全辖员工的创造活力和事业成就感。此外，积极推进民主决策，通过政务公开、领导接待日、职工代表大会等方式，畅通干部职工民主管理、参政议政的渠道，对每年职代会上职工提案确保100%解答和100%落实，包括培养异地员工家的氛围、丰富职工文化长廊、加强与金融机构文化交流等一大批文化建设建议在中心支行工作中得到体现。

3. 实施和谐工程，使员工生活上有温暖感

中国人民银行嘉兴市中心支行提出了通过加强央行文化建设搭建起"和谐中支"的平台，全面提升员工整体素质。秉承和谐理念，围绕"健康与活力"、"文化与和谐"和"奉献与亲情"等主题，举办了春日踏青赏花、夏日休闲纳凉、秋日野外拓展、冬日竞走锻炼等群体活动，让员工陶冶心力，净化心智，舒畅心情。同时结合每年"三八"、"五四"、"七一"、"十一"等重大节目，广泛组织开展各类"健身、健心、健家"的文化活动，如"三八"节为女职工送上健康保险，"五四"节青年员工与行领导座谈，"七一"党员志愿者活动，国庆中秋共聚联欢，再加上平日里行领导送上的生日慰问以及年终大团圆的新春团拜会，处处让员工体会着"行即是家"的感受。此外，中国人民银行嘉兴市中心支行也以各种方式反哺社会，每年开展扶贫帮困、"双结对、创文明"、无偿献血、文明劝导以及"慈善一日捐"等社会公益

活动,彰显出"以人为本 创建和谐"的文化理念。

(三)创优文化氛围,塑造央行文化之"形"

1. 与环境建设相融,重视文化渲染

中国人民银行嘉兴市中心支行文化建设始终提倡"以文化育环境,以环境养文化"的工作思路。体现艺术之美的行区大院、宽敞整洁的办公环境,统一有序的员工着装,亲切规范的问候语言,处处营造着可以亲近、值得信赖的平和氛围。楼道中的励志警句与现代管理寓言、专业理念不断激励着员工奋发图强、锐意进取。2009年10月,中国人民银行嘉兴市中心支行完成了新大楼的搬迁,从设计到施工,新的办公环境继续传承了江南庭院的建筑风格,始终将嘉兴地域与人民银行基层行的文化元素完美融合,先后荣获嘉兴市"南湖杯"优质工程和浙江省"钱江杯"优质工程,并被评为"华彩嘉兴、靓丽禾城"市区十大亮化工程。

2. 与文明创建相融,凝聚文化合力

在多年的文化建设进程中,中国人民银行嘉兴市中心支行始终统筹协调央行文化建设与文明单位、模范职工之家、青年文明号等创建活动之间的关系,坚持在央行文化建设的框架体系内开展各种创建活动,坚持文化建设与创建活动同领导、同策划、同落实,坚持在各种创建活动中凝聚、提炼、弘扬央行文化。通过内外协调、齐抓共管的工作方式,不仅使央行文化建设始终反映先进的文化方向、始终代表员工的利益诉求,而且使文化建设与各种创建活动相辅相成,共同提高。

3. 与行业创建相融,体现文化影响

中国人民银行嘉兴市中心支行是嘉兴市金融系统创建文明行业工作牵头单位,在制定印发的《嘉兴市金融系统创建文明行业实施意见》中,明确将文化建设工作作为文明行业创建的一项重要内容来抓,要求各单位以"服务人民、奉献社会"为宗旨,建设一流队伍、创造一流业绩、提供一流服务,努力塑造服务优质、作风优良、环境优美、人民满意的行业新形象。在嘉兴人行的推动下,全市金融系统先后开展了"文明窗口行,礼仪在金融"主题活动、"为金融文明增光添彩 建文明行业争创一流"主题活动、"庆祝中华人民共和国成立60周年"嘉兴市金融系统书法美术摄影作品展、"我与我的祖国"征文活动以及纪念"三八"国际劳动妇女节100周年嘉兴市金融系统女职工文明礼仪展示大赛,还同步出刊的《金融文明·嘉兴之窗》刊物。同时,结合业务履职,开展的"金融知识进社区"活动、"品质生活 与卡同行"银行卡刷卡有奖活动、"讲诚信、谋发展、促平衡"外汇管理主题活动等诸多大型活动也将文化建设与社会职责有效结合,实现了经济金融的和谐发展。

## 二、中国工商银行嘉兴分行

工行文化植根于中华文化的沃土,成长于工行经营管理的长期实践,凝结自全体工行人的思想和智慧。伴随改革开放的脚步,工行在变革中发展,在融合中凝聚,在进取中壮大,工行文化也在不断发展的实践与认识中逐步丰富和清晰起来。

(一)国有专业银行时期(1984—1993年)

1984年12月,中国工商银行嘉兴支行正式成立。在创立初期,工行人传承人民银行"铁账本、铁算盘、铁规章"的"三铁精神",提出"求实创新、吃苦耐劳、顾全大局、团结奋进"的"工行精神",艰苦奋斗、勇于进取,使工行嘉兴市分行迅速奠定了在嘉兴金融市场的领先地位。

在随后的国有专业银行企业化经营阶段,工行嘉兴市分行以"经营效益高、资产质量高、自身信誉高"的"三高"观念,有力推动了向商业银行的转变过程,促进全行逐步形成了严谨规范、诚实守信、创新进取、务实敬业的工作作风和行为准则。

(二) 国有商业银行时期(1994—2004年)

20世纪90年代之后,随着国家经济体制改革的深化和金融服务企业的转型,工行嘉兴市分行经营管理理念开始向现代金融企业转变,并逐步提出了"十字方针"——"效益、质量、发展、管理、创新",形成了"五种观念"——"稳健的发展观、真实的效益观、全面的质量观、严格的管理观、科学的创新观",培育了"六种精神"——"勤俭建行、艰苦奋斗的创业精神;锐意改革、勇于探索的创新精神;真抓实干、注重实效的务实精神;恪尽职守、严谨稳健的负责精神;崇尚知识、尊重人才的科学精神;同心同德、和衷共济的团队精神"。各种优秀的企业文化因子开始相互融合、相互促进,逐步形成了具有工行特色的企业精神和经营理念。

(三) 股份制商业银行时期(2005年以来)

进入新千年之后,历史给工行提供了前所未有的发展机遇和舞台。工行完成了股份制改革,成为中国资本市场上举足轻重的金融类股份公司,逐步成长为全球市值最大、盈利最多的银行和成长性最好的国际性大银行之一。

在此期间,工行嘉兴分行大力开展企业文化建设,自2005年以来积极开展"创建和谐银行,营造温馨家园"活动,为业务快速发展提供了有力保障。2008年主动引进北京和君咨询公司在全行实施动车文化项目,通过反复的客观评估、总结提炼,将二十多年来的工作实践与先进的动车理念相结合,总结提炼出了具有工行嘉兴分行特色的动车文化。

2010年在工行总行企业文化体系正式发布后,工行嘉兴分行重新审视动车文化的内涵,通过文化对标,把动车文化演化为总行文化落地深植的具体载体,以工行的核心价值理念为指导,把动车文化有机融入总行的企业文化,并将"ICBC文化理念"与工行嘉兴分行所处的社会经济环境、区域文化现状、员工思想特点等有机结合起来,采取专题学习、网络培训和测试、图文故事和文化感言征集等有力措施,充分利用分行网讯等行内媒体和板报墙报等载体,通过总结梳理、自查提升,着力做好动车文化与总行企业文化体系的融合和衔接工作,努力使本行特色文化在吻合"ICBC文化理念"统一要求的前提下,进一步作出特色和亮点,使员工在潜移默化中加深对工行价值理念的理解,做到思想上的认同、行动上的合拍,不断丰富和创新动车文化的内涵,并转化为转型发展和提升竞争力的强大动力,提升了工行在社会各界的知名度和美誉度。

动车文化建设实施以来,工行嘉兴分行把转变发展方式、提升竞争实力作为推进动车文化落地根植的有力抓手,已连续三年在全行开展"动车之星"系列竞赛,每年年初隆重举办"动车之星"颁奖晚会,大力表彰动车团队和动车之星,力促全行广大员工登上事业动车,享受文化辐射,有效激发你追我赶、力争上游的团队精神,全面促进各项业务持续稳健快速发展。近几年来,先后荣获了全国金融"五一劳动奖章"、"全国企业文化建设优秀单位"、"创建四好领导班子"先进集体、服务工作先进单位、党建工作先进单位等多项荣誉称号。

### 三、中国农业银行嘉兴分行

中国农业银行嘉兴分行的文化建设始终伴随着企业的发展而发展。20世纪90年代，中国农业银行嘉兴分行的企业文化建设主要围绕加强员工队伍建设，增强企业凝聚力、战斗力和提高金融服务质量，提升农行社会形象来进行。

当时，群众性的学术研究和文化交流氛围浓厚、活动频繁。嘉兴市农行系统成立了农村金融学会7个。其中市分行级学会1个、县支行级6个，组织农行、信用社职工开展群众性的学术研究和新闻报道，嘉兴农村金融学会编辑出版的《嘉兴城乡金融》，稿源充足，质量较高。1991年全市农村金融学会召开信贷、支农等各种研讨会18个，交流论文330篇，在省分行级以上刊物发表论文62篇；全市农行、信用社员工在各级报纸、广播、电视发表各类稿件达1 639篇。其中：《中国金融报》、《中国农金报》等一类报、刊、台75篇，登全国性报纸头版头条4篇。

1992年积极组织员工业务技能比赛活动。8月，举办全市农金系统第四次业务技能大比赛；9月，组队参加嘉兴市金融赛区比赛；10月组队参加全省百万职工操作技能比赛。是年，还先后举办春节联谊会、演讲、卡拉OK演唱会、棋牌类、球类、知识竞赛、文艺晚会、游泳等活动500多次，参加职工达3 000余人次。

1995年，以纪念建党七十四周年和世界反法西斯战争胜利五十周年为契机，在员工中开展献爱心、办实事系列活动，组织了歌咏比赛和建造烈士陵园、救助街道特困户、抗洪救灾捐款等活动。

国民经济"九五"时期起，农业银行明确将企业文化建设作为现代企业的重要内涵加以规划和实施。

1997年，该行根据农总行的要求，实施CI企业形象战略，加大对门面的装饰力度，统一视觉识别系统，并在全辖营业机构推行规范化服务。

1998年，农行与武警系统开展警民共建活动。是年，农行嘉兴市分行与武警支队、武警医院，各县市农行与武警大队分别结对，开创了武警与农行利用各自优势，相互支持、相互帮助，推进军队和地方两个文明建设的良好局面。

2000年，以多形式、立体化为格局，突出抓好农行的形象展示和金融新产品的宣传营销。组织了"农行杯"嘉兴市庆"六一"少儿文艺汇演暨爱心助学结对仪式，开展了"新春业务宣传"、"128"个人循环贷款宣传、储蓄实名制宣传等活动。

2001年，中国农业银行嘉兴市分行提出了"向员工负责、向一级法人负责、向发展和历史负责"的"三负责"精神，努力探索商业银行的科学发展之路，使全行实现了"二降三无四提升"的历史性跨越。

向员工负责：坚持变"行长治行"为"员工治行"。坚持改革中员工利益与全局利益相一致。坚持以人为本，打造学习型企业，提升员工自我价值。

向一级法人负责：放贷"不跟风"，自觉服从宏观调控大局。令行禁止，严格执行一级法人规章制度。强化信贷风险控制，确保国有资产保值增值。加强内控管理，确保一方平安。

向发展和历史负责；树立正确的业绩观。树立"做客户"的理念。建立长效考核机制。

2004年，举行了存款超200亿元的大型新闻发布会，春节期间推出了《农行亮点频闪》4个系列的电视新闻报道，在《嘉兴日报》、《南湖晚报》上定期宣传农行经营业绩及业务产品，在《嘉兴广播电视》上推出了每周一期的农行产品介绍，进一步扩大了农行嘉兴市分行的知名度。同时配合业务部门加强新产品、新业务在省、市、县级媒体上的宣传，提升农行产品认知度。开展了客户结构调整、企业文化建设、银行卡发展战略及宏观调控下业务经营的调研，召开了"个人客户结构调整"、"企业文化建设"专题研讨会。

2008年，中国农业银行嘉兴市分行成立企业文化建设执行委员会。并按照上级行的统一部署，组织开展农行形象、标识、企业精神、文化理念等核心企业文化的征集工作。通过有奖征集，召开座谈会，讨论等形式向全行干部、员工征集农行企业精神、文化理念等核心内容，为上级行提炼农行企业文化提供依据。

2009年，中国农业银行股份有限公司企业文化核心理念发布以后，该行积极开展深植落地活动。广泛宣传中国农业银行使命：面向"三农"，服务城乡，回报股东，成就员工。中国农业银行愿景：建设城乡一体化的全能型国际金融企业。中国农业银行核心价值观：诚信立业，稳健行远。核心价值观指导下的相关理念。经营理念：以市场为导向，以客户为中心，以效益为目标。管理理念：细节决定成败，合规创造价值，责任成就事业。服务理念：客户至上，始终如一。风险理念：违规就是风险，安全就是效益。人才理念：德才兼备，以德为本，尚贤用能，绩效为先。还提炼"激情创业、勇争第一、小进是退、追求卓越"为主要内核的嘉兴市分行企业精神，编制《农行嘉兴市分行企业文化宣传手册》发给全行员工，有效加强农行文化理念在员工中的渗透力。

2010年，该行大力开展"创建学习型组织"和"争做知识型员工"活动，下发《情商与影响力》、《公司精神》、《超越自我——个人与组织共赢的策略》等多种励志类书籍，组织读后感评比，全行学习氛围日益浓厚。丰富学习内容，创新学习载体，广泛开展专题讲座、演讲比赛、征文比赛等形式多样的主题教育活动，"创争"活动的质量和效果明显提高。同时，结合内设机构调整，进一步明确机关各部门的职能，实行机关部门工作目标责任制量化考核。实行服务承诺制，评选文明部室，开展文明标准服务导入等一系列活动。开展作风、效能和执行力建设活动，着力打造"军队型、学校型、家庭型""三型机关"文化。

## 四、中国银行嘉兴市分行

中国银行嘉兴市分行高度重视企业文化建设工作，以"追求卓越"的价值观为核心，将"诚信、绩效、责任、创新、和谐"的理念转化为各级管理者和全体员工的共同价值标准和行为规范。在企业文化建设中，通过开展形式多样的活动，充分发挥员工主体作用，有效提升了企业的凝聚力和向心力，努力为员工创造良好的成长环境，踊跃参与社会公益事业，为实现企业、员工、社会的和谐发展贡献力量。

1992年，积极发挥工会组织的作用，在全辖开展社会主义劳动竞赛和精神文明建设，组织了全辖交谊舞大奖赛、乒乓球、棋类比赛等，组建了集邮小组等业务趣味活动组织，先后组织二次全辖职工业务技术测评，参加了省、市"百万职工业务操作大比武活动"，5名选手在市级大比武活动中获得名次。

1994年，开展军民共建活动，充分发挥部队在精神文明建设中的示范作用。该行与驻嘉兴空军86481部队结成共建对子，开展了一系列共建活动，对帮助职工进一步树立正确的理想、信念、人生观和奉献在岗位的敬业爱岗思想，自觉抵制不良思想的侵蚀，起到了积极的推动作用。

自1995年起，每年组织一次大型文体活动，每两年举办一次文艺汇演，每两年举办一次体育运动会，交叉进行。同时还经常组织扑克、象棋等各种职工喜闻乐见的文体活动。积极组织开展"文明家庭"竞赛活动，开展好社会公德、家庭美德和遵纪守法教育，在全行干部职工中倡导礼貌待人、乐于助人、敬老爱幼、家庭和睦、不参与封建迷信及赌博活动的良好风尚。

1996年，开展"我为中行添光彩"大讨论和"四讲一服务"活动，得到社会各界的关注。嘉兴市委书记王国平对此专门做了批示，责成嘉兴市委办和直属机关党工委到中国银行嘉兴市分行总结经验，省分行办公室还为此编发了领导参阅件给省分行领导，《嘉兴日报》、嘉兴电台等新闻单位也用一定篇幅报道了这项活动的开展情况及取得的成效。

1997年，大力开展爱国、爱行、爱岗教育，组织一些有意义的活动。一是在党的"十五大"召开后，邀请市委党校的老师为全体员工举办"奉献于事业、服务于人民"专题讲座。还组织了团员青年80多人去竹林乡为军烈属、困难户收割、插秧，并踊跃参加了全市"青年志愿者"服务，培养了青年良好的道德情操。二是在抓好思想政治工作的同时，组织了众多群众性的文体活动。参加市直机关文艺汇演，舞蹈《月是故乡明》获二等奖。在香港回归前夕举办了"庆七一、迎回归"暨第二届职工文艺汇演，整个演出气氛热烈，节目丰富，得到了上级行工会和市领导的好评。三是关心职工身体素质的提高，千方百计开辟场所，购置器材，为员工建立了健身房，实施全民健身运动。四是同本市贫困生开展结对活动，每月为经专贫困生资助100元生活费用。

1998年，积极开展双拥工作，被市委、市政府评为"双拥"工作模范单位。当年，受市金融工会的委托，选拔组成女子乒乓球队参加了嘉兴市第四届运动会，获得了女子团体第一名和个人单打第一名的好成绩。

2001年，在市金融工会组织的记者明察暗访中，吉水路储蓄所服务优良受到《嘉兴日报》表扬。成功举办了"庆祝中国共产党建党八十周年"暨第四届职工文艺汇演，向社会展示了该行员工奋发向上、朝气蓬勃的精神风貌，受到了市领导和上级行的高度评价。

2002年，坚持以优质服务为根本，狠抓精神文明建设。积极推行员工40小时培训计划，并根据规范化服务的要求，对员工开展了准军事化、半封闭式的强化轮训，聘请部队教官和宾馆礼仪老师对员工进行军训和礼仪培训，并组织了服务规范、服务礼仪知识竞赛，收到了很好的效果。当年，该行胜利举办了首届企业文化节，在当地引起了良好反响。同时积极做好对外宣传工作，努力提高知名度和社会形象，被省分行评为"宣传工作先进单位"。

2004年，以成立20周年为契机，组织全辖开展"十佳员工"评选、员工风采形象展示、行庆征文、摄影展评等活动，并对作出突出贡献的老领导和老员工分别授予"成就奖"和"荣誉奖"，弘扬爱岗敬业、无私奉献精神，进一步增强了凝聚力，提高了员工对中行的归属感、荣誉感。在"南湖放歌"百支歌队合唱比赛中，荣获金融系统唯一金奖，进一步提升了企业文化建设的内涵。

2005年，成功举办了职工体育运动会。"中行之声"合唱团利用业余时间积极准备，参加嘉兴"春之声"、"夏之魂"、"秋之歌"、"冬之韵"演出，赢得了广泛好评。

2006年，在嘉兴市委及金融系统组织的歌会、文明礼仪和金融知识竞赛等活动中获得多项金奖和第一名。同时积极组织开展"模范职工之家"、"模范职工家庭"活动。当年，海盐、嘉善支行分别被授予"全国模范职工之家"和"总行级模范职工之家"，全辖有5个职工家庭被省分行评为"模范职工家庭"。从关心员工切身利益出发，积极做好企业年金工作，完善了医疗补充保险，关心员工包括离退休老同志和内退人员生活，积极开展送温暖和扶贫帮困活动，办实事、办好事，进一步增强了全行员工的凝聚力和向心力，为该行全面建设和谐银行打下了坚实基础。

2007年，在全市金融系统中唯一获得"嘉兴市职工职业道德建设示范单位"殊荣；职工之家被总行授予"模范职工之家"称号。"中行之声"合唱团在嘉兴金融系统举办的合唱比赛中和"江南文化节"上获得两项金奖，在浙江省广场文化艺术节上夺得银奖。

2008年，成立了文学社，创刊《理想之家》，截至2010年末，该刊物已累计发行近5万册，进一步扩大了中行产品宣传和影响力，也为员工提供了展示个人才艺的平台。在嘉兴市纪念改革开放30年征文活动中，2篇征文获一等奖、1项三等奖；在金融学会组织的课题研究中获得2项二等奖、4项三等奖。当年，被总行授予"模范职工之家"称号，同时也受到了职能部门和客户的好评。发生"5·12"汶川大地震后，迅速推出"爱心存单"业务，并积极组织员工向灾区献爱心，共募集捐款21万元，此外还有大量衣物、被褥等援助物资。

2010年，中国银行嘉兴市分行党委被总行、省分行党委授予"先进基层党组织"称号；工会被中华全国总工会授予"模范职工之家"称号，辖内县支行工会全部获得县级以上"先进职工之家"称号，成为全省唯一一家100%机构获此殊荣的分行。当年各类公益性捐款总计14.11万元，其中包括向玉树地震灾区捐款65 555元。

### 五、中国建设银行嘉兴分行

中国建设银行嘉兴分行着眼内强素质、外树形象，扎实推进企业文化建设。

1996年，中国人民建设银行经国务院、中国人民银行批准更名为中国建设银行，以此为契机，建行嘉兴市分行根据上级行的统一部署，全面导入CIS战略，统一视觉识别系统，在全行员工中开展企业理念教育和一系列优质服务创建活动，推行员工行为规范。1997年，对所属的86个机构网点统一了视觉识别形象，并在全辖各网点推行规范服务标准。

2004年10月，召开一届二次职代会，楼崇民行长做了题为"扎实推进企业文化建设，努力打造核心竞争力"的专题报告，系统地提出了企业文化建设的指导思想、总体目标和具体要求，对推进全分行企业文化建设做了系统而全面的部署。论述了在企业文化建设中要注意把握好智力资本和情绪资本、企业文化建设与业务经营管理、领导倡导与员工参与等三个关系。

2005年11月，通过深入调研，广泛讨论，提出了今后一个时期"一二三四五"的工作思路，制定了《嘉兴分行2005—2007年三年发展计划》，确定了未来三年发展目标和行动计划，明确了发展愿景是建设成为区域内竞争优势明显，为客户提供一流服务、拥有一流员工的好客户的好银行。

2005年，实施网点优质服务工程，编写和印发了《柜面优质服务学习手册》，并在全行各网点推行，通过开展优质服务大讨论、知识竞赛、优质服务竞赛、树立标杆网点和员工、加大对服务质量的检查考核激励等一系列措施，进一步推进服务文化建设。

2006年9月19日，修订印发三年发展规划，实施蓝海战略，加快战略转型，以实现个人金融、中小企业、中间业务和三资企业业务的新突破。并举办嘉兴分行三年规划宣讲会，劳新江行长亲自宣讲。

2007年4月29日，首次召开企业文化建设工作会议，研究部署今后一个时期企业文化建设工作。6月，举办企业文化建设论坛，邀请浙江大学教授作专题报告。编写《企业文化手册》，印发全行员工学习。制定下发了《嘉兴分行企业文化建设实施规划》、《嘉兴分行企业文化建设考核办法》，明确了嘉兴分行今后几年企业文化建设的指导思想、基本原则、工作目标、工作步骤和主要措施及考核办法。

2008年10月，通过深入调研，广泛讨论，制定了《嘉兴分行2008—2010年三年发展计划》，并在职代会上审议通过，确定了该行未来三年发展目标和行动计划。

2007年起，在同业中率先建立了神秘人检查制度，以神秘客户的方式对所有营业网点的服务质量进行暗访，为科学评价和考核辖内各基层行、各网点服务质量提供了依据。从2008年开始，在同业中率先建立了行长客户接待日制度，分行行领导每月组织召开客户座谈会，听取客户对建行服务与产品的意见建议。2008年10月，编印《服务文化手册》下发全行。

组织开展纪念建党80周年系列活动。浙江省建行系统4 315名党员和4 865名团员交献特殊党团费16万元，2001年3月12日，在党的"一大"会址嘉兴南湖红船前举行特殊党团费交接仪式，并在"建行绿化园"种下第一批树，这项活动于当年8月被总行评为"传党旗接力活动特别奖"。2001年5月11日，中国建设银行"传党旗接力活动"在嘉兴南湖革命纪念馆广场隆重举行。总行党委宣传部张荣廷部长、省分行朱范予行长等领导和来自全省建行系统的80名代表参加了活动。2001年8月22日，嘉兴市委、市政府召开纪念建党80周年系列庆祝活动暨第二届南湖船文化节总结表彰会，建行嘉兴市分行获得活动贡献奖和特别支持奖两个奖项。

企业文化和职工文化建设成果丰硕。1993年8月，在由浙江省金融工会和全省建行系统举办的"巾帼杯"业务技能比赛中分别获得团体总分第一名。2006年和2009年海宁支行和平湖支行分别被建设银行浙江省分行评为"企业文化建设示范点"。2010年8月5—6日，在全省分行业务技能竞赛中，荣获团体第一名。

1993年9月，选派的选手代表嘉兴金融系统在参加全省金融系统"歌颂红太阳"卡拉OK比赛中荣获特别奖。1997年在嘉兴金融系统歌咏比赛中荣获第一名。2008年7月成功举办系统职工文艺会演。9月由嘉兴分行创作的《田歌表演唱——情融田野》在省分行文艺汇演中获得演出和创作两个二等奖。2010年3月8日，举办"纪念'三八'国际妇女节100周年女职工礼仪才艺大赛"。南湖支行缪洁芳在随后举办的嘉兴市金融系统"纪念'三八'国际妇女节100周年女职工礼仪展示大赛"中荣获冠军。2010年9月，由嘉兴分行创作的歌舞《善建者行》，在参加全省建行系统文艺汇演中荣获创作一等奖。

### 六、中信银行嘉兴分行

中信银行嘉兴分行十分重视企业的社会责任意识，积极参与社会公益事业。

从2005年11月25日起，根据总行的要求，中信实业银行嘉兴分行更名为中信银行嘉兴分行，并启用中信银行全新VI标识。在嘉兴市中心制高点嘉华广场、标志性建筑体育中心、著名景点南湖等位置设立多种形式的巨幅广告。

1998年创办银行内部刊物《嘉兴中信》，作为倡导企业文化的媒体、增强凝聚力的纽带、切磋提高业务理论新水平的园地和精神文明建设的窗口，成为员工彼此沟通的桥梁。2003年《嘉兴中信》改版为《南湖中信》，2006年《南湖中信》由报纸版面改为杂志版面，2008年《南湖中信》被嘉兴市总工会评为"嘉兴市十佳内刊"。

积极参与各类社会公益活动。员工参与社会捐赠活动踊跃，包括向受灾台湾同胞捐款在内的各类赈灾捐款超150万元。1998年为特大洪涝灾害受灾地区捐款捐衣物、抗洪救灾捐款两次10万元，两次为嘉兴市水利工程捐款17万元，四川地震捐款四次21万元。向中华慈善总会捐款20万元。每年组织员工开展义务献血活动，年年超额完成献血任务数。每年开展"慈善一日捐"活动，累计捐款超95万元。连年与贫困户结对，给困难群众送去了中信的一份关心。112名员工加入志愿者系统，成为嘉兴市志愿服务者队伍的一员。为帮助解决外来民工子弟上学困难，2007年至2009年先后组织开展了"信·心"圆梦和同一片蓝天助学活动。2009年开展"新居民子弟学校爱心行"活动。2010年分行女工委组织女员工赴儿童福利院开展了"爱心妈妈"活动。做好金融知识的宣传，积极参加市金融系统"爱护人民币"宣传周活动，开展"人民币反假"和"残破币兑换"宣传和咨询服务，组织员工到农贸市场、学校、结对社区、结对村开展爱护人民币和人民币反假宣传。

文明共建活动主动积极。1998年与建设街道百福弄社区首次签订共建协议，成为共建组长单位，帮助社区开展各类文化活动，建立办公场所和图书馆，丰富居民生活，被中共嘉兴市委评为"社区共建先进单位"。1999年8月与海军驻嘉37940部队结成"军民共建单位"，2002年党支部与嘉兴市交警一大队"警民共建"。2003年中信实业银行嘉兴支行被评为"万名居民评社区"活动"先进共建单位"。2005年8月中信实业银行嘉兴分行作为"省级文明单位"与秀州区王店清泰桥村开展"双结对、创文明"活动，结为共建村，并投资20多万元建起了"中信共建农庄"。2010年被评为嘉兴市南湖区"双结对、创文明"活动先进单位。

企业文化感召嘉兴百姓。1998年与嘉兴市委宣传部、嘉兴市总工会联合举办"中信银行杯"嘉兴市改革开放二十年百佳成就评选暨摄影展览大奖赛；与《南湖晚报》社联合举办"中信银行杯"纪念改革开放二十周年"征集老照片、搜寻新名词"活动。1998年嘉兴支行被评为嘉兴市"创三优机关，当满意公仆"活动先进集体。

1999年开展"红五月文明优质服务月活动"，推出"二站三声一双手"服务制度，进一步提高服务档次。

2001年，集中开展向社区贫困家庭"送温暖"、向福利院孤残儿童"献爱心"活动。

2004年，举办首届"企业文化节"，打造先进企业文化。2004年11月在中信实业银行嘉兴支行八周年行庆之际，邀请欧洲魔术师汉斯·克洛克举办了大型魔术晚会《魔术的历史》，回报社会。

2005年12月在中信银行嘉兴分行成立九周年行庆之际，向嘉兴市社会福利院赠送运输面包车一辆。

2006年成立"中信之声"合唱队并在金融系统"金融之声"大合唱比赛中获得金奖，在市"红船颂"合唱比赛中获得银奖，并被市宣传部评为优秀合唱团。

2006年10月与嘉兴市委宣传部联合邀请著名经济学家易宪容来禾作"当前宏观经济热点问题及中小民营企业发展战略"讲座，听者踊跃，反响热烈，并吸引了嘉兴电视台、《嘉兴日报》、《南湖晚报》等众多媒体的关注，嘉兴在线新闻网还在网上进行了现场直播；举办"因你精彩"行庆音乐会，特邀中央歌剧院艺术家为广大客户、嘉兴社会各界人士奉献一台音乐盛宴。演出当晚，中信银行嘉兴分行"中信之声"合唱队还与中央歌剧院同台演唱《美丽的草原》等两首歌曲。与市委宣传部、市文化广电新闻出版局联合举办"中信银行嘉兴分行十周年庆暨'红船颂'中国画名家精品画展"，总行陈小宪行长亲自为册作序，市领导及总行、杭州分行领导亲临现场揭幕，嘉兴分行客户代表以及嘉兴文化艺术界人士等300余人出席，嘉兴各大媒体纷纷在显著位置予以报道。

2007年初到元宵节期间，中信银行嘉兴分行独家冠名赞助嘉兴市委宣传部和市节庆办主办的大型"中信之夜·闹元宵"活动，此活动作为2007年中国江南文化节的"开场戏"。中信银行嘉兴分行之后连年冠名赞助此项活动，活动更名为"中信闹新春"，对中信品牌和社会形象起到了声势浩大的宣传作用，市民也在春节至元宵节中体会到了"中信"味。

### 七、上海浦东发展银行嘉兴分行

（一）企业社会责任方面

自1997年浦发银行进入禾城以来，就十分重视企业社会责任，积极参加社会公益事业。从2008年开始，每年元旦后的第一个星期六，都是浦发银行的"志愿者爱心日"，员工以"我奉献，我快乐"为活动主旨，以志愿者和义工的身份深入到困难群体中，开展扶贫助残活动。如在首个"志愿者爱心日"启动仪式上，浦发银行嘉兴分行全体中层干部及首批15名志愿者现场举行了募捐，共计募集爱心款5 100元，一并捐给残疾人福利基金。随后，15名志愿者带着20个装有爱心羽绒服、玩具和1 000元"爱心康复卡"的"爱心包"来到嘉兴市聋儿语训部，看望了残障儿童。

2010年，浦发银行嘉兴分行组织部分志愿者来到嘉兴市戴梦得购物中心体育场店，开展"2010年浦发银行志愿者日"活动。发放统一印制的图文宣传资料和环保袋，并以"低碳节能、利人利己"、"节能减排需要您的支持！"为口号，向顾客宣传了本次该行开展志愿者日"倡导环保健康生活方式，致力于打造低碳银行，为建设低碳行社会作贡献"的活动主题。

2004年开始，浦发银行嘉兴分行在全系统发起了"慈善一日捐"行动，号召全行员工每次捐出一日工资，次数不限，募集到的款项全部用于帮助困难群体。

同时，该行对于特殊的灾难，如汶川大地震、玉树地震、西南旱区、"莫拉克"台风肆虐台湾，都积极发动全体员工积极捐款，共计捐得赈灾款达100万元。

（二）企业内部建设方面

该行注重培训工作，坚持政治理论和业务技能培训工作"两手抓，两手都要硬"的原则，以创建学习型组织为目的，组织全行员工参加各项政治理论和业务技能培训活动，认真规划好员工的基础教育、专题教育、提高教育和发展教育。

该行通过组织开展形式多样、丰富多彩、职工喜闻乐见的文娱活动，切实增强工会的活力。例如开展以"星耀浦发·再越高峰"为主题的员工劳动竞赛争标兵活动，营造你追我赶、争创先锋的良好氛围；以开展工会职工"金点子"征集活动，来切实增强员工的主人翁意识，激发全行员工"积极奋进，建功立业"的爱岗敬业精神；以东方汽车俱乐部为载体，开展汽车驾驶拉练活动，宣传浦发品牌；以"健身、健体、健心"为目的，开展乒乓球、羽毛球、"红十"扑克等职工文体活动；以举办分行行庆文娱晚会、客户座谈会、贵宾客户联谊活动等，调动员工的生产积极性，增强员工间的凝聚力；以积极参加市级金融系统、上级行的技术比武、大合唱、文艺汇演、书法摄影、征文等活动，进一步展示浦发银行嘉兴分行职工的良好风采；以积极开展慈善献爱心捐款、志愿者活动日、捐衣被送温暖、扶贫帮困等活动，进一步发扬浦发银行职工良好的企业社会责任感。

该行注重多层沟通为职工办实事、办好事。经常性地深入职工群体，了解职工的思想、生活和工作情况，配合行政和党组织，做好思想政治工作，解决员工的后顾之忧。了解职工疾苦，为职工排忧解难；及时慰问看望生病住院的职工及职工亲属；在员工生日时送上鲜花、贺卡和蛋糕等表示祝福；组织安排好员工体检和疗休养；协助行政做好业务员转录用、待岗、劳务派遣用工等工作；发挥女职工委员会作用，关心女职工的身心健康，组织"三八"节活动，适时开展女职工讲座和培训活动。

## 八、兴业银行嘉兴分行

自开业以来，始终秉承"以人为本、同心兴业"的管理理念，关注广大干部员工的所思、所想、所学，关心员工工作、学习、生活，努力营造内部认同、上下共识、团队和谐的兴业家园文化。该行一直重视员工思想教育，帮助员工塑造正确的世界观、人生观和价值观；关注员工的个人成长，帮助员工不断提高职业技能和工作水平，促进员工自身价值的提升和实现，结合经营实际和员工队伍特点，积极组织开展各类员工喜闻乐见的体育文化活动，丰富员工业余生活，增强队伍凝聚力；关怀员工日常工作、学习和生活中的热点、难点问题，帮助员工解决实际困难。

设有活动室和阅览室等员工文娱、体育活动场所和设施，同时定期包场组织员工参加羽毛球、篮球活动，搞好职工健身运动，每年给员工发放健身卡，增强职工体质，每年举办团拜会，表彰年度先进团队和个人，并进行文艺汇演，做好员工生日、婚嫁、生病等慰问，开展建国六十周年及建党九十周年系列活动，增强员工集体荣誉感和团队凝聚力，营造关心员工、重视员工的"兴业家园文化"。同时该行积极做好回馈社会工作，动员全体员工先后向汶川地震灾区、玉树地震灾区、西南旱区、舟曲灾区、台湾遭受"莫拉克"台风灾区共捐款89 136元，先后向嘉兴市慈善总会捐款共计10万元；开展志愿者无偿献血、植树绿化、看望空巢老人、与嘉兴市塘汇街道锦绣社区共建结对等活动，慰问爱心助学对象新丰镇中心小学学生裘梦璐小朋友，通过回馈社会树立该行良好企业形象。

## 九、招商银行嘉兴支行

招商银行1987年诞生于中国改革开放的前沿阵地深圳。经过20多年的发展，至2010年末招商银行成为资本净额超过1 659亿元、资产总额突破2.4万亿元、机构网点830家、员工4万余人，在上海和香港两地上市，并跻身全球100家大银行之列的全国性股份制商业银行。

嘉兴支行成立于2008年4月。自开业之初，支行恪守"合规经营、稳健创新"的经营宗旨，秉承"科技兴行、人才立行"的发展战略，依托嘉兴市场，倡导企业文化建设，积极参加社会活动，履行社会责任。

（一）树立诚信合规守法理念

支行成立后一直把合规经营放在首位，明确合规经营是银行发展的基础。注重员工思想教育，把"异常行为排查"工作落到实处，通过异常行为排查活动的开展，杜绝不良行为，防范操作风险。

（二）提高服务品质，提升招行品牌

在总行提出的构建三维服务、提高服务竞争优势的指导思想下，引导以服务创造价值为导向，以提高服务意识和服务技能为基础。狠抓汉字录入、点钞识假、翻打传票等基本功，通过优化服务水平、缩短客户等候时间、减少差错率来巩固服务优势和品牌形象。通过对"金葵花"服务区的改造，提高中高端客户满意率来体现专注客户价值、专注客户体验的服务态度。

（三）倡导积极向上的工作方式，丰富员工业余生活

2008年开业伊始，支行就开办一日三餐的职工食堂，开设员工阅览室、党团活动室。2009年，为提高员工满意度，重新设计装修职工食堂，保证员工吃得好，吃得卫生。为提高员工身体素质，2010年由支行工会、团支部组织员工每周一次参加"环南湖健身跑"活动。同时成立职工"羽毛球队"、"摄影兴趣小组"等兴趣活动小组，不定期开展培训或采风活动。支行从2008年开始到2010年连续三年组织召开职工运动会，通过运动会形式，活跃气氛、缓解压力、提高员工的凝聚力。在关爱员工生活方面，从细微着手，关心员工。员工中未婚青年员工占有很大比率，有员工结婚时，支行送去礼物，并由分管行领导代表支行出席婚礼；在生病住院时，则有分管行长亲自带上慰问品到医院探视，嘘寒问暖。

（四）积极投身社会公益事业，认真开展共建活动

2008年开业庆典上，为四川地震灾区的学生捐款8万元，每年组织干部员工向云南永仁、武定两县开展捐款、捐物活动，截至2010年底，共捐赠衣物324余件（套）、捐款12 590多元。另为青海玉树大地震开展专项捐款捐物活动，帮助受灾群众早日渡过难关。同时与中山社区开展帮扶结对活动，连续三年组织员工到社区开展反假币宣传活动，提供帮贫款项、履行社会责任。

## 十、浙商银行嘉兴支行

（一）行名和标志寓意

1. 行名寓意

"浙商"为目前正在形成的专用名词，意为"浙江商人"。取名"浙商银行"，有如下几层

含义。

浙商力量："浙商银行作为浙江商人投资兴办的银行，具有浙江商人良好的经营理念、经营作风和经营业绩。

浙江品牌："浙商银行"名称一目了然地使人知道是浙江商人兴办的银行，有利于银行借助浙江经济和金融的良好形象，在全国发展业务。

承前启后："浙商银行"既是"浙江商业银行"的简称，表示对历史的承接，又是新的名称，表示未来的变化和发展。

2. 标志寓意

浙商银行标志以玉琮与算盘为基本元素设计而成，融合稳健与灵动、儒雅与严谨、明礼与诚信、雍容与节俭，彰显浙商银行传承深厚的历史文化，继往开来、求实创新的理念。标志图案呈向上腾跃的姿态，象征浙商银行锐意进取，奋发向上；主题图案的黄色代表吉祥与丰裕，背景图案的红色则蕴涵激情与希望。图案中的方形，意为"方行天下，至于海表"，表示浙商银行将不断扩展，名扬誉驰；六条通道象征浙商银行六合通达、规范有序；方框中的"一"寓意浙商银行追求卓越，争创一流。

（二）企业文化建设

浙商银行作为一家新兴的银行，始终追求更优的团队、更好的服务、更佳的效益，不断追赶同行、超越同行、领先同行。着眼于内强素质、外树形象，扎实推进全行企业文化建设。

浙商银行愿景：到2020年左右，成为经营有方、富有特色、业绩优良、具有一定国际影响的国内一流商业银行。

浙商银行使命：让每个客户从我们的金融服务中得到更多价值。更多的渠道：根据客户融资需求，为客户提供灵活快捷的融资渠道。更高的效益：通过提高综合金融服务，帮助客户降低融资成本，增加收益。更好的服务：通过建设顺畅、高效的服务链，让服务更加贴近市场和客户。

浙商银行价值观：创造价值，追求更好。通过优质的金融服务为客户创造价值，进而为组织创造价值，并从中实现员工自身的价值，三位一体，共同发展。

浙商银行精神：负责、诚信、学习、专业、沟通、创新。

浙商银行嘉兴支行着力推进全行精神文明建设，2009年荣获"总行级优秀团队"称号；2009—2010年度荣获"嘉兴市南湖区区级文明单位"称号。

浙商银行嘉兴支行热心公益事业，积极服务社会。台湾台风灾害中为台湾同胞捐款13 900元；做好社区结对共建工作，开展全行党员爱心捐款活动，捐款5 480元，用于资助困难家庭；为街道世博安防工作送慰问品800元；组织人员参加社区"3·5"学雷锋日义务活动，发放公益宣传册1 000份；为玉树地震灾区捐款20 900元；捐送现金2 000元，支持解放街道人口普查工作。

## 十一、嘉兴银行

（一）积极开展各类争创活动

建行以来，嘉兴银行积极组织开展了"文明单位、文明行业、青年文明号、巾帼文明示范岗、工人先锋号"等各项创建活动，专门成立了领导小组，制定了实施方案和规划，召开全行动员大会营造氛围。党政工团结合各自特点开展活动，通过各类创建活动，力争达到不断提高服务质量、向社会提供优质高效服务的目的。截至2010年底，嘉兴银行除新设机构以外，各级文明单位创建已实现了全覆盖。并获得了嘉兴市委、市政府授予的"市级文明行业"、"2008年度嘉兴市'十佳'企业职工文化建设示范单位"荣誉称号。嘉兴银行还在2009年隆重推出了以"感动嘉行"为主题、包含12个奖项的大型年度系列评比活动，从而将全行的各类争创活动推向了一个新的高潮。

（二）热心关注社会公益事业

伴随着嘉兴这座历史文化名城的发展而茁壮成长的嘉兴银行，这些年来始终没忘感恩社会、回报社会的宗旨，在实现业务稳健发展、取得良好经营效益的基础上，热心参与社会公益事业，切实履行社会责任，进一步丰富了企业职工文化建设的内涵。这些年来，嘉兴银行积极开展助学结对、与贫困家庭建立扶贫帮困关系、向贫困地区捐款捐物、向社会献爱心等活动。与此同时，嘉兴银行继续巩固和做好军民共建、社区共建、镇（村）共建工作，坚持不定期地开展送金融知识下乡、上街、进社区、进市场活动，积极参与社区环保志愿者活动，每年都超额完成志愿者义务献血指标。2009年，嘉兴银行还冠名举办了中国红船"嘉兴银行杯"全国羽毛球俱乐部邀请赛。2010年10月，在浙江省第14届运动会倒计时一周年庆之际，嘉兴银行被省运会组委会指定为唯一的银行合作伙伴。

（三）倾力塑造全新企业形象

嘉兴银行十分注重加强与新闻及信息传播媒体的合作，对嘉兴银行的业务发展动态、业务经营成果、综合管理水平和企业文化建设等方面进行全方位的宣传报道，从而进一步加深广大客户和市民对地方银行的印象。据不完全统计，已先后在全国、省、市等三级媒体发布各类新闻稿件近千篇。为配合嘉兴银行企业文化发展战略的实施，进一步提升嘉兴银行的社会新形象，2009年，嘉兴银行的CI形象导入工程全面展开，对企业视觉识别系统和环境识别系统进行了全方位的改造，在12月22日行庆十二周年之际，经中国银监会批准，原嘉兴市商业银行更名为嘉兴银行，新的企业标志形象正式启用。与此同时，为了搭建员工之间相互学习和交流、嘉兴银行与广大客户和社会各界增进了解的平台，嘉兴银行的内部局域网发挥了很大的作用；《嘉兴银行报》荣获了"嘉兴市十佳企业报"的荣誉称号，并在全国城商行系统内部刊物展评中多次获奖；经过全新改版的嘉兴银行门户网站也已经正式上线，从而全面提升了嘉兴银行的社会新形象。

（四）实施关爱员工生活工程

嘉兴银行始终贯彻"以人为本"的理念，把关爱员工生活摆上重要议事日程来抓，努力为广大员工排忧解难，切实帮助他们解决工作和生活中的具体困难，从而进一步增强全行员工的凝聚力和向心力。一是实施"送温暖"工程，主动做好对遇"伤、病、灾、丧、产"员工的"五必访"工作，坚持每年组织好员工的春游活动，员工生日时，总行及时送上鲜花和生日蛋糕，以示家庭般的温馨和关爱。二是对本行贫困家庭实施"爱心援助"工程，通过走访、谈心、捐款等形式，努力为他们解决生活上的后顾之忧。三是实施"送健康"工程，定期为全行员工组织安排体检，并为女职工办理了妇女疾病保险，同时安排先进员工参加疗（休）

养活动，切实维护员工的合法权益，保障员工的身体健康。四是对退休员工实施"关爱"工程，除了日常的精神和物质方面的关心之外，通过组织退休员工党员支部定期活动、组织退休员工体检、为退休员工订阅健康报刊、迎春联谊座谈会等形式，充分体现了组织上对他们晚年生活的关爱之情。

（五）丰富员工业余文体活动

自成立以来，嘉兴银行的各级群团组织紧紧围绕全行中心工作，经常性地组织开展群众性文化体育活动，极大地丰富了全行员工的业余文体生活。与市总工会、市公安局等单位举行了工会联谊活动；与市政协举办了"书画联谊"活动；嘉兴银行"银星合唱团"参加了嘉兴市"企业之歌"合唱比赛获得了金奖，并参加了嘉兴市"革命歌曲大家唱"合唱比赛；开办了网球培训班，还首次组队参加了嘉兴市业余网球比赛并取得了团体第四的好成绩；组织参加了嘉兴市金融系统"迎国庆"征文比赛和书画摄影作品展并荣获诸多奖项；同时还相继举办了以"学习实践科学发展观"为主题的演讲比赛和以"加强管理年"为主题的学制度知识竞赛；组织开展了以"创建学习型银行、争做学习型员工"为主题的读书活动。既丰富了全行员工的业余文体生活，又充分展示了嘉兴银行这个和谐大家庭的团队风采。

## 十二、中国邮政储蓄银行浙江省嘉兴市分行

邮储银行嘉兴市分行自成立以来，通过对企业文化建设的常抓不懈，对内增强员工的自豪感和企业凝聚力，对外提升企业的良好形象。企业文化成为激励企业不断进步、员工不断进取的巨大精神动力，在该分行的经营活动中发挥了重要的作用。

2009年，开展营业网点规范化服务活动。活动期间，通过制定全行营业网点服务规范，组织开展营业网点规范服务培训、检查、评比以及形式多样的竞赛活动，推动网点服务的规范化，全面推进邮储银行服务质量和水平迈上新的台阶。2010年，在嘉兴市建国北路支行和海宁市支行率先开展全国示范性网点建设工作，这是该分行紧密围绕网点经营转型采取的重要举措。

2009年至2010年，该分行先后通过开展"合规管理年"、"风险在我身边，合规从我做起"风险教育活动、"业务行为规范年"等活动，推进风险合规文化的建设，培养员工良好的合规文化意识，引导员工树立良好的合规意识和较强的风险意识，促进员工职业道德水平的提高，规范员工行为。

2008年至2010年，该分行先后开展岗位练兵、岗位培训、技能考试等活动，着力创建学习型银行。采取奖励措施鼓励员工自学并参加学历教育和相关专业技术职称、资格考试，提高员工参与学习的积极性。2010年5月，举办"读书月"活动，引导员工多读书、善读书、读好书；2010年11月著名培训大师余世维做客嘉兴期间，集中组织了全系统二级支行行长以上管理人员共百余人听取了余博士"赢在执行——破解管理瓶颈"的讲座，听者踊跃，反响热烈。2010年，结合"全员培训年"，开展多层次、多渠道的业务培训，有针对性地制订了员工学习培训计划，全员培训率达到100%。

积极打造"温馨家园"文化。着力开展"职工小家"建设，切实改善一线职工生产生活条件，通过与困难职工"结对子"帮困活动，"冬送温暖，夏送清凉"活动，行领导亲自慰问

以及家访活动，组织职工体检，员工工作环境、生活条件和福利水平得到明显改善。全力推进企业民主管理工作，以建立行长信箱，组织召开青年员工座谈会、完善行务公开制度等多种形式，充分调动广大员工参与企业管理的积极性，营造了公平、公开、公正的和谐民主氛围。为陶冶员工情操，提高员工文化素养，进一步增强内部凝聚力，2008年成立以来，该行还广泛开展员工喜闻乐见、健康向上的员工文体活动，如每年举办新春晚会，组织"三八"节活动，同时成立了员工体育和摄影兴趣班，适时开展各类体育比赛、摄影讲座和采风活动。

拓宽感恩渠道，勇担社会责任。2010年为青海玉树灾区捐款10 110元，开展"慈善一日捐"活动，捐款数额14 620元；与嘉兴市东大营开展军民共建活动，送文艺节目进军营；积极开展反假币宣传、解答客户咨询、征求客户意见等系列活动。

创建工作结硕果。2010年度荣获"嘉兴市区级文明单位"称号。

## 十三、中国人寿保险股份有限公司嘉兴分公司

中国人寿保险股份有限公司嘉兴分公司努力建设既有公司特色又符合时代潮流的生机勃勃的企业文化，以此统一员工的意志，激发员工的热情，凝聚员工的力量，齐心协力发展事业。

1996年，在公司成立大会上，时任总经理张宪文代表公司全体员工向嘉兴市"见义勇为基金会"捐赠人民币5万元，得到了时任市委书记王国平的高度评价；在《嘉兴广播电视报》上公司独家举办了"人寿杯"保险知识大奖赛；为进一步深化文明优质服务，公司制定了《嘉兴市中保人寿保险系统优质服务制度》、《嘉兴市中保人寿保险系统社会服务承诺制度》，对优质服务做了进一步规范；同年制定《中保人寿保险有限公司嘉兴市分公司（1996—2000年）社会主义精神文明建设规划》，全市系统的精神文明建设有了一个长远的打算和实施办法。

1997年，公司开展以"树行业新风、创优质服务、防保险风险、促经济发展"为主题的行风评议活动。

1998年7月17—18日，为贯彻落实嘉兴市委〔1998〕24号文和总公司在5月28日全国系统电视电话会议上的讲话精神，市公司集中全市系统股以上干部进行了次思想、作风、纪律教育整顿。

1999年，公司与嘉兴市委统战部等部门在市广电大厦举办"中国人寿杯"迎接澳门回归电视知识竞赛。

2000年9月21—23日，市公司党委召开扩大会议。会议的主要内容是认真学习江泽民同志关于"三个代表"的重要论述，同时进行思想作风整顿，开展批评与自我批评；同年，全市系统职业道德教育活动拉开序幕。市公司建立了活动领导小组，制定了方案。

2001年7月，总公司启动文化战略，以"成己为人，成人达己"这一融合传统文化与现代思维的"双成"理念作为核心理念。自此，嘉兴公司自觉将企业文化推广和本职工作有机地结合起来，以此推进公司两个文明的建设，努力实现公司的战略目标。

2001年，由卫生部/联合国儿童基金会"预防农村小学生意外伤害健康促进项目"启动会在嘉兴沙龙国际宾馆举行，公司与负责承办该项目的嘉兴市健康教育所签订了合作协议书，独家出资预防费人民币5万元，资助健康促进项目顺利启动；同年，公司开展了"国寿风采  真

情服务"忠诚客户大回访活动，共向客户发出了"征询客户意见书"15 000份，回收9 264份，回收率达61.76%。顺利完成收集客户反馈信息，建立了完善的客户服务资料库。

2003年，为弘扬国寿品牌，推进企业文化建设，公司举办了"双成"杯书法大赛。大赛共向社会征集书法作品41件，作品形体多样，正草隶篆四体俱全，参赛人员广泛，男女老少皆有，年龄最大的93岁，最小的12岁。最终，公司选送的"92字司训"（海宁戴振国所作）夺得全国一等奖。

2003年8月，公司采取五项措施积极让电于民。一是进行节电宣传和动员；二是对全公司76台分体式空调实行每天三小时强制拉电措施；三是压缩或取消8月份会议或培训；四是对四台电热开水炉，实行开一停三，二台电梯开一停一；五是员工晚上一般不安排加班。通过采取上述措施，每天可节约用电1 200度。

2003年6月，公司被总公司评为2002年度大中城市分公司业务发展先进单位，成为首批被中国人寿总公司列为实施大中城市业务发展战略的75个大中城市之一，2002年度公司业务发展综合得分在全国排名前十位的单位中名列第七。

2005年，公司举行服务质量社会监督员聘任仪式。来自新闻媒体、保险行业协会、消费者协会和团险、个险、中介三大业务渠道的企业代表共10位社会人士受邀出席并担任服务质量社会监督员。在社会监督员恳谈会上，听取监督员的意见和建议，并对监督员提出的有关内部管理、服务形象细节、规范代理人展业行为和环境美化等方面的意见和建议及时进行了整改。

2006年6月，中国人寿嘉兴分公司领导班子被省公司党委评为全省系统政治素质好、经营业绩好、团结协作好、作风形象好"四好"领导班子。

2006年11月11日，中国人寿嘉兴分公司代表队参加嘉兴市金融系统文明礼仪知识竞赛以出色的表现荣获大赛银奖；同年，公司举办全市系统"服务创品牌，诚信在国寿"演讲比赛，进一步强化员工诚信服务意识，推进公司诚信建设。

2007年，时任嘉兴分公司总经理叶锋荣获"全国金融五一劳动奖章"。

2007年10月，为加强职工的团队精神，增强凝聚力、战斗力，公司开展了全市系统工会职工运动会，全市系统共有160多人参加了才艺展示、羽毛球、定点投篮、跳长绳、拔河、篮球赛六个项目的比赛。

2008年，公司协办"中国人寿杯"全市中小学爱国主义知识竞赛。

2008年4月，公司与嘉兴华山门诊联合召开"就医送保险"活动新闻发布会。发布会邀请了《嘉兴日报》、《南湖晚报》、嘉兴电视台、嘉兴广播电台等新闻媒体的记者参加。

2008年6月3日，公司总经理室来到嘉兴市第一医院，在医院相关领导陪同下来到每一个病房，逐个看望慰问汶川地震后来嘉兴治疗的灾区伤员。据悉，嘉兴公司是嘉兴市第一家到医院探视地震受伤转移治疗人员的企业。

2009年，为进一步宣传国寿1+N服务理念，共迎公司60华诞，公司在嘉兴秀州中学举行"姚明杯"趣味篮球运动会。

2009年7月15日，"赤诚热土 祝福中国——十一运·中国人寿和谐之旅"嘉兴站圣土采集活动在南湖湖心岛举行。中国人寿集团公司副总裁、资产管理有限公司董事长缪建民，浙江保监局局长吴勉坚，十一运组委会、嘉兴市政府领导鲁俊等和30多家新闻媒体出席仪式。公司80多名党员干部和销售精英参加本次活动。

2009年，公司在平湖举办柜员服务技能竞赛，全市六个代表队共33人参加竞赛。

2010年2月，公司举行全市系统纪念"三八"国际劳动妇女节100周年女职工文明礼仪展示比赛，并在参加嘉兴市金融系统纪念"三八"国际劳动妇女节100周年女职工文明礼仪展示大赛中获得了银奖。

2010年，全市客户服务人员进行了一次挑战自我、突破自我的素质拓展训练，通过"高空跃杠、天梯、建绳房、电网、真人CS、求生"等项目的训练，使每位员工在思想上受到了一次深刻的洗礼，增强了团队的凝聚力和战斗力；同年，为了更好地活跃职工业余文化生活，提高员工对文体活动的参与度，市公司机关工会建立了乒乓球、羽毛球、棋牌、健美、歌舞、摄影、钓鱼和登山等八个专项活动俱乐部；投入5万余元，加大了职工之家建设力度，扩建了职工书屋、增添完善了各活动室功能。

2007年以来，公司先后举办了五届客户服务节活动，特邀浙江大学心理学教授黄步琪作"知人、知面、知心"讲座，邀请视情教育创始人、家庭教育专家张巨河教授作客国寿大讲堂；举行了"健康深呼吸"国寿客户环南湖健康长走活动；借助第十四届省运会在嘉兴举办的契机，公司积极策划，主动争取承担起应尽的社会责任，最终成为第十四届省运会指定人寿保险商，彰显了中国人寿良好品牌；协助嘉兴市教育局、嘉兴市教育工会举办了"中国人寿杯"羽毛球邀请赛。

### 十四、中国太平洋人寿保险股份有限公司嘉兴中心支公司

自成立起，一直以不断提高服务品质和追求永续发展为经营原则，坚持"稳健经营、以效益为中心"和"以市场为导向、以客户为基础、以服务求生存"的经营指导思想，倡导和发扬"诚信天下、稳健一生、追求卓越"的企业核心价值观。努力践行科学发展观，在实现企业自身可持续发展的同时，追求与社会和谐共成长，不断促进社会和谐。

公司被中共嘉兴市委、嘉兴市人民政府命名为"市级文明单位"，被浙江省工商局评为省AA级"守合同重信用"单位，被嘉兴市工商局评为"嘉兴市消费者信得过单位"，作为公司员工，倍感骄傲。

党员带头服务群众，是嘉兴市96345社区服务中心的志愿者。作为金融服务队的成员，在便民、助民服务活动中，曾接待了无数市民的咨询，详细而耐心地讲解保险相关知识，帮助他们更好地理解已买的或将要购买的保险合同的内容，也仔细聆听了广大市民对该司客户服务工作的意见和建议，充分展示了该司党员的精神风貌，深受广大市民的欢迎。

### 十五、爱建证券嘉兴斜西街证券营业部

"诚信、稳健、开拓"是公司经营管理的核心理念。公司已具备一支专业素质良好的员工队伍，力求以良好的专业技能和高度的敬业精神，为客户提供专业化、多元化、个性化的服务。

公司倡导"以人为本、以德为先、人为为人"和"实事求是"为基础的企业文化管理，

强调德为才帅、德才兼备的人才观，注重建设长期稳定的学习型组织。公司借助成功重组契机，以优秀的企业文化为导向，以崭新的企业机制为动力，以"服务客户、公益社会"为使命，致力于打造企业的核心竞争力，实现企业的持续健康发展，实现企业与社会的和谐发展。

### 十六、安信证券嘉兴中山东路证券营业部

安信证券嘉兴营业部自成立以来，高度重视企业文化建设工作，坚持以邓小平理论和江泽民同志"三个代表"重要思想为指导，坚持"以人为本、诚实守信、融合协同、勇于创新、客户至上、追求卓越"的价值观为核心，将"亲和、信任、专业、迅速"的理念转化为全体员工的共同价值标准和行为规范。

通过服务活动彰显企业文化。企业文化是一个企业的本质内涵，必须通过各种渠道和方式进行展示和彰显。为此，营业部通过形式多样的服务活动，让更多投资者认知安信证券，了解安信证券企业文化。先后举行了大型证券专业知识服务活动，开展建党九十周年系列活动，组织客户观看电影《建党伟业》，同时为客户提供及时、贴身的咨询服务等。丰富多样的客户服务活动，为经纪业务在激烈的市场竞争环境中赢得了主动。

通过文化活动塑造企业文化。营业部先后组织员工开展户外拓展训练和各种体育比赛，寓教于乐、相得益彰。定期包场组织员工参加羽毛球、乒乓球活动，既活跃了员工业余生活，又增进了员工间的友谊和增强了团队的凝聚力，同时营业部积极做好回馈社会工作，2010年向嘉兴市慈善总会捐款12 850元。

# 第四章 嘉兴市金融机构党政组织

## 第一节 金融机构党组织

表 7-4-1　中国人民银行嘉兴市中心支行党组（党委）历任成员名单

| 党组织名称 | 姓名 | 性别 | 职务 | 任期（起止日期） |
|---|---|---|---|---|
| 党组 | 朱金海 | 男 | 书记 | 1986.02—1993.06 |
| | 单丽蓉 | 女 | 副书记 | 1985.10—1993.06（1985.10—1986.02 主持工作） |
| | 成春法 | 男 | 成员 | 1985.10—1993.06 |
| | 于成本 | 男 | 成员 | 1985.10—1993.06 |
| | 张向明 | 男 | 成员 | 1992.02—1993.06 |
| | 王胜安 | 男 | 成员，嘉兴市纪委驻金融系统纪检组组长 | 1992.04—1993.06 |
| 党组（党委） | 单丽蓉 | 女 | 书记 | 1993.06—2000.01 |
| | 成春法 | 男 | 成员 | 1993.06—1994.12 |
| | 于成本 | 男 | 成员 | 1993.06—1993.12 |
| | 张向明 | 男 | 成员 | 1993.06—1997.10 |
| | 王胜安 | 男 | 成员（委员），嘉兴市纪委驻金融系统纪检组组长 | 1993.06—1999.02 |
| | | | 委员，纪委书记 | 1999.02—2000.01 |
| | 王中佳 | 男 | 成员（委员） | 1994.01—2000.01 |
| | 娄荣民 | 男 | 成员（委员） | 1997.03—2000.01（1997.03 从人民银行湖州中支调入） |
| | 洛桑占堆 | 男 | 成员 | 1997.05—1998.05 |
| | 朱静远 | 女 | 成员（委员） | 1997.12—2000.01 |
| | 凌　华 | 男 | 成员（委员） | 1997.12—1999.07 |
| | 夏朝光 | 男 | 委员 | 1999.07—2000.01 |

续表

| 党组织名称 | 姓名 | 性别 | 职务 | 任期（起止日期） |
|---|---|---|---|---|
| 党委 | 娄荣民 | 男 | 书记 | 2000.01—2001.08 |
| | 王中佳 | 男 | 副书记 | 2000.01—2001.08 |
| | 王胜安 | 男 | 委员、纪委书记 | 2000.01—2001.08 |
| | 朱静远 | 女 | 委员 | 2000.01—2001.08 |
| | 夏朝光 | 男 | 委员 | 2000.01—2001.08 |
| 党委 | 王中佳 | 男 | 副书记（主持工作） | 2001.08—2002.02 |
| | 王胜安 | 男 | 委员、纪委书记 | 2001.08—2002.02 |
| | 朱静远 | 女 | 委员 | 2001.08—2002.02 |
| | 夏朝光 | 男 | 委员 | 2001.08—2002.01 |
| | 俞建平 | 男 | 委员 | 2001.08—2002.02 |
| 党委 | 王中佳 | 男 | 书记 | 2002.02— |
| | 王胜安 | 男 | 委员、纪委书记 | 2002.02—2005.02 |
| | | | 副书记 | 2005.02—2006.05 |
| | 朱静远 | 女 | 委员 | 2002.02—2003.12 |
| | 凌 华 | 男 | 委员 | 2002.02—2003.12 |
| | 俞建平 | 男 | 委员 | 2002.02—2003.12 |
| | 武瑞林 | 男 | 委员 | 2002.02—2004.02 |
| | 曹志元 | 男 | 委员 | 2004.02— |
| | 褚小平 | 女 | 委员 | 2004.02— |
| | 朱 宏 | 男 | 委员 | 2004.02— |
| | 葛康泽 | 男 | 委员 | 2004.06—2004.09 |
| | 钱倍芳 | 女 | 委员、纪委书记 | 2006.05—2009.08 |
| | 张一兵 | 男 | 委员 | 2006.05— |
| | 赵承英 | 女 | 委员、纪委书记 | 2009.08— |

注：1999年1月1日，中国人民银行嘉兴市分行党组更名为中国人民银行嘉兴市中心支行党委。

表7-4-2　中国人民银行嘉兴市中心支行基层党组织历任成员名单

| 党组织名称 | 姓名 | 性别 | 职务 | 任期（起止日期） |
|---|---|---|---|---|
| 中国人民银行嘉兴市分行党总支部 | 王胜安 | 男 | 书记 | 1997.07—2000.03 |
| | 周建伟 | 男 | 副书记 | 1997.07—2000.03 |
| | 胡长康 | 男 | 委员 | 1997.07—2000.03 |
| | 王 骏 | 男 | 委员 | 1997.07—2000.03 |
| | 富亦斌 | 男 | 委员 | 1997.07—2000.03 |
| | 于成本 | 男 | 委员 | 1997.07—2000.03 |

续表

| 党组织名称 | 姓名 | 性别 | 职务 | 任期（起止日期） |
|---|---|---|---|---|
| 中国人民银行嘉兴市中心支行机关党委 | 王胜安 | 男 | 书记 | 2000.03—2004.04 |
| | 俞建平 | 男 | 副书记 | 2000.03—2004.04 |
| | 毛志恒 | 男 | 委员 | 2000.03—2004.04 |
| | 左国良 | 男 | 委员 | 2000.03—2004.04 |
| | 杨晓方 | 男 | 委员 | 2000.03—2004.04 |
| | 张星荃 | 男 | 委员 | 2000.03—2004.04 |
| | 周建伟 | 男 | 委员 | 2000.03—2004.04 |
| | 符龙鑫 | 男 | 委员 | 2000.03—2004.04 |
| | 鲁家鹏 | 男 | 委员 | 2000.03—2004.04 |
| 中国人民银行嘉兴市中心支行机关党委 | 王胜安 | 男 | 书记 | 2004.04—2007.06 |
| | 朱宏 | 男 | 副书记 | 2004.04—2007.06 |
| | 左国良 | 男 | 委员 | 2004.04—2007.06 |
| | 吴志强 | 男 | 委员 | 2004.04—2007.06 |
| | 张星荃 | 男 | 委员 | 2004.04—2004.07 |
| | 赵承英 | 女 | 委员 | 2004.04—2007.06 |
| | 唐鼎雁 | 女 | 委员 | 2004.04—2007.06 |
| | 符龙鑫 | 男 | 委员 | 2004.04—2007.06 |
| | 谢行中 | 男 | 委员 | 2004.04—2004.07 |
| | 石伟萍 | 女 | 委员 | 2004.07—2007.06 |
| | 沈明法 | 男 | 委员 | 2004.07—2007.06 |
| 中国人民银行嘉兴市中心支行机关党委 | 钱倍芳 | 女 | 书记 | 2007.06—2010.05 |
| | 赵承英 | 女 | 副书记 | 2007.06—2010.05 |
| | 石伟萍 | 女 | 委员 | 2007.06—2010.05 |
| | 左国良 | 男 | 委员 | 2007.06—2010.05 |
| | 陈华明 | 男 | 委员 | 2007.06—2010.05 |
| | 陈嘉靖 | 女 | 委员 | 2007.06—2010.05 |
| | 吴志强 | 男 | 委员 | 2007.06—2010.05 |
| | 沈明法 | 男 | 委员 | 2007.06—2010.05 |
| | 符龙鑫 | 男 | 委员 | 2007.06—2010.05 |
| 中国人民银行嘉兴市中心支行机关党委 | 朱宏 | 男 | 书记 | 2010.05— |
| | 陈华明 | 男 | 副书记 | 2010.05— |
| | 沈浩 | 男 | 委员 | 2010.05— |
| | 陈嘉靖 | 女 | 委员 | 2010.05— |
| | 朱明荣 | 男 | 委员 | 2010.05— |
| | 吴志强 | 男 | 委员 | 2010.05— |
| | 沈明法 | 男 | 委员 | 2010.05— |
| | 陈群 | 女 | 委员 | 2010.05— |
| | 石伟萍 | 女 | 委员 | 2010.05— |

表7-4-3　　　　　　　　　　嘉兴银监分局党委历任成员名单

| 党组织名称 | 姓名 | 性别 | 职务 | 任期（起止日期） |
|---|---|---|---|---|
| 党委 | 朱静远 | 女 | 书记 | 2004.02—2005.12 |
| 党委 | 凌 华 | 男 | 委员 | 2004.02—2006.02 |
| 党委 | 俞建平 | 男 | 委员 | 2004.02—2006.02 |
| 党委 | 凌 华 | 男 | 书记 | 2006.02—2010.04 |
| 党委 | 俞建平 | 男 | 委员 | 2006.02—2010.04 |
| 党委 | 唐弟良 | 男 | 委员 | 2005.12—2008.08 |
| 党委 | 周松方 | 男 | 书记 | 2010.04— |
| 党委 | 俞建平 | 男 | 委员 | 2010.04— |
| 党委 | 叶晓丽 | 女 | 委员 | 2010.04— |

表7-4-4　　　　　　　　　嘉兴银监分局基层党组织历任成员名单

| 党组织名称 | 姓名 | 性别 | 职务 | 任期（起止日期） |
|---|---|---|---|---|
| 中共嘉兴银监分局机关总支部 | 俞建平 | 男 | 书记 | 2004.03—2006.01 |
| 中共嘉兴银监分局机关总支部 | 周建伟 | 男 | 副书记 | 2004.03—2006.01 |
| 中共嘉兴银监分局机关总支部 | 陆文胜 | 男 | 委员 | 2004.03—2006.01 |
| 中共嘉兴银监分局机关总支部 | 於 群 | 女 | 委员 | 2004.03—2006.01 |
| 中共嘉兴银监分局机关总支部 | 劳 民 | 男 | 委员 | 2004.03—2006.01 |
| 中共嘉兴银监分局机关总支部 | 沈新荣 | 男 | 委员 | 2004.03—2006.01 |
| 中共嘉兴银监分局机关总支部 | 唐弟良 | 男 | 委员 | 2004.03—2006.01 |
| 中共嘉兴银监分局机关总支部 | 唐弟良 | 男 | 书记 | 2006.01—2008.08 |
| 中共嘉兴银监分局机关总支部 | 周建伟 | 男 | 副书记 | 2006.01—2008.08 |
| 中共嘉兴银监分局机关总支部 | 陆文胜 | 男 | 委员 | 2006.01—2008.08 |
| 中共嘉兴银监分局机关总支部 | 於 群 | 女 | 委员 | 2006.01—2008.08 |
| 中共嘉兴银监分局机关总支部 | 劳 民 | 男 | 委员 | 2006.01—2008.08 |
| 中共嘉兴银监分局机关总支部 | 沈新荣 | 男 | 委员 | 2006.01—2008.08 |
| 中共嘉兴银监分局机关总支部 | 俞建平 | 男 | 书记 | 2008.08—2009.07 |
| 中共嘉兴银监分局机关总支部 | 周建伟 | 男 | 副书记 | 2008.08—2009.04 |
| 中共嘉兴银监分局机关总支部 | 陆文胜 | 男 | 委员 | 2008.08—2009.07 |
| 中共嘉兴银监分局机关总支部 | 於 群 | 女 | 委员 | 2008.08—2009.07 |
| 中共嘉兴银监分局机关总支部 | 劳 民 | 男 | 委员 | 2008.08—2009.07 |
| 中共嘉兴银监分局机关总支部 | 沈新荣 | 男 | 委员 | 2008.08—2009.07 |
| 中共嘉兴银监分局机关总支部 | 叶晓丽 | 女 | 书记 | 2009.07— |
| 中共嘉兴银监分局机关总支部 | 王 骏 | 男 | 副书记 | 2009.07— |
| 中共嘉兴银监分局机关总支部 | 曹丽萍 | 女 | 委员 | 2009.07— |
| 中共嘉兴银监分局机关总支部 | 於 群 | 女 | 委员 | 2009.07— |
| 中共嘉兴银监分局机关总支部 | 劳 民 | 男 | 委员 | 2009.07— |
| 中共嘉兴银监分局机关总支部 | 毛志恒 | 男 | 委员 | 2009.07— |

表7-4-5　　　　　　　　中国工商银行嘉兴分行党组（党委）历任成员名单

| 党组织名称 | 姓名 | 性别 | 职务 | 任期（起止日期） |
|---|---|---|---|---|
| 嘉兴市分行党组 | 计瑞祥 | 男 | 党组书记 | 1984.12—1994.03 |
| 嘉兴市分行党组 | 顾定月 | 男 | 党组成员 | 1984.12—1994.03 |
| 嘉兴市分行党组 | 顾定月 | 男 | 党组副书记 | 1994.03—1996.05 |
| 嘉兴市分行党组 | 叶华君 | 女 | 党组成员 | 1984.12—1996.05 |
| 嘉兴市分行党组 | 宋 斌 | 男 | 党组成员 | 1993.02—1996.04 |
| 嘉兴市分行党组 | 蔡 毅 | 男 | 党组书记 | 1994.11—1996.05 |
| 嘉兴市分行党组 | 黄建跃 | 男 | 党组书记 | 1996.05—1998.11 |
| 嘉兴市分行党组 | 刘宁静 | 女 | 党组成员 | 1996.05—1998.11 |
| 嘉兴市分行党组 | 袁 民 | 男 | 党组成员 | 1996.05—1998.11 |
| 嘉兴市分行党组 | 王青英 | 女 | 党组成员 | 1998.06—1998.11 |
| 嘉兴市分行党组 | 张 敏 | 女 | 党组成员 | 1998.06—1998.11 |
| 嘉兴市分行党组 | 卜克强 | 男 | 党组成员 | 1996.05—1998.11 |
| 嘉兴市分行党委 | 黄建跃 | 男 | 党委书记 | 1998.11—2000.01 |
| 嘉兴市分行党委 | 刘宁静 | 女 | 党委委员 | 1998.11—2002.01 |
| 嘉兴市分行党委 | 袁 民 | 男 | 党委委员 | 1998.11—1999.12 |
| 嘉兴市分行党委 | 王青英 | 女 | 党委委员 | 1998.11—2010.06 |
| 嘉兴市分行党委 | 王青英 | 女 | 党委副书记 | 2010.06— |
| 嘉兴市分行党委 | 张 敏 | 女 | 党委委员 | 1998.11—2008.08 |
| 嘉兴市分行党委 | 卜克强 | 男 | 党委委员 | 1998.11—2000.01 |
| 嘉兴（市）分行党委 | 卜克强 | 男 | 党委副书记/主持全面工作 | 2000.01—2001.12 |
| 嘉兴（市）分行党委 | 卜克强 | 男 | 党委书记 | 2001.12—2010.04 |
| 嘉兴（市）分行党委 | 马敏娟 | 女 | 党委委员 | 2004.01— |
| 嘉兴（市）分行党委 | 黄纪法 | 男 | 党委委员 | 2002.08—2003.08 |
| 嘉兴（市）分行党委 | 卢福祥 | 男 | 党委委员 | 2006.07—2010.03 |
| 嘉兴（市）分行党委 | 洪跃庆 | 男 | 党委委员 | 2009.08— |
| 嘉兴（市）分行党委 | 林士强 | 男 | 党委委员 | 2010.04— |
| 嘉兴分行党委 | 沈 忻 | 男 | 党委书记 | 2010.03— |

表7-4-6　　　　　　　　中国工商银行嘉兴分行基层党组织历任成员名单

| 党组织名称 | 姓名 | 性别 | 职务 | 任期（起止日期） |
|---|---|---|---|---|
| 嘉兴市分行机关党委 | 王青英 | 女 | 书记 | 2002.02.07— |
| 嘉兴市分行机关党委 | 姚昌林 | 男 | 宣传委员 | 2002.02.07—2009.05.11 |
| 嘉兴市分行机关党委 | 徐祥根 | 男 | 纪检委员 | 2002.02.07—2009.05.11 |
| 嘉兴市分行机关党委 | 吴建荣 | 男 | 群工委员 | 2002.02.07—2006.02.23 |
| 嘉兴市分行机关党委 | 杨海山 | 男 | 副书记兼组织委员 | 2002.02.07— |
| 嘉兴分行机关党委 | 姚敏求 | 女 | 纪检委员 | 2009.05.11— |
| 嘉兴分行机关党委 | 艾 欣 | 女 | 群工委员 | 2009.05.11— |
| 嘉兴分行机关党委 | 王士忠 | 男 | 宣传委员 | 2009.05.11— |

表7-4-7　　　　　　　　中国农业银行嘉兴分行党组（党委）历任成员名单

| 党组织名称 | 姓名 | 性别 | 职务 | 任期（起止日期） |
|---|---|---|---|---|
| 中共中国农业银行嘉兴市分行党组 | 陈惠忠 | 男 | 党组副书记 | 1984.11—1986.03 |
| | 叶忠书 | 男 | 党组成员 | 1984.11—1985.08 |
| | 叶忠书 | 男 | 党组书记 | 1985.08—1998.09 |
| | 郑文声 | 男 | 党组副书记 | 1986.02—1988.03 |
| | 昂成武 | 男 | 党组副书记 | 1990.02—1996.12 |
| | 居松堂 | 男 | 党组成员 | 1991.01—1998.04 |
| | 赵源源 | 男 | 党组成员 | 1995.05—1998.09 |
| | 赵源源 | 男 | 党组副书记 | 1997.04—1998.09 |
| | 顾大雄 | 男 | 党组成员 | 1997.04—1998.09 |
| 中共中国农业银行嘉兴市分行委员会 | 叶忠书 | 男 | 党委书记 | 1998.09—1999.07 |
| | 赵源源 | 男 | 党委副书记 | 1998.09—2009.12 |
| | 冯建龙 | 男 | 党委委员 | 1998.09—2006.01 |
| | 冯建龙 | 男 | 党委书记 | 2001.04—2006.01 |
| | 帅　文 | 女 | 党委委员 | 1998.09—2009.12 |
| | 赵文滨 | 男 | 党委委员 | 1998.09—2002.09 |
| | 谢庆勇 | 男 | 党委书记 | 1999.07—2001.04 |
| | 孙宏卫 | 男 | 党委委员 | 2002.10— |
| | 孙宏卫 | 男 | 党委副书记 | 2010.09— |
| | 应勤文 | 男 | 党委委员 | 2005.06— |
| | 裘少士 | 男 | 党委书记 | 2006.03— |
| | 欧建成 | 男 | 党委委员 | 2003.09—2004.02 |
| | 谢少平 | 男 | 党委委员 | 2004.10—2005.01 |
| | 金龙一 | 男 | 党委委员 | 2005.08—2006.08 |
| | 陈柳滢 | 男 | 党委委员 | 2006.08—2007.07 |
| | 厉文世 | 男 | 党委副书记 | 2009.12—2010.04 |
| | 李　萌 | 男 | 党委委员 | 2010.03— |
| | 苏长明 | 男 | 党委委员 | 2010.08— |
| | 宋社宝 | 女 | 纪委书记、党委委员 | 2010.03— |

注：1993年2月4日，中共中国农业银行嘉兴市支行党组更名为中共中国农业银行嘉兴市分行党组。

表7-4-8　　　　　　　　中国农业银行嘉兴分行基层党组织历任成员名单

| 党组织名称 | 姓名 | 性别 | 职务 | 任期（起止日期） |
|---|---|---|---|---|
| 分行机关党委 | 帅　文 | 女 | 书记 | 2001.11—2003.03 |
| 分行机关党委 | 孙宏卫 | 男 | 副书记 | 2001.11—2003.03 |
| 分行机关党委 | 崔国荣 | 男 | 副书记 | 2001.11—2003.03 |
| 分行机关党委 | 吴明其 | 男 | 委员 | 2001.11—2003.03 |
| 分行机关党委 | 李　峥 | 男 | 委员 | 2001.11—2003.03 |
| 分行机关党委 | 周永新 | 男 | 委员 | 2001.11—2003.03 |
| 分行机关党委 | 鲍宇栋 | 男 | 委员 | 2001.11—2003.03 |

续表

| 党组织名称 | 姓名 | 性别 | 职务 | 任期（起止日期） |
|---|---|---|---|---|
| 分行机关党委 | 帅 文 | 女 | 书记 | 2003.03—2005.04 |
| 分行机关党委 | 李 峥 | 男 | 副书记 | 2003.03—2005.04 |
| 分行机关党委 | 高 荣 | 男 | 委员 | 2003.03—2005.04 |
| 分行机关党委 | 宋社宝 | 女 | 委员 | 2003.03—2005.04 |
| 分行机关党委 | 陶宏慧 | 女 | 委员 | 2003.03—2005.04 |
| 分行机关党委 | 鲍宇栋 | 男 | 委员 | 2003.03—2005.04 |
| 分行机关党委 | 吴明其 | 男 | 委员 | 2003.03—2005.04 |
| 分行机关党委 | 周永新 | 男 | 委员 | 2003.03—2005.04 |
| 分行机关党委 | 严雪林 | 男 | 委员 | 2003.03—2005.04 |
| 分行机关党委 | 帅 文 | 女 | 书记 | 2005.04—2007.03 |
| 分行机关党委 | 金新根 | 男 | 副书记 | 2005.04—2007.03 |
| 分行机关党委 | 高 荣 | 男 | 组织委员 | 2005.04—2007.03 |
| 分行机关党委 | 宋社宝 | 女 | 宣传委员 | 2005.04—2007.03 |
| 分行机关党委 | 陶宏慧 | 女 | 纪委委员 | 2005.04—2007.03 |
| 分行机关党委 | 鲍宇栋 | 男 | 青年委员 | 2005.04—2007.03 |
| 分行机关党委 | 吴明其 | 男 | 宣传委员 | 2005.04—2007.03 |
| 分行机关党委 | 周永新 | 男 | 生产经营委员 | 2005.04—2007.03 |
| 分行机关党委 | 严雪林 | 男 | 生产经营委员 | 2005.04—2007.03 |
| 分行机关党委 | 帅 文 | 女 | 书记 | 2007.03—2007.06 |
| 分行机关党委 | 金新根 | 男 | 副书记 | 2007.03—2007.06 |
| 分行机关党委 | 严雪林 | 男 | 委员 | 2007.03—2007.06 |
| 分行机关党委 | 周永新 | 男 | 委员 | 2007.03—2007.06 |
| 分行机关党委 | 宋社宝 | 女 | 委员 | 2007.03—2007.06 |
| 分行机关党委 | 高 荣 | 男 | 委员 | 2007.03—2007.06 |
| 分行机关党委 | 鲍宇栋 | 男 | 委员 | 2007.03—2007.06 |
| 分行机关党委 | 吴明其 | 男 | 委员 | 2007.03—2007.06 |
| 分行机关党委 | 陶宏慧 | 女 | 委员 | 2007.03—2007.06 |
| 分行机关党委 | 帅 文 | 女 | 书记 | 2007.06—2010.05 |
| 分行机关党委 | 李中林 | 男 | 副书记 | 2007.06—2010.05 |
| 分行机关党委 | 严雪林 | 男 | 委员 | 2007.06—2010.05 |
| 分行机关党委 | 周永新 | 男 | 委员 | 2007.06—2010.05 |
| 分行机关党委 | 宋社宝 | 女 | 委员 | 2007.06—2010.05 |
| 分行机关党委 | 高 荣 | 男 | 委员 | 2007.06—2010.05 |
| 分行机关党委 | 程明荣 | 男 | 委员 | 2007.06—2010.05 |
| 分行机关党委 | 吕 蕾 | 女 | 委员 | 2007.06—2010.05 |
| 分行机关党委 | 孙雅英 | 女 | 委员 | 2007.06—2010.05 |
| 分行机关党委 | 宋社宝 | 女 | 书记 | 2010.05— |

续表

| 党组织名称 | 姓名 | 性别 | 职务 | 任期（起止日期） |
|---|---|---|---|---|
| 分行机关党委 | 袁育强 | 男 | 副书记 | 2010.05— |
| 分行机关党委 | 张善南 | 女 | 委员 | 2010.05— |
| 分行机关党委 | 高 荣 | 男 | 委员 | 2010.05— |
| 分行机关党委 | 程明荣 | 男 | 委员 | 2010.05— |
| 分行机关党委 | 冯国强 | 男 | 委员 | 2010.05— |
| 分行机关党委 | 严雪林 | 男 | 委员 | 2010.05— |
| 分行机关党委 | 周永新 | 男 | 委员 | 2010.05— |
| 分行机关党委 | 朱建峰 | 男 | 委员 | 2010.05— |

表7-4-9　　中国银行嘉兴市分行党组织历任成员名单

| 党组织名称 | 姓名 | 性别 | 职务 | 任期（起止日期） |
|---|---|---|---|---|
| 党总支 | 陈惠忠 | 男 | 书记 | 1986.05—1992.06 |
| 党总支 | 胡云杰 | 男 | 委员 | 1990.09—1992.09 |
| 党总支/党委会 | 陈惠忠 | 男 | 委员 | 1992.06—1994.06 |
| 党总支/党委会 | 陈荣飞 | 男 | 书记 | 1992.06—1994.01 |
| 党总支/党委会 | 何兴祥 | 男 | 副书记 | 1992.12—1995.12 |
| 党委会 | 陆福康 | 男 | 委员 | 1993.10—1997.11 |
| 党委会 | 陈荣飞 | 男 | 委员 | 1994.01—2001.09 |
| 党委会 | 何兴祥 | 男 | 书记 | 1995.12—2001.08 |
| 党委会 | 宣土森 | 男 | 委员 | 1997.11—2002.11 |
| 党委会 | 鲍关新 | 男 | 书记 | 2001.08—2005.07 |
| 党委会 | 姚然良 | 男 | 委员 | 2001.08—2005.07 |
| 党委会 | 吴 越 | 男 | 委员 | 2002.12—2008.01 |
| 党委会 | 王 权 | 男 | 委员 | 2003.02—2004.11 |
| 党委会 | 曹根源 | 男 | 委员 | 2003.08—2005.02 |
| 党委会 | 徐巍巍 | 男 | 委员 | 2004.08—2005.09 |
| 党委会 | 冯曼琦 | 女 | 委员 | 2005.02—2007.04 |
| 党委会 | 张志勇 | 男 | 书记 | 2005.07—2008.04 |
| 党委会 | 王 权 | 男 | 委员 | 2006.01— |
| 党委会 | 陶灵富 | 男 | 书记 | 2008.01— |
| 党委会 | 吴莲萍 | 男 | 委员 | 2008.04— |
| 党委会 | 顾 宇 | 男 | 委员 | 2009.09— |
| 党委会 | 阮黎辉 | 男 | 委员 | 2009.09— |

表7-4-10　　　　中国建设银行嘉兴分行党组（党委）历任成员名单

| 党组织名称 | 姓名 | 性别 | 职务 | 任期（起止日期） |
| --- | --- | --- | --- | --- |
| 中国人民建设银行嘉兴市中心支行（分行）党组 | 潘音生 | 男 | 党组书记 | 1991.02—1996.09 |
| | 沈淇周 | 男 | 党组成员 | 1991.02—1992.05 |
| | 聂荣坤 | 男 | 党组成员 | 1992.05—1995.12 |
| | 吕长山 | 男 | 党组成员 | 1993.08—1998.10 |
| | 楼崇民 | 男 | 党组成员 | 1995.09—1996.09 |
| 中国建设银行嘉兴市分行党组 | 徐众华 | 男 | 党组书记 | 1996.09—1998.10 |
| | 楼崇民 | 男 | 党组副书记 | 1996.09—1998.10 |
| | 吕长山 | 男 | 党组成员 | 1993.08—1998.10 |
| 中国建设银行嘉兴市分行党委 | 徐众华 | 男 | 党委书记 | 1998.10—1998.12 |
| | 楼崇民 | 男 | 党委副书记 | 1998.10—1999.12（1999.01—1999.12期间主持工作） |
| | 吕长山 | 男 | 党委委员 | 1998.10—2002.12 |
| | 卢明君 | 男 | 党委委员 | 1999.01—2001.10 |
| | 程能平 | 男 | 党委委员 | 1999.01—2004.04 |
| 中国建设银行嘉兴市分行党委 | 楼崇民 | 男 | 党委书记 | 2000.01—2005.06 |
| | 吕长山 | 男 | 党委委员 | 1993.08—2002.12 |
| | 卢明君 | 男 | 党委委员 | 1999.01—2001.10 |
| | 程能平 | 男 | 党委委员 | 1999.01—2004.04 |
| | 瞿澜 | 男 | 党委委员 | 1999.12—2002.07 |
| | 刘方根 | 男 | 党委委员 | 2002.12—2003.11 |
| | 王勇 | 男 | 党委委员 | 2002.12—2004.04 |
| | 俞璇 | 女 | 党委委员 | 2003.04—2004.04 |
| | 袁龙豫 | 男 | 党委委员 | 2004.04—2006.10 |
| | 姜书昌 | 男 | 党委委员 | 2004.06— |
| | 邱伟革 | 男 | 党委委员 | 2004.06—2010.04 |
| | 肖洪波 | 男 | 党委委员 | 2004.05—2006.12 |
| 中国建设银行嘉兴分行党委 | 劳新江 | 男 | 党委书记 | 2005.06—2007.08 |
| | 袁龙豫 | 男 | 党委委员 | 2004.04—2006.10 |
| | 俞璇 | 女 | 党委委员 | 2005.07— |
| | 姜书昌 | 男 | 党委委员 | 2004.06— |
| | 邱伟革 | 男 | 党委委员 | 2004.06—2010.04 |
| | 肖洪波 | 男 | 党委委员 | 2004.05—2006.12 |
| 中国建设银行嘉兴分行党委 | 沈建明 | 男 | 党委书记 | 2007.08—2010.04 |
| | 袁龙豫 | 男 | 党委委员 | 2008.05— |
| | 程能平 | 男 | 党委委员 | 2007.04— |
| | 俞璇 | 女 | 党委委员 | 2005.08— |
| | 姜书昌 | 男 | 党委委员 | 2004.06— |
| | 邱伟革 | 男 | 党委委员 | 2004.06—2010.04 |
| | 姜莉菁 | 男 | 党委委员 | 2008.10—2009.03 |
| | 朱金明 | 男 | 党委委员 | 2009.03— |

续表

| 党组织名称 | 姓名 | 性别 | 职务 | 任期（起止日期） |
|---|---|---|---|---|
| 中国建设银行嘉兴分行党委 | 陈 强 | 男 | 党委书记 | 2010.04— |
| | 袁龙豫 | 男 | 党委委员 | 2008.05— |
| | 程能平 | 男 | 党委委员 | 2007.04— |
| | 俞 璇 | 女 | 党委委员 | 2005.08— |
| | 姜书昌 | 男 | 党委委员 | 2004.06— |
| | 朱金明 | 男 | 党委委员 | 2009.03— |

表7-4-11　中国建设银行嘉兴分行基层党组织历任成员名单

| 党组织名称 | 姓名 | 性别 | 职务 | 任期（起止时间） |
|---|---|---|---|---|
| 市中心支行党支部 | 潘音生 | 男 | 书记 | 1984.12—1994.08 |
| 市分行机关党总支 | 吕长山 | 男 | 书记 | 1994.08—1998.10 |
| 市分行机关党总支 | 陈有海 | 男 | 书记 | 1998.10—2003.12 |
| 分行机关党总支 | 张建人 | 男 | 书记 | 2004.07—2006.11 |
| 分行机关党总支 | 曹必英 | 男 | 书记 | 2006.11—2008.11 |
| 分行机关党总支 | 黄新富 | 男 | 书记 | 2008.11— |

表7-4-12　中国农业发展银行嘉兴市分行党委历任成员名单

| 党组织名称 | 姓名 | 性别 | 职务 | 任期（起止日期） |
|---|---|---|---|---|
| 党委 | 昂盛武 | 男 | 党组书记 | 1997.03—1999.04 |
| | 孙一鸣 | 男 | 党组成员 | 1997.03—1999.04 |
| | 姚振新 | 男 | 党组成员/党委副书记（主持工作） | 1997.03—1999.04　1999.04—2001.04 |
| | 孙跃旗 | 男 | 委员 | 1999.04—2001.04 |
| 党委 | 姚振新 | 男 | 书记 | 2001.04—2005.09 |
| | 孙跃旗 | 男 | 委员 | 2001.04—2006.03 |
| | 张韩强 | 男 | 委员 | 2001.04—2006.03 |
| 党委 | 孙跃旗 | 男 | 书记 | 2006.03— |
| | 张韩强 | 男 | 委员 | 2006.03—2009.03 |
| | 刘伟强 | 男 | 委员 | 2006.12— |
| | 张丽玲 | 女 | 委员 | 2008.12— |

表7-4-13　交通银行嘉兴分行党组（党委）历任成员名单

| 党组织名称 | 姓名 | 性别 | 职务 | 任期（起止日期） |
|---|---|---|---|---|
| 党组 | 胡世昌 | 男 | 书记 | 1994.09—1997.12 |
| | 盛明强 | 男 | 党组成员 | 1994.09—1997.12 |
| | 徐 明 | 男 | 党组成员 | 1994.09—1997.12 |
| 党委 | 徐 明 | 男 | 书记 | 1997.12—2004.11 |
| | 朱 进 | 男 | 委员 | 1997.12—2005.06 |
| | 朱晓菱 | 女 | 委员、纪委书记 | 1997.12—2005.03 |

续表

| 党组织名称 | 姓名 | 性别 | 职务 | 任期（起止日期） |
|---|---|---|---|---|
| 党委 | 边黎平 | 男 | 书记 | 2004.11—2007.06 |
| | 朱 进 | 男 | 委员 | 1997.12—2005.06 |
| | 朱晓菱 | 女 | 委员、纪委书记 | 1997.12—2005.03 |
| | 诸葛委娜 | 女 | 委员、纪委书记 | 2005.06—2010.01 |
| | 梁蕴旭 | 女 | 委员 | 2005.06— |
| | 徐建平 | 男 | 委员 | 2007.01—2010.08 |
| 党委 | 肖 亮 | 男 | 书记 | 2007.06— |
| | 诸葛委娜 | 女 | 委员、纪委书记 | 2005.06—2010.01 |
| | 梁蕴旭 | 女 | 委员 | 2005.06— |
| | 徐建平 | 男 | 委员 | 2007.01—2010.08 |
| | 陆建华 | 男 | 委员 | 2010.05— |

表 7-4-14　　中信银行嘉兴分行党组（党委）历任成员名单

| 党组织名称 | 姓名 | 性别 | 职务 | 任期（起止日期） |
|---|---|---|---|---|
| 嘉兴支行党组 | 左伟国 | 男 | 党组副书记（主持工作） | 1997.11—1999.03 |
| | 姚玉书 | 男 | 党组成员 | 1997.11—2002.06 |
| | 金淳平 | 男 | 党组成员 | 1997.11—2003.05 |
| | 左伟国 | 男 | 党组书记 | 1999.03—2002.06 |
| | 姚玉书 | 男 | 党组书记 | 2002.06—2004.07 |
| | 王小列 | 男 | 党组成员 | 2002.06—2004.07 |
| 嘉兴支行党委 | 姚玉书 | 男 | 党委书记 | 2004.07—2005.07 |
| | 王小列 | 男 | 党委委员、纪委书记 | 2004.07—2005.07 |
| | 张骅 | 男 | 党委委员 | 2004.07—2005.07 |
| | 陈群 | 男 | 党委委员 | 2004.07—2005.07 |
| 嘉兴分行党委 | 朱 进 | 男 | 党委书记 | 2005.07— |
| | 王小列 | 男 | 党委委员、纪委书记 | 2005.07—2008.07 |
| | 张骅 | 男 | 党委委员 | 2005.07— |
| | 张骅 | 男 | 纪委书记 | 2010.08— |
| | 陈群 | 男 | 党委委员 | 2005.07—2010.05 |
| | 吴永明 | 男 | 党委委员 | 2007.02— |
| | 钱小平 | 男 | 党委委员 | 2010.05— |
| | 顾群 | 男 | 党委委员 | 2010.05— |

表 7-4-15　　中信银行嘉兴分行基层党组织历任成员名单

| 党组织名称 | 姓名 | 性别 | 职务 | 任期（起止日期） |
|---|---|---|---|---|
| 中信实业银行嘉兴支行党支部 | 左伟国 | 男 | 书记 | 1996.12—1999.01 |
| | 金淳平 | 男 | 副书记 | 1996.12—1999.01 |
| | 吴光裕 | 男 | 委员 | 1996.12—1999.01 |

续表

| 党组织名称 | 姓名 | 性别 | 职务 | 任期（起止日期） |
|---|---|---|---|---|
| 中信实业银行嘉兴支行党支部 | 金淳平 | 男 | 书记 | 1999.01—2001.05 |
| | 蔡黎琴 | 女 | 副书记 | 1999.01—2001.05 |
| | 严国强 | 男 | 委员 | 1999.01—2001.05 |
| 中信实业银行嘉兴支行党支部 | 姚玉书 | 男 | 书记 | 2001.05—2003.08 |
| | 蔡黎琴 | 女 | 副书记、组织委员 | 2001.05—2003.08 |
| | 严国强 | 男 | 宣传委员 | 2001.05—2003.08 |
| 中信实业银行嘉兴支行党支部 | 王小列 | 男 | 书记 | 2003.08—2006.09 |
| | 蔡黎琴 | 女 | 副书记、组织委员 | 2003.08—2006.09 |
| | 宗毅 | 男 | 宣传委员 | 2003.08—2006.09 |
| 中信银行嘉兴分行第一党支部 | 宗毅 | 男 | 书记 | 2006.09—2010.10 |
| | 蔡黎琴 | 女 | 组织委员 | 2006.09—2010.10 |
| | 楼英 | 男 | 宣传委员 | 2006.09—2010.10 |
| | 汤学浩 | 女 | 书记 | 2010.10— |
| | 蔡黎琴 | 女 | 组织委员 | 2010.10— |
| | 刘静 | 男 | 宣传委员 | 2010.10— |
| 中信银行嘉兴分行第二党支部 | 张岚 | 男 | 书记 | 2006.09—2010.10 |
| | 金丽红 | 女 | 组织委员 | 2006.09—2010.10 |
| | 赵维群 | 女 | 宣传委员 | 2006.09—2010.10 |
| | 张岚 | 女 | 书记 | 2010.10— |
| | 闵静 | 女 | 组织委员 | 2010.10— |
| | 姚婧 | 女 | 宣传委员 | 2010.10— |

表7-4-16　上海浦东发展银行嘉兴分行党组（党委）历任成员名单

| 党组织名称 | 姓名 | 性别 | 职务 | 任期（起止时间） |
|---|---|---|---|---|
| 党组 | 宋斌 | 男 | 书记 | 1997.12—2007.07 |
| | 柳小俊 | 男 | 委员 | 1997.12—1999.02 |
| | 张建华 | 男 | 委员 | 1997.12—2007.07 |
| | 徐锋 | 男 | 委员 | 1999.02—2007.07 |
| | 袁爱山 | 男 | 委员 | 2002.06—2007.07 |
| | 吴泓 | 男 | 委员 | 2004.06—2007.07 |
| 党委 | 宋斌 | 男 | 书记 | 2007.07— |
| | 张建华 | 男 | 委员 | 2007.07— |
| | 袁爱山 | 男 | 委员 | 2007.07— |
| | 吴泓 | 男 | 委员 | 2007.07— |
| | 陆旭平 | 男 | 委员 | 2010.02— |
| | 徐锋 | 男 | 委员 | 2007.07— |

表7-4-17　　　　　　　　　兴业银行嘉兴分行党委历任成员名单

| 党组织名称 | 姓名 | 性别 | 职务 | 任期（起止日期） |
|---|---|---|---|---|
| 兴业银行嘉兴支行委员会 | 周金国 | 男 | 党委书记 | 2008.03.13—2008.12.04 |
| | 张绍平 | 女 | 党委委员 | |
| | 周金国 | 男 | 党委书记 | 2008.12.05—2010.07.08 |
| | 张绍平 | 女 | 党委委员 | |
| | 许辉 | 女 | 党委委员 | |
| 兴业银行嘉兴分行委员会 | 周金国 | 男 | 党委书记 | 2010.07.09— |
| | 张绍平 | 女 | 党委委员 | |
| | 许辉 | 女 | 党委委员 | |
| | 卢雅芳 | 女 | 党委委员 | |

表7-4-18　　　　　　　　兴业银行嘉兴分行基层党组织历任成员名单

| 党组织名称 | 姓名 | 性别 | 职务 | 任期（起止日期） |
|---|---|---|---|---|
| 兴业银行嘉兴支行第一支部委员会 | 王亮 | 男 | 支部书记 | 2008.06.16—2010.07.15 |
| | 金岚 | 女 | 纪检委员 | |
| | 陈瑜申 | 男 | 宣传委员 | |
| | 吴康 | 男 | 组织委员 | |
| 兴业银行嘉兴支行第二支部委员会 | 施婷 | 女 | 支部书记 | 2008.06.16—2010.03.21 |
| | 陶宏伟 | 女 | 纪检委员 | |
| | 朱有良 | 男 | 宣传委员 | |
| | 曹强华 | 男 | 组织委员 | |
| | 施婷 | 女 | 支部书记 | 2010.03.22—2010.07.15 |
| | 陶宏伟 | 女 | 纪检委员 | |
| | 金成俭 | 男 | 组织委员 | |
| | 曹强华 | 男 | 宣传委员 | |
| 兴业银行嘉兴海宁支行支部委员会 | 许辉 | 女 | 支部书记 | |
| | 朱有良 | 男 | 宣传委员 | |
| | 张燕 | 女 | 组织委员 | |
| 兴业银行嘉兴分行第一支部委员会 | 王亮 | 男 | 支部书记 | 2010.07.16— |
| | 金岚 | 女 | 纪检委员 | |
| | 陈瑜申 | 男 | 宣传委员 | |
| | 吴康 | 男 | 组织委员 | |
| 兴业银行嘉兴分行第二支部委员会 | 施婷 | 女 | 支部书记 | |
| | 陶宏伟 | 女 | 纪检委员 | |
| | 金成俭 | 男 | 组织委员 | |
| | 曹强华 | 男 | 宣传委员 | |
| 兴业银行嘉兴海宁支行支部委员会 | 许辉 | 女 | 支部书记 | |
| | 朱有良 | 男 | 宣传委员 | |
| | 张燕 | 女 | 组织委员 | |

表7-4-19  招商银行嘉兴支行党组织历任成员名单

| 党组织名称 | 姓名 | 性别 | 职务 | 任期（起止日期） |
|---|---|---|---|---|
| 嘉兴支行党总支 | 叶英宇 | 男 | 杭州分行副行长兼嘉兴支行党总支书记 | 2008.04.17—2009.03.10 |
| 嘉兴支行党总支 | 胡斌 | 女 | 党总支书记兼组织委员兼纪检委员 | 2009.03.11— |
| 嘉兴支行党总支 | 施引华 | 女 | 宣传委员 | 2008.04.17— |

表7-4-20  浙商银行嘉兴支行党组织历任成员名单

| 党组织名称 | 姓名 | 性别 | 职务 | 任期（起止日期） |
|---|---|---|---|---|
| 浙商银行嘉兴支行党支部 | 史建明 | 男 | 书记 | 2008.11— |
| | 董卫平 | 男 | 组织委员 | 2008.11— |
| | 徐建法 | 男 | 纪检委员 | 2008.11—2009.08 |
| | 王伟 | 男 | 纪检委员 | 2009.08— |
| | 赵星萍 | 女 | 群工委员 | 2008.11— |

表7-4-21  嘉兴银行党委历任成员名单

| 党组织名称 | 姓名 | 性别 | 职务 | 任期（起止日期） |
|---|---|---|---|---|
| 党委 | 吴德孚 | 男 | 党委书记 | 1997.11—2000.03 |
| 党委 | 盛明强 | 男 | 党委书记 | 2000.03—2005.09 |
| 党委 | 楼崇民 | 男 | 党委书记 | 2005.09—2007.03 |
| 党委 | 许洪明 | 男 | 党委书记 | 2007.05— |
| 党委 | 马俊 | 男 | 党委副书记 | 2001.07— |
| 党委 | 李国庆 | 男 | 党委委员 | 1999.12— |
| 党委 | 章张海 | 男 | 党委委员 | 2008.07— |
| 党委 | 阮红 | 女 | 党委委员 | 2009.12— |
| 党委 | 陈煌生 | 男 | 党委委员、纪委书记 | 2009.12— |

表7-4-22  嘉兴市农村信用合作社联合社党组历任成员名单

| 党组织名称 | 姓名 | 性别 | 职务 | 任期（起止日期） |
|---|---|---|---|---|
| 党组 | 单丽蓉 | 女 | 党组书记 | 2000.01—2002.08 |
| 党组 | 张向明 | 男 | 党组副书记 | 2000.01—2002.08 |
| 党组 | 吴建伟 | 男 | 党组成员 | 2000.01—2002.08 |
| 党组 | 赵兴意 | 男 | 党组成员 | 2000.01—2002.08 |
| 党组 | 张向明 | 男 | 党组书记 | 2002.08—2004.05 |
| 党组 | 吴建伟 | 男 | 党组副书记 | 2002.08—2004.05 |
| 党组 | 赵兴意 | 男 | 党组成员 | 2002.08—2004.05 |

表7-4-23  嘉兴市农村信用合作社联合社基层党组织历任成员名单

| 党组织名称 | 姓名 | 性别 | 职务 | 任期（起止日期） |
| --- | --- | --- | --- | --- |
| 嘉兴市农村信用合作社联合社党支部 | 赵兴意 | 男 | 支部书记 | 2000.04—2003.11 |
|  | 阮连根 | 男 | 支部委员 | 2000.04—2003.11 |
|  | 倪水良 | 男 | 支部委员 | 2000.04—2003.11 |
| 嘉兴市农村信用合作社联合社党支部 | 赵兴意 | 男 | 支部书记 | 2003.11—2005.10 |
|  | 阮连根 | 男 | 支部委员 | 2003.11—2005.10 |
|  | 倪水良 | 男 | 支部委员 | 2003.11—2005.10 |
| 省农信联社嘉兴办事处党支部 | 吴建伟 | 男 | 支部书记 | 2005.10— |
|  | 张向明 | 男 | 支部委员 | 2005.10—2006.09 |
|  | 许政节 | 男 | 支部委员 | 2005.10—2010.08 |
|  | 倪水良 | 男 | 支部委员 | 2006.09— |

表7-4-24  中国邮政储蓄银行嘉兴市分行党组织历任成员名单

| 党组织名称 | 姓名 | 性别 | 职务 | 任期（起止日期） |
| --- | --- | --- | --- | --- |
| 中国邮政储蓄银行嘉兴市分行机关党支部委员会 | 宋雅华 | 女 | 机关党支部书记 | 2009.04— |
|  | 张颖君 | 男 | 组织委员 | 2009.04— |
|  | 朱佳颜 | 女 | 宣传委员 | 2009.04— |
| 中国邮政储蓄银行嘉兴市分行党委 | 杨益群 | 男 | 党委书记 | 2008.12— |
|  | 朱允谦 | 女 | 党委委员会委员 | 2008.12—2010.09 |
|  | 张红帆 | 男 | 党委委员会委员 | 2008.12— |
| 中国邮政储蓄银行嘉兴市分行党委 | 杨益群 | 男 | 党委书记 | 2008.12— |
|  | 李丽青 | 女 | 党委委员会委员 | 2010.09— |
|  | 朱允谦 | 男 | 党委委员会委员 | 2008.12—2010.09 |
|  | 张红帆 | 男 | 党委委员会委员 | 2008.12— |
|  | 陈铁中 | 男 | 党委委员会委员 | 2010.02— |
| 中国邮政储蓄银行嘉兴市分行党委 | 杨益群 | 男 | 党委书记 | 2008.12— |
|  | 李丽青 | 女 | 党委委员会委员 | 2010.09— |
|  | 张红帆 | 男 | 党委委员会委员 | 2008.12— |
|  | 陈铁中 | 男 | 党委委员会委员 | 2010.02— |

表7-4-25  中国人寿保险股份有限公司嘉兴分公司党组织历任成员名单

| 党组织名称 | 姓名 | 性别 | 职务 | 任期（起止日期） |
| --- | --- | --- | --- | --- |
| 中保人寿保险有限公司嘉兴市分公司党组 | 张宪文 | 男 | 党组书记 | 1996.06.12—1999.05.18 |
|  | 杨巧林 | 男 | 党组成员 | 1996.06.12—1999.05.18 |
|  | 斯林岳 | 男 | 纪检组长 | 1996.06.12—1999.05.18 |
| 中国人寿保险公司嘉兴分公司委员会 | 张宪文 | 男 | 党委书记 | 1999.05.18—2001.02.23 |
|  | 杨巧林 | 男 | 党委委员 | 1999.05.18—1999.10.27 |
|  | 斯林岳 | 男 | 党委委员/纪委书记 | 1999.05.18—2001.02.23 |
|  | 吴　敏 | 女 | 党委委员 | 1999.05.18—2001.02.23 |
|  | 叶　锋 | 男 | 党委委员 | 2000.09.06—2001.02.23 |

续表

| 党组织名称 | 姓名 | 性别 | 职务 | 任期（起止日期） |
|---|---|---|---|---|
| 中国人寿保险公司嘉兴分公司委员会 | 蒋朝友 | 男 | 党委书记 | 2001.02.23—2005.01.27 |
| | 杨巧林 | 男 | 党委副书记/纪委书记 | 2001.12.29—2004.07.01 |
| | 斯林岳 | 男 | 党委委员/纪委书记 | 2001.02.23—2001.12.29 |
| | 吴 敏 | 女 | 党委委员 | 2001.02.23—2001.11.23 |
| | 林 伟 | 男 | 党委委员 | 2001.03.23—2004.10.22 |
| | 石利军 | 男 | 党委委员 | 2004.10.09—2005.01.27 |
| | 钟美华 | 男 | 党委委员 | 2001.03.23—2005.01.27 |
| | 富益民 | 男 | 党委委员 | 2004.04.28—2005.01.27 |
| 中国人寿保险公司嘉兴分公司委员会 | 叶 锋 | 男 | 党委书记 | 2005.01.27—2007.08.21 |
| | 钟美华 | 男 | 党委委员 | 2005.01.27—2007.08.21 |
| | 张世平 | 男 | 党委委员 | 2005.01.27—2007.08.21 |
| | 张盛钢 | 女 | 党委委员 | 2005.01.27—2007.08.21 |
| | 沈福林 | 男 | 纪委书记 | 2005.03.18—2008.09.10 |
| | | | 党委委员 | 2005.01.27—2007.08.21 |
| 中国人寿保险股份有限公司嘉兴分公司委员会 | 林 伟 | 男 | 党委书记 | 2007.08.28—2009.12.09 |
| | 钟美华 | 男 | 党委委员 | 2007.08.21—2009.12.09 |
| | 张世平 | 男 | 党委委员 | 2007.08.21—2009.12.09 |
| | 张盛钢 | 女 | 党委委员 | 2007.08.21—2008.7.25 |
| | 沈福林 | 男 | 党委委员 | 2007.08.21—2009.12.09 |
| | | | 纪委书记 | 2008.09.10—2009.12.09 |
| 中国人寿保险股份有限公司嘉兴分公司委员会 | 齐孝安 | 男 | 党委书记 | 2009.12.09— |
| | 钟美华 | 男 | 党委委员 | 2009.12.09—2010.03.25 |
| | 张世平 | 男 | 党委委员 | 2009.12.09— |
| | 沈福林 | 男 | 党委委员 | 2009.12.09— |
| | 许汉丰 | 男 | 纪委书记 | 2009.12.09— |
| | | | 党委委员 | 2010.03.25— |

**表7-4-26　中国太平洋人寿保险股份有限公司嘉兴中心支公司党组织历任成员名单**

| 党组织名称 | 姓名 | 性别 | 职务 | 任期（起止日期） |
|---|---|---|---|---|
| 中国太平洋人寿保险股份有限公司嘉兴中心支公司委员会 | 朱加椿 | 男 | 书记 | 2000.11—2001.10 |
| | 杨 树 | 男 | 党委委员 | 2000.11—2001.10 |
| 中国太平洋人寿保险股份有限公司嘉兴中心支公司委员会 | 朱文静 | 女 | 书记 | 2001.11—2003.08 |
| | 李爱良 | 男 | 党委委员 | 2001.11—2003.08 |
| | 董一飞 | 男 | 党委委员 | 2001.11—2003.08 |
| | 王 海 | 男 | 党委委员 | 2001.11—2003.08 |

续表

| 党组织名称 | 姓名 | 性别 | 职务 | 任期（起止日期） |
|---|---|---|---|---|
| 中国太平洋人寿保险股份有限公司嘉兴中心支公司委员会 | 李爱良 | 男 | 书记 | 2003.09— |
| | 董一飞 | 男 | 党委委员 | 2003.09— |
| | 王海 | 男 | 党委委员 | 2003.09— |
| | 校春红 | 女 | 党委委员 | 2004.05— |
| | 裘建 | 男 | 党委委员 | 2004.05— |

表7－4－27　申银万国证券嘉兴禾兴北路证券营业部党组织历任成员名单

| 党组织名称 | 姓名 | 性别 | 职务 | 任期（起止日期） |
|---|---|---|---|---|
| 申银万国证券股份有限公司嘉兴、嘉善联合党支部 | 刘国勇 | 男 | 党支部书记 | 2010.01— |
| 申银万国证券股份有限公司嘉兴、嘉善联合党支部 | 许文激 | 男 | 党支部副书记 | 2010.01— |
| 申银万国证券股份有限公司嘉兴、嘉善联合党支部 | 吴趣英 | 女 | 党支部组织委员 | 2010.01— |

表7－4－28　中国银河证券嘉兴证券营业部党组织历任成员名单

| 党组织名称 | 姓名 | 性别 | 职务 | 任期（起止日期） |
|---|---|---|---|---|
| 中国银河证券股份有限公司嘉兴证券营业部党支部 | 胡俊 | 男 | 支部书记 | 2004.10— |
| | 谷文宇 | 男 | 支部副书记 | 2007.12— |

# 第二节　金融机构行司组织

表7－4－29　中国人民银行嘉兴市中心支行行司组织历任负责人名单

| 姓名 | 性别 | 职务 | 任期（起止日期） |
|---|---|---|---|
| 朱金海 | 男 | 行长 | 1986.02—1993.06 |
| 单丽蓉 | 女 | 副行长 | 1984.12—1993.06<br>（1984.12—1986.02 主持工作） |
| 成春法 | 男 | 副行长 | 1984.12—1993.06 |
| 于成本 | 男 | 嘉兴市金融系统监察室主任 | 1989.01—1992.02 |
| | | 副处级调研员 | 1992.02—1993.06 |
| 张向明 | 男 | 副行长 | 1992.02—1993.06 |
| 王胜安 | 男 | 嘉兴市金融系统监察室主任 | 1992.04—1993.06 |
| 单丽蓉 | 女 | 行长 | 1993.06—2000.01 |
| 成春法 | 男 | 副行长 | 1993.06—1994.12 |
| | | 正行级调研员 | 1994.12—1996.10 |

续表

| 姓名 | 性别 | 职务 | 任期（起止日期） |
|---|---|---|---|
| 张向明 | 男 | 副行长 | 1993.06—1997.10 |
| 王胜安 | 男 | 嘉兴市金融系统监察室主任 | 1993.06—1999.02 |
| | | 上海分行驻嘉兴金融系统监察室主任 | 1999.02—2000.01 |
| 王中佳 | 男 | 副行长 | 1994.01—2000.01 |
| 娄荣民 | 男 | 副行长 | 1997.03—2000.01 |
| 洛桑占堆 | 男 | 副行长 | 1997.05—1998.05 |
| 朱静远 | 女 | 副行长 | 1997.12—2000.01 |
| 凌　华 | 男 | 总稽核 | 1995.12—1999.07（1997.12任党组成员） |
| 夏朝光 | 男 | 副行长 | 1999.07—2000.01 |
| 朱金海 | 男 | 正行级调研员 | 1993.06—1995.06 |
| 于成本 | 男 | 副处级调研员 | 1993.06—1993.12 |
| 娄荣民 | 男 | 行长 | 2000.01—2001.08 |
| 王中佳 | 男 | 副行长 | 2000.01—2001.08 |
| 王胜安 | 男 | 上海分行驻嘉兴金融系统监察室主任 | 2000.01—2001.08 |
| 朱静远 | 女 | 副行长 | 2000.01—2001.08 |
| 夏朝光 | 男 | 副行长 | 2000.01—2001.08 |
| 王中佳 | 男 | 副行长（主持工作） | 2001.08—2002.02 |
| 王胜安 | 男 | 上海分行驻嘉兴金融系统监察室主任 | 2001.08—2002.02 |
| 朱静远 | 女 | 副行长 | 2001.08—2002.02 |
| 夏朝光 | 男 | 副行长 | 2001.08—2002.01 |
| 俞建平 | 男 | 工会主任 | 2001.08—2002.02 |
| 王中佳 | 男 | 行长 | 2002.02— |
| 王胜安 | 男 | 上海分行驻嘉兴金融系统监察室主任 | 2002.02—2005.02 |
| | | 调研员 | 2006.05—2007.12 |
| 朱静远 | 女 | 副行长 | 2002.02—2003.12 |
| 凌　华 | 男 | 副行长 | 2002.02—2003.12 |
| 武瑞林 | 男 | 副行长（正处级） | 2002.02—2004.02 |
| 俞建平 | 男 | 工会主任 | 2002.02—2003.12 |
| 曹志元 | 男 | 副行长 | 2004.02— |
| 褚小平 | 女 | 副行长 | 2004.02— |
| 朱　宏 | 男 | 工会主任 | 2004.02— |
| 葛康泽 | 男 | 副行长 | 2004.06—2004.09 |
| 张一兵 | 男 | 副行长 | 2006.05— |
| 钱倍芳 | 女 | 助理调研员 | 2005.02—2006.05，2009.08— |
| 周金明 | 男 | 助理调研员 | 2005.02—2008.04 |

注：1999年1月1日，中国人民银行嘉兴市分行更名为中国人民银行嘉兴市中心支行。

表7-4-30　　　　　　　　　　嘉兴银监分局历任局领导名单

| 姓名 | 性别 | 职务 | 任期（起止日期） |
|---|---|---|---|
| 朱静远 | 女 | 局长 | 2004.02—2005.12 |
| 凌 华 | 男 | 副局长 | 2004.02—2006.02 |
| 俞建平 | 男 | 副局长（兼纪委书记） | 2004.02—2006.02 |
| 凌 华 | 男 | 局长 | 2006.02—2010.04 |
| 朱静远 | 女 | 监管调研员 | 2006.02—2007.05 |
| 俞建平 | 男 | 副局长（兼纪委书记） | 2006.02—2010.04 |
| 唐弟良 | 男 | 副局长 | 2005.12—2008.08 |
| 周松方 | 男 | 局长 | 2010.04— |
| 俞建平 | 男 | 纪委书记 | 2010.04— |
| 叶晓丽 | 女 | 副局长 | 2010.04— |
| 沈新荣 | 男 | 副调研员 | 2010.04— |

表7-4-31　　　　　　　　中国工商银行嘉兴分行行司组织历任负责人名单

| 姓名 | 性别 | 职务 | 任期（起止日期） |
|---|---|---|---|
| 计瑞祥 | 男 | 行长 | 1984.12—1994.03 |
| 顾定月 | 男 | 副行长 | 1984.12—1996.05（1994.03—1996.05期间主持全面工作） |
| 叶华君 | 女 | 副行长 | 1984.12—1996.05 |
| 宋 斌 | 男 | 副行长 | 1993.02—1996.05 |
| 蔡 毅 | 女 | 行长 | 1994.11—1996.05 |
| 黄建跃 | 男 | 副行长（主持工作） | 1996.05—1997.05 |
| 黄建跃 | 男 | 行长 | 1997.05—2000.01 |
| 刘宁静 | 女 | 副行长 | 1996.05—2002.01 |
| 袁 民 | 男 | 副行长 | 1998.06—1999.12 |
| 王青英 | 女 | 副行长 | 1998.06—2009.09 |
| 张 敏 | 女 | 副行长 | 1998.06—2008.08 |
| 卜克强 | 男 | 副行长 | 1996.05—2001.12（2000.01—2001.12期间主持全面工作） |
| 卜克强 | 男 | 行长 | 2001.12—2010.03 |
| 马敏娟 | 女 | 副行长 | 2004.02— |
| 黄纪法 | 男 | 副行长 | 2002.08—2003.08 |
| 卢福祥 | 男 | 副行长 | 2006.07—2010.03 |
| 洪跃庆 | 男 | 副行长 | 2009.08— |
| 沈 忻 | 男 | 行长 | 2010.03— |
| 林士强 | 男 | 副行长 | 2010.04— |

表7-4-32　　　　　　　　中国农业银行嘉兴分行行司组织历任负责人名单

| 姓名 | 性别 | 职务 | 任期（起止日期） |
|---|---|---|---|
| 叶忠书 | 男 | 行长 | 1985.05.16—1999.07.07 |
| 赵源源 | 男 | 副行长 | 1995.04.13—2009.12.08 |
| 冯建龙 | 男 | 副行长 | 1998.09.10—2001.04.06 |
| 谢庆勇 | 男 | 行长 | 1999.07.07—2001.04.06 |
| 冯建龙 | 男 | 行长 | 2001.04.06—2006.01.06 |
| 赵文滨 | 男 | 副行长 | 2001.04.06—2002.09.26 |
| 何懿 | 男 | 行长助理 | 2002.02.26—2003.01.23 |
| 孙宏卫 | 男 | 副行长 | 2002.10.14— |
| 应勤文 | 男 | 行长助理 | 2002.10.14—2005.06.24 |
| 欧建成 | 男 | 副行长 | 2003.09.19—2004.02.06 |
| 谢少平 | 男 | 副行长 | 2004.10.28—2005.01.21 |
| 应勤文 | 男 | 副行长 | 2005.06.24— |
| 金龙一 | 男 | 副行长 | 2005.11.21—2006.08.28 |
| 裘少士 | 男 | 行长 | 2006.03.20— |
| 帅文 | 女 | 副行长 | 2007.09.03—2009.12.08 |
| 陈柳滢 | 男 | 副行长 | 2006.12.30—2007.09.06 |
| 厉文世 | 男 | 副行长 | 2009.12.29—2010.04.14 |
| 李萌 | 男 | 副行长 | 2010.03.30— |
| 苏长明 | 男 | 副行长 | 2010.09.13— |

表7-4-33　　　　　　　　中国建设银行嘉兴分行行司组织历任负责人名单

| 姓名 | 性别 | 职务 | 任期（起止日期） |
|---|---|---|---|
| 潘音生 | 男 | 行长 | 1984.03—1996.09 |
| 沈淇周 | 男 | 副行长 | 1984.12—1992.05 |
| 聂荣坤 | 男 | 副行长 | 1992.05—1995.12 |
| 吕长山 | 男 | 副行长 | 1993.08—2002.12 |
| 楼崇民 | 男 | 副行长 | 1995.09—1999.12 |
| 徐众华 | 男 | 行长 | 1996.09—1998.12 |
| 楼崇民 | 男 | 副行长 | 1995.09—1999.12<br>（1999.01—1999.12期间主持工作） |
| 吕长山 | 男 | 副行长 | 1993.08—2002.12 |
| 卢明君 | 男 | 副行长 | 1999.01—2001.10 |
| 程能平 | 男 | 副行长 | 1999.01—2004.04 |
| 林仑观 | 女 | 行长助理 | 1999.01—2000.01 |
| 楼崇民 | 男 | 行长 | 2000.01—2005.06 |
| 吕长山 | 男 | 副行长 | 1993.08—2002.12 |
| 卢明君 | 男 | 副行长 | 1999.01—2001.10 |
| 程能平 | 男 | 副行长 | 1999.01—2004.04 |
| 瞿澜 | 男 | 副行长 | 1999.12—2002.07 |
| 袁龙豫 | 男 | 行长助理 | 2000.09—2002.12 |
| 刘方根 | 男 | 副行长 | 2001.10—2003.11 |

续表

| 姓名 | 性别 | 职务 | 任期（起止日期） |
|---|---|---|---|
| 王勇 | 男 | 副行长 | 2002.12—2004.04 |
| 俞璇 | 女 | 副行长 | 2003.04—2004.04 |
| 袁龙豫 | 男 | 副行长 | 2004.04—2007.01 |
| 姜书昌 | 男 | 副行长 | 2004.06— |
| 邱伟革 | 男 | 副行长 | 2004.06—2010.04 |
| 姜莉菁 | 男 | 行长助理 | 2004.05—2008.10 |
| 劳新江 | 男 | 行长 | 2005.06—2007.08 |
| 袁龙豫 | 男 | 副行长 | 2004.04—2007.01 |
| 俞璇 | 女 | 副行长 | 2005.08— |
| 姜书昌 | 男 | 副行长 | 2004.06— |
| 邱伟革 | 男 | 副行长 | 2004.06—2010.04 |
| 程建新 | 男 | 风险主管 | 2006.08—2010.02 |
| 姜莉菁 | 男 | 行长助理 | 2004.05—2008.10 |
| 沈建明 | 男 | 行长 | 2007.08—2010.04 |
| 袁龙豫 | 男 | 副行长 | 2008.05— |
| 俞璇 | 女 | 副行长 | 2005.08— |
| 姜书昌 | 男 | 副行长 | 2004.06— |
| 邱伟革 | 男 | 副行长 | 2004.06—2010.04 |
| 姜莉菁 | 男 | 副行长 | 2008.10—2009.03<br>（2004.05—2008.10期间任行长助理） |
| 朱金明 | 男 | 副行长 | 2009.03— |
| 程建新 | 男 | 风险主管 | 2006.08—2010.02 |
| 陈强 | 男 | 行长 | 2010.04— |
| 袁龙豫 | 男 | 副行长 | 2008.05— |
| 程能平 | 男 | 副行长 | 2010.05— |
| 俞璇 | 女 | 副行长 | 2005.08— |
| 姜书昌 | 男 | 副行长 | 2004.06— |
| 朱金明 | 男 | 副行长 | 2009.03— |
| 沈桂芳 | 女 | 风险主管 | 2010.02— |

表7-4-34　中国农业发展银行嘉兴市分行行司组织历任负责人名单

| 姓名 | 性别 | 职务 | 任期（起止日期） |
|---|---|---|---|
| 昂盛武 | 男 | 行长 | 1997.03—1999.04 |
| 孙一鸣 | 男 | 副行长 | 1997.03—1999.04 |
| 姚振新 | 男 | 行长助理 | 1997.03—1999.04 |
| | | 副行长 | 1999.05—2001.04 |
| | | 行长 | 2001.05—2005.09 |
| 孙跃旗 | 男 | 行长助理 | 1999.07—2001.04 |
| | | 副行长 | 2001.05—2005.09 |
| | | 副行长（主持工作） | 2005.10—2006.03 |
| | | 行长 | 2006.04— |

续表

| 姓名 | 性别 | 职务 | 任期（起止日期） |
|---|---|---|---|
| 张韩强 | 男 | 副行长 | 2001.04—2009.03 |
| 刘伟强 | 男 | 行长助理 | 2006.12—2007.07 |
| | | 副行长 | 2007.08— |
| 张丽玲 | 女 | 行长助理 | 2008.12—2010.02 |
| | | 副行长 | 2010.03— |

表7-4-35　　　　交通银行嘉兴分行行司组织历任负责人名单

| 姓名 | 性别 | 职务 | 任期（起止日期） |
|---|---|---|---|
| 胡世昌 | 男 | 行长 | 1994.09—1997.12 |
| 盛明强 | 男 | 副行长 | 1994.09—1997.12 |
| 徐　明 | 男 | 副行长 | 1994.09—1997.12 |
| 徐　明 | 男 | 行长 | 1997.12—2004.11 |
| 朱　进 | 男 | 副行长 | 1997.12—2005.06 |
| 朱晓菱 | 女 | 副行长 | 2001.06—2005.03 |
| 唐　捷 | 男 | 行长助理 | 2000.07—2001.03 |
| 王　昆 | 男 | 副行长 | 2001.03—2003.04 |
| 诸葛委娜 | 女 | 总稽核 | 2001.06—2005.06 |
| 梁蕴旭 | 女 | 行长助理 | 2001.06—2005.06 |
| 边黎平 | 男 | 行长 | 2004.11—2007.06 |
| 朱　进 | 男 | 副行长 | 1997.12—2005.06 |
| 朱晓菱 | 女 | 副行长 | 2001.06—2005.03 |
| 诸葛委娜 | 女 | 总稽核 | 2001.06—2005.06 |
| 诸葛委娜 | 女 | 副行长 | 2005.06—2010.01 |
| 梁蕴旭 | 女 | 行长助理 | 2001.06—2005.06 |
| 梁蕴旭 | 女 | 副行长 | 2005.06— |
| 严明德 | 男 | 行长助理 | 2006.01— |
| 徐建平 | 男 | 副行长 | 2007.01—2010.08 |
| 肖　亮 | 男 | 行长 | 2007.06— |
| 诸葛委娜 | 女 | 副行长 | 2005.06—2010.01 |
| 梁蕴旭 | 女 | 副行长 | 2005.06— |
| 徐建平 | 男 | 副行长 | 2007.01—2010.08 |
| 严明德 | 男 | 行长助理 | 2006.01— |
| 陆建华 | 男 | 行长助理 | 2010.05— |

表7-4-36　　　　　　　　　　中信银行嘉兴分行行司组织历任负责人名单

| 姓名 | 性别 | 职务 | 任期（起止日期） |
| --- | --- | --- | --- |
| 吴晓庭 | 男 | 嘉兴支行行长 | 1996.11—1997.09 |
| 左伟国 | 男 | 嘉兴支行副行长 | 1996.11—1997.09 |
| 郑文声 | 男 | 嘉兴支行顾问 | 1996.11—1997.12 |
| 左伟国 | 男 | 嘉兴支行副行长（主持工作） | 1997.09—1998.09 |
| 金淳平 | 男 | 嘉兴支行行长助理 | 1997.07—1998.12 |
| 姚玉书 | 男 | 嘉兴支行副行长 | 1997.10—2002.05 |
| 李陈甫 | 男 | 嘉兴支行行长助理兼海宁分理处副主任 | 1997.12—1999.06 |
| 左伟国 | 男 | 嘉兴支行行长 | 1998.09—2002.03 |
| 金淳平 | 男 | 嘉兴支行副行长 | 1998.12—2003.04 |
| 王小列 | 男 | 嘉兴支行行长助理 | 2000.09—2002.05 |
| 姚玉书 | 男 | 嘉兴支行行长 | 2002.05—2005.07 |
| 王小列 | 男 | 嘉兴支行副行长 | 2002.05—2005.07 |
| 张骅 | 男 | 嘉兴支行行长助理 | 2003.04—2004.06 |
| 陈群 | 男 | 嘉兴支行行长助理 | 2003.08—2005.07 |
| 张骅 | 男 | 嘉兴支行副行长 | 2004.06—2005.07 |
| 朱进 | 男 | 嘉兴分行行长 | 2005.07— |
| 王小列 | 男 | 嘉兴分行副行长 | 2005.07—2008.07 |
| 张骅 | 男 | 嘉兴分行副行长 | 2005.07— |
| 陈群 | 男 | 嘉兴分行行长助理 | 2005.07—2010.05 |
| 吴永明 | 男 | 嘉兴分行行长助理 | 2008.07— |
| 钱小平 | 男 | 嘉兴分行行长助理 | 2010.07— |
| 顾群 | 男 | 嘉兴分行行长助理 | 2010.07— |

表7-4-37　　　　　　　　　　兴业银行嘉兴分行行司组织历任负责人名单

| 姓名 | 性别 | 职务 | 任期（起止日期） |
| --- | --- | --- | --- |
| 周金国 | 男 | 行长 | 2008.03.13— |
| 张绍平 | 女 | 副行长 | |
| 许辉 | 女 | 副行长兼业务拓展二部总经理 | 2008.12.08—2010.02.24 |
| | | 副行长兼海宁支行行长 | 2010.02.25— |
| 卢雅芳 | 女 | 行长助理兼营业部总经理 | 2008.03.13—2009.01.07 |
| | | 行长助理 | 2009.01.08—2010.07.08 |
| | | 副行长 | 2010.07.09— |

表7-4-38　　　　　　　　　　招商银行嘉兴支行行司组织历任负责人名单

| 姓名 | 性别 | 职务 | 任期（起止日期） |
| --- | --- | --- | --- |
| 常建梁 | 男 | 行长 | 2008.04.16— |
| 胡斌 | 女 | 副行长 | 2008.04.16— |
| 施引华 | 女 | 副行长 | 2008.04.16— |
| 朱建军 | 男 | 行长助理 | 2009.07.30— |

表7-4-39  浙商银行嘉兴支行行司组织历任负责人名单

| 姓名 | 性别 | 职务 | 任期（起止日期） |
|---|---|---|---|
| 史建明 | 男 | 行长 | 2008.11— |
| 董卫平 | 男 | 副行长 | 2008.11— |
| 徐建法 | 男 | 副行长 | 2008.11—2009.08 |
| 王伟 | 男 | 副行长 | 2009.08 |
| 赵星萍 | 女 | 副行长 | 2008.11— |

表7-4-40  深圳发展银行嘉兴支行行司组织历任负责人名单

| 姓名 | 性别 | 职务 | 任期（起止日期） |
|---|---|---|---|
| 唐弟良 | 男 | 行长 | 2009.02.05— |
| 吴月海 | 男 | 副行长 | 2009.02.05—2009.10.22 |
| 陈正明 | 男 | 副行长 | 2009.02.05— |
| 卜水林 | 男 | 行长助理 | 2009.02.05— |
| 储建龙 | 男 | 副行长 | 2009.04.03—2010.07.29 |
| 王海涵 | 男 | 行长助理 | 2009.04.03— |

表7-4-41  嘉兴银行行司组织历任负责人名单

| 姓名 | 性别 | 职务 | 任期（起止日期） |
|---|---|---|---|
| 杨荣华 | 男 | 董事长（兼） | 1997.09—1997.12 |
| 盛明强 | 男 | 董事长 | 1997.12—2007.05 |
| 许洪明 | 男 | 董事长 | 2007.05— |
| 张向明 | 男 | 副董事长 | 1997.11—1999.12 |
| 吴建元 | 男 | 副董事长（兼） | 1997.11—2001.04 |
| 金锦根 | 男 | 副董事长（兼） | 2001.04—2005.12 |
| 吴德孚 | 男 | 监事长 | 1997.09—2000.05 |
| 周志迪 | 男 | 副监事长（兼） | 2000.05—2002.06 |
| 许洪明 | 男 | 副监事长（兼） | 2002.06—2005.09 |
| 朱静远 | 女 | 监事长 | 2005.09—2008.12 |
| 张向明 | 男 | 行长 | 1997.09—1999.12 |
| 楼崇民 | 男 | 行长 | 2005.12—2007.12 |
| 马俊 | 男 | 副行长 | 2001.07—2008.11 |
| 马俊 | 男 | 行长 | 2008.11— |
| 常建梁 | 男 | 副行长 | 1997.09—2007.12 |
| 李国庆 | 男 | 副行长 | 1999.12— |
| 章张海 | 男 | 副行长 | 2008.11— |
| 蒋朝晖 | 男 | 监事会召集人 | 2008.12—2009.11 |
| 阮红 | 女 | 行长助理 | 2007.03—2009.12 |
| 阮红 | 女 | 副行长 | 2009.12— |
| 陈煌生 | 男 | 监事长 | 2009.11— |
| 董卫平 | 男 | 行长助理 | 2007.03—2008.06 |
| 曹雪飞 | 男 | 董事会秘书 | 2007.07— |
| 吴光裕 | 男 | 行长助理 | 2009.02— |

表7-4-42　嘉兴市农村信用合作社联合社行司组织历任负责人名单

| 姓名 | 性别 | 职务 | 任期（起止日期） |
| --- | --- | --- | --- |
| 单丽蓉 | 女 | 理事长 | 1999.12—2002.08 |
| 张向明 | 男 | 主任 | 1999.12—2002.08 |
| 吴建伟 | 男 | 副主任 | 1999.12—2002.08 |
| 赵兴意 | 男 | 副主任 | 1999.12—2002.08 |
| 张向明 | 男 | 理事长 | 2002.08—2005.09 |
| 吴建伟 | 男 | 主任 | 2002.08—2005.09 |
| 赵兴意 | 男 | 副主任 | 2002.08—2005.09 |
| 吴建伟 | 男 | 负责人 | 2004.05—2005.09 |
| 吴建伟 | 男 | 主任 | 2005.09— |
| 王祥明 | 男 | 副主任 | 2007.02—2009.05 |
| 王月光 | 男 | 副主任 | 2010.08— |

表7-4-43　中国邮政储蓄银行嘉兴市分行行司组织历任负责人名单

| 姓名 | 性别 | 职务 | 任期（起止日期） |
| --- | --- | --- | --- |
| 杨益群 | 男 | 行长 | 2008.04—2010.09 |
| 朱允谦 | 男 | 副行长 | 2008.04—2010.09 |
| 张红帆 | 男 | 副行长 | 2008.04— |
| 李丽青 | 女 | 行长 | 2010.09— |
| 杨益群 | 男 | 党委书记 | 2008.04— |
| 朱允谦 | 男 | 业务经理 | 2010.09— |
| 陈铁中 | 男 | 副行长 | 2010.09— |

表7-4-44　中国人寿保险股份有限公司嘉兴分公司行司组织历任负责人名单

| 姓名 | 性别 | 职务 | 任期（起止日期） |
| --- | --- | --- | --- |
| 张宪文 | 男 | 总经理 | 1996.06.14—2001.06.28 |
| 杨巧林 | 男 | 副总经理 | 1996.06.14—1999.10.27 |
| 吴　敏 | 女 | 总经理助理 | 1999.05.18—1999.12.22 |
| 吴　敏 | 女 | 副总经理 | 1999.12.22—2001.06.28 |
| 叶　锋 | 男 | 副总经理 | 2000.09.06—2001.06.28 |
| 蒋朝友 | 男 | 总经理 | 2001.06.28—2005.01.27 |
| 杨巧林 | 男 | 副总经理 | 2001.12.29—2004.07.01 |
| 叶　锋 | 男 | 副总经理 | 2001.06.28—2005.01.27 |
| 林　伟 | 男 | 总经理助理 | 2001.03.23—2005.01.27 |
| 林　伟 | 男 | 副总经理 | 2002.02.05—2004.10.22 |
| 吴　敏 | 女 | 副总经理 | 2001.02.23—2001.11.23 |
| 石利军 | 男 | 副总经理 | 2004.10.09—2005.01.27 |
| 钟美华 | 男 | 副总经理 | 2003.07.11—2005.01.27 |
| 叶　锋 | 男 | 总经理 | 2005.01.27—2007.09.14 |

续表

| 姓名 | 性别 | 职务 | 任期（起止日期） |
|---|---|---|---|
| 钟美华 | 男 | 副总经理 | 2005.01.27—2007.09.14 |
| 张世平 | 男 | 副总经理 | 2005.01.27—2007.09.14 |
| 张盛钢 | 男 | 副总经理 | 2005.01.27—2007.09.14 |
| 林伟 | 男 | 总经理 | 2007.09.14—2009.12.29 |
| 钟美华 | 男 | 副总经理 | 2007.09.14—2009.12.29 |
| 张世平 | 男 | 副总经理 | 2007.09.14—2009.12.29 |
| 张盛钢 | 女 | 副总经理 | 2007.09.14—2008.07.25 |
| 沈福林 | 男 | 副总经理 | 2007.11.27—2009.12.29 |
| 齐孝安 | 男 | 总经理 | 2009.12.29— |
| 钟美华 | 男 | 副总经理 | 2009.12.29—2010.03.25 |
| 张世平 | 男 | 副总经理 | 2009.12.29— |
| 沈福林 | 男 | 副总经理 | 2009.12.29— |
| 朱志嵩 | 男 | 副总经理 | 2010.04.11— |

表7-4-45 中国太平洋人寿保险股份有限公司嘉兴中心支公司行司组织历任负责人名单

| 姓名 | 性别 | 职务 | 任期（起止日期） |
|---|---|---|---|
| 肖宏 | 男 | 总经理助理 | 2000.11—2001.04 |
| 李爱良 | 男 | 总经理助理 | 2000.11—2001.10 |
| 董一飞 | 男 | 总经理助理 | 2001.04—2001.10 |
| 李爱良 | 男 | 副总经理（主持工作） | 2001.11—2003.08 |
| 董一飞 | 男 | 总经理助理 | 2001.11—2003.03 |
| | | 副总经理 | 2003.04—2003.08 |
| 王海 | 男 | 副总经理 | 2001.11—2003.08 |
| 李爱良 | 男 | 总经理 | 2003.09— |
| 董一飞 | 男 | 副总经理 | 2003.09— |
| 王海 | 男 | 副总经理 | 2003.09— |

# 附 录

# 历年大事记

### 1991 年

10 月 3 日，中国人民建设银行嘉兴市中心支行正式对外发行 800 万元大额可转让定期存单。

1991 年，中国人民银行嘉兴市分行抓好搞活大中型重点骨干企业金融政策措施的到位落实和清理"三角债"工作。全市有 50 个固定资产投资项目注入清欠资金 2 428.3 万元，其中银行信贷注入资金 2 246.5 万元。

11 月，嘉兴市郊信用联社成立。

### 1992 年

1 月 15 日至 17 日，嘉兴市金融学会与嘉兴市农村金融学会联合召开金融支农研讨会。会议讨论了《嘉兴市加强金融支农若干意见》（草案）。浙江省农行原行长秦尧、时任副行长郑家祥等到会指导。

8 月 18 日，中国人民银行嘉兴市分行发出嘉银发字〔1992〕第 162 号明传电报，要求各县（市）支行认真执行嘉兴市政府《关于立即停止擅自发行地方经济建设集资券的通知》。

9 月 1 日，中国工商银行嘉兴市分行召开牡丹信用卡新闻发布会。赵冰副市长、工行省分行杨榿源副行长应邀出席并作重要讲话。

9 月 8 日上午，嘉兴市信托投资公司开业。

12 月 7 日，中国人民银行嘉兴市分行发出嘉银发字〔1992〕第 236 号批复，为配合住房制度改革，同意嘉兴市住房基金管理中心首次发行住房建设债券 1 500 万元。

12 月 16 日，中国人民银行嘉兴市分行发出嘉银发字〔1992〕第 249 号批复，同意浙江省证券公司嘉兴中国银行证券业务代理处试办股票异地委托买卖业务。

1992 年，设立嘉兴市农业银行证券营业部，1998 年，重组为浙江国际信托投资公司嘉兴吉杨路证券营业部，2002 年，重组为金通证券股份有限公司嘉兴吉杨路证券营业部，2006 年，重组为中信金通证券有限责任公司嘉兴吉杨路证券营业部。

1992 年，全市建设银行系统经中国人民银行批准成立了 6 家房地产信贷部，承办房改金融业务。

## 1993年

1月5日，中国人民银行嘉兴市分行发出嘉银发字〔1993〕第2号批复，同意设立嘉兴市城区城市信用合作社。

3月，中国人民建设银行浙江省信托投资公司嘉兴办事处成立，业务归属省建行信托投资公司，实行独立核算，自负盈亏，行政由中国人民建设银行嘉兴市分行管理。

4月13日，中国人民银行嘉兴市分行发出嘉银发字〔1993〕第49号批复，同意嘉兴市信托投资公司在上海设立证券业务部。

6月，嘉兴市信托投资公司证券营业部经中国中国人民银行批准成立。

7月15日，中国人民银行嘉兴市分行发出嘉银发字〔1993〕第116号批复，同意设立上海申银证券公司嘉兴证券交易营业部。

7月28日，嘉兴市委、市政府召开金融工作会议，听取全省金融工作会议精神的汇报，市委书记王国平同志到会讲话。

7月31日，嘉兴市农村储蓄突破30亿元。

8月9日，中国人民银行嘉兴市分行发出嘉银发字〔1993〕第131号通知，印发《嘉兴市证券交易营业部管理实施办法》和《嘉兴市证券机构从业人员行为守则》。

8月30日，嘉兴市政府办公室发出嘉政办发〔1993〕第90号通知，批转中国人民银行嘉兴市分行关于大力开展宣传服务保持城乡储蓄稳定增长的报告。

9月8日，嘉兴市人民政府召开储蓄宣传表彰动员大会。市委、市人大、市政府、市政协领导王国平、徐良骥、赵冰、杨荣华、童修林出席大会。会议对储蓄优良服务宣传月活动中取得优秀成绩的市工商银行等六个先进集体、许伟旭等十一名先进个人进行表彰。杨荣华副市长在会上就下一步开展储蓄宣传工作进行动员。市委书记王国平在会上做了重要讲话。

12月27日，中国人民银行浙江省分行发出浙银发〔1993〕第667号《关于同意设立浙江省融资中心杭州市等七市、地办事处》的批复，同意设立浙江省融资中心嘉兴市办事处，撤销原经省分行批准的嘉兴市融资中心。

## 1994年

1月17日，中国人民银行嘉兴市分行发出嘉银发字〔1994〕第15号批复，同意筹建中国人民建设银行浙江省信托投资公司嘉兴证券交易营业部。

3月12日，中国人民银行嘉兴市分行发出嘉银发字〔1994〕第55号批复，同意嘉兴市信托投资公司在深圳设立代表处。

10月6日，中国人民银行嘉兴分行发出嘉银发字〔1994〕第216号批复，同意交通银行嘉兴支行试营业。8日，交通银行嘉兴支行开业。

10月10日，中国人民银行嘉兴市分行发出嘉银发字〔1994〕第228号通知，重申加强利率管理规定。21日在《嘉兴日报》上刊登了《中国人民银行嘉兴市分行关于加强利率管理及设立利率监督举报电话公告》，接受社会监督。

10月28日，经嘉兴市计委批准，同意嘉兴市房管处、嘉兴市统一征地办公室和中国人民建设银行嘉兴市分行联合组建"嘉兴市房地产交易中心"。

11月23日，中国人民银行嘉兴市分行发出嘉银发字〔1994〕第274号通知，统一贯彻落实省政府关于严格控制消费基金过快增长和加强现金管理电话会议精神的具体政策和措施，认真落实大额现金报备制度。

1994年，按照《国务院关于组建中国农业发展银行的通知》精神，顺利地将全市农行、工行的政策性贷款划转至中国农业发展银行。

## 1995年

2月9日上午，召开全市储蓄存款超百亿元新闻发布会，市领导王国平、许国桢、贝品明、毛雪龙、徐良骥、赵友六和市级各新闻单位、经济综合部门和金融系统的领导50多人参加了会议。市委书记王国平对全市储蓄存款超百亿元代表市委、市政府表示热烈祝贺并讲话。

2月24日，召开全市金融工作会议，传达贯彻党的十四届四中全会、中央经济工作会议和全省金融工作会议精神，总结1994年金融工作，提出1995年嘉兴市金融工作的指导思想和基本目标。市委常委副市长杨荣华、市委常委市委秘书长徐良骥出席了会议，各县（市、区）分管金融的县（市、区）长和市级综合经济部门、全市各金融机构负责人等200多人参加了会议。

4月18日，中国工商银行嘉兴市分行举行庆祝建行十周年新闻发布会，市委书记王国平、副市长杨荣华、市政府秘书长朱家椿、市人大主任许国桢、政协主席贝品明、浙江省工商银行行行长杨楹源等领导参加了会议。

5月21日，中国人民银行嘉兴市分行牵头组织市本级11家金融机构在中山路举办宣传《中国人民银行法》、《商业银行法》和全省储蓄存款超千亿元的大型咨询宣传活动。

6月21日，中国人民银行嘉兴市分行发出嘉银发〔1995〕第102号通知，从8月1日开始实行《嘉兴市银行汇票结算办法》。

7月25日，嘉兴市政府在市府会堂召开全市金融工作会议，市委书记王国平、市委常委副市长杨荣华出席了会议并讲了话。

9—10月，中国人民建设银行嘉兴市分行与嘉兴电视台联合举办"建行杯"重点工程新闻大奖赛，集中报道嘉兴重点工程建设情况。

## 1996年

3月18日，召开全市金融工作会议，市委书记王国平，市委常委、副市长杨荣华在会上分别讲话。

4月25日上午，召开全市金融系统"四讲一服务"动员大会。

5月，中国人民保险公司嘉兴市分公司改革分设成"中保财产保险有限公司嘉兴市分公司"和"中保人寿保险有限公司嘉兴市分公司"。

6月21日，嘉兴市首批15家企业建立主办银行关系签字仪式在人民银行嘉兴市分行举行。市委、市政府领导王国平、夏益昌、杨荣华，人民银行嘉兴市分行行长单丽蓉分别在签字仪式上讲话。印发《关于提高金融效率，促进两个转变，支持经济发展的若干意见》及《嘉兴市主办银行制度试行办法》。

8月9日，在沙龙宾馆举行嘉兴市首次银团贷款签约仪式，由中国建设银行嘉兴市分行牵头对城北路改造项目提供银团贷款2 000万元。

8月26日，国务院发出《关于农村金融体制改革的决定》，确定农村信用社与农业银行脱离隶属关系，脱钩后的农村信用社由各级农村金融体制改革领导小组办公室及县联社领导管理，对农村信用社的监管由中国人民银行及其分支行承担，然后按合作制原则加以规范。

10月8日，成立嘉兴市农村金融体制改革领导小组，组长由常务副市长杨荣华担任，下设办公室（简称农金改办），中国人民银行嘉兴市分行副行长成春法任主任，吴建伟任专职副主任。

10月31日，中国农业银行嘉兴市分行与农村信用社正式脱钩，其管理职能移交中国人民银行嘉兴市分行。

11月21日，中信实业银行嘉兴支行成立。

11月，海宁市农村信用社被国务院农村金融体制改革部际协调小组确定为全国农村信用社按合作制原则规范试点。试点工作由国务院农村金融体制改革部际协调小组副组长段晓兴亲自指导，协调小组办公室主任助理王珂带队于1996年11月16日至12月16日在海宁双山乡、庆云镇、周王庙镇等3家信用社率先进行规范改革。

12月28日，中国农业发展银行嘉兴市分行在中山饭店举行开业新闻发布会。1997年1月1日正式对外营业。

1996年末，经中国人民银行批准，将嘉工、城区、中山三家城市信用社和嘉北、南湖、东栅、塘汇、秀水、实验6家农村信用社合并筹建嘉兴市城市合作银行。

## 1997年

3月11日，嘉兴市金融工作会议在秀城饭店召开。嘉兴市委书记王国平、市长夏益昌、副市长杨荣华到会讲话。

3月18日，交通银行嘉兴支行以牵头行身份联合市七大银行组成银团贷款4 000万元支持嘉兴市区城东路改造工程，其中交行贷款1 500万元。

5月16日，经嘉兴市人民政府同意组建的中国太平洋保险公司嘉兴支公司获中国人民银行浙江省分行批准设立。同日在嘉兴宾馆举行开业庆典，将用于成立大会宴请的费用为358名城建监察队员及市容卫生监督员提供保险金额为1 432万元的人身意外伤害保险。

7月26日，中国人民银行行长戴相龙由浙江省政府秘书长蔡惠民、上海分行行长毛应梁、浙江省分行行长谢庆健等陪同，到嘉兴调研，在听取汇报后要求对嘉兴市逾期贷款成因组织快速调查。

8月，嘉兴市农村金融体制改革办公室并入各级人民银行，与新成立的合作金融管理部门合署办公。

10月8日，中国人民银行嘉兴市分行下发《嘉兴市金融系统风险贷款企业内部通报制度》。

11月27日，全国人大财经委金融"三法"执法检查组由全国人大常委黄达带队在浙江省人大、省政府、人民银行省分行吴光华、杨绍红等领导陪同下对嘉兴市实施《中国人民银行法》、《商业银行法》和《票据法》的情况进行检查。

12月16日，上海浦东发展银行嘉兴支行开业。

12月22日，嘉兴市城市合作银行股份有限公司成立。

12月23日，嘉兴市证券经营机构同业例会成立，全市7家证券交易营业部签署了同业公约。

1997年底，全市海宁和嘉善农村信用社完成了合作制规范工作，其他县市在1998年全面完成。

## 1998 年

1月22日，中国人民银行嘉兴市分行向所辖各银行机构转发《关于立即停止发行不记名有奖有息储蓄存单的通知》。

1月25日，中国人民银行嘉兴市分行召开紧急会议，落实人民银行总行《关于认真落实国务院领导关于立即切断银行资金流向期货市场的重要指示的紧急通知》。

2月24日，中国工商银行嘉兴市分行与城建委3亿元贷款长期合作协议签约仪式在沙龙国际宾馆举行，市委书记王国平、市长夏益昌、省分行副行长丁仲篪，省建设厅等领导出席签约仪式。

2月25日，召开嘉兴市金融工作会议，市委书记王国平、市长夏益昌、常务副市长杨荣华在会上做了重要讲话。

5月27日，嘉兴市城市合作银行更名为嘉兴市商业银行。

8月22日，市级各保险机构签订《嘉兴市保险业自律公约》。

8月，根据中国人民银行浙江省分行统一部署，开展第三批合作制改革，主要内容是信用社增资扩股，扩大信用社入股面和入股金额，同时开展联社规范股权设置和管理职能的改革工作。

9月25日至26日，浙江省金融系统第二批"文明示范点"授牌仪式暨政务公开工作推进会在嘉兴市海宁召开。中共浙江省纪委副书记睦孝忠，中国人民银行浙江省分行副行长王长仁，浙江省金融系统行风建设领导小组副组长朱张兴，中共嘉兴市委常委、市纪委书记马光明，嘉兴市政府秘书长周志迪参加了会议。

11月20日，建设银行嘉兴市分行在嘉兴市图书馆举行向嘉兴市捐赠大型丛书《传世藏书》捐赠仪式，市政府副市长范巴凌出席仪式。

## 1999 年

1月22日，嘉兴市金融系统行风办召开全市金融系统行风建设"回头看"工作总结表彰大会。中共嘉兴市委常委、纪委书记马光明、嘉兴市政协副主席江最新、浙江省金融系统行风办主任朱张兴出席会议并讲话。

3月8日至10日，嘉兴市政府连续召开会议，研究整顿嘉兴金融秩序的有关事项。市政府决定成立由分管金融的常务副市长任组长、中国人民银行嘉兴市中心支行行长单丽蓉任副组长的嘉兴市整顿金融秩序领导小组，下设六个工作小组，具体负责整顿工作。

3月8日，建设银行嘉兴市分行与嘉兴市住房资金管理中心签订协议，在全市推出个人住房组合贷款。

5月，中国人民银行上海分行确定嘉兴市列为首批按合作制原则组建市（地）联社的试点城市，也是全国首批按合作制原则组建的市（地）联社之一。

7月16日，由嘉兴市商业银行具体承办的嘉兴市中小企业贷款担保中心创立。

12月26日，召开嘉兴市农村信用社联合社创立大会暨首届社员代表大会。

1999年底，全市93个农村合作基金会顺利归并入农村信用社。

1999年，嘉兴市商业银行与市有关部门共同发起组建"嘉兴市中小企业贷款担保中心"。

## 2000年

2月18日，嘉兴市农村信用合作社联合社正式挂牌。

2月22日，嘉兴市保险业协会正式成立。

4月末，中国工商银行嘉兴市分行各项存款余额突破百亿元大关。

7月1日，中信实业银行嘉兴支行成为当时嘉兴市唯一一家在境外拥有境外账户的外汇指定银行，收汇速度相应加快。

10月4日，陈省身教授实地参观了中国工商银行嘉兴建国路储蓄所，并与该行签订无偿使用"陈省身"名字的协议。10月18日，工行建国路储蓄所正式更名为陈省身储蓄所。

11月16日，太保杭州分公司批复太保嘉兴支公司产寿险经营机构分业方案。分设后的机构名称为：中国太平洋财产保险股份有限公司嘉兴支公司，中国太平洋人寿保险股份有限公司嘉兴支公司。

11月，中信实业银行嘉兴支行在建国路与中山路交叉口，开设自助银行，成为嘉兴市银行业首家自助银行。

12月22日，嘉兴市银行同业协会成立。

## 2001年

1月3日，经省政府批准，桐乡市人民政府提供3 000万元专项贷款用于该市高风险信用社处置。

3月8日，中国人民银行嘉兴市中心支行向辖内各银行机构印发《关于加强和改善金融服务支持小企业发展的意见》。

3月12日，建设银行浙江省分行在南湖红船旁举行仪式，将全省建行系统万余名党团员自发捐助的11万多元特别党团费转交给嘉兴市，设立7 200平方米的"建行绿化园"，建行省分行行长朱范予和市领导李立定、王洪涛出席仪式并参加绿化园植树活动。

4月2日，中国人民银行嘉兴市中心支行建立嘉兴市金融业与法院、公安、工商联合维护金融债权联席会议制度。

10月24日，中国人民银行嘉兴市中心支行向全市各银行机构发出《关于全面停止上门收款送现业务的通知》。

11月，因信托与证券分业的政策要求，嘉兴市信托投资公司将证券营业部以市场并购方式受让于上海爱建信托投资公司证券管理总部。

2001年，中国人民银行嘉兴市中心支行组织全市金融系统开展纪念建党八十周年文艺晚会和人行系统"阳光·大地"歌咏晚会。

## 2002年

3月18日，中国人民银行嘉兴市中心支行向全市各金融机构印发《关于进一步加强金融支农服务的指导意见》。

3月20日，中国人民银行嘉兴市中心支行向市级各商业银行、人行各县（市）支行发出《关于进一步规范商业银行存款业务竞争行为的通知》，要求各单位坚决制止存款不正当竞争行为。

4月16日，中国建设银行嘉兴市分行召开新闻发布会，宣布建行嘉兴市分行与国信证券有限责任公司在嘉兴首家推出"银证通"业务，中央电视台经济频道专题报道。

5月28日，中国人民银行嘉兴市中心支行向各县（市）支行、市级商业银行印发了《嘉兴市银行业分类监管实施办法》和《中国人民银行嘉兴市中心支行贷款风险预警办法》。

6月21日，中国人民银行嘉兴市中心支行与嘉兴市公安局联合召开"嘉兴市打击防范外汇领域违法犯罪专项整治活动动员会"。

7月25日，中国人民银行嘉兴市中心支行与市中级法院联合召开全市法院"集中执行月"活动金融债权公开兑现大会，集中兑现金融债权2 335.39万元。

7月，中国人民银行嘉兴市中心支行会同财政、教育等部门建立了浙江省首个生源地助学贷款担保基金。

8月7日，中国工商银行嘉兴市分行与嘉兴市城建委举行授信7亿元的"市区危旧房改造项目"贷款签约仪式，创下了嘉兴市城市基础设施建设单个项目贷款的新纪录。嘉兴市市委常委、市长陈德荣，工行省分行丁仲簏行长，嘉兴市市委常委、常务副市长王洪涛出席签约仪式。

9月8—9日，中国人民银行嘉兴市中心支行举办"嘉兴市金融产品推介会暨银企项目洽谈会"，市级各银行、信用联社进行了金融产品展示、40余家企业与银行在会上进行了项目资金需求洽谈，近20家企业与银行达成合作意向并签约。

9月，爱建证券有限责任公司正式获中国证监会批准设立。原嘉兴市信托投资公司证券营业部正式更名为爱建证券有限责任公司嘉兴斜西街证券营业部。

12月18日，嘉兴市商业银行第一家县（市）支行——海宁支行开业。

12月20日，由嘉兴市政府主办，中国人民银行嘉兴市中心支行与市发展改革委承办的"嘉兴金融国际合作推介会"在嘉兴举行。在沪的50余位外资银行行长、首席代表前来参加。

## 2003年

2月26日，工商银行嘉兴市分行隆重举行贷款超一百亿元庆典暨捐资助学新闻发布会。庆典仪式上，同时启动捐建两所民工子弟学校、资助百名贫困大学生等活动。工行省分行沈荣勤副行长，嘉兴市委副书记、市长陈德荣，常务副市长王洪涛和各县（市、区）领导、各级经济开发区、重点企业代表等出席发布会，中央人民广播电台、浙江人民广播电台等媒体记者到会采访。

4月，中国人民银行嘉兴市中心支行出台《金融业支持"工业立市"战略实施的指导意见》。

5月15日，中国人民银行嘉兴市中心支行向人行各县（市）支行、市级各商业银行、信用社发出《嘉兴市金融系统在非典型肺炎防治期间进一步加强信贷服务提高金融效率的工作意见》。

7月3日，中国人民银行嘉兴市中心支行联合相关部门下发《嘉兴市区下岗失业人员小额担保贷款实施细则》。

7月9日，中国人民银行嘉兴市中心支行向各商业银行和市联社印发了《嘉兴市金融业支持"工业立市"战略实施的指导意见》。

7月，经中国人民银行上海分行批准，嘉兴市商业银行全辖25个储蓄所完成二级支行的改建工作。

9月16日，召开金融系统各项存款超千亿元新闻发布会，市委书记黄坤明、市长陈德荣及市人大、市政协领导到会祝贺。

9月，由嘉兴市人民政府主办、嘉兴市商业银行承办的"下岗失业人员小额担保贷款业务"正式启动。

11月1日，嘉兴市缴费"一户（卡）通"工程正式投入试运行；11月18日，举行缴费"一户（卡）通"开通仪式，被评为政府最佳实事工程。

2003年，中国人民银行嘉兴市中心支行在全省率先与市公安局建立了反洗钱联络机制。

2003年，中国银行嘉兴市分行全辖各项人民币存款余额首次超越100亿元大关，达到102.8亿元。

## 2004年

1月17日，嘉兴银监分局正式挂牌。

3月25日，中国人民银行嘉兴市中心支行向各银行机构印发《嘉兴市银行业开展"有效投入年"活动实施意见》。

3月31日，中国人民银行嘉兴市中心支行印发《关于嘉兴市金融业支持民营经济新飞跃的指导意见》。

4月15日，在全省地市级和县（市）中首先开通了电子化纳税"一户（卡）通"。

4月29日，召开了以"打造金融生态环境，推进银行信贷有效投入"为主题的全市金融工作会议，出台了《"打造金融生态环境，推进信贷有效投入"活动实施意见》、嘉兴市《2005年货币信贷工作指导意见》、《信贷征信建设指导意见》等三个指导意见。

5月15日，中国人民银行嘉兴市中心支行与相关部门联合下发《进一步推进下岗失业人员小额担保贷款工作意见》。

5月18日，中国人民银行嘉兴市中心支行与市公安部门签订《反洗钱合作备忘录》。

5月，根据国务院深化农村信用社体制改革决定的有关精神，成立省农信联社嘉兴办事处，根据省农信联社授权对全市6家农村信用社机构履行行业管理和服务职能。

6月3日，中国人民银行嘉兴市中心支行举行"嘉兴市深化农村信用社改革试点首批专项中央银行票据发行签约仪式"，现场签订5.1524亿元发行合约。

7月，中国银行嘉兴市分行与嘉兴团市委联名联合向社会发行全国首张"长城—志愿者联名卡"。

8月2日，中国人民银行嘉兴市中心支行向各银行机构印发《关于进一步做好嘉兴市货币信贷工作的指导意见》。

8月20日，嘉兴市商业银行与全国69家城市商业银行一起首批开通了城市商业银行汇票业务，会员行之间可办理银行汇票签发和互为代理兑付业务。

9月22日，交通银行嘉兴分行与嘉兴海关首家开通的网上关税支付系统"报关一点通"正式运行。

9月24日，朝鲜中央银行代表团一行来嘉兴考察。

10月31日，中国建设银行嘉兴分行国际结算量首次突破10亿美元大关。省分行余静波副行长发来贺电，祝贺该行成为全省建行系统第一家国际结算业务量超十亿美元的二级分行。

## 2005年

3月17日，嘉兴银监分局向各农合机构下发《嘉兴市农村合作金融机构"内部控制监督管理年"系列活动的实施意见》；3月24日，召开"内部控制监督管理年"动员大会。

4月9日，嘉兴市"银行卡之春"系列宣传推广活动开幕。

5月，中国人民银行嘉兴市中心支行在全省率先建立了《地区金融稳定报告制度》。2005年，中国社会科学院金融研究所发布的《中国城市金融生态环境评价》报告显示，嘉兴金融生态环境综合排名列全国第9位。

6月1日，召开全市金融工作会议，部署开展嘉兴市"打造和谐金融环境　推进信贷有效投入"活动。

7月1日，中国人民银行嘉兴市中心支行举行嘉兴市征信建设宣传月动员大会暨个人征信系统互联网运行新闻发布会，圆满完成个人征信系统联网运行。

7月11日，中信实业银行嘉兴支行升格为嘉兴分行，各县（市）支行相继成立。

7月15日，中国人民银行嘉兴市中心支行组织开展全市银行业"访百家企业，增信贷投入，促稳健发展"专题调研活动。

10月12日，"2005中国·嘉兴江南文化节"各系列活动获由太平洋人寿保险嘉兴中心支公司提供的人身意外伤害保险保障，总保险金额达10.8亿元。

11月2日，中国建设银行浙江省分行与嘉兴市人民政府签订了支持中小企业发展合作协议，将嘉兴市确立为支持中小企业发展的重点推进区域，承诺在未来三年内向嘉兴地区的中小企业新增贷款计划80亿元（或三年累计发放贷款400亿元）。嘉兴市委书记陈德荣和浙江省建行行长余静波出席签约仪式并分别发表讲话，省建行副行长徐众华和嘉兴市副市长蒋仁欢分别代表建行和市政府签约。

11月18日，嘉兴市政府在杭州举办与杭州银行界合作与发展恳谈会。

11月25日，中信实业银行嘉兴分行更名为"中信银行嘉兴分行"。

12月2日，由朝鲜中央银行结算部局长带队的朝鲜中央银行访问团在人民银行嘉兴市中心支行、交通银行嘉兴分行学习考察基层中央银行和股份制商业银行运作模式。

2005年，嘉兴市政府转发中国人民银行嘉兴市中心支行《"打造金融生态环境，推进信贷有效投入"活动实施意见》、《2005年货币信贷工作指导意见》、《信贷征信建设指导意见》、《嘉兴市支持企业实施"走出去"战略外汇管理指导意见》。

2005年，中国人民银行嘉兴市中心支行在全省率先建立与市银监分局、建设局等部门的房地产市场信息互通和政策协调机制，实施了嘉兴市《银行机构流动性水平监测》、《银行机构风险监测》和《民间借贷利率监测》三项制度。

2005年，国家外汇管理局嘉兴市中心支局在全省率先实施了《嘉兴市收汇未核销监管责任制》、《进出口逾期未核销监管责任制》及《外汇账户系统数据质量考核办法》。

2005年，中国人民银行嘉兴市中心支行在全省率先开通了"一户（卡）通"现金缴费业务平台。

2005年，成立嘉兴市金融系统创建文明行业工作领导小组。

## 2006年

1月6日，中国人民银行嘉兴市中心支行召开嘉兴市银行业"完善小企业金融服务　推进小企业贷款工作"动员大会。

1月9日，嘉兴银监分局向各银行机构下发《嘉兴市银行业完善小企业金融服务推进小企业贷款工作实施方案》；1月16日，召开"完善小企业金融服务，推进小企业贷款工作"动员会。

3月17日，嘉兴市政府办公室转发中国人民银行嘉兴市中心支行《关于嘉兴市金融支持现代新农村建设的指导意见》。

4月5日，嘉兴市政府陈德荣市长和中国建设银行浙江省分行余静波行长共同出席嘉兴建行与新华信托投资股份有限公司、嘉兴市交通投资集团有限责任公司信托基金三方合作签约仪式。新华信托向嘉兴交投发行12亿元信托基金，由建行嘉兴市分行出具16.69亿元的借款保函，支持"杭州至上海浦东高速公路项目"和"杭州湾跨海大桥北岸连接线项目"的开发、建设和经营。

4月6日、10日，嘉兴市商业银行与中国建设银行嘉兴市分行、中国银行嘉兴市分行分别举行全面战略合作签约仪式。

5月，中国人民银行嘉兴市中心支行推动中小企业贷款工作。为规划培育成长型小企业，在全省率先制定了"成长型小企业评价认定方法"，将全市4 356家小企业中的200家纳入重点培育和扶持计划。

5月24日，嘉兴银监分局向各银行机构下发《进一步推进"送金融下乡"活动的意见》；6月12日，嘉兴银监分局在桐乡市石门镇桂花村召开嘉兴市银行业"送金融下乡"现场推进会。

9月16日，嘉兴银监分局与市银行业协会联合召开全市银行业小企业贷款理论研讨会暨经验交流会。全市银行业金融机构50多人参加会议，共评选出12篇获奖作品。

11月17日至19日，中国人民银行嘉兴市中心支行举办"2006嘉兴市金融理财（投资）文化节"，组织金融展、高峰论坛、金融学会研讨、南湖讲堂等多个主题活动。

2006年，中国人民银行嘉兴市中心支行在全省率先建立违规签发空头支票"黑名单"通报、披露制度。

## 2007年

1月29日，嘉兴银监分局召开"嘉兴市银行业合规风险管理机制推进工作会议"。

2月8日，中国人民银行嘉兴市中心支行组织辖内发卡行开展农民工特色银行卡服务宣传活动，中央电视台2月12日《新闻联播》进行专门报道。

2月9日，嘉兴银监分局组织召开"完善小企业金融服务，推进小企业贷款工作"总结表彰会，全市各银行机构主要负责人、小企业推进工作先进单位、优秀客户经理及优秀守信小企业代表近300人参加会议。

3月，中信银行整体改制为股份有限公司，中信银行嘉兴分行更名为"中信银行股份有限公司嘉兴分行"，简称"中信银行嘉兴分行"。

4月，中国人民银行嘉兴市中心支行出台《关于嘉兴市金融支持和谐社会建设的指导意见》、《关于嘉兴市进一步推进金融支持节能减排工作的指导意见》、《关于嘉兴市推进银行业金融机构与担保机构互利合作的指导意见》，有效促进了我市信贷结构的优化。

4月5日，嘉兴银监分局召开嘉兴市银行业金融机构"送金融知识下乡"工作会议；4月12日，嘉兴银行业金融机构"送金融知识下乡"活动在南湖区余新镇全面启动。

4月25日，嘉兴银监分局引导辖内11家银行业金融机构联合在《嘉兴日报》、嘉兴电视台发出"完善银行服务，履行社会责任，促进和谐社会建设"的倡议，缓解银行排队等候时间长的问题。

5月21日，国家外汇管理局嘉兴市中心支局召开"讲诚信、谋发展、促平衡"主题活动动员大会；《金融时报》11月29日以"嘉兴五种机制构建外汇诚信体系"为题通过专栏形式进行报道。

6月29日，经国家外汇局批准，国家外汇管理局嘉兴市中心支局召开嘉兴市贸易进口跨省异地付汇改革试点工作会议，试行全国唯一的异地进口付汇备案管理改革试点，浙江省钟山副省长作批示。

6月29日，嘉兴银监分局召开"嘉兴市银团贷款推进会暨试点银行签约仪式"，工商银行嘉兴分行与浙江禾城农村合作银行正式签订了2 000万元银团贷款合作协议。

7月21日，中国建设银行嘉兴分行会同嘉兴市残联在戴梦得广场举行2007年世界特奥会城市接待、火炬接力跑暨建设银行支持特奥公益活动启动仪式，嘉兴市政府张志伟副市长出席仪式并讲话。

10月11日，召开金融支持和谐社会建设暨金融保险服务送农村活动推进会；并在全国率先出台《农村合作金融机构农村住房抵押借款、登记管理暂行办法》和《关于开展农村住房抵押贷款试点工作的意见（试行）》，全省率先开展农民专业合作社综合授信；统一实施的政策性农业保险和政策性农村住房保险的参保率分别为99%和97%，均居全省第一。

10月19日，嘉兴银监分局召开"构建和谐社会，银行业加强外来人员金融服务推进会"，工商银行嘉善支行等6家银行机构分别与3家外来企业、3名外来人员签订贷款意向书。

2007年，中国人民银行嘉兴市中心支行出台《货币信贷工作指导意见》、《金融支持和谐社会建设的指导意见》、《金融支持节能减排工作的指导意见》、《关于推进银保互惠合作指导意见》。

2007年，中国人民银行嘉兴市中心支行在全省率先建立《金融分支机构改革督导制度》；顺利完成辖区最后一家农村信用社的央行票据兑付工作，并在全省率先建立《农信社改革试点专项央行票据兑付后考核评价指标体系》。

2007年，作为全国17家试点城市之一，引进专业外部评级机构开展借款企业信用评级工作。

## 2008年

3月18日，兴业银行嘉兴支行开业。

4月17日，中国人民银行嘉兴市中心支行向各银行机构印发《关于嘉兴市金融创新创优支持创业发展的指导意见》。

4月18日，招商银行嘉兴支行开业。

4月25日，邮储银行浙江省嘉兴市分行开业。

5月16日，嘉兴银监分局召开银行业合规风险管理推进会暨案件专项治理情况通报会议。

6月25日，中国人民银行嘉兴市中心支行协助市政府举办嘉兴市重大工业项目推进会议暨银企合作签约仪式，授信金额达100亿元。

7月9日，嘉兴银监分局向各银行机构印发《2008年推进小企业金融服务工作实施方案》；10月9日，印发《下一阶段推进小企业金融服务工作重点》。

8月16日，中国人民银行嘉兴市中心支行在海宁市举行"银行卡推广运行示范村暨反假货币示范工作站"揭牌仪式。

8月26日，中国人民银行嘉兴市中心支行举办市金融系统"服务在基层、创新促发展"主题活动暨新丰镇银企合作签约仪式。

8月，嘉兴市商业银行在全国首创排污权抵押贷款，并因此荣获全国"绿色金融创新大奖"。

9月27日，在海宁中国皮革城举行全国"刷卡无障碍市场"授牌仪式。

11月24日、30日，嘉兴市政府先后转发人民银行嘉兴市中心支行《关于嘉兴市金融加大对经济增长支持力度的若干指导意见》、《关于进一步改进外汇管理支持嘉兴市开放型经济发展的若干指导意见》。

11月，中国银行肖钢董事长赴嘉兴市分行开展科学发展观调研。

12月12日，中国建设银行浙江省分行与嘉兴市政府签订《进一步支持地方经济发展合作协议》，承诺在未来三年内向嘉兴市新增投放180亿元的贷款，省分行劳新江副行长和嘉兴市政府蒋仁欢副市长分别代表建行和政府在协议上签字。

12月19日，浙商银行嘉兴支行开业。

12月25日，嘉兴银监分局与嘉兴市新居民事务局联合印发《关于嘉兴银行业进一步加强对新居民金融服务的若干指导意见》。

2008年，中国人民银行嘉兴市中心支行开通救灾资金划拨"直通车"，在年初雨雪灾害、"5·12"大地震和台风灾害中，国库资金的划拨一直保持全天候畅通。

2008年，中国人民银行嘉兴市中心支行在全省率先推出了《嘉兴市商业银行同业间人民币现金调剂余缺办法》。

2008年，人保财险嘉兴市分公司《车友部落》创刊。

## 2009年

2月18日，深圳发展银行股份有限公司嘉兴支行对外营业。

3月19日，嘉兴银监分局向各涉农银行机构印发《嘉兴银行业"深化农村金融改革，促进城乡统筹发展"活动方案》；3月23日，召开"深化农村金融改革，促进城乡统筹发展"推进会，部分银行机构与企业代表在会上签约。

3月24日，中国人民银行嘉兴市中心支行召开嘉兴市银行业金融机构与担保机构互利合作对接推进会，累计担保合作额度达16.4亿元。

4月2日，嘉兴银监分局向各银行机构印发《2009年小企业金融服务工作推进方案》。

4月10日，在全省率先启动"市级政府与省级人行"签约合作，嘉兴市政府与中国人民银行杭州中心支行签订了《关于共同推进农村现代金融制度建设促进嘉兴统筹城乡发展的合作协议》；出台《关于推进金融支持统筹城乡发展的指导意见》，《关于加大金融支持中小企业力度推进工业经济发展的通知》等指导意见。

4月，中国人民银行嘉兴市中心支行在全市金融系统内组织开展了"千名信贷员下厂入户服务月"活动，派出信贷员共计1 831名，活动期间共走访企业11 082家、农户35 987户，并举办项目对接会、金融产品推介会、支农联络员会议、出口行业分析会、自主创业者座谈会和金融知识讲座等229次。

5月21日，中国人民银行嘉兴市中心支行举办"新农村 新功能 新发展"农村合作金融外汇业务推进会。

9月2日，浙江省首家全国级刷卡无障碍景区乌镇授牌仪式。

9月22日，中国人民银行嘉兴市中心支行组织举办庆祝新中国成立60周年嘉兴市金融系统书法美术摄影作品展，共征集并展出作品236件。

11月7日，中国人民银行嘉兴市中心支行举办由全市金融机构、中小企业和有关政府部门参加的金融支持中小企业发展论坛。

2009年，全国首创跨行、跨区域地方政府性债务优化银团贷款8亿元，并向亚洲金融商会申报2009年度标准化政府类银团贷款债务优化重组银团贷款创新奖。

2009年，中国人民银行嘉兴市中心支行全省率先试点两项资金的直接支付。在国库集中支付市级预算单位全覆盖、保持全省领先的基础上，全省率先办理了计划生育家庭特别扶助经费和种粮大户财政补贴资金的直接支付。

### 2010年

4月，中国人民银行嘉兴市中心支行出台《关于金融支持嘉兴市产业转型升级的指导意见》。

4月2日，嘉兴银监分局召开2009年嘉兴银行业"金融支持统筹城乡发展"总结表彰暨2010年深化年动员大会；4月13日，向各银行机构印发《2010年嘉兴银行业"金融支持统筹城乡发展深化年"活动方案》。

4月8日，中国人民银行嘉兴市中心支行向辖区各银行机构印发《"世博金融便捷服务系列活动"实施方案》。

4月20日，嘉兴银监分局向各银行机构印发《2010年小企业金融服务工作推进方案》。

5月19日，市政府转发中国人民银行嘉兴市中心支行《关于金融支持工业经济转型升级若干意见》和《关于进一步改进外汇管理和服务支持开放型经济转型发展若干意见》。

7月，举行嘉兴市跨境贸易人民币结算试点启动仪式。

7月，邮储银行浙江省嘉兴市分行储蓄存款余额突破100亿元。

9月，中国人民银行嘉兴市中心支行出台《嘉兴市金融机构金融管理与服务实施细则（试行）》、《嘉兴市银行业金融机构综合评价办法（试行）》和《嘉兴市金融业重大事项及重要信息报告制度（试行）》三项制度和《中心支行金融机构金融管理与服务的操作规程》。

10月末，中国农业银行嘉兴分行存贷款总量突破1 000亿元大关，余额达1 051.49亿元。其中：各项存款615.97亿元、各项贷款435.52亿元，是嘉兴市首家存贷总量超1 000亿元的商业银行。

11月28日，嘉兴银监分局举办嘉兴银行业"公众教育服务日"活动启动仪式。

12月17日，湖州银行嘉兴分行开业。

12月末，嘉兴银行全行资产总额和各项存款总额双双突破200亿元大关。

# 嘉兴市金融系统各单位 1991—2010 年荣誉称号统计表

| 金融机构名称 | 单位或个人 | 荣誉称号 |
| --- | --- | --- |
| 中国人民银行嘉兴市中心支行 | 中国人民银行嘉兴市中心支行 | 1992 年被中国人民银行、中国金融工会授予"中国人民银行思想政治工作先进单位" |
| | | 1992 年被中国人民银行、中国金融工会授予"全国金融系统先进单位" |
| | | 1993 年被中国人民银行、中国人民银行工会工作委员会授予"中国人民银行货币发行工作先进单位" |
| | | 1997 年被中国金融工会授予"模范职工之家" |
| | | 1997 年被浙江省委、省政府评为"行风评议先进单位" |
| | | 1999 年被中共浙江省委、省政府授予"文明单位" |
| | | 2000 年被中共中国人民银行委员会、中国人民银行授予 1999—2000 年度"双文明单位" |
| | | 2001 年被中央金融工委精神文明建设委员会授予"全国金融系统文明建设先进单位" |
| | | 2002 年被中国金融工会全国委员会授予"全国金融五一劳动奖状" |
| | | 2002 年被省委省政府授予"文明单位" |
| | | 2003 年被中央精神文明建设指导委员会授予"全国创建文明行业工作先进单位" |
| | | 2003 年被省公安厅等授予"浙江省治安安全示范单位" |
| | | 2004 年被省公安厅等授予"浙江省治安安全示范单位" |
| | | 2005 年被中央精神文明建设指导委员会授予"全国精神文明建设工作先进单位" |
| | | 2005 年被总行授予"2003—2005 年度文明单位" |
| | | 2005 年被省委组织部、省总工会评为党建带工建,三级联创"模范职工之家" |
| | | 2007 年被中国人民银行工会工作委员会授予"模范职工之家" |
| | | 2007 年被中国人民银行上海总部授予"学习型组织标兵单位" |
| | | 2007 年被中国人民银行上海总部授予"工会工作先进集体" |
| | | 2008 年被中国人民银行上海总部授予"2006—2008 年度先进基层党组织" |
| | | 2008 年被省公安厅等授予"浙江省治安安全示范单位" |
| | | 2009 年被中央精神文明建设指导委员会授予"全国精神文明建设工作先进单位" |
| | | 2009 年被中国人民银行授予"2006—2008 年度文明单位" |
| | | 2009 年被中国人民银行党委授予"中国人民银行先进基层党组织" |
| | | 2010 年被中国人民银行授予"2006—2009 年度纪检监察先进集体" |
| | | 2010 年被省公安厅等授予"浙江省治安安全示范单位" |
| | | 2010 年被浙江省住房和城乡建设厅授予浙江省建设工程钱江杯奖(优质工程) |
| | | 2010 年被中国人民银行授予"创新金融服务支持经济发展"业务竞赛先进集体 |

续表

| 金融机构名称 | 单位或个人 | 荣誉称号 |
| --- | --- | --- |
| 中国人民银行嘉兴市中心支行 | 嘉兴市中心支行外汇管理科 | 1996—1999年度中国人民银行先进集体 |
| | | 2000—2010年全国级"青年文明号" |
| | 嘉兴市中心支行营业部 | 2001—2010年全国级"青年文明号" |
| | | 2005年全国级"巾帼文明岗" |
| | 嘉兴市中心支行团委 | 2009年度中国人民银行"我与央行共奋进"精品活动 |
| | | 2010年度中国人民银行"我与央行共奋进"精品活动 |
| | 王中佳 | 2009年"全国金融五一劳动奖章" |
| | | 中国人民银行"2005—2006年度优秀党务工作者" |
| | | 中国人民银行上海总部"2006—2008年度优秀共产党员" |
| | 俞建平 | 1996年被嘉兴市委、市政府授予"南湖杰出青年"称号 |
| | | 2002年被浙江省总工会评为"省级优秀工会工作者"称号 |
| | 褚小平 | 2009年破获重大外汇违法案件有功个人 |
| | 朱 宏 | 2008年全国金融系统优秀工会干部 |
| | 张一兵 | 2007—2010年度中国人民银行支付结算工作先进个人 |
| | 钱倍芳 | 2001年全国金融系统先进女职工 |
| | 舒 雄 | 2000年度中国人民银行青年岗位能手 |
| | 陆 强 | 2001年度中国人民银行青年岗位能手 |
| | 李爱勤 | 2005年度中国人民银行青年岗位能手 |
| | 沈 浩 | 2008年度中国人民银行青年岗位能手 |
| | 顾娟红 | 2003年全国银行信贷登记咨询系统先进个人 |
| | 吴 俊 | 2006年度中国人民银行优秀共青团员 |
| | 马蔚为 | 2007年度中国人民银行优秀共青团员 |
| | 蔡芳芳 | 2009年度中国人民银行优秀共青团员 |
| | 陈光辉 | 2009年度中国人民银行优秀共青团干部 |
| | 祖 明 | 2009年破获重大外汇违法案件有功个人 |
| | 陈嘉靖 | 2010年度中国人民银行优秀宣传干部 |
| | 梁京华 | 2010年中国人民银行"创新金融服务支持经济发展"业务竞赛活动先进个人 |
| 嘉兴银监分局 | 监管三科 | 2004年被总工会授予"全国职工职业道德建设百佳班组"称号 |
| | 沈宏斌、张舒 | 2004年撰写的《农信社法人治理结构缺陷及改革建议》获银监会团委青年论坛优秀奖 |
| | 纪玲珍 | 2006年获全国"红船杯"学党章知识竞答活动三等奖 |
| | 滕海兵 | 2007年撰写的《信息工作的"五好"之路》荣获第四届中国银监会系统青年论坛优秀奖 |
| | 毛志恒 | 2010年获银监会监管标兵 |
| 中国工商银行嘉兴分行 | 中国工商银行嘉兴分行 | 1992年获省人行,省财政厅授予"一九九一年度国债兑付先进单位" |
| | | 1996年获中华全国总工会宣传教育部,中国图书馆学会工会图书馆委员会授予"全国工会系统文明图书馆"称号 |
| | | 1998年获省金融系统行风评议组授予"浙江省金融系统行风建设先进集体" |

续表

| 金融机构名称 | 单位或个人 | 荣誉称号 |
| --- | --- | --- |
| 中国工商银行嘉兴分行 | 中国工商银行嘉兴分行 | 1999年获总行工会，总行女职工委员会授予"全国工商银行系统家庭文化建设先进单位" |
| | | 1999年获省委、省政府授予"浙江省省级文明单位" |
| | | 1999年获省金融工会，省金融体协授予"浙江省金融系统群众体育先进单位" |
| | | 1999年获省爱国卫生运动委员会授予"浙江省卫生先进单位" |
| | | 2000年获全国总工会"全国工会先进女职工集体" |
| | | 2000年获工总行"优质文明服务先进单位" |
| | | 2001年获省综治委，省公安厅，省人保公司授予"2000年度省级治安安全单位" |
| | | 2002年获"中国工商银行综合业务系统一期工程投产工作集体三等奖" |
| | | 2002年获工总行"牡丹万事达国际卡市场推广纪念" |
| | | 2002年获工总行"综合业务系统二期工程投产工作集体一等奖" |
| | | 2003年浙江省国家税务局授予"2003年度AAA级纳税信誉等级" |
| | | 2004年获中华全国总工会"全国五一劳动奖状" |
| | | 2004年获工总行教育部授予"2003年度教育先进集体" |
| | | 2007年获中国金融工会全国委员会"全国金融五一劳动奖状" |
| | | 2007年获中共浙江省委组织部，浙江省总工会授予党建带工建，三级联创"模范职工之家" |
| | | 2007年获工总行中国工商银行工会工作委员会"学习型组织先进单位" |
| | | 2008年获中国银行业协会"二〇〇八年度中国银行业文明规范服务示范单位" |
| | | 2007年获工总行"档案工作优秀集体" |
| | | 2008年获工总行"第三方存管业务开发推广优秀组织奖" |
| | | 2008年获工总行"工行网银进万家"劳动竞赛优秀组织单位 |
| | | 2009年获中国企业文化研究会"全国企业文化建设先进单位" |
| | | 2009年获工总行"二级分行信用卡综合业务经营奖二等奖" |
| 中国农业银行嘉兴分行 | 中国农业银行嘉兴分行 | 2005—2006年度农总行法律工作先进集体 |
| | | 2007年浙江省企业文化建设先进单位 |
| | | 2009年度农总行惠农卡和农户小额贷款工作先进单位 |
| | | 农总行教育储蓄先进单位 |
| | | 省级文明单位 |
| | 农行嘉兴分行团委 | 2006—2007年度农总行五四红旗团委 |
| | | 2008—2009年度农总行五四红旗团委 |
| | 农行南湖支行 | 农总行案件防控先进单位 |
| | 农行开发区支行 | 农总行案件防控先进单位 |
| | 农行嘉兴审计办事处 | 2006—2007年度农总行审计工作先进集体 |
| | 农行嘉兴分行工会委员会 | 浙江省模范职工之家 |

续表

| 金融机构名称 | 单位或个人 | 荣誉称号 |
|---|---|---|
| 中国农业银行嘉兴分行 | 农行嘉兴市分行"心连心"营业中心 | 2004年度金融系统全国青年文明号 |
| | | 2006年度中国银行业文明规范服务示范单位 |
| | | 2006年度浙江省银行业文明规范服务示范单位 |
| | | 全国级巾帼文明岗 |
| | 农行中山支行中西分理处 | 农总行"迎新春"活动先进集体 |
| | 农行中山支行河西分理处 | 农总行教育储蓄先进储蓄网点 |
| | 农行嘉兴市分行营业部 | 农总行青年文明号 |
| | 徐国初 | 2005年度农总行银行卡工作先进个人 |
| | | 2009年度农总行惠农卡和农户小额贷款工作先进个人 |
| | 赵 阳 | 农总行贷后管理先进个人 |
| | 张善南 | 2008年度农总行综合改革先进个人重大贡献奖 |
| | | 农总行计划财务工作先进个人 |
| | 俞建新 | 2008年度总行综合改革先进个人贡献奖 |
| | 盛 徐 | 2006—2007年度农总行电子银行工作先进个人 |
| | 宋社宝 | 2006—2007年度农总行办公室系统先进个人 |
| | 张伟萍 | 2006—2010年度全国劳动模范 |
| | 赵源源 | 2003—2006年度中国农业银行劳动模范 |
| | 王中卫 | 2005—2006年度农总行优秀会计主管 |
| | 宋社宝 | 农总行总务工作先进个人 |
| | 冯建龙 | 全国金融五一劳动奖章 |
| | 潘英智 | 农总行内控评价工作先进个人 |
| | 陆 波 | 农总行"迎新春"活动先进个人 |
| | 仲丽燕 | 2002—2003年度农总行优秀共青团员 |
| | 朱建荣 | 农总行教育储蓄先进储蓄员 |
| | 赵 矛 | 1999年度农总行优秀共青团干部 |
| | 陶宏慧 | 全国金融劳动模范 |
| 中国银行嘉兴市分行 | 中国银行嘉兴市分行 | 团委1995年被省团委评为"红旗团委" |
| | | 1996年被省委评为"先进基层党组织" |
| | | 1996年荣获"机关档案管理达标省贰级" |
| | | 1997年荣获中国银行（总行）"先进纪检监察组织" |
| | | 1997年度荣获"省金融系统先进女职工委员会" |
| | | 1998年被省政府评为"行风建设先进集体" |
| | | 1999年被省金融工委、省金融体协评为"群众体育先进单位" |
| | | 1999—2001年荣获"省级治安安全单位" |
| | | 2002年荣获中国银行（总行）"安全保卫工作全国先进单位" |
| | | 工会2005年被全国金融系统评为优秀工会干部 |

续表

| 金融机构名称 | 单位或个人 | 荣誉称号 |
|---|---|---|
| 中国银行嘉兴市分行 | 中国银行嘉兴市分行 | 2005年荣获全国级"青年文明号" |
| | | 党委2010年被省行评为"先进基层党组织" |
| | | 党委2010年被总行评为"先进基层党组织" |
| | | 工会2010年被全国总工会评为"全国模范职工之家" |
| | 孙林燕 | 2004年全国金融系统优秀工会干部 |
| | 张金良 | 1997年度全国金融系统体育先进工作者 |
| | 陈黎红 | 1997年度省金融系统青年岗位能手 |
| | | 1998年度全国级青年岗位能手 |
| | | 1998年度全国金融系统青年岗位能手 |
| | | 2008年浙江省三八红旗手 |
| | 胡 文 | 1995年度总行级青年岗位能手 |
| | | 1998年度全国级青年岗位能手 |
| | | 1998年中行系统青年岗位能手 |
| | | 2001年度总行级文明优质服务标兵 |
| | 李婷婷 | 1996年度省级青年岗位能手 |
| | 马丽亚 | 1995年度总行级文明优质服务标兵 |
| | 朱晓燕 | 2001年度总行级青年岗位能手 |
| | 张艳、王海燕 | 2002年度总行级文明优质服务先进个人 |
| | 朱德福 | 1999年度中国银行（总行）优秀共产党员 |
| 中国建设银行嘉兴分行 | 中国建设银行嘉兴分行 | 1991年市中心支行荣获全国建设银行建经工作先进集体 |
| | | 1998年被总行评为全国建设银行安全保卫工作先进集体 |
| | | 1998年被省政府评为"行风建设先进单位" |
| | | 1999年市分行本级和全辖县市支行档案室全部通过省档案局省一级标准验收 |
| | | 2001年荣获嘉兴市委、市政府2000年综合目标考评省直属部门类第一名 |
| | | 2002年被总行评为信贷审批工作先进单位 |
| | | 2003被总行评为资产质量管理工作先进集体 |
| | | 2004年分行工会荣获总行"模范职工之家"称号 |
| | | 2009年被总行评为"创建学习型组织，争做知识型员工"活动先进单位 |
| | | 2010年被嘉兴市委、市政府评为信访工作先进集体 |
| | | 2010年被评为省级创建学习型组织先进单位 |
| | | 2010年被评为全国金融系统职工职业道德建设先进单位 |
| | 中国建设银行嘉兴分行党委 | 2010年总行级先进基层党组织 |
| | 平湖支行 | 2010年被省银行协会评为文明规范服务示范单位 |
| | 海盐支行 | 1991年海盐支行被省政府评为"支持重点项目建设先进集体"，被总行评为国家重点建设项目财务资金管理先进单位 |

续表

| 金融机构名称 | 单位或个人 | 荣誉称号 |
|---|---|---|
| 中国建设银行嘉兴分行 | 海盐支行 | 2008年被全国、省银行业协会评为文明规范服务示范单位 |
| | 桐乡支行 | 1993年被总行评为贷款管理工作先进集体 |
| | | 2007年被中国银行业协会评为文明规范服务示范单位 |
| | | 2009年被中国金融思想政治工作研究会评为"全国金融系统思想政治工作先进单位" |
| | 方红君 | 2009年被评为全国巾帼建功标兵 |
| | 朱敏 | 2009年度被评为总行级"巾帼建功标兵" |
| | 方一男 | 1999年被授予"浙江省优秀青年卫士"称号 |
| | 曹必英 | 2010年被总行评为总行级优秀工会干部 |
| | 吴铁雁 | 2008年被总行评为优秀团干部 |
| | 姜书昌 | 2003年被评为总行级优秀共产党员 |
| | | 2009年被评为全国金融系统优秀工会干部 |
| 交通银行嘉兴分行 | 交通银行嘉兴分行 | 1995—2003年连续九年被交通银行总行评为"经营管理一等行" |
| | 交通银行嘉兴分行 | 1998年被浙江省人民政府评为"浙江省金融系统行风建设先进集体" |
| | 交通银行嘉兴分行 | 2003年获得"交通银行精神文明建设先进单位"称号 |
| | 交通银行嘉兴分行 | 2009年被评为交通银行浙江分行经营管理先进集体 |
| | 交通银行嘉兴分行禾城支行 | 2000年被评为交通银行总行级"百优先进柜组" |
| | 交通银行嘉兴海宁支行 | 2006、2008年被评为浙江省银行业文明规范服务示范单位 |
| | 交通银行嘉兴开发区支行 | 2010年被评为浙江省银行业文明规范服务示范单位 |
| 中信银行嘉兴分行 | 中信银行嘉兴分行 | 1998年3月，获得"省金融系统行风建设先进集体"称号 |
| | | 2003年3月，被总行授予零售银行业务先进支行奖 |
| | | 2004年6月，被嘉兴市委评为"党建工作先进单位" |
| | | 2005年1月，获得"省级文明单位"称号 |
| | | 2006年2月，被总行评为"2005年度中信魔力信用卡推广先进单位"称号 |
| | | 2007年、2008年，连续两年被总行评为"国际业务优秀营销团队"和"明星结算团队" |
| | | 2010年获得"省级治安安全示范单位"称号 |
| | 中信银行嘉兴分行营业部 | 1998年4月，获得"总行级青年文明号"称号 |
| | | 1998年9月，获省金融系统"文明服务示范点"称号 |
| | | 2001年6月，获全国青年文明号 |
| | | 2006年12月，被浙江省财贸工会评为"省级特色服务品牌示范岗" |
| | 中信银行嘉兴支行团支部 | 2005年12月，被评为全国五四红旗团支部 |
| | 中信银行嘉兴海宁支行 | 1999年6月获得总行级"青年文明号"称号，2009年2月被授予"浙江省文明单位"称号，2007年3月获得总行级零售银行优秀支行和企业通先进支行 |
| | 中信银行嘉兴平湖支行 | 2003年8月获得总行级"青年文明号"称号 |
| | 中信银行嘉兴秀州支行 | 2010年7月获得总行级"青年文明号"称号 |
| | 中信银行嘉兴新南湖支行 | 2006年4月被评为嘉兴市级"巾帼示范岗"，2010年7月获得总行级"青年文明号"称号 |

续表

| 金融机构名称 | 单位或个人 | 荣誉称号 |
|---|---|---|
| 中信银行嘉兴分行 | 张岚 | 2002年5月，获全国"五一劳动奖章" |
| | 张岚 | 1999年10月被中信公司评为"百佳中信人"，2000年5月总行级青年岗位能手，2002年5月浙江省劳动模范，2002年10月总行级先进工作者 |
| | 王佳 | 2003年3月被选为团中央第十五届团代会代表 |
| | 沈海峰 | 2001年5月被评为总行级"青年岗位能手" |
| | 任旻龑 | 2006年7月被评为总行级"青年岗位能手" |
| | 金健 | 2006年11月被总行评为"国际业务精英客户经理" |
| | 周艺 | 2006年12月中信银行总行第三届会计岗位技能比武"多指多张点钞个人第二名"，2006年12月被评为总行级青年岗位能手 |
| | 应大宏 | 2006年12月，被中信集团公司评为"优秀工会干部" |
| | 王鎏皞 | 2010年7月被总行授予"青年岗位能手"称号 |
| | 姚婧 | 2010年7月被总行授予"青年岗位能手"称号 |
| 兴业银行嘉兴分行 | 兴业银行嘉兴分行 | 浙江省银行业2010年度文明规范服务示范单位 |
| 招商银行嘉兴支行 | 金纲 | 2009年总行级优质服务明星 |
| | 李申 | 2009年总行级优秀储蓄主管 |
| | 嘉兴支行护卫队 | 2009年总行级先进护卫队 |
| | 常建梁 | 2010年银监会系统优秀共产党员 |
| | 常建梁 | 2010年招行系统优秀共产党员 |
| | 周阳 | 2010年总行级明星客户经理 |
| 浙商银行嘉兴支行 | 浙商银行嘉兴支行 | 2009年总行级优秀团队 |
| | 干德龙 | 2009年总行级优秀客户经理 |
| | 姜晟 | 2010年总行级优秀客户经理 |
| 嘉兴银行 | 嘉兴银行 | 2008年被命名为"嘉兴市'十佳'企业职工文化建设示范单位" |
| | 嘉兴银行 | 被评为"2010中国最佳中小企业服务银行" |
| | 嘉兴银行 | 被评为"2010全国支持中小企业发展十佳商业银行（区域）" |
| | 嘉兴银行 | 被评为"2009银行绿色金融创新大奖" |
| | 嘉兴银行 | 被评为"2010年度浙江省'创建学习型组织、争做知识型职工活动'先进单位" |
| | 嘉兴银行 | 2010年度被评为浙江省"支持体育事业优秀贡献单位" |
| | 嘉兴银行 | 2010年度被评为"嘉兴市工会经审工作先进集体" |
| | 计划财务部 | 被评为"2009年非现场监管统计报表质量评比一等奖" |
| | 秀州支行 | 2008年度被评为"浙江省银行业文明规范服务示范单位" |
| | 秀水支行 | 被评为"2010年度支持苗木主体金融创新先进单位" |
| | 梅湾支行 | 被评为"2010年度浙江省银行业文明规范服务示范单位" |
| | 海宁支行 | 2010年度被评为"浙江银行业'送金融知识下乡'宣传服务站" |
| | 平湖支行 | 被评为"2010年度文明礼仪示范窗口" |
| | 桐乡支行 | 2010年度被评为"浙江银行业'送金融知识下乡'宣传服务站" |

续表

| 金融机构名称 | 单位或个人 | 荣誉称号 |
| --- | --- | --- |
| 嘉兴银行 | 许洪明 | 被评为"2010中国城商行年度人物" |
| | 黄玲静 | 2010年度被评为"嘉兴市先进会计工作者" |
| | 陈发奋 | 被评为"2008—2010年省级内部审计先进工作者" |
| | 杨晓芬 | 被评为嘉兴市"2010年度文明礼仪使者" |
| | 龚益华 | 2008年度被评为"市金融系统'文明礼仪使者'" |
| 浙江省农村信用社联合社嘉兴办事处 | 浙江省农村信用社联合社嘉兴办事处 | 2005年、2009年、2010年省农信联社"优秀办事处"奖 |
| | | 2008年度办事处被中共浙江省直属机关工作委员会评为农信系统唯一的"先进基层党组织" |
| | | 2008年度省联社党委授予办事处党支部"先进基层党组织"称号 |
| | 谈海明 | 1998年全国农村信用社系统支农先进个人 |
| | 吴建伟 | 2006年、2007年、2008年被省农信联社评为"优秀领导干部" |
| | 章建安 | 2007年被省农信联社评为"优秀共产党员" |
| | 倪水良 | 2008年被省农信联社评为"优秀共产党员" |
| | 陈银华 | 2009年被省农信联社评为"优秀共产党员" |
| | 曹建良 | 2009年被省农信联社评为"优秀共产党员" |
| 中国邮政储蓄银行嘉兴市分行 | 邮储银行嘉兴市分行 | 荣获"2010年度区级文明先进单位称号" |
| | 邮储银行海宁市支行 | 2009年，2010年被授予金融支持城乡统筹发展深化年活动先进单位称号 |
| | | 被浙江省银行业授予2010年度文明规范服务示范单位 |
| | 邮储银行嘉善县支行 | 2010年被评为"省级小企业信贷服务先进单位" |
| | 邮储银行平湖市支行 | 被浙江省银行业授予2010年度文明规范服务示范单位 |
| 爱建证券有限责任公司嘉兴斜西街证券营业部 | 爱建证券有限责任公司嘉兴斜西街证券营业部 | 2004年浙江省优秀证券营业部 |
| | | 2005年浙江省优秀证券营业部 |
| 中国银河证券股份有限公司嘉兴证券营业部 | 中国银河证券股份有限公司嘉兴证券营业部 | 2002年1月被浙江省证券业协会评为行业达标营业部 |
| 金通证券股份有限公司嘉兴吉杨路证券营业部 | 金通证券股份有限公司嘉兴吉杨路证券营业部 | 2003年12月被上海证券交易所评为通信网络建设A级营业部 |
| | | 2005年度被浙江证券期货协会评为优秀证券营业部 |
| | | 2008年被评为上海证券报股民学校优秀授课点 |
| | 蒋伟忠 | 2008年被评为上海证券报股民学校优秀授课老师 |
| 中国人民财产保险股份有限公司嘉兴市分公司 | 人保财险嘉兴市分公司 | 2005年省级文明单位 |

续表

| 金融机构名称 | 单位或个人 | 荣誉称号 |
|---|---|---|
| 中国人寿保险股份有限公司嘉兴分公司 | 中国人寿保险股份有限公司嘉兴分公司 | 1997年被中国人民银行浙江省分行、浙江省金融系统创建文明行业工作领导小组确定为全省金融系统"文明服务示范点" |
| | | 1998年浙江省人民政府纠风办授予浙江省金融系统行风建设"先进集体" |
| | | 1999年被总公司授予"1998年度团体保险业务先进单位" |
| | | 2000年被总公司授予"1999年度团体保险业务先进单位" |
| | | 2002年被总公司授予2002年度大中城市业务考核评比综合优秀奖 |
| | | 2003年被总公司授予"2002年度大中城市分公司业务发展先进单位" |
| | | 2006年获总公司2005年度先进党组织 |
| | | 2009年被总公司授予2008年度"中国人寿业务发展百强县" |
| | 钟美华 | 2003—2005年度荣获中国人寿保险集团公司"优秀共产党员" |
| | | 2007年度荣获中国人寿保险股份有限公司"优秀共产党员" |
| | 叶锋 | 2007年被中国金融工会全国委员会授予"全国金融五一劳动奖章" |
| | 郑依律 | 2008年荣获总公司级2007年度"十佳柜面经理之星" |
| | 王忠伟 | 2010年度荣获中国人寿保险股份有限公司"财会工作先进个人" |
| | | 2010年度荣获中国人寿保险股份有限公司"百朵金花" |
| | 许汉丰 | 2010年度荣获中国人寿保险股份有限公司"先进个人" |
| | 任珍珠 | 2010年度荣获中国人寿保险股份有限公司"优质服务先进个人" |
| | 田咏群 | 2010年度荣获中国人寿保险股份有限公司"银保渠道优秀管理干部" |
| | 平芳芳 | 2010年度荣获中国人寿保险股份有限公司"团险渠道销售精英" |
| 中国太平洋保险公司嘉兴支公司 | 中国太平洋保险公司嘉兴支公司 | 1998年省政府纠风办授予"浙江省金融系统行风建设先进集体" |
| | | 1998—1999年获太保集团公司先进集体 |
| | 中国太平洋保险公司嘉兴支公司营销部 | 1998全省金融系统第二批"文明服务示范点" |
| 中国太平洋人寿保险股份有限公司嘉兴中心支公司 | 中国太平洋人寿保险股份有限公司嘉兴中心支公司党委 | 中国太平洋保险集团公司先进性教育活动先进党组织 |
| | 中国太平洋人寿保险股份有限公司嘉兴中心支公司 | 2007年被人行杭州中心支行、浙江保监局、浙江省农业和农村工作办公室授予"金融保险服务送农村先进集体" |
| | | 2008年浙江保监局授予"浙江保险业抗击雨雪冰冻灾害先进集体" |
| | 裘国伟 | 浙江省首届优秀寿险营销员（2002年） |
| | | 2004年度全国"保险之星" |
| | 裘国伟、马凤莉、金阿坤 | 浙江省第二届优秀寿险营销员（2003年） |
| | 林红英 | 浙江省第三届优秀寿险营销员（2005年） |
| | 李爱良 | 荣膺2006年度中国保险经理人称号 |
| | | 2010年浙江保险业十大人物"锐意创新"奖 |
| | 王海 | 2008年浙江保险业抗击雨雪冰冻灾害先进个人 |
| | | 中共中国太平洋保险系统优秀共产党员 |

# 嘉兴市金融系统各单位 1991—2010 年创建载体统计表

| 单位 | 创建载体 |
| --- | --- |
| 中国人民银行嘉兴市中心支行 | 1997 年全国金融系统"模范职工之家" |
| 中国人民银行嘉兴市中心支行 | 1999 年省级"文明单位" |
| 中国人民银行嘉兴市中心支行 | 1999—2000 年度总行级"双文明单位" |
| 中国人民银行嘉兴市中心支行 | 2003—2005 年度总行级"文明单位" |
| 中国人民银行嘉兴市中心支行 | 2005 年省级"模范职工之家" |
| 中国人民银行嘉兴市中心支行 | 2007 年总行级"模范职工之家" |
| 中国人民银行嘉兴市中心支行 | 2006—2008 年度总行级"文明单位" |
| 中国人民银行嘉兴市中心支行 | 2009 年市"双结对、创文明"活动先进集体 |
| 中国人民银行嘉兴市中心支行 | 2008 年度市社区结对共建工作优秀部门 |
| 中国人民银行嘉兴市中心支行 | 2009 年市妇女工作先进集体 |
| 中国人民银行嘉兴市中心支行 | 2009 年市先进女职工组织 |
| 中国人民银行嘉兴市中心支行 | 2010 年市级文明行业 |
| 中国人民银行嘉兴市中心支行 | 2009 年度市社区结对共建工作优秀部门 |
| 中国人民银行嘉兴市中心支行 | 2010 年度市"十佳"企业职工文化建设示范单位 |
| 中国人民银行嘉兴市中心支行 | 2010 年度市社区结对共建工作优秀部门 |
| 中国人民银行嘉兴市中心支行外汇管理科 | 2000 年全国级"青年文明号" |
| 中国人民银行嘉兴市中心支行营业部 | 2001 年全国级"青年文明号" |
| 中国人民银行嘉兴市中心支行营业部 | 2005 年全国级"巾帼文明岗" |
| 中国人民银行嘉兴市中心支行货币金银科 | 2009 年市级"文明示范窗口" |
| 中国工商银行嘉兴市分行 | 自 1996 年起被省委省政府命名表彰授牌授予"浙江省省级文明单位" |
| 中国工商银行嘉兴分行陈省身分理处 | 总行级青年文明号,巾帼文明岗(浙巾双协〔2007〕第 19 号重新认定全国级) |
| 中国工商银行嘉兴分行营业部本部 | 省分行级青年文明号,巾帼文明岗 |
| | 2008 省分行第二届文明示范窗口(工银浙办发〔2008〕第 413 号) |
| 中国工商银行嘉兴市分行嘉禾支行中山西路储蓄所 | 市级青年文明号(团嘉联〔1998〕第 1 号、嘉银发〔1998〕第 39 号) |
| 中国工商银行嘉兴市分行南湖支行角里街储蓄所 | 市级青年文明号(团嘉联〔1998〕第 1 号、嘉银发〔1998〕第 40 号) |
| 中国工商银行嘉兴市分行秀州支行百花储蓄所 | 市级青年文明号(团嘉联〔1998〕第 1 号、嘉银发〔1998〕第 41 号) |
| 中国工商银行嘉兴市分行南湖储蓄所 | 市级青年文明号(嘉兴市首批嘉青文明〔1995〕第 4 号) |
| 中国工商银行嘉兴市分行南湖路储蓄所 | 市级青年文明号(团嘉联〔1996〕第 2 号、嘉银发〔1996〕第 3 号) |
| 中国工商银行嘉兴市分行东门储蓄所 | 市级青年文明号(团嘉联〔1996〕第 2 号、嘉银发〔1996〕第 4 号) |
| 中国工商银行嘉兴市分行禾兴路储蓄所 | 市级青年文明号(团嘉联〔1996〕第 2 号、嘉银发〔1996〕第 5 号) |
| 中国工商银行嘉兴市分行南湖支行南湖分理处 | 市级青年文明号(嘉青指导〔2000〕第 3 号) |

续表

| 单位 | 创建载体 |
| --- | --- |
| 中国工商银行嘉兴市分行兴禾支行储蓄专柜 | 省分行级青年文明号 |
| | 市级青年文明号，巾帼文明岗 |
| 中国工商银行嘉兴市分行嘉禾支行营业部 | 市级青年文明号，巾帼文明岗 |
| 中国工商银行嘉兴市分行禾兴中路储蓄所 | 市级青年文明号，巾帼文明示范岗（嘉巾双〔2002〕第1号）|
| 中国工商银行嘉兴市分行秀州支行建国路储蓄所 | 市级青年文明号（团嘉联〔1996〕第2号、嘉银发〔1996〕第3号）|
| 中国工商银行嘉兴市分行秀州支行营业部会计、出纳组 | 巾帼文明示范岗（工银浙女工委〔2002〕第3号）|
| 中国工商银行嘉兴市分行嘉禾支行城南储蓄所 | 巾帼文明示范岗（嘉巾双〔2002〕第1号）|
| 中国工商银行嘉兴市分行南湖支行专柜 | 巾帼文明示范岗（嘉巾双〔2002〕第1号）|
| 中国工商银行嘉兴市分行营业部会计股 | 市级青年文明号（团嘉联〔1996〕第2号、嘉银发〔1996〕第3号）|
| 中国工商银行嘉兴市分行秀州支行 | 巾帼文明岗市巾帼文明示范岗（嘉巾双〔2002〕第1号）|
| 中国工商银行嘉兴市分行城南分理处 | 巾帼文明岗市巾帼文明示范岗（嘉巾双〔2002〕第1号）|
| 中国工商银行嘉兴市分行南湖支行 | 巾帼文明岗市巾帼文明示范岗（嘉巾双〔2002〕第1号）|
| 中国工商银行嘉兴市分行禾兴中路分理处 | 巾帼文明岗市巾帼文明示范岗（嘉巾双〔2002〕第1号）|
| 中国工商银行嘉兴市分行东门支行 | 巾帼文明岗市巾帼文明示范岗（嘉巾双〔2002〕第1号）|
| 中国农业银行嘉兴分行 | 2003年省级文明单位 |
| | 1993年市级文明单位 |
| 中国农业银行嘉兴分行 | 嘉兴市2003年"万名市民评窗口"十佳优胜窗口 |
| 中国农业银行嘉兴分行 | 2005年省级文明行业 |
| | 2010年全国农行文明单位 |
| 中国农业银行嘉兴秀州支行 | 2001年市级文明单位 |
| | 2010年省农行文明单位 |
| | 2004年市级文明行业 |
| 中国农业银行秀州王店支行 | 2001年市级文明单位 |
| | 2010年省农行文明单位 |
| 中国农业银行秀州新塍支行 | 2004年市级文明单位 |
| 中国农业银行嘉兴南湖支行 | 2007年市级文明单位 |
| | 2010年省农行文明单位 |
| 中国农业银行南湖凤桥支行 | 2004年市级文明单位 |
| | 2010年省农行文明单位 |
| 中国农业银行嘉兴中山支行 | 1999年市级文明单位 |
| | 2010年省农行文明单位 |
| 中国农业银行嘉兴经济开发区支行 | 1999年省农行"青年文明号" |
| 中国农业银行嘉兴开发区支行 | 2005年市级文明单位 |
| | 2010年省农行文明单位 |
| 中国农业银行南湖新丰支行 | 2007年市级文明单位 |

续表

| 单位 | 创建载体 |
| --- | --- |
| 中国农业银行南湖新丰支行 | 2010年省农行文明单位 |
|  | 2010年度浙江省银行业文明规范服务示范单位 |
| 中国农业银行嘉兴市农行系统 | 2004年嘉兴市级文明行业 |
| 中国农业银行嘉兴市分行"心连心"营业中心 | 2006年度中国银行业文明规范服务示范单位 |
|  | 2008年嘉兴市级文明示范窗口 |
|  | 2005年全国"巾帼文明岗" |
|  | 2003年省巾帼文明示范岗 |
|  | 2000年市巾帼文明示范岗 |
| 中国农业银行嘉兴秀州支行营业中心 | 2010年度中国银行业文明规范服务示范单位 |
|  | 2010年度浙江省银行业文明规范服务示范单位 |
|  | 2009—2010年度嘉兴市金融系统"文明礼仪示范窗口" |
| 中国农业银行嘉兴市分行营业中心 | 2003年嘉兴市金融系统"优胜金融服务基层机构" |
| 中国农业银行市分行营业部 | 2004年金融系统全国青年文明号 |
|  | 1999年农总行巾帼文明示范岗 |
|  | 1999年省农行"青年文明号" |
| 中国农业银行郊区支行凤桥分理处 | 1999年省农行"青年文明号" |
| 中国农业银行嘉兴禾城支行 | 1999年省农行"青年文明号" |
| 中国农业银行嘉兴中山支行营业部 | 2000年省农行"青年文明号" |
| 中国农业银行嘉兴中山支行河西储蓄所 | 2000年省农行"青年文明号" |
| 中国农业银行嘉兴市分行培训学校客房部 | 2000年市巾帼文明示范岗 |
| 中国农业银行嘉兴开发区支行人民币会计柜 | 2000年市巾帼文明示范岗 |
| 中国农业银行嘉兴开发区支行外币会计柜 | 2000年市巾帼文明示范岗 |
| 中国农业银行嘉兴秀城支行营业部 | 2000年市巾帼文明示范岗 |
| 中国农业银行嘉兴中山支行中西所 | 2001年市巾帼文明示范岗 |
| 中国农业银行嘉兴中山支行营业部 | 2001年市巾帼文明示范岗 |
| 中国农业银行嘉兴中山支行市场分理处 | 2001年市巾帼文明示范岗 |
| 中国农业银行嘉兴秀城支行东门分理处 | 2001年市巾帼文明示范岗 |
| 中国农业银行秀州支行王店梅里分理处 | 2002年市巾帼文明示范岗 |
| 中国农业银行嘉兴秀州支行王江泾分理处储蓄专柜 | 2002年市巾帼文明示范岗 |
| 中国农业银行秀城支行余新分理处 | 2003年市巾帼文明示范岗 |
| 中国农业银行嘉兴秀城支行新丰支行营业厅 | 2003年市巾帼文明示范岗 |
| 中国农业银行嘉兴秀州支行北丽桥分理处 | 2003年市巾帼文明示范岗 |
| 中国农业银行秀州支行工业区分理处 | 2004年市巾帼文明示范岗 |
| 中国农业银行秀城支行华庭街分理处 | 2005年市巾帼文明示范岗 |
| 中国农业银行嘉兴经济开发区支行营业中心 | 2010年省巾帼文明示范岗 |
|  | 2005年市巾帼文明示范岗 |
| 中国农业银行嘉兴市中山支行河西分理处 | 2002年省农行"女职工双文明示范岗" |

续表

| 单位 | 创建载体 |
| --- | --- |
| 中国农业银行嘉兴市分行结算中心 | 2004年省农行"女职工双文明示范岗" |
| 中国农业银行嘉兴市经济开发区支行营业中心 | 2004年省农行"女职工双文明示范岗" |
| 中国农业银行嘉兴经济开发区支行营业中心 | 2010年省农行"女职工文明示范岗"三连冠单位 |
| 中国银行嘉兴市分行 | 2001年省级"文明单位" |
| | 2002年市级"文明行业" |
| 中国银行嘉兴市分行市行储蓄专柜 | 2004年全国"青年文明号" |
| | 2009年总行级"巾帼文明示范岗" |
| 中国银行嘉兴市分行国际结算部 | 2004年总行级"青年文明号" |
| 中国银行嘉兴市分行计划财务部 | 2005年省行级"青年文明号" |
| 中国银行嘉兴市分行秀城支行 | 2001年省行级"青年文明号" |
| 中国银行嘉兴市分行秀城支行营业部 | 2002年市级"巾帼文明示范岗" |
| 中国银行嘉兴市分行经开支行 | 2002年省妇联"巾帼文明示范岗" |
| 中国银行嘉兴市分行经开支行营业部 | 2004年总行级"青年文明号" |
| 中国银行嘉兴市分行东升支行 | 2007年市妇联"巾帼文明示范岗" |
| 中国银行嘉兴市分行禾兴路分理处 | 2008年省行级"青年文明号" |
| 中国银行嘉兴市分行中山分理处 | 2002年省行级"青年文明号" |
| 中国银行嘉兴市分行洪兴路分理处 | 2006年市妇联"巾帼文明示范岗" |
| 中国银行嘉兴市分行文昌分理处 | 2007年市妇联"巾帼文明示范岗" |
| 中国建设银行嘉兴分行 | 2001年被省委省政府评为省级文明单位 |
| | 2004年被评为市级文明行业 |
| 建行嘉兴分行营业部 | 2009年被评为省级巾帼文明岗 |
| | 2009年被评为省级文明示范窗口 |
| 建行嘉兴南湖支行 | 2006年被评为省级巾帼文明岗 |
| 建行嘉兴中山支行 | 2005年被评为省级巾帼文明岗 |
| 建行嘉善支行 | 2005年被评为省级文明单位 |
| 建行平湖支行 | 2009年被省分行确定为"企业文化建设示范点" |
| | 2010年被省委省政府授予省级文明单位称号 |
| 建行海盐支行 | 2005年被评为省级文明单位 |
| | 2008年武原分理处被评为省级巾帼文明岗 |
| 建行海盐支行营业部 | 2007年被评为省级巾帼文明岗 |
| 建行海宁支行 | 2006年被省分行确定为"企业文化建设示范点" |
| | 2006年被评为全国级青年文明号 |
| 建行海宁支行营业部 | 2005年被评为全国"巾帼文明示范岗" |
| 建行桐乡支行 | 2003年被评为省级文明单位 |
| | 2005年被中央文明委命名为"全国精神文明创建工作先进单位" |
| 建行桐乡支行营业部 | 2007年全国级青年文明号 |
| 建行桐乡濮院支行 | 2009年被评为省级巾帼文明岗 |

续表

| 单位 | 创建载体 |
|---|---|
| 农发行嘉兴市分行营业部 | 1998年被评为农发总行级"青年文明号" |
| 农发行嘉兴市分行营业部 | 1998年被评为省金融系统"文明服务示范点" |
| 农发行嘉兴市分行 | 2006年被评为嘉兴市级"巾帼文明示范岗" |
| 农发行嘉兴市分行 | 2009年被评为嘉兴市级"爱国卫生先进单位" |
| 农发行嘉兴市分行 | 2010年被评为嘉兴市级"文明单位" |
| 交通银行嘉兴分行 | 2002年被评为嘉兴市级"文明单位" |
| 交通银行嘉兴分行 | 2002年被评为交通银行上海分行级"文明单位" |
| 交通银行嘉兴分行 | 2003年被评为交通银行总行级"文明单位" |
| 交通银行嘉兴分行 | 2003年被评为嘉兴市级"文明单位" |
| 交通银行嘉兴分行 | 2004年被评为浙江省级"文明单位" |
| 交通银行嘉兴分行 | 2009年被评为嘉兴市级"文明行业" |
| 交通银行嘉兴分行 | 2010年被评为嘉兴市级"文明行业" |
| 交通银行嘉兴支行营业部 | 1996年被评为嘉兴市级"青年文明号" |
| 交通银行嘉兴分行禾兴支行 | 2001年被评为嘉兴市级"巾帼文明示范岗" |
| 交通银行嘉兴海宁支行 | 2003年被评为交通银行上海分行"文明单位" |
| 交通银行嘉兴海宁支行 | 2009年被评为嘉兴市级"文明单位" |
| 交通银行嘉兴分行营业部/禾城支行 | 2002年被评为嘉兴市级"巾帼文明示范岗" |
| 交通银行嘉兴禾城支行 | 2006年被评为嘉兴市金融系统文明礼仪示范窗口 |
| 交通银行嘉兴分行营业部 | 2008年被评为嘉兴市金融系统文明礼仪示范窗口 |
| 交通银行嘉兴桐乡支行 | 2008年被评为嘉兴市金融系统文明礼仪示范窗口 |
| 交通银行嘉兴开发区支行 | 2010年被评为嘉兴市金融系统文明礼仪示范窗口 |
| 交通银行嘉兴秀园支行 | 2010年被评为嘉兴市金融系统文明礼仪示范窗口 |
| 中信银行嘉兴分行 | 2005年被省委省政府命名表彰授予"浙江省省级文明单位" |
| 中信银行嘉兴分行 | 1998年浙江省金融系统行风建设先进集体 |
| 中信银行嘉兴分行 | 2001年被嘉兴市委授予嘉兴市首批"文明行业"称号 |
| 中信银行嘉兴分行营业部 | 2000年被中央企业工委、共青团中央授予"全国级青年文明号"称号 |
| 中信银行嘉兴分行营业部 | 自1998年起被中信银行总行授予"青年文明号"称号 |
| 中信银行嘉兴分行营业部 | 1998年浙江省文明服务示范点 |
| 中信银行嘉兴分行营业部 | 2003年浙江省"省级品牌服务示范岗" |
| 中共中信银行嘉兴分行党委 | 2004年嘉兴市级"先进基层党组织" |
| 中共中信银行嘉兴分行党委 | 2004年嘉兴市级"党建工作先进单位" |
| 中信银行嘉兴支行团支部 | 2005年全国五四红旗支部 |
| 中信银行嘉兴分行国际业务部 | 2009年总行级青年文明号 |
| 中信银行嘉兴分行国际业务部 | 2005年被评为嘉兴市巾帼文明示范岗 |
| 中信银行嘉兴分行零售业务部 | 2008年被评为嘉兴市巾帼文明示范岗 |
| 中信银行嘉兴分行零售业务部 | 2009年杭州分行级青年文明号 |
| 中信银行嘉兴分行南湖支行 | 2009年总行级青年文明号 |
| 中信银行嘉兴分行南湖支行 | 2005年被评为嘉兴市巾帼文明示范岗 |
| 中信银行嘉兴分行秀州支行 | 2009年总行级青年文明号 |
| 中信银行嘉兴分行海宁支行 | 1999年总行级青年文明号 |
| 中信银行嘉兴分行海宁支行 | 2009年被省委省政府命名表彰授牌授予"浙江省省级文明单位" |
| 中信银行嘉兴分行办公室 | 2008年被中信银行总行授予"青年文明号"称号 |
| 兴业银行嘉兴分行 | 2009年被命名为2007—2008年度嘉兴市南湖区文明单位 |
| 兴业银行嘉兴分行 | 2010年获2009年度嘉兴市南湖区"青年文明号"称号 |
| 兴业银行嘉兴分行 | 2010年被命名为嘉兴市级"规范化服务达标"单位 |
| 兴业银行嘉兴分行 | 2009—2010年度嘉兴市金融系统"文明礼仪示范窗口" |

续表

| 单位 | 创建载体 |
|---|---|
| 招商银行嘉兴支行 | 2010年"嘉兴市金融系统文明礼仪示范窗口" |
| | 2010年嘉兴市级"青年文明号" |
| 嘉兴银行 | 2005—2006年度省级"文明单位" |
| | 2010年度市级文明行业 |
| | 2010年度"嘉兴市治安安全示范单位" |
| 嘉兴银行工会 | 2002年度市级"先进职工之家" |
| 嘉兴银行秀州支行 | 2007年度嘉兴市"文明示范窗口" |
| | 2007年度省级治安安全示范单位 |
| | 2008年度市级"巾帼文明岗" |
| | 2008年度市级"青年文明号" |
| 嘉兴银行南湖支行 | 2007年度市级"2007—2008年度规范化党支部" |
| | 2009—2010年度"市级文明单位" |
| 嘉兴银行实业支行 | 2007年度市级"巾帼文明岗" |
| | 2007年度市级"青年文明号" |
| | 2008年度市级"巾帼文明岗" |
| | 2008年度市级"青年文明号" |
| 嘉兴银行开发区支行 | 1997年度市级"文明单位" |
| | 2007年度市级"青年文明号" |
| 嘉兴银行东栅支行 | 2009—2010年度"市级文明单位" |
| 嘉兴银行梅湾支行 | 2008年度市级"青年文明号" |
| | 2010年度市级"巾帼文明岗" |
| 嘉兴银行海宁支行 | 2005—2006年度市级"文明单位" |
| 嘉兴银行海宁支行营业部 | 2004—2005年度"青年文明号" |
| 嘉兴银行平湖支行 | 2009—2010年度"市级文明单位" |
| 嘉兴银行桐乡支行 | 2008年度被评为"浙江省卫生先进单位" |
| | 2007年度市级"巾帼文明岗" |
| | 2008年度市级"青年文明号" |
| | 2008年度省级"巾帼文明岗" |
| | 2009—2010年度"市级文明单位" |
| 嘉兴银行嘉善支行 | 2009年度市级"工人先锋号" |
| 浙江省农村信用社联合社嘉兴办事处 | 2010年省级文明单位 |
| 中国邮政储蓄银行嘉兴市分行 | 2010年嘉兴市区级文明单位 |
| 邮储银行海盐县支行 | 荣获"2010年度县级文明先进单位"称号 |
| 邮储银行平湖市支行 | 2004年5月支行营业部被命名为全国青年文明号 |
| 邮储银行平湖市支行 | 2007年2月支行营业部被省邮政局评为文明示范岗称号 |

续表

| 单位 | 创建载体 |
| --- | --- |
| 浙江禾城农村合作银行 | 2010年5月全国"职工模范之家" |
| | 2006年省级文明单位 |
| | 2009、2010年连续两年被评为嘉兴市十佳结对共建示范单位 |
| | 2009年浙江省小企业信贷服务先进单位 |
| | 2009年浙江省省级治安安全服务单位 |
| | 2009年省农信联社"十强农村合作银行" |
| 禾城合作银行营业部综合柜 | 2006年被省青年文明号活动组委会评为青年文明号 |
| 禾城合作银行营业部城南分理处 | 2005年被嘉兴市巾帼建功活动领导小组评为巾帼文明岗 |
| 禾城合作银行营业部 | 2008年被省银行业协会评为文明礼仪示范窗口 |
| 禾城合作银行王江泾支行 | 2005年被嘉兴市人民政府评为文明单位 |
| | 2006年被嘉兴市青年文明号活动指导委员会评为青年文明号 |
| 禾城合作银行王江泾支行营业部 | 2003年被嘉兴市巾帼建功活动领导小组评为巾帼文明岗 |
| 禾城合作银行南湖支行 | 2009年度省农信系统文明服务单位 |
| 禾城合作银行南湖支行营业部 | 2009年被嘉兴市巾帼建功活动领导小组评为巾帼文明岗 |
| 禾城合作银行油车港支行 | 1997年被嘉兴市人民政府评为文明单位 |
| | 2008年省联社嘉兴办事处级文明礼仪示范窗口 |
| 禾城合作银行油车港支行营业部 | 2006年被省巾帼建功领导小组评为巾帼文明岗 |
| 禾城合作银行油车港马厍分理处 | 2004年被省巾帼建功领导小组评为巾帼文明岗 |
| 禾城合作银行新塍支行 | 2000年被嘉兴市人民政府评为文明单位 |
| 禾城合作银行新塍支行八字分理处 | 2008年被嘉兴市巾帼建功活动领导小组评为巾帼文明岗 |
| 禾城合作银行新塍支行营业部 | 2004年被嘉兴市巾帼建功活动领导小组评为巾帼文明岗 |
| 禾城合作银行高照支行 | 2003年被嘉兴市人民政府评为文明单位 |
| 禾城合作银行凤桥支行营业部 | 2008年被省巾帼建功领导小组评为巾帼文明岗 |
| | 2003年被嘉兴市青年文明号活动指导委员会评为青年文明号 |
| 禾城合作银行余新支行北街分理处 | 2007年被嘉兴市巾帼建功活动领导小组评为巾帼文明岗 |
| | 2009年省联社嘉兴办事处级文明礼仪示范窗口 |
| 禾城合作银行新丰支行 | 2002年被嘉兴市青年文明号活动指导委员会评为青年文明号 |
| 禾城合作银行新丰支行营业部 | 2003年被嘉兴市巾帼建功活动领导小组评为巾帼文明岗 |
| 禾城合作银行大桥支行 | 2009年被嘉兴市人民政府评为文明单位 |
| 禾城合作银行大桥支行营业部 | 2002年被嘉兴市青年文明号活动指导委员会评为青年文明号 |
| 禾城合作银行大桥支行步云分理处 | 2008年被省巾帼建功领导小组评为巾帼文明岗 |
| 禾城合作银行七星支行 | 1999年被嘉兴市人民政府评为文明单位 |
| | 2002年被嘉兴市青年文明号活动指导委员会评为青年文明号 |
| 禾城合作银行七星支行营业部 | 2009年被嘉兴市巾帼建功活动领导小组评为巾帼文明岗 |
| 禾城合作银行王店支行 | 2006年被嘉兴市人民政府评为文明单位 |
| 禾城合作银行王店支行营业部 | 2005年被嘉兴市巾帼建功活动领导小组评为巾帼文明岗 |
| 禾城合作银行洪合支行营业部 | 2005年被省巾帼建功领导小组评为巾帼文明岗 |

续表

| 单位 | 创建载体 |
| --- | --- |
| 爱建证券有限责任公司嘉兴斜西街证券营业部（前为嘉兴市信托投资公司证券营业部） | 1996—2000年连续5年被评为嘉兴市青年文明号单位 |
| 中国人寿保险股份有限公司嘉兴分公司 | 2008年度被嘉兴市金融系统创建文明行业领导小组授予"文明礼仪示范窗口" |
| | 2009年度被嘉兴市精神文明建设委员会授予"文明示范窗口" |
| | 2009年度被嘉兴市消费者协会授予2008年度消费者信得过单位 |
| | 2010年度被嘉兴市消费者协会授予2009年度消费者信得过单位 |
| | 2010年中共嘉兴市委、嘉兴市人民政府授予"文明行业" |
| 中国人寿保险股份有限公司海盐县支公司 | 被海盐县人民政府评为1999年度海盐县级文明单位 |
| 中国人寿保险股份有限公司嘉善县支公司 | 被嘉善县人民政府评为1997年度嘉善县级文明单位 |
| 中国人寿保险股份有限公司海宁市支公司 | 被嘉兴市人民政府评为1999年度嘉兴市级文明单位 |
| 中国人寿保险股份有限公司平湖市支公司 | 被嘉兴市人民政府评为1999年度嘉兴市级文明单位 |
| 中国人寿保险股份有限公司桐乡市支公司 | 被桐乡市人民政府评为1999年度桐乡市级文明单位 |
| 中国人寿嘉兴分公司客户服务中心 | 2007年度获总公司"青年文明号" |
| 中国太平洋保险公司嘉兴支公司 | 1998年嘉兴市金融系统行风评议活动优秀单位二等奖 |
| 中国太平洋保险公司嘉兴支公司营销部 | 1998年全省金融系统第二批"文明服务示范点" |
| 中国太平洋财产保险股份有限公司嘉兴中心支公司 | 2001年市属"窗口"服务行业第一批"规范化服务达标"行业（单位） |
| | 2000年嘉兴市青年文明号 |
| | 2002年度嘉兴市直文明单位 |
| | 2002年县级文明单位 |
| | 2005年嘉兴市第六届消费者信得过单位 |
| | 2006年嘉兴市第七届消费者信得过单位 |
| | 2006年嘉兴市金融系统文明礼仪示范窗口 |
| | 2006—2008年南湖区消费者信得过单位 |
| | 2007年度嘉兴市直规范服务达标单位 |
| | 2006年嘉兴市金融系统文明礼仪知识竞赛银奖 |
| 中国太平洋人寿保险股份有限公司嘉兴中心支公司 | 2006年获嘉兴市金融系统文明礼仪知识竞赛金奖 |
| | 2007年嘉兴市级"文明单位" |
| | 2008年获嘉兴市"双结对创文明"活动"百家先进集体" |
| | 2010年获嘉兴市第九届消费者信得过单位 |
| | 2010年获浙江省工商企业信用AA级"守合同重信用"单位 |
| | 2010年获中共嘉兴市南湖区委"优秀共建单位党组织" |
| | 2000年嘉兴市级"青年文明号" |
| 中国太平洋人寿保险股份有限公司嘉兴中心支公司营业大厅 | 2006—2007年度嘉兴市金融系统"文明礼仪示范窗口" |
| | 2008—2009年度嘉兴市金融系统"文明礼仪示范窗口" |
| | 2009—2010年度嘉兴市金融系统"文明礼仪示范窗口" |

# 嘉兴市金融系统二代表三委员名单

| 姓名 | 代表、委员名称 | 层级 | 时间 |
|---|---|---|---|
| 朱金海 | 中共嘉兴市第二次代表大会代表 | 地市级 | 1989.04—1994.04 |
| 单丽蓉 | 浙江省九届人大代表 | 省级 | 1998.01—2003.01 |
| | 中共嘉兴市第三届委员会委员 | 地市级 | 1994.04—1998.10 |
| | 中共嘉兴市纪律检查委员会委员 | 地市级 | 1989.04—1994.04 |
| | 嘉兴市二届人大代表 | 地市级 | 1988.06—1993.05 |
| | 嘉兴市三届人大代表 | 地市级 | 1993.05—1998.04 |
| | 中共嘉兴市第三次代表大会代表 | 地市级 | 1994.04—1998.10 |
| 娄荣民 | 中共嘉兴市第四届委员会候补委员 | 地市级 | 1999.01—2003.04 |
| | 中共嘉兴市第四次代表大会代表 | 地市级 | 1999.01—2003.04 |
| 王中佳 | 中共嘉兴市第五届委员会候补委员 | 地市级 | 2003.04—2007.03 |
| | 中共嘉兴市第六届委员会候补委员 | 地市级 | 2007.03— |
| | 嘉兴市五届人大代表 | 地市级 | 2003.04—2007.04 |
| | 嘉兴市六届人大代表 | 地市级 | 2007.04— |
| | 中共嘉兴市第五次代表大会代表 | 地市级 | 2003.04—2007.03 |
| | 中共嘉兴市第六次代表大会代表 | 地市级 | 2007.03— |
| 王胜安 | 中共嘉兴市纪律检查委员会委员 | 地市级 | 1994.04—1998.10 |
| | 中共嘉兴市纪律检查委员会委员 | 地市级 | 1999.01—2003.04 |
| 汤钟尧 | 嘉兴市四届政协委员 | 地市级 | 2000.03—2003.04 |
| | 嘉兴市五届政协常务委员 | 地市级 | 2003.04—2007.04 |
| | 嘉兴市六届政协委员 | 地市级 | 2007.04— |
| 朱静远 | 嘉兴市三届人大代表 | 地市级 | 1993.05—1998.04 |
| | 嘉兴市秀城区五届人大代表 | 区级 | 1998.03—2003.03 |
| 凌华 | 嘉兴市六届人大代表 | 地市级 | 2007.04— |
| 俞建平 | 嘉兴市四届政协委员 | 地市级 | 1998.04—2003.04 |
| | 嘉兴市五届政协委员 | 地市级 | 2003.04—2007.04 |
| 王信成 | 嘉兴市二届政协委员 | 地市级 | 1988.06—1993.05 |
| | 嘉兴市三届政协委员 | 地市级 | 1993.05—1998.04 |

续表

| 姓名 | 代表、委员名称 | 层级 | 时间 |
|---|---|---|---|
| 计瑞祥 | 嘉兴市二届人大代表 | 地市级 | 1988.06—1993.05 |
| 卜克强 | 嘉兴市四届政协委员 | 地市级 | 1998.04—2003.04 |
| | 嘉兴市五届政协委员 | 地市级 | 2003.04—2007.04 |
| | 嘉兴市六届政协委员 | 地市级 | 2007.04—2010.06 |
| 阮 红 | 嘉兴市二届政协委员 | 地市级 | 1988.06—1993.05 |
| 居松堂 | 嘉兴市二届人大代表 | 地市级 | 1988.06—1993.05 |
| 叶忠书 | 嘉兴市四届人大代表 | 地市级 | 1998.04—2003.04 |
| 陶宏慧 | 中共浙江省第十次代表大会代表 | 省级 | 1998.12—2002.06 |
| | 嘉兴市四届人大代表 | 地市级 | 1998.04—2003.04 |
| 陈惠忠 | 嘉兴市二届政协委员 | 地市级 | 1988.06—1993.05 |
| 陈荣飞 | 嘉兴市三届政协委员 | 地市级 | 1993.05—1998.04 |
| | 嘉兴市四届政协委员 | 地市级 | 1998.04—2003.04 |
| 吴 越 | 嘉兴市五届政协委员 | 地市级 | 2003.04—2007.04 |
| 张仿龙 | 嘉兴市六届政协委员 | 地市级 | 2007.04— |
| 胡世昌 | 嘉兴市二届政协委员 | 地市级 | 1988.06—1993.05 |
| 徐 明 | 嘉兴市秀城区六届人大代表 | 区级 | 2003.03—2007.03 |
| 汪 刚 | 嘉兴市五届政协常务委员 | 地市级 | 2003.04—2007.04 |
| 王勤 | 嘉兴市四届政协委员 | 地市级 | 1998.04—2003.04 |
| | 嘉兴市五届政协委员 | 地市级 | 2003.04—2007.04 |
| | 嘉兴市六届政协委员 | 地市级 | 2007.04— |
| 常建梁 | 嘉兴市五届政协委员 | 地市级 | 2003.04—2007.04 |
| | 嘉兴市六届政协委员 | 地市级 | 2007.04— |
| 吴德孚 | 嘉兴市三届人大代表 | 地市级 | 1993.05—1998.04 |
| 盛明强 | 嘉兴市四届人大代表 | 地市级 | 1998.04—2003.04 |
| | 嘉兴市五届人大代表 | 地市级 | 2003.04—2007.04 |
| 吴建元 | 嘉兴市四届人大代表 | 地市级 | 1998.04—2003.04 |
| 许洪明 | 嘉兴市六届人大代表 | 地市级 | 2007.04— |
| 杨永生 | 嘉兴市三届人大代表 | 地市级 | 1993.05—1998.04 |
| | 嘉兴市四届人大代表 | 地市级 | 1998.04—2003.04 |
| 叶秋霞 | 中共嘉兴市第六次代表大会代表 | 地市级 | 2007.03— |
| 钱跃生 | 嘉兴市五届人大代表 | 地市级 | 2003.04—2007.04 |
| | 嘉兴市六届人大代表 | 地市级 | 2007.04— |
| 杨静珍 | 嘉兴市六届人大代表 | 地市级 | 2007.04— |
| 金涛 | 嘉兴市秀州区六届人大代表 | 区级 | 2003.03—2007.02 |
| | 嘉兴市秀州区七届人大代表 | 区级 | 2007.02— |
| | 中共嘉兴市秀州区第六次代表大会代表 | 区级 | 2003.02—2006.12 |
| | 中共嘉兴市秀州区第七次代表大会代表 | 区级 | 2006.12— |

续表

| 姓名 | 代表、委员名称 | 层级 | 时间 |
|---|---|---|---|
| 汪跃强 | 中共嘉兴市第五次代表大会代表 | 地市级 | 2003.04—2007.03 |
| | 中共嘉兴市秀州区第六次代表大会代表 | 区级 | 2003.02—2006.12 |
| | 中共嘉兴市秀州区第七次代表大会代表 | 区级 | 2006.12— |
| 陈银浩 | 中共嘉兴市秀城区第六次代表大会代表 | 区级 | 2003.02—2006.12 |
| | 中共嘉兴市南湖区第七次代表大会代表 | 区级 | 2006.12— |
| 张爱忠 | 中共嘉兴市秀州区第六次代表大会代表 | 区级 | 2003.02—2006.12 |
| | 中共嘉兴市秀州区第七次代表大会代表 | 区级 | 2006.12— |
| 祝周明 | 中共嘉兴市秀州区第六次代表大会代表 | 区级 | 2003.02—2006.12 |
| | 中共嘉兴市秀州区第七次代表大会代表 | 区级 | 2006.12— |
| 康利军 | 嘉兴市秀州区一届政协委员 | 区级 | 2005.02—2007.02 |
| | 嘉兴市秀州区二届政协委员 | 区级 | 2007.02— |
| 丁月娥 | 嘉兴市秀州区二届政协委员 | 区级 | 2007.02— |
| 沈建萍 | 嘉兴市秀州区二届政协委员 | 区级 | 2007.02— |

注：1. 本表统计人员范围为市本级金融机构相关专职人员，不包括兼职人员。

2. 层级指"区级"、"地市级"、"省级"、"全国级"。

3. 2005年5月，秀城区更名为南湖区。

# 嘉兴市金融系统具有高级职称人员名单

| 姓名 | 单位 | 职称名称 | 获得时间 | 评审单位 |
|---|---|---|---|---|
| 钱梅青 | 中国人民银行嘉兴市中心支行 | 高级经济师 | 1986.12 | 中国人民银行 |
| 朱金海 | 中国人民银行嘉兴市中心支行 | 高级经济师 | 1989.08 | 中国人民银行 |
| 成春法 | 中国人民银行嘉兴市中心支行 | 高级经济师 | 1989.08 | 中国人民银行 |
| 王胜安 | 中国人民银行嘉兴市中心支行 | 高级政工师 | 1992.12 | 浙江省企业思想政治工作人员高级专业职务评审委员会 |
| 单丽蓉 | 中国人民银行嘉兴市中心支行 | 高级经济师 | 1993.07 | 中国人民银行 |
| 王中佳 | 中国人民银行嘉兴市中心支行 | 高级经济师 | 1999.11 | 中国人民银行 |
| 陈明远 | 中国人民银行嘉兴市中心支行 | 高级工程师 | 1999.12 | 中国人民银行 |
| 钟 盛 | 中国人民银行嘉兴市中心支行 | 高级经济师 | 2000.11 | 浙江省人事厅 |
| 汤钟尧 | 中国人民银行嘉兴市中心支行 | 高级经济师 | 2002.12<br>2004.12 | 省人事厅、中国人民银行 |
| 曹志元 | 中国人民银行嘉兴市中心支行 | 高级经济师 | 2004.01 | 中国人民银行 |
| 张一兵 | 中国人民银行嘉兴市中心支行 | 高级经济师、高级会计师 | 2004.12 | 中国人民银行、省人事厅 |
| 侯育彬 | 中国人民银行嘉兴市中心支行 | 高级经济师 | 2009.01 | 中国人民银行 |
| 吴宗汉 | 中国人民银行平湖市支行 | 高级经济师 | 1987.12 | 中国人民银行 |
| 林 健 | 中国人民银行平湖市支行 | 高级经济师 | 1994.11 | 中国人民银行 |
| 凌 华 | 嘉兴银监分局 | 高级经济师 | 1997.09 | 中国人民银行 |
| 朱静远 | 嘉兴银监分局 | 高级经济师 | 2003.11 | 省高级经济师资格评审委员会 |
| 俞建平 | 嘉兴银监分局 | 高级政工师、高级经济师 | 2004.12 | 省思想政治工作人员专业职务评定工作办公室、省高级经济师资格评审委员会 |
| 孙宏杰 | 嘉兴银监分局 | 高级经济师 | 2006.12 | 省高级经济师资格评审委员会 |
| 姜建林 | 嘉兴银监分局 | 高级经济师 | 2007.12 | 省高级经济师资格评审委员会 |
| 叶华君 | 工商银行嘉兴分行 | 高级经济师 | 1988.06 | 中国工商银行 |
| 吴桂襄 | 工商银行嘉兴分行 | 高级会计师 | 1988.06 | 中国工商银行 |
| 计瑞祥 | 工商银行嘉兴分行 | 高级经济师 | 1989.03 | 中国工商银行 |
| 顾定月 | 工商银行嘉兴分行 | 高级经济师 | 1989.03 | 中国工商银行 |
| 陈银燕 | 工商银行嘉兴分行 | 高级经济师 | 1990.05 | 中国工商银行 |
| 王治平 | 工商银行嘉兴分行 | 高级会计师 | 1994.11 | 中国工商银行 |
| 马敏娟 | 工商银行嘉兴分行 | 高级经济师 | 1997.08 | 中国工商银行 |
| 洪跃庆 | 工商银行嘉兴分行 | 高级经济师 | 1999.07 | 中国工商银行 |
| 王青英 | 工商银行嘉兴分行 | 高级经济师 | 2001.07 | 中国工商银行 |

续表

| 姓名 | 单位 | 职称名称 | 获得时间 | 评审单位 |
|---|---|---|---|---|
| 杨海山 | 工商银行嘉兴分行 | 高级政工师 | 2003.08 | 中国工商银行 |
| 沈 忻 | 工商银行嘉兴分行 | 高级经济师 | 2003.09 | 中国工商银行 |
| 朱华斌 | 工商银行嘉兴分行 | 高级经济师 | 2005.10 | 中国工商银行 |
| 王士忠 | 工商银行嘉兴分行 | 高级工程师 | 2008.03 | 中国工商银行 |
| 顾永林 | 工商银行嘉兴分行 | 高级经济师 | 2008.03 | 中国工商银行 |
| 傅 缨 | 工商银行嘉兴分行 | 高级经济师 | 2009.12 | 中国工商银行 |
| 岳一民 | 工商银行嘉兴分行 | 高级经济师 | 2009.12 | 中国工商银行 |
| 徐剑峰 | 工商银行嘉兴分行 | 高级经济师 | 2009.12 | 中国工商银行 |
| 詹梦鹿 | 工商银行平湖市支行 | 高级经济师 | 1993.06 | 中国工商银行 |
| 冯 明 | 农业银行嘉兴分行 | 高级讲师 | 1987.06 | 中国农业银行 |
| 胡奇鸣 | 农业银行嘉兴分行 | 高级经济师 | 1987.10 | 中国农业银行 |
| 王镇富 | 农业银行嘉兴分行 | 高级讲师 | 1988.05 | 中国农业银行 |
| 黄学源 | 农业银行嘉兴分行 | 高级讲师 | 1989.07 | 中国农业银行 |
| 华 澄 | 农业银行嘉兴分行 | 高级讲师 | 1992.12 | 中国农业银行 |
| 赵源源 | 农业银行嘉兴分行 | 高级经济师 | 1993.01 | 中国农业银行 |
| 陈月英 | 农业银行嘉兴分行 | 高级讲师 | 1993.01 | 中国农业银行 |
| 顾大雄 | 农业银行嘉兴分行 | 高级经济师 | 1993.03 | 中国农业银行 |
| 蒋好棣 | 农业银行嘉兴分行 | 高级经济师 | 1993.03 | 中国农业银行 |
| 邵永月 | 农业银行嘉兴分行 | 高级经济师 | 1993.03 | 中国农业银行 |
| 居松堂 | 农业银行嘉兴分行 | 高级经济师 | 1993.07 | 中国农业银行 |
| 程文选 | 农业银行嘉兴分行 | 高级讲师 | 1993.12 | 中国农业银行 |
| 顾季才 | 农业银行嘉兴分行 | 高级经济师 | 1993.12 | 中国农业银行 |
| 侯玉群 | 农业银行嘉兴分行 | 高级讲师 | 1993.12 | 中国农业银行 |
| 吴良安 | 农业银行嘉兴分行 | 高级讲师 | 1993.12 | 中国农业银行 |
| 徐雪程 | 农业银行嘉兴分行 | 高级讲师 | 1994.12 | 中国农业银行 |
| 庄绍铭 | 农业银行嘉兴分行 | 高级讲师 | 1994.12 | 中国农业银行 |
| 屠晓燕 | 农业银行嘉兴分行 | 高级工程师 | 1994.12 | 中国农业银行 |
| 朱鸣芳 | 农业银行嘉兴分行 | 高级工程师 | 1997.10 | 中国农业银行 |
| 金烈祥 | 农业银行嘉兴分行 | 高级经济师 | 1996.12 | 中国农业银行 |
| 沈 高 | 农业银行嘉兴分行 | 高级讲师 | 1996.12 | 中国农业银行 |
| 张桂发 | 农业银行嘉兴分行 | 高级经济师 | 1996.12 | 中国农业银行 |
| 崔国荣 | 农业银行嘉兴分行 | 高级讲师 | 1996.12 | 中国农业银行 |
| 徐兴清 | 农业银行嘉兴分行 | 高级政工师 | 2001.12 | 中国农业银行 |
| 帅 文 | 农业银行嘉兴分行 | 高级经济师 | 2001.12 | 中国农业银行 |
| 应勤文 | 农业银行嘉兴分行 | 高级经济师 | 2003.12 | 中国农业银行 |
| 胡正茂 | 农业银行嘉兴分行 | 高级经济师 | 2005.12 | 中国农业银行 |
| 吴明其 | 农业银行嘉兴分行 | 高级经济师、高级政工师 | 2006.12、2008.12 | 浙江省高级经济师资格评审委员会、中国农业银行 |

续表

| 姓名 | 单位 | 职称名称 | 获得时间 | 评审单位 |
|---|---|---|---|---|
| 张佩英 | 农业银行嘉兴分行 | 高级会计师 | 2008.12 | 中国农业银行 |
| 郑 宏 | 农业银行嘉兴分行 | 高级经济师 | 2009.02 | 中国农业银行 |
| 胡 晓 | 农业银行嘉兴分行 | 高级经济师 | 2010.12 | 中国农业银行 |
| 胡国斌 | 农业银行嘉兴分行 | 高级经济师 | 2011.12 | 中国农业银行 |
| 顾建平 | 农业银行嘉兴分行 | 高级政工师 | 2011.12 | 中国农业银行 |
| 陈惠忠 | 中国银行嘉兴市分行 | 高级经济师 | 1991.01 | 中国银行 |
| 陈荣飞 | 中国银行嘉兴市分行 | 高级政工师 | 1992.12 | 浙江省企业思想政治工作人员高级专业职务评审委员会 |
| 李文麟 | 中国银行嘉兴市分行 | 高级经济师 | 1994.11 | 中国银行 |
| 宣土森 | 中国银行嘉兴市分行 | 高级经济师 | 1999.12 | 中国银行 |
| 盛万林 | 中国银行嘉兴市分行 | 高级政工师 | 1999.12 | 中国银行 |
| 潘音生 | 建设银行嘉兴分行 | 高级经济师 | 1993.01 | 中国建设银行 |
| 谭均义 | 建设银行嘉兴分行 | 高级会计师 | 1993.01 | 中国建设银行 |
| 曹必英 | 建设银行嘉兴分行 | 高级经济师 | 1996.12 | 中国建设银行 |
| 袁龙豫 | 建设银行嘉兴分行 | 高级经济师 | 1997.12 | 中国建设银行 |
| 陈 强 | 建设银行嘉兴分行 | 高级经济师 | 1999.12 | 中国建设银行 |
| 俞 璇 | 建设银行嘉兴分行 | 高级工程师 | 2000.12 | 中国建设银行 |
| 骆荣富 | 建设银行嘉兴分行 | 高级经济师 | 2001.12 | 中国建设银行 |
| 庄 海 | 建设银行嘉兴分行 | 高级经济师 | 2007.12 | 中国建设银行 |
| 毛翠萍 | 建设银行嘉兴分行 | 高级会计师 | 2007.12 | 中国建设银行 |
| 叶海波 | 建设银行嘉兴分行 | 高级经济师 | 2005.12 | 中国建设银行 |
| 钟咏涛 | 建设银行嘉兴分行 | 高级工程师 | 2006.01 | 中国建设银行 |
| 杨祖人 | 建设银行嘉兴分行 | 高级经济师 | 2009.12 | 中国建设银行 |
| 单俊彦 | 建设银行嘉兴分行 | 高级经济师 | 2009.12 | 中国建设银行 |
| 江宝桐 | 建设银行海宁支行 | 高级会计师 | 1993.04 | 中国建设银行 |
| 陈宝康 | 建设银行海宁支行 | 高级工程师 | 1994.02 | 中国建设银行 |
| 王旭如 | 建设银行桐乡支行 | 高级会计师 | 1996.04 | 中国建设银行 |
| 周肇平 | 交通银行嘉兴分行 | 高级工程师 | 1993.10 | 浙江省机械工程技术人员高级职务评审委员会 |
| 徐 耀 | 交通银行嘉兴分行 | 高级工程师 | 2000.12 | 交通银行 |
| 张建军 | 交通银行嘉兴分行 | 高级经济师 | 2008.12 | 浙江省高级经济师评审委员会 |
| 姚玉书 | 中信银行嘉兴分行 | 高级经济师 | 1993.12 | 中国农业银行 |
| 张 骅 | 中信银行嘉兴分行 | 高级经济师 | 2005.01 | 中信银行 |
| 郑舒萍 | 中信银行嘉兴分行 | 高级经济师 | 2005.01 | 中信银行 |
| 陆伟华 | 中信银行平湖支行 | 高级经济师 | 2005.01 | 中信银行 |
| 楼 英 | 中信银行海宁支行 | 高级经济师 | 2000.12 | 中国建设银行 |
| 张绍平 | 兴业银行嘉兴分行 | 高级经济师 | 2006.01 | 浙江省人事厅 |
| 胡 斌 | 招商银行嘉兴支行 | 高级会计师 | 2006.04.30 | 浙江省人事厅 |
| 陈正明 | 平安银行嘉兴支行 | 高级经济师 | 2001.12 | 中国人民银行 |
| 盛明强 | 嘉兴银行 | 高级会计师 | 1992.10 | 省人社厅 |

续表

| 姓名 | 单位 | 职称名称 | 获得时间 | 评审单位 |
|---|---|---|---|---|
| 李国庆 | 嘉兴银行 | 高级经济师 | 2001.12 | 省人社厅 |
| 陈兰芳 | 嘉兴银行 | 高级工程师 | 2007.12 | 省人社厅 |
| 钟建 | 嘉兴银行 | 高级经济师 | 2009.12 | 省人社厅 |
| 杨爱华 | 嘉兴银行 | 高级经济师 | 2010.12 | 省人社厅 |
| 邹霞 | 湖州银行嘉兴分行 | 高级经济师 | 2005.12 | 浙江省人力资源和社会保障厅 |
| 吴建伟 | 省农信联社嘉兴办事处 | 高级经济师 | 1991.12 | 中国农业银行 |
| 傅仲才 | 省农信联社嘉兴办事处 | 高级工程师 | 1995.10 | 中国农业银行 |
| 倪水良 | 省农信联社嘉兴办事处 | 高级经济师 | 2002.11 | 浙江省经济专业人员高级专业技术资格评审委员会 |
| 张向明 | 省农信联社嘉兴办事处 | 高级经济师 | 2003.12 | 浙江省经济专业人员高级专业技术资格评审委员会 |
| 江玲英 | 省农信联社嘉兴办事处 | 系统分析师（高级资格） | 2004.05 | （人事部、信息产业部证书）浙江省人事厅 |
| 景文学 | 浙江禾城农村合作银行 | 高级经济师 | 2001.11 | 浙江省人事厅 |
| 许海春 | 嘉善农村合作银行 | 高级经济师 | 2006.12 | 浙江省经济专业人员高级专业技术资格评审委员会 |
| 徐为焘 | 平湖农村合作银行 | 高级经济师 | 1996.12 | 中国农业银行 |
| 杨德新 | 海宁农信联社 | 高级经济师 | 1993.12 | 中国农业银行 |
| 方彦人 | 海宁农信联社 | 高级经济师 | 2003.12 | 浙江省经济专业人员高级专业技术资格评审委员会 |
| 赵楚敏 | 桐乡农信联社 | 高级经济师 | 2000.11 | 浙江省经济专业人员高级专业技术资格评审委员会 |
| 沈祥荣 | 桐乡农信联社 | 高级经济师 | 2001.12 | 浙江省经济专业人员高级专业技术资格评审委员会 |
| 商德明 | 桐乡农信联社 | 高级经济师 | 2005.12 | 浙江省经济专业人员高级专业技术资格评审委员会 |
| 魏良 | 桐乡农信联社 | 高级经济师 | 2009.12 | 浙江省经济专业人员高级专业技术资格评审委员会 |
| 傅祖元 | 浙江平湖工银村镇银行 | 高级会计师 | 1992 | 中国工商银行 |
| 桂文东 | 人保财险嘉兴分公司 | 高级经济师 | 2009.08 | 中国人民保险集团公司 |
| 姚殿基 | 人保财险嘉兴分公司 | 高级经济师 | 1994.11 | 中国人民保险集团公司 |
| 唐祖庆 | 人保财险嘉兴分公司 | 高级政工师 | 2006.05 | 中国人保控股公司 |
| 张宪文 | 中国人寿保险股份有限公司嘉兴分公司 | 高级经济师 | 1997.08 | 中国人民保险集团公司 |
| 朱加椿 | 中国太平洋人寿保险股份有限公司嘉兴中心支公司 | 高级经济师 | 1997.11 | 省高级经济师资格评审委员会 |
| 李爱良 | 中国太平洋人寿保险股份有限公司嘉兴中心支公司 | 高级经济师 | 2009.12 | 省高级经济师资格评审委员会 |

续表

| 姓名 | 单位 | 职称名称 | 获得时间 | 评审单位 |
|---|---|---|---|---|
| 沈建昌 | 爱建证券嘉兴营业部 | 高级经济师 | 2000.11 | 浙江省人事厅 |
| 孙宇民 | 财通证券有限责任公司海宁证券营业部 | 高级会计师 | 2002.12 | 浙江省高级会计师资格评审委员会 |
| 陆火亮 | 财通证券嘉兴营业部 | 高级会计师 | 2003.12.30 | 浙江省会计专业人员高级职务评审委员会 |
| 周 璐 | 上海证券嘉兴营业部 | 高级会计师 | 2007.04.25 | 浙江省高级会计师资格评审委员会 |

说明：1. 截止时间为2010年底，包括离退休人员。

2. 高级职称是指副高以上的职称，包括高级经济师、高级会计师、高级政工师、高级工程师等。

# 历年经济金融形势分析报告

## 2000年度嘉兴市经济金融形势分析报告

2000年度嘉兴市国民经济发展速度加快,消费需求回暖,投资、出口增长迅速,物价平稳运行。金融运行出现积极变化,信贷投放力度加大,存款增长趋缓,现金投放增多,金融基本适应了经济发展需要。

### 一、经济发展态势总体良好

经济总量较快增长。预计全市全年实现国内生产总值538亿元,增长12.3%(可比价)。全部工业总产值1 428亿元,增长28.4%,其中规模以上工业总产值576.22亿元,增长27.8%;全部工业增加值289亿元,增长13.5%;农业总产值(现价)92亿元,增长10.7%。

社会需求明显回升。投资增长较快,1—11月末全市固定资产投资完成130.99亿元,增长24.0%。其中较为突出的是工业生产性投资完成60.75亿元,增长41.7%;房地产投资今年以来力度不断加大,完成17.61亿元,增长34.3%,主要是用于商品房建设投资。消费需求回暖,社会消费品零售总额逐月平稳增长,全年累计实现社会消费品零售总额200.31亿元,增长10.7%,同比提高3.2个百分点。出口继续速增,全市全年进出口总额244 363.40万美元,增长了43.86%,达到历史新高。

经济运行质量改善。企业效益回升,1—11月全市规模以上工业实现利润总额22.62亿元,增长69.8%;亏损企业数同比降低26.1%。企业经济效益达到近几年最好水平。资金周转效率提高,11月底规模以上企业两项资金占用152.69亿元,增长12.14%,低于销售收入增长17.46个百分点。财政收支大幅增长,全年全市财政一般预算收入累计40.17亿元,增长36.72%,同比提高25.12个百分点,其中地方财政收入19.20亿元,增长45.8%,同比提高30.6个百分点;财政一般预算支出21.52亿元,增长38.0%,同比提高15.5个百分点。财政收支规模扩大,运转良好。

纵观嘉兴市全年的经济增长态势,总体良好同时也存在一些隐患,经济增长基础还不坚实。一是从三次产业发展水平和整个经济环境看,嘉兴市经济发展对资金投入需求上升,但区域内资金自给能力开始下降。资金供求矛盾如果处理不当,将影响嘉兴市经济的持续稳定发展。二是结构调整力度需进一步加强。民间投资力度要继续引导和扩大，中小企业要进一步发展、农业和农村经济的进一步升级要求突出，传统产业高科技化和高科技产业化进程要求加快，出口产品结构需要优化。三是内需对我市经济增长推动作用需进一步加大。2001年出口方面存在的变数不容忽视，消费需求的进一步启动有利于嘉兴经济的平稳发展。

### 二、金融运行呈现积极变化

2000年度嘉兴市金融运行呈现积极变化，各金融机构积极扩大信贷投放，改善金融服务功能，有效推动内需增长，促进了全市经济快速增长，继续执行稳健的货币政策成效显著。2000年全市金融机构年末各项存款余额545.83亿元，较年初增加56.83亿元；年末各项贷款余额（含剥离）404.68亿元，较年初增加60.17亿元；累计签发银行承兑汇票28.11亿元，较年初增加7.85亿元。总体上看，2000年嘉兴市金融在以下六个方面变化明显。

存款缓增，结构趋向短期。由于受国家宏观政策及证券市场、国债销售等因素影响，2000年全市金融机构存款增势总体趋缓，全年存款同比少增22.28亿元。其中，企业存款年末余额173.04亿元，较年初增长23.85亿元，同比少增5.41亿元；储蓄存款年末余额326.89亿元，较年初增长22.88亿元，同比少增19.70亿元。根据全市各证券公司数据，从保证金、证券市值、申购新股资金等方面估算，今年11月末嘉兴市居民和企业新入市资金约26.85亿元，其主要来源是居民储蓄和企业存款分流。

2000年嘉兴市金融机构企业活期和储蓄活期存款增加28.21亿元，占全部存款增量的49.64%，企业定期和储蓄定期存款增加18.53亿元，占全部存款增量的32.60%，改变了往年定期存款增长多于活期存款的增长方式，存款结构趋向短期化。

贷款增投，结构趋向长期。2000年全市金融机构信贷投放持续扩大，同比多投放18.13亿元，投放结构合理，有力地支持了地方经济的发展。一是支持基础设施建设。基本建设贷款年末余额51.55亿元，较年初新增19.64亿元，占全部新增额的32.63%。二是积极拓展个人贷款业务。个人贷款年末余额24亿元，较年初新增15.47亿元，占全部新增额的25.71%。其中个人消费贷款余额21.86亿元，较年初新增14.56亿元，占全部新增额的24.20%。三是支持个体私营企业发展。个体私营企业贷款年末余额42.13亿元，较年初新增14.95亿元，占全部新增额的24.85%。四是支持农业经济升级。农业和乡镇企业贷款年末余额113.45亿元，较年初新增8.48亿元，占全部新增额的14.09%。五是积极支持外向型经济发展。外贸企业和外资企业等外向型经济人民币贷款年末余额27.03亿元，较年初新增3.57亿元，外汇贷款余额9 381万美元，较年初增加1 947万美元。

今年嘉兴市金融机构信贷投向上的最大特点是中长期贷款增量在全部贷款增量中的比重较大，年末嘉兴市金融机构基本建设贷款、技改贷款、消费贷款及其他中长期贷款增量占全部贷款增量的62.89%。近几年嘉兴市信贷结构长期化趋向将比较明显，一是由于近几年内嘉兴市固定资产投资规模不断扩大，固定资产投资对贷款依赖度有逐年加大趋势；二是个人消费贷款中住房贷款、汽车贷款等中长期贷款需求逐年上升。

外汇金融稳步发展。2000年在出口继续高速增长和直接利用外资较快增长的带动下，嘉兴市外汇金融业务得到稳步发展，外汇存贷款、结售汇、结算业务量都有较大增长。全年外汇金融运行态势良好。

外汇储蓄推动外汇存款增长。2000年末全市银行外汇存款余额33 541万美元,较年初增加7 617万美元。其中外汇储蓄余额24 607万美元,较年初增加9 791万美元;企业外汇存款余额为6 745万美元,较年初下降2 995万美元。个人外汇储蓄快速增长除因本外币利差扩大、储户外币偏好等因素影响外,不成熟的外汇管理体制也是一个重要影响因素。而资本项目下支出大量增加是导致企业外汇存款余额下降的主因,包括两方面:一是企业以现汇账户余额归还国内外汇贷款,占76.46%,同比增长52.23%;二是企业资本项目下定期存款到期后结汇或归还外债,2000年末全市资本项目下定期存款较年初下降3 305万美元,主要用于结汇或归还外债。

外汇贷款平稳回升。2000年末外汇贷款余额9 381万美元,考虑剥离因素,较年初增加1 947万美元,外汇贷款总量自1997年以来的下降趋势得到扼制。主要原因是企业出口和技改因素使2000年本外币利差进一步扩大对外汇贷款的负面影响有所弱化,如对桐乡巨石集团的玻璃纤维技改项目投入外汇技改贷款就达900万美元,而出口高速增长使押汇、打包贷款等短期外汇资金需求继续增长。

结售汇顺差进一步扩大。2000年嘉兴全市企业结汇141 724万美元,售汇33 707万美元,顺差108 017万美元,同比分别增长40.14%、32.06%和42.87%。其中贸易结汇134 098万美元,售汇26 163万美元;非贸易结汇839万美元,售汇3 472万美元;资本项目结汇6 787万美元,售汇4 072万美元。

外汇结算业务较快增长。2000年全市金融机构外汇收支结算量254 380万美元,其中收入结算量183 992万美元,支出结算量70 388万美元,同比分别增长47.20%和61.59%。

经营效益状况改善。2000年全市金融机构总体效益状况改善,年末损益累计实现21 384万元,同比增加23 518万元,主要得益于贷款总量扩大、存贷款利差加大、企业经营效益改善等因素。其中贷款利息收入201 519万元,上升4.0%;利息支出119 461万元,下降11.77%;应收未收利息有较大幅度下降,综合收息率明显提高。我市金融机构2000年实际效益有所改善。不良资产继续暴露。各金融机构前几年发放贷款形成的不良资产在2000年继续暴露,但由于贷款投放持续扩大,贷款基数增长快于不良贷款暴露速度,全市各金融机构实际不良率都有所下降。由于老、大、难的国有企业改制任务仍很艰巨,影响商业银行信贷资产质量的外部因素和压力还未消失。

现金净投放扩大。2000年末全市金融机构现金收入累计1 464.37亿元,支出累计1 488.38亿元,收支轧抵净投放24亿元,同比扩大18.78亿元。其中按项目看,农副产品收购支出增长最快,增幅达39.39%;工矿及其他产品采购支出、储蓄存款支出、行政企事业管理费支出和城乡个体经营支出都有20%的增幅;按机构看农信社全年投放最多,达45.54亿元;按地区看海宁、嘉善和平湖现金支出较多,分别投放15.42亿元、12.38亿元和10.51亿元。

### 三、金融有效支持地方经济发展受到一些因素制约

2000年嘉兴市金融运行中反映出来的突出问题是信贷资金运用紧张,但区域内整个经济

发展对资金需求规模却在上升，外部体制环境、微观运行、货币传导机制等方面存在的问题，对金融有效支持地方经济发展形成的制约在凸显出来。

货币政策对基层机构传导作用相对弱化。一是资金调度不灵活制约基层机构资金运用能力。基层商业银行资金调度只能依靠其上级行和当地人民银行，不能自主参与全国同业拆借市场，同城同业机构间横向拆借授权不足，而当地人民银行也只拥有一定规模短期资金融通权限，基层机构的资金运用能力基本上局限在当地存款规模之内。二是货币政策意图和商业银行市场化经营存在矛盾。商业银行资金运用趋利性过强，对效益较好、资金运用宽裕的企业和项目重复授信、贷款较为方便，而满足中小企业贷款需求相对较小。央行货币政策作用在基层不能有效发挥。

现有信贷模式和微观运行实际存在矛盾。从目前金融安全实际和内控目标要求来看，商业银行信贷模式偏好于保证方式而较少使用信用方式，不能适应当前微观运行实际情况，而改变现行信贷模式又存在诸多困难，譬如对中小企业的信贷支持问题。从前段时间所作的专题调查，我们发现在全部样本企业中有62%的企业的发展欲望较强，82%的企业认为制约发展的主要因素是得不到资金支持，而同时有83%的企业认为目前盈利状况一般甚至较差，样本企业总体的资产抵押能力下降，和其信贷资金需求规模不相匹配，企业对外担保的意愿不强，金融对中小企业的信贷支持陷入两难境地。对一般企业来说，第一还款来源可能不足，中小企业信用评估体系尚未建立，正常的社会信用秩序又尚未形成，现有的中小企业担保体系还未成熟，覆盖面不广，选择信用贷款模式可能性不大。如果选择保证贷款模式，企业抵押担保能力不足，贷款规模总体上不能满足企业需要，金融支持中小企业发展就不能有效落实。这种矛盾在个私贷款、农户贷款等领域都有体现。

外部环境制约信贷规模的扩大。譬如消费信贷。从总体上看，对于这项推出时间不长的新业务，嘉兴市的消费信贷增长速度是令人满意的，2000年新增消费贷款14.56亿元，占全部新增贷款的24.20%，但余额占比不高、适合农村市场的品种几乎没有、政策性推动为主是嘉兴市消费信贷发展存在的主要问题。消费信贷需求不足可能是制约消费贷款发展速度的主要因素之一。据调查，嘉兴市消费贷款对象范围较窄，以中等收入阶层为主，而占今年消费贷款70%左右的住房贷款，其快速增长主要得益于房改、拆迁、拆违等政策性因素推动，汽车贷款有80%用于购置营运车，客观上讲，我市城镇居民消费需求尚未真正启动，农村消费市场随着农村和农业经济发展水平的提高，亟待进一步开发，而诸如税费负担过重等消费环境方面问题又扼制居民需要向有效需求的转化速度，信贷需求增长速度制约信贷规模扩展速度。

### 四、2001年趋势展望和政策建议

我们分析认为，2001年嘉兴市信贷资金供应可能依旧趋紧。

贷款可能继续扩大投放。2001年我市经济工作主题将是突出发展，加大结构调整力度，推动经济再上新的台阶。而居民心理预期开始向好，消费需求回暖，在宏观继续实施和出台启动消费各项政策前提下，消费信贷需求会有所扩大。基本建设贷款、消费贷款、个私贷款等需求在2001年仍可能有较大增长。

存款可能继续保持缓增态势。一是2001年证券市场将继续影响嘉兴市存款形势。从政策的持续性来看，2001年证券市场扩容仍有可能是全方位的，入市资金渠道将会继续拓宽，扩

容速度和入市资金底线不会低于2000年。二是国家宏观将继续保持扩大内需的有关政策，人民银行可能在货币政策方面有微小调整，适度控制货币供应量，但引导储蓄分流政策意图将继续保持。2001年的嘉兴市存款增长态势将和2000年基本相仿。

根据2000年嘉兴市金融运行实际和2001年的趋势分析，面对2001年嘉兴市经济的发展要求，我们建议：一是2001年全市金融工作的首要任务是继续做好资金筹集工作。2000年全市金融机构可用资金存差已经不多，2001年的信贷投放基本局限在当年存款新增额之内，信贷投放的较快增长，取决于存款增长幅度。完善服务功能，提高服务水平，扩大资金来源仍应是2001年全市金融工作的重点。二是努力做好信贷结构平衡工作。从嘉兴市经济发展目标看，2001年基本建设贷款、消费贷款、个私贷款等2000年信贷投放重点将继续较大增长，同时随着农业产业结构的调整，农业贷款需求也可能趋旺。在有限信贷规模内，2001年我市金融平衡各类信贷需求的难度更大。各金融机构对信贷需求的满足应分轻重缓急，全年做好统筹安排，防止超出自身承受能力；信贷投放要在优化结构上下文章，结构调整要适应嘉兴市经济结构调整需要。三是加强风险防范，继续做好存量贷款中不良资产清收工作，严格控制新增贷款资产质量。各金融机构要加强授权、授信和信贷管理，对基础设施、消费贷款等中长期贷款资产质量不能盲目乐观，要充分重视还贷机制的建立和完善。四是逐步建立中小企业信用评估和咨询体系。对中小企业信用状况进行有效监控，增加企业信用状况的透明度，在此基础上对部分资质较好企业试行信用贷款方式。五是加大金融工具创新力度。在合理限度内扩大银行承兑汇票、贴现等票据融资规模，相对突破资金规模限制，缓解企业资金紧张状况。

## 2001年度嘉兴市经济金融形势分析报告

2001年嘉兴区域经济继续运行在较高的增长平台，但受国内国际宏观经济形势影响，总体有减缓倾向。金融继续稳定运行，存款大幅增长，贷款结构调整力度较大，货币政策在基层传导机制还有待疏通。

### 一、对嘉兴区域经济形势的总体评价

预计2001年嘉兴全市实现国内生产总值609亿元，增长12.3%。农业方面，结构调整取得成效，农民收入增加较多。预计全市实现农业增加值63亿元，增长5.7%。粮经种植比由上年的58∶42调整到52∶48，种养业产值比达到42∶58。农业结构调整对农民收入产生明显的影响，全年农民人均收入5 200元，增长10%。工业方面，总体保持较高增长，运行质量继续改善。预计全部工业增加值完成322亿元，增长13.6%；规模以上工业总产值643.6亿元，增长22.5%；1—11月实现利润32.07亿元，增长24.5%；工业产品产销率98.2%，继续处于较好水平。需求方面，投资出口继续扩大，消费需求平稳增长。1—12月城镇单位累计完成固定资产投资191.82亿元，增长4.2%，其中基本建设地方项目、房地产开发投资分别完成63.83亿元、39.81亿元，分别增长18.5%、58.7%；工业生产性投资累计完成97.5亿元，增长30.29%，其中民营企业累计完成投资占73.9%。1—12月累计完成出口总值22.17亿美元，增长17.34%。1—12月社会消费品零售总额累计实现223.74亿元，增长11.7%。经济持续较

高质量的发展,保证了财政收入较快增长,同时也促进了嘉兴金融业的良性运行。1—12月全市财政实现一般预算收入53.53亿元,增长33.3%,其中地方一般预算收入29.73亿元,增长54.8%;全年嘉兴金融机构信贷资产质量有较大改善,不良信贷资产绝对额和不良率实现"双降",经营效益明显提高。

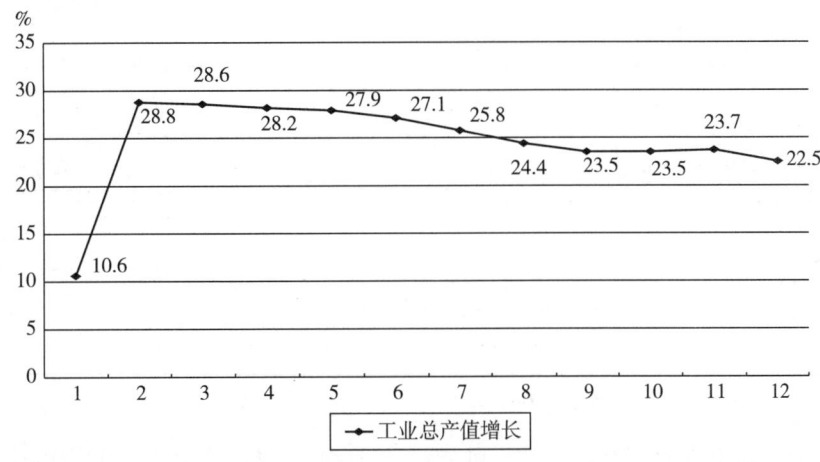

图1　2001年1—12月工业总产值增长

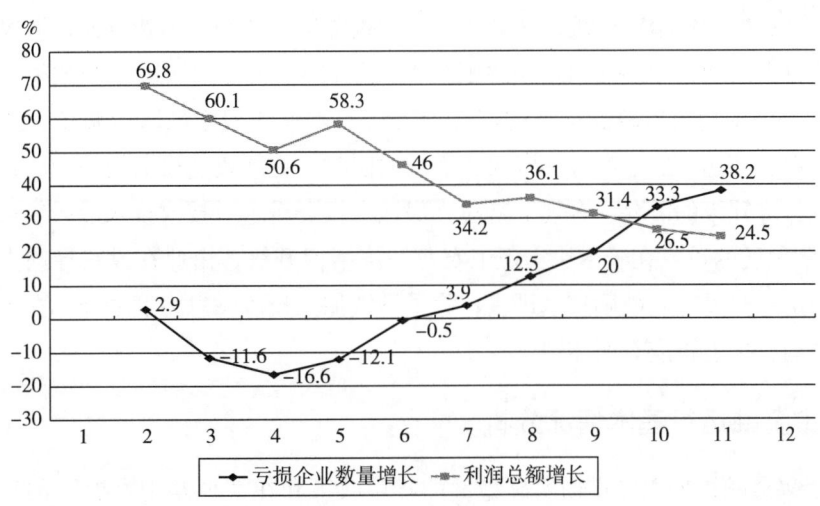

图2　2001年1—11月规模以上企业贷款增长曲线

从2001年嘉兴区域经济全年走势看,存在的一些问题应引起密切关注,需要在2002年经济工作中采取积极措施予以化解。一是GDP主要相关指标增长放缓明显。尽管工业生产及效益、地方投资、出口、消费等继续保持两位数增长,但除消费以外上述指标增速的月度走势呈明显下降趋向,同时亏损企业数量呈较快上升趋势(各指标全年走势见图1、2、3),反映出嘉兴经济要保持持续快速发展的难度加大。二是经济增长对外贸依存度较高,内需拉动作用相对下降。2001年进出口总值实现32.69亿美元,占GDP比重在44%左右,同比提高近3个百分点,相对而言内需对经济的拉动作用有所下降。出口方面,由于出口产品结构特点等原因,国际经济走低对嘉兴出口实绩的影响相对较弱,加入世贸组织对嘉兴出口形势总体上是利大于弊。但加入世贸组织主要是降低了国际经济间的贸易壁垒,从最近的一些动向看,技术、环保

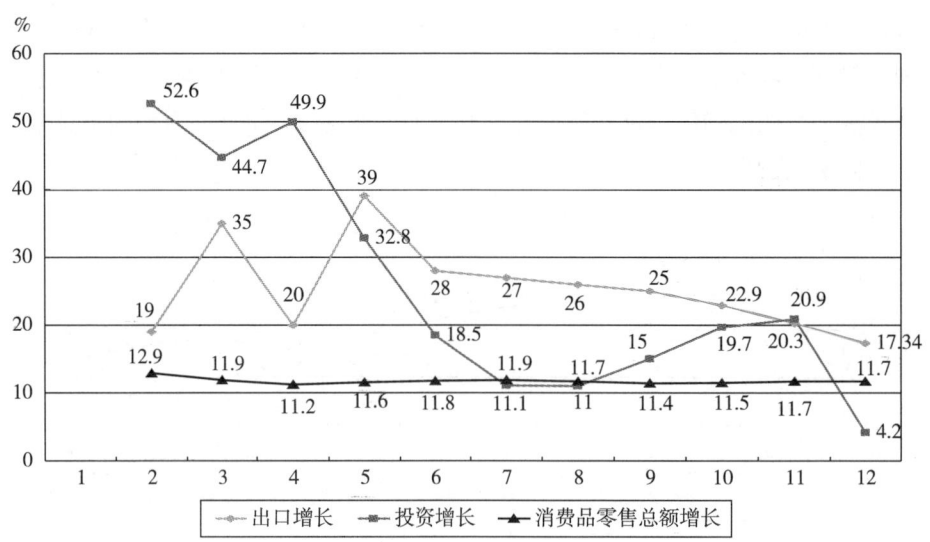

图3　2001年2—12月需求增长曲线

等非贸易壁垒对我国出口的影响在上升，可能对2002年及以后嘉兴出口的影响应引起政府有关部门的高度重视。投资方面，由于总体上企业效益增长趋于放缓，可能影响明年企业扩大投资的积极性。商品房销售增速减缓，减弱了房地产投资增长势头。消费方面，居民可支配收入增长曲线和消费支出增长曲线的间距在逐渐拉大（见图4），显示居民消费欲望有相对减弱倾向。2002年在努力保持出口较高增长的同时，要切实重视和积极采取措施扩大内需。三是投资结构不尽合理。基建、房地产等投资快速增长的同时，更新改造投资规模和增长速度不能适应嘉兴工农业经济升级的需要，客观上基建、房地产投资需求对技改投入形成较强的"挤出效应"。嘉兴经济发展的重点在于尽快实现工农业经济结构升级，由此在投资导向上，政府应适当调整基建和房地产投入，鼓励技术进步，除了继续加大技改贴息力度之外，在招商引资工作和投资总量结构安排上也应有所体现。

## 二、全市金融运行基本情况分析

2001年嘉兴金融机构积极贯彻实施稳健的货币政策和在"调整中发展"的经营思路，实现了存款总量的较快增长，年末存款余额627.63亿元，较年初增加81.8亿元，增长14.99%；扩大了信贷有效投放，同时信贷结构调整取得明显成效，年末贷款余额455.2亿元，较年初增加50.62亿元，增长12.5%，年末余额存贷比72.53%；现金净投放扩大，1—12月全市金融机构累计回笼现金1 749.14亿元，同比增长19.45%，累计投放现金1 780.17亿元，同比增长19.60%，收支轧抵净投放现金29.03亿元，同比增长18.98%。全年金融运行和区域经济形势基本适应，促进了经济较快增长。

（一）存款方面

2001年全市存款增加81.8亿元，同比多增25亿元，是嘉兴金融历史上存款增加最多的一年。其中企业存款余额198亿元，较年初增长24.8亿元，同比多增近1亿元；居民储蓄年末余额372.43亿元，较年初增长45.54亿元，同比多增22.67亿元，其中定期存款较年初增加

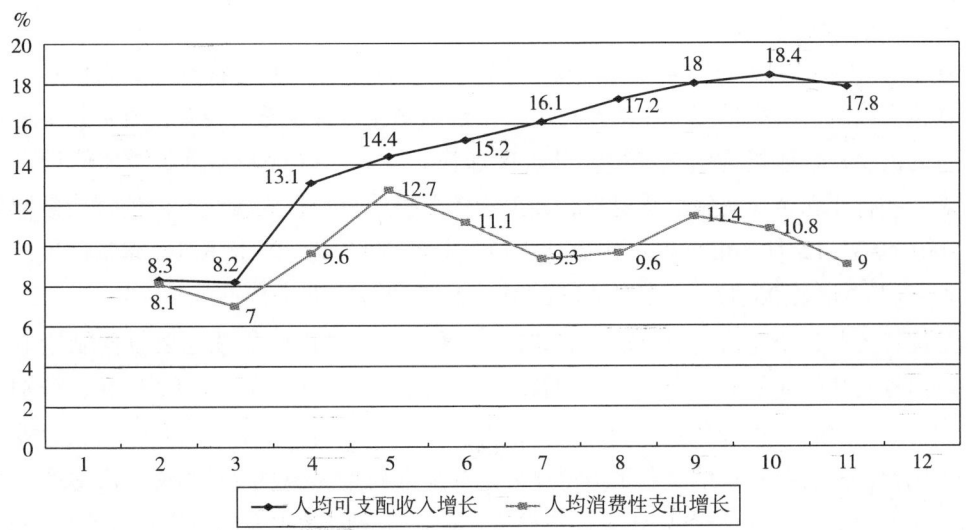

**图 4　2001 年 1—11 月居民收入、支出增长曲线**

28.22 亿元，同比多增 19.89 亿元。全年存款增长有三方面特点：

一是存款波动与股市二级市场走势和新股发行时间相关度较高。上半年股市总体处于强势，存款波动较大；下半年股市转熊，存款开始大幅平稳增加（见图 5）。

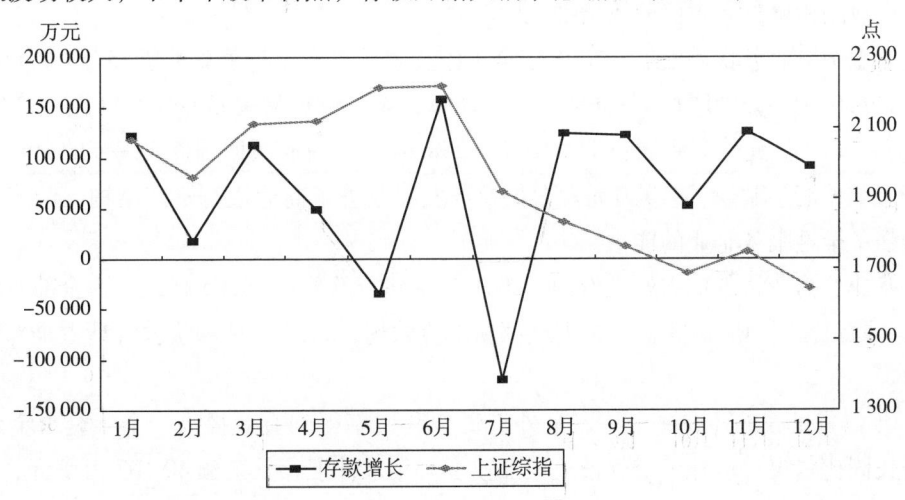

**图 5　各项存款月新增与上证综指趋势**

二是居民储蓄倾向转强。居民储蓄心态稳定，人民币存款低利率并未使居民储蓄心态发生根本改变，相对而言投资渠道和投资收益的变化成为影响储蓄和消费的重要因素，可能反映出居民对未来的预期在减弱。图 4 显示的可支配收入曲线和消费支出曲线变化趋势也从另一角度印证了这一点。

三是农民增收对存款增长影响明显。农村信用社存款的大幅增长，除了一些行业不景气、股市走熊等原因导致部分个体经营户经营性资金回笼为储蓄外，农民收入增加是一个重要因素。农村信用社新增储蓄 16.27 亿元，同比多增 8.5 亿元，占全部金融机构新增储蓄的 35.73%，同比提高 1.77 个百分点。

(二) 信贷方面

2001年全市新增贷款50.62亿元,较上年同期少增近10亿元,若考虑上级行直贷和金融机构贷款核销因素,则增量与上年基本持平。由于金融业自身调整的需要,也是为了适应经济结构调整的需要,金融机构信贷结构调整进度加快,在对一些行业和企业增加信贷投放的同时,也对一些行业和企业实施信贷退出,表现为信贷投放总量扩大较快,但信贷余额增加相对缓慢。2001年1—12月全市金融机构累计投放贷款617.03亿元,增长16.38%;累计收回贷款566.41亿元,增长20.47%。具体看,2001年信贷投放有四个特点。

一是优势行业、企业信贷投放较多。2001年嘉兴市金融机构贷款主要投向制造业、房地产、交通运输及邮电通信业,分别较年初新增17.6亿元、10.3亿元、8.82亿元,分别占全部新增贷款的34.77%、20.35%、17.42%。在制造业贷款中,前12户工业特色规模企业新增贷款11.53亿元,占制造业新增贷款的65.51%,占全部新增贷款的22.78%。房地产、交通运输及邮电通信和12户规模特色企业等优势行业、企业新增贷款占全部新增贷款的60.55%。

二是支农信贷大幅增长。2001年农村信用社累计发放支农贷款39.68亿元,同比多增28.85亿元,增长266.39%,其中累计发放联保贷款、小额信用贷款分别为5 590万元、1 216万元。年末支农贷款余额16.77亿元,较年初增加7.81亿元,占全部金融机构新增贷款的15.43%,占农村信用社新增贷款的64.71%。支农贷款有力地支持了"三农"经济发展,推进了农业产业结构调整和农民收入增加。

三是票据融资业务快速发展。2001年全市银行累计签发银行承兑汇票55.53亿元、累计办理贴现17.26亿元,分别增长97.56%、360.16%;年末银行签发承兑汇票、贴现余额分别为21.63亿元、2.22亿元,分别增长114.31%、258.44%。商业票据融资实现零的突破,全年累计办理商业承兑汇票贴现1 910万元。票据业务发展改善了商业银行资产结构,调节了资产流动性,增强了金融服务企业的能力。

四是基建、消费贷款仍占较大份额。2001年基建贷款新增18.85亿元,占全部新增贷款的37.24%;消费贷款新增6.73亿元,占全部新增贷款的13.3%。两项贷款合计占全部新增贷款的50.54%。

2001年信贷投放的还有一个特点是外汇资金利用率得到有效提高。全年全市金融机构外汇存款增长同比减缓,但外汇贷款投放增加较多。年末外汇存款余额40 107万美元,增加656万美元,同比少增1 065万美元;年末外汇贷款余额12 854万美元,增加3 443万美元,同比多增1 496万美元;年末外汇资金余额存贷比32%,同比提高4个百分点,新增存贷比52.44%,同比提高26.88个百分点。

由于区域经济继续良性运行和信贷结构有效调整,2001年嘉兴金融机构信贷资产质量和经营效益有明显改善。1—12月不良信贷资产累计净下降7亿元,不良率下降4个百分点;累计实现账面结益3.33亿元,同比提高1.8亿元。总体上我们认为2001年嘉兴金融总量稳步扩大,运行质量进一步提高,支持地方经济发展和提升金融自身素质实现了"双赢"。

## 三、全年金融运行中反映出来的一些问题

从全年金融运行情况看,信贷有效投放尚需加强。一是全年信贷投放期主要集中在3月、

6月、9月、12月,四个月合计新增贷款31.68亿元,占全部新增贷款的59.13%,季末冲高较为明显;二是小企业融资难度依然较大,全年新增信贷中如果扣除占37.24%的基建贷款、13.3%的消费贷款、22.78%的12户特色规模企业贷款等,估计用于支持小企业的新增贷款不到20%,从中反映出货币政策在基层传导机制尚需进一步疏通,货币政策传导过程中存在的一些矛盾亟待化解。

(一)货币政策尚难调控嘉兴区域资金供求矛盾

一方面嘉兴地方银行体系资金供应由于受资本及保险市场影响,存款波动加大,可用性下降,总体上增长放缓。另一方面嘉兴工业升级、基础设施建设、农业结构调整、消费贷款等需求增长迅速,基层银行信贷平衡难度越来越大,货币政策在基层的调控难度越来越大。

(二)商业银行经营的价值取向削弱货币政策在基层的效果

一方面商业银行执行货币政策有一定的价值取向,表现为"有利的积极利用、无利的适当点缀,有风险则避而远之",货币政策执行效果与货币政策本来意图有差距。另一方面商业银行实行集中管理模式,突出表现为资金向上集中,信贷投放权限向上集中。基层银行信贷投放意愿、能力和货币政策调控意图、市场需求有矛盾。

(三)货币政策传导遭遇中小法人金融机构的"能力瓶颈"

地方中小法人金融机构经营分散,资金集约化程度低,金融服务能力总体不强,在支持中小企业发展、农业产业化发展等方面存在能力和需求之间的矛盾。

(四)资金供求"刚性"制约货币政策有效落实

部分企业由于"解困"导致银行信贷退出难度大,信贷资金沉淀,资金供应处于"刚性的积极"状态;小企业迫切需要银行信贷支持,但由于受自身资信条件等影响,资金供应实际处于"刚性的紧缩"状态,对小企业信贷投入无法有效扩大,削弱了货币政策在基层的传导效果。

(五)人民银行基层行可运用政策工具的作用有待进一步提高

人民银行基层行的"窗口指导"在基层银行资金供应紧张时,能够有效地提高基层银行的金融服务能力,调控作用较为明显。但在信贷资金较为宽松时,基层银行服务能力主要由其上级行控制,当地人行"窗口指导"或"道义劝告"效果就不一定显著。

## 四、对明年经济金融形势的判断和一些建议

总体上看,2002年嘉兴经济发展面临的不确定因素较多,机遇和挑战并存。

1. 国际经济环境方面,国际经济形势前景仍不乐观。美国经济能否在2002年下半年开始回暖还有诸多变数;欧元正式启动近期内对世界经济的影响尚有待观察,但对我国出口有积极作用;日元贬值肯定会对亚洲经济产生较大的负面影响;正式加入世贸组织的利弊应正确把握。这些因素对嘉兴影响体现在两个方面:一方面国际经济波动对嘉兴产品出口的影响尚未完全释放出来,日元贬值可能引发亚洲主要国家的货币贬值、加入世贸组织后新的壁垒可能对我市出口带来负面影响不可忽视。但总体上嘉兴出口应该能够继续保持两位数的增长。另一方面,2002年我国利用外资规模可能进一步扩大,嘉兴地处国内经济发展水平最高的长江三角洲地区,要抓住引进利用外资的良好时机。

2. 国内财政货币政策方面,2002年国家宏观将继续实施积极的财政政策和稳健的货币政

策,不排除货币政策转向适度积极的可能。总体看企业融资环境将会有所改善,但嘉兴企业面临的主要问题不是资金供应的名义价格,而是企业整体融资能力的有效提高。

3. 嘉兴区域资金供应方面,预计 2002 年股市将迎来一个"平衡年",股市全年走势总体上将在调整中趋强。同时 2001 年多家保险机构开始登陆嘉兴,2002 年投资型保险在嘉兴会逐步成熟和推开,由此存款增长水平估计在 65 亿元左右。金融机构信贷结构调整将延续,全年贷款增长 55 亿元左右。

4. 嘉兴区域工业生产和投资形势。在出口继续保持较高增长的拉动下,工业生产将仍能够达到两位数增长,但增速可能较 2001 年有所放缓。地方项目投资方面,投资结构会有调整,商品房销售下降趋势明显,房地产投资有放缓的要求;企业技改投资可能会有较大增长。

5. 区域内消费总体仍将平稳增长。根据以上分析,嘉兴经济 2002 年仍将延续近几年的轨迹,但增幅和 2001 年相比可能稍有放缓。对 2002 年的金融工作重点,我们提出如下建议:(1) 综合平衡区域内信贷资金投向,继续推进信贷结构调整,重点支持工业和农业经济升级,支持出口企业资金需要,合理满足基建和消费贷款需求。(2) 继续改善中小企业融资环境。积极推进中小企业信用担保、信用评估和信用监测体系建设,在此基础上积极探索加大金融支持中小企业发展的创新方式。(3) 加大支农力度。积极探索创新农户贷款新方式,继续推广农户联保贷款、农户小额信用贷款,支持农民开展多种经营,增加农民收入。(4) 继续深化"抓降"工作。通过清收、核销、新增贷款的投向结构调整、打击逃废债行为,促使 2002 年不良信贷资产绝对额和不良率能够进一步下降。(5) 提倡本外币资金协调运用,加大对企业技改的本外币信贷支持,提升嘉兴工业竞争能力。(6) 切实改进服务水平,创新服务功能,完善内部管理,迎接金融开放对嘉兴金融业带来的挑战。

## 2002 年度嘉兴市经济金融形势分析报告

### 一、区域经济形势简述

2002 年区域经济呈现逐月走高的增长态势,预计全年实现 GDP706.11 亿元,增长 13.8%。其中一产增加值 62.87 亿元,增长 2.1%;二产增加值 399.90 亿元,增长 16.5%;三产增加值 243.34 亿元,增长 13.1%。全年区域经济运行要好于年初预期。

(一) 工业生产逐月提速,全年保持较快增长

2002 年全市工业实现增加值 350.31 亿元,增长 16.6%。全年工业生产增速呈现逐季回升态势,工业总产值第一季度增长 12.9%,第二季度增长 14.4%,第三季度增长 20.9%,第四季度增长 36.4%。各类所有制企业生产均以较高速度增长,其中国有企业增长 53.2%,外商及港澳台投资企业增长 24.3%,股份制企业增长 20.8%。全年工业产品产销率累计 98.25%,比上年同期提高 0.03 个百分点。

(二) 社会消费增势平稳,投资增长喜中有忧

全年区域内社会消费增长基本平稳,1—12 月累计实现社会消费品零售总额 249.21 亿元,增长 11.4%,前三个季度分别为 12%、11.5%、11.5%。投资总体保持较高增长,预计 1—12 月全社会投资完成 379 亿元,增长 24% 左右。工业生产性投资呈现快速增长,1—12 月累计完

成投资 162.81 亿元，增长 60%。城镇以上单位 1—12 月累计完成投资 212.4 亿元，增长 10.7%，其中基本建设投资 143.04 亿元，增长 12.4%；房地产开发投资 47.97 亿元，增长 20.4%。规模以上企业 1—12 月累计完成投资 56.04 亿元，仅增长 10.8%。

（三）外贸出口回暖攀升，招商引资成绩显著

2002 年对外贸易在经历了持续 5 个月的滑坡后，7 月起开始明显回升，年末累计实现外贸进出口总额 36.8 亿美元，增长 12.5%，其中出口总额 25.5 亿美元，增长 15%，外贸出口实绩好于预期，外商投资企业出口占全部出口的 55% 以上，自营进出口企业出口和上年持平。全年招商引资工作成绩显著，外资投入呈现大幅度增长，全年新批外商投资项目 456 个，实际利用外资 4.81 亿美元，增长 77%。

## 二、区域金融运行情况分析

2002 年区域金融运行呈现存贷两旺的局面，存贷款均呈现大幅增长，创历史最高水平。年末全市金融机构各项存款余额 763.4 亿元，增长 21.63%，比年初增加 135.78 亿元，同比多增 53.98 亿元。年末各项贷款余额 521.87 亿元，增长 21.32%，比年初增加 91.71 亿元，同比多增 40.62 亿元。年末余额存贷比 68.4%，新增存贷比 67.55%。

（一）各项存款同步增加，结构趋向短期

全部存款中，企业存款余额 235.46 亿元，比年初增加 49.1 亿元，同比多增 24.26 亿元，1—12 月企业存款活定期增量比例为 210%，比上年同期低 61 个百分点。年末储蓄余额 436.42 亿元，比年初增加 63.99 亿元，同比多增 18.45 亿元。其中活期储蓄比年初增加 26.21 亿元，同比多增 8.89 亿元；定期储蓄比年初增加 37.78 亿元，同比多增 9.55 亿元；储蓄中活定期增量比例为 69%，比上年同期高 8 个百分点。企业活期存款和活期储蓄增量合计与企业定期存款和定期储蓄增量合计比例为 111%，比上年同期高 9 个百分点，存款活动性提高。

综观全年形势，存款迅猛增长有以下几个重要的影响因素。

一是新股发行采取二级市场配售方式后，企业资金认购新股金额减少，存款增量相对上升。

二是招商引资工作成绩显著，新批内资和外资企业数量增长较快，存款增加较多。

三是企业存款增长同经营业绩之间并未有明显的关联，但全市规模以上企业投资热情减弱，支出增长相对放缓，对存款增长有一定的影响。

四是居民收入增长较快，综合对未来的收入预期和偏弱的股市行情等因素，储蓄仍是居民投资理财的主要渠道，储蓄心态较为稳定。

五是贷款投放扩大后派生存款明显增加。从经济统计的数据看，应收款及产成品库存增长较快，企业支付能力提高主要依靠银行借款。

（二）贷款结构变化明显，质量继续改善

在全部贷款中，年末短期贷款余额 383.25 亿元，比年初增加 63.29 亿元，同比多增 39.69 亿元；中长期贷款余额 145.02 亿元，比年初增加 27.63 亿元，同比多增 3.67 亿元。

分项目看，2002 年新增贷款主要集中在以下六方面：

一是短期工业贷款，新增 20.78 亿元，同比多增 14.57 亿元，占全部新增贷款的 22.66%；

二是基本建设贷款，新增 11.65 亿元，同比少增 6.75 亿元，占全部新增贷款贷款

的12.70%；

三是建筑业贷款，新增16.17亿元，同比多增12.93亿元，占全部新增贷款的17.63%；

四是消费贷款，新增11亿元，同比多增5.22亿元，占全部新增贷款的12%；

五是农业贷款，新增6.77亿元，同比少增0.22亿元，占全部新增贷款的7.38%；

六是贴现贷款，新增5.54亿元，同比多增4.57亿元，占全部新增贷款的6.05%。

分机构看，在2002年全部新增贷款中，除政策性银行和信托公司外，各类金融机构贷款均保持快速增长，其中国有独资银行贷款投放尤为迅速，全年新增贷款增长105%。其他商业银行新增贷款增长65.55%。国有独资商业银行在全市新增贷款市场上的份额有明显上升，较上年同期上升了5.56个百分点。

分区域看，在今年全部新增贷款中，对辖内各县（市）区域的信贷投放明显增加。全年对各县（市）新增贷款57.58亿元，占全部新增贷款的62.78%，较上年同期上升14.91个百分点（各县市新增贷款情况见表1）。

表1　　　　　　　　　　　各县市新增贷款情况　　　　　　　　单位：亿元，%

| | 嘉善 | 平湖 | 海宁 | 海盐 | 桐乡 |
|---|---|---|---|---|---|
| 2002年新增 | 8.43 | 13.55 | 14.24 | 7.66 | 13.7 |
| 2001年新增 | 4.71 | 0.77 | 4.81 | 8.61 | 5.56 |
| 增长率 | 78.92 | 749.61 | 196.05 | -11.06 | 146.27 |

注：海盐主要是由于秦山因素导致缓增。

从资产质量分析，2002年嘉兴区域信贷资产质量有明显的提高，辖内各金融机构均保持不良资产余额和比例"双降"的良好态势。

2002年贷款投放大幅度扩大的原因主要有以下几方面：

一是资金来源充足，各项存款增长创历史最高水平；

二是区域经济发展，信贷需求旺盛，特别是工业及工业园区建设、基本建设、房产开发及土地储备、个人消费贷款需求旺盛；

三是信贷环境的逐步改善；

四是商业银行信贷管理制度的及时调整，适当下放信贷权限，提高基层行信贷营销积极性。

（三）金融资产结构优化，效益增长明显

2002年全市金融机构在认真贯彻实施稳健的货币政策，有效扩大信贷投放，积极支持地方经济发展的同时，资金运用更趋多元化。2002年末，全市金融机构人民币存差余额241.53亿元，比年初扩大43.98亿元，同比多增19.01亿元；全市金融机构有价证券及投资余额56.69亿元，较年初增加23.12亿元，同比多增24.52亿元，在全部资金运用中的比重为9.6%，同比上升2.6个百分点；全市金融机构系统内上存资金余额71.66亿元（不包括一级准备），比上年同期增加19.36亿元。

2002年全部金融机构人民币业务实现账面盈利5.87亿元，同比多增1.13亿元，增长23.84%。

（四）外汇资金运用扩大，国际收支良好

2002年末外汇指定银行各项外汇存款余额50 106万美元，比年初增加9 942万美元，同比多增3 325万美元。其中企业外汇存款余额19 362万美元，比年初增加8 277万美元，同比多增5 145万美元；外汇储蓄余额28 978万美元，比年初增加1 389万美元，同比少增1 589万美元。企业外汇存款的快速增长主要得益于招商引资工作的深入展开，外商投资企业资本金逐步到位。而在近年多次下调外币存款利率后，本外币利差由正转负，居民个人持有外汇的意愿减弱，外汇储蓄增长减缓。

2002年末全市外汇指定银行各项外汇贷款余额17 397万美元，比年初增加4 455万美元，同比多增925万美元。其中外汇短期贷款余额9 522万美元，比年初增加2 222万美元，同比多增472万美元，但外商投资企业短期外汇贷款较年初下降2 389万美元；外汇长期贷款余额6 245万美元，比年初增加2 485万美元，同比多增619万美元，中资企业贷款较年初增加2 616万美元。

（五）现金收支继续扩大，净投放高增长

2002年全市金融机构累计现金收入2 026.56亿元，同比扩大16.11%；累计现金支出2 067.69亿元，同比扩大16.43%；收支轧抵净投放41.13亿元，增长34.88%。

### 三、货币政策执行情况及效果

2002年人民银行嘉兴市中心支行和全市金融机构在疏通货币政策传导渠道，优化信贷环境，积极扩大有效信贷投入方面工作成效显著。主要体现在以下几个方面：

（一）人民银行加强引导和协调

2002年通过结合实际制定货币信贷政策实施意见，采取有针对性的措施，有重点地缓解货币政策传导障碍或瓶颈。

一是推动小企业信用评估体系建设。制定实施《嘉兴市中小企业信用等级评定管理办法》，统一市区小企业信用等级评定标准，解决小企业信用评估难的问题，全年累计对1 525户中小企业进行了信用等级评估。

二是推动小企业和农户信用担保体系建设。全市已有各类贷款担保机构27家，拥有担保资本金逾1亿元。

三是推动企业财产权属登记工作，盘活企业可抵押资产。全年全市已培训登记发证人员1 377人次，为1 109家企业发放财产权属证书，累计发证资产总额77亿元。

四是建立了浙江省首个生源地助学贷款担保基金，解决贫困学生贷款难的问题。

（二）信贷环境建设稳步展开

认真落实"抓降"责任制，开展"建信用促发展"活动，规范社会信用秩序，鼓励商业银行加大信贷有效投入。对90户不守信用、拒不履行还款义务的企业及其法人代表在报纸上予以公开曝光；开展专项执行活动，与执法部门联手打击逃废债、逃套汇和信用卡恶意透支，执结案件157起，收回贷款近4 000万元；举办"农村信用镇信用村信用户现场推进会"，评定信用村82个、信用户24 205户，推动了农村小额贷款的发放；组织召开金融产品展示会暨银企项目推介会，银行与中小企业签约贷款项目达17个，金额达4.3亿元。

（三）信贷管理制度调整

商业银行特别是国有商业银行按照固定资产贷款审批权集中、流动资金贷款审批权适当下放的原则，调整和完善授权授信制度，扩大基层分支机构特别是县（市）支行的信贷投放权限和自由度，国有商业银行一些重点县（市）支行的授信和贷款审批权限扩大了1倍以上。同时各商业银行、信用社逐步建立贷款营销激励机制，加大贷款营销力度，充分调动信贷人员和基层分支机构贷款营销的积极性。信贷管理制度的调整对金融支持县域经济发展，满足小企业信贷需求方面作用明显。

结合当地实际执行货币政策，解决货币政策传导中的瓶颈问题，为嘉兴经济金融发展营造了良好的环境，对全市呈现近几年少有的信贷大投入局面，尤其是缓解小企业及农户贷款难问题发挥了积极作用。全年累计为1 415户小企业和农户提供担保贷款3 534笔，贷款总额达到11.23亿元左右；累计通过财产权属证明发放抵押贷款12亿元；累计发放农户贷款36.1亿元，年末余额14.93亿元，新增6.25亿元，占农村信用社全部新增贷款的46.78%；累计发放出口退税账户质押贷款13.56亿元，年末余额达到18.41亿元，增长57.09%；累计发放各类创新贷款14 768笔，增长3倍以上，年末余额47亿元，增长92%；年末助学贷款余额640万元，增长196.3%。

### 四、对2003年形势的预测及建议

2003年对国家宏观经济增长预期普遍较为乐观，相信处于东部沿海、上海周边的嘉兴区域经济在2003年会有更好的表现，预计全年GDP增长可以保持在13%以上的增速。招商引资对区域经济的推动作用将进一步发挥出来，传统特色产业依旧是经济增长的主力，但对出口预期较为谨慎，内资企业特别是规模以上企业投资积极性有待提高，利用各种力量进行产业结构调整任务还任重道远。

对2003年区域金融运行较为乐观，宏观上已经决定继续执行稳健的货币政策，经过2002年金融总量的较快增长后，2003年全市存贷款增加额实现"双百"可以预期，金融对地方经济的支持能力会上一个新的台阶。

综合上述分析和预测，我们对2003年金融工作有以下建议：

1. 继续处理好"抓降"和支持地方经济发展的关系，在减少不良贷款，提高资产质量的同时，扩大信贷投放，促进经济发展。

2. 继续调整信贷结构，加大对生产性领域的信贷有效投入，加大对企业特别是中小企业、民营企业、外贸出口企业等的贷款支持。

3. 继续完善信贷资金管理，合理确定贷款审批权限，完善授权授信制度，增强营销观念，拓宽信贷品种，积极开拓和满足市场有效需求。

4. 监测和分析房地产市场发展的新动向，保持房地产开发贷款和个人住房抵押贷款以适当比例增长，禁止降低消费信贷标准，禁止发放个人无指定用途的消费贷款，防止个人消费贷款过度竞争，促进消费信贷健康发展。

## 2003年前三季度嘉兴市经济金融形势分析报告

### 一、金融保持高增长态势，受政策调控影响明显

1—9月金融总量高速扩张。9月末全市金融机构本外币各项存款余额1 032亿元，增长

33%；各项贷款余额751亿元，增长43%。其中人民币各项存款余额992亿元，增长35%，较年初增加230亿元；各项贷款余额714亿元，增长40%，较年初增加193亿元。本外币各项存款与贷款余额均排全省第7位，增量均排全省第6位。9月末全市金融机构人民币业务平均余额存贷比72%，新增存贷比84%。受宏观政策调控的影响，区域金融运行在第三季度出现了放缓迹象。

综合上半年宏观经济运行中的一些问题，国家宏观调控部门认为目前货币信贷增长偏快，信贷投放的结构性问题较为突出。从6月开始，人民银行陆续出台了一些货币信贷政策，对当前经济金融形势进行了温和的结构性调控，包括出台《关于进一步加强房地产信贷业务管理的通知》（即"121号文件"）、金融机构存款准备金率上调1个百分点、加大公开市场货币回笼力度、控制全国信贷计划增量等。国有独资商业银行信贷政策调整比较明显，基层行信贷投放受到了一定的控制，这些措施主要体现在四个方面，一是实行贷款年末规模控制或分类控制；二是上收部分行业或领域贷款的审批权限；三是信贷结构调整，提高对部分行业或领域贷款审批条件；四是上调票据贴现利率。

从嘉兴的实际情况来看，这些调控措施已经开始产生影响，特别是国有独资商业银行信贷投放速度明显放缓，受政策调控影响，房地产信贷增速明显放缓，商业银行对人民银行短期融通资金的需求明显上升。同时，经过上半年金融总量的高速扩张，嘉兴银行资金运用已经比较充分，在存款增长放缓及稳定性不强的情况下，即使货币政策不出现调整，其信贷投放能力也会呈现减缓态势。

（一）信贷高速投放，但缓增态势已现

1—9月全部人民币新增贷款按贷款期限划分，短期贷款余额428亿元，增长23%，较年初增加69亿元；中长期贷款余额241亿元，增长68%，较年初增加98亿元。

1—9月全部人民币新增贷款按贷款种类划分：

1. 制造业贷款新增69亿元，增长73%；
2. 农业贷款增加13亿元，增长54%；
3. 基本建设贷款增加71亿元，增长62%；
4. 房地产开发贷款增加15亿元，增长27%；
5. 个人消费贷款增加26亿元，增长97%，其中住房消费贷款增加16亿元，增长101%；汽车消费贷款增加5亿元，增长197%；
6. 票据贴现余额增加18亿元，增长314%；
7. 商业贷款继续保持净下降，月末余额39亿元，较年初减少4亿元。

数据表明第三季度信贷投放明显放缓。第三季度实际新增贷款为44亿元，较前两个季度分别减少33亿元、40亿元。从月均贷款投放进度看，上半年月均新增投放27亿元，每月新增投放基本在20亿元以上，而第三季度月均新增投放15亿元，9月投放最多为17亿元。其中，国有独资商业银行第三季度月均新增贷款7亿元，比上半年减少12亿元；股份制商业银行第三季度月均新增贷款3.32亿元，比上半年增加0.25亿元；农村信用社第三季度月均新增贷款4.2亿元，比上半年减少0.2亿元。

## (二)存款增长迅猛,派生因素较为明显

9月末全部人民币存款中,企业存款余额331亿元,较年初增加95亿元,增长45%;储蓄余额515亿元,较年初增加78亿元,增长24%。

第三季度企业存款增长明显减速,增长结构有所调整。1—6月,全市金融机构企业存款增加87亿元,第一、二季度分别增加35亿元、52亿元,月均增加基本在11亿元以上。同期储蓄增加55亿元,主要集中在第一季度,占1—6月新增储蓄的73%。第三季度企业存款新增额仅8亿元,较第一、第二季度分别减少27亿元、44亿元。同期储蓄新增额为23亿元,较第二季度增加8亿元。企业存款的这种走势主要受贷款派生因素影响,贷款投放量大,派生存款多,企业存款增长也快,反之则放缓。1—9月企业存款增长曲线和贷款增长曲线较为直观地描述了两者的这种关系(见图1)。9月储蓄增长占第三季度新增储蓄的74%,主要来自证券市场的临时性资金,大部分体现为银行活期存款,占当月增加额的65%,流动性较强。

## (三)外汇存款增长疲乏,外汇资金运用充分

9月末全市金融机构各项外汇存款余额48 953亿美元,较年初减少997万美元,同比少增2亿美元左右。外汇贷款超常增长,9月末余额45 293万美元,较年初增加28 005万美元,前9个月外汇贷款一直处于稳步、快速增长的态势之中。9月末外汇资金存贷比为93%。外汇存款增长疲乏主要是由于人民币升值预期,企业用汇、企业外汇与外汇储蓄结汇增加较多;外汇贷款猛增主要是由于企业原材料、设备进口大幅增长引致付汇需求大幅上升,外资企业置换外债,对外汇贷款需求上升。

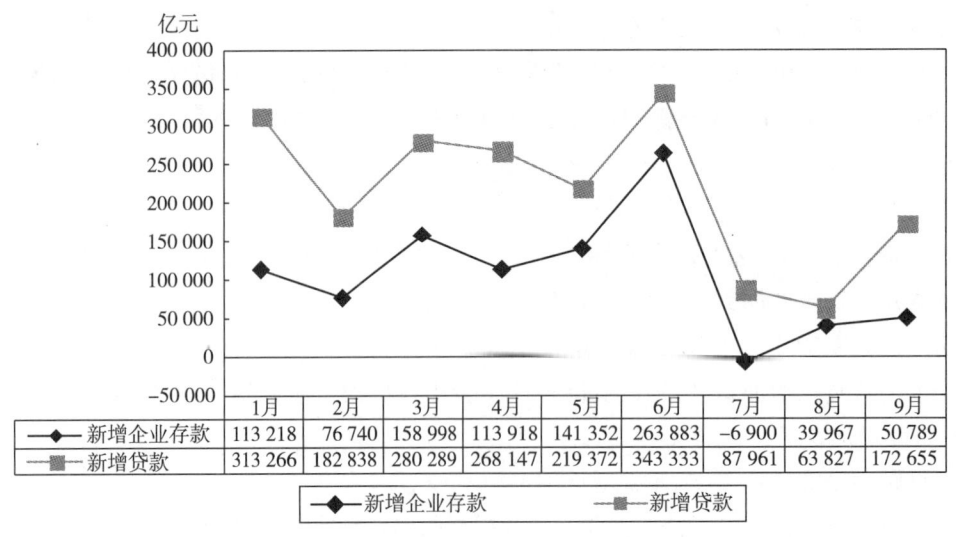

图1 新增企业存款与新增贷款关系图

## (四)现金净投放创新高,大投放态势明显

1—9月我市现金投放113.28亿元,回笼58.36亿元,净投放54.92元,增长78.43%,超过上年全年净投放数13.9亿元。其中9月净投放12.2亿元,增长54.4%。今年1—9月现金投放回笼轧差数持续增大,出现旺季现金集中投放势头迅猛,淡季投放势头不淡的特点,每月现金净投放数均比上年有明显提高,现金大投放态势明显。结合区域经济发展的基本情况,目前现金投放格局基本正常。经济快速发展、民营经济活力大幅提高、专业市场交易非常活跃、

投资高速增长、发放支农贷款支持农业生产等因素、共同促使现金投放大幅增加。

## 二、区域经济快速增长，金融服务需求旺盛

从数据来看，金融高速扩张有一定的经济基础。1—9月全市国民经济发展良好，经济运行总体上呈现了速度与结构、质量、效益相统一的格局，全市实现国内生产总值582.02亿元，按可比价格计算，增长16.8%，其中，第一产业增加值34.18亿元，增长4.1%；第二产业增加值346.17亿元，增长21%；第三产业增加值201.67亿元，增长12.3%。

1. 工业生产方面，全市工业增加值302.53亿元，比上年同期增长19.7%，对GDP的增长贡献率达到61%。其中，规模以上工业增加值201.25亿元，比上年同期增长31.9%。电力、皮革、纺织业和化纤行业四大行业产值增幅分别达102.8%、39.1%、22.8%和46.2%，对全部工业产值增长率的贡献份额达到52.9%。

2. 固定资产投资方面，1—9月全市全社会固定资产投资336.11亿元，增长40.7%，增幅同比提高22.7个百分点。其中，限额以上固定资产投资275.37亿元，增长48.2%。民间投资进一步活跃，非国有投资完成171.61亿元，增长92.9%，其中民间投资123.35亿元，增长75.3%。1—9月房地产开发投资41.58亿元，增长43.4%；限额以上项目投资完成233.79亿元，增长49.1%，其中，基础设施投资76.59亿元，下降1.9%，园区建设投资104.24亿元，增长100%，增幅比上半年提高17.3个百分点。1—9月工业投资增长迅速，工业生产性投资191.73亿元，增长72.5%。

3. 居民消费方面，1—9月城镇居民人均消费支出6 498元，增长14%，增幅同比提高13个百分点；社会消费品零售额累计192.27亿元，增长11.4%，增幅比上半年回升1.5个百分点。社会消费在5月以后逐步回暖，7月、8月、9月全市社会消费品零售总额月度增长率分别达到10.3%、19.7%和11.3%。

4. 出口与外商直接投资方面，1—9月全市外贸出口25.57亿美元，进口15.23亿美元，分别增长40%和98%，其中，出口增幅比上半年提高1个百分点；1—9月新批外商直接投资企业472个，比上年同期增加181个，合同外资14.69亿美元，实际到位5.06亿美元，分别增长85%和84%。外资投向以制造业为主，1—8月投资项目共364个，同比增加140个。

5. 企业经营效益方面，1—9月规模以上工业企业实现利润36.42亿元，增长70.8%，增幅分别高于全省平均22.1个和39个百分点，分列全省第三位和第二位。纺织、皮革、电力、化纤和服装行业实现利润居行业前5位，这五大行业共实现利润18.24亿元，增长82.5%，占全部工业企业的50.1%，对全市利润增长的贡献率为54.6%。从各类型企业看，国有及国有控股企业、集体企业、股份合作制企业、外商及港澳台投资企业实现利润分别增长1.61倍、37.8%、55.3%、69.3%。

区域经济的快速增长和较好运行态势创造了旺盛的信贷需求，工业生产、投资、外贸、居民消费的快速增长形成了对工业贷款、基础设施建设贷款、外汇贷款、消费贷款等各方面的巨大需求，刺激信贷高速投放，同时为金融运行营造了一个较为宽松的外部环境，金融机构信贷资产质量和效益均有明显的改善。1—9月，全市金融机构人民币业务不良贷款余额较年初下降4.5亿元，不良率较年初下降3.4个百分点。其中银行金融机构（不含政策性银行）不良贷

款余额下降2.7亿元,不良率下降2.4个百分点;信用社不良贷款余额下降1.8亿元,不良率下降6.2个百分点。1—9月金融机构实现账面结益8.9亿元,增长1倍以上。

### 三、高速增长态势下要高度关注潜在的风险隐患

在形势喜人的情况下,我们仍要清醒地看到当前经济金融运行中仍然存在较多的困难和问题,不确定因素很多,相关政策调整与金融改革措施的推进过程中,会产生一些新问题及风险。特别是近年来区域内的投资力度明显加大,全市投资率连续三年均高出全省平均4.7个百分点、7.8个百分点和9.2个百分点,其中银行信贷资金为投资的高速增长发挥了重要作用,"贷大、贷长、贷垄断"是近几年银行信贷投放的主要特点,信贷投放偏重于大企业、大项目,偏重于基础设施建设、园区建设、市政项目、房地产项目,偏重于中长期贷款,这些领域既涉及政策风险又涉及信用风险、市场风险,目前较为安全的还贷机制尚未建立,风险正处于不断积累之中。农村信用社正处于体制变革时期,更要特别注重防范部分信贷领域存在的潜在风险。从目前情况看,违规发放贷款的情况依然存在,也蕴涵较大的市场风险。同时区域内土地资产价格的快速上升,居民消费承受能力下降,相当部分风险转嫁到了银行身上,这部分风险需要一段时间之后,可能会陆续反映出来。上半年全市银行(信用社)各种银政、银企合作协议签订热情高涨,部分机构"自降身价",盲目降低信贷条件,不顾实际,不认真分析政策走向,胡乱承诺,无序竞争,导致银行诚信的下降,从一定程度上也导致了银行地位的下降,谈判能力的下降。片面追求信贷增长速度,其可能产生的后果有待观察。对于政府项目,金融机构需要冷静分析、客观评估,切忌头脑发热、盲目跟风。商业银行务必要处理好竞争与风险问题,切不可一哄而上,要考虑可能带来的风险。

### 四、近期的货币政策趋向对嘉兴可能的影响

根据国内目前的经济发展态势,总体上稳健货币政策将会延续,人民银行不会执行明显紧缩的货币政策。就宏观层面分析,有以下一些看法:

一是面对国际上对人民币升值的压力不断加强,要缓解压力,只能以适度牺牲国内经济增长速度为代价。按照目前的调控意图,明年全国的经济增速可能会有所放缓。

二是货币供应量总体增速较快,结构性的问题较为明显。部分行业资金宽松,部分行业感到资金紧张,结构上的矛盾导致部分行业或领域存在过热或通胀的隐忧,部分行业的通缩还有待缓解。

三是当前及近期货币政策的基调是适度控制货币供应量的增速,同时加强结构调控,平衡行业及领域之间货币供应量的分配,控制长期内的通胀预期,缓解短期内的通缩现状,保持经济的持续协调发展。

四是货币市场基金即将推出,国内企业和居民的银行存款将迎来一条类似储蓄而收益又高于储蓄的投资渠道,明年存款特别是储蓄的增长可能会受到影响。

基于上述判断,根据经济形势具体发展,以后时期人民银行宏观的、有前瞻性的结构调控将会继续贯穿其中,目前的调控虽然比较温和,但不排除视具体情况继续出台调控措施的可能。第四季度和明年信贷不会再现上半年高速投放态势。

从目前嘉兴实际信贷运行情况看，必须正视以下因素：

一是现阶段可用资金并不十分充分。从一般的存贷比要求75%来看，嘉兴目前人民币余额存贷比已经接近，仅有3个百分点可用，第四季度信贷大幅投放的可能性不大。从目前各主要银行的信贷投放计划分析，第四季度贷款投放估计在40亿元左右。

二是授信与签约的如期兑现有压力。今年以来，商业银行银政、银区、银企签约频频，授信增多。据不完全统计，嘉兴市银政合作签约7项232亿元，银区签约74项52亿元，银企签约371项136亿元。其中银政、银区签约必须在未来1—5年内履行，而银企签约一般都须在一年内履约。在宏观调控加强情况下，要如期全部履约，银行有较大的难度。

随着我市新一轮经济发展战略的实施，各方面的资金要求十分旺盛，但明年银行信贷已经肯定不会再延续今年的走势，2004年全市经济工作各项目标计划的制订，要正视宏观金融调控的现状及影响。

### 五、后阶段金融工作几点建议

在今年后几个月的金融工作中，面对宏观经济金融形势可能出现的新变化和新要求，要充分结合嘉兴的实际发展情况，沉着、冷静应对不断变化的新形势，积极主动采取措施，在资金上"抓来源，强调度，引外资，调结构，保重点，有兼顾"，及时调整信贷结构，避免对我市经济金融产生不利的影响。

（一）思想上要早重视

目前宏观调控是温和的，但我们切不可掉以轻心，要提前做好应对准备。算好两本账，一是可用资金账，算算还有多少资金可供应，盘盘怎样增加可用资金来源。二是有条件地履行签约账。所签约的项目、所作的承诺，到底有多少值得履约，心里要有数，要讲诚信，也要讲客观事实，注意信贷安全。

（二）措施上要早跟进

一是要规划好资金平衡。认真分析资金来源与运用，切实增加可用资金来源，发挥金融的"造血"功能，继续支持嘉兴经济结构的调整和经济快速持续发展。二是要明确支持重点，不断优化信贷结构，有所为、有所不为。在对大企业、大项目支持的同时，加大对中小企业的信贷投入，改善其融资环境。三是要继续认真防范风险，提高资产质量。要保持和提高新增贷款资产质量，同时要注意信贷结构调整不搞"一刀切"，要保持来之不易的良好金融安全区局面，实现不良资产"双降"目标。

（三）政策上要早落实

对市政府出台的实施"工业立市"战略、支持再就业工程等有关政策我们金融系统要认真执行；对今年以来人总行出台的一系列货币信贷政策和我中心支行出台的窗口指导意见，要认真落实，特别是对下岗失业人员小额担保贷款要切实落实到位，我市的"小额贷款"系列活动要继续深入开展，有关的房信、票据业务政策也要认真执行。

（四）突出情况要早反映

对金融运行中的突出问题商业银行要及时向人民银行反映，以便人民银行根据市场和银行实际资金需求，适当安排再贷款和再贴现，保持市场适度流动性。同时，我们人行也将加强信贷运行监测分析，及时向政府和上级行汇报反映，以便于更好发挥金融支持嘉兴地方经济的作用。

# 2004年度嘉兴市经济金融形势分析报告

## 一、2004年全市经济金融运行概况

（一）经济运行保持良好态势

2004年，在宏观调控大背景下，嘉兴市经济保持了平稳、较快、健康发展的良好势头，经济运行质量继续稳步提升。

1. 国民经济继续保持较快增长

2004年全市地区生产总值首次超1 000亿元，达1 050.56亿元，可比增长16.5%。三次产业协调发展，其中一产完成增加值77.88亿元，增长5.4%，增速同比提高0.4个百分点。二产完成增加值635.05亿元，增长18.3%，增速同比回落2.0个百分点。其中工业增加值完成545.85亿元，增长17.8%，增速同比回落2.1个百分点。三产完成增加值337.63亿元，增长16.2%，增速同比加快1.3个百分点。

2. 需求结构在调控中得到优化

2004年，我市三大需求持续较快增长，结构优化较为明显。

（1）投资总体较快增长。全年完成全社会固定资产投资633.70亿元，同比增长20.6%，增速同比回落18.1个百分点。全市限额以上固定资产投资557.04亿元，增长24.0%，工业生产性投资336.25亿元，增长27.5%，增速呈现逐季快速回落，均不到上年增速的一半。房地产开发投资增长较快，投资额114.24亿元，增长57.7%，但年内呈现高开低走的增长态势。

（2）消费需求增幅提高。全市城镇居民人均消费支出9 933元，增长13.5%；农村居民人均生活消费支出5 082元，增长11.7%。全年实现社会消费品零售总额325.34亿元，增长14.7%，同比提高2.6个百分点。

（3）对外贸易增势强劲。2004年，我市进出口总额79.25亿美元，增长38.8%，其中，出口51.06亿美元，增长41.2%，保持了上年的增势。进口28.19亿美元，增长34.5%。规模以上工业企业出口交货值519.84亿元，增长26.4%。

3. 各项收入总体继续稳步提高

（1）财政收入继续较快增势。按新口径计算，2004年全市财政总收入85.58亿元，增长24.5%，其中地方财政收入47.87亿元，增长35.1%（按老口径计算，全市财政总收入113.63亿元，同比增长22.56%，其中地方财政收入完成54.88亿元，同比增长33.16%）。

（2）居民收入继续较快提高。2004年，全市城镇居民人均可支配收入14 693元，增长13.4%，农村居民人均纯收入7 021元，增长14.6%。农民收入增幅高于城市居民1.2个百分点。

（3）企业效益保持稳定增长。规模以上工业企业实现利润73.89亿元，同比增长8.3%。

**4. 外商直接投资增长趋向平稳**

2004年,全市合同利用外资25.80亿美元,增长23.0%;实际到位外资10.22亿美元,增长28.0%。受宏观调控土地、信贷收紧等因素影响,招商引资难度增大,合同和实际利用外资增幅均较上年有明显回落。1—12月,全市新批外商投资企业574家,同比减少61家。在宏观调控背景下,外商直接投资进入平稳增长时期。

**(二)金融运行总体平稳**

2004年,全市银行业按照"控制总量、调整结构"的总体目标,坚持"区别对待、有保有控",着力调整金融服务产品结构,努力增加信贷有效供给,银行信用继续较快增长,质量与效益明显提高,金融运行总体平稳。

**1. 货币信贷缩量增长,逐月波动比较明显**

12月末,全市金融机构本外币各项存款余额1 207.6亿元,全年新增137.47亿元,同比少增128.96亿元;余额同比增长12.85%,同比回落20个百分点。与全省主要地市比较,嘉兴市本外币存款余额、增量、增速均列第6位(见图1)。

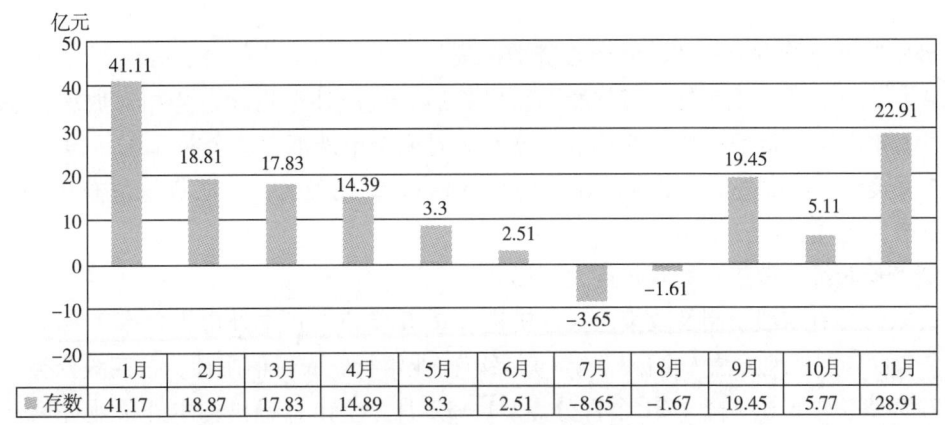

**图1　2004年存款月增加情况**

12月末,全市金融机构本外币各项贷款余额933.17亿元,全年新增132.07亿元,同比少增134.76亿元;余额同比增长16.39%,同比回落33.6个百分点。与全省主要地市比较,嘉兴市本外币贷款余额、增量、增速分列第7位、第6位和第6位(见图2)。

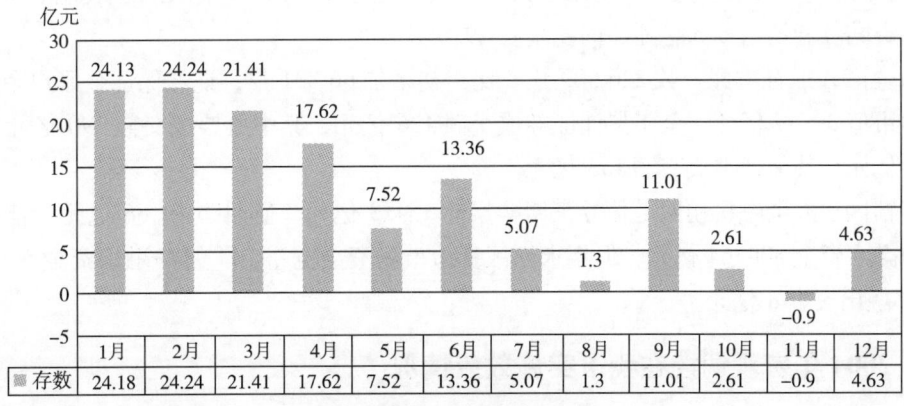

**图2　2004年贷款月增加情况**

2. 资金支持此消彼长，银行信用较快增长

在宏观调控背景下，全市金融产品结构有明显调整。在贷款增长大幅放缓的同时，其他金融产品对经济的支持明显扩大。不同金融产品在服务与支持经济发展过程中的此消彼长、相互替代、相互补充，银行信用总体仍保持较快增长，全市金融支持经济发展的力度同比并没有减弱。

一是通过结汇渠道的基础货币投放大幅扩大。全市外汇指定银行累计净结汇33.21亿美元，同比多增9.11亿美元，相应的人民币资金投放同比多增75.4亿元。

二是通过银行承兑汇票业务扩大对企业的金融服务。全市银行机构累计签发银行承兑汇票222.5亿元，同比多增61.4亿元，对缓解企业资金周转、提高企业支付能力起到了实质性的支持作用。

3. 现金收支保持活跃，现金净投放持续增加

1—12月，累计现金收入3 501.86亿元，同比增长27.66%；累计现金支出3 601.42亿元，同比增长27.84%；现金收支轧抵净投放99.56亿元，同比多投放25.52亿元，增长34.48%。

4. 外汇收支持续顺差，外汇信贷"贷增存减"

2004年，在经历了上年外汇贷款的迅猛增长后，我市外汇贷款走势相对放缓，总体上仍然延续了上年以来"贷增存减"的基本态势。12月末全市外汇存款余额5.02亿美元，比年初减少924万美元，其中外汇储蓄存款比年初净下降0.52亿美元；外汇贷款余额6.74亿美元，比年初新增1.41亿美元，同比少增2.17亿美元。

5. 资产质量继续改善，经营效益大幅提升

12月末，国有与股份制及政策性银行机构（按五级分类）本外币不良率3.84%，较年初下降1.6个百分点；地方法人金融机构（嘉兴市商业银行、农村信用社，按四级分类）本外币不良率7.74%，较年初下降4.31个百分点。1—12月，全市金融机构本外币业务累计实现账面结益18.27亿元，同比增长54.72%。

6. 金融市场稳步发展，年末资金较为宽裕

全市保险公司累计承保额5 084亿元，同比增长85.3%。其中财险承保额2 492亿元，同比增长46.5%；寿险承保额2 592亿元，同比增长143%。全年保费收入24.3亿元，同比增长7.8%。其中财险收入7.3亿元，同比增长31.6%；寿险收入17.1亿元，同比增长0.1%。全年支付各类赔款和给付6.5亿元，同比增长29.6%。

年末全市A股证券账户数226 509户，比年初增加66 831户；证券保证金账户余额6.5亿元；证券市值39.49亿元。全年累计证券成交额426亿元，其中股票成交额290亿元，基金成交额2.7亿元，其他证券成交额133亿元。

全年辖区法人金融机构网上债券正回购累计354.3亿元，逆回购49.66亿元，辖区货币市场整体净融入资金304.64亿元，但年末辖区货币市场资金宽裕，11月净融出资金5 115万元，12月全部融出资金8亿元。

## 二、2004年宏观调控在我市实施效应情况

2004年，全市银行业坚持"适时适度、优化结构"，努力增加有效信贷支持，经济金融在

调控中总体保持平稳较快增长。受宏观调控影响，投资需求高位回落；存贷款少增明显，信贷投放缩量且投放较为集中；受市场供求形势影响，企业效益增长明显回落。

（一）投资增长从高位逐步回落

尽管房地产投资继续高速增长，投资总体增长依旧保持较快态势，但增势逐渐放缓明显。限额以上投资 12 月末累计增速比第一季度末回落 42.2 个百分点，比第二季度末回落 26.3 个百分点，比第三季度末回落 10.5 个百分点。工业生产性投资回落较快，12 月末累计增速同比放缓了 30.5 个百分点。

（二）部分行业企业效益增长明显回落

宏观经济形势与部分调控措施对区域部分行业企业经营的影响开始显现。投资过度引发部分生产要素供应缺口，企业产品市场饱和状态提前来临，企业生产经营面临原材料价格上涨、电力供应不足、运输价格上涨、市场销售回落等多种因素挤压，盈利增长开始明显放缓，两项资金占用上升较多。规模以上工业利润累计增速从 2 月末的 42.7% 逐月回落到 12 月末的 8.3%；全市规模以上企业应收款净额 183.52 亿元，产成品存货 85.21 亿元，分别增长 24.8% 和 58.0%。分行业看，非金属矿物制造业利润增幅从第一、二季度的 3.6 倍和 1.3 倍，下降到年底的 11.5%；重点骨干行业纺织业的利润增长 10.5%，增幅比上半年下滑 16 个百分点；服装、化纤、造纸等主要行业的利润分别下降 15.8%、53.6% 和 7.3%。亏损企业亏损额 3.40 亿元，增长 64.6%。

（三）存款少增较为明显

2004 年，全市人民币存款同比少增 127.39 亿元。从存款结构分析，宏观调控影响比较明显。

1. 企事业单位存款大幅度少增

受宏观调控与市场形势变化影响，企业存款、财政存款、机关团体存款、农业存款等企事业单位存款全年少增 112.26 亿元，占全部少增的 88%。由于市场供求形势变化导致企业原材料采购等各项支出增加；贷款难度增加导致企业投资资金来源中自有资金比例增加；土地审批冻结导致新批企业注册资金到位减速或减少；信贷投放增长放缓，使派生的企业存款较大幅度减少等，上述各种因素减缓或减少企事业单位资金来源，存款增长减缓。

2. 居民储蓄存款增长较为稳定

全年储蓄同比少增 14.39 亿元，占全部少增 11.3%。储蓄态势同样受宏观调控与经济形势影响。一是通胀形势加剧储蓄分流。月度 CPI 一度突破 5%，部分储蓄资金转而购买证券投资基金，进行房地产、汽车等消费。二是受市场形势与信贷收紧影响，部分储蓄（主要是个私企业经营性资金）通过原材料采购等渠道分流。三是拆迁补偿进度放缓，影响储蓄增长。

但受投资渠道与投资收益水平限制，储蓄形势相对较为稳定。加息之后，10—12 月人民币存款增加 21.29 亿元，同比继续少增 14.66 亿元，其中储蓄多增 2.31 亿元，但与 2003 年 10—12 月相比，同比多增额仍减少近 4 亿元，加息后储蓄增速比加息前回落了 0.42 个百分点，全年储蓄走势与 2003 年基本相似（见图 3），说明本次加息对储蓄影响并不明显。

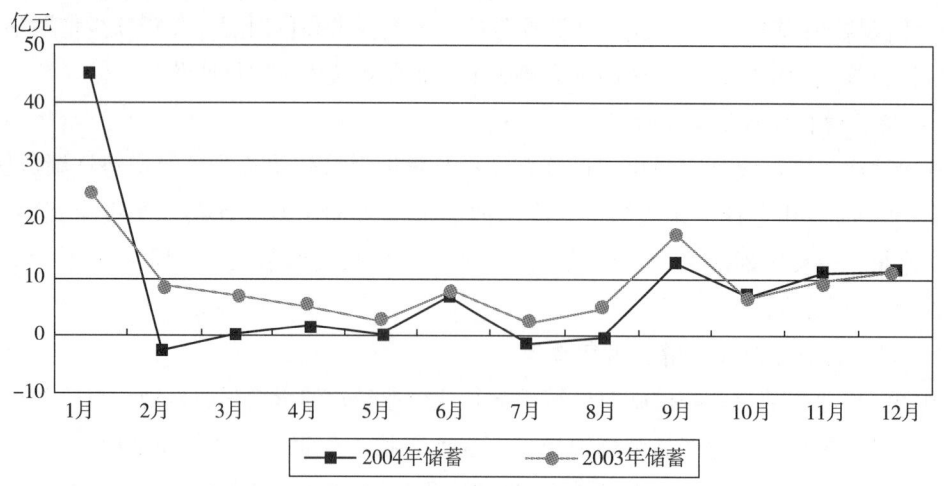

图3　2003、2004年储蓄趋势对比

（四）贷款增速持续放缓且投放更加集中

2004年，人民币贷款同比少增116.3亿元，增速同比放缓29个百分点，增速明显呈逐月放缓态势（见图4）。由于宏观调控、地方投资导向、商业银行管理体制与内部考核等多种因素共同影响，信贷投放在管理体制上倾向于"权限上收、审批集中、限制基层行信贷投放能力"，在时序上倾向于"早投放，早收益"，在结构上倾向于"收益稳定，期限较长，短期风险较小"的贷款种类，全市信贷集中投放格局更加明显。

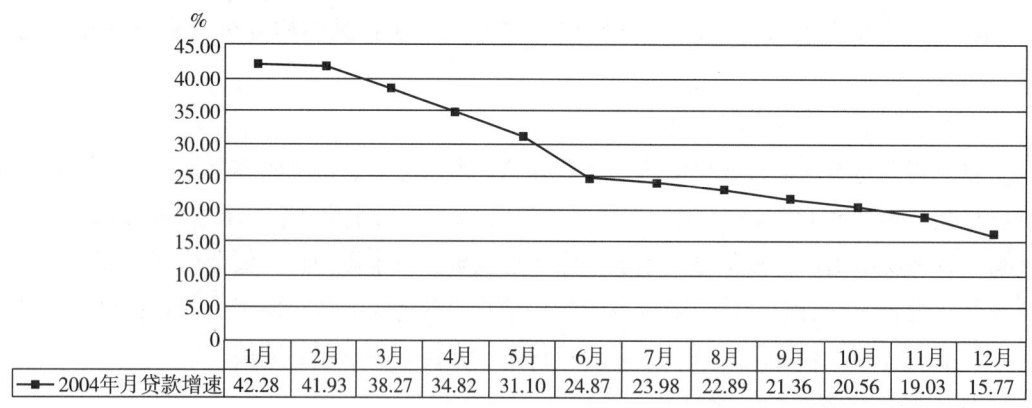

图4　2004年月贷款增速

一是投放时间集中在上半年。2004年上半年信贷控制各项政策密集出台，滞后效果在下半年得到充分体现，时序上表现为下半年贷款投放明显萎缩。1—6月新增贷款93.21亿元，占全年新增的77%，月均贷款新增15.54亿元，是下半年月均新增的4倍。

二是投放期限继续集中在中长期贷款。人民币中长期贷款余额339.67亿元，增长24.48%，较短期贷款余额增长高出11.55个百分点，中长期贷款余额占比39%，同比提高3个百分点。在投放种类上，主要集中在消费类贷款与基本建设贷款。全年个人消费贷款、基本建设贷款分别新增30.6亿元、25.62亿元，各占同期全部人民币新增贷款的25.41%、21.28%，合计占全部人民币新增贷款的46.69%。

三是投放区域集中在嘉兴市本级。全年市本级贷款新增 80.12 亿元，占全市新增贷款的 61%，同比提高 27 个百分点，年末市本级贷款余额 375.42 亿元，占全市 40%，同比提高 3 个百分点。

四是投放企业继续集中在少数优势企业。以监测企业为例，近 10% 的企业占用了 90% 的新增贷款，其中长期贷款向少数企业集中更加明显，不到 4% 的企业占用了 180% 的新增长期贷款。

### 三、2005 年经济金融形势预测与展望

2005 年是党中央、国务院贯彻科学发展观、巩固宏观调控成果、促进经济增长方式根本转变的关键之年，尽管面临能源价格波动、美元贬值、中东局势不明、全球贸易谈判步伐艰难等风险变数，但内外部环境总体上对我市经济发展较为有利。

（一）经济发展的宏观环境总体较好

从国际看，国际货币基金组织最新预测 2005 年世界经济增速将不低于 4%，高于 2000—2003 年 3.5% 的平均增速；联合国相关机构预测，2005 年全球贸易总额可望增长 8%，世界经济温和复苏的趋势日益明显。从国内看，经过一年多来"适时适度"的宏观调控，一方面经济运行中不健康、不协调因素在减少，另一方面各方面加快发展的积极性仍然较高，宏观经济发展的协调性、稳定性和有效性在增强。2004 年全国 GDP 增长 9.5%，中央经济工作会议确定的 2005 年 GDP 增长目标为 8%，比上年调高 1 个百分点，宏观经济继续保持较快增长的势头没有改变。

（二）货币政策取向稳健，信贷供应平稳增长

2005 年国内继续执行稳健货币政策，宏观调控逐步转向以市场化调控为主，货币供应与信贷投放趋向平稳增长。2005 年，全国狭义货币供应量 $M_1$、广义货币供应量 $M_2$ 预期目标均增长 15%，比上年调低 2 个百分点；全部金融机构人民币贷款计划新增 2.5 万亿元，比 2004 年实际投放增加了 2 400 亿元，增长 14.1%，略低于 2004 年实际增长 0.4 个百分点。较之 2004 年，总体上 2005 年全国信贷增长较为平稳。

（三）信贷结构调控继续深化，期限错配有望改善

着力优化信贷结构将成为下阶段金融工作的重点之一。2005 年，宏观调控将引导金融机构更好地贯彻"区别对待、有保有压"的原则，及时为有市场、有效益、有利于增加就业的企业提供流动资金贷款，采取切实有效措施，发挥好金融在支持"三农"、中小企业、非公有制经济发展中的重要作用，严格控制中长期贷款，切实支持符合国家产业政策的重点项目建设。另一方面，随着加入世贸组织过渡期的即将结束和金融改革的继续深化，商业银行自身也迫切需要通过调整优化信贷结构，有效降低流动性风险、提高资本充足率、增强综合竞争力。预计 2005 年，商业银行信贷结构将更趋合理，信贷资金使用效率进一步提升。

（四）地方经济较快增长的基础较为扎实

全球范围内的产业转移使国内外商直接投资继续保持较快增长，长三角地区经济将继续面临较好发展机遇。从我市情况看，全市出口势头良好，消费需求稳中趋旺，固定资产投资与外商直接投资虽然增幅回落，但总体依旧保持较快增长，地方经济持续较快增长的动力仍比较强

劲，基础较为扎实。通过积极落实科学发展观，有效缓解资源瓶颈对经济的制约，我市区位优势将进一步凸现，体制创新优势将继续发挥，微观经济基础活力将进一步展现，经济增长的综合环境将继续优化，经济稳定增长的势头不会改变。

在这样一种宏观背景与经济增长预期之下，展望2005年我市金融运行走势，有以下几个方面。

(一) 全市信贷供求矛盾将继续突出

初步预计2005年我市本外币各项贷款新增140亿元左右，增长15%，主要依据如下：

1. 从全国及全省的贷款安排分析

2004年全省人民币贷款新增为2 197亿元，同比少增1 197亿元，占全国新增贷款份额9.72%，同比下降2.55个百分点。由于开发园区贷款、房地产开发贷款、基本建设贷款是近年来浙江省贷款增长的主要领域，嘉兴情况也是如此，而宏观调控针对的恰恰就是这些领域的信贷投放，因此，本轮宏观调控对浙江省信贷投放的影响较大。2005年这些领域的贷款投放还在继续控制之列，全省贷款新增额占全国份额难以再回复到2003年水平。如果按照2004年全省新增贷款占全国份额水平，预计2005年全省人民币新增贷款为2 400亿元左右。

2004年嘉兴全市人民币新增贷款120.4亿元，占全省份额5.48%，同比下降1.49个百分点。由于第四季度全市贷款投放进度放缓，全年贷款增速全省排名与前三个季度相比，有较大后移，列第6位。近五年来嘉兴的贷款新增额基本上处于全省第6的位置，占全省份额最高为2003年的6.97%，最低为2002年的4.36%。如果按照5.48%计算，预计2005年全市新增人民币贷款133亿元。如果考虑外汇贷款有一定增长（估计空间不大），初步预计2005年全市本外币贷款新增140亿元左右。

2. 从推动我市信贷增长的主要领域分析

2004年信贷调整力度较大，2005年信贷结构调控仍将延续。(1) 房地产信贷投放受控制，2004年房地产开发贷款余额64.86亿元，较年初减少1.38亿元，同比少增26亿元。(2) 园区建设信贷投放受控制，2004年园区开发贷款同比少增20亿元以上，主要满足省级以上园区建设资金需求。(3) 中长期贷款增长总体趋缓，2004年基本建设贷款余额206.03亿元，较年初增加25.62亿元，同比少增63亿元。上述二项贷款合计占人民币贷款全部少增额的90%以上。(4) 工业类贷款有旺盛需求，信贷投放较快增长，2004年工业类贷款余额384.18亿元，较年初增加47亿元，同比增长21.25%。(5) 农业信贷稳步增长，但不可能成为推动信贷增长的主要力量，2004年农业贷款余额41.88亿元，较年初增加7.24亿元，同比增长14.52%。(6) 个人贷款特别是住房消费贷款保持较快增长，但从趋势看也将放缓，2004年个人消费贷款增长36%，同比放缓54个百分点，其中个人住房贷款余额73亿元，增长59%，同比放缓39个百分点。从贷款增长主要领域分析，较之2004年，预期2005年信贷增量不会有明显增加。

3. 从金融机构的放贷能力分析

金融机构的贷款投入量关键取决于其资金来源是否充足。2004年制约我市信贷投入的一个重要因素是存款分流明显、信贷资金来源不足，这种趋势在今年很难从根本上改观。根据2004年我市存款增速12.85%测算，2005年我市存款将增加155亿元左右。按90%的新增存贷比，贷款新增 140 亿元左右。

2005 年全市信贷供求依旧存在较大矛盾，信贷投放总量上与地方经济发展计划需求之间存在较大差距，估计差额在 100 亿元以上。

（二）制约贷款投放的主要因素继续发挥作用

2005 年，信贷供求双方的一些因素将继续制约我市商业银行信贷投放。

一是资本充足率要求的制约。2006 年底商业银行资本充足率必须达到 8% 的标准，商业银行信贷投放能力将受到本行资本金实力的严格约束。由于资本补充跟不上风险资产的增长步伐，2004 年股份制商业银行已经出现了控制贷款等风险资产的迹象，资本充足率要求对今年减缓银行业信贷投放增速的作用将进一步显现。

二是资源要素瓶颈的制约。2004 年全市约有 560 项千万元以上工业项目无法如期开工，开发区个数减少 85.9%，规划面积从原 62 790 公顷核减为 14 433 公顷，核减 87.2%，乡镇（企业）工业园区基础设施建设基本停滞，由此影响信贷有效需求减少较多。我市 2005 年土地、电力、能源等要素资源紧缺的状况仍将持续，尤其是土地短缺很大程度上将继续制约企业生产投资扩大，全市有效贷款需求可能继续减少。

三是我市银行业存贷款比例较高的制约。在存款分流、增长乏力的背景下，商业银行可用资金日趋紧张，银行业放贷能力仍将明显受到资金来源和存贷比例的制约。

（三）信贷增速稳中趋缓，投放呈前高后低态势

由于我市前两年贷款持续较快增长，贷款余额基数扩大较快，贷款增速缓步走低将是一个长期趋势，预计 2005 年我市贷款增速将比上年有所减缓。从数据来看，2003 年本外币贷款增长 50%，2004 年上半年增长 27.2%，全年增长 16.39%，2005 年预计增速 15%，放缓趋势十分明显。从贷款投放时序看，仍倾向于上半年较快投放，下半年相对放缓的格局。

（四）贷款结构逐步调整，中长期贷款增速趋缓

对地方经济来讲，低利率时期是基础设施建设的较好时期，但从部分银行信贷数据来看，由于基础设施等中长期贷款大量投放导致的银行流动性问题，对我市银行体系信贷投放能力的影响已经显现出来了。从政策趋向来看，信贷结构调整继续是 2005 年金融工作的重点，控制中长期贷款，及时满足企业流动资金贷款需求是下一阶段的调控目标之一。由于流动性风险、加息预期下的利率风险、资本充足率管理等因素，各商业银行还是把基础设施贷款的审核也趋严格。因此，尽管现阶段商业银行还是把基础设施贷款项目作为信贷营销的重点，但未来总体上基础设施贷款供求矛盾会逐渐突出，2005 年我市中长期贷款增速有可能放缓。

（五）不良贷款反弹的潜在压力较大

由于前两年的信贷大投放，2005 年企业还贷高峰临近，部分企业的现金流并未能够随着生产规模的扩大而扩大，还贷压力较大，潜在风险加大。

一是工业企业资金沉淀和效益下滑，信贷风险增大。2004 年 12 月末，全市规模以上工业企业"两项资金"占用总额同比上升 33.71%，比全市贷款增幅高出 17.32 个百分点；亏损企业亏损额同比增长 64.6%，这一态势将给 2005 年信贷运行带来较大压力。

二是开发园区与基础设施类投资公司信贷风险上升。开发区（园区）、土地储备、基础设施投资等类型公司多以土地拍卖收入作为还款来源保证，2005 年国家对土地资源继续从严控

制,此类项目贷款的归还、周转难度将进一步增大,不良贷款反弹压力上升。

三是房地产业运行中潜在信贷风险上升。全市房地产市场高位盘整,新增楼盘较多上市,二手房价格有所下降,住房消费贷款从严控制,空置面积增加,房地产企业分化日益明显,供求关系的变化加大了潜在信贷风险。

### 四、对明年全市金融工作的政策建议

随着国家各项调控措施积极效应逐渐体现,以及受前两年经济增速较快、基数提高以及2004年投资增长回落等影响,预计我市2005年经济增速将平稳回落,但仍可保持13%以上的增长。针对2004年运行中的问题与2005年的形势预判,对2005年金融工作提出如下建议。

(一)加强沟通协作,推动区域金融加快发展

有关各方要从创造良好的金融生态环境着手,推动区域金融业加快发展,增强金融对嘉兴经济的服务能力。一是提升经济产业结构与实力,做强金融发展的产业基础与产业环境;二是建设"诚信嘉兴",完善社会担保体系建设,加快企业信用评估体系建设,营造诚信环境;三是推动金融业的对内对外开放,规范区域内外金融机构的竞争、交流与协作;四是加强银政、银企之间的协调与沟通,优化全社会投资结构,平衡运用金融信贷资金,提高信贷资金使用效率;五是加大本地法人金融机构改革力度,充实和优化资本结构,加大地方财政对地方法人金融机构改革的支持力度,巩固当前地方法人金融机构发展的良好态势。

(二)改善经营机制,确保信贷合理平稳增长

2005年,金融改革将进一步深化,商业银行要以此为契机,积极提升经营管理水平,优化利率定价机制,提高区别定价能力,着力建立完善促进各项业务稳健持续发展的长效机制,消除短期行为,走集约化增长之路。要积极组织好存款资金,深入调查研究信贷市场有效需求,积极挖掘信贷有效增长点,注重贷款投放的时序均衡,努力实现信贷合理平稳增长。积极向上级行推荐优质项目,争取上级行政策倾斜支持,争取上级行联贷、直贷等形式,积极开展市内外、省内外资产转让业务,加大对嘉兴信贷支持力度。

(三)积极主动探索,着力调整全市金融结构

要通过调整区域内的金融结构,改善商业银行的流动性,缓解间接融资压力,提高对金融整体资源的利用率。(1)扩大异地金融对嘉兴经济建设的支持。有关部门要建立一种长效沟通机制,对支持嘉兴经济发展的商业银行上级行和未在嘉兴设点的异地商业银行进行定期回访,增进了解、推进合作,继续通过项目推荐、银企洽谈等形式,吸纳异地金融加大对区域内先进制造业、基础设施行业的服务与支持。(2)多样化金融产品与金融工具。运用多种信用工具如承兑汇票、票据贴现、信用证等多种方式满足市场与企业合理需求。加强联合与协作,积极开展银团贷款或联合贷款,创新贷款、信托资金、金融租赁等不同融资方式的融资组合产品,发挥整体金融资金优势,多渠道增加有效信用供给。(3)继续深化信贷结构调整,改善商业银行资产负债结构。要更好地贯彻"区别对待、有保有压"的原则,促进信贷政策与产业政策协调配合,发挥信贷政策在加快结构调整中的作用,促进信贷资金流向重点项目和先进制造业基地等符合国家产业政策与市场准入条件的项目建设,及时为有市场、有效益、有利于

增加就业的企业提供流动资金贷款，切实增加"三农"的信贷投入，继续做好助学贷款和下岗失业人员的小额信贷工作，规范和发展消费信贷，严格控制限制性行业的贷款投入。(4) 提高区域内企业直接融资比例。花大力气做好企业上市资源培育工作，鼓励企业通过上市发行股票融资，提高区域内企业直接融资比例。(5) 拓宽民间资金投资渠道。要调动民间资金积极性，激发民间资金活力，较好发挥合法民间借贷缓解企业资金紧张的正向作用，促进我市民间融资合规有序发展。

（四）注重统筹兼顾，预防潜在风险较大反弹

2005 年，调整信贷结构应成为商业银行的重点工作之一，同时也要与风险防范统筹兼顾，把握好两个原则：一是信贷退出要坚持理性，积极盘活存量、用好增量，各金融机构要正确解读宏观政策，防止大收大缩，要坚持有保有压、区别对待，实行理性"退出"，避免经济产生大的波动。二是风险防范要着眼长远，结构调整与风险防范短期看有矛盾，但长期看是相辅相成的，结构调整停滞不前必然会带来风险的长期累积，商业银行一方面要坚决、稳妥推进结构调整，另一方面又要坚持在发展和创新中化解信贷风险。

# 2005 年度嘉兴市经济金融形势分析报告

2005 年，嘉兴经济在宏观调控背景下继续保持较快增长，工业生产成长迅速，投资增速逐步回升，出口快速增长，社会消费稳步扩大。全市金融总体运行良好，贷款增速趋稳，银行资金供应渠道明显拓展，资产质量与效益继续改善。

## 一、经济金融运行总体态势

（一）经济运行简述

2005 年在宏观调控不断深化，人民币汇率形成机制改革启动，国际贸易环境中不利因素增多，生产要素制约未完全缓解的情况下，嘉兴国民经济继续保持较快增长。

1. 国民经济保持较快增长。预计全年实现地区生产总值 1 150 亿元，增长 14%。其中，第一产业增长 3%；第二产业较快增长 15%，其中规模以上工业总产值增长 25.7%；第三产业增长 14%。

2. 需求结构逐步趋向合理。一是投资逐步回升，全年完成全社会投资 729 亿元，增长 15%，分别比前三个季度提高 20.3 个、14.3 个、4.5 个百分点，其中房地产开发投资增长 5.9%，项目投资增长 17.5%，工业生产性投资增长 15.4%。二是出口快速增长，实现进出口总额 98 亿美元，增长 23.7%，其中出口总额 70 亿美元，增长 37.1%。三是消费稳步扩大，全年社会消费品零售总额 374 亿元，增长 15.1%，其中，市县零售总额增长 17.8%；县零售总额增长 10.3%。

3. 运行质量持续稳步提升。财政收入较快增长，全年实现地方财政收入 66.79 亿元，同比增长 21.7%；企业效益不断好转，规模以上企业实现利税 168 亿元，增长 22%，比前三个季度分别提高 9 个、6.1 个、0.9 个百分点；居民收入稳定增长，全年城镇居民可支配收入累计 16 189 元，同比增长 10.2%，农村居民人均纯收入 8 000 元，同比增长 12%。

(二) 金融运行简析

2005年全市金融总体运行良好，总量继续扩大，结售汇顺差大幅增加，现金收支规模平稳扩大，效益与资产质量继续改善，但贷款投放速度继续趋向平缓。

1. 存款增加较多。全市本外币各项存款余额1 377.71亿元，增长14.09%，较年初新增167.37亿元，同比多增29.9亿元。其中人民币存款余额1 341.75亿元，增长15.07%，较年初新增172.97亿元，同比多增34.73亿元。

2. 贷款平稳增长。全市本外币各项贷款余额1 010.80亿元，增长8.32%，较年初新增77.67亿元，同比少增54.39亿元。其中人民币贷款余额960.51亿元，增长9.48%，较年初新增83.19亿元，同比少增37.21亿元。

3. 现金收支扩大。全市金融机构现金投放累计4 000.75亿元，增长11.09%；现金收入累计3 893.58亿元，增长11.19%。收支轧抵净投放现金107.17亿元，增长7.64%。

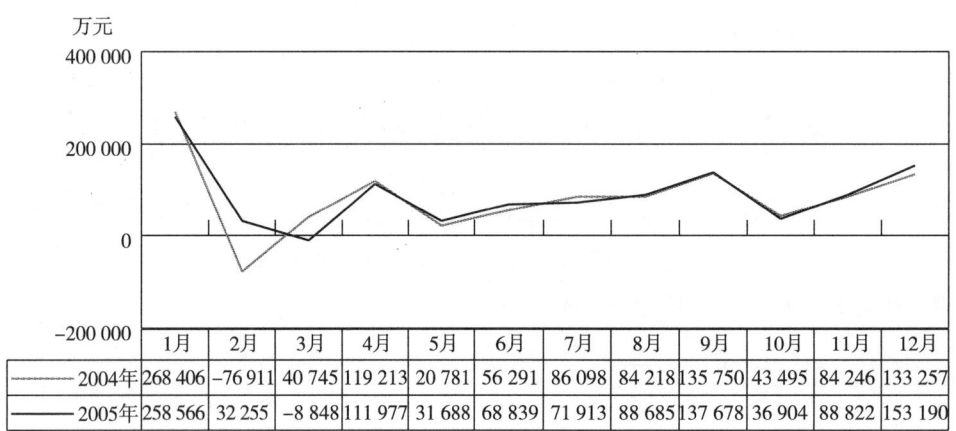

图1　2004年与2005年现金月投放比较曲线

4. 运行质量提升。全市银行机构（按五级分类）不良率3.10%，较年初下降0.72个百分点。合作金融机构（按四级分类）不良率6.42%，比年初下降2.74个百分点。金融机构全年实现账面结益25.14亿元，增长37.61%。

5. 金融市场稳定。货币市场平稳发展。全年场内网上债券回购交易累计融入117.8亿元，融出102亿元，净融入资金15.8亿元。保险市场稳步增长。全市保险承保额累计3 840.36亿元，累计实现保费收入25.35亿元。证券市场逐步回暖。年末全市各类证券投资者持有证券账户168 155户，比年初增加387户，保证金余额60 817.94万元，较年初增加3 728万元，全年累计证券成交额289.67亿元。

## 二、2005年金融运行新变化分析

2005年，受宏观调控深化、人民币汇率形成机制改革、金融体制改革及社会消费格局变化影响，社会资金运行出现了新的变化，由此促使金融运行呈现出与往年明显不同的特点。

(一) 信贷资金结构变化较大

1. 存款结构分布上，企业存款少增较多，居民储蓄增势强劲，其他存款占比上升。

表1　　　　　　　　人民币企业存款、储蓄存款、其他存款新增占比变化　　　　　　　单位：%

|  | 企业存款 | 储蓄存款 | 其他存款 |
|---|---|---|---|
| 2005年 | 11.18 | 60.72 | 19.58 |
| 2004年 | 24.29 | 65.60 | 13.68 |
| 同比提高或下降 | -13.11 | -4.88 | 5.90 |

（1）企业存款先抑后扬，同比继续缓增。2005年，四方面因素影响人民币企业存款走势。一是宏观调控总体平稳，要素价格涨幅回落，企业盈利增长逐月回升；二是部分行业前景不明，企业投资欲望减弱，扩张节奏放缓，支出增长放缓；三是人民币升值预期下，企业结汇大幅增长，人民币资金相应大幅增加；四是相对于2004年，企业获得的信贷支持总体有所回落，日常投资经营对自有资金的依赖加大，由贷款派生的企业存款减少。受上述因素影响，2005年企业存款继续缓增，但下半年增长明显加快。如果剔除12月年末考核因素，全年走势总体先抑后扬。年末余额393.72亿元，较年初新增19.33亿元，同比少增14.25亿元。其中，7—11月新增23亿元，比上半年多增4亿元，同比多增19.5亿元。

（2）居民储蓄平稳增加，全年增势强劲。2005年，全市城乡居民收入继续保持稳定增长势头。同时，受政策调控影响，住房消费热情减弱，购房支出增长放缓。而证券市场总体呈弱势调整格局，对储蓄的分流作用较小。人民币升值预期下，居民外汇结汇增加，外汇储蓄的币种结构明显调整。上述因素有利于2005年人民币储蓄较快增长。年末余额737.14亿元，较年初增加105.03亿元，同比多增14.35亿元。

（3）其他存款异军突起，占比大幅上升。2005年末，人民币其他存款余额96.87亿元，较年初新增33.86亿元。其中，由于票据融资手续相对简单，成本较低，可以有效缓解企业短期资金需求，在获取贷款难度增加的情况下，企业转而寻求其他融资支持，推动票据融资较快增长，带动了保证金存款较多增加，对其他存款增长贡献较大。全年签发银行承兑汇票318.22亿元，增长43.03%，保证金存款因此迅速增加，年末余额83.08亿元，比年初新增27.29亿元，占其他存款新增额的86%。

2. 信贷运行态势上，增速总体渐趋平稳，贷款投向重点突出，结构调整效果明显。2005年，受土地与行业信贷等宏观调控影响，商业银行上收审批权限、严格贷款条件、调整信贷投向，一定程度上制约了对部分行业的贷款增加，制约了基层银行机构信贷投放。同时，2004年以前投放的部分项目贷款进入还贷高峰，贷款回收较多，制约了全市贷款较快增长。外商直接投资进展放慢，新批项目数量减少，配套资金需求减弱。再加上部分行业原材料价格不稳定，企业压缩原料库存规避价格风险，流动资金贷款需求下降。受信贷运行环境变化影响，全市信贷运行在加快结构调整的同时，增速逐步趋向平稳。

（1）从贷款投放时序分析，先高后平，增速渐趋平稳。全年贷款投放进度总体呈现先高后平态势。贷款增量主要集中在上半年，新增投放59.11亿元，占全年新增投放的76%。2005年4月后，全市贷款投放进入稳定增长平台，同比增速基本稳定在8.5%左右。（见图2）

（2）从新增贷款投向分析，重点突出，结构逐步改善。2005年，全市银行业继续贯彻"有保有压、区别对待"的信贷政策，投向重点突出，信贷结构明显改善。一是工业类贷款增加较多。余额433.71亿元，新增46.44亿元，同比多增2亿元，余额增长17.31%。二是基本

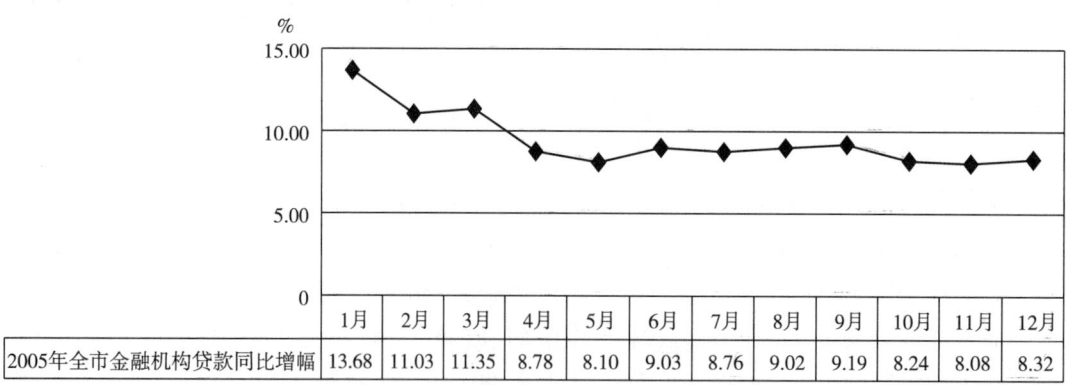

图2　2005年全市金融机构贷款同比增幅

建设贷款保持较高增速。余额241.82亿元，新增21.84亿元，余额增长17.37%。三是个人消费贷款保持较快增长。余额115.53亿元，新增17.24亿元，余额增长17.54%。四是票据融资业务发展迅速。年末银行承兑汇票余额130.06亿元，增长34.82%。五是房地产开发贷款增长放缓。余额66.55亿元，新增4.15亿元，余额增长6.66%。

（二）机构扩张力度差异显著

由于经营体制与客户对象差异，在宏观调控背景下，加大了国有银行与股份制银行之间信贷运行上的差异。首先，国有银行涉及的行业与领域相对较宽。本轮宏观调控中，国有银行贷款权限上收力度较大，行业信贷结构调整力度较大，对信贷实际运行的影响也较大。其次，国有银行股份制改革对资本充足率提出了更高要求，却因此限制了国有银行业务扩张的欲望与速度。而股份制商业银行由于资本充足率已经处在相对较高水平，加上机制灵活，则保持了业务经营较快增长。最后，贷款营销客户差异较大。传统上国有银行客户营销主要集中在优势大企业与项目贷款，中长期贷款占比较高，信贷资金周转较慢。而股份制银行对发展势头较好的中小企业支持相对较多，对基础设施建设、房地产开发、园区开发及住房消费等领域则较少涉足，并以短期贷款为主，贷款周转相对较快。由此造成国有银行在宏观调控背景下的结构调整压力较重，业务收缩相对比较明显。而股份制银行客户相对稳定，流动性充足，信贷业务反而继续保持较快增长。从信贷运行数据分析：

1. 股份制银行信贷增速远高于国有银行。年末股份制银行本外币贷款余额增长23.55%，较年初增加23.07亿元，同比少增0.95亿元，少增幅度为3.96%；国有银行本外币贷款余额增长4.72%，较年初增加28.58亿元，同比少增45.95亿元，少增幅度为61.65%（见表2）。

表2　　　　　　　　　　2005年各行贷款增量与增速比较　　　　　　　　单位：亿元，%

| | 工行 | 农行 | 中行 | 建行 | 交行 | 中信 | 浦发 | 城商 | 合作机构 |
|---|---|---|---|---|---|---|---|---|---|
| 余额 | 157.80 | 168.61 | 121.78 | 184.84 | 47.49 | 44.19 | 29.32 | 43.16 | 203.15 |
| 增量 | 3.73 | 13.21 | -2.07 | 13.71 | 7.58 | 6.34 | 9.15 | 4.05 | 20.58 |
| 增速 | 2.39 | 8.50 | -1.67 | 8.01 | 18.99 | 16.74 | 45.37 | 10.35 | 11.27 |

2. 股份制银行资金利用率远高于国有银行。年末股份制银行人民币余额存贷比82.2%、

新增存贷比73.69%,远高于国有银行平均74.12%的余额存贷比、平均37.64%的新增存贷比。2005年国有银行资金利用率远低于股份制银行(见表3)。

表3　　　　　　　　　　　2004年与2005年各行存贷比情况比较　　　　　　　　　单位:%

| | | 工行 | 农行 | 中行 | 建行 | 交行 | 中信 | 浦发 | 城商 | 合作机构 |
|---|---|---|---|---|---|---|---|---|---|---|
| 余额存贷比 | 2005年 | 76.23 | 59.71 | 79.59 | 88.47 | 76.04 | 81.99 | 94.77 | 70.19 | 68.28 |
| | 2004年 | 81.34 | 65.06 | 81.45 | 94.53 | 80.77 | 81.93 | 99.31 | 64.46 | 70.09 |
| 新增存贷比 | 2005年 | 27.89 | 29.90 | 39.24 | 56.36 | 58.94 | 82.40 | 86.22 | 503.20 | 55.75 |
| | 2004年 | 117.77 | 67.90 | 118.81 | 100.83 | 111.59 | 84.35 | 98.60 | 45.94 | 66.85 |

3. 股份制银行的新增市场份额有明显提高。股份制银行本外币新增贷款占全市新增贷款的29.70%,同比提高11.51个百分点;国有银行新增贷款占全市新增贷款的36.80%,同比下降19.64个百分点。

(三)银行资金供给稳步增加

在宏观调控背景下,银行融资产品日益多样化,除了本地银行直接贷款以外,票据融资、外汇净结汇等金融产品对企业短期资金融通的作用扩大,并逐渐为企业所接纳。同时,随着金融开放与交流逐渐深入,异地银行对嘉兴市场渗透加快,贷款规模快速扩大。银行融资产品多样化发展,确保了银行体系对经济资金供给继续稳步扩大。(1)年末票据融资余额130亿元,比年初增加34亿元,同比多增12亿元;(2)全年净结汇折合人民币401亿元,比2004年增加133亿元,同比多增65亿元;(3)年末异地贷款余额244亿元,比年初增加30亿元,同比少增15亿元。2005年,通过本地银行贷款、票据融资、异地贷款、外汇净结汇等渠道实现新增资金供给总计280亿元,同比多增25亿元。

表4　　　　　　　　　　2004—2005年银行资金供给情况表　　　　　　　　　单位:亿元

| | 本地银行贷款 | 票据融资 | 异地贷款 | 外汇净结汇 | 资金供给总计 |
|---|---|---|---|---|---|
| 2005年新增 | 83 | 34 | 30 | 133 | 280 |
| 2004年新增 | 120 | 22 | 45 | 68 | 255 |
| 同比增减 | -37 | 12 | -15 | 65 | 25 |

(四)外汇存贷业务收缩明显

受人民币汇率形成机制改革与美元利率不断提升、直接贷款增长放缓等因素综合影响,涉外企业与居民个人外汇资金运用发生了较大转变,对全市外汇金融运行调整明显。

1. 外汇可获得性增加与人民币升值预期下,企业居民结汇意愿强烈,外汇存款下降较多。2005年末,全市各项外汇存款余额4.46亿美元,比年初减少5 651万美元。其中,企业外汇存款较年初下降903万美元,居民外汇储蓄较年初下降4 420万美元。有三方面因素影响全年外汇存款走势。首先,随着对外经济交往扩大,企业与居民获得外汇越来越方便,过多保留外汇的必要性下降;其次,美元汇率总体呈下跌趋势,在人民币升值预期下,企业与居民结汇意愿比较强烈;最后,企业获得贷款的难度增加,资金紧张,到账外汇倾向于即时结汇,外汇账户留存较少。

2. 外汇贷款成本上升与企业外债规模扩大，企业贸易融资快速增长，贷款结构调整显著。首先，随着美元利率提升，美元贷款成本已接近人民币，部分企业为规避汇兑损失，选择运用经常账户留存外汇偿还国内外汇贷款，主动减少美元贷款负债。其次，今年以来企业外债规模继续稳步扩大，大额外债新签约较多，全年外商投资企业新签约外债1.91亿美元，同比增长162.41%。外债利用规模稳步扩大，对企业外汇贷款形成较明显的替代效应。最后，部分出口企业为有效规避汇率风险和缓解资金压力，较多地采取押汇等方式提前结汇并获得资金，贸易融资快速增长。上述三方面因素造成今年以来外汇贷款结构调整显著。企业短期外汇贷款、中长期贷款余额较年初分别下降10 499万美元、2 503万美元，而同期贸易融资则快速增长，较年初增加7 916万美元。

（五）住房金融发展势头放缓

2005年，国家出台房地产宏观调控政策频率高、力度大，在我市取得了明显成效。（1）开发投资增长放缓，新增开工面积下降。房地产投资全年增长5.9%，放缓近52个百分点。与之相对应，全年完成土地开发与新开工面积分别下降31.94%、42.81%。（2）供过于求较为突出，需求态势较为平淡。全年完成商品房竣工面积473.56万平方米，增长76.76%。完成商品房销售面积282.82万平方米，增长22.49%。两者相抵供大于销191.74万平方米。如果剔除2004年预售但计入2005年度实际销售部分数据，全年商品房销售总体比较平淡。（3）空置面积较大增长，房价水平增幅放缓。年末商品房空置面积96.22万平方米，同比增加52.74万平方米，增长121.30%。市区商品房销售平均价格4 252元/平方米，同比上涨8.4%，涨幅同比回落10.2个百分点，较第三季度回落0.4个百分点。总体上房地产市场继续处于健康运行态势当中，但受政策调控和行业发展周期要求，市场形势趋于平稳在情理之中。

与房地产市场形势相互关联，2005年住房金融运行呈现明显转变，发展势头有所放缓，贷款支持结构较大调整。

1. 投放速度同比稍有放缓。年末全市住房贷款余额162.38亿元，比年初新增27.57亿元，同比少增0.32亿元；余额增长19.78%，增幅同比放缓了4个百分点，比2003年高峰时期回落80个百分点左右。

2. 贷款支持重点发生转变。在投放速度放缓的同时，住房信贷的支持重点调整。全年房地产开发贷款余额66.55亿元，增长6.66%。同期，个人住房贷款余额95.83亿元，余额增长30.98%，个人住房贷款余额占全部自营性住房贷款余额比重为59.02%，同比提高5.05个百分点。住房贷款支持重点的调整，有利于保持住房消费需求的平稳增长，有利于化解潜在风险。

## 三、经济金融运行中需要关注的几个问题

随着宏观调控不断深入与国际国内经济环境的新变化，一些问题开始凸显出来，并可能继续影响2006年全市经济金融运行，需要引起各方的积极关注。

（一）信贷不均衡投放可能影响经济金融平稳运行

从2005年全市信贷投放情况看，不均衡投放比较明显。一是投放时序上的不均衡。新增

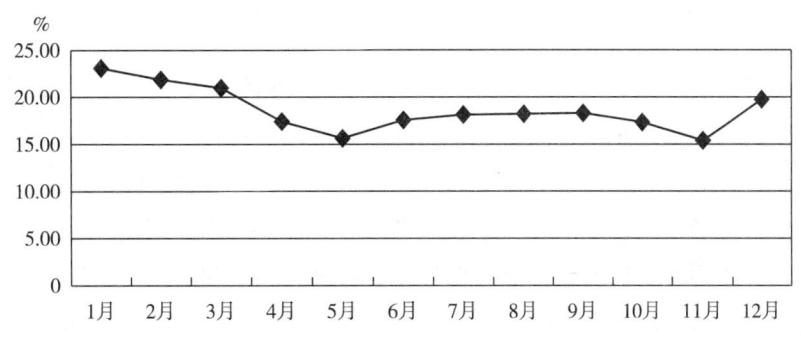

图3　2005年房地产贷款增幅曲线

贷款主要集中在上半年，占75%，而下半年贷款投放明显萎缩，仅占25%。信贷投放在年度间的不平衡同样表现明显，从2003年的大投放到2005年的大萎缩，大起大落，波动较大。二是投放机构上的不均衡。占有60%存款资源的国有银行，新增贷款仅占全部新增贷款的37%。而占有余下40%存款资源的中小银行，新增贷款占全部新增贷款的63%。三是投放企业之间的不均衡。信贷投放向优势企业集中趋势继续加剧，年末前100户最大贷款企业贷款余额687.24亿元，占全部贷款余额的67.99%，同比上升17.56个百分点。贷款投放不均衡，意味着全市金融资源的利用率下降，普通中小企业享有的金融资源与金融服务水平下降，对企业经营中资金调度稳定性与连续性的影响较大，容易形成贷款"垒大户"现象，容易带来潜在的金融风险，可能影响经济持续快速发展。为此，必须高度重视均衡放贷，防止贷款投放的大起大落。

（二）少数企业资金链断裂可能引起局部关联风险

2004年以来，由于行业市场形势变化或内部管理因素，企业因资金链断裂引发局部关联性风险的个案时有发生，在我市主要集中在纺织与造纸行业，给贷款银行造成了一定损失。当前时期，资本市场尚处在发展成熟过程之中，企业50%以上甚至更多的投资经营资金依靠银行贷款。而企业经营当中，资金往来关系错综复杂，如集团企业内部、关联企业之间、上下游企业之间的资金往来频繁，资金应收应付占资产或负债的比例较高。同时，银行贷款"垒大户"的现象还不可避免地存在，再加上部分企业到底有多少关联企业还无法被银行完全了解清楚，导致少数企业因内部经营或外部原因而资金链断裂时，集团企业整体或行业内众多企业受到影响，进而影响到银行信贷安全；个别银行维护全局稳定的观念不强，贷款进退失序，企业经营资金一时难以为继，导致企业所有贷款银行陷入风险之中。因企业资金链断裂而引发的关联性风险，不仅会给当地金融稳定带来震荡，会给贷款银行带来一定损失，同时也可能延缓企业所在行业发展，影响当地经济的平稳持续较快发展。为此，必须加强对龙头企业、贷款大户、重点行业的监测预警，一旦发现苗头，地方政府要高度重视，加强协调，人民银行、银监局要及时介入，维护经济金融稳定。

（三）需求持续较快增长还面临着一些不确定因素

2005年，拉动经济增长的需求结构调整态势明显。投资增速尽管逐月回升，但同比放缓的态势还是十分明显；社会消费增长一直比较稳定，出口继续保持高速增长。但受宏观调控及国际国内各种因素变化影响，投资、出口等拉动地方经济增长的主要需求的扩张难度加大。若其不稳定持续增长，则必然会对经济的平稳增长带来影响。

从投资需求方面看，有三方面因素值得关注。一是投资热点。2004年以来，园区、房地产等原有的投资热点回落趋势已经形成，难以继续高增长，投资较快增长需要有新的热点。二是非国有投资。从数据看，民营、外资等非国有投资增长大幅放缓，除了房地产领域，纺织等部分制造行业发展前景不明，非国有投资受投资领域与资源限制，意愿不强。三是资源制约。土地与资金供应总体趋向平稳增长，投资增长速度自然受到制约。

从出口贸易方面看，近期主要有两方面因素的影响需进一步观察与评估。一是贸易壁垒。贸易特保措施引起国际市场秩序变化对纺织品出口的影响不容忽视，配额限制造成的对企业出口信心的打击不可低估。二是汇率形成机制改革。人民币升值将从量、价两方面影响出口增长。从纺织等主要出口行业的技术层次与盈利水平看，可能难以承受汇率持续升值。

投资与出口一直是我市经济增长的主要动力，由于投资与出口需求的放缓，我市经济增长的持续性将受影响，如何保持主要需求的持续较快增长，将是今后我市经济保持持续增长的关键。

### 四、2006年全市金融运行预测

根据国际货币基金组织等机构预测，2006年世界经济将继续保持较快增长。2006年是"十一五"规划开局之年，国内经济总体将保持9%左右增速。货币政策继续稳健趋向，全国全年信贷计划新增为2.5万亿元，与2005年持平。金融市场将进一步活跃，企业短期融资券、信贷资产证券化、民间融资、境外融资等政策支持将加快出台。宏观经济运行态势将为我市经济金融继续较快增长创造较好时机。

同时也应看到，一些不利于我市经济金融稳定增长的因素依然存在。土地供应将继续受到较严控制，优化投资结构和贷款结构的调控政策仍然延续；部分行业面临产能过剩、运行成本上升、盈利空间缩小等困难，不利于信贷有效投放；住房开发与消费放缓将继续影响消费贷款发放。综合上述各种情况，2006年全市信贷投放将保持平稳增长，同时，企业融资环境将继续改善，融资渠道进一步拓展。预计全市本外币存款新增180亿元左右，贷款新增100亿元左右。

## 2006年度嘉兴市经济金融形势分析报告

2006年全市经济保持较好发展势头，工业生产较快增长，投资规模继续扩大，对外贸易总体活跃，社会消费平稳增长。金融运行态势良好，存贷款总额快速增长，资产质量继续提高，金融市场进一步发展。与此同时，全市经济金融运行的深层次矛盾尚需进一步改善，需要及早主动采取积极措施，防患于未然。

### 一、经济运行概况

2006年，在宏观调控继续深化的背景下，全市国民经济继续保持较快平稳增长。全市实现国内生产总值1 343.10亿元,增长13.7%,其中第一产业增加值86.47亿元,增长3%;第二产业增加值806.21亿元,增长15.5%;第三产业实现增加值450.42亿元,增长12.7%。

(一) 工业较快增长,内部结构调整,运行质量较好

2006年,全市规模以上工业总产值累计2 637.29亿元,同比增长22.6%。其中,重工业总产值1 151.72亿元,同比增长26.1%,占全部规模以上工业总产值的43.7%,同比提高2.1个百分点;轻工业总产值1 485.57亿元,同比增长20.1%,占全部规模以上工业总产值的56.3%,同比下降2.1个百分点。纺织、电力、皮革、化纤、服装业和化学工业六个行业对工业增长的贡献率达到52.9%。1—12月,全市规模以上工业企业主营业务收入2 500.58亿元,同比增长22.2%,实现利润总额123.35亿元,同比增长27.1%。

(二) 投资稳步扩大,增速逐月回落,结构调整明显

2006年,全社会固定资产投资完成800.2亿元,增长13.8%,分别比前三个季度回落6个、6.1个、1.8个百分点。其中,按所有制结构分析,国有投资完成198.38亿元,增长2.9%;非国有投资完成529.32亿元,增长24.8%。按产业结构分析,第一产业完成投资3.85亿元,下降21.5%;第二产业完成投资416.27亿元,增长25.9%;第三产业完成投资307.57亿元,增长9.2%。按项目种类分析,房地产投资完成118.20亿元,下降4.2%;基本建设投资完成187.10亿元,增长6.6%;工业生产性投资完成433.36亿元,增长17.7%。

(三) 居民收入递增,消费平稳扩大,物价温和上升

2006年,全市城镇居民人均可支配收入17 828元,农民纯收入8 952元,分别增长10.1%和11.8%。全市城镇居民人均消费支出11 839元,增长6.5%。1—12月,累计实现社会消费品零售总额429.72亿元,增长14.8%。其中,市县零售额282.19亿元,增长15.5%;县以下零售额147.53亿元,增长13.4%。12月市区居民消费价格累计上升1.2%。

(四) 外贸持续快增,外资利用回升,项目质量提高

2006年,全市实现进出口总额126.54亿美元,增长27.5%。其中出口91.76亿美元,增长30.3%;进口34.77亿美元,增长20.8%。全市合同利用外资25.59亿美元,同比增长2%;实际利用外资12.22亿美元,同比增长6%。其中,总投资在1 000万美元以上的外资项目同比增加33个,第三产业实际利用外资增长67%。

## 二、金融运行特点及分析

2006年,全市金融运行态势良好,存贷款总量较快增长,现金收支平稳扩大,金融市场交易明显活跃,运行质量继续提高。年末本外币存款余额1 629.85亿元,增长18.30%;本外币贷款余额1 188.64亿元,增长17.59%。具体分析,全年金融运行有以下特点。

(一) 对公存款增长迅猛,储蓄相对平稳,活期化特征明显

从存款来源结构分析,对公存款同比多增明显。2006年末本外币企事业单位存款余额489.77亿元,比年初增加81.46亿元,同比多增63.94亿元,新增额占全部新增存款的33.29%,同比提高22.82个百分点。本外币储蓄存款余额863.66亿元,比年初新增112.91亿元,同比多增11.9亿元,新增额占全部新增存款的44.75%,同比下降15.50个百分点。

从存款期限结构分析,活期存款同比多增明显。2006年末全市企业与居民储蓄中的本外

币活期存款增加99.51亿元，同比多增61.69亿元，占全部新增存款的39.44%，同比提高16.84个百分点。其中主要是企业活期存款多增明显，全年新增58.27亿元，同比多增55.37亿元。定期存款增势平稳，全年增加94.86亿元，同比多增14.16亿元，占全部新增存款的37.60%，同比下降10.62个百分点。

2006年的全市存款态势主要和以下因素有关，一是贷款特别是短期贷款大量投放，派生存款尤其是企业活期存款大量增加。二是人民币升值预期下，外汇结汇保持较高增速，净结汇量快速扩大，转化成大量的人民币存款。三是企业与居民收入增加，推动企业存款与居民储蓄以不同速度增长。四是企业整体投资放缓，结存银行的资金增加，促使企业存款与储蓄增加。

（二）信贷结构明显调整，投放较不均衡，短期化倾向突出

2006年的信贷投放延续了前高后低的投放格局，上半年新增贷款投放123.67亿元，占全年投放的69.54%，其中第一季度投放76.50亿元，占全年投放的43.01%，从时序上看，贷款投放的不均衡性十分明显。同时，信贷投放在行别结构、区域结构、期限结构、种类结构、本外币结构等方面均有明显变化。

从投放能力分析，股份制改造后国有银行资本充足率约束缓解，贷款能力提高，投放明显扩大。2006年末，国有银行本外币贷款余额726.60亿元，比年初增加93.57亿元，占全部新增贷款的52.61%，同比提高15.81个百分点；股份制银行贷款余额213.74亿元，比年初增加49.58亿元，占全部新增贷款的27.88%，同比下降7.03个百分点。

从投放区域分析，基层银行贷款权限扩大，中小企业成为信贷支持重点，县（市）区域贷款较快增长。2006年末，五县（市）贷款余额715.72亿元，比年初增加116.30亿元，占全部新增贷款的65.39%，同比提高11.69个百分点；余额增长19.40%，同比提高11.93个百分点。

从投放期限分析，受信贷政策调控影响，商业银行营销重点明显调整，短期贷款投放大量增加。2006年末，短期贷款余额657.26亿元，比年初增加112.43亿元，同比多增79.19亿元，占全部新增贷款的63.22%，同比提高20.42个百分点。中长期贷款余额489.98亿元，比年初增加50.92亿元，同比多增12.49亿元，占全部新增贷款的28.63%，同比下降20.85个百分点。这是2003年以来新增短期贷款首次超过新增中长期贷款。

从贷款种类分析（人民币口径），工农业贷款较快增长，基本建设贷款平稳扩大，房地产开发及消费贷款增长放缓。2006年末，工业类贷款余额543.14亿元，比年初增加110亿元，余额同比增长25.23%；农业贷款余额50.85亿元，比年初增加7.52亿元，余额同比增长17.48%；基本建设贷款余额269.81亿元，比年初增加23.57亿元，余额同比增长11.57%；个人消费贷款余额121.24亿元，比年初增加5.73亿元，余额同比增长4.94%；房地产开发贷款余额54.80亿元，比年初下降8.56亿元，余额同比下降17.66%。

从投放币种分析，外币贷款利率水平不断攀升，人民币汇率持续升值，外币贷款增长明显乏力。今年以来，国内外币贷款利率不断提高，企业外币需求受到一定抑制。同时，人民币汇率形成机制改革后，人民币对美元汇率总体在不断升值，企业担心外币贷款损失，主动减少了外币贷款要求，增加了人民币贷款需求。2006年末，全市外汇贷款余额5.63亿美元，较年初下降6053万美元，余额同比下降9.71%。

2006年全市贷款投放结构的变化,既是满足区域经济发展内在合理需求的结果,又是宏观政策调控与市场形势变化的结果,也是贷款供给与需求双方变化的结果,但信贷结构的不断调整优化,总体上有利于经济增长方式转变和产业结构调整。一方面,2006年宏观调控进一步深化,投资项目用地继续严格控制,对部分行业的信贷限制政策在继续落实,货币供应总量调控措施连续出台,固定资产投资特别是房地产开发、基本建设及部分行业项目投资受到明显控制。但由于区域经济总体保持较好的运行态势,区域社会与经济发展的固定资产投资欲望强烈,工业生产经营对信贷资金的需求强烈,区域居民消费规模继续平稳扩大对消费贷款的需求强烈,区域信贷较快增长有着客观真实的基础。另一方面,从信贷供给层面,充足的流动性使得商业银行具备较强的信贷能力与贷款冲动,根据宏观政策要求,对调控涉及的相关领域信贷政策进行了调整,重点支持符合政策调控方向的行业与领域成为商业银行信贷投放的主要出路。一些行业因不符合调控政策要求,信贷准入门槛被提高,信贷投放限制在增加;一些企业和项目因不符合银行贷款条件而无法从银行获得贷款。而对农业、商业服务业、先进制造业的信贷投放在增加,中小企业成为信贷支持的重点,个人消费贷款则继续保持平稳增长。从贷款需求层面,由于房地产、基本建设等投资增速不断回落,中长期贷款需求放缓。而在工业生产领域,经过前期固定资产投资的高速扩张,企业更加注重现有产能的消化,增加了流动资金需求,尤其是大量的中小企业贷款需求主要集中在流动资金需求,并主要集中在县(市)及以下区域,促使短期贷款迅速增长,促使县(市)区域贷款较快增长。同时,部分企业与银行为了规避政策限制,降低贷款难度,"短贷长用"、"此贷彼用"、"外贷内用"、"内贷外用"的现象时有发生,更加剧了信贷投放格局的变化。

(三) 金融市场发展加快,融资渠道增加,利率更趋市场化

2006年,随着金融体制改革不断深化,金融市场建设不断完善,嘉兴区域各主要金融市场均呈快速增长态势,企业融资渠道明显拓展,利率形成机制更趋市场化。

从金融市场发展方面分析,发展速度明显加快。一是保险市场发展加快,2006年末,全市各类保险机构26家,比年初增加6家。2006年累计实现保费收入30.74亿元,同比增长14.58%。二是证券市场快速回暖。年末全市各类证券账户17.23万户,比年初增加4130户;保证金余额17.32亿元,较年初增加11.24亿元;全年证券成交额累计781.88亿元,同比增长169.92%。三是票据市场较快发展。全年累计签发银行承兑汇票389.46亿元,同比增长22.39%;累计贴现95.46亿元,同比增长26.67%。特别是商业承兑汇票有较大发展,累计签发1.86亿元,同比增长80.04%。

从融资渠道拓展方面分析,多样化格局继续推进。金融市场发展促进了企业直接融资渠道的增加。一是有1户企业25亿元企业债券在全国范围内成功发行。二是上市融资速度加快,2006年有3家企业在国内外成功上市,融资金额10亿元,截至年末共有10家企业成功实现上市融资,融资金融累计60亿元。三是短期融资券有所突破,有1户企业获批发行7.9亿元的短期融资券,目前已成功发行2.9亿元。截至2006年末,我市企业已累计从资本市场募集资金89.67亿元。

从利率定价机制分析,市场化程度逐步提高。1999年以来,银行贷款利率逐步实现浮动管理,2004年10月后,贷款利率上限放开,实施下限管理,银行金融服务市场化定价机制初

步建立。2006年,嘉兴区域90%的银行贷款利率在-10%~30%(含)浮动。其中,大型企业贷款利率三分之二在基准利率和-10%之间浮动;68.56%的中型企业与82.73%的小企业贷款利率执行上浮,其中上浮10%(含)以内的分别占28.26%和28.48%,上浮10%~30%(含)分别占38.45%和50.17%,上浮30%~50%(含)分别占1.80%和4.01%。

(四)现金流通规模扩大,收支增速加快,净投放增长放缓

2006年,由于全市经济保持较快增长,特别是工业生产经营规模扩大、贷款较快投放、能源原材料价格上涨、居民消费增长等因素,带动了现金收支规模较快增长。全年全市金融机构现金收入累计4 373.29亿元,增长12.32%,同比提高1.13个百分点;现金支出4 488.13亿元,增长12.18%,同比提高1.09个百分点。同时,由于全市投资增速不断下降,相关的采购、劳务等工资支出增长放缓,投资活动中正常漏损的现金增速放缓,而现金收入增长因素相对更为明显,商品销售现金收入、服务业现金收入和其他现金收入增幅同比分别提高7.69个、13.04个和29.6个百分点,导致全市金融机构现金净投放继续放缓,2006年全市金融机构净投放现金114.83亿元,增长7.15%,同比放缓0.49个百分点。

(五)资产质量继续提高,经营成效明显,风险需继续重视

2006年末,全市银行机构不良率比年初下降3.1个百分点。农村合作机构不良率比年初下降6.42个百分点。2006年,金融机构累计实现账面结益32.49亿元,增长29.24%。2006年,得益于贷款规模较快扩大及资产清收与核销工作的不断实施,不良贷款余额与不良率继续实现双降,但贷款企业风险个案仍时有发生,同时房地产开发企业风险也开始有所暴露,对局部的金融风险仍不能掉以轻心。

### 三、当前经济金融运行中需要关注的问题

在不断深化的宏观调控、人民币汇率形成机制改革与逐渐增加的贸易壁垒、不断提高的生产要素成本等因素的综合作用下,嘉兴经济金融中潜在的问题正日益突出,对全市金融来讲既是挑战,又是机遇,对2007年金融运行提出了更高要求,关键是如何把握和应对。

(一)区域经济增长方式有待调整

区域经济运行的主要问题在于传统粗放的增长模式,体现在经济运行受经济结构自身的限制,较容易受到外部环境变化的影响,区域经济整体承受外部环境波动的能力较弱。从2006年末的数据分析,区域经济结构主要有以下问题。一是经济增长过于倚重投资与出口,消费拉动不足。2006年全市投资和出口占GDP的比重分别达到59.58%和53.29%,比2000年分别提高9.25个和23.48个百分点。消费对经济增长的拉动逐渐下降,占GDP比重由2000年的38.23%滑落至2006年的31.99%。二是传统产业比重较高,调整进展相对较慢。2006年我市传统行业①产值占规模以上工业的比重为52.91%,仅比1998年下降6.58个百分点。高技术行业②产值占规模以上工业的比重为9.13%,仅比1998年上升0.24个百分点。同期全省传统行业占规模以上工业的平均比重为34%,高技术行业占规模以上工业的平均比重为18%。三

---

① 传统行业包括纺织业、服装业、皮革业、木材加工业、造纸业、化纤业、非金属矿物制品业、金属制品业。
② 高技术行业包括医药制造业、专用设备制造业、电气机械制造业、电子设备制造业、仪器仪表制造业。

是资源消耗相对偏高,经济增长可持续性偏弱。嘉兴工业资源消耗产出率低于全省平均水平20%左右,特别是纺织、木材加工、造纸等传统重点骨干行业资源占用产出率综合评价指数不到80%,低于全市平均水平。总体上看,嘉兴制造业特别是传统行业粗放型增长特点明显,不利于嘉兴工业可持续发展。四是投入产出水平相对较低,影响经济运行质量。传统行业毛利率基本在3%~5%,近年来受要素价格上涨与市场形势变化影响,盈利空间正在逐步缩小。同时,从人民银行监测企业数据分析,2006年企业投资股市或房地产获得的非生产性收益增长明显,比重提高较多。因此,2006年规模以上工业盈利较快增长并不能掩盖全市经济粗放增长的窘境。五是技术创新投入明显不足,影响经济增长后劲。根据2004年经济普查数据,传统行业研发投入占销售收入比重均低于1%标准[①],普遍处于低技术层次,制成品大多是附加值较低、加工程度浅、技术含量低的劳动密集型产品,品牌培育滞后,市场竞争能力弱。

(二) 区域金融发展尚待拓展

近年来,嘉兴金融总体保持了较快的发展速度。1998年以来本外币存款年均增长18.96%,本外币贷款年均增长18.74%,分别高于地方国内生产总值3.77个和3.55个百分点。但从区域金融的资金运用规模、经济的金融化水平、金融服务覆盖率等指标分析,嘉兴金融还具有较大的发展空间。一是信贷运行仍有较大空间。1998年以来,嘉兴储蓄率一直维持在60%以上的较高水平,意味着区域金融能够继续为经济提供较强的金融服务。2006年末,全市金融机构余额存贷比为72.93%,新增存贷比为70.49%,存差规模进一步扩大,流动性过剩明显,信贷投放还有较大空间。二是金融发展仍有较大空间。目前,嘉兴金融发展还不够充分,主要表现为经济发展主要依赖间接融资,直接融资发展较慢。2005年末全国股票市值占GDP比重17.77%;债券余额占GDP比重39.82%,金融化率221.61%。同期,嘉兴的金融化率为136.73%,远低于全国水平,主要原因是嘉兴直接融资规模明显偏小,截至2006年,全市企业累计从资本市场募集资金89.67亿元,上市公司股票市值仅占GDP比重6%左右,债券融资余额占GDP比重2%左右,远低于同期全国平均水平。三是金融覆盖率仍需继续提高。根据2004年经济普查及贷款卡年审数据,全市法人工业企业19 028户,贷款企业7 565户,金融服务对工业企业的覆盖率39.76%,其中大中型企业金融覆盖率100%,小型企业金融覆盖率38.73%。

从嘉兴经济实际情况分析,经济结构面临着迫切的调整要求,需要更多的金融支持。同时金融已经具备较强的实力,有较大的深化发展空间,可以更好地支持区域的经济结构调整,关键在于找准金融供给与经济需求之间的契合点。在当前宏观调控继续深化的背景下,金融只有通过积极发挥自身的能动作用,及时、准确贯彻宏观调控政策精神,积极支持区域经济增长模式转变,积极支持区域产业结构升级调整,正确处理好金融支持城市化、工业化、新农村建设与消费之间的关系,才能更好地实现经济金融发展的双赢格局。

### 四、2007年全市金融形势展望及建议

展望2007年,我们认为全市经济金融发展主要有以下趋势。

---

[①] 1994年,OECD(经济合作发展组织)将R&D强度作为界定高技术产业的基本标准,1%以下为低技术,1%~3%为中技术,3%以上为高技术,10%以上为严格意义上的高技术。

（一）双稳健政策有利于经济"又好又快"发展

根据中央经济工作会议的精神，2007年将继续执行"双稳健"的货币政策和财政政策，控制资金流动性仍是人民银行调控重点，经济发展思路将更重视发展质量和效益，经济运行将实现从"又快又好"向"又好又快"转变。

（二）资金需求与信贷投放将保持较快增长

一是企业资金推动型的增长模式一时难以改变，对资金需求仍然较旺。特别是前两年企业固定资产投资较多，配套流动资金需求将继续增加。二是流动性调控将是一个平稳缓慢的过程，商业银行仍将保持较为充足的流动性，较强的信贷投放冲动将有助于贷款较快增长。

（三）防范风险和熨平经济波动之间更为协调

一是面对人民币升值，我市企业和银行还缺乏应对经验，避险工具相对缺乏，微观主体对汇率风险的认识和防范能力均亟待提高。二是国家继续严把"土地"和"信贷"两道闸门，受限制行业的部分企业可能发生资金链断裂风险；部分企业前期过度扩张，信贷资金不规范使用导致潜在信贷风险有所加大。三是投资运行不够稳定，既可能出现投资过快增长势头反弹，也可能出现投资下滑过快迹象。对此，各方将更加注重风险防范，努力保持经济平稳增长。

为适应新形势，克服新困难，促进我市经济金融继续良好运行，我们提出以下建议。

（一）认真落实科学发展，均衡合理信贷投放

一是把握信贷投放的可持续性。坚持科学发展观，合理控制投放节奏，注重长远发展和规模扩张之间的平衡，通过大力拓展中间业务，寻找新的利润增长点，走循环发展之路。二是把握信贷投放的均衡性。金融机构应正确理解和贯彻宏观金融调控意图，合理把握贷款投放节奏，高度重视贷款过快增长可能产生的风险。三是把握信贷投放的适度性。金融机构要适应经济发展的新变化、新要求，努力满足经济社会发展对信贷资金的合理需求，避免出现经济大起大落的现象，支持地方经济持续健康发展。

（二）促进和谐社会发展，突出信贷支持重点

一是正确处理三方面关系。认真贯彻落实建设社会主义和谐社会的重大战略决策，推进金融改革，优化信贷结构，改善金融服务，正确处理好对城乡发展支持不平衡、对大中小企业发展支持不平衡、对强势弱势群体发展支持不平衡三方面的关系，保持经济社会的和谐发展。二是突出金融支持的重点。继续按照有保有压的原则，加大对"三农"、先进制造业和现代服务业的信贷投入，支持企业自主创新，支持中小企业、循环经济、外向型经济发展。加强重点基础建设项目与资金的联动，加大产能过剩产业的信贷退出力度。坚持政策性金融和商业性金融相结合的原则，着力支持我市社会主义新农村建设。

（三）优化金融生态环境，推进信用体系建设

一是营造良好的金融发展环境。加强金融法制环境建设，建立金融联合维权机制，协调司法部门加大行政执法力度，强化对金融违法违规行为的打击力度。加强信用环境建设，强化对违约失信的查处力度，形成诚实守信的良好氛围。加强金融融资环境建设，正确引导民间融资，维护金融市场秩序，营造公开合规有序的融资环境。加强对洗钱行为的监测和监管，督促金融机构履行反洗钱义务，预防与打击洗钱犯罪，创造和谐金融环境。二是进一步推动社会信用体系建设。不断完善企业、个人征信系统，通过技术手段实施信用监督和管理，进一步改善

征信服务,充分发挥系统在防范信贷风险的作用。加强农村信用工程建设,探索农村征信体系建设的新思路,为农村经济金融的发展创造良好的环境。

(四) 加快金融产品创新,提升金融服务水平

为增强与外资银行竞争的实力,金融机构应注重在组织、机制、技术、产品、渠道、形象、流程七个方面的创新,提升社会公众的金融服务满意度和便捷度。加快中间业务发展,改变过于依赖传统存贷款业务的经营模式。促进表外业务、现代化的支付结算业务、投资理财和财务顾问业务发展。扩大非现金支付工具使用,引导网上支付等支付业务的发展,促进银行卡产业发展。狠抓农村地区支付结算工作,畅通农村金融机构清算渠道,加快公用事业缴费一户通工程向农村延伸速度。积极探索以农业龙头企业、种养殖户为主体的政策性农业保险试点,更好地发挥保险的功能。

(五) 加强信贷风险防范,维护地区金融稳定

一是健全监管协调机制。充分发挥金融联席会议制度的作用,建立健全金融监管部门之间的协调机制,规范监管行为,加强风险管理和风险控制体系建设,实现金融监管效用的最大化。二是构建风险防范合作机制。加强金融机构间合作互助,形成防险合作机制,及时发现重大金融风险的苗头,及时进行妥善处置,提高金融稳定工作的质量和效率。三是加强风险监测预警。牢固树立稳健发展的经营理念,建立金融风险监督的控制和预警体系,提高金融机构业务发展能力和风险防范能力。四是完善金融应急体系。建立金融应急处置机制,积极开展预案演练,保证应急预案的实效,维护金融和社会稳定。

# 2007年度嘉兴市经济金融形势分析报告

2007年,在宏观调控政策力度不断加大的背景下,我市经济保持平稳较快增长态势,增长质量稳步提升。金融运行态势总体良好,在支持地方经济建设中保持较快发展。但经济金融运行中的新情况和新问题值得关注。

## 一、经济运行概况

2007年,嘉兴市经济总体保持了增长快、质量好的发展态势,可概括为"四好、二快、二分化"的特点。

"四好"表现在:一是地区经济增长好。GDP平稳较快增长,2007年全市地区生产总值超过1 585.2亿元,同比增长14.4%。二是外贸外资形势好。2007年,全市进出口总额160.6亿美元,同比增长26.9%,比上年同期回落0.6个百分点。2007年全市实际到位外资16.6亿美元,同比增长36.1%,比上年同期提高30.1个百分点。三是工业企业效益好。2007年,规模以上工业企业实现利润163.2亿元,同比增长32.6%,比上年同期提高5.5个百分点。四是财政、居民收入好。2007年,财政一般预算总收入209.4亿元,同比增长26.8%,其中地方收入105.2亿元,增长29.0%,增幅同比提高6.9个百分点;城镇居民人均可支配收入20 128元,同比增长12.9%;农村居民人均纯收入10 163元,同比增长13.5%。

"二快"表现在:一是消费持续加快增长。2007年,实现社会消费品零售总额501.2亿

元，同比增长16.6%，比上年同期加快1.8个百分点。农村消费继续向城镇转移，城镇市场增速比农村市场增速快1.9个百分点。二是物价上涨有所加快。市场价格持续回升，消费物价显现结构性上涨现象。12月，市区居民消费价格同比上涨6.0%，其中食品类价格同比上涨14.6%；全市工业品出厂价格和原材料、燃料、动力购进价格同比分别上涨3.4%和8.5%。

"二分化"表现在：一是工业增长结构分化。2007年，规模以上工业总产值3 338.6亿元，同比增长25.7%，比上年同期加快3.1个百分点。十大主要行业增长趋势出现分化，回升最快的化纤制造业，增速比上年同期加快15.2个百分点；回落最快的电机及器材制造业，增速比上年同期回落10.9个百分点。二是投资增长结构分化。2007年，限额以上投资完成813.4亿元，同比增长11.7%，比上年同期回落6.2个百分点，明显低于全国平均水平。其中：基础设施投资完成185.9亿元，下降2.1%；房地产投资完成147.7亿元，增长25.1%，加快29.3个百分点；工业生产性投资完成495.0亿元，增长17.3%，回落0.4个百分点。

## 二、金融运行特点

2007年，在人民银行调控政策密度加大的背景下，全市金融运行态势总体良好。

——各项存款增长回落。12月末，嘉兴市金融机构本外币各项存款余额1 834.4亿元，比年初增加204.7亿元，同比少增47.7亿元，余额同比增长12.6%，比上年同期回落5.7个百分点。其中，人民币各项存款余额1 796.1亿元，比年初增加212.9亿元，同比少增28.6亿元，余额同比增长13.4%。

——贷款保持较快增长。12月末，嘉兴市金融机构本外币各项贷款余额1 410.0亿元，比年初增加221.4亿元，同比多增43.5亿元，余额同比增长18.6%，比上年同期提高1.0个百分点。其中，人民币各项贷款余额1 351.5亿元，比年初增加206.8亿元，同比多增22.6亿元，余额同比增长18.1%。

——现金收支增速趋升。2007年，全市金融机构累计现金收入5 055.0亿元，同比增长15.6%，比上年同期上升3.3个百分点；累计现金支出5 161.3亿元，同比增长15.0%，比上年同期上升2.8个百分点。全年收支轧抵累计净投放现金106.3亿元，比上年同期少投放8.5亿元。

——银行业经营效益良好。12月末，金融机构本外币不良贷款率2.2%，比年初下降1.3个百分点。金融机构累计实现账面利润46.6亿元，比上年增加14.1亿元，同比增长43.4%。

——证券保险业发展加快。12月末，全市累计证券交易额4 006.9亿元，同比增长4.1倍；证券保证金余额42.9亿元，同比增长1.5倍。全市累计保费收入35.6亿元，同比增长16.7%；累计赔款和给付支出20.1亿元，同比增长118.0%。

金融运行的主要特点有以下几个方面。

（一）存款增长波动性加大，结构变化凸显市场影响

1. 受股票市场影响，存款波动性加大

2007年，嘉兴市全年存款增长呈波浪形上升走势，在增量小于上年的同时，其波幅相对前两年明显扩大，增量低点与2005年水平接近，增量高点与2006年水平相近。2007年存款的波动明显受到股票市场影响。一方面，二级市场的波动影响存款波动，在股市相对火暴的4

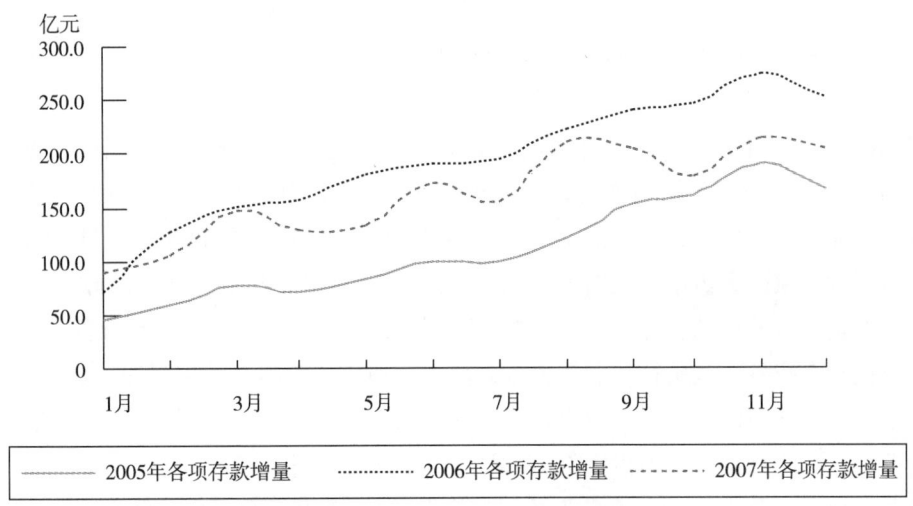

**图 1　近三年存款增量逐月趋势图**

月、7月、10月三个月，我市各项存款余额回落较大，形成相对低谷；股市处于调整阶段的6月、11月两个月，各项存款则明显回升。另一方面，新股发行影响存款波动，在9月17日建行A股发行前四天，我市人民币储蓄存款下降2.9亿元；国庆前股市资金大量回流，27—30日四天新增储蓄存款22.9亿元；10月26日中国神华A股发行前四天，我市人民币储蓄存款又下降7.4亿元。

2. 财富效应分流存款，定期储蓄倾向弱化

人民币升值背景下的财富增值效应，在2007年得到充分体现。股市一路上涨，成为储蓄存款大搬家的最主要因素。据统计，2007年我市净流向股票、基金、银行理财产品的资金分别达79.3亿元、46.1亿元和7.0亿元，同比分别增长5.6倍、6.2倍和4.2倍。同时，房地产市场也分流了部分储蓄存款。2007年中以来，我市房地产市场受周边市场带动行情看涨，房地产开发销售两旺。据统计，2007年我市累计发放个人新建房贷款43.5亿元，同比增长46.5%。按购房贷款平均占比六成推算，个人自有购房资金支出分流储蓄存款29.0亿元。从储蓄存款的结构变动看，活期储蓄基本保持前两年的增长态势，而定期储蓄同比少增较为明显，储蓄存款增量的下降主要源于居民定期储蓄增量的下降。12月末全市储蓄同比少增59.5亿元，其中定期储蓄少增47.9亿元，占储蓄少增总额的80.5%。说明居民定期储蓄倾向弱化，中长期存款开始向证券、房产等资产市场转移。

3. 对公资金来源充裕，企业定期占比提高

2007年我市本外币各项存款虽同比少增，但除储蓄存款外的非金融性公司及财政存款增长仍较为稳定，12月末非金融性公司及财政存款比年初新增151.3亿元，占各项存款新增总量的73.9%，同比多增11.9亿元。企业盈利和财政收入增加、贷款快速增长、外资流入增加、融资方式趋向多元化等因素，使流动性过剩通过直接和间接融资渠道向企业部门传导。对公资金来源相对充裕，而投资又低位增长，从而形成了非金融性公司及财政存款的稳定增长。从对公存款的结构变动看，全市非金融性公司及财政存款非定期的存款增长基本与上年一致，而定期存款增量同比则明显多增，并在7月后呈扩大之势。至12月末，企事业单位定期存款新增

49.6亿元，同比多增26.4亿元，超过非金融性公司及财政存款全部多增额。

（二）贷款持续快速增长，融资替代效应逐步显现

1. 经济景气度高位运行，公司贷款稳步扩张

在宏观经济快速增长背景下，近年来我市企业盈利增加，企业家信心增强。据对我市58家企业监测，2007年以来经济热度指数一直处于高位运行，第四季度达到19.0，同比上升1.7个百分点。企业生产规模扩大，产成品存货资金占用增加。统计资料显示，11月末我市规上企业产成品存货两项资金占用同比增长34.9%，比上年同期提升19.9个百分点。企业生产扩张形成了对信贷资金的旺盛需求。同时，随着国有商业银行股改和商业银行资本充足率达标后，股本回报压力凸显，基层行利润考核压力增加，强化了其内生的扩张冲动。虽然人民银行年初就发出一系列紧缩信号，但商业银行仍存在与政策博弈心理，多放快投的信贷"早投放"现象依然发生。在此背景下，由供需双方共同推动的贷款增长就较为快速。从2007年人民币贷款投向看，短期工业贷款、乡镇企业及"三资"企业贷款新增108.1亿元，同比多增12.7亿元；商业贷款新增9.1亿元，同比多增4.7亿元；个私企业贷款新增11.1亿元，同比多增1.8亿元；基本建设贷款新增27.4亿元，同比多增3.9亿元；农业贷款新增4.8亿元，同比少增2.8亿元。

2. 金融业务创新发展，融资替代效应增强

一是在证券市场融资功能趋强的背景下，直接融资替代间接融资。2007年景兴纸业等六家企业通过增发或上市融资获得资金44.8亿元，市交投公司通过信托收益凭证筹集资金5亿元，昱辉阳光在香港市场发行美元债券取得资金折人民币9.5亿元。2007年我市直接融资额已占间接融资额的26.8%。二是在贷款政策趋紧的背景下，表外融资替代表内融资，外币融资替代本币融资，市外融资替代市内融资，民间融资替代常规融资。12月末全市银行承兑汇票余额为204.2亿元，比年初新增43.1亿元，按保证金比例2/3测算，其获得的表外融资额达14.4亿元；受本币升值预期增强、外币贷款利率相对较低影响，外币贷款需求明显上升，全年外币贷款新增额达2.4亿美元，同比多增3.0亿美元，同比增长42.3%，高于同期本币贷款增幅24.2个百分点；受本市银行资金约束，2007年我市银行向上级行或其他市外银行转让信贷资产（含贷款和票据）48.7亿元；据对我市民间借贷监测点的监测，2007年第四季度我市民间借贷规模同比扩大5.2%。

3. 居民市场预期回暖，个贷业务强劲反弹

近年来嘉兴市人均货币收入持续快速增长，居民收入预期改善。居民通过增加负债实现提前消费和增加财产性收入的意识和能力增强，商业银行向个人零售业务的转型，也为个人贷款增长提供了有利环境。我市房市由上年低潮至2007年回暖，住房销售趋旺，居民住房贷款大量增加，个人贷款业务出现强烈反弹，当然不排除股市行情走牛后部分个人贷款变相流入股市。据统计，2007年全市人民币个人贷款新增36.2亿元，同比多增30.5亿元，余额同比增长29.9%。其中，住房贷款新增24.3亿元，多增27.6亿元。

（三）资金趋紧价格上升，货币政策效应日益显现

1. 在数量型政策调控下，银行流动性有所收紧

2007年以来，人民银行针对流动性过剩状况，运用数量型货币政策工具加强银行流动性

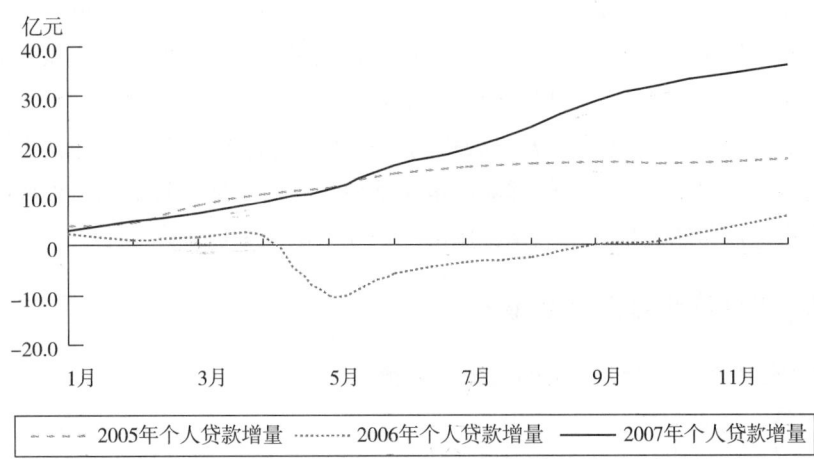

**图2 近三年个贷增量逐月趋势图**

管理，10次上调存款准备金率，一般金融机构存款准备金率达到14.5%，发行央行行票据约1万亿元。在此政策作用下，虽对2007年我市信贷投放并未产生约束性影响，但我市银行体系流动性过剩问题有所抑制，我市金融机构约被冻结资金100亿元。目前，嘉兴市金融机构存贷比已处于近年来的高点。12月末本外币余额存贷比（含贴现）达76.9%，比年初提高4.0个百分点。其中，法人金融机构按考核口径测算的人民币存贷比为70.6%，比年初提高2.3个百分点；国有和股份制商业银行分支机构按统计口径测算的人民币存贷比为80.3%，比年初提高3.4个百分点。在法人机构按75%存贷比上限控制，国有和股份制商业银行在核定分支机构贷款规模时大都考虑存贷比的情况下，我市金融机构未来的信用扩张空间相对缩小。同时，流动性收缩政策对地方法人机构资产配置产生较大影响，流动性资产明显减少。据测算，12月末全市7家小法人金融机构，有价证券及投资、买入返售资产、存放同业三项资产占总资产比例为16.2%，比上年末下降2.9个百分点。

2. 在价格型政策调控下，资金价格趋于上升

2007年以来，人民银行充分发挥利率杠杆的调控作用，抑制信贷投放增长过快。六次上调金融机构人民币存贷款基准利率，其中，一年期存贷款利率分别由2.52%、6.12%提高到4.14%、7.47%。在价格型货币政策工具作用下，2007年以来资金价格水平持续上升。一是6个月期上海银行间同业拆放利率（Shibor）走高，12月29日为4.46%，比年初提高1.59个百分点。二是存贷款利率持续上升，利差扩大。年末全市贷款加权平均利率升至7.10%，同比提高0.67个百分点；存款加权平均利率升至1.74%，同比提高0.23个百分点；虽然一年期存贷款基准利差缩小0.27个百分点，但实际存贷利差比上年提高0.44个百分点。三是贴现利率明显上升。12月嘉兴市贴现利率上升至9.39%，比年初上升了5.8个百分点。四是民间借贷利率也不断攀升。据我中支监测，第四季度全市民间借贷平均利率13.33%，同比上升了4.76个百分点。在此背景下，银行受益于利差扩大，加上手续费收入大幅增加和不良拨备减少，银行利润大幅增加。

3. 在指导型政策调控下，年末银根有所抽紧

2007年以来，人民银行根据金融宏观调控的要求，以通知、面谈等形式"窗口指导"商

业银行加强全年后期贷款控制和房地产信贷管理，以提高中央银行货币政策的实施效果。我中支也结合嘉兴实际情况开展相应指导工作，并在各金融机构配合下取得了明显成效。一是9月以来金融机构贷款投放总体上节奏把握较好。第四季度全市人民币各项贷款减少7.3亿元，同比少增12.0亿元。其中，全市小法人金融机构9—12月合计减少人民币贷款4.3亿元，控制在规划目标之内。二是房地产信贷管理新政策实施后，我市房地产贷款也出现放缓迹象。据统计，第四季度房地产贷款新增8.7亿元，比第三季度少增4.1亿元。

### 三、2008年经济金融形势展望

（一）宏观经济金融运行背景面和政策面分析

1. 世界经济金融走向

2007年全球经济在经历上半年强有力扩张后，于第三季度放慢了增长速度，预计全球经济在2007年将增长5.2%。据国际货币基金组织2007年10月的预测，2008年全球经济将以4.8%的幅度增长，相对于7月的预测下调了0.4个百分点。尽管支持增长的经济基本面是强健的，并且日益重要的新兴市场经济体仍然保持强有力的增长势头，但金融市场以及美国和西欧的国内需求导致的下行风险增大。经济前景面临的风险还包括，潜在通货膨胀压力、波动的石油市场，以及外汇大量流入给新兴市场造成的影响。

表1　　　　　　　　　IMF对主要经济体2008年经济增速预测　　　　　　　　单位：%

| 年份 | 全球 | 发达经济体 | 美国 | 欧元区 | 日本 | 中国 | 亚洲新兴经济体 |
| --- | --- | --- | --- | --- | --- | --- | --- |
| 2007 | 5.2 | 2.5 | 1.9 | 2.5 | 2.0 | 11.5 | 9.8 |
| 2008 | 4.8 | 2.2 | 1.9 | 2.1 | 1.7 | 10.0 | 8.8 |

2. 中国宏观经济走向

2007年的中国经济，在总体形势仍呈现平稳较快发展的较好态势下，由偏快转向过热的趋势也进一步加剧，流动性过剩、通货膨胀压力加大等问题则相继暴露。对于2008年的经济走势，在宏观调控措施的影响下，经济增速将有所回落，经济增长率将呈现"高位趋稳、小幅回落"的特点。国家信息中心和中国社科院的分析都认为，GDP增速可能保持在接近11%的水平上。预计三大需求结构有所改善：一是消费继续保持平稳增长，消费结构继续升级；二是固定资产投资增速将会略低于2007年，但仍在偏快区间运行；三是进出口仍将保持高位增长，顺差扩大的势头将放缓。2008年消费价格涨幅有望呈现稳步回落趋势，但其背后隐含的通货膨胀压力不容忽视。国家信息中心预测，2008年CPI涨幅将回落到4.5%左右。针对当前我国经济运行中"增长过快和物价涨幅过高"等问题，2007年末的中央经济工作会议将2008年的调控目标锁定在"两防"上，货币政策也一改"适度从紧"为"从紧"。

3. 从紧货币政策走向

2007年末人民银行货币政策委员会例会研究并提出了下一阶段货币政策取向和措施，会议认为要坚决贯彻中央经济工作会议精神，采取多种手段落实从紧的货币政策。一是继续采取有力措施加强流动性管理，加强对金融机构的指导，抑制货币信贷过快增长。我们预计，2008年信贷增幅将略低于2007年增幅。二是进一步调整和优化信贷结构，加大对"三农"、就业、助学、中小企业、消费等经济社会发展薄弱环节的信贷支持。三是要合理运用利率杠杆,注重引导公众预期。预计,利率水平仍有一定的上调空间,资金价格仍可能上升。四是继续完善有管理的浮动汇率制度,增强人民币汇率弹性。预计,人民币升值的趋势难以改变。五是要继续大力推进金融改革和创新,提高金融机构竞争力和金融市场资源配置效率。

(二)嘉兴市经济金融运行基本面和技术性分析

1. 经济对信贷需求旺中趋稳

首先,经济高位良性运行是贷款需求扩张的决定因素。虽然在国家宏观调控措施和世界经济的影响下,2008年,我市投资增长仍将处于低位,出口增长存在不确定因素,消费增长的拉动作用并不明显,经济增速可能有所回落;受原材料等成本上涨影响,我市处于产业链下游企业的盈利能力有所削弱。但经济增长方式转变和产业结构升级,将保障嘉兴经济增长仍处于高位增长区间,效益增长仍将持续。区域经济的较快增长和微观经济效益的不断改善,既会产生较大的贷款需求,也会增强金融机构放贷信心,是信贷有效增长的经济基础。其次,地方经济政策对贷款需求有较大的促进作用。我市"一主五副三带两翼"的现代化网络型大城市建设及社会主义新农村建设,环杭州湾重要的先进制造业基地建设及其临港工业、高技术产业、装备制造业和特色优势产业等四大产业集群发展,都需要各种资金特别是信贷资金支持。最后,随着居民收入的提高和收入预期的改善,住房、汽车等消费热点将持续,加上金融机构对消费信贷进行极力引导,居民消费贷款需求也将保持旺盛,预计2008年消费贷款也将保持平稳增长。

2. 银行信贷供给稳中趋缓

首先存款分流效应继续显现,银行业资金来源可能趋紧。2007年我市存款分流效应明显,2008年这种趋势可能持续,但分流力度会有减弱。股市牛市行情可能在震荡中延续,但股票价格指数总体处于高位,资产泡沫已不断累积。财富效应将继续吸引储蓄资金通过直接投资或者基金投资转入股票市场,银行脱媒现象进一步显现。房市随着调控政策的到位将有所降温,我市房地产市场受外围房市影响可能逐步降温,投资性需求减少,对存款的分流作用减弱。两者合力作用仍将分流我市部分存款并产生一定的存款波动。在我市存贷比处于高位的情况下,存款增长趋缓必将制约贷款增速。其次从紧货币信贷政策的实施,抑制银行业放贷能力。人民银行窗口指导会议,已对2008年贷款增幅基本定调,商业银行在下达贷款指标时刚性会更强。在信贷成为各方争取的稀缺资源时,我市资金洼地优势难以充分显现,信贷增长受到影响。当然,我市即将新设的金融机构会增加部分信贷供给,一定程度上缓冲信贷趋紧的矛盾。从总量上预测,2008年贷款增量会接近2007年增量,贷款增幅则会小于2007年增幅;从结构上预测,2008年"两高一剩"行业信贷限制趋严,房地产贷款发放会趋谨慎。

3. 存贷款增长技术性分析

我们通过历史数据观察嘉兴市从1998至2007年的本外币存贷款与GDP走势,并应用指数趋势线对2008年存贷款增长进行预测分析。考虑一定幅度的经验偏离值,2008年末存款余额为2 275(±90)亿元,贷款余额为1 740(±95)亿元,GDP为1 770(±40)亿元。从趋势图中我们可以看出存贷款的波动性和偏离值明显大于GDP。由于目前存贷款与GDP均处于上翘阶段,考虑从紧的货币政策作用,估计2008年存贷款相对其指数线均处于负偏离状态并

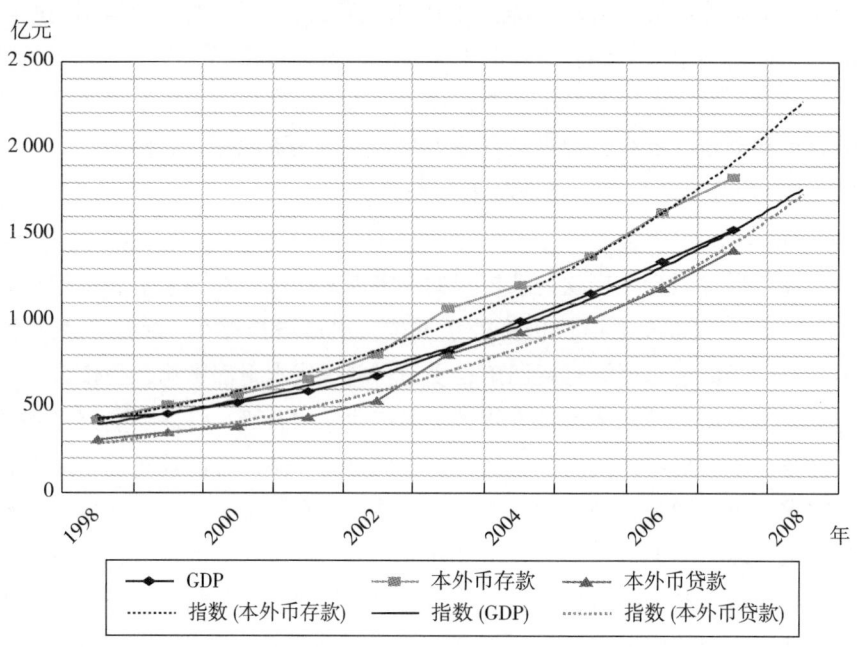

**图3 嘉兴市存款与GDP增长趋势**

呈扩大之势，GDP接近其指数线并走向负偏离状态。估计，至2008年末嘉兴市存款余额约为2 115亿元，贷款余额约为1 645亿元，GDP约为1 730亿元。以此测算的2008年存贷款增加额分别为280亿元、235亿元。从增量占比分析，嘉兴市2004年以来当年各项贷款新增规模占全国的比重分别为5.5‰、4.3‰、5.7‰和6.1‰，根据趋势外推，2008年嘉兴新增贷款占全国的比重在6.0‰左右，若2008年全国新增贷款规模与2007年持平，则全市各项贷款新增规模在230亿元左右。

（三）经济金融运行面临的主要问题

1. 信贷从紧与满足信贷有效需求的矛盾

在信贷供给总量受到约束的情况下，如何满足信贷有效需求可能是2008年我市金融运行中将要碰到的重要矛盾。一是信贷供需周期的匹配性问题。从前三年信贷投放的规律看，全国全年贷款增量在各季度的投放比例平均为41%、25%、23%、11%；我市平均为50%、27%、22%、1%，我市信贷"早投放"更为明显。而在人民银行指导下金融机构拟定的2008年全国信贷投放规划，各季的信贷投放比例大致为35%、30%、20%、15%。可以预料，在窗口指导下，信贷"早投放"现象将有所控制，我市前两季的信贷投放量可能会有减少。而我市的信贷"早投放"与我市经济结构及其生产周期密切相关。如我市皮毛羽绒制品等工业产业，上半年是生产投料期、下半年是资金回笼期，上半年企业资金需求相对旺盛；基础设施等政府性投资项目，按照政府工作计划特点，一般上半年工程启动量大，资金需求量也大。在此背景下，2008年上半年我市资金供求矛盾可能较为突出。二是中小企业、弱势群体信贷满足问题。在从紧的货币政策背景下，2007年银行贷款重现"垒大户"趋向，弱势金融发展相对偏慢。据对国有银行和股份制银行贷款发生额调查，2007年第一至第三季度大型企业贷款占比为12.8%，同比提高8.3个百分点，而中、小型企业贷款占比则分别下降1.4个和6.9个百分点。又据统计，2007年末助学贷款、下岗失业人员贷款余额分别为1 685万元、206万元，同比分别上升48万元和下降72万元；农业贷款余额61.5亿元，同比少增1.8亿元。以此来看，在2008年信贷进一步趋紧情况下，中小企业和社会弱势群体融资难问题可能重新凸现，其信贷满足问题值得关注。

2. 经济周期调整与信贷风险防范的矛盾

研究表明，我国每次经济紧缩都与历次政策紧缩相关，在政策进入紧缩期的当年或下一年，经济增长都进入收缩期。2007年末中央经济工作会议提出"两防"目标并实施从紧货币政策，已经明确发出了紧缩信号，2008年国内宏观经济增长的小幅下调概率极大。从第四季度对我市58户工业企业景气监测情况看，显示了我市经济调整的一些苗头。我市企业家信心景气指数、企业产品需求状况景气指数、企业产品销售景气指数、企业资金周转景气指数、固定资产投资景气指数均出现不同程度下降。前几年经济的高速增长，企业或个人增加了较多负债，金融机构在景气上升时期对风险认识相对不充分，金融风险有所积聚，应引起关注。一是大小两极的企业信贷风险。2008年随着美元的不断贬值和国内治理通胀需要，人民币升值速度可能加快，对出口型企业将产生较大压力。我市外贸依存度较高，受人民币升值影响也更大。其中的小企业受调控政策冲击较大，由于其产品定价能力差等因素，调整适应空间较小，影响明显，如目前我市服装、紧固件行业的部分小企业生产经营趋于困难。2008年小企业资金链相对更紧，其信贷风险尤为值得关注。而大企业特别是集团型企业，关联企业多、关联交易多，部分大企业又存在着跨区域、跨行业、跨期限、跨成员移用信贷资金问题，资金流向监测和控制难度大，银行难以正确判断企业总体的真实情况。近年来大客户的不良贷款有所增加，几家集团性企业相继出现资金风险，须予关注。二是房地产市场的信贷风险。我市金融业与房地产市场关联度较高，2007年末房地产贷款余额已占人民币全部贷款比重达16.7%。2008年，我市房地产市场在调控政策和外围房市影响下很有可能降温，房地产金融业务也将受到一定影响。一方面，我市房地产开发商自有资金比例低，对贷款依赖性强，一旦销售不畅，就将影响资金周转和贷款按期偿还。另一方面，贷款利率多次上调后，个人住房贷款月供增加，其违约风险不容忽视。同时，一些违规发放的假按揭、加按揭、转按揭等房地产贷款风险，也可能因此暴露。

3. 货币从紧与流动性管理经验不足的矛盾

近年来我市金融机构普遍在流动性过剩的情况下经营，我市中小法人金融市场机构一般将过剩的资金更多地存于人民银行，资产结构单一。如2006年末在人民银行的超额准备金存款比率平均高达4.8%，几乎不用担心流动性问题，流动性管理经验相对不足。从外部来说，对证券投资、市场资金拆借交易经验不足；从内部来说，对资金供求预测及平衡的技术方法研究不多，对内部资金在资产种类分布和分支机构摆布上不尽合理，收益性与流动性结合不佳，对头寸不足情况下应急处理经验也不足。由于2008年人民银行进一步提高存款准备金率的可能性依然较大，市场流动性将进一步收紧，银行体系流动性过剩可能出现拐点；同时，2008年存款大幅波动状况可能延续；在资金市场高收益的吸引下，金融机构资产配置进一步多样化，资产流动性结构也将发生变化。这些都将对金融机构流动性管理产生影响，在局部时点部分金融机构可能会出现流动性紧张的状况。在人民银行对再贴现、再贷款等流动性支持工具继续严格控制的情况下,迫切需要金融机构从内外部提高流动性管理水平。

## 四、对策与建议

2008年是全面贯彻党的十七大精神的开局之年,也是中国举办奥运之年。根据党的十七大精神和2007年末中央经济工作会议要求,我们必须充分认识当前形势的复杂性,深刻领会中央调控意图,结合我市实际积极应对,采取切实措施促进地方经济金融的和谐健康发展。

(一)贯彻从紧货币政策,保持信贷平稳增长

根据国家宏观调控目标任务,积极贯彻执行从紧的货币政策,我市各金融机构有责任、有义务按编制的资金营运规划执行年度信贷规划,约束自己的行为,为自身经营创造长远稳健的良好环境。本市法人机构,在总量上要控制在2008年新增贷款规划内;在进度上要根据自身情况和本市生产经营周期力求季度间平稳均衡投放。本市非法人机构,也应积极贯彻人民银行调控精神,认真按照上级行下达的信贷政策和信贷规划进行信贷投放,保证本地区信贷合理、适度、平稳增长。注重发挥人民银行和监管部门的窗口指导作用以及银行同业自律作用,平衡法人机构和非法人机构的信贷投放进度,一方面要积极利用两者在信贷投放结构及进度上的互补性,满足信贷有效需求,另一方面也要坚决杜绝两类机构因政策落实上的差异出现不公平竞争。

(二)调整优化信贷结构,促进地方产业升级

要继续坚持"区别对待、有保有压"原则,进一步加强信贷投向与产业、投资、财税、环保等宏观政策的配合,加大存量结构调整力度,优化信贷资金配置,促进经济结构调整和经济增长方式转变。重点支持全市重大建设项目、中小企业、新农村建设和弱势金融方面的资金需求,积极满足自主创新型、环境保护型、资源节约型企业和现代服务业的信贷投入,支持外贸企业实施战略转型。加大对低水平、高能耗、高污染、低水平重复建设等落后产业的信贷退出力度。切实落实房地产信贷新政,严格控制房地产信贷投放。各金融机构要充分发挥各自的优势,做好各自重点服务领域的信贷支持工作,国有银行要在支持经济发展中发挥龙头作用,农发行、农行、农村信用社要在支持"三农"和新农村建设中发挥主导作用,中小法人金融机构要在支持中小企业方面发挥主要作用。

(三)全面推进金融创新,提高金融服务水平

要积极顺应金融业务综合化、金融交易电子化、金融产品多样化和金融服务个性化的发展趋势,积极推进机制、产品和服务创新,不断满足多样化金融需求。积极推进本地区金融合作和长三角地区金融合作,逐步建立优势互补、合作共赢的金融同业协作机制。积极拓展银行表外融资业务和外汇资金运用渠道,扩大与市外银行资产交易。积极拓展企业融资渠道,支持企业采取上市融资、融资租赁、信托融资、股权融资等多种方式筹集资金。积极开办金融超市,提供多元化、全方位的"一站式"金融服务和个性化、差异化的上门服务。推广手机银行和网上银行,增设ATM和自助银行,提高金融服务便利度。创新农贷品种,切实改进对农产品生产、加工、流通各环节的信贷支持和金融服务。创新符合本地特点的担保机制,支持农村信用担保体系建设,缓解中小企业和农业贷款担保难问题。积极探索农业保险试点和农村宅基地抵押方法,分散农业生产及其贷款风险。

**（四）加强监测预警分析，防范潜在信贷风险**

随着宏观调控累积效应的逐步显现，信贷资金将稳中趋紧，各方要增强对经济走势的预见性，加强风险警示，强化信贷管理，把风险防范的关口前移。人民银行和金融机构应加强与政府有关部门的信息沟通，提高金融风险预警能力，防范系统性金融风险。各金融机构要密切关注各种宏观经济因素、经济结构调整对信贷资产质量的影响，实施差别化信贷管理，对部分议价能力相对较弱、产品结构调整难度较大的中小出口企业及早采取防范措施，将风险和损失降到最低程度；对受调控政策和市场影响较大、自身有调整能力的企业继续给予必要的信贷支持，帮助其渡过困难期；切实加强贷款用途的审查和贷款资金的使用监督，防止信贷资金违规流入股市或通过非正常途径进入调控行业；要加强对房地产贷款、集团性客户贷款的贷后跟踪管理，防范房地产信贷和集团客户信贷风险。

**（五）注重资金调度平衡，提高流动性管理水平**

各金融机构要密切关注货币政策调整和市场资金供求变化对流动性的影响，注重平衡货币市场、信贷市场和资本市场的资金配置，根据自身规模和财务状况，妥善处理好备付、上存、同业业务和其他资产业务的关系，切实加强流动性管理。要提高流动性管理能力，做好内部资金平衡。大力拓展代客理财等中间业务产品，多渠道稳定资金来源。要高度警惕资产负债期限错配对稳健经营的潜在风险，注重研究分析存贷款变化状况，提高风险控制能力和风险管理水平。

# 2008年度嘉兴市经济金融形势分析报告

## 一、2008年经济运行概况

2008年，在国际金融危机和内外需求下降影响下，嘉兴市经济增速从高位逐步回落。预计2008年全市地区生产总值在1 800亿元左右，同比增长10.0%以上。

**（一）受宏观环境变化影响，经济增长拉动力明显减弱**

2008年，全市限额以上投资完成904.8亿元，同比增长11.2%；全市社会消费品零售总额599.6亿元，同比增长19.6%；出口总额141.0亿美元，同比增长20.8%。物价冲高回落，全年市区居民消费价格同比上涨5.2%。投资名义增幅比上年回落0.5个百分点，扣除价格因素实际回落更多；消费名义增幅比上年提高3.0个百分点，扣除价格因素略有回落；以美元计价的出口增幅比上年回落6.4个百分点，按人民币计价的出口交货值回落12.8个百分点。

**（二）受内外需求下降牵引，工业生产和效益明显回落**

2008年，全市规模以上工业总产值3 839.4亿元，同比增长16.3%，比上年同期回落9.4个百分点。其中，轻工业产值增长11.2%，回落11.8个百分点；重工业产值增长22.5%，回落6.6个百分点。1—11月，规模以上工业企业实现利税、利润总额分别为129.5亿元、235.3亿元，同比分别下降5.6%和增长1.1%，比上年同期分别大幅回落39.4个和28.0个百分点。亏损企业个数1 334个，同比增加46.3%；亏损额19.4亿元，同比增长75.5%。

（三）受国际金融危机冲击，经济放缓程度有所扩大

9月以来国际金融危机的爆发对我市经济影响比预想的来得更快、更广、更深，我市工业增长、对外贸易、固定资产投资、利用外资等相关指标加速回落，同时对我市就业、财政收入、居民收入等方面的影响也逐步显现。如工业产值，1—9月同比增长18.7%，10月、11月、12月单月同比增幅分别下滑至增长11.8%、1.6%、3.2%。合同利用外资连续多个月负增长，2008年，全市合同利用外资22.9亿美元，同比下降33.0%。2008年，财政一般预算总收入252.1亿元，同比增长20.4%，比上年同期回落6.4个百分点。其中地方收入126.9亿元，增长20.6%。预计城镇居民人均可支配收入约22 000元，同比增长约12.0%，比上年同期有所回落；预计农村居民人均现金纯收入接近11 000元，同比增长约13.0%。

（四）受区域经济结构作用，主要经济指标略好于全省

嘉兴市相对稳健的创业文化，使嘉兴市企业资产负债率相对较低，在经济上行周期增速并不显快，而在经济下行周期或受经济危机冲击时，受影响程度相对较小。2008年，我市主要经济指标增长好于全省平均水平。1—11月，工业产值、限额以上投资、财政收入增幅分别比全省平均水平高1.5个、3.2个、3.1个百分点，在各地市排名中分列第5、第4和第2名，位次比上年明显前移。

## 二、2008年金融运行特点

2008年，金融运行总体保持平稳，存款出现快速增长，贷款保持平稳增长，信用供给结构优化，资金价格逐步回落。

——各项存款快速增长。12月末，嘉兴市金融机构本外币各项存款余额2 227.8亿元，比年初增加392.6亿元，同比多增188.0亿元，余额同比增长21.4%，比上年大幅提高8.8个百分点。其中，人民币各项存款余额2 186.2亿元，比年初增加390.1亿元，同比多增177.3亿元。与各地市比较，存款增速排名列第8位，比上年提升2位。

——贷款保持平稳增长。12月末，嘉兴市金融机构本外币各项贷款余额1 668.4亿元，比年初增加264.4亿元，同比多增43.0亿元，余额同比增长18.3%。其中，人民币各项贷款余额1 603.8亿元，比年初增加258.3亿元，同比多增51.4亿元。与各地市比较，贷款增速排名列第6位，比上年提升3位。

——现金收支出现下降。2008年，全市金融机构累计现金收入4 896.1亿元，同比下降3.1%，比上年回落18.7个百分点；累计现金支出4 968.0亿元，同比下降3.7%，比上年回落18.7个百分点。全年收支轧抵累计净投放现金71.9亿元，比上年少投放34.4亿元。

——银行业资产质量稳定。12月末，金融机构本外币不良贷款率2.1%，比年初下降0.1个百分点。金融机构累计实现账面利润54.8亿元，比上年增加8.3亿元，同比增长17.7%。

——证券业降温，保险业平稳。12月末，全市累计证券交易额2 537.29亿元，同比减少36.7%；证券保证金余额24.8亿元，同比减少42.2%。全市累计保费收入42.9亿元，同比增长20.3%，比上年提高3.6个百分点；累计赔款和给付支出16.7亿元，同比减少17.0%。

金融运行主要有以下几个特点。

(一) 存款出现快速增长，结构差异性明显

1. 来源结构上，储蓄增长快于企业存款

在股市、房市等资产市场低迷和前三季度利率较高影响下，居民储蓄意愿较强，存款分流因素减少。12月末全市本外币储蓄存款余额1 163.8亿元，比年初新增247.0亿元，同比多增193.6亿元。在企业效益不佳、直接融资减少、企业库存处于高位背景下，企业存款增长乏力。12月末全市本外币企事业单位存款余额659.8亿元，比年初新增64.2亿元，同比少增41.0亿元。全市本外币其他存款余额396.6亿元，比年初新增74.0亿元，同比多增27.7亿元。

2. 期限结构上，定期增长快于活期存款

前期不对称加息强化了客户定期存款意愿，后期连续降息又进一步稳定了原有定期存款。同时，企业和居民投资性支出下降也减少了对定期存款的分流。企业存款中，活期存款比年初微增2.6亿元，同比少增53.0亿元；定期存款新增61.5亿元，同比多增12.0亿元。储蓄存款中，定期储蓄新增192.4亿元，活期储蓄新增54.7亿元，年末定期储蓄余额占比为70.6%，比年初提高2.0个百分点。

3. 区域结构上，城市增长快于农村地区

2008年，县（市）区域存款新增额合计248.6亿元，占全市存款新增额的63.3%，较上年降低3.0个百分点。2008年，农村合作机构存款新增额合计73.1亿元，占全辖机构存款新增额的18.6%，较上年降低5.7个百分点。虽然农村居民收入稳定增长，但农村资金流向城市的趋势仍在延续。

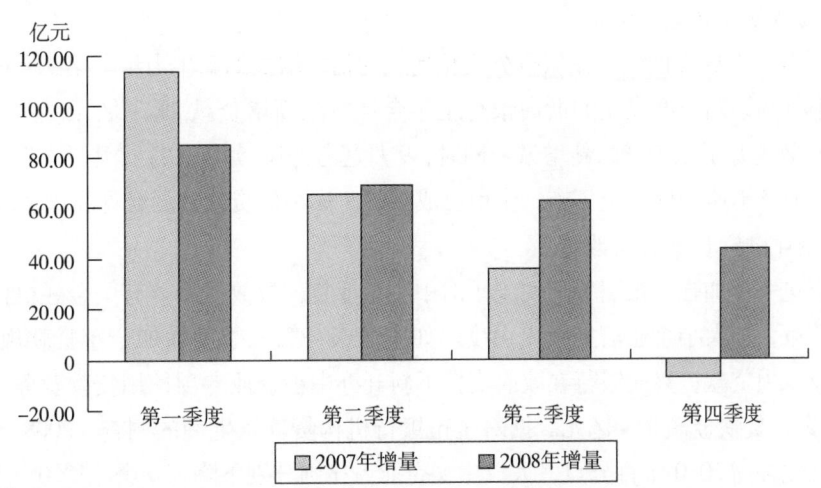

图1 近两年人民币贷款季度增量对比

(二) 贷款保持平稳增长，投放均衡性增强

1. 时序分布均衡性增强，贷款增势逐季转好

2008年以来全市人民币贷款呈现逐季多增态势，其中：第一季度新增84.5亿元，同比少增29.3亿元；第二季度新增68.4亿元，同比多增3.6亿元；第三季度新增62.3亿元，同比多增26.8亿元；第四季度新增43.1亿元，同比多增50.4亿元。

### 2. 期限分布均衡性增强，短贷长用现象减少

2008年以来贷款发放优先满足项目贷款需要，以及部分过桥性质的短期贷款转为中长期贷款，使中长期贷款增长明显较快，"短贷长用"现象有所缓解。2008年，中长期贷款新增117.5亿元，同比多增33.6亿元；短期贷款新增118.5亿元，同比少增26.6亿元；票据融资新增21.4亿元，同比多增34.0亿元。

### 3. 行业分布均衡性增强，工业三产实现快增

金融机构按照"有保有压"政策，继续加大对实体经济的支持力度。一是加大对工业信贷投入力度。2008年，制造业贷款、电热力生产供应业贷款分别新增173.6亿元、18.1亿元，同比分别多增45.1亿元、11.0亿元。二是三产服务业贷款增长较快。2008年，第三产业贷款增加29.9亿元，同比多增5.9亿元，其中交通运输、仓储和邮政业贷款、租赁和商务服务业贷款及水利、环境和公共设施管理业贷款分别新增12.5亿元、16.6亿元、5.4亿元。三是房地产贷款及个人贷款压缩力度较大。2008年，房地产业贷款减少9.9亿元，同比少增15.4亿元；个人贷款新增41.9亿元，同比少增30.0亿元。

（三）信用供给结构优化，融资替补性加强

### 1. 表外融资补充表内融资

12月末全市金融机构银行承兑汇票余额比年初增加71.9亿元，同比多增28.8亿元；全市金融机构向市外净转出信贷资产59.0亿元。从银行融资供给总量上说，2008年新增的信用投放量（含贷款、资产转让、银票融资）实际比2007年多增64.6亿元。信用供给方式灵活性的增强，最大限度地减小了资金因素对企业的影响。

### 2. 新机构贷款补充老机构贷款

2008年在我市新成立的股份制银行分支机构成为信贷增长的新生力量。第二季度成立的兴业银行、招商银行和第四季度成立的浙商银行全年合计贡献新增贷款29.3亿元，占全市新增贷款的11.1%，有效提升了全市贷款新增量。同时，9月起各地陆续成立的小额贷款公司利用其草根金融的特点，业务迅速拓展。至年末，全市已成立的7家小额贷款公司合计新增贷款3.9亿元。

### 3. 中小企业融资状况有所改善

人民银行进一步加强政策引导，实施了对中小企业贷款投放监测。有关金融机构积极贯彻上级货币信贷政策，加大小企业信贷投入力度。如中信银行第三季度增加全年贷款规模2.4亿元，全部为小企业专项贷款；兴业银行在政府支持下新开办中小企业专项信用贷款业务，截至年末已授信企业22家，贷款金额0.4亿元。据对全市银行机构贷款发生额的调查，2008年第四季度小型企业占比同比提高20.0个百分点，大、中型企业占比则分别下降8.0个、12.0个百分点。

（四）资金供求发生转变，价格波动性加大

### 1. 信贷供求发生转变，市场利率逐步回落

从信贷供给方面来说，2008年以来存款增长由缓到快、准备金率从调高2.5个点到最多下调4.0个点，商业银行信贷资金来源走过了从紧张到宽裕的过程；同时，信贷政策从年初规模控制到年中调增信贷规模再到年底放开规模控制，全年信贷供给总体由紧转松。从信贷需求方面来说，原材料价格大起大落，企业资金需求也从旺盛转为下降。供需两方面的因素导致全年信贷供求总体呈现由紧张转为宽松的局面，在人民银行利率政策的共同作用下，全年资金价

格冲高回落。全市6个月至1年贷款月加权平均利率从1月的9.17%，回落到12月的6.89%。全市3至6个月银票贴现月加权平均利率从1月的7.87%，回落到12月的2.73%。据我中支监测，全市民间借贷平均利率从第一季度的14.50%，回落到第四季度的13.53%。

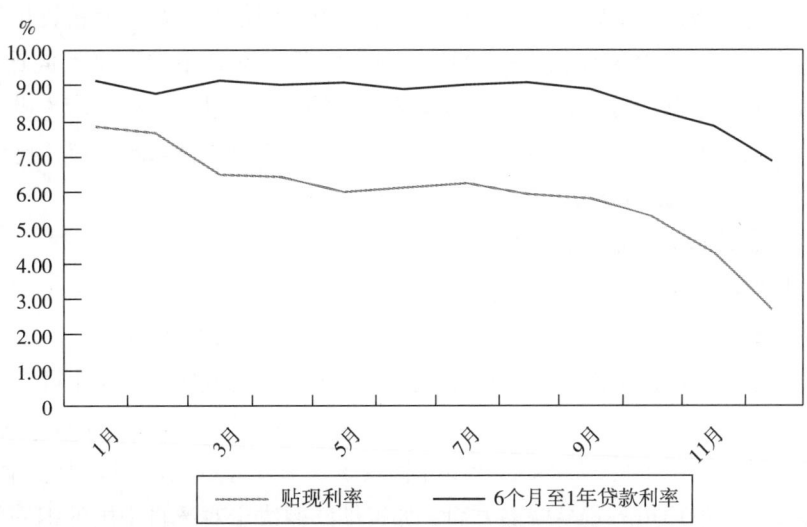

**图2　2008年嘉兴市人民币贷款利率逐月趋势**

2. 外汇供求发生转变，贷差顺差逐步回落

2008年以来，人民币汇率从上半年较快升值至下半年出现阶段性贬值现象。市场对人民币价格也从强烈的升值预期转向一定的贬值预期，加上企业出口订单下降，全年外汇资金需求由上半年较为旺盛至第四季度明显回落。同时，受信贷政策调整影响，全市外汇贷款出现上半年大量投放、8月起逐月回落的状况。全市外汇存贷差年初为2.75亿美元，至7月末扩大至4.36亿美元，年末又回缩到3.37亿美元。银行结售汇方面，由于出口较快减速导致的进出口形势变化、人民币升贬值预期改变后导致的企业购结汇提前或延迟行为变化以及外商投资资金流向变化，结售汇顺差从高位回落。

3. 资金交易发生转变，活跃程度趋于下降

在信用经济环境下，贸易往来及资产交易反映至金融领域为资金交易。2008年以来，在经济增长总体放缓、市场交易活跃度降低、储蓄转存取减少、电子化支付程度提高的背景下，年度现金净投放同比下降32.4%，比上年有很大幅度的回落。同时，我市银行国内外支付结算额增速大幅回落，年累计增幅为8.5%，比上年同期回落28.8个百分点。银行这些业务的低速增长或负增长，从一个侧面反映了社会资金在经济减速背景下流量缩小和流速减慢的状况。

### 三、经济金融运行面临的主要问题

（一）金融危机影响下内外经济金融风险的传导问题

当次贷危机演变为金融危机并进一步转化为经济危机时，这场金融大海啸就肯定会通过各种各样的渠道传导到与美国贸易、投资往来非常密切的中国来。从嘉兴市的情况看，这种传导效应也已逐步显现。

1. 信息传导造成市场主体信心不足

信息社会的信息传导加快了危机扩散速度,它通过金融市场和媒体两个载体向市场主体传递一种悲观的经济预期,使市场主体信心不足。一方面,随全球资产市场价格调整,国内资本市场和房地产市场价格持续下跌,我市居民对股市房市投资信心不足,储蓄转化为投资的资金明显减少,造成我市居民储蓄存款大幅增长。2008年我市本外币储蓄余额同比增长20.1%,比上年提高6.3个百分点。另一方面,企业家信心快速回落。据我中支对58户工业企业景气监测,我市企业家宏观经济热度指数加快滑落,第四季度环比回落26.7点,比前三季度累计回落点数扩大15.0点,说明企业家对经济下行的担忧迅速扩大。

2. 贸易传导造成内外总需求的下降

金融危机最直接的是通过贸易渠道向我们的实体经济传导。金融动荡使美国及受影响的国家投资、消费下降,从中国进口就会减少,同时贸易保护主义又重新抬头,影响中国企业出口,然后通过各个产业链向下游企业再传导,加上国内负财富效应下消费下降的影响,使国内企业销售出现较大幅度的萎缩,对实体经济造成一定的伤害。从我市情况看,前11个月出口总额130.4亿美元,同比增长22.0%,比上年回落5.6个百分点,11月单月负增长1.0%,投资和消费的增长也不很理想。贸易摩擦方面,如近期欧盟决定对产自中国的钢铁紧固件产品征收高达87%的反倾销税,嘉兴市涉案金额达9 700万美元,涉及企业近90家。在此影响下,经济下行风险日益增大,企业停产、半停产现象增多。

3. 资金传导造成企业资金风险上升

次贷危机特别是金融危机后,美国及受影响国家的金融机构惜贷倾向严重,这些国家的企业流动性紧张,并通过资金渠道向我国出口企业传导,表现为:一是延期收汇风险。国外进口商为缓解其自身资金压力,要求出口企业提供更多的信用支持,延长付款期,我市出口企业应收账款迅速攀升。二是外方拒付风险。由于欧美进口商财务状况恶化,我市企业出口收汇违约风险上升,有的还因国外进口商破产形成坏账。据中国出口信用保险公司嘉兴办事处统计,2008年受理嘉兴市企业出口信用保险赔付申请63件,同比增长90.9%;报损金额1 347万美元,同比增长2.77倍。

以上传导过程主要表现为国外金融机构→国外实体经济→国内实体经济,然而最终也会通过国内实体经济影响到国内金融机构,特别是银行信贷风险加大。在当前形势下,我市金融机构要高度警惕和特别关注风险的传递,避免风险由点到面蔓延,防止个别风险演变成系统性风险。

(二)经济下行背景下适度宽松货币政策有效传导问题

一方面,近期国家出台一系列扩大内需、刺激经济增长政策,政策环境明显改善,商业银行面临发展的机遇。另一方面,经济下滑、实体经济经营态势较为严峻,在信贷供求关系发生变化的情况下,对商业银行贯彻执行适度宽松的货币政策提出了挑战。

1. 企业面临存货调整压力

近来我市工业生产之所以下降较多,一个重要原因是企业的存货调整。当前我市企业在经济下行周期中因订单减少、销售萎缩,存货尚处于高位。据我中支对58户工业企业景气监测,2008年第四季度我市企业产品销售指数比上年同期回落29.1点;国内、外订单指数比上年同期分别回落 32.0 点、38.5 点；而产成品库存指数比上年同期提高 13.0 点。在市场经济条件下，企业为消化前期持有的过多存货，会降低生产速度和减少原材料储备，伴随着原材料价格的暴跌，生产企业为了降低成本、消化库存，短期内更会大幅减少原材料进货。当前企业原材料储备意愿明显下降。据监测，2008 年第四季度我市企业原材料储备预期指数比上季回落 6.7 点。初步预测，我市大部分企业的存货调整还会持续 1—2 个季度。

2. 企业信贷有效需求减弱

一是生产运营资金需求减弱。伴随企业存货调整，企业会减少原材料进货，也必然会减少对流动资金的需求。第四季度我市部分优势企业出于成本控制等考虑，开始主动调减银行贷款，部分劣势企业停产歇业也减少新增贷款需求。二是投资性资金需求降低。2008 年以来嘉兴市企业在金融危机影响下受到较大冲击，企业扩大再生产的冲动和意愿减弱。我市工业生产性投资增长明显回落，1—11 月全市工业生产性投资同比增长 15.3%，比上年同期回落 6.8 个百分点。我中支对工业企业监测也显示，2008 年第四季度我市企业固定资产投资指数比上季度大幅回落。三是部分信贷需求有效性不足。如一些销售市场和客户发生较大调整的企业，在原有客户的货款尚未清收情况下，又与新客户建立信用销售关系，这些企业信贷需求大，但由于部分企业自身抗风险能力弱、现金流不足，有效性不强。

3. 信贷投放中的过冷、过热现象

一是局部的信贷投放过冷。受经济下滑的影响，不良贷款风险已逐步显现，从控制风险的角度考虑，部分银行放贷趋于谨慎。据监测，我市法人机构中有三家在资金来源充足的情况下，2008 年贷款新增额比上年少增 11.3 亿元，均在年初规划投放额的 70% 以下。在信贷有效需求减弱的形势下，如果金融机构信贷业务拓展不力，则易加剧"难贷款、贷款难"现象。二是局部的信贷投放过热。在货币政策较为宽松的环境下，商业银行易存在信贷投放的冲动。前几年出现的虚增存贷款现象和信贷"早投放"现象是典型表现，如果 2009 年上半年再次出现这种情况，势必给信贷调控造成新的困难，也是给商业银行自身埋下风险隐患。

在适度宽松货币政策环境中，为促进经济和金融发展，保持合理的信贷增量非常需要。关键是要在有效性上下工夫，积极关注信贷业务有效增长点，努力发现和挖掘经济触底回升过程中率先复苏的行业和企业。如据平湖市反映，近期以服装为主的生活必需品出口形势良好，几家主流企业受益于政策等因素出口额大幅上升。

（三）经济调整和降息周期中银行盈利能力趋降问题

随着经济调整的加深和降息周期的来临，银行盈利持续快速增长将告一段落，接下来将面临盈利能力趋降的考验。

1. 信贷风险成本趋于上升

经济下行导致银行信贷风险上升。2008 年以来，我市不少小企业由于严重亏损而被迫停产甚至破产倒闭，同时企业经营状况恶化也有向大企业蔓延迹象，第四季度我市某县（市）一家大型企业停产。加上房市、股市等资产市场调整以及不规范民间融资对银行信贷风险的影响，我市企业客户贷款违约率出现上升趋势。11 月末，嘉兴市企业类零售贷款违约客户数达 270 户，比上年末增加 195 户，增长达 2.6 倍；大额授信客户中预警企业贷款余额 44.6 亿元，比年初增加 33.0 亿元，增长 2.9 倍。银行资产风险的增加要求银行提取更多的贷款损失准备，势必增加银行风险成本。据统计，2008年我市金融机构贷款损失准备金新增9.8亿元，比年初增长58.8%，超过贷款增幅40.5个百分点。

2. 银行利差缩小收入趋减

2008年5次降息，虽然名义存款利率与贷款利率降幅相近，但由于供求因素、结构性因素和滞后反映因素，银行实际的存贷款利差将缩减。主要体现为：一是在存款出现定期化倾向的情况下，按现行计息规则，银行存款成本下降的滞后期较长。二是贷款中浮动利率贷款多为中长期而固定利率贷款多为短期，所以贷款利率的重新定价相对较快。三是在信贷供求关系转变后银行议价能力会有所下降，再考虑到房贷利率7折政策，贷款利率总体上浮幅度也将减小。据监测，2008年第四季度，人民币固定利率贷款上浮在3成以上的占比比上季度下降6.5个百分点。利差缩小的趋势预计在2009年第一季度将会显现。

3. 盈利结构有待进一步改善

近年来，我市商业银行虽然在拓展中间业务收入上取得较大进展，中间业务收入比重有一定提高，但与国际上优秀同行相比仍有较大差距。据统计，2008年我市银行业手续费净收入占比为10.7%，同比提高2.1个百分点。在目前资产市场价格调整及企业和居民理财方式趋于保守的背景下，银行拓展中间业务的难度增加。同时，在人民银行货币政策放松的情况下，银行流动性将会增加，银行非贷款类资产的收益率也会下降。

### 四、2009年经济金融形势展望

（一）国内外宏观经济和嘉兴市经济运行展望

1. 世界经济面临严峻挑战

2008年世界经济是在不确定性和全球金融危机加剧的恶劣环境下渡过的，金融危机引发发达经济体经济萎缩与萧条，以及新兴市场经济体增长势头减弱。9月以来，主要国家均采取了大规模货币和财政刺激政策，共同对抗股灾、金融危机和经济衰退。2009年，面对半个多世纪以来最严重的金融危机，随着金融业"去杠杆化"持续进行以及投资者和消费者信心下降，世界经济将面临严峻挑战。美国、欧元区和日本等发达经济体经济将处于持续衰退之中，新兴和发展中经济体经济增长速度也将显著放慢。国际货币基金组织2008年11月6日发布最新预测，大幅下调2009年世界经济增长预期，2009年世界经济增速将仅为2.2%，低于2008年预期的3.7%。

表1　　　　　IMF对主要经济体2009年经济增速预测　　　　单位：%

| 全球 | 发达经济体 | 美国 | 德国 | 法国 | 日本 | 中国 | 亚洲新兴经济体 |
|---|---|---|---|---|---|---|---|
| 2.2 | -0.3 | -0.7 | -0.8 | -0.5 | 2.0 | 8.5 | 5.0 |

2. 中国经济增长明显放缓

由于全球的经济增长前景非常不乐观，将显著影响到中国的出口。国内经济也面临不少不确定性因素，包括房地产市场价格变化、国内民间投资以及消费增速回落恐成定局等。同时，面对经济发展的诸多困难，中国政府可以动用的力量较多、政策调控的余地较大、政府维稳能力强。2008年末的中央经济工作会议提出，要采取更直接、更有力、更见效的措施，进一步扩大内需，促进经济平稳较快增长。2009年政策将成为中国经济增长的重要推动力，中国的GDP增长中将有很大一部分来自政府主导性支出，刺激经济方案的成效或将于2009年第二季度起在实体经济中逐步显现，大型基建项目将为经济增长带来一定支持。世界银行2008年11月25日发布的《中国经济季报》认为，中国2009年的GDP增长约为7.5%。国内多数研究机构预测，中国2009年GDP增速可能在8%左右。

3. 嘉兴经济下行压力较大

需求减弱将导致嘉兴市经济下行调整。从出口看，2008年国际金融动荡对出口依存度较高的我市影响相对较大，冲击较为明显，出口呈现加速回落态势。2009年趋于恶化的国际经济环境还将对我市出口构成不利影响，出口增速下降不可避免。从投资看，由于企业经营压力普遍增大，企业家信心不足，企业投资意愿和投资能力下降，加上合同利用外资额下降，民间投资前景不容乐观；而政府主导的投资项目，因政策支持和融资环境改善的有利因素可能会保持一定幅度的增长，将对我市投资增长保持一定的支撑力。从消费看，居民收入和消费预期的下降、股市负财富效应作用、房市销售低迷，均会对消费需求增长形成制约，虽然消费增长相对稍好，但因消费在我市整个GDP中的比重偏低，对经济的拉动作用不明显。总体上看，2009年嘉兴经济将是调整年，上半年增速将明显回落，下半年可能会随宏观经济环境变化小幅反弹。

（二）国内货币政策走向和嘉兴金融运行预测

1. 适度宽松的货币政策取向

2008年末人民银行货币政策委员会例会研究并提出了下一阶段货币政策取向和措施，会议认为要认真贯彻党中央、国务院关于宏观调控的决策部署，落实适度宽松的货币政策，进一步加大金融对经济发展的支持力度。一是保持银行体系流动性充足，促进货币信贷稳定增长。二是坚持区别对待、有保有压，加大对民生工程、中小企业、"三农"、重大工程建设、灾后重建、节能减排、科技创新、技术改造和兼并重组、区域协调发展的信贷支持。三是按照主动性、可控性和渐进性原则，进一步完善人民币汇率形成机制，保持人民币汇率在合理均衡水平上基本稳定。改进外汇管理体制，大力推动贸易投资便利化。四是要继续推进金融改革和创新，提高金融机构竞争力和金融市场资源配置效率，理顺落实适度宽松货币政策的传导机制。

2. 嘉兴市信贷供求基本分析

总体上，2009年我市信贷供求将呈现供给较为宽松、需求相对减弱的局面。从供给方面看：一是银行业资金来源可能较为宽裕。在投资和消费信心不足的情况下，房市、股市分流资金会较弱，2009年我市储蓄仍将延续2008年较快增长趋势，从而对存款稳定增长形成有力支撑。虽然，股市的波动可能对存款增长形成短期负面影响。二是银行业放贷能力增强。适度宽松的货币政策将提高商业银行流动性，商业银行可用资金增加；取消规模限制给商业银行增加贷款提供了可为空间。同时，我市新设以及即将新设的金融机构又会给我市信贷增长增添有生力量。从需求方面看：经济减速调整将导致我市信贷有效需求减弱。在国内外经济的影响下，2009年我市经济增速将继续回落，企业的投资性和生产性贷款需求减弱。居民收入和消费预期下降，住房、汽车等消费热点将出现阶段性降温，我市居民消费贷款需求也将减弱。而政府主导的基本建设投资项目，由于政府刺激经济增长政策措施的实施，会保持一定幅度的增长，对我市信贷需求形成一定的增量。综合考虑供求两方面因素，2009年信贷增量将会超过2008年，增速会有所放缓。上半年因政策刺激因素信贷增量可能会有个释放过程，而下半年则因经济调整因素增长相对较缓。

3. 嘉兴市存贷款增长技术分析

我们通过历史数据观察嘉兴市从1998年至2008年的本外币存贷款走势，并应用指数趋势线对2009年存贷款增长进行预测分析。考虑一定幅度的经验偏离值，2009年末存款余额为2 675（±90）亿元，贷款余额为2 050（±95）亿元。由于目前存贷款均处于上翘阶段，考虑经济下行和适度宽松货币政策因素，估计2009年存贷款相对其指数线均处于负偏离状态，其中存款偏离值呈缩小态势，贷款偏离值呈扩大之势。估计，至2009年末嘉兴市存款余额约为2 640亿元，贷款余额约为1 945亿元。以此测算的2009年存贷款增加额分别为410亿元、280亿元。从增量占比分析，嘉兴市2005年以来当年各项贷款新增规模占全国的比重分别为4.3‰、5.7‰、6.1‰和5.2‰，根据趋势外推，2009年嘉兴新增贷款占全国的比重在5.5‰左右，若2009年全国新增贷款规模5.0万亿元，则全市各项贷款新增规模在275亿元左右。

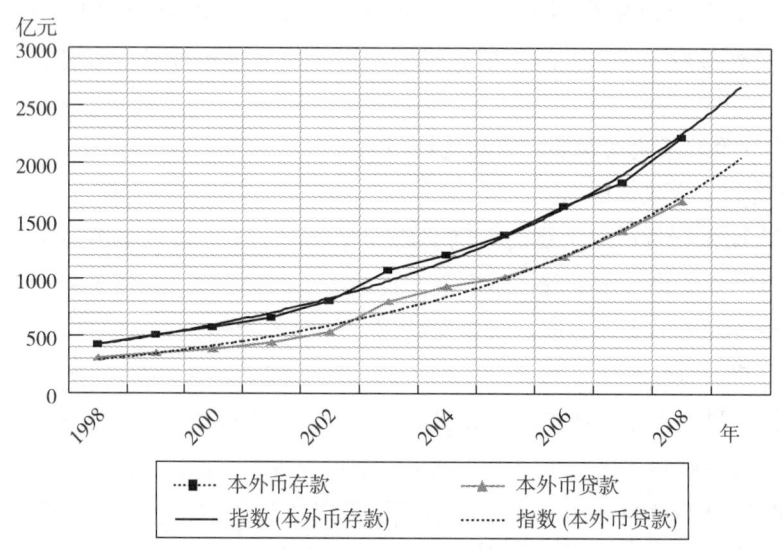

图3 嘉兴市存贷款增长趋势

## 五、支持经济增长的对策与建议

2009年将迎来新中国成立六十周年。根据党的十七届三中全会精神和2008年末中央经济工作会议要求，针对当前经济发展中来自国际国内的严重困难和严峻挑战，深刻领会中央"保增长、扩内需、调结构"的经济工作思路，积极落实国务院《关于当前金融促进经济发展的若干意见》，结合我市实际积极应对，采取切实措施促进地方经济金融的平稳较快发展。

（一）以贯彻中央保增长政策为指引，保持信贷平稳增长

近期中央出台了一系列进一步扩大内需、促进经济增长的政策措施，明确提出了实施"适度宽松的货币政策"，以全力保持经济平稳较快发展。各金融机构要充分认识当前全球金融危机对我国以及嘉兴市经济的潜在影响，切实提高社会发展责任意识，积极行动并准确贯彻执行

适度宽松的货币政策,加大信贷投入,确保2009年新增贷款高于2008年水平,力争达到280亿元,以保持我市经济和货币信贷的平稳运行。一是向上争政策。各国有商业银行、政策性银行、股份制商业银行要积极向上级行争取信贷投放上的政策倾斜;各地方法人金融机构也要根据人民银行货币政策要求制订适度扩张的信贷规划。二是横向讲合作。对资金需求规模较大的贷款需求要积极利用银团贷款、联合贷款、异地系统内机构合作等同业合作模式增强贷款能力。三是对下应扩权。要根据本市企业资金需求特点和自身管理水平逐步扩大基层行授权授信权限,简化贷款审批手续,降低信贷门槛,提高融资服务效率。

(二)以满足内需和民生工程为出发点,积极培育信贷增量

各金融机构要把握国家出台经济刺激政策的时机,根据中央保增长政策确定的方向,培育信贷业务新的增长点。一是支持重点项目建设。要围绕全市重大交通基础设施、国家支持的重大产业项目以及电力、燃气等能源建设项目,努力增加对重点项目信贷投入。二是支持城乡统筹发展。全力配合我市以"两分两换"土地流转试点工作为核心的统筹城乡综合配套改革,不断创新支农服务方式,积极发展面向农户的小额信贷业务,增强支农服务功能,构建符合"三农"需求特点的业务经营体系。三是支持消费信贷发展。各金融机构要在加强风险管理的基础上,继续发展住房、汽车等主导消费信贷市场,加大消费信贷产品创新力度,积极支持保障性住房建设,加大对普通商品住房、经济适用住房和廉租住房建设的金融支持力度,推动房地产市场健康发展。

(三)以支持经济转型和升级为重点,适时调整信贷结构

各金融机构要根据国家和嘉兴市当前经济发展特点,按照"区别对待、有保有压"的要求,着力优化信贷结构和提升经济转型升级。一是优先支持装备制造业、高新技术产业、临港工业和现代服务业的发展,加大对节能减排、自主创新、技术改造、兼并重组的信贷支持力度。二是鼓励支持中小企业发展,落实对中小企业融资担保、贴息、风险补偿等扶持政策,提高金融机构中小企业贷款比重;鼓励金融机构开展出口信贷业务、开办人民币出口买方信贷业务,发挥出口信用保险在支持金融机构开展出口融资业务中的积极作用。鼓励银行业金融机构在风险可控前提下,对基本面比较好、信用记录较好、有竞争力、有市场、有订单但暂时出现经营或财务困难的企业给予信贷支持。三是适当控制对一般加工业的贷款,限制对高耗能、高排放行业和产能过剩行业劣质企业的贷款。

(四)以创新融资方式及工具为突破口,完善多元融资结构

在适度宽松的货币政策环境下,也应着眼长远积极鼓励多渠道融资。一是争取债券、股市融资。积极推荐本市企业发行企业债、公司债、短期融资券和中期票据等债务融资工具,积极争取发行中小企业集合债券。在股市融资环境改善时推进有条件企业的上市融资步伐,在未来创业板推出时,积极推荐高成长性企业上市融资。二是积极发展民间融资。出台相关优惠政策,促进创业投资基金、风险投资基金发展。争取村镇银行等新型农村金融机构试点,扩大小额贷款公司试点,规范发展民间融资,建立多层次信贷供给市场。三是争取非银行机构融资。引导支持本地企业密切与信托公司、租赁公司等非银行金融机构合作,通过信托、租赁等形式扩大融资,争取房地产信托投资基金试点资金。加强与各保险总公司资产运用部门的联系,积极争取保险资金以债权形式在我市重大建设项目上的投资。

## （五）以加强和改进金融服务为手段，优化金融生态环境

在企业经营较为困难的背景下，金融机构尤其要重视改进金融服务。一是改进信贷服务。要因地制宜积极开展仓单质押、农村住房抵押、股权质押、排污权抵押、应收账款质押和小额信用贷款等新型业务，继续推动中小企业和农村信用体系建设，有效破解中小企业融资难问题。对符合条件、重点支持的企业贷款或农户贷款执行较低贷款利率。二是改进外汇管理与服务。通过调整企业出口预收货款比例支持企业出口，通过调整延付比例、简化延付登记手续支持企业进口延期付款，放宽出口收汇远期备案，方便出口企业享受出口退税政策。适当放宽企业凭纸质出口报关单办理贸易收结汇的条件。对于因产品市场行情变动引起的进出口收付汇差额，酌情给予进出口差额核销。三是改进支付清算服务。提高清算效率，加快资金周转速度。进一步增强现金供应的前瞻性，确保现金供应。优化进出口产品退税的国库业务流程，提高退税资金到账速度。

## （六）以维护金融安全与稳定为己任，齐心协力共克时艰

政府、银行、企业应加强沟通、协调与合作，认真对待和妥善处置当前形势下出现的信贷风险和金融风险，维护好辖区金融安全与稳定。一是加强政府协调与监管。应充分发挥财政优势，防止经济过快回落。可考虑建立由政府领导下相关部门参加的企业资金风险应急处置协调机构，加强监测和协调，以避免产生大的企业资金风险破坏我市良好的金融生态环境。监管部门应切实加强对金融机构及其业务的监管，同时加大对违法违规金融活动的查处力度。二是加强银行合作与管理。银行对信誉良好企业因外部因素所引起的突发性、暂时性资金链紧张问题，应加强与相关方面的配合，运用"封闭式"贷款、应收账款质押等多种贷款形式帮助其渡过难关，不轻易抽贷、压贷、延贷。银行还应注重加强流动性管理，提高风险控制能力和风险管理水平。三是加强企业自救与互帮。在宏观形势较紧的背景下，企业应合理调度和使用资金，防止各类铺张浪费和盲目投资，及早预防企业资金风险发生。可建立由企业出资、财政支持的企业风险应急处置基金，提高企业相互间救助能力。

# 2009年度嘉兴市经济金融形势分析报告

## 一、2009年经济运行概况

2009年，嘉兴市经济运行稳步回升向好，呈现"二平稳、三回升、二收窄"的特点，GDP增速逐季加快。2009年，全市生产总值1 918亿元，按可比价计算增长9.3%。

### （一）投资和消费平稳较快增长

2009年，全市完成限额以上投资1 123.0亿元，增长23.8%，增幅比上年提高12.6个百分点。其中：基础设施投资完成294.2亿元，增长62.9%；工业生产性投资完成631.4亿元，增长10.5%；房地产开发投资完成187.2亿元，增长3.3%。2009年，全市实现社会消费品零售总额694.3亿元，增长15.8%。

### （二）工业生产、经济收入、市场物价逐季回升

2009年，全市规模以上工业总产值3 876.4亿元，同比增长3.7%，增幅分别比前三季度、

上半年提高7.0个、10.1个百分点。2009年，全市规模以上工业企业实现利润195.8亿元，增长45.3%，增幅分别比前三季度、上半年提高41.7个、60.6个百分点。2009年，全市完成财政一般预算收入279.4亿元，增长10.8%，其中地方财政一般预算收入141.7亿元，增长11.7%，增幅分别比前三季度、上半年提高2.1个、4.2个百分点。2009年，全市城镇居民可支配收入24 693元，增长9.8%，全市农村居民人均纯收入12 685元，增长9.9%。12月，市区居民消费价格同比上涨1.6%，分别比9月、6月回升2.7个、3.5个百分点。

（三）对外贸易和利用外资降幅收窄

2009年上半年，我市外贸和外资受金融危机冲击降幅较大，下半年随全球经济复苏降幅收窄。2009年，全市进出口总额172.1亿美元，同比下降13.3%，其中：出口总额123.4亿美元，同比下降12.5%，降幅分别比前三季度、上半年收窄4.2个、5.6个百分点。2009年，全市合同利用外资26.2亿美元，同比增长14.7%；实际利用外资13.4亿美元，同比下降1.9%，降幅分别比前三季度、上半年收窄26.1个、24.1个百分点。

## 二、2009年金融运行特点

2009年，在适度宽松的货币政策作用下，嘉兴市货币信贷总量快速增长。贷款投放持续加快，存款增长前快后缓，资金价格有所回落。

——各项存款较快增长。12月末，嘉兴市金融机构本外币各项存款余额2 904.2亿元，比年初增加676.4亿元，同比多增285.8亿元，余额同比增长30.4%，比上年提高9.0个百分点。其中，人民币各项存款余额2 853.3亿元，比年初增加667.1亿元，同比多增278.9亿元。与各地市比较，存款增速排名列第4位，比上年提升4位。

——贷款持续快速增长。12月末，嘉兴市金融机构本外币各项贷款余额2 278.7亿元，比年初增加610.2亿元，同比多增345.9亿元，余额同比增长36.6%，比上年提高18.3个百分点。其中，人民币各项贷款余额2 170.6亿元，比年初增加566.7亿元，同比多增308.5亿元。与各地市比较，贷款增速排名列第3位，比上年提升3位。

——国际收支降幅收窄。与进出口形势类似，我市国际收支上半年快速下降，下半年降幅收窄。2009年，全市国际收支总计183.9亿美元，同比下降9.2%，降幅分别比前三季度、上半年收窄5.5个、8.8个百分点。其中：收入128.7亿美元，同比下降12.4%；支出55.2亿美元，同比下降0.7%；收支顺差73.6亿美元，同比下降19.5%。

——现金收支净投减少。2009年，全市金融机构累计现金收入5 030.0亿元，同比增长2.5%；累计现金支出5 080.9亿元，同比增长2.0%。全年收支轧抵累计净投放现金50.9亿元，比上年少投放20.9亿元。

——银行资产质量良好。12月末，金融机构本外币不良贷款率1.2%，比年初下降0.9个百分点。金融机构累计实现账面利润56.3亿元，比上年增加3.7亿元，同比增长7.1%。

——证券保险较快增长。12月末，全市累计证券交易额5 091.1亿元，同比增长100.7%；证券保证金余额58.8亿元，同比增长137.4%。全市累计保费收入47.3亿元，同比增长10.2%；累计赔款和给付支出15.8亿元，同比减少5.2%。

金融运行主要有以下几个特点。

（一）存款增长前快后缓，结构变化较为明显

2009年嘉兴市金融机构本外币各项存款余额新增676.4亿元，同比多增285.8亿元。其中：上半年新增544.7亿元，同比多增328.5亿元；下半年新增131.7亿元，同比少增42.7亿元，存款增势前快后缓，结构变化也较为明显。

1. 对公存款持续快速增长

2009年，全市金融机构本外币企事业存款新增336.5亿元，相当于上年同期增量的5.4倍，同比多增274.3亿元。企业存款增势较强的主要原因：一是贷款巨量投放，融资环境宽松，企业资金较为充裕。二是PPI处于相对低位，企业备货资金占用压力降低。三是随着经济回暖，企业产销回升，销售回笼增加，同时也需要增加流动资金支付准备。

2. 储蓄存款增势有所放缓

2009年，嘉兴市金融机构本外币各项储蓄存款余额新增221.8亿元，同比少增25.2亿元。其中，活期储蓄新增83.0亿元，同比多增28.3亿元；定期储蓄新增138.9亿元，同比少增53.5亿元。随着房地产市场回暖和资本市场再度升温，下半年储蓄存款增长明显放缓，储蓄活期化和存款搬家趋势日益明显。下半年活期储蓄上升69.7亿元，而定期储蓄则下降9.4亿元；在国庆长假影响下，9月我市股市资金回流银行24.7亿元、10月流入股市资金达14.8亿元，导致其间我市储蓄存款剧烈波动，9月新增储蓄65.5亿元、10月份则下降19.2亿元。

3. 其他存款增长先高后低

2009年，全市金融机构本外币其他存款新增117.6亿元，同比多增43.6亿元，其中，保证金存款新增10.1亿元，同比少增37.1亿元。今年以来保证金存款增长突出表现为前高后低。第一季度企业对银行承兑汇票需求旺盛，带动保证金存款大量增加，第一季度保证金存款上升65.7亿元；第二季度以来，受银行监管部门加强票据管理政策出台影响，新增保证金按活期利率计息，降低了企业开票意愿，部分银行又对票据业务实行限额管理，银行承兑汇票业务回落。2009年末，全市银行承兑汇票余额264.0亿元，比年初下降12.1亿元，余额同比下降4.8%。保证金存款随之回落，后三个季度保证金存款下降55.6亿元。

（二）贷款持续快速增长，投放结构有所变化

在适度宽松货币政策背景下，2009年我市贷款增速创历史新高且持续加快，第一、第二、第三、第四季度末贷款同比增速分别为30.4%、33.2%、37.3%、36.6%。从投放结构看也有一定变化。

1. 重点满足"保增长"信贷需求

一是配合政府投资拉动经济增长政策，充分满足政府项目融资需求，基本建设贷款增势迅猛。2009年，全市新增人民币中长期基本建设贷款165.7亿元，占全部新增人民币贷款的29.2%，占比高于上年同期4.3个百分点。二是配合扩内需、促消费政策，积极满足个人投资和消费性融资需求，个人贷款快速增长。2009年，全市个人消费贷款新增104.8亿元，同比多增83.4亿元；个体户及个人经营性贷款新增27.6亿元，同比多增18.8亿元。三是配合经济回暖背景下企业产销回升形势，努力满足企业融资需求，工业企业流动资金贷款明显上升。2009年，人民币短期工业类贷款新增106.2亿元，同比多增27.3亿元。

2. 重点投放行业同步增长

信贷投放在三次产业间同步增长。一是第一产业贷款新增10.8亿元，同比多增14.3亿元。二是工业贷款新增192.6亿元，同比多增4.1亿元。三是建筑业贷款新增12.0亿元，同比多增7.6亿元。四是交通运输、批发零售、租赁商务等主要服务业贷款新增118.6亿元，同比多增90.4亿元。五是水利、环境和公共设施管理业贷款新增112.8亿元，同比多增107.4亿元。六是房地产业贷款新增3.9亿元，同比多增13.8亿元。

3. 重点支持领域投放增多

一是中小企业贷款呈现较快增长态势。截至2009年末，全市中型企业贷款余额703.8亿元，占43.5%；小型企业贷款余额636.7亿元，占39.3%，中小型企业贷款余额合计占全部企业贷款余额的82.8%，比年初提高0.8个百分点，表明今年以来中小企业贷款投放力度不断加大。二是支持统筹城乡发展力度加大。2009年，金融机构创新农村流转土地贷款方式，向全市53个统筹城乡发展（两分两换）项目贷款42.90亿元，比年初增长3.5倍；农户贷款新增14.0亿元，同比多增13.0亿元。

（三）融资结构趋于多元，融资成本有所下降

在适度宽松货币政策下，市场流动性较为充裕，融资环境相对宽松，我市融资结构发生较大变化，融资成本下降较为明显。

1. 融资机构创新发展

一是2008年末和2009年初我市新引入浙商、华夏和深发展等三家股份制银行，全年合计贡献新增贷款32.3亿元，占全市新增贷款的5.3%，提升了全市贷款新增量。二是小额贷款公司新设3家，至2009年末，全市已成立小额贷款公司10家，贷款余额达11.2亿元，新增7.4亿元。三是年末新组建并开业村镇银行2家，2009年合计新增贷款3.4亿元。

2. 融资方式灵活多样

一是信贷资产转让业务增加。主要原因是，为满足我市有效信贷需求，有关银行根据各自实际采用系统内银团贷款、区域性理财、总行资产池等多种渠道出让信贷资产，创造可用信用资金。据统计，2009年全市金融机构向市外净转出贷款45.4亿元，同比多转出31.4亿元；向市外净转出票据99.1亿元，同比多转出56.2亿元。二是外币融资持续增加。随着美元融资成本走低，进出口贸易融资不断攀升，外汇贷差扩大。2009年末，全市外汇贷款余额15.8亿美元，比年初增加6.4亿美元，同比多增4.9亿美元。外汇贷差8.4亿美元，比年初增加4.3亿美元。三是债券融资稳步发展。2009年嘉兴辖内发行企业债57亿元，短期融资券10亿元，地方债券20亿元。

3. 融资成本有所下降

12月全市6个月以内、6个月至1年（含）、1至3年（含）三个期限的贷款加权平均利率分别为6.12%、6.26%和5.52%，同比分别下降0.28个、0.63个和1.02个百分点。贴现利率在上半年降至相对低位后下半年略有回升，同比则有所下降。12月全市3至6个月银票贴现月加权平均利率为2.53%，同比下降0.20个百分点，比上半年提高0.74个百分点。银行融资利率降低，有利于减轻企业财务成本。

### 三、经济金融运行面临的主要问题

(一) 内外因素影响下经济回升过程的复杂性问题

当前我市经济回升的基础还不牢固，积极变化和不利影响同时显现，国内因素和国际因素交织影响，保持经济平稳较快发展仍存在一定难度。一是国际环境还有许多不确定的因素。一些国家的经济虽然开始恢复，但还可能出现反复。在世界贸易环境有所恶化的情况下，外部需求持续回升的基础较弱。据我中心支行监测，第四季度我市企业出口订单指数为 -1.7，虽连续四个季度回升，但与金融危机前相比仍有较大落差，处于较低水平。二是虽然经济开始好转，但是经济的发展、企业的运行，许多还是靠政策的支持，缺乏内在的动力和活力。如投资方面，2009 年我市国有控股投资 306.5 亿元，增长 73.0%，而非国有投资 816.5 亿元，仅增长 10.2%；以民间投资占主导的工业生产性投资也仅增长 10.5%，与本市投资总增速比较明显偏低。三是近期宏观政策动态调整对经济运行影响将会显现。中央经济工作会议后一些强调针对性和灵活性的政策措施已陆续推出。如针对房价上涨过快的状况，国家采取了包括终止部分购房优惠政策、实行差别信贷政策、提高土地出让首交比例等多项针对性措施。就我市来说，2009 年我市商品房销售额同比增长 131.5%；据市房管处宜居城市网统计，2009 年末嘉兴房价同比上涨 22%；房地产开发投资也由负转正增长 3.3%。近期国家出台的房地产调控措施将可能影响今后我市房地产投资的回升力度和房地产销售的增长。又如针对通胀预期管理问题，货币政策实施动态微调。2010 年初人民银行已宣布上调存款准备金率 0.5 个百分点，这对后阶段我市银行信贷投放形成一定的资金约束。

总之，未来国内外经济形势、宏观政策以及与我市密切相关的市场环境变化都会对我市经济回升过程产生重要影响，应引起关注。

(二) 经济转型升级和信贷结构调整的制约性问题

金融危机爆发以来，国家出台了应对危机、保增促调一揽子计划，但从目前我市的情况来看，保增长成效明显，调结构相对滞后，推进经济转型升级特别是工业经济结构调整和信贷结构调整的任务仍相当艰巨。一是高新技术行业、新兴行业发展速度有所减缓。2009 年全市高新技术产业主营收入同比下降 1.9%，高新企业主营收入同比下降 5.0%，分别比规模以上企业主营收入增幅低 3.9 个、7.0 个百分点。我市工业经济结构调整进展不快，既有受国际金融危机影响高新技术行业、新兴行业受冲击相对较大、企业转型能力受限的客观因素，也有我市企业创业文化相对保守、企业投资信心与转型动力不足的主观因素；既有我市传统产业与新兴产业的产业链相关度不高、转型难度较大的内部经济结构因素，也有技术人才准备不足以及职能部门引导、政策扶持力度有待加强的外部经济环境因素。二是企业技改投入贷款增长缓慢。2009 年我市以固定资产投资为主要投向的制造业（含技术改造）中长期贷款仅增长 14.0 亿元，同比增长 17.0%，低于中长期贷款总增幅 32.0 个百分点。制造业新增中长期贷款中增加最多的是"两高一资"行业，其中化学原料及化学制品业、黑色金属冶炼及压延加工业中长期贷款分别新增 3.9 亿元、3.1 亿元，占制造业新增中长期贷款一半；而通信设备、计算机及其他电子设备等先进制造业中长期贷款则增长较缓。技改投入贷款增长缓慢，主要是因为我市企业在转型升级中新增的信贷需求不多，当然，也反映金融作为经济核心，在经济结构调整中先导作用发挥并不明显。

2009年末中央经济工作会议提出要"在促进发展方式转变上下工夫"。在此背景下,如何加强经济金融互动合作,协同推进经济转型升级与信贷结构调整进程,就显得尤其重要和迫切。

(三)信贷快速增长中潜在金融风险的可控性问题

2009年在适度宽松货币政策背景下,银行业出于金融支持经济"保增长"需要和自身以量补价追求利润考核目标需要,信贷出现巨量投放,投放过程中也积聚了一定的潜在风险。一是政府融资平台风险管控问题。2009年我市金融机构在支持经济"保增长"中,对地方政府融资平台的贷款增长尤为明显。据调查,目前我市政府性项目贷款余额已近500亿元,年新增近200亿元。部分政府性项目存在银行介入过深的问题。据我中支对22个计划总投资5亿元以上在建项目调查,银行信贷资金占计划资金来源的比重为61.4%,个别项目接近80%。银行事实上成为投资风险的主要承担者。政府项目融资总量在短期内较快增长,融资主体的总负债将达到较高水平,融资主体的总体负债能力、还款来源有效性、流动性是否充足等问题都值得认真考量。二是与资产市场价格波动相关的个贷风险。在资产市场吸引力增大和波动加大的背景下,要关注信贷资金真实流向,防范可能产生的个人信贷风险。2009年末全市个人短期消费贷款比年初增加12.9亿元,个人住房贷款比年初增加91.5亿元。2010年资本市场面临较大的不确定性,房地产市场正处于新一轮政策周期的转折期,商业银行有必要提高个人贷款风险防范的前瞻性和有效性。三是银行流动性风险不容忽视。2009年我市贷款呈高速扩张态势,而下半年后存款增势趋缓,使我市存贷比升至高位。年末我市金融机构余额存贷比达到78.5%,同比提高3.6个百分点;增量存贷比达90.2%,同比提高22.5个百分点。较高的存贷比对地方法人金融机构放贷能力直接形成制约,对非法人金融机构则会通过资金收益杠杆间接制约其放贷能力。下阶段随着经济回暖,存款分流有可能进一步影响存款增势,我市银行业金融机构面对的资金来源约束将可能增强,流动性趋紧现象可能会有所显现。另一方面,商业银行中长期贷款占比过高,容易形成资产负债期限结构错配,造成商业银行的流动性风险。2009年末,我市金融机构的中长期贷款余额为1 029.3亿元,占整个贷款比重为45.2%,比上年末上升3.7个百分点,而同期企业和居民的定期存款占全部存款比重则下降2.4个百分点。

对于银行业来说,在加大信贷有效投入促进经济社会发展的同时,积极防范各类潜在风险、保持自身健康发展、维护整个金融体系的稳健运行也非常重要。

## 四、2010年经济金融形势展望

2010年,从外部环境看,世界经济复苏曙光渐现,但基础并不稳固,国际金融危机影响仍然存在,全球性挑战压力增大。国际货币基金组织(IMF)最新发表的《世界经济展望报告》预测,全球经济在2009年收缩1.1%之后,2010年将增长3.1%。从国内环境看,经济逐步回升向好,但内在动力仍然不足,结构性矛盾仍很突出。国内外主要研究机构对中国2010年经济增长的预测均值为9.5%。从货币政策取向看,2010年将继续实施适度宽松的货币政策,保持政策的连续性和稳定性,根据新形势新情况,着力提高政策的针对性和灵活性,把握好政策实施的力度、节奏和重点。在这样的宏观背景下,2010年我市经济金融运行态势也将发生一定变化。

（一）嘉兴市经济运行趋势预测

结合嘉兴经济结构特点从推动经济增长的动力分析，嘉兴经济企稳回升向好的总体态势有望延续，但经济运行的结构性矛盾尤为突出。首先，从投资看，既定投资项目开工和前期开工项目的后续投资将使政府投资在2010年保持一定的增量，但增速与上年比较将有一个较明显的回落；工业生产性投资则在企业信心回升而又较谨慎的情况下预计增幅会稍有提升；而房地产投资因补库存需要短期内将有一个回升的过程，但受政策调控后期增长则存在不确定性。总体看，投资有望保持平稳的增长。其次，从消费看，国家继续运用财税政策和制度性措施促进消费，对我市消费形成较大推动。受益政策扶持的商品销售增幅将保持高位，同时资产市场走强也有利于提升消费信心，因此，消费也有望保持平稳增长。再次，从出口看，当前世界经济仍处于缓慢、曲折复苏过程中，真正恢复还需要较长时间，外部需求将持续处于低位。加上近期世界贸易环境有所恶化，与我市相关的贸易摩擦增多，我市出口出现回升也将较为缓慢和曲折。总体上看，2010年嘉兴经济将是曲折性的回升年。

（二）嘉兴市信贷供求基本分析

总体上，2010年我市信贷供求将呈现供给适度宽松、需求结构变化的局面。从供给方面看：适度宽松和动态微调的货币政策向市场提供合理的流动性，但受通胀预期管理需要流动性将比2009年有所减少。同时，房市、股市分流资金可能延续，存款增长将高位趋缓，2009年我市已处于高位的存贷比将对2010年银行放贷构成一定的制约。再有，受监管部门提高资本充足率要求影响，部分受资本约束的银行贷款增长也将有所放缓。从需求方面看：一是政府主导的基本建设投资项目，因项目投资的连续性会形成一定增量，但由于2009年需求的大量释放和近期政策微调，增速会有所回落。二是经济回升背景下，市场信贷需求可能回升，企业的贷款增速有望加快。三是由于房地产政策调控，2009年我市房地产市场存在一定的变数，居民个人贷款增长也存在一定的不确定性。综合考虑供求两方面因素，2010年我市信贷增量仍将保持高位，但增速较上年会有所放缓。从投放节奏看，信贷投放仍将呈现前快后慢的状况。据对我市各金融机构的调查，2010年第一季度贷款计划投放额将占2010年全年投放计划的40%左右。

（二）嘉兴市存贷款增长技术分析

我们通过历史数据观察嘉兴市从1999年至2009年的本外币存贷款走势，并应用指数趋势线对2010年存贷款增长进行预测分析。考虑一定幅度的经验偏离值，2010年末存款余额为3 260（±90）亿元，贷款余额为2 590（±105）亿元。由于目前存贷款均处于上翘阶段，考虑经济运行惯性和动态微调的适度宽松货币政策因素，估计2010年存贷款相对其指数线均处于正偏离状态，其中存贷款偏离值可能有所扩大。估计，至2010年末嘉兴市存款余额约为3 350亿元，贷款余额约为2 700亿元。以此测算的2010年存贷款增加额分别为450亿、430亿元。从增量占比分析，嘉兴市2006年以来当年各项贷款新增规模占全国的比重分别为5.7‰、6.1‰、5.2‰和6.2‰，根据趋势外推，2010年嘉兴新增贷款占全国的比重在5.8‰左右，若2010年全国新增贷款规模按主要研究机构预测均值7.8万亿元计算，则全市各项贷款新增规模在450亿元左右。

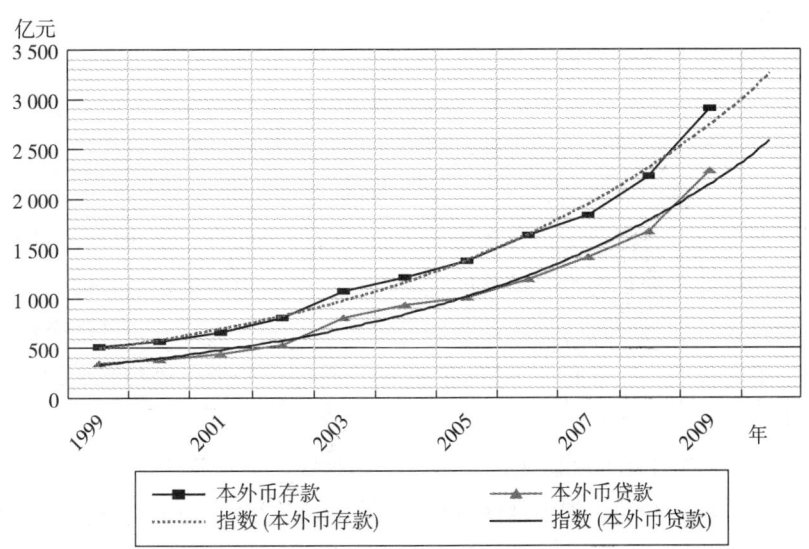

**图1 嘉兴市存贷款增长趋势图**

## 五、"稳增长、调结构"的对策与建议

2010年是实施"十一五"规划的最后一年。为保持嘉兴经济平稳较快发展和转变经济发展方式,为"十二五"规划启动实施奠定良好基础,根据党的十七届四中全会精神和2009年末中央经济工作会议要求,金融业应做到"四个有机结合",积极落实相关政策措施。

(一)增加信贷有效投入与均衡投放相结合,支持经济平稳增长

中央经济工作提出"要处理好保持经济平稳较快发展、调整经济结构、管理通胀预期的关系,巩固和增强经济回升向好势头"。各金融机构要按照中央的要求和市委市政府的工作部署,继续认真贯彻执行好适度宽松的货币政策,应在风险可控的前提下保持全年信贷合理适度增长。对2010年的信贷计划和实际投放,一要注重总量的合理性。做到总量适度增长,既满足经济发展的有效需求,也要切合本行业务发展实际。二要注重投放的均衡性。切实改进绩效考核办法,科学合理把握信贷节奏,增强月度和季度间信贷投放的均衡性。三要注重发展的可持续性。结合自身经营实际,将资本充足率、各项流动性比率等指标控制在合理水平。

(二)调整信贷结构和支持经济转型相结合,提升发展质量和效益

信贷投放要体现"区别对待,有保有压"的原则。对于符合重点产业调整振兴规划要求、符合市场准入条件、符合银行信贷原则的企业和项目,要及时高效保证信贷资金供给。对国家产业政策鼓励发展的新能源、节能环保、新材料、新医药、生物育种、信息网络等战略性新兴产业,要加大配套金融服务和支持,促进和推动战略性新兴产业的技术集成、产业集群、要素集约,支持培育新的经济增长点。对于不符合产业政策、市场准入条件、技术标准、项目资本金缺位的项目,不得提供授信支持。对属于产能过剩的产业项目,要从严审查和审批贷款。要严格执行房地产项目资本金要求,严禁对不符合信贷政策规定的房地产开发企业或开发项目发放房地产开发贷款。在继续支持居民首次贷款购买普通自住房的同时,要严格二套住房购房贷款管理,抑制投资投机性购房需求。

(三)金融服务创新和融资方式创新相结合,完善多元融资结构

积极探索农村住房和土地承包经营权抵押贷款工作,支持我市"两分两换"试点。探索开展核定货值质押融资、买方付息票据贴现等业务,发展适合物流企业融资、结算特点的物流保理和联网结算等业务。规范发展供应链融资、应收账款质押、存货质押、组合担保贷款、股权质押贷款等,满足重点产业和新兴行业中自主创新型中小企业"短、频、急、小"的资金需求。积极引导和支持重点产业中符合条件的企业发行公司债券、企业债券、短期融资券、中期票据、中小企业集合债等。为符合条件的重点产业企业上市融资创造条件。加快发展私募股权基金、风险投资等。加强和改进境内外并购金融服务。积极支持有条件的企业利用资本市场开展兼并重组。加大境内企业开拓国际市场的金融支持。鼓励金融机构灵活运用票据贴现、押汇贷款、对外担保等方式,缓解重点产业出口企业资金周转困难。

(四)金融风险防范与制度机制建设相结合,维护辖区金融稳定

应加强沟通、协调和联动,加强辖区内信贷结构和信贷风险预警监测。进一步加强防控信贷风险的制度和机制建设,发展和完善多层次信贷市场。鼓励银行业金融机构法人建立信贷结构和存贷期限错配情况按季监测报告制度,加强对重点产业金融服务状况的动态监测。进一步建立和完善有效的信息互通机制和联合预警机制,积极改进和完善银行业金融机构风险拨备管理和资本充足管理,有效控制贷款风险。严格执行国家规定的贷款标准和贷款条件,以及固定资产投资项目最低资本金制度。及时加强对地方政府融资平台信贷资金运作的风险监测、风险提示和风险防范,对于出资不实、治理架构、内部控制、风险管理、资金管理运用制度不健全的融资平台,要严格限制贷款,有效提高对各种贷款特别是中长期贷款和政府背景贷款的信贷风险评估和管理能力。

# 2010年度嘉兴市经济金融形势分析报告

## 一、2010年全市经济运行概况

2010年,嘉兴市经济高开稳走,全市生产总值可比增长13.7%。主要经济指标呈现"四快"特点。

1. 工业生产及效益快速增长。1—12月,全市规模以上工业总产值5 137.5亿元,同比增长39.8%,比上年同期加快36.1个百分点。其中通用设备、交通运输设备、电气机械及器材、电子及通信设备等先进制造业同比分别增长50.0%、66.1%、73.3%和68.5%,均高于平均增速。1—12月,全市规模以上工业企业实现利润311.1亿元,同比增长61.5%。

2. 对外贸易及外资快速回升。1—12月,全市进出口总额228.2亿美元,同比增长32.6%,比2008年同期增长15.0%。其中,出口160.4亿美元,同比增长30.0%,比2008年同期增长13.6%。1—12月,全市合同利用外资32.1亿美元,同比增长22.2%;实际利用外资16.1亿美元,同比增长20.6%。

3. 国内投资与消费较快增长。1—12月,全市限额以上投资完成1 362.5亿元,同比增长21.3%,增幅比上年同期回落2.5个百分点。其中,民间投资748.5亿元,增长27.7%;房地

产开发投资270.7亿元，增长44.6%。1—12月，全市实现社会消费品零售总额799.4亿元，同比增长18.9%，比上年同期加快3.1个百分点；市区居民消费价格同比上涨4.0%。

4. 财政及居民收入较快提高。1—12月，全市财政一般预算总收入334.3亿元，同比增长19.7%，比上年同期加快8.9个百分点。其中地方收入176.8亿元，增长24.8%，比上年同期加快13.1个百分点。1—12月，全市城镇居民人均可支配收入27 487元，同比增长11.3%；农村居民人均现金纯收入14 365元，同比增长13.2%。

## 二、2010年全市金融运行情况

2010年，在经济回升向好及适度宽松货币政策背景下，全市金融业实现较快发展，金融总量不断扩大，信贷适度均衡增长，结构不断优化。

（一）金融运行概况

1. 三大业务不断扩大

存贷业务稳步扩大。12月末，全市本外币各项存款余额3 590.8亿元，比年初增加686.8亿元，同比多增10.4亿元，余额同比增长23.6%，增幅比上年同期回落6.8个百分点。与各地市比较，12月末存款余额、增量、增速分列第6位、第6位、第4位。12月末，本外币各项贷款余额2 753.6亿元，比年初增加475.0亿元，同比少增135.3亿元，余额同比增长20.8%，比上年同期回落15.8个百分点。与各地市比较，12月末贷款余额、增量、增速分列第7位、第7位、第8位。

国际业务快速回升。2010年，全市国际收支总计271.3亿美元，同比增长47.5%。其中，收入194.0亿美元，增长50.7%；支出77.3亿美元，增长40.2%；收支差额116.6亿美元，增长58.5%。1—12月，全市金融机构国际结算总计335.2亿美元，同比增长55.3%。其中，收入结算215.5亿美元，增长49.2%；支出结算119.7亿美元，增长67.8%。

现金业务较快增长。2010年，全市金融机构累计现金收入5 959.5亿元，同比增长18.5%；累计现金支出6 010.3亿元，同比增长18.3%；收支轧抵累计净投放现金50.8亿元，与上年同期基本持平。1—12月，全市国内支付结算金额74 370.4亿元，同比增长31.3%。

2. 三类市场不断发展

货币市场活跃度提高。2010年，辖内金融机构银行间市场现券累计交易额346.3亿元，是上年同期的2.7倍；辖内金融机构债券回购总计935.6亿元，是上年同期的3.5倍。

证券市场波动发展。12月末，全市证券账户数38.8万户，比年初增加3.8万户；全市证券保证金余额58.6亿元，与年初基本持平。1—12月，全市累计证券交易额5 610.8亿元，同比增长10.2%。

保险市场较快发展。1—12月，全市累计保费收入59.3亿元，同比增长25.4%。其中财产险20.1亿元，增长33.5%；人寿险39.2亿元，增长21.7%。累计赔款和给付支出13.0亿元，同比下降17.6%。

3. 三项服务不断推进

跨境贸易金融服务较快推进。2010年，全市累计发生跨境贸易人民币结算业务98笔，累计金额14.3亿元。其中跨境汇款58笔，金额4.0亿元；为企业办理信用证结算业务40笔，金额10.3亿元;累计参与银行6家,参与企业32家。随着出口贸易人民币结算业务开展,参与试点的银行和企业数量预计将进一步增加。

中小企业金融服务创新推进。2010年,嘉兴市先后发行5期小企业集合信托债权基金,总发行量2.1亿元,68家企业获得信托贷款。中小企业纯信用贷款不断推进,12月末,该项贷款余额达到7.0亿元;排污权抵押、专利权质押、仓单质押等业务新品运用广泛开展。招商银行小企业信贷中心嘉兴分中心成立,加大对小企业支持力度。

"三农"金融服务稳步推进。12月末,全市已累计为29.0万户农户建立信用档案,占全部农户数的43.5%;已评定信用农户25.0万户,占已建档农户数的86.1%;对已建立信用档案的12.6万户农户累计发放贷款220.9亿元。农村非现金支付工具推广应用工作取得明显进展。12月末,全市县及县以下ATM 1 060台,POS机26 965台,发卡量668.8万张。

(二)金融运行特点

1. 存款波动较大,结构有所调整

2010年影响存款增长的因素较多,银行存款组织力度明显加大,存款总体呈现季末冲高季初回落,月度增量波动较大格局(见图1)。从增量结构看:一是企业存款增长趋缓。2010年全市新增企业存款230.3亿元,同比少增106.2亿元。企业派生存款下降且流动资金占用增加,流动性总体趋紧。二是储蓄存款波动增长。2010年全市新增储蓄存款244.1亿元,同比多增22.2亿元,其中有5个月增量为负。资产市场及理财市场对储蓄存款月度增量影响较大。三是其他存款增势强劲。2010年全市新增其他存款207.8亿元,同比多增90.2亿元。财政及机关团体收入增长较快,相应存款增加较多。

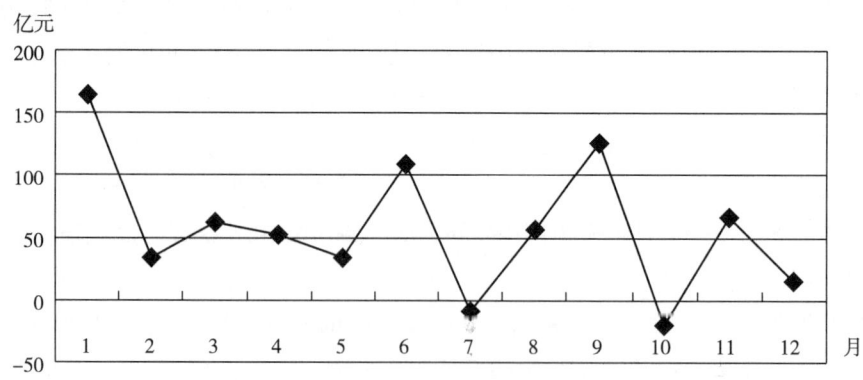

图1　2010年存款月度增量

2. 贷款均衡投放,结构趋向优化

2010年,在货币信贷政策引导下,全市各金融机构加强贷款投放限额管理,信贷投放均衡性明显增强,多数月份信贷增量在30亿元左右(见图2)。同时,金融机构顺应宏观调控导向和区域经济发展需求,信贷投放突显"有保有控"。

制造业及小企业贷款较快增加。2010年,全市新增制造业贷款200.0亿元,同比多增38.4亿元,占全部新增贷款(不含票据)的41.1%,占比高于上年同期14.7个百分点。12月末,全市各类企业贷款余额(不含票据)1 925.1亿元,比年初增加305.7亿元,其中小企

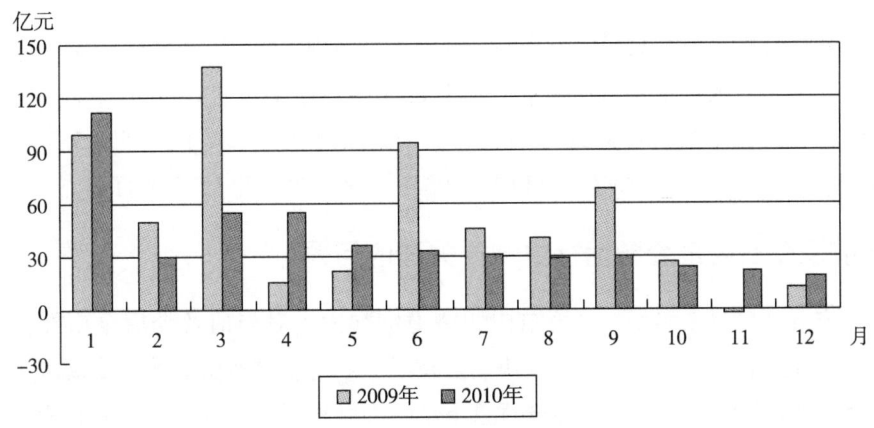

**图2　信贷月度增量比较**

业新增178.4亿元，占比58.4%；小企业贷款余额占比由年初的39.3%上升到12月末的42.3%（见表1）。2010年，全市小额贷款公司新增贷款9.7亿元，同比多增1.6亿元，主要投向小企业。

表1　　　　　2010年12月末全市大、中、小型企业融资比重情况　　　　单位：亿元，%

| | 全部企业 | | 大型企业 | | 中型企业 | | 小型企业 | |
|---|---|---|---|---|---|---|---|---|
| | 余额 | 比年初新增 | 余额 | 比年初新增 | 余额 | 比年初新增 | 余额 | 比年初新增 |
| 各项贷款合计 | 1 925.1 | 305.7 | 340.8 | 61.9 | 769.2 | 65.4 | 815.1 | 178.4 |
| 其中：制造业 | 946.3 | 177.5 | 119.8 | 9.2 | 342.7 | 54.8 | 501.7 | 113.5 |
| 各类企业所占比重 | — | — | 17.7 | 20.2 | 40.0 | 21.4 | 42.3 | 58.4 |

统筹城乡及创新创业贷款明显增多。12月末，全市"两新工程"项目贷款余额111.9亿元，比年初增加56.2亿元。农民住房改造贷款余额3.2亿元，比年初增加1.6亿元；土地流转经营权抵押贷款余额5 770万元，比年初增加3 984万元。2010年，全市新增科学研究、技术服务和地质勘查业贷款1 870万元；新增个人经营性贷款61.2亿元，同比多增33.7亿元。

政府性项目及房地产贷款增长趋缓。2010年，全市新增水利、环境和公共设施管理业贷款15.4亿元，同比少增97.3亿元。2010年，全市新增房地产贷款88.9亿元，同比少增13.7亿元。其中，房地产开发贷款新增4.0亿元，少增1.9亿元；个人购房贷款新增84.7亿元，少增12.1亿元。第二季度以来，个人购房贷款增速总体呈现下行态势。

3. 融资渠道不断拓展，融资成本明显上升

2010年，货币政策逐步向常态回归，人民币信贷供给控制较严。在"规模内"贷款增势趋缓的同时，社会资金供给方式多元化更趋明显。与此同时，受资金供求关系及政策调控影响，资金价格上升明显。

融资替代效应有所显现。一是直接融资替代间接融资。2010年，海宁皮革城等5家企业在中小板上市融资43.5亿元，三江化工等4家企业在境外上市融资2.2亿美元。二是市外融资替代市内融资。2010年，全市金融机构向市外净转出贷款50.7亿元，同比多转出16.3亿元。三是表外融资替代表内融资。2010年，全市委托贷款业务25.8亿元，同比增加14.0亿

元；全市信托理财融资45.0亿元，同比增加44.0亿元。

银行贷款利率明显上升。12月，全市金融机构贷款加权平均利率6.30%，比年初上升0.72个百分点。其中，人民币贷款加权平均利率6.60%，比年初上升0.50个百分点；贴现加权平均利率5.89%，比年初上升3.22个百分点；个人住房贷款加权平均利率5.70%，比年初上升1.15个百分点；美元贷款加权平均利率3.03%，比年初上升1.33个百分点。

### 三、当前及今后经济金融运行中需要关注的问题

2010年，宏观环境复杂多变，经济结构调整力度加大，对当前及今后全市经济金融诸多领域产生影响。需要重点关注物价水平较快上升背景下经济金融所受影响、宏观环境复杂多变背景下企业经营压力及转型升级不断推进背景下金融面临挑战等，并采取措施积极应对。

（一）关注物价水平较快上升背景下经济金融所受影响

2010年全市物价水平上升明显，市区居民消费价格同比上涨4.0%；全市工业品出厂价格、原材料燃料动力价格同比分别上涨5.1%、9.3%。特别是第四季度以来物价出现加快上升态势，对经济金融诸多领域产生影响。

影响企业盈利能力。我市的经济特质是"两头在外、大进大出"，众多中小企业大多处于产业链下端，对能源原材料的外部依赖性较强，而企业面对的最终产品市场又竞争激烈。这种经济特质决定了我市经济在通胀环境下受到的冲击相对更大。2010年，全市原材料购进价格与工业品出厂价格两者涨幅差达到4.2个百分点，比上年扩大6.9个百分点，企业利润从第二季度开始环比下降。部分企业，特别是劳动密集型中小企业，受原材料价格上涨影响，出现"量增利减"现象。

影响资金供需状况。一方面，在物价水平较快上升背景下，货币政策作为调控物价的重要手段有所趋紧，2010年央行6次上调存款准备金率、两次加息，在一定程度上影响我市金融机构信贷供给。另一方面，企业为规避通胀风险，往往会增加存货，而物价水平上升加大存货资金占用。11月末，全市规模以上工业企业存货646.5亿元，同比增长31.1%，增幅比第三季度末提高6.1个百分点。企业资金占用增加而信贷供给趋紧，部分企业，特别是中小企业资金满足度受到影响。

影响存款稳定性。2010年物价水平上升幅度明显超过利率水平，居民储蓄意愿总体较低，存款稳定性趋降。储蓄存款月度波动较大且活期化趋势明显。2010年全市新增储蓄存款中活期占比达到46.2%，同比提高8.8个百分点。特别是目前房地产、股市不确定性较大，资金进入总量仍然不多，一旦市场景气度提高，存款稳定性面临挑战。这对金融机构，特别是对地方性法人机构流动性管理提出了更高的要求。

在目前通胀短期内很难得到根本性缓解的背景下，要密切关注形势变化，积极采取措施，如运用金融工具锁定风险、提高资金使用效率、加强流动性管理等，缓解通胀对经济金融的负面影响。

（二）关注宏观环境复杂多变背景下企业经营压力

2010年，宏观环境复杂多变，企业经营环境日益复杂，市场波动、政策调整及外部环境变化等均对企业生产经营产生影响，企业经营压力更趋多元化。

转型升级压力增大。2010年,促进经济发展方式转变成为各项宏观政策的主线,企业转型升级压力明显增大。一方面节能减排约束显著加大。2010年8月以来"限产限电"已经给我市企业带来"阵痛",随着转型升级的不断推进,节能减排将长期存在,企业原有的生产模式面临严峻挑战。另一方面人民币升值压力不断显现。2010年6月19日人民银行重启汇改以来,人民币兑美元升值达到3.0%,部分时段人民币升值较快,对部分利润水平较低的劳动密集型企业产生较大影响。同时,2010年信贷结构调整力度加大,资源性产品价格改革不断推进等,企业转型升级迫在眉睫。

生产成本压力上升。2010年,多项生产要素价格上升明显,企业成本压力加大。一是原材料价格较快上涨。2010年全市规模以上工业企业原材料、燃料、动力购进价格同比上涨9.3%,其中纺织原料类购进价格同比上涨12.5%。二是劳动力成本明显增加。2010年我市"用工荒"现象不断显现,特别是普通工供不应求,劳动力成本不断攀升。1—11月,全市规模以上工业企业员工人均报酬24 765元,同比上涨16.1%。三是融资成本逐步上升。1—11月,规模以上工业企业利息净支出同比上涨14.7%,比上半年提高7.2个百分点。

市场压力不容忽视。一方面,当前世界经济复苏中的不确定性因素仍然较多,美国失业率高企、欧洲债务危机阴影未消,随着国外进口商补库存逐步结束,可能制约外需增长。另一方面,2010年全球贸易保护主义盛行,可能给当前及今后我市部分行业和企业带来冲击,影响出口持续增长。

针对复杂环境中企业面临的多重压力,政府、金融机构及企业要立足现实,采取相应措施缓解当前压力;同时,企业更要未雨绸缪,加快转型升级,提升自身长期适应能力。

(三)关注转型升级不断推进背景下金融面临挑战

2010年,全市经济结构调整力度明显加大,转型升级不断推进,这既为金融发展带来了新的机遇,同时也对金融多个方面提出了挑战。

金融经营模式面临挑战。一方面传统信贷增长点受到抑制。12月末,全市地方政府融资平台贷款余额400亿元左右(不包括市外贷款),房地产贷款余额436.1亿元,两者占同期全市贷款余额超过30%,是近年来银行主要的信贷增长点。随着国家对政府融资平台的清理及房地产调控政策的不断出台,上述两类贷款增势均呈现回落,新的增长点有待培育。另一方面中间业务仍需发展。近年来全市中间业务发展较快,但占比一直停留在10%左右。在稳健货币政策下,依靠大规模信贷扩张来增加利润难度加大,需要通过发展中间业务来增加金融发展的持续动力。

信贷资源配置面临挑战。一方面,2010年全市经济回升向好,信贷需求旺盛,新开工项目投资增长51.7%,制造业景气度不减,统筹城乡建设、转型升级等均需要大量资金投入;而在货币政策调整背景下,信贷增长有所趋缓,信贷供需矛盾比较突出。另一方面,2010年信贷政策结构调整力度加大,房地产、政府融资平台、"两高一资"行业等信贷调控力度加大。同时,2010年存款波动较大,对金融机构资产负债配置提出了更高的要求。在此背景下,金融机构如何有效配置信贷资源,既更好地满足区域经济发展需求,又符合信贷调控政策,同时有利于加强流动性管理,挑战不言而喻。

金融风险防范面临挑战。一是房地产、政府融资平台等重点调控领域的金融风险仍需重点关注。二是信贷供给趋紧可能对部分企业资金链造成压力,由此引发多类金融风险,包括:可能降低企业资金周转能力，增大银行贷款信用风险；可能扩大企业间债务，增加系统性企业资金风险；民间借贷市场活跃，可能给金融稳定带来不确定因素等。三是在信贷结构调整中，既要增加重点发展产业信贷投入，又要逐步退出重点调控领域信贷，这"一进一出"所隐含的风险不容忽视。

在转型升级不断推进背景下，金融机构既要适应形势变化，加快信贷结构调整，又要寻找新的业务增长点，实现可持续发展，同时也要防范金融风险，保持区域金融稳定。

### 四、2011年趋势预测及政策建议

（一）2011年趋势预测

中央经济工作会议明确指出2011年实行稳健的货币政策，着力提高政策的针对性、灵活性和有效性，预计2011年信贷将适度增长，新增人民币贷款可能少于2010年。

在稳健货币政策背景下，预计2011年嘉兴市信贷运行总体将呈现"适度均衡投放、结构继续调整"格局，部分时段、部分领域信贷供求矛盾可能加剧。从信贷增量看，2006—2010年嘉兴市人民币信贷增量占全国比例在0.53%~0.59%，综合金融机构2011年计划预测等其他因素，预计2011年全市新增人民币信贷410亿元左右，新增本外币贷款440亿元左右。从信贷结构看，统筹城乡建设、先进制造业、传统优势行业和新兴产业仍是下阶段信贷支持重点。中小企业贷款总量将继续扩大，特别是小企业贷款将继续得到改善。

（二）政策建议

有效传导货币政策，促进信贷适度均衡增长。各金融机构要正确领会人民银行意图，有效传导货币政策，保持信贷适度均衡增长。要积极向上级行争取资金、授信管理等支持，并通过信贷产品和服务创新，满足区域经济发展的合理资金需求；各法人金融机构要结合自身业务发展需要和风险管控能力，合理把握贷款投放总量，更好地支持地方经济社会发展。各金融机构要根据国家的宏观调控要求和全市企业生产经营的规律和特点，继续相对均衡地安排好信贷投放的进度和节奏，增强金融支持经济发展的可持续性。

调整优化信贷结构，推动经济转型升级。各金融机构要坚持"有扶有控"原则，优先支持自主创新型、环境保护型、资源节约型经济发展，逐步退出高污染、高能耗、高风险行业和企业的信贷投入，大力支持企业技术改造和兼并重组，为企业转型升级提供资金保障；继续加大对小企业支持，努力提高小企业信贷占比；积极增加统筹城乡建设类信贷投放，加大对农村住房改造建设、农村土地流转和农业龙头企业等的金融支持力度。

不断加强金融服务，提升外向型经济竞争力。进一步推进跨境贸易人民币结算试点，完善现有制度，提高管理效率，发挥人民币结算对贸易和投资便利化的促进作用，满足企业对跨境贸易人民币结算的实际需求。大力支持企业合法合规的贸易和投资活动，简化贸易收付汇手续，推行和实施投资贸易便利化措施；鼓励有能力的企业到境外投资、设厂，减少国际贸易摩擦。继续加大对涉外企业的信贷支持力度，满足其合理的资金需求；通过创新贸易融资产品等方式，提升涉外企业应对汇率波动风险的能力。

严格执行调控政策，切实加强风险管理。各金融机构要执行好差别化住房信贷政策及住房预售资金监管政策，严格规范个人住房贷款和房地产开发贷款管理，进一步加大对公共租赁住

房等保障性住房建设的金融支持力度。加强地方政府融资平台的信贷风险控制，配合好有关部门对政府融资平台公司债务的清理核实工作。对国家明确要求淘汰落后产能的违规在建项目，不得提供任何形式的新增授信，切实防止低水平重复建设。在严格执行调控政策的同时，要坚持在发展中化解风险，在规范中防范风险。

# 编后记

《嘉兴金融志（1991—2010）》在中国人民银行嘉兴市中心支行党委、中国银行业监督管理委员会嘉兴监管分局党委和《嘉兴金融志（1991—2010）》编纂委员会的领导下，在各市级金融机构和相关部门的共同努力下，历经3年，终于完成了编撰工作，我们感到无限欣慰。

为了做好《嘉兴金融志（1991—2010）》的编撰工作，根据嘉兴银发〔2009〕129号文件成立了由中国人民银行嘉兴市中心支行行长为主任、各金融机构主要负责人为委员的《嘉兴金融志（1991—2010）》编纂委员会，并聘请了金融系统离退休老领导担任顾问。

《嘉兴金融志（1991—2010）》的编撰工作起始于2010年，是年7月19日，召开了由各行司分管领导参加的嘉兴市金融系统金融志编辑工作会议，部署《嘉兴金融志（1991—2010）》的编撰工作，讨论工作方案和初步框架，提出编辑部组成人员。

在《嘉兴金融志（1991—2010）》的编写过程中，中国人民银行嘉兴市中心支行党委、编辑部人员对目录框架反复推敲，几易其稿，对统稿后形成的征求意见稿几经讨论修改，力争集总结与编研为一体，坚持实事求是，存真求实，力求全面、系统、科学地记述嘉兴市金融系统20年的发展历史。

本志的编写得到了嘉兴市金融系统各单位领导的高度重视，所有参与编写的同志都付出了细致和辛勤的劳动，在此表示衷心的感谢！

《嘉兴金融志（1991—2010）》编纂委员会<br>
2013年8月15日